예수 · 바울 · 교회

신약신학의 주요 이슈들에 대한 탐구

| 이한수 지음 |

생명의말씀사

예수 · 바울 · 교회

신약신학의 주요 이슈들에 대한 탐구

ⓒ **생명의말씀사** 2006

2006년 9월 5일 초판 발행

펴 낸 이 | 김창영
펴 낸 곳 | 생명의말씀사
등   록 | 1962. 1. 10. No.300-1962-1
주   소 | 110-101 서울 종로구 송월동 32-43
전   화 | (02)738-6555(본사), (02)3159-7979(영업부)
팩   스 | (02)739-3824(본사), 080-022-8585(영업부)

지 은 이 | 이한수

기 획 편 집 | 김정옥, 이은정
편집디자인 | 박소정, 정혜미
표지디자인 | 전민정
인   쇄 | 우림문화사
제   본 | 정문바인텍

ISBN 89-04-03096-x (03230)

저작권자의 허락없이 이 책의 일부 또는 전체를 무단 복제,
전재, 발췌하면 저작권법에 의해 처벌을 받습니다.

예수 · 바울 · 교회
신약신학의 주요 이슈들에 대한 탐구

CONTENTS
예수 · 바울 · 교회

■ 머리말 _6
■ 들어가는 말 _8

제 1 부 : 성경해석의 이해

1. 성경해석과 전제들 _17
2. 불트만의 해석학 비판 _24
3. 본문의 의미와 저자의 의도 _45

제 2 부 : 복음서의 이해

4. 산상설교의 성격과 목적 _73
5. 예수의 죽음 이해하기 _107
6. 구속 개념의 배경과 발전 _116

제 3 부 : 바울 서신의 이해

7. 은혜 개념과 그 우선성 _149
8. 이신칭의와 선행의 윤리 _165
9. 이신칭의와 율법의 행위 _200
10. 하나님의 주권적 자유 _245
11. 신적 주권과 신자의 책임 _265
12. 언약신학 패턴들의 비교 _294
13. 일/노동 개념 이해하기 _325
14. 바울의 이스라엘 이해 _359
15. A. D. 70년 이후의 유대교 문헌 _381

부록 : 교회와 관련한 담론들

1. 성장 정체와 그 윤리적 대안 _389
2. 십자가 구속은 윤리적 삶을 지향한다 _417
3. 장묘문화에 대한 성경적 이해 _427
4. 소그룹 운동에 대한 이해 _461
5. 바른 영성의 개념과 실천 _478
6. 물질문명과 기독교 _503
7. 성경해석과 교회의 갱신 _508

▼ 예수 · 바울 · 교회

머리말

　책을 쓴다는 것은 항상 누구에게나 무거운 책임감 같은 것을 느끼게 한다. 대학교수 초년생 때에는 무언가를 집필해서 세상에 내놓아야 한다는 어설픈 생각에 손쉽게 펜을 들기도 했지만, 이제는 자신의 인생에 더 깊은 책임감을 느껴야 하는 나이가 되니 책을 출간한다는 것이 점점 어렵게만 느껴진다. 그럼에도 수십 년간 필자가 써온 논문 글들이 이리저리 굴러다니는 것이 아까워 고민 끝에 한 권의 책으로 출간하기로 결정하였다.

　그동안 다양한 주제들을 대상으로 글을 썼기 때문에 책 제목을 잡는 일이 여간 어렵지 않았다. 처음부터 통일된 주제를 지닌 조직적인 글들이 아니었기 때문이다. 엄격한 의미에서 『예수 · 바울 · 교회』란 제목도 본서의 중심 특징을 나타낸다고 말하기도 어렵다. 왜냐하면 본서는 예수와 바울의 신학을 내면적으로 접목하거나 통일시키기 위해 처음부터 체계적으로 저술한 책이 아니기 때문이다. 그럼에도 그런 거창한 제목을 붙인 것은 본서의 내용들이 예수와 바울, 그리고 교회에 관련된 글들이라는 단순한 생각에서라 할 수 있다. 특히 마지막 부분의 잡다한 교회 관련 담론들은 신약신학의 주제와 관련이 없기 때문에 부록으로 덧붙여 놓았다.

아마도 본서의 중심 부분은 바울 신학과 관련된 글들이 아닐까 여겨진다. 바울 신학을 전공한 필자는 학자로서 수십 년간 바울 서신에 담긴 사도 바울의 신학 사상들을 발굴하기 위해 비지땀을 흘려왔다. 필자가 그 동안 고심하면서 관심을 기울여 왔던 주제들은 주로 구원론과 윤리의 관계, 유대교와 율법 문제, 신적 주권과 신자의 책임 간의 긴장 문제 등이었다. 유대교와 율법 문제는 앞서 출간된 『언약신학에서 본 복음과 율법』에 주로 실려 있으나 최근에 쓰인 새로운 논문들은 본서에 실려 있다. 이러한 논문들이 관련 주제에 관심이 있는 학도들에게 도움이 되었으면 하는 바람이다.

본서의 글들이 신약신학과 관련된 단편적인 논문 글들이기는 하지만 해당 분야에 관심이 있는 목회자들이나 학생들에게 적으나마 도움이 되었으면 하는 생각에서 본서를 세상에 내어 놓는다. 졸저임에도 불구하고 기꺼이 출간해 준 생명의 말씀사에 감사드린다.

상도동 우거에서
이한수 교수

▼ 예 수 · 바 울 · 교 회

들어가는 말

 신학은 교회를 위한 학문, 교회를 섬기고 봉사하는 학문이어야 한다. 아마도 이 명제에 대해서 반대하는 사람들은 별로 없으리라. 한 때 유럽에서는 신학이 어떤 정치 이데올로기나 종교 교리로부터 자유롭고 독립적인 학문이어야 한다는 이상을 가진 적이 있었다. 긴 중세 가톨릭 교권정치의 간섭으로부터 학문을 독립시켜 학문다운 학문으로 만들겠다는 신학자들의 이상은 얼핏 보면 본질적으로 나쁘게 보이지 않는다. 학문이 특정 종교 교리나 심지어 어떤 사회적 그룹의 편견에 붙들려 제 역할을 하지 못하고 굴곡을 경험한다면 그것은 진정한 학문이라고 할 수는 없을 것이다.

 하지만 결과적으로 학문을 주변 영향으로부터 독립시켜 자유롭게 해야 한다는 그들의 이상은 곧바로 교회로부터 이탈한 별종이 되게 만들었다. 신학은 상아탑 안에 갇혀 교회와 유리되었고 현실 교회와 동떨어진 학문이 되었다. 뿐만 아니라 학문으로서 자율을 획득한 신학은 교회의 기초를 파괴하기 시작하였으며 그 결과는 참혹하였다. 유럽의 많은 교회들이 쇠퇴의 길을 걸어갔고 교회당마다 텅 빈 집으로 전락하게 되었다.

신학이 교회를 섬기는 학문이어야 한다는 명제에는 몇 가지 명분이 있다. 첫째로, 신학 자체는 중립적인 학문이 아니고 처음부터 신앙고백 위에 세워진 것이다. 신학을 일종의 과학적 학문으로 생각하는 것은 망상이다. 과학이 어떤 중립적이고 객관적이며 분석적인 지식을 추구한다면 신학도 그러한 지식을 추구하는 중립적인 학문일까? 그러나 그러한 객관적인 학문은 엄밀한 의미에서 이미 과학 세계 안에서도 존재하지 않는다. 과학도 어차피 세상의 유익을 위해 존재하는 것이라면, 과학적 지식도 처음부터 어떤 도덕적 방향성을 갖는다고 할 수 있다. 하물며 신학이 어떤 중립적 가치를 지향하는 학문이라고 떠들어대는 것은 지적인 교만의 산물이다. 신학은 성경의 증언에 기초해서 세워지는 고백적 성격이 강한 학문이기 때문에, 그것은 성경의 본질적 교훈에 충실해야 하는 학문일 수밖에 없다.

성경의 말씀이 무엇인가? 구약뿐만 아니라 신약의 말씀도 본래 중립적인 탐구자들을 위해 주어진 것이 아니었다. 하나님의 말씀은 그것을 존중하고 사랑하며 최고의 가치로 생각하고 따라 사는 신앙고백 공동체에 전수된 것이었다. 그렇다면 신학이란 그러한 공동체가 공유하고 있는 신앙의 빛 속에서 공동체의 유지와 발전, 그리고 복지를 위해 탐구되어져야 마땅하다.

물론 신학이 신앙 공동체에게 전수되었기 때문에 그 공동체가 공유하고 있는 신앙 위에서 탐구된다고 해도 객관적인 기초가 전혀 결여된 것은 아니다. 하나님께서 자신의 백성들에게 말씀해 오셨고 그의 구원 행동들을 역사적 사건들 속에서 나타내셨다. 때문에 어느 면에서 성경 역사에 대한 탐구는 역사적인 성격을 띨 수밖에 없다. 역사 속에서 일어난 사건들이라면 그것은 과학적이고 객관적인 탐구의 대상이 될 수 있다. 따라서 지적 성실성을 가진 신학자라면 그는 두 가지 의무와 과제를 동시에 짊어진 사람일 수밖에 없다. 그는 한편으로는 신앙고백 공동체의 일원으로서 자신의 공동체의 복지를 위해 하나님의 말씀을 해석해야 할 의무가 있고, 다른 한편으로는 객관적인 탐구자로서 하나님의 구원 행동의 역사적 자취들에 대해서 가능하면 객관적으로 탐구해야 한다. 자신이 짊어진 두 신분 간의 갈등과 고뇌가 전혀 없는 것은 아니지만, 그는 자신의 신학적 탐구 작업 자체도 신앙의 빛 속에서 객관적으로 성실하게 진행해야 함을 아는 사람이다.

혹자는 학문적 지식이 신앙에 의해 인도된다면 그것은 더 이상 객관적인 지식일 수 없다고 우겨댈 수도 있다. 유럽에서도 한 때 그러한 객관적 지식의 이상을 추구하던 때가 있었다. 하지만 최근에 그러한 객관적 지식 탐구의 이상은 환상에 불과하다는 것이 드러난 상태이다. 심지어 가장 객관적이고 과학적인 탐구도 이미 과학자 자신의 삶의 정황과 그가 묻고자 하는 질문의 관점에 따라서 상당한 정도로 채색될 수밖에 없다. 실증주의 역사가들이 있는 그대로의 역사적 사실 탐구가 가능할 뿐만 아니라 반드시 그래야 한다고 한 때 목소리를 높이기도 했지만, 그것은 처음부터 가능성이 없는 환상이었다. 아무런 전제도 없이 객관적으로 탐구되었다는 지식 자체도 역사가 또는 과학자 자신이 살던 시대정신에 깊이 채색되기도 하고, 그들 자신의 삶의 정황에 영향을 받기도 한다.

하물며 신학은 더 더욱 객관적인 진리 탐구를 목적으로 삼고 있는 중립적인 학문이 아니다. 그것은 신앙 공동체에 전수된 하나님의 말씀을 탐구하기 때문에 신학 자체가 신앙 고백의 산물일 수밖에 없다. 역설적이지만 신학은 그러한 범주 내에서 객관성에 관한 물음을 물어야 한다.

둘째로, 신학 자체가 공동체의 작업이며 신앙고백의 한 표현이라면 그것은 교회의 존재와 활동과 유리된 것일 수 없다. 유리 현상이 일단 벌어지면 그것은 객관성의 이름으로 이미 교회의 존립 기반을 허무는 위험한 무기가 될 수 있다. 따라서 진정한 의미에서 신학함이란 공동체를 섬기는 작업이어야 한다.

섬기는 일이란 다양하게 이해될 수 있다. 긍정적인 면에서 신학은 교회의 정체성을 더 날카롭고 선명하게 하고, 세상 속에서 교회의 사명을 잘 감당할 수 있도록 도와주며, 교회의 안녕과 복지를 증진시키고, 교회가 나아갈 방향을 선도하고 지도하는 일을 할 수 있다. 부정적으로 신학은 세상 속에서 교회의 정체성이 훼손되어 방향을 잃었을 때 현실 교회들을 예언적으로 비판하고, 그들의 길을 바로잡아 주어야 하는 사명도 갖고 있다. 하지만 신학이 교회 현장과 유리되어 상아탑에 머무는 추상적인 학문이 되거나 교회의 활동과 성장에 도움이 되지 못하고 거추장스런 존재로 전락하는 수도 있다. 신학이 교회를 선도하는 것이 아니라 교회가 신학을 선도하는 역현상이 생길 수도 있다는 말이다.

문제는 신학이 교회를 섬기는 학문이어야 하며 교회를 선도해야 한다는데는 이의가 있을 수 없으나 신학과 교회의 관계 설정이 현실적으로 쉽지 않다는 데 있다. 교회가 눈앞에 놓여있는 교회 성장의 열매를 추구하다가 신학 없는 몸부림을 하게 되면, 교회는 자신의 정체성을 상실할 수 있다. 역사적으로 교회들이 신학에 의존하기보다는 시류를 좇아갈 때가 많았다. 그런 교회들 가운데는 신학을 멸시하는 경향이 엄존한다. 꿩 잡는 것은 매라는 식으로 교회 성장을 위해서라면 어떤 것도 도입할 태세로 목회를 하다 보면 불건전한 시류들이 교회 현장을 장악하게 되고 교회는 방향을 잃어버린다. 토대가 튼튼하지 못한 건물이 조그만 외풍에도 쉽게 무너지듯이, 건전한 신학적 토대를 갖추지 못한 교회 성장은 공허하며 하나님 앞에서 무가치한 것이다. 그렇다면 신학은 교회라는 모태로부터 생겨난 것이기에 그것을 봉사하는 학문이어야 하듯이, 교회 역시 신학이란 토대 위에 세워진 것이기에 신학이 없는 교회는 이미 교회가 아니며 존재할 당위성을 상실하고 만다. 따라서 현실 교회들이 신학을 경시할수록 자신의 토대를 허무는 일이 될 것이며 교회의 건강을 해치는 일이 될 것이다.

신학이 만일 교회를 진정 자신의 모태로 생각하고 교회를 위해 봉사하려 한다면, 그것은 하나님께서 신앙공동체에 위임하신 하나님의 말씀의 토대 위에서 작업을 해야 한다. 일단 그 토대를 떠나는 순간 신학은 자신이 딛고 설 토대를 허무는 상황에 직면할 것이다. 하나님의 말씀은 신학의 정체성을 지켜주는 보루이며 신학에 진정한 권위와 힘을 부여하는 근원이다. 무엇보다도 교회를 세우고 그것을 자신의 몸으로 간주하신 예수 그리스도의 말씀이 신학함의 표준이요 권위이다.

바울 사도는 성령의 감동으로 예수 그리스도께서 주신 천국 복음의 말씀을 깊이 있게 해설하여 당대의 이방 교회들을 섬긴 신학자요, 복음전도자였다. 한 때 자유주의적인 신약학자들이 예수와 바울의 종교를 서로 모순된 것으로 대치시켜 놓고 바울을 제2의 기독교 창시자로 떠들던 때가 있었다. 바울 사도가 복음서에서 사용된 주요 핵심 술어들을 잘 사용하지 않고, 자신에게 독특한 새로운 신학 술어들을 끌어들이기 때문에 겉보기에 바울의 신학 사상이 예수의 복음의 정신에서 떠난 것처럼 보일지 모른다. 하지만 문제는 술어의 사용이나 빈도수가 아니라 표현 배후에 놓인 깊은 사고 구조이다.

표층구조에서 보면 예수와 바울은 서로 달라 보이지만, 심층구조에서 보면 바울은 누구보다도 예수의 복음의 정신을 깊이 있게 이해하고 해설한 사람인 것이 분명하다. 예수께서는 천국을 전파하셨지만, 바울은 칭의복음을 선포하였다. 비록 예수와 바울이 다른 용어를 사용하기는 하지만, 그들의 신학 저변에 깔린 심층구조는 내면에서 조화를 이룬다.

본서는 한 때 저자가 각기 다른 상황에서 쓴 논문들을 한데 모아놓은 것이기 때문에 예수와 바울의 관계에 대한 보다 조화롭고 통일성 있는 저술은 아니다. 십여 년에 걸쳐 필자가 쓴 논문들의 수집이기 때문에 그러한 내적 통일성을 찾는 것은 무리이다. 하지만 필자가 그동안 무엇에 대해서 고민하고 글을 썼는지 독자들은 어느 정도 인식할 것이며, 또한 필자가 어떤 글을 쓰든지 간에 늘 마음속에 교회를 위해 봉사하려는 마음을 간직하고 있었다는 것도 깨닫게 되기를 바랄 뿐이다. 바울 서신을 전공한 학자로서 기고된 대부분의 글들이 바울 서신 탐구 쪽에 집중되어 있다. 부끄러운 글임에도 불구하고 본서에 이들 논문을 함께 수록한 것은 제4부에 실린 교회 관련 담론들의 시각에서 신약신학의 주요 주제들에 대해 함께 고민하고 토론하기 위해서이다. 아무쪼록 필자가 오랜 동안 써온 논문들을 통해서 현실 교회들의 필요를 돕고 세상 속에서 그들의 삶과 사그의 지로指路가 되었으면 하는 바람이다.

제 1 부

성경해석의 이해

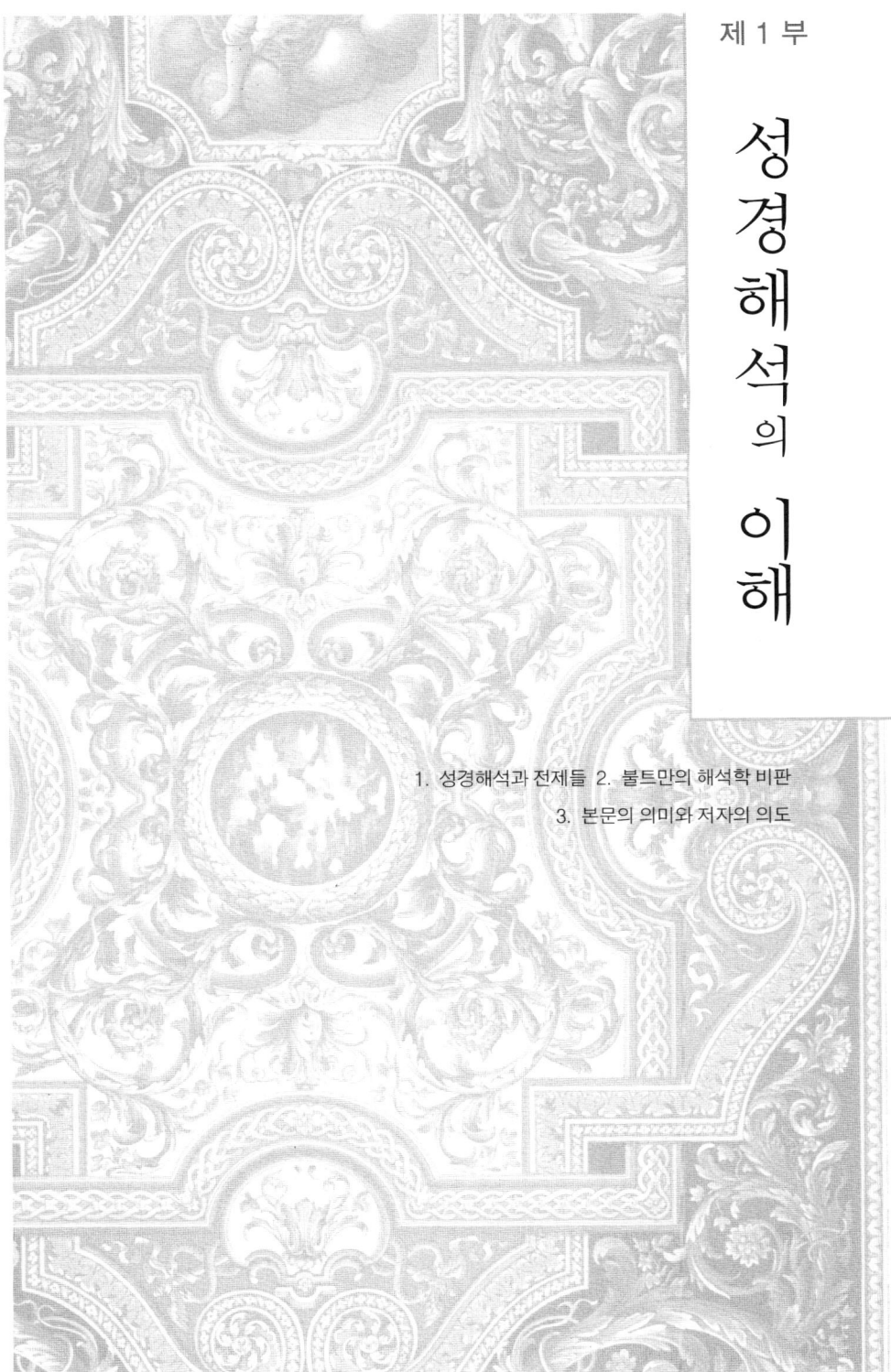

1. 성경해석과 전제들 2. 불트만의 해석학 비판
3. 본문의 의미와 저자의 의도

예 수 · 바 울 · 교 회 ▶ 1

성경해석과 전제들

들어가기

 성경을 전문적으로 연구하는 학자들뿐만 아니라 설교자들이 동일한 본문을 가지고 왜 그처럼 다르게 해석하고, 왜 그처럼 그들의 결론이 차이가 나는 것일까? 이 질문은 분명히 많은 학자들로 하여금 성경해석에 있어서 전제들의 본질과 기능을 생각하도록 만든다. 성경에 관한 책들을 읽는 사람은 누구나 그가 가지고 있는 신앙과 전제들이 그의 신학적 접근 방식에 결정적인 영향을 미친다는 사실을 곧 깨닫게 된다. 환언하면, 해석의 차이점들은 각 주석가가 본문의 의미를 달리 해석하는 방식에서 본질적으로 기인한다. 그가 의식적이든 무의식적이든 채용하는 전제들은 그 자신의 성경해석에 결정적으로 영향을 미친다.

 예를 들면, 칼빈주의 성경 학자들은 같은 본문을 가지고 해석할 때 칼빈주의적으로 읽어내려는 경향성이 있고, 알미니안적 성경 학자들은 동일한 성경 본문을 알미니안적으로 해석하려는 경향이 강하다. 동일한 본문을 읽어도 어떤 경우에는 수십 개의 다양한 해석들이 가능한 것은 본문 자체의 난해성에도 원인이 있지만, 사실은 해석자가 자신도 모르게 자신의 교리적 전제들을 가지고 접근하기 때문이다. 말하자면, 색깔 있는 안경을 끼고 사물을 보면 온통 사물들이 색깔을 지닌 세계로 보이듯이 사물을 어떤 시각에서 보는가는 매우 중요한 의미를 가질 수 있다. 오순절 교단에서처럼 '삼박자 축복론' 시각에서 신, 구약 성경을 보게 되면 모든 것이 그러한 시각에서 보일 수 있고, 김기동 씨 귀신론의 시각에서 신, 구약 성경을 보게 되면 그런 방식으로 왜곡되어 읽혀질 수 있는 가능성이 있다.

전제 없는 주석은 가능한가?

그렇다면 사람들은 자신의 교리적 전제나 편견을 버리고 객관적으로 성경을 읽고 해석하면 될 것 아닌가 하고 반문할 사람도 없지 않을 것이다. 하지만 전제 없는 성경해석이란 애초부터 불가능하다고 보아야 한다. 전제前提, presupposition란 사물을 대하거나 바라보는 특정한 관점을 가리킨다. 필자라는 사람은 세상에서 하나밖에 없는 독특한 인물이다. 하지만 주변의 사람들마다 필자를 바라보는 시각이 엄청나게 다를 수 있다. 동일한 인물이면서도 학생을 가르치는 교육적 전망에서 볼 때 필자는 교수로 이해될 것이고, 집안에서 한 아내의 관계에서 바라보면 필자는 교수가 아니라 남편으로 이해되어야 마땅하다. 하지만 일반 성도들을 가르치는 목회적 차원에서 보면 필자는 남편도 아니고 목사로 간주되는 것이 마땅하다. 하지만 동네 테니스장에서 어떤 사람이 필자를 만난다면 필자는 테니스를 평상시에 함께 즐기는 동우회 회원 가운데 하나일 수밖에 없다. 동일한 인물이지만 어떠한 전망 속에서 바라보는가에 따라 그에 대한 명칭이나 평가는 달라질 수밖에 없다. 그렇다고 필자가 4명이나 5명이 되는 것도 아니다. 다만 동일한 인물을 다른 관점과 시각에서 바라보았기 때문에 그러한 다양한 결론들이 도출될 뿐이다.

그러면 어떤 특정한 관점을 택하지 않고 사물을 바라볼 수 있는가? 그것은 불가능하다. 하나님이 아니고서야 어떤 사물을 동시에 총체적으로 함께 다 파악할 수는 없고, 사람의 시각에는 한계가 있기 때문에 어떤 특정한 관점을 택하고서 사물을 바라볼 수밖에 없다. 이것은 성경해석에서도 마찬가지이다. 만일 전제들의 중요성이 현대 성경해석학에서 인정되고 있다면, 우리가 과연 그 전제들을 객관적인 탐구를 위한다고 내버려야 하는지 묻는 것은 정당한 질문일 수 있다. 이것이 계몽시대의 성경해석가들이 그들의 성경해석에서 객관적 확실성을 확보하기 위해 '전제 없는 주석' exposition without presuppositions이라는 이상을 세운 적이 있기 때문에 더욱 그렇다. 이 이상理想은 분명히 주석가들이 자신의 관심 부족, 잘못된 판단, 그리고 심지어는 개인적이며 사회적인 편견들에 의해 발생된 오류들을 제거하는 장점을 가진다.

오스카 쿨만Oscar Cullmann도 역시 이러한 이상을 추구하는 것처럼 보인다. 비록 그가 본문에 대한 전제들의 영향으로부터 피하는 일이 불가능하다고 인정하기는 하지만, 그는 이것을 유감스러운 것으로 간주한다. 아마도 그는 '전제들'을 객관적인 것을 탐구하는 과정에서 제거되어야 할 어떤 선입견들prejudgments로 이해하는 것 같다. 그의 최근의 해석학적 논의에서 그는 심지어 그러한 전제들은 성경해석에서 제거하는 것이 가능하고도 바람직하다고 주장한다. 또한 만일 각 주석가가 문헌비평과 역사비평의 규칙들을 준수하기만 한다면, 모든 주된 해석의 차이점들은 사라질 것이라고 주장한다.[1] 그러나 이러한 이상은 환상일 뿐이다. 왜냐하면 성경해석에

---

1) O. Cullmann, *Salvation as History* (SCM: London, 1967), 64–74.

있어서 전제들의 문제는 문헌비평, 역사비평, 그리고 또한 과학적인 연구들의 모든 분야에서 일어나기 때문이다. 이것은 대부분의 현대 해석자들이 문헌비평과 역사비평 방법을 채용하고 있지만 본문 해석에 있어서 여전히 의견일치를 보지 못한다는 사실을 주목할 때 분명해진다. 그들의 해석이 이처럼 상이하게 나타나는 것은 주석가들이 "역사에 대한 다른 개념들, 양립할 수 없는 관점들, 그리고 화해할 수 없는 역사 이론들"[2])을 가지고 본문에 접근하기 때문이다. 이 점에서 버나드 론네르간 B. Lonergan은 전제 없는 주석을 "텅 빈 머리의 원리"라고 부르고, 이 원리는 "순진한 직관주의에 근거하고 있다"고 비평한다(p. 223).

지평 융합: 본문과 해석자의 만남

분명히 모든 건전한 주석가나 설교자는 임의적인 환상들과 편견들을 방지하기 위해서 객관성이라는 이상을 채용해야 하지만, 이것은 본문을 이해하기 원하는 사람은 누구나 항상 해석의 행위를 하고 있다는 사실을 부정하지 않는다. 이 점에서 가다머 G. Gadamer는 잘 지적한다: "그는(해석자) 어떤 최초의 의미가 본문에서 부각되자마자 어떤 의미를 본문에 투영시키는 project 것이다. 다시 말해서 후자는 그가 어떤 의미와 관련하여 특정한 기대들을 가지고 본문을 읽을 때에만 나타나는 것이다"[3])

불트만 R. Bultmann도 역시 이것을 알고 있었기 때문에 전제 없는 주석은 존재하지 않는다고 주장한다.[4]) 그러나, 이렇게 말하는 것은 온갖 종류의

---
2) B. Lonergan, *Method in Theology* (Darton, Longman & Todd: London, 1972), 224.
3) G. Gadamer, *Truth and Method* (Sheed & Ward, 1975), 236.
4) R. Bultmann, "Is Exegesis without Presuppositions Possible?," *Existence and Faith: Shorter Writings of Rudolf Bultmann* (ET by S. M. Ogden: The Fontana Library, Collins, 1964), 343f.

전제들이 성경해석에 영향을 주도록 허용되어야 함을 뜻하지 않는다. 불트만은 이 문제를 부정적이면서도 긍정적으로 모두 대답한다. 먼저, '전제 없는'이라는 말이 '주석의 결과를 전제함도 없이'라는 것을 의미한다면, 그는 전제 없는 주석이 가능할 뿐만 아니라 바람직하다고 주장한다. 이런 의미에서, 전제 없는 불트만의 요청은 알레고리적 해석이 엄격하게 제거될 뿐만 아니라, 주석이 개인적이거나 교리적인 편견들의 지도를 받아서는 안 된다는 것을 의미하게 된다. 불트만은 주석가들이 그들의 편향, 특정한 습관, 심지어 편견들에 의해 영향을 받기 쉽다는 것을 알고 있다. 백인들은 백인 위주로 해석을 하여 백인 우월주의를 뒷받침하고, 흑인들은 흑인들 위주로 성경을 해석하여 흑인신학을 만들어 냈다. 민중신학자들도 본문 자체text의 의미보다는 억압받는 가난한 자들이라는 삶의 정황context을 우선시하다가 이데올로기적 편향성을 가진 민중신학을 만들어냈다. 성경해석자들이 자신도 빠지기 쉬운 이러한 편견들과 선입관념들을 제거하기 위해 주의를 최대한 기울여야 한다는 것은 자명한 이치이다. 불트만은 이런 종류의 선판단들prejudgments은 원칙상 아무런 의미도 없다고 믿는다. 그래서 그는 주석가는 반드시 본문이 말하는 주제에 '경청하는' 훈련을 함으로써 이런 선판단들을 제거해야 한다고 주장한다. 해석자들은 따라서 비록 완전히 그런 선판단이 없는 주석을 하기는 불가능할지라도 그의 편견들을 의식함으로써 그것들이 그의 판단에 영향을 주지 않도록 해야 할 것이다.

해석학적 순환의 필요성

긍정적으로 판단할 때, 어떤 해석자도 그가 의식적이든 무의식적이든 채용한 전제들로부터 완전히 자유로울 수는 없다. 불트만은 "주석가는 흰 종이tabular rasa가 아니고 도리어 본문을 특정한 질문들을 가지고, 또는 질문들을 특별한 방식으로 던짐으로써 접근하며 따라서 본문이 관심을 가지고 있는 주제에 대해 어떤 모종의 생각을 지닌다"고 말한다. 그는 이 특별한 이해를 '전이해' Vorverständnis라고 부른다. 불트만의 전이해관은 터너G. Turner에 의해서 다음과 같이 요약된다:

> 해석학적 순환the hermeneutical circle은 기본적으로 이해의 행위가 공백 가운데서 생기지 않는다는 것을 말하지 않는다. 의미는 순전히 객관적인 방식으로 찾아질 수 있는 대상이 아니다. 이해하는 각 행위는 독자가 본문에(또는 무엇이든 해석되어야 할 대상에) 가져오는 전이해에 의해 선행되어진다. 그리고 이 전이해는 다음의 계속되는 이해에 영향을 주고 가능케 만든다.[5]

여기서 우리는 이해의 역사성에 대해 주장하는 가다머의 주장에 주의를 기울일 필요가 있다: "이해는 자기 자신의 주관적인 행동으로 생각되기보다는 자신을 과거와 현재가 끊임없이 통합되는fused 전승 과정 내에 위치시키는 것으로 생각되어져야 한다."[6] 해석자는 본문을 해석할 때 본문 자체의 객관적인 의미what it meant를 찾기 원하지만 엄격하게 말해서 해석이란 자신의 삶의 정황과 필요에 기초해서 본문을 보기 때문에 과거의 본문text과 해석자의 현재적 정황context 사이에 '지평 융합' Horizontschmelzung이 이루어지는 과정이라고 할 수 있다. 이러한 과정에서 해석자의 그릇된 편견과 선판단들을 가능한 제거하고 객관적이고 창조적인 해석을 위해서 해석자는 본문과 끊임없는 대화를 가져야 한다. 그리고 서로 다른 관점을 가

---

5) G. Turner, "Pre-understanding and New Testament Interpretation," *SJT* 28 (1975), 228.
6) G. Gadamer, *Truth and Method*, 258.

진 해석자들 사이에 계속적인 대화가 있어야 한다. 그래서 그들의 결론을 상호 점검하여 가능한 한 공통된 본문 이해를 갖도록 해야 한다. 이와 같은 시도들이 있다고 해서 전제가 가지고 있는 악영향들을 모두 무마시킬 수는 없을 것이다. 그러나 우리의 의견으로는 이러한 시도가 적어도 본문의 객관성이라는 목표는 한낱 우스꽝스러운 이상이 아니라는 것을 보여줄 필요가 있다.

물론 전제도 유용할 경우가 있다. 사회학적 관점에서 성경 역사를 연구하는 학자는 사회학적 고찰을 통해서 충분히 성경 역사를 규명할 수 있다고 믿는 것이 정당하다. 하지만 자신이 채택한 사회학적 관점만이 유일하고 절대적인 잣대라고 믿는 것은 매우 잘못된 일이다. 다만 우리가 유용하게 생각하는 것은, 사회학적 통찰을 무시하면 발견해낼 수 없을 그러한 역사적 사실들과 본문의 의미들이 비로소 그러한 접근 방식을 통해 드러나고 조명을 받을 수 있다면 그것을 활용할 필요가 있다는 것이다. 이런 이유 때문에 성경 본문을 보다 풍성하게 이해하기 위해서 '복합적인 전망들' multiple perspective을 채택하여 본문의 다양한 의미들을 풍성하게 끌어낼 수 있도록 노력할 필요가 있다.

2. 불트만의 해석학 비판

들어가기

불트만이 현대 성경해석학 논의에서 중요한 위치를 차지한다는 것은 그가 성경해석학을 다루는 최근의 많은 저술들에 중요하게 등장한다는 데서도 나타난다. 그의 주장들은 비평을 받아야 할 점도 많고 그 중의 어떤 것들은 이미 진부해진 것도 있지만, 그는 여러 면에서 부정적이든 긍정적이든 간에 신약 해석학에 지대한 공헌을 한 것이 사실이다. 흔히 불트만의 신학을 실존주의적 케류그마 신학이라고 말한다. 그의 모든 해석학적 논의들은 한 가지 목표, 즉 실존적으로 해석된 신적 케류그마로서 하나님의 말씀을 드러내는 일에 관련되어 있으며, 그의 이 '말씀 신학'은 그의 제자들의 노력을 통해서 신해석학 New Hermeneutic 의 형태로 재론되고 발전되었다. 최근에 윤철호 교수는 한 학회에서 '불트만의 성경해석학'이란 논문을 발표했는데,[1] 필자는 그의 논문에 대해서 우선 비판적으로 개관하고 불트만

---

1) 윤철호 교수는 장로회신학대학교의 교의신학 교수로서 호남신학대학교 해석학 연구소에서 불트만의 신약 성경해석학에 대한 논문을 발표하였고, 본 논문은 윤 교수의 논문에 대한 논평글로 쓴 것이다.

의 성경해석학이 지닌 내면적 한계와 약점들을 드러내고자 한다.

불트만의 해석학적 사상을 형성한 철학적 영향들

서론 부분에서 윤 교수는 불트만이 슐라엘마허와 딜타이 같은 당시대의 철학적, 신학적 조류와 대면하면서 신약성경의 메시지를 현대인의 세계관과 사고에 맞도록 재해석하려고 노력했던 신학자였다고 평가하였다. 특별히 그의 해석학은 현존재 분석을 통해서 인간의 실존 이해에 도달하고자 했던 하이데거와의 만남을 통해서 그 기본 방향과 입장을 정립하게 되었다고 평가하였다. 윤 교수는 또한 서론에서 불트만이 받은 사상적 영향들 가운데 후기 하이데거의 해석학 사상을 열거하는 것으로 보인다. 서론은 불트만의 성경해석학을 형성한 사상적 배경을 언급하는 섹션으로 여겨지는데, 사실 주지하듯이 불트만의 사상은 슐라엘마허와 딜타이 그리고 하이데거와 같은 몇몇 당시대의 사상적 배경에 제한적으로 영향을 받은 것은 물론 아니다. 서론 부분에 제시된 윤 교수의 논의들에 대해서 몇 가지 비판적 논평들을 덧붙여야 할 것 같다.

첫째로, 불트만의 해석학적 전이해들을 형성케 만든 영향들은 다음과 같이 추적될 수 있다. 불트만은 어느 한두 개의 사상적 배경을 가지기보다는 '여러 가지 자료들을'[2] 그의 해석학을 위해 활용하였다. 루터 신학, 빌헬름 헤르만의 신칸트주의적 루터주의와 특별히 결합된 신칸트 철학, 마르틴 켈러의 케류그마 신학, 자유주의 신학, 종교사학파, 변증법 신학, 역사

---

[2] A. C. Thieselton, *The Two Horizons. New Testament Hermeneutics and Philosophical Description with special reference to Heidegger, Bultmann, Gadamer, and Wittgenstein* (The Paternoster Press: Exeter, 1980), 284.

비평 신학, 하이데거, 딜타이, 콜링우드, 요나스 그리고 키엘케골의 실존주의 철학이 그것들이다. 이 모든 사상적 배경들이 시종일관한 형태로 통합되어 그의 해석학 사상에서 표현된다. 하지만 필자가 보기에 그가 이렇게 여러 사상적 배경들을 수용하기 때문에 불트만의 해석학은 불가피하게 당대의 시대적 한계들을 지닐 수밖에 없었다. 결정적인 점에서 그는 논리적 오류에 빠지는 때도 있다. 그 두드러진 예는 역사와 케류그마의 관계에 대한 그의 모호한 태도와 관련된다. 케류그마를 역사적 사건에 근거시키려는 모든 시도를 시종일관하게 거부하면서도 그는 케류그마가 "이 말씀의 설교, 즉 선포가 권위 있게 되고 합법적인 것이 되는 역사적 사건에 그 기원을 둔다"3)고 주장함으로써 역사적 예수와 케류그마 사이의 연결을 유지하려고 노력한다. 불트만은 물론 그의 신학적 창작성에 있어서, 특별히 해석학의 분야에 있어서 나름대로 천재적인 능력을 발휘하기는 했지만 다양한 사상적 배경을 끌어다가 활용했다는 사실이 때로는 불필요한 논리적 긴장과 모순을 불러일으키곤 했다는 점은 지적되어야 한다.

둘째로, 윤 교수는 불트만의 사상 배경을 언급하는 과정에서 후기 하이데거를 언급하는데 이것은 어느 정도 오해에서 비롯된 것으로 보인다. 주지하듯이 불트만은 그의 신약 케류그마 해석에 있어서 하이데거 철학에 큰 영향을 받았다. 더욱이 그는 하이데거의 전기 철학에만 거의 배타적으로 의존하고 있다.4) 하이데거의 주저인 『존재와 시간』에서 그는 대상들을

---

3) R. Bultmann, *Jesus Christ and Mythology* (S.C.M.: London, 1958), 79ff.
4) 불트만이 하이데거의 전기 철학에 너무 배타적으로 의존하고 있음은 의심의 여지가 없다. 하인리이 오트 (Heinrich Ott)에 답변하는 그의 편지에서 불트만은 초기 하이데거 사상이 후기 하이데거 사상보다 월등한 신학적 타당성을 가지고 있음을 변호하려고 애쓴다. 그는 주장하기를 "신학자는 기본적으로 후기 하이데거에 대해 비평적인 자세를 취해야 한다"(p. 66)고 말한다. "인간에게 특징적인 개인 대 개인의 관계, 즉 선과 악, 의무와 책임, 죄책과 용서는 후기 하이데거에서 다루어지지 않는다"(p. 67). Cf. J. M. Robinson, "The German Discussion of the Later Heidegger," in *LHT*, pp. 66-67.

묘사하는 데 사용되는 전통적인 범주들이 인간 존재 이해에 부적절하다고 보았다. 그는 사람이 광범위한 결단의 가능성들 앞에 서 있는 독특한 존재라는 것을 보여줌으로써 인간이 존재할 수 있는 가능한 방식들을 표현해 주는 새로운 실존 언어 범주들을 확립하려고 했으므로, 그가 그의 현존재 분석을 자신의 해석학에 적용했을 것은 의심할 여지가 없다.

독특한 존재 양태로서의 현존재Dasein는 염려Sorge로 드러나는데 그것은 세 가지 구조를 지닌다. (1) 현존재의 본질은 인간이 여러 것 중에 하나를 결단할 수 있는 실존 가능성들로 구성된다. (2) 그것은 또한 실존의 사실성으로 구성되는데, 이것은 사람의 가능한 존재 양태가 불가피하게 제한되며 항상 죽음의 상황에 내던져져 있음을 시사해 준다. (3) 현존재의 본질은 타락성에서 발견되는데, 타락한 인간은 자기 자신의 참된 실존을 상실하고 자신의 관심을 세상의 것들에 붙박아 놓는다. 그래서 하이데거는 인간이 존재할 수 있는 두 가지 근본적 방식들을 구분한다. 인간 존재는 참될 수도authentic 있고 참되지 못할 수도inauthentic 있다.

하이데거는 참되지 못한 인간 존재를, 자신을 비인간화된 대중의 폭정에 포기해 버리고 직접적인 세상일들에만 몰두해 버림으로 참된 자신을 상실해 버린 자로 정의한다. 이 비인간화된 인간은 그의 존재의 잠재력을 빼앗기고 그 가능성들은 비인간화된 대중das Mann에 의해 결정되기 때문에 그는 자기 자신의 참된 자아로부터 소외된다. 그러나 인간은 양심, 즉 하이데거가 그릇된 자아에 대한 참된 자아의 부름Anrede으로 묘사한 그 양심의 소리를 듣고 반응을 보일 때만 참된 존재가 될 수 있다. 자기 자신의 타락성을 결연히 받아들임으로써 사람은 참된 존재가 되기 위해 결단을 내릴 수 있고 세상의 것들과 비인간화된 대중의 폭정에서 자유를 얻을 수 있다. 이러한 현존재의 본질적 구조를 묘사할 때 하이데거는 두 가지 중요한 실존 범주들, 즉 존재론적인ontological 것과 존재적인ontic 것의 구분을 받아들인다. 매커리가 지적하듯이, "기본적인 존재론적인 구조들은 존재적인 또는 실존적인existentiell 가능성들이 속해 있는 지평들을 정의해 준다."[5] 우리는 처음부터 한 가지 중요한 사실을 지적해야만 한다. 그것은 불트만이 하이데거의 철학을 존재론적인 수준에서만 채용하려고 했다는 사실이다.[6] 더욱이 그는 하이데거의 전기 철학에만 의존하고 있다. 불트만은 하이데거의 전기 철학에 따라서 현존재의 존재론적인 분석ontological analysis에 관한 문제들에 관심을 가졌다.

여기서 하이데거와 불트만은 서로 갈라선다. 하이데거는 현존재를 인간과 하나님 사이의 관계 문제를 제쳐두고 그 현상학적인 구조와 관련해서만 해석하려고 한 반면에, 불트만은 참된 존재의 실현 가능성을, 존재적 ontic 영역을 대표하는 하나님의 말씀 속에서의 그의 은혜로운 행위에 국한시킴으로써 하이데거를 수정하는 데 관심을 갖는다. 철학에 대한 그의 관심은 철학과 신학 사이의 '공통 관심 지대'[7]에 국한한다. 실존 철학에 대한 그의 긍정적 태도는, 신학자의 작업 틀을 결정하는 것은 신학적 과제가 아니라 철학적 과제라는 인식에 기초한다. 불트만은 신학자가 인간 존재에 관한 철학적 해명에 관해 철학자들에게서 배울 준비가 되어 있어야 한다고 말한다. 그는 하이데거의 실존 철학이 "우리 시대를 위해 기독교 신앙을 분명하고도 알아들을 수 있게 해석하는 데 도움이 되는 개념적 구조를"[8] 제공해 줄 수 있다고 믿었다. 하지만 불트만은 신학을 어떤 특별한

---

[5] J. Macquarrie, *An Existential Theology. A Comparison of Heidegger and Bultmann* (S.C.M.: London, 1955), 34.

[6] David Cairns, *A Gospel without Myth? Bultmann's Challenge to the Preacher* (S.C.M.: London, 1960), 55.

[7] J. Macquarrie, "Philosophy and Theology in Bultmann's Thought," 130.

[8] J. Macquarrie, *The Scope of Demythologizing. Bultmann and His Critics* (S.C.M.: London, 1960), 55f.

철학이 되도록 만들려는 모든 시도를 단호하게 거절한다. 그에게 있어서 신약의 교훈은 또 다른 철학이 아니라 하나님의 말씀을 선포하는 것이며 선포 속에서 하나님은 예수 그리스도를 통해 우리에게 말씀하신다. 이 점에서 말씀 선포의 내용에 관한 한 인간 실존에 관한 철학의 해석은 신약 케류그마와 어떤 공통 근거도 지니지 않는 것처럼 보인다. 사실 참된 존재를 찾기 위한 철학자들의 탐구가 모종의 죄의 형태를 띠고 있다고 말하기조차 하는데, 왜냐하면 그들은 참된 실존의 실현을 자신들의 힘으로eigenmächtig 하려고 노력하기 때문이다.9) 그러므로 불트만은 그리스도 안에 있는 하나님의 은총의 행위만이 사람을 참된 존재가 되도록 능력을 베풀 수 있고, 하나님의 말씀이 선포하는 것이 바로 이 하나님의 은총의 행위라고 주장한다. 이 점에서 그는 아주 분명하게 자신을 신약 교훈 쪽에 위치시킨다.

이것이 불트만과 하이데거 사이에 가로놓인 결정적인 차이점이다. 불트만은 하이데거의 철학을 의미심장하게 수정하고 있으며 전기 하이데거 사상의 좁은 한 영역을 선택하는 데 만족하고자 한다. 철학의 직접적인 과제를, 사람을 참된 존재가 되도록 초청하는 일이라기보다는 존재론적인 분석을 통해서 그러한 존재가 무엇을 의미하는지를 밝히는 일에 국한시킴으로써 불트만은 기독교 케류그마의 정체성을 위협하는 철학의 위협을 제거하고자 하였다.

불트만의 해석학적 구조에 대한 비평적 평가

본론 부분에서 윤 교수는 불트만의 성경해석학의 구조를 세 가지로 구분하고자 한다: 첫째는 '실존적 해석학'이고, 둘째는 '실존론적(실존주의)

---

9) R. Bultmann, "New Testament and Mythology," *KaM I*, 193: cf. J. Macquarrie, *op. cit.*, 134.

해석학'이며, 셋째는 '비신화화'이다. 불트만의 비신화화가 그의 성경해석학의 중요한 특징이라는 것은 두말할 나위가 없다. 하지만 '실존적 해석학'과 '실존론적 해석학'에 대한 윤교수의 구분은 애매모호한 것으로 보인다. 아마도 이런 구분은 인간 현존재 분석에 관한 하이데거의 실존 범주들의 구분에서 연유된 것으로 보이는데, 윤 교수 자신은 10쪽 각주 19번에서 두 술어들의 의미 차이를 규정하려고 시도한다.

'실존적'ontic, existentiell이란 말은 "자신의 미래에 대한 책임을 지닌 일인칭으로 표현되는 개별 인간을 가리킨다"고 말하고 '실존주의적'ontological, existential이란 말은 "인간 실존에 대한 이해의 철학적 개념의 체계적 구성물을 의미한다"고 말한다. 따라서 "실존주의적 해석은 실존적 사건으로서의 신앙에 호소하는 실존적 해석과는 달리 실존주의의 개념에 의존하여 신앙에 대한 과학적, 학문적 해석을 시도하는 신학이다." 불트만의 성경해석학에 있어서 이 구분은 물론 결정적인 중요성을 갖는다. 실존주의적 해석은 케류그마 선포 속에서 하나님과 조우하도록 만드는 실제적인 결단의 순간들에 답변해 주지 않고 실존의 일반적인 진술들에 관심을 가질 뿐이다. 실존 일반에 관한 학문적 성찰에 참여하는 자들은 존재의 실존적 분석이라고 불리는 "개념화된 분명한 이해"[10]를 얻게 된다. 다른 한편, 후자는 "단지 존재에 참여함으로써 생기는, 비주제적이고 비과학적인 종류의 존재 이해를 묘사하는 데 사용된다."[11]

불트만이 이런 식의 구분을 하고 있다고 할지라도 윤 교수가 제시한 불

---

[10] R. C. Roberts, *Rudolf Bultmann's Theology: A Critical Interpretation* (S.P.C.K: London, 1977), 177.

[11] *Ibid.*, 178. '존재적'(ontic)이라는 개념을 정의하기가 어렵기는 하지만 현존재(Dasein)에 대한 학문적인, 즉 현상학적인 분석을 시도하는 '존재론적'(ontological) 접근과는 반대로, 현존재의 실존적 가능성들 가운데서 어떻게 참되지 못한(inauthentic) 존재가 참된(authentic) 존재로 바뀔 수 있는가 하는 보다 실천적인(in practice) 접근을 뜻한다.

트만의 세 가지 해석학 방식들은 다소 잘못 제시된 것으로 보인다. 넓은 의미에서 실존적 해석과 실존주의적 해석은 모두 '신앙 안에서의 인간 실존' 이외에 다른 직접적인 대상을 가지고 있지 않다는 점에서 서로 같이 속해 있다. 오히려 불트만의 성경해석학의 구분은 다음과 같은 세 가지 다른 방식으로 구분되어야 마땅하다.

처음부터 분명히 해야 할 것은 그의 세 가지 해석학적 방법론들이 본질적으로 독일의 전형적인 존재론적 이원론에 깊은 영향을 받았다는 사실이다. 불트만은 그의 변증법적인 해석학에서 사실과 가치에 대한 신칸트학파적인 구분법을 받아들였다. 그는 역사의 실재와 그리스도 안에서 나타난 하나님의 행위를 믿는 기독교 신앙의 실재를 분리시켜 놓고 각 실재에다 그 합법적인 권리들을 할당시켰다. 역사는 법에 따른 이성의 객관화 Objektivierung의 대상이 되는 사실들의 영역에 속하기 때문에, 역사적인 대상들을 묘사하는 범주들은 필연적으로 가치의 영역에 속하는 종교적 이해에 부적절하고 낯선 것이다.

이런 존재론적인 이원론에 기초하여 언어 자체도 (1) 지식을 전달하고 객관적인 어떤 것을 주장하는 목적을 지닌 '객관화'objectifying 언어와 (2) 결단을 촉구하고 결단의 행위를 묘사하는 '비객관화적'non-objectifying 실존적인 언어로 구별된다.12) 이 언어적인 이원론은 하나님의 말씀과 관련하여 언어의 부정적이고 긍정적인 평가를 위한 근거를 제공해 준다. 비신화화에 대한 요구는 객관화 언어에 대한 불트만의 부정적인 평가와 관련이 있는 반면, 구원 사건Heilsgeschehen으로서의 하나님의 말씀은 비객관화 언어에 대한 그의 긍정적인 평가를 시사해 준다.13) 그래서 불트만이 참으

---

12) R. C. Roberts, *Rudolf Bultmann's Theology*, 157.
13) Robert W. Funk, *Language, Hermeneutic, and the Word of God: The Problem of*

로 혐오하는 언어는 그가 지식을 전달하고 어떤 객관적인 것을 주장하는 것으로 이해한 객관화 언어인 것이다. 펑크R. W. Funk는 객관화 언어에 대한 불트만의 부정적인 평가는 하이데거의 실존 철학에 영향을 받은 때문이라고 주장한다. 사실 키엘케골부터 실존주의 철학이 시작된 이래로, 실존 문제를 소홀히 해온 전통적인 서구 관념론 철학에 대한 반동은 객관화적 사고를 거부하는 형태를 띠는 경향을 보여 왔다.[14] 어쨌든 불트만의 성경해석학의 방법론과 언어 사상은 모두 이러한 존재론적 이원론에 결정적인 영향을 받았다. 그렇다면 그의 성경해석학의 방법론들은 다음 세 가지로 재구성되어야 한다. 그리고 이들 세 해석학 방법론들은 하나님의 말씀을 현대인의 사고에 적합하게 재해석하여 전달하는 데 철저하게 섬기는 역할을 한다. 그것은 우선, 역사비평적 해석historical criticism이고 둘째는, 비신화화 해석Demythologizing이고 셋째는, 실존주의적 해석existential interpretation이다.

첫째는, 역사비평적 해석이다. 불트만은 의심할 여지도 없이 역사비평적 전통에 속해 있고 또 이 운동에서 나왔다.[15] 그의 역사비평학의 개념은 포괄적인 것으로서 성경의 본문비평, 자료비평, 양식비평, 종교사학비평 등을 포함하며, 그는 이 역사비평을 그의 주석학적 저술들, 예를 들어 공관복음서, 요한, 바울에 적용하였음은 주지의 사실이다. 따라서 불트만을 일방적으로 실존신학자로만 이해하는 것은 잘못이다. 그 이유는 그가 역사비평 분야에서 스스로 확고한 명성을 확보한 것이 분명하기 때문이다. 불

Language in the New Testament and Contemporary Theology (Harper & Row Publishers: New York, Evanston, London, 1966), 23, 36.

14) S. M. Ogden, "The Understanding of Theology in Ott and Bultmann," *LHT*, 169. Funk는 이외에도 객관화 언어에 대한 불트만의 부정적 평가 배경에 신칸트주의 철학을 꼽기도 한다(36f).

15) W. Kunneth, "Bultmann's Philosophy and the Reality of Salvation," in *Kerygma and History*, pp. 90ff.

트만이 채용한 역사비평의 전제는 어떤 "초자연적인 설명 방식도 거절되어야 하며 어떤 사건도 인과cause and effect의 연결체계 밖에서는 설명될 수 없다"는 트뢸취E. Troeltsch의 견해를 받아들인다. 불트만이 역사비평을 파괴적일 정도로 급진적으로 활용한다는 것은 널리 알려진 사실인데 그가 성경을 역사 문서로 간주하여 이런 급진적인 해석 방식을 취한 것은 변증법적인 또 다른 관심이 있었기 때문이었다.

급진적인 역사비평 해석은 시험하고 설명하고 모든 것을 의심스럽게 만듦으로써 신학적 해석의 정당성을 처음부터 제외시키지만, 불트만은 진정한 해석의 목적이 "역사적 사실성에 있지 않고 케류그마적 효과와 실존적 의의를 찾는 데 있다"16)고 말한다. 역사비평은 그 영역에서는 본질적이고 정당한 것이지만 단지 예비적일 뿐이다. 신학 해석은 오직 비평적인 연구가 끝을 맺을 때에만 시작된다. 좀더 정확하게 말한다면 역사비평은 신학적 해석을 위한 부정적이고도 예비적인 목적을 지닌다. 스툴마허 P. Stuhlmacher는 불트만의 성경해석학을 논평하면서 이런 주장을 하였다: "역사비평은 신앙을 말씀 속에서의 하나님의 현재적 행위 이외의 다른 대상에 묶어두지 못하도록 방지해 주는 한에서 실제로 신학적 해석과 일치한다."17)

이 점에서 불트만은 역사적인 방법론을 신학 해석을 해방시키는 목적 자체로 단순히 생각하기보다는 신학적인 성찰의 도구로 생각하는데, 그 이유는 비평적인 접근 방식을 통해서 모든 것을 의심하게 만듦으로써 역사비평은 "신앙을 궁극적으로 스스로에 의존하도록, 즉 오직 하나님의 말씀

---

16) E. Kinder, "Historical Criticism and Demythologizing," in *Kerygma and History*, 58.
17) P. Stuhlmacher, *Historical Criticism and Theological Interpretation of Scripture. Toward a Hermeneutics of Consent* (S.P.C.K.; London, 1979), 53.

에만 의존하도록 만들기"[18] 때문이다. 이것이 바로 불트만이 기독교 신앙을 과거 역사적인 사건들에 기초시키려는 모든 노력을 시종일관하게 거부하는 이유를 설명해 준다. 그가 말하려는 것은 역사비평이 그 자체의 합법적인 영역, 즉 대상 세계에 국한될 때 기독교 케류그마를 역사 탐구의 상대적 결과들에 종속되는 대상들에 의존하거나 기초하지 못하도록 막아준다는 것을 보여주는 것이다. 믿음으로부터 모든 거짓된 역사적 또는 객관적 확실성들을 제거함으로써 불트만은 하나님의 말씀에 대한 어떤 역사적 또는 객관적 기초도 거절하고자 한다. 이것이 불트만의 변증법적 해석학에서 발견되는 역설이다.

하지만 불트만의 변증법적 해석학에는 몇 가지 약점들이 존재한다. (1) 케류그마의 자율성이 "역사비평을 통해 내려졌던 객관적인 사실들을 희생하고서야만"[19] 확보된다는 인상을 피할 수 없다. 급진적인 역사비평이라는 형이상학적 개념에 양보함으로써 불트만의 변증법적 해석학은 여전히 판넨버그W. Pannenberg의 지적대로 "19세기 실증주의의 포로"[20]가 되었다. 원칙적으로 불트만은 틸타이식 해석학을 위해서 실증주의적 개념들을 포기한 것으로 되어있지만, 그럼에도 불구하고 그것들은 신약 해석자 불트만의 역사비평적 연구서들 가운데서 다시 등장한다. 하지만 불트만이 붙들고 있는 실증주의적 역사비평 해석학은 오늘날 이미 진부한 것으로 판명이 나고 말았다. 역사비평적 방법은 불트만의 해석학적 문제들을 여전히 압도하고 있는 계몽주의 시대의 소산일 뿐이다. (2) 역사비평 방법은 오늘날 방법론적인 위기에 빠져 있다. 현대 역사가들은 모든 신학적 해석

---

[18] P. Stuhlmacher, *ibid.*, 53.
[19] E. Kinder, "Historical Criticism and Demythologizing," in *Kerygma and History*, p. 59.
[20] W. Pannenberg, *Theology and the Philosophy of Science* (Longman & Todd: London, 1976), 298.

들을 곁들이지 않은 순수한 사실들brute facts을 찾으려는 역사적 실증주의자들의 시도를 순진하고 부당한 것으로 간주한다. 오늘날 역사비평 방법은 '가치 판단에 크게 영향을 받는' 것으로 판명되었다. 이 점에서 불트만의 역사비평도 대상 세계를 객관적이고도 과학적으로 평가하는 중립적인 방법이라기보다는 여러 면에서 시대적이고도 개인적인 철학적 편견들과 전제들에 깊은 영향을 받고 있다.

둘째는, 비신화화 해석이다. 불트만의 비신화화 요구는 그의 기본적인 출발점으로서 현대과학과 현대인에 대한 특별한 이해를 전제한다: 현대과학적인 자연 이해에서 볼 때 성경의 메시지는 초월적인 세계를 용인하지 않는 현대인이 타당성이 없고 무의미한 것으로 이해하는 낡은 세계상에 의해 모호해지고 불분명해졌다고 주장한다. 단지 불트만은 자유주의자들이 택한 방식대로 현대인이 무의미한 것으로 치부하는 신화적 이야기들을 가위로 잘라버리는 과정을 택하지 않고 그것이 담고 있는 실존적인 의미를 찾아내는 실존적 해석 방식을 채택하고자 한 것이다. 따라서 윤 교수가 지적한 대로, "현대인에게 문제가 되는 것은 신약성경의 신화론적인 표현이지 선포kerygma 자체가 아니기 때문에, 신약성경의 선포의 진리를 현대인들이 받아들이게 하기 위해서는 신화론적 표현들 뒤에 숨은 깊은 의미를 물어야 한다는 것이다. 이것이 '비신화화'이다"(p. 11).

불트만의 비신화화의 기본적 전제 역할을 하는 현대성 개념은 아주 철저한 것처럼 보이는데, 그 이유는 그것은 신약의 케류그마의 타당성을 결정하는 표준으로 가정되기 때문이다. 흔히들 불트만은 너무 이 현대성 개념에 무비판적인 태도를 보여 현대인의 전망에 규범적 성격까지 부여한다고 한다.[21] 그래서 에밀 브룬너E. Brunner는 불트만이 기독교 케류그마를 "과학의 전능을 신봉하는 대중적 신앙"과 "스스로를 충족하게 여기는 현대 세속 인간의 자기이해"와 관련하여 해석하려고 했을 때 지금은 논란의 대상이 되어버린 그릇된 과학적 견해에 잘못 집착했다고 주장한다.[22] 불트만에 따르면 신약 케류그마의 참된 의도는 그것이 내포하고 있는 세계상에 의존하지 않는다. 신약 케류그마의 목적은 우주에 대한 객관적 그림을 제시하는 것이 아니라 결단의 대상이 되는 존재 이해를 전해 주는 것일 뿐이다. 그렇다면 비신화화 원리란 두 실재의 차원, 즉 세계와 실존 사이에 연루된 혼란들을 분명히 해 주는 세계상의 비평 Kritik am Weltbild des Mythos 으로서 중간 역할을 담당한다. 부정적으로 그것은 신화적 세계상에 대한 비평이지만, 긍정적으로 볼 때 그것은 신화의 의도, 즉 인간 실존에 관해 말한다는 점을 분명히 해준다는 점에서 실존적 해석이다.[23] 불트만에 따르면 비신화화는 현대인이 기독교 신앙을 듣는 데 방해가 되는 거짓된 거침돌 false Skandalon 을 제거하고 성경 신화 속에 내재된 실존적 의의를 드러내는 해석 방법론이라 할 수 있다.

그러나 비신화화가 비록 신화라는 거짓된 거침돌을 파괴하고 그것을 실존적 진술로 번역한다고 인정하더라도 또 다른 본질적 문제가 남아 있다. 현대인에게 있어서 기독교 신앙의 거침돌은 단지 신약 케류그마의 신화적 표현이라기보다는 그 '절대성' absoluteness 주장이다. 불트만이 신약 메시지를 현대인의 전망에 적응시키려 해도 그의 비신화화 프로그램은 훨씬 더 심각한 문제에 직면해야 한다. 왜냐하면 신약의 케류그마가 신화적 표현에서 해방된다 하더라도 현대인은 여전히 그것이 케류그마 안에서의 하나님의 현재적 행위를 선포하기 때문에 그것을 받아들이려 하지 않을 것이

---

21) J. Macquarrie, *The Scope of Demythologizing*, 230.
22) E. Brunner, *Christianity and Civilization II* (Nisbet: London, 1949), 1–15.
23) R. Bultmann, "Zum Problem der Entmythologisierung," *KuM II*, 184.

기 때문이다. 이것은 불트만의 변증법적 해석학의 특징적인 역설적 측면이다. 처음부터 그는 복음의 메시지를 현대인의 전망에 따라 해석하려고 했지만, 그러나 그는 이제 현대인에게 케류그마 선포를 통해서 도전하고 있는 것이다. 뷰리Fritz Buri가 잘 지적한 대로 불트만은 두 목소리를 내고 있는 것 같다.[24] 한편으로는 신화의 종말을 선언하고 그것을 실존적으로 해석하려고 하고, 다른 한편으로는 케류그마를 선포하고 예수 사건 속에서의 하나님의 결정적인 행위를 선언한다. 불트만은 여기서 논리적 모순에 빠진 것처럼 보인다. 그는 "두 가지 전혀 관련이 없는 요소들"을 동시에 붙잡으려고 하는 것처럼 보인다. 하나님이 지금 여기서 말씀하신다는 복음 메시지와 과학의 메시지가 그것이다. 그는 복음과 자연주의적 인간을 동시에 붙들려고 시도한다. 사실 불트만의 케류그마적 요소가 어떻게 비신화화 원리와 조화되는지 결코 쉽게 이해할 수 없기 때문이다. 뷰리는 그래서 이 케류그마가 다른 신화들과 마찬가지로 처리되어야 할 신화의 흔적에 불과하다고 생각하고 그가 불트만에게서 발견한 혼란을 제거하기 위해 하나의 과감한 치유책을 제안한다. 이것이 바로 비케류그마화 Entkerygmatisierung이다. 이것은 모든 초월적인 요소들이 신학에서 제거되어야 함을 뜻한다. 불트만이 계속해서 초월적인 요소에 집착한다는 사실은 비록 그가 현대성 개념을 복음 메시지를 해석할 수 있는 규범으로 취한다 할지라도 그는 과학과 인간에 관한 현대적 견해에 완전히 승복하기를 원하지 않는다는 것을 분명히 해준다.

우리는 여기서 불트만의 변증법적인 접근을 다시 발견하게 된다. 불트만의 비신화화 목적은 단지 "전통적인 성경 본문들을 잘 가꾸어서 현대인에

---

24) Fritz Buri, "Entmythologizierung oder Entkerygmatisierung der Theologie," *KuM II*, 85ff.

게 기독교 신앙이 무엇인지 보다 분명하게 만드는 것이다."[25] 비신화화의 원리가 현대과학에 의해 형성된 세계상에 근거해서 거짓된 거침돌을 제거하는 것이기는 하지만, 그것의 또 다른 실제 목적은 "진짜 거침돌, 스칼달론true Skandalon을 날카롭게 부각시키는 것이다."[26] 원시 케류그마를 낡은 세계상에서 해방시키고 성경 신화들의 보다 깊은 의미들을 찾아냄으로써 그는 하나님의 말씀의 부르심이라는 진짜 거침돌을 가지고 현대인에게 도전하고자 했다. 이것은 불트만이 한편에서는 현대의 세속화된 이해뿐만 아니라 현대의 세계상에 양보를 하고, 다른 한편에서는 현대인을 하나님의 심판 아래 가두는 참된 하나님의 말씀을 통해서 현대인의 전망이 수정되도록 도전하는 것을 의미한다. 비신화화의 과제는 '복음의 거리낌'을 없애기보다는 낡은 세계상이라는 거짓된 거리낌을 제거함으로써 진정한 거리낌이 그 효력을 발휘하도록 하는 것인데, 이 진정한 거리낌은 하나님께서 신앙 안에서 만나질 수 있다고 선포하는 것이다.[27] 환언하면 비신화화의 목적은 인간이 만든 모든 안전책에 안주하려는 현대인에게 거침돌이 현실적이 되도록 부각시키고 그에게 하나님의 말씀의 선포라는 진정한 거침돌을 가지고 도전하는 것이다.

겉보기에 불트만은 현대인의 폐쇄적인 세계관에서 복음의 선포를 건져내려는 내면의 동기를 가진 것으로 보이기는 하지만 그의 비신화화 해석은 몇 가지 치명적인 약점을 가지고 있다. 첫째로, 불트만은 "1세기 반 전에나 유행했던 폐쇄된 우주라는 잘못된 과학관에 여전히 붙잡혀 있다."[28]

---

25) R. Bultmann, "The Case for Demythologizing: A Reply," *KaM II*, 182f.
26) R. Bultmann, *Jesus Christ and Mythology*, 39.
27) N. J. Young, *History and Existential Theology*, 62.
28) J. Macquarrie, *An Existential Theology*, 168.

현대과학 탐구의 어떤 결과들도 우리에게 어떤 확정된 세계상을 전해주지 않는다. 그러므로 우리는 초자연적인 세력들의 헤아리기 힘든 간섭을 원칙적으로 반대하고 세계와 세계 내의 사건들을 원인과 결과로 이루어진 폐쇄된 통일체로 비추어 설명하려는 불트만의 시도를 진부한 것으로 간주해야 한다. 둘째로, 불트만이 기독교 복음을 현대성 개념에 적응시키려고 하였을 때 한편 신화들을 비신화화하려고 하고 다른 한편에서 케류그마 속에서 행위하는 하나님의 현재적 행위를 강조하려는 데서 논리적 모순이 발생하게 된다. 왜냐하면 현대 개념은 원칙상 하나님의 행위와 같은 어떤 것도 배제하기 때문이다. 분명히 불트만의 비신화화 계획은 하나님은 역사와 세계를 현대과학의 손에 포기해버리고 인간 의식의 영역에 제한되어 버렸다는 결론을 내리게 만드는데, 이것은 창조, 섭리, 기도 그리고 기적의 가능성을 믿는 기독교의 근본적 신앙을 무너뜨리는 것이다. 셋째로, 객관적인 세계에 대한 불트만의 회의적 태도는 성경에서 나온 사상이라기보다는 신칸트주의적 루터파 신학에서 나왔을 뿐이다.[29] 그의 철학적인 전제들은 기독교 메시지가 현대인의 전망과 현대과학의 세계상에 직면하여 무의미하게 될 위험에서 그것을 구출해 보려는 그의 복음적 목적을 희석시켜버리고 근본적으로 무너뜨리게 만들고 말았다.

셋째는, 실존주의적 해석이다. 실존 철학과 신약 케류그마의 관계에 대한 불트만의 주장은 보통 기대하는 것보다 훨씬 더 철저하다. 불트만은 기독교 신학이 실존 철학에 대해 독특하고도 특별한 관계를 가지고 있다고 심도 있는 주장을 하기 때문이다.[30] 그러나 실존 철학에 대한 불트만의 태도는 그가 한편에서 철학자들의 주장에 동의하면서도 동시에 특징적인 기

---

29) A. C. Thieselton, *The Two Horizons*, 210.
30) R. Bultmann, *Kerygma and Mythology I*, 15 참조.

독교 케류그마를 확고하게 붙들려고 하는 한에서 그렇게 단순한 것만은 아니다. 이런 이유 때문에 불트만은 양편에서 공격을 받는다.

바르트K. Barth는 신학을 다시 한번 실존 철학에다 애굽의 종살이를 시키고 있다고 불트만을 비난하고,[31] 다른 한편 뮤리는 불트만의 오만을 신랄하게 비난하면서 "그는 철학자들을 그들 자신의 근거 위에서 만난다고 하면서 케류그마에 호소함으로써 그들과의 대화를 끊고 말았다"[32]고 주장한다. 불트만이 물론 실존 철학을 기독교 케류그마 해석에 채용하려는 유일한 대의 명분은 그것이 하나님의 말씀이 바로 드러나고 표현될 수 있는 인간 존재의 실존적-존재론적 구조를 제공할 수 있다는 점뿐이다.

그러면서도 불트만은 기독교 케류그마의 정체성을 위협하는 철학의 위협을 제거하는데 집착하였다. 케류그마를 대체시키려고 위협하는 것은 인간 존재 이해에 적절한 형식적이고 개념적인 틀을 제공하는 철학이 아니라 하이데거의 철학처럼 "비인간화된 대중 속에서 상실된 상태로부터 자신에게로 돌아오도록 부르는"[33] 철학이다. 이것은 비록 불트만이 신약 해석을 위해 실존주의 해석을 채용하기는 했지만, 그가 철학에 대해 중요한 유보적 자세를 취하고 있음을 의미한다.

불트만에 의하면 거짓된 존재로부터 참된 존재로 넘가는 것은 은총의 선물로 주어지는데, 그것은 구원 사건으로서 하나님의 말씀 속에서 나타나는 하나님의 행위이다. 인간 구원에 결정적인 이 구원 사건은 실존 해석에서 일어나지 않고 모든 참된 기독교 설교와 선포에서 일어난다. 구원 사건은 세상 사건들 속에서 일어나지만, "그것은 세계사의 한 부분이 아니고 세계사 밖에서 또는 그것을 초월하여 완성된다."[34] 그래서 그것은 믿음

---

31) K. Barth, "Rudolf Bultmann: ein Versuch ihn zu Verstehen," *KuM II*, 52f.
32) J. Macquarrie, "Philosophy and Theology in Bultmann's Thought," in *TRB*, 129.
33) R. Bultmann, *Kerygma und Mythos I*, 35.

을 가진 자 외에는 숨겨진 채로 있다. 바로 이런 이유 때문에 "케류그마의 진리를 증명하여 합법화시키려고 그 케류그마 배후를 탐구하려는 어떤 시도도 케류그마와 신앙의 본성을 배반하는 것으로 엄격하게 거절된다."[35] 결국 기독교의 말씀 선포는 오직 믿음에만 관련을 맺는다는 것이다.

불트만의 실존주의적 해석에는 몇 가지 결정적인 약점을 지니고 있다. **첫째로,** 그는 존재적인 것과 존재론적인 것을 근본적으로 구분함으로써, 기독교 케류그마에 대한 철학의 위협을 제거함으로써 그의 해석학이 논리적 모순에 빠지는 오류를 피하고자 하였다. 하지만 존재적인 것과 존재론적인 것을 구분하는 방식이 과연 타당한가? 이 구분법이 무너지는 장소는 타락성, 참되지 못한 존재와 참된 존재에 관한 하이데거의 논의와 관계된다. 하이데거에 있어서 존재론적인 분석의 과제는 그것이 어떤 양태의 존재가 도덕적으로 가치가 있고 어떤 것이 무가치하거나 비난받을 만한지에 관해 어떤 가치판단도 내리지 않는다는 의미에서 본질적으로 중립적이다. 그래서 "실존적인 것에 대한 우리의 태도가 중립적일 수밖에 없는 반면, 존재적인 사실, 특별히 그것이 인간의 선택일 때 그것에 대한 우리의 태도는 정서적으로나 도덕적으로 색깔을 띠게 마련이다."[36] 예를 들면, 타락성은 인간이 자신의 참된 자아를 상실하고 직접적인 세상의 것들에만 몰두하는 인간 상황을 묘사할 때 채용하는 존재론적인 범주이다. 이런 기초 위에서 하이데거는 타락성이 존재론적으로 중립적인 것으로 이해되어야 한다고 주장한다. 그러나 타락성에 관한 존재론적인 분석이 결코 중립적인 것으로 주장될 수 없다는 사실이다. 왜냐하면 신학자가 비록 사람은 존

---

34) R. Bultmann, *Faith and Understanding I*, 308.
35) Cf. G. Ebeling, *Theology and Proclamation*, 37.
36) David Cairns, *A Gospel without Myth?*, p. 46.

재론적으로 타락된 존재라는 철학자의 견해에 동의한다 하더라도, "그들은 이 타락성의 정확한 성격에 관하여, 따라서 그것이 어떤 조건하에서 극복될 수 있는지에 관하여 심한 의견 불일치를 드러내기 때문이다."[37] 좀 더 정확하게 말한다면, 하이데거는 타락성을 사람이 현존재로서의 자기 자신의 존재 가능성들, 특별히 자기 자신의 죽음의 궁극적인 가능성을 직면하는 대신 세상의 것들에 몰두하여 자신의 참된 자아를 찾지 못하는 것으로 이해한다. 그러나 인간의 존재론적인 상황으로서 이 타락성은 불트만의 해석학에 있어서 매우 다른 형태를 지닌다. 그는 참된 존재가 되는 것을 하나님의 은총의 선물로 이해하는 대신, 참되지 못한 존재를 자신의 능력으로 얻을 수 있는 획득물로 간주하도록 스스로를 속이는 자기 주장적인 인간으로 본다.[38]

이것은 타락성이 인간의 존재론적인 상황으로 정의될 때 하이데거와 불트만이 이미 모두 그들 자신의 특정한 인간 이해를 전제하고 있음을 시사해 준다. 이 점에서 타락성과 진정성에 대한 비기독교적 이해와 기독교적 이해는 분명히 양자택일의 문제임이 분명해진다.

둘째로, 불트만은 하나님의 말씀을 어떤 비의적인esoteric 종류의 언어로 간주하려는 경향이 있다는 인상을 준다. 하나님의 말씀은 불트만에 따르면 그 역사적인 근거를 상실하고 오로지 우리의 주관적인 생활에서나 일어나는 실존적 사건으로 이해되기 때문이다. 만일 우리가 객관화에 대한 그의 부정적 논의를 논리적으로 끝까지 밀고 나가면 불트만이 언어신비주의와(그 결과로 나타나는) 주관주의에 빠지는 오류를 과연 피할 수 있는지 전혀 분명치 않다.

---

[37] S. M. Ogden, *Christ without Myth*, 84.
[38] R. Bultmann, *Kerygma and Myth I*, 31.

비평적 평가들

첫째로, 불트만의 해석학은 표면적으로 현재의 상황에 알맞는 언어와 사상으로 기독교 복음을 표현하려는 의도를 갖고 있는 것이 사실이다. 만일 기독교 복음이 각 시대를 위한 영원한 진리이기 때문에 세상을 변화시킬 수 있는 창조적 능력을 지니고 있다면, 그것은 우리 자신의 상황에도 말할 수 있게끔 되어야 한다. 그래서 불트만은 성경의 교훈을 그의 시대의 언어와 사상에 조화시키려 했던 것이다. 하지만 그의 해석학은 자체가 지닌 당시대의 철학적 전제들의 한계 때문에 신약의 역사적 교훈에 공정을 기하는 데 실패한 것으로 보인다. 그의 모든 해석학적 개념들은 그의 존재론적인 이원론에 종속됨으로써 그의 시대적 한계를 벗어나지 못하고 말았다. 그는 이런 이원론적 전제들에 무비판적으로 굴복함으로써 기독교 진리를 크게 훼손시켰을 뿐이다. 비록 불트만이 현대 비평신학의 파괴적인 결과들로부터 기독교 케류그마를 구출해 내려는 복음적인 목적을 지녔다 할지라도 그가 그의 시대적 한계들에 굴복했다는 것은 의심할 여지가 없다.

둘째로, 불트만이 실존주의적 해석에 집착함으로써 케류그마의 영단번적인 성격에 공평을 기하는 데 실패하고 말았다. 물론 그는 케류그마에 모종의 '우리 외적인 요소'the extra nos element를 보존시키려고 노력하는 것처럼 보이지만, 그것은 근본적으로 철저하게 개인주의적 전망에서만 이해되어야 한다. 불트만이 역사와 케류그마의 연속성을 유지하려 함에도 불구하고 그 연결은 헤아릴 수 없는 단순 사실Dass로 환원되어야 하고, 또 그는 그 단순 사실을 합법화하기 위해 어떤 객관적인 증거를 찾는 일도 궁극적으로 거부한다. 이것이 사실이라면, 이 '헤아릴 수 없는 단순 사실'과 '우리 외적인 요소'의 내용을 충분히 해명하지 않는 한 그는 주관주의에 빠졌다는 오류를 피하지 못할 것이다.[39]

셋째로, 불트만은 케류그마적 실존 언어에 집착하기 때문에 성경에서 발견되는 정보를 전달하는 informative 언어에 전혀 무관심한 것은 아닐지라도 소홀하게 되었고 따라서 그의 해석학을 비신화화라는 급진적인 방향으로 발전시키게 되었다. 불트만이 배타적일 정도로 강조한 실존 언어는 지식과 정보를 제공하는 목적을 지닌 객관화 언어가 아니다. 그것은 단지 인간 자신의 자기 이해를 전해 주는 것으로 이해되어야 한다. 만일 우리가 객관화 언어에 대한 불트만의 부정적 논쟁을 논리적으로 끝까지 끌고 나가면, 성경의 언어들은 우리의 주관적인 삶에서 일어나는 사건들에 대한 단지 개인주의적 표현들이 되어버린다. 그렇다면 불트만의 실존주의적 해석학은 너무 제한되어 있어서 창조와 구속과 같은 하나님의 역사적 행위들을 말하는 기독교 복음을 이해하는 데 적절한 표현 양식을 제공해 줄 수 없다. 윤 교수가 잘 지적했듯이 불트만이 "성경 본문의 주장을 듣는다고 했지만 사실상 자기의 실존주의적 전이해를 지나치게 주장함으로써 다양한 본문의 의미를 협소화시킨 것은 아닌가 하는" 생각을 갖게 된다.

---

39) N. J. Young, *History and Existential Theology*, p. 95.

예 수 · 바 울 · 교 회 ▶ 3

본문의 의미와 저자의 의도

문제 제기

본 연구의 의도는 복음서 중에서 특별히 마가복음을 선택하여 거기에 나타난 저자의 의도 또는 본문의 의도를 발견하려는 데 있다. 본 글에서 필자가 하고자 하는 것은 과거 마가복음서 연구에 있어서 흔히 이루어져 온 것처럼, 마가의 몇몇 단어나 표현 또는 특정한 구절들을 근거로 접근하기보다는 마가복음의 전체 맥락 속에서 연구할 때 발견할 수 있는 저자 마가의 의도들을 찾아내는 것이다. 그러나 이 일이 이루어지기 위해서는 최근 몇몇 학자들이 우리가 지금 하려는 일, 즉 저자들의 의도들을 찾아내는 일이 원칙적으로 불가능하다는 것을 논증하려고 제시한 여러 복잡하고 상세한 논의들을 먼저 논박한 후에야, 마가복음에 나타난 저자의 신학적인 의도들을 찾아내려는 우리의 시도가 정당화될 수 있을 것이다. 이들 학자들의 기본적인 주장은 저자의 의도들이 본문을 통해서 접근할 수 없기 때문에 그것들은 본문을 검토할 때 찾아질 수 있는 접근 가능한 탐구 대상이 아니라는 것이다.

본문이 저자의 의도들을 담고 있는가 하는 문제에 대하여 최근에 많은 논의들이 있어왔다. 우리는 문헌비평가들이 이같이 주장하는 것에 대해 근래에 자주 듣게 된다. "우리가 저자의 본문을 연구할 때 그 본문에 나타난 저자의 정신을 발견할 수 있다고 생각하는 것은 오류이다."[1] 이 견해를 주장하는 대표적 학자는 아모스 와일드A. Wilder일 것이다. 그는 최근의 문헌비평의 주된 관심은 주어진 작품을 자족적인 미학적 美學的 전체로 파악하는 일이었다고 생각하고, 이러한 미학적 실질을 지니는 문학 작품은 "저자라든가 그의 주변 환경들 또는 의도들과 관계 있는 외적인 고려사항들을 제쳐두고 그 자체의 효과를 나타내도록"[2] 검토해야 한다고 했다.

와일더의 이 견해는 아마도 복음서가 문학적 예술이라는 주장에 근거한 것으로 보이지만 복음서와 관련해서는 매우 잘못된 입장이다. 일반적으로 허구적인 사건이나 이야기를 기초로 하여 쓴 소설과 같은 문학적인 장르에 그의 관찰이 적용될지는 몰라도 그것을 마가복음에 적용할 때 타당성이 있는지는 매우 의심스럽다. '복음서'를 양식비평이나 편집비평에 적용하는 학자들이 어떻게 이해하든지 간에 복음서 기자들이 그들의 복음서를 기록할 때 현대적인 역사과학의 표준을 적용할 수 없을지라도 전기적이고 역사적인 관심을 가지고 있었다는 것은 부정할 수가 없다.[3]

다수의 학자들은 오히려 와일더와는 반대되는 견해를 취한다. 히르쉬E. D. Hirsch는 『해석의 타당성』이라는 책에서 "문헌적 자율성"과 "저자의 무관계성"의 개념이 본문에 어떻게 기능하는지를 조심스럽게 연구해 보면 논리적으로 요청될 수밖에 없다는, 문헌비평가들 간에 널리 용인되고 있는

---

1) W. S. Vorster, "Mark: Collector, Redactor, Author, Narrator?" (1980), 11; J. D. MaCaughey, "Literary Criticism and the Gospels" (1981), 20.
2) A. Wilder, *Early Christian Rhetoric* (1971), xxv.
3) I. H. Marshall, *Luke : Historian and Theologian*, Exeter, 1970. 특히 그의 책 중에서 "History or Theology"라는 제목의 장을 참조하라.

견해를 상세하게 비평하였다.⁴⁾ 일반적으로 저자의 의도는 본문의 의미에 몇 가지 방식으로 영향을 준다. 화자話者는 그가 전하려는 의미가 전달되도록 단어들을 사용하고, 화자의 의도는 언어사용의 유형을 결정하게 되며, 단어는 화자가 그것을 통해서 나타내려고 하는 대상referent을 소유한다.⁵⁾ 케어드G. B. Caird가 지적한 이 세 가지 사실 이외에도 저자의 의도를 암시적으로 보여주는 다른 요인들이 존재한다. 사건들의 특별한 연결이라든가 이야기의 구성 등이 그것이다. 그러므로 마가복음서 연구에 들어가기 위해서 학자들은 마가의 단어나 언어가 암시적으로 전달하는 마가의 생각들을 찾아내려고 할 때뿐만 아니라 그가 해결하려고 했던 문제들과 그가 가지고 있던 자료들에 대한 모종의 이해를 얻으려고 그의 이야기를 검토할 때도 새로운 통찰과 발견들을 얻을 수 있다는 기대를 마땅히 가져야 한다.⁶⁾

물론 본문이 저자의 의식적인 의도만을 전달할 수 있다고 생각하는 것은 아마도 일방적인 관찰일 것이다. 때론 본문은 저자가 전혀 의식하지 못했던 문법적인 습관들을 드러낼 수도 있다. 일반적으로 우리가 인정하고 있듯이 저작자의 글은 그가 가지고 있는지조차도 알지 못했던 편견들을 나타낼 수 있다. 그의 글은 현재의 독자들에게는 새롭고 흥미로운 사실들을 암시할 수 있지만, 원 저자와 독자들 사이에는 공유된 지식이어서 그 사실들을 전하는 것이 원래의 의도는 아닐 수 있다. 이런 것들을 "무의식적인

---

4) E. D. Hirsch, *Validity in Interpretation* (1967); cf. G. B. Caird, *The Language and Imagery of the Bible* (1980), 56.
5) G. B. Caird, *ibid.*, 56f.
6) P. J. Achtemeier, *Mark* (1975), 9f. "To Enter the Realm of Markan studies is therefore to enter into the excitement of new insights and fresh discoveries, as scholars seek not only to think Mark's thoughts after him, but to probe his narrative to gain some insights into the problems he sought to solve, and the resources he had available to him."

의도"라고 부르는 것은 자가당착이라고 하겠지만, 분명히 저자의 무의식적인 지평地平, horizon이 존재하는 것만은 사실이다.[7]

이러한 무의식적인 지평의 존재를 인정한다 치더라도 우리는 여기서 한계를 그어야 한다. 만일 학자들이 고대의 저자가 전달하려고 했던 것을 결정하는 일에 관심을 포기하고 그의 의도와 관계없는 예술적 가치만을 논하는 것은 이미 본문을 해석하기를 중단한 것이나 다름이 없다. 이들이 본문에서 찾으려고 하는 것이 무엇이든 간에 그것이 원저자에 의해 의도된 것도 아니고 심지어 그에 의해 반드시 인정된 것도 아닌 어떤 의미만을 다룬다면, 그런 의미를 찾으려는 그들의 시도는 "해석"이라고 말할 수 없을 뿐만 아니라 거기에는 분명히 의사소통의 실패가 있다고 볼 수 있다.

케어드는 사람들이 듣거나 읽는 것에 그들 자신의 의미를 덧붙이는 습관이 있다는 것을 인정하지만, 이런 식의 청중의 의미는 결코 그들이 듣고 읽었던 것에 본래 속해 있는 의미는 아니라고 강조한다. 말과 언어의 목적은 의사소통인데, 만일 말과 언어를 사용하고 있는 사람의 의미와 청중의 의미가 서로 일치하지 않는다면 그것은 이해의 실패요 의사소통의 실패라고 할 수 있다.[8] 따라서 저자들과 화자들은 의미를 전달하려고 언어를 사용하며 본문은 그런 의미들을 단지 나타낼 뿐이다.[9]

위에서 우리가 주장한 것들이 사실이라면 그것은 마가복음에 대해서도 사실이다. 마가가 그의 복음서를 처음 기록할 때 그는 분명히 그의 독자들이 그가 기록하고 있는 본문을 읽을 때 "자신의 의미"에 접근할 수 있다고

---

[7] 이러한 무의식적인 요소들을 재구성하는 것은 언제나 위험부담이 존재하지만, 항상 부당한 것은 아닐 것이다. 어떤 학자는 '지평'을 의식적이건 무의식적이건 저자의 의도 속에 있는 것을 지칭한다고 주장한다. 상세한 논의에 대해서는 E. D. Hirsch, *Validity in Interpretation* (1967), 222ff를 참조하라.

[8] G. B. Caird, *The Language and Imagery of the Bible* (1980), 40.

[9] 히르쉬는 본문이 무엇을 말하는가보다는 도리어 저자가 무엇을 의미하는가에 대해 말하는 것이 더 자연스럽고 정확한 표현이라고 말한다. E. D. Hirsch, *op. cit.*, 244.

생각하였음이 분명하다. 한 예로 그가 구약의 구절을 자신의 본문 속에 직접 인용할 때, 그는 인용되고 있는 단어들이 화자들에 의해서 의도된 의미들을 담고 있다는 것을 그의 청중들이 이해하였을 것으로 분명히 기대했을 것이다.[10] 그렇지 않으면 인용한다는 것은 사실 의미 없는 일이다. 세밀한 문헌 분석을 하는 사람들은 흔히 역사적 저자들, 암시된 저자들, 암시된 화자들 간에 조심스러운 구분을 할 것을 요구하기는 하지만, 그러나 이것은 실제의 역사적 저자를 어떤 방식으로든 관계없는 것으로 밀어내지는 못한다. 그는 등장인물들을 사용하여 그가 말하고 싶은 것들을 말하도록 하는 것처럼 암시된 화자들을 마찬가지로 사용한다. 저자의 의도와 상관없는 본문 내의 자율적이고 독립적인 등장인물이란 존재하지 않는다. 마가가 이유나 이야기narrative를 그의 문맥 속에 넣어 구성할 때 거기에 등장하는 화자나 인물들이 그가 본래 의도하지도 않았던 것들을 말할 정도로 자율적으로 존재하지는 않는다.[11]

따라서 위에서 언급한 문헌비평가들이 아무리 저자의 의도와 관계없는 본문의 독립성을 외쳐댄다 해도, 본문이 저자의 의도를 전달하는 수단으로 작용한다는 것은 부정할 수가 없다. 이것은 최근 몇 십 년 동안 성경학자들 사이에 "저자의 의도"를 검토하는 일에 점증하는 관심이 기울어져 왔다는 사실을 통해 분명해진다.[12] 그래서 마가의 의도를 발견하려는 소원에 동기부여를 받은 마가복음서 연구들이 최근 더욱 많아지고 있다.

---

[10] T. J. Geddert, *Mark 13 in Its Markan Interpretation Context* (1986), 48.
[11] D. Rhoads, "Narrative Criticism and the Gospel of Mark" (1982), 422.
[12] Cf. M. D. Hooker, *The Son of Man in Mark* (1967), pp.79f; J. Drury. "The Sower, the Vineyard and the Place of Allegory" (1973), p. 374. 여기에는 여러 가지 이유가 있다고 할 수 있다. 어떤 학자들은 역사적 예수나 마가 이전 전승에 관해 확실한 지식을 얻을 수 있는 가능성을 포기하고 마가 자신의 의미만을 찾으려고 하거나, 또는 역사적 예수의 말씀은 별로 중요하지 않고 단지 부활하신 그리스도의 선포만이 중요하다고 생각하여 그 선포를 마가에게서 찾으려고 하는 이유로 마가의 신학적 의도를 거론하지만, 이러한 접근을 온당한 것이라고 할 수 없다.

그러나 비록 위에서 우리가 본문을 통해서 저자의 의도를 찾는 일이 가능하다고 인정했을지라도 실제 무엇이 저자의 정확한 의도인지를 확인하는 일은 그리 쉬운 일이 아니다. 본문의 성격에 관한 한 크게는 두 가지의 견해가 있는 듯하다. 비아D. O. Via는 본문에 대해 역사비평이 취하는 태도가 서로 다르다는 것을 전제한 후, 역사비평가는 본문을 통해서 그것이 지칭하는 것을 보려고 하기 때문에 본문을 "어떤 다른 것에 대한 증거"로 취급하려는 반면에, 문헌비평가는 본문이 "자체적으로 말하는 것"을 찾으려 한다고 지적한다.13) 그러나 이 주장은 잘못된 것이다. 역사비평가가 때로 본문을 이용하여 저자의 의도와 관계가 없거나 거의 없는 질문들에 답변하려고 한다는 것은 사실이지만, 그들은 저자가 전달하려고 한 것에 대한 실마리를 얻으려고 본문의 문헌적 주변환경을 탐구하기도 한다. 따라서 복음서를 자족적인self-enclosed 문학작품으로 간주하여 본문의 문헌적이고 역사적인 배경 탐구를 완전히 이질적인 어떤 것으로 간주하려는 비아의 관점은 잘못된 것이다. 이것은 본문에 암시되어 있는 저자의 의도를 보다 잘 이해하기 위해서 단어들과 표현들을 그것들의 기독교적, 유대적, 헬라적 맥락에서 분석하는 일이 때로 필요할 수 있음을 의미하는 말이다.

그럼에도 배경 연구에 한계가 있어야 한다. 역사비평가들은 저자가 의도하지 않았던 다른 문제들에 관심을 가지고 본문을 연구할 수도 있다. 그들은 식사예절이나 술 만드는 법, 또는 농업에 관한 질문들을 탐구하려고 본문에 접근할 수 있다. 본문이 다른 부차적인 탐구를 추구하기 위해 사용될 때, 주석가는 그가 본문의 의미를 찾았노라고 주장하지 않도록 매우 조심해야 한다. 사실 마가가 제기하지 않은 질문들을 다루는 연구들에 기초할

---

13) 이 인용은 비아가 N. R. Petersen, *Literary Criticism for New Testament Critics* (1978), 5에서 진술한 편집자의 서언에서 취한 것이다.

때 마가의 의미에 대한 추론은 매우 위험스러운 것이다. 어떤 학자들은 자료비평이나 자신들이 세운 목표에 너무 골몰한 나머지 본문에서 저자가 무엇을 말하려고 하는지에 대해서는 알려고 시도하지도 않으면서 마치 저자를 잘 이해하고 있는 것처럼 착각할 수 있다. 그들은 마가의 본문을 이용하여 그의 의도가 아니라 다른 목적들을 성취한 것이다. 이것은 웬함Wenham의 자료비평 연구, 페쉬Pesch, 브란덴버거Brandenburger, 람브레히트Lambrecht 등의 연구에 해당된다.[14]

앞에서 언급한 두 가지 잘못된 오류들은 본문의 문헌적 배경을 배제하고 복음서를 완전히 자족적인 문학작품으로 간주하는 것과, 마가의 의도와는 상관없이 탐구자들 자신의 부차적인 목표를 추구하면서 마가를 이해했다고 주장하는 일이라고 할 수 있다. 이런 오류들을 배제하면서도 우리는 복음서를 완성된 통일체로 생각할 필요가 있다. 본문의 문헌적 주변환경 연구가 복음서 저자의 의도를 밝힐 수 있는 실마리를 때때로 제공해 주는 것도 사실이지만, 그가 그의 복음서를 완성된 작품으로 만들어 놓았을 때 그의 의도를 보다 분명하게 나타내는 실마리들은 복음서 밖에 있다기보다는 복음서 자체 내에 있다. 마가가 그의 복음서를 기록하였을 때 그는 분명히 자신의 의도를 그의 독자들이 깨달아 알 수 있도록 얼마간의 실마리들을 그의 본문 가운데 떨어뜨려 놓았을 것이다. 저자 마가의 의도는 단어나 언어사용의 형태 또는 문구 속에서 발견될 수도 있지만 때로 이야기의 구성이나 사건들의 특별한 배열, 또는 앞에서 이미 우리가 지적한 대로 이야기

---

[14] Cf. D. Wenham, *The Rediscovery of Jesus' Eschatological Discourse* (1984); R. Pesch, *Naherwartungen : Tradition und Redaktion in Mk. 13* (1968); E. Brandenburger, *Markus 13 und die Apokalyptic* (1984); J. Lambrecht, *Die Redaktion der Markus-Apokalypse: Literarische Analyse und Structur-untersuchung* (1967).

나 사건들 속에 나오는 인물들의 태도나 표현 속에서도 발견될 수 있다.

물론 이야기 속의 인물들이 참이라고 주장하는 것과 마가가 참이라고 주장하는 것 사이를 단순하게 동일시해서는 안 된다. 그렇지 않으면 우리는 마가가 예수는 바알세불과 한편이라거나(3:22) 예수는 되살아난 세례 요한이라는(6:14) 견해를 가진 것처럼 만들어야 할 것이다. 이 경우에 마가의 확신들을 확인하는 일은 쉽지만 다른 경우 그것은 그리 쉬운 일이 아니다. 아무튼 마가가 이야기를 사용할 때에 가졌던 의도와 이야기 속에 있는 등장인물들의 의도를 구분하지 못하면 우리는 수많은 마가의 본문들의 해석을 혼란 가운데로 몰아갈 것이다(cf. 막 4:1-34; 8:14-21; 13:1ff).

저자 마가의 의도와 관련하여 마지막으로 한 가지 언급해야 할 중요한 사실이 있다. 이것은 앞으로 우리의 계속되는 논의들 가운데서 논증되어야 하고 또한 나타날 터이지만, 미리 앞서 말해둔다면 마가는 그가 의미하는 모든 것을 본문 속에서 다 말하지 않는다는 것이다. 마가의 예수처럼 마가 자신도 독자들이 표현해 주었으면 하는 정보를 의도적으로 감춘다는 사실이다.[15] 때로 어떤 사실들에 대해서 말하지 않는 것이 마가 자신의 의도의 일부일 수 있다. 더욱더 중요한 것은 마가의 예수처럼 마가도 그의 독자들이나 청중들이 영적인 분별력을 가짐으로써 다른 사람들이 미처 깨닫지 못한 비밀들을 자신의 단순하고 직설적인 표현들 속에서 깨달아 발견해내기를 기대한다는 사실이다.

이것은 브레데 이후로 문제시된 마가복음서 내의 은폐의 동기, 즉 "메시아 비밀"the messianic secret 현상과 관련이 있다. 이 비밀의 동기가 예수 자신

---

[15] J. G. Williams, *Gospel Against Parable* (1985), 65; T. F. Geddert, *Mark 13 in Its Interpretative Context* (1986), 56.

에게로 소급되는지 아니면 마가 자신의 신학적 창작인지는 후에 우리의 논의에서 밝혀질 것이다. 그러나 비록 우리가 브레데의 이론을 받아들이지 않는다 할지라도 마가가 겉으로 보기에는 직설적이고 단순한 듯한 자신의 표현 속에서 영적인 통찰력이 있는 독자들이 스스로 자신이 무엇을 말하고 있는지 깨닫게 되기를 기대하고 있는 것만은 틀림없다.

우리는 마가가 명백하게 말하고 있는 것에 근거하지 않고 마가가 침묵을 지키는 문제들에서 추론하려는 접근방식들을 비평한 로빈슨J. M. Robinson의 주장을 신중히 고려해야 한다.[16] 우리는 마가의 분명한 진술을 희생해 가면서 그의 모호하고 암시적인 진술을 일방적으로 사용함으로써 거기서 결론을 추론해 내려는 어떤 접근방식도 마땅히 의심해야 한다. 그러나 마가의 덜 분명한 실마리들을 완전히 소홀히 하는 것 또한 심각한 오류이다. 마가복음 내에 은폐의 동기들과 비밀 현상들이 존재할 뿐만 아니라, 예수의 미묘하고 암시적인 의사전달의 성격을 크게 부각시키며, 또한 단순히 눈에 보이는 것 이상으로 들을 귀를 가질 것을 되풀이하여 호소하는 구절들이 강조되는 것으로 볼 때 마가복음서는 동일한 기술들을 사용하고 있고 또 비슷한 이유들로 그렇게 한 저자에 의해서 기록되었을 가능성이 많다. 그러므로 마가가 예수를 본받아 그의 교훈들과 사건들을 때로 암시적으로 표현했을 가능성은 심각하게 고려되어야 한다.

편집비평적 접근의 평가

저자의 신학적 의도를 찾고자 하는 또 다른 최근의 방법론의 편집비평적

---

[16] J. M. Robinson, *The Problem of History in Mark* (1957), 12.

복음서 연구 방법이다. 편집비평編輯批評이란 본래 양식비평에서 논리적으로 발전해 나간 복음서 연구방식이라고 할 수 있다. 이 방법을 사용하는 사람들의 근본적인 질문은 이렇게 묘사될 수 있다 : 양식비평가들이 추정한 대로 복음서의 개별 전승들이 본래는 시간과 장소에 관련 없이 구전형태口傳形態로 제각기 떠돌아 다녔다고 한다면, 복음서 저자들이 어떻게 그리고 무슨 목적으로 이런 개별 구두 전승들을 이야기가 되도록 꿰맞추어 놓았는가? 문서설의 옛날식 적용에 의하면 복음서 기자들은 창조적이고 독립적인 저자가 아니라 가위로 어느 정도 자르고 오려 붙이는 자들로 여겨졌다. 그러나 이러한 순진한 주장을 비평하는 편집사 비평자들은 복음서 기자들이 순전히 '창조적인 저자'이며 그들 각자는 독립된 신학적 견해를 뚜렷이 갖고 있다고 보고 그것을 찾아내는 것이 그들의 과제라고 생각하였다. 편집비평가들의 주장은 저자의 신학적 의도를 찾으려는 그들의 문제 이외에도 복음서 내용의 신뢰성이라는 또 다른 심각한 문제를 제기해 주고 있다.

特註 : 복음서 기록의 신뢰성

편집비평은 복음 전승의 불확실한 구전단계의 전역사前歷史, Pre-history에 초점을 맞추는 양식비평의 사변적인 약점을 교정하고 지금 현존하는 복음서 본문 자체에 관심을 가진다는 면에서 장점을 지닌다. 그럼에도 불구하고 많은 편집비평 연구들은 보다 급진적인 양식비평의 가정假定들 위에서 출발한다. 이들 급진적인 비평가들은 복음 전승이 신뢰할 만하지 못하다는 생각을 받아들이고 복음서 기자들이 초대 교회가 보존하고 발전시키고 개작하고 새로 만들어낸 개별 전승들을 더 변경시켜 복음서 저자의 신학적인 목적에 따라 현재의 복음서를 썼다고 가정한다.

그러나 이것은 초대 교회의 실제 상황을 일방적으로 곡해한 견해이다. 기록된 실제 사건들c. A. D. 27-30년과 최초의 복음서가 쓰여진 것으로 여겨지는 기간c. A. D. 70년 이전 사이에 한 세대 정도밖에 안 되는 상당히 짧은 기간약 40년이 존재한다는 것은 복음서 형성을, 수세기에 걸쳐 형성된 다른 고대 문헌들과 뚜렷이 구분시킨다. 만일 그리스도인들의 주장이 실제 사건들과 일치하지 않고 오류에 빠졌다면, 기독교에 반대하는 자들뿐만 아니라 예수의 사역을 직접 목격한 자들이 이 구전 기간 동안의 그리스도인들의 주장을 쉽게 반박하거나 신빙성이 없는 것으로 만들 수 있었을 것이다. 사실 복음서들이 쓰여졌을 때 예수의 사도들과 예수를 목격한 증인들이 많이 살고 있었고 바울 자신이 이 기간 동안의 복음 전승의 신뢰할 만한 성격을 언급했기 때문에(고전 15:1-8 참조), 상대적으로 짧은 이 기간 동안 전설이나 신화들을 수집하고 본래 전승과 현저히 일치하지 않는 새로운 전승을 창작해냄으로써 예수의 행적과 교훈을 초대 교회가 상당히 변모시켰다는 가정은 역사적으로 가능성이 없다.

복음 전승이 신뢰할 만하게 전수되었을 가능성을 긍정적으로 평가한 학자들은 양식비평의 대두 이후 그 비평적 전제에 반론을 제기하고 복음서 전승의 방식에 새로운 시각을 열어준 스칸디나비아 학파이다. 이러한 새로운 시각을 열어준 사람은 스칸디나비아 반도의 학자 리젠펠트H. Riesenfeld인데, 그는 복음서 전승의 본래 기원이 초대 교회의 선교적 설교와 공동체 교육이었다는 양식사적 증거를 가지고 있지 못하다고 하였다. 오히려 예수에 관한 전승은 어떤 고정된 범주의 사람들, 예를 들면 사도들에 의해서 전해져 내려왔고 그것은 무엇보다도 랍비적 전승의 전수과정과 유사하다고 지적하였다. 랍비들은 율법과 그 해석에 관한 전승들을 매우 신뢰할 만하게 후대에 물려주었고 랍비의 제자들은 그들이 선생에게서 들은 것을 거의 정확하게 외워서 후대에 전해주었다는 것이다. 이 견해에 따르면 어떤 현대 학자들이 생각하는 것처럼 전승을 완전히 다른 형태로 발전시키거나 임의로 새로 부가시킬 만한 가능성은 존재하지 않는다. 리젠펠트는 주장하기를 만일 전승이 이런 식으로 다루어진다면, 결국 전승은 양식비평가들이 생각하는 대로 초대 교회에 의해서 창조적으로 발전되고 변경되고 추가된 것이 아니라 예수 자신에게 소급될 수 있고 따라서 특별한 신뢰성을 가지고 검토되어야 한다고 했다.[17] 리젠펠트의 주장을 받아들여 랍비적 전승이 전수되어온 방법을 상세하게 검토하고 그의 이론을 발전시킨 사람은 게할드슨 B. Gerhardsson이다. 그는 탄나임 the Tannaim의 역할을 전문적인 전승 암기자로 보고 전승뿐만 아니라 랍비 권위자들의 결정들(전승의 확장, 수정, 또는 삭제)은 바로 이 전문적인 랍비들에 의해 후대에 전수되었으며, 그 전수되는 과정이 암기나 필기노트, 구두인용 등의 공적인 과정을 통하기 때문에 신뢰성이 있다고 하였다.[18]

첫째로, 랍비적 전승의 엄격성에 대한 증거는 비교적 후기에 속하고, 이러한 후기 랍비적 태도를 1세기 유대교에 거슬러 올라가 소급 적용하려는 시도가 성공적이지 못하다는 비평이 있다. 그래서 스미스 M. Smith는 "A. D. 200년경에 발전된 랍비적 전승의 습관을 A. D. 70년 이전 기간에 소급하여 적용하는 것은 시대착오적이다"[19]고 지적하였다. 비슷한 비평적 태도를 취하는 또 다른 학자는 유대교 학자 뉴스너 J. Neusner이다. 뉴스너는 그의 저서인 『A. D. 70년 이전 바리새파에 관한 랍비전승들』 Rabbinic Traditions about the Pharisees before A. D. 70에서 랍비문헌 연구에 "양식비평"을 적용하였

---

[17] H. Riesenfeld, *The Gospel Tradition and Its Beginnings*, London 1967.

[18] B. Gerhardsson, *Memory and Manuscript: Oral Tradition and Written Transmission in Rabbinic Judaism and Early Christianity*, Uppsala 1961.

[19] M. Smith, *review in Journal of Biblical Literature 82*, 1963, 169–76.

다. 이것은 랍비문헌 역시 다양한 구전단계를 거쳐서 증보, 발전, 창조, 변경되어 왔기 때문에 어떤 주어진 랍비설화의 양식, 그 안에 언급된 인물, 그것을 주석한 사람 등이 전승의 연대를 결정하는 데 중요하다는 것을 의미한다. 그래서 뉴스너는 내용內容을 연대 결정의 주요 요인으로 간주하기를 거절한다. 결국 페루심the Perushim에 관한 371개의 전승들 가운데 많은 경우에 발견되는 "양식"과 확인 가능한 "이름들"은 얍니아 회의의 시대적 정황과 일치하기 때문에, 그는 얍니아가 확인 가능한 전승의 출처이며 A. D. 70년 이전의 페루심에 관한 지식은 거의 불가지론적인 회의에 빠져있다고 믿는다. 따라서 그는 구약, 중간사 시대, 그리고 헬라 문헌의 평행구절들에 근거하여 A. D. 70년 이전 시기까지 소급할 수 있다는 게할드슨의 주장을 반박하였다.20)

그러나 양식을 고려해 볼 때 전승의 형태를 바꿀 수는 있을지 몰라도 그 기본적인 내용에 대해서는 별 큰 변경을 가했다고 보지 않음으로써 뉴스너보다는 보다 긍정적인 자세를 취하는 다른 유대인 학자들이 있다. 따라서 이들은 A. D. 100년부터 200년 사이의 미슈나적인 전승들이 B. C. 200년부터 A. D. 70년까지의 랍비들에 관한 정확한 정보를 제공해 줄 수 있다고 믿는다.

뉴스너가 사실 랍비 본문(주로 주후의 것)에 관한 순진한 확신은 근거가 없음을 보여준 것은 어느 정도 사실이고 그가 불가결한 데이터와 가치 있는 논의들을 제공한 것은 인정해야 한다. 그러나 그는 A. D. 70년 이전의 랍비들의 교훈방식에 대해서 급진적인 회의론懷疑論을 주장한 점은 근거가 충분치 못하다. 스미스와 뉴스너가 주장한 대로 사실 A. D. 70년을 기점으로 랍비문헌 운동에 있어서 그렇게 날카로운 단절의 변화가 있었는지

---

20) J. Neusner, *Rabbinic Tradition and the Pharisees Before A. D. 70*.

는 아직 논증된 바가 없을 뿐만 아니라, 오히려 증거의 부담을 안고 있는 것은 그러한 단절을 가정하는 스미스와 뉴스너 편에 있다. 오히려 다음 몇 가지 점들은 70년을 기점으로 상호 연결될 수 있는 가능성을 보여준다.

사실상 고대 사회의 모든 교육적 상황은 선생이나 본문의 말씀과 전승들을 어느 정도 외워야 할 것을 요구하고 있고, 심지어 구약 저술의 많은 부분(예, 예언의 신탁)과 중간사 시대의 지혜 말씀들은 본래 구전으로 전수되었고, 뉴스너 자신도 인정하듯이 A. D. 70년 이전의 자료에서 어떤 "암기적 구조들"memonic structures이 있음을 관찰할 수 있다. 따라서 우리는 게할드슨이 주장한 대로 얼마간의 구전전승이 있었음을 인정하고, A. D. 70년 이전, 즉 신약시대의 유대 랍비들은 그들의 위대한 스승의 말씀들을 외웠던 습관이 있었음을 긍정한다(cf. 암기는 쿰란 문헌에서도 큰 비중을 차지한다(e. g. IQSa I, 4-8). 이것은 유대 문헌의 후기 단계에 발견되는 암기적이고 주경학적인 양식들이 신약시대에도 살아있었음을 의미한다. 그러나 동시에 우리는 게할드슨의 이론을 수정할 필요도 있음을 인정한다. 초기 유대교의 전승방법은 반드시 구전만일 수도 없고 항상 조심스럽게 통제된 것도 아니었다. 신약시대에도 노트필기와 기록된 미슈나 수집본들이 널리 사용되기도 하였고, 상당할 정도는 아니지만 편집자들의 변경과 편집행위도 있었다.

둘째로, 보다 중요한 비평은 다음 질문이다. 랍비적 전승과 기독교적 전승 간에 과연 어느 정도 합법적으로 유추類推를 끄집어낼 수 있는가? 비평학자들은 주장하기를, 예수는 랍비가 아니었고 그의 제자들도 랍비적 제자들이 아니었다는 것이다. 그래서 바레트C.K.Barrett는 거룩한 전승의 보관자들로서 사도들의 역할은 매우 의심할 만하다고 주장하였다.[21] 이 비평은 과연 정당한 것인가?

게할드슨에 따르면 예수의 제자들의 전승방법이 랍비들의 방법과 닮았다는 것을 다음과 같이 주장한다. (1) 예수는 랍비처럼 가르쳤고 의도적으로 그렇게 제자들을 훈련시켰다. (2) 제자들은 예수의 교훈을 당대의 평상적인 교훈 습관에 따라 암기하였다. (3) 부활 이후의 사도 그룹은 전승을 다른 사람에게 전해주고 그것을 통제하는 의식적인 랍비적 관행을 가졌다. (4) 동일한 이 예루살렘의 사도들은 전승의 내적인 의미를 주석하기 위해 학가다적haggadic이며 다른 미드라쉬적인midrashic 기술들을 확대 적용하였다. (5) 복음서는 처음에 구두로 전승되다가 기억을 돕기 위해 노트필기 등도 사용하였고 결국 완전한 복음서로 대치되었다. 이것은 물론 게할드슨이 복음서 내에서의 "편집활동" 자체를 부정하거나 복음 전승의 기계적인 정확성을 주장하는 말도 아니다. 단지 그가 말하려는 것은 복음 전승이 삼단계를 거쳐 전수되었다는 것과 그 전수과정이 랍비적 전승 관행과 유사하기 때문에 복음서의 전승이 급진적인 양식비평가들이나 편집비평가들이 주장하는 것처럼 임의적으로 개작되거나 창작되었다기보다는 신빙성 있는 전수과정을 거쳤다는 것이다. 복음 전승의 삼 단계란 (1) 선생으로서 예수, (2) 전승의 전수자로서 교회, 그리고 (3) 전승의 최종단계로서 기록된 말씀이다.

선생으로서의 예수에 대한 게할드슨의 평가는 대체로 정확하다. 공관복음서에서 선생didaskalos이란 말이 40회 사용되었고 랍비rabbi라는 말이 8회 예수에 대해 사용되고 있는데, 이것은 당시에 예수께서 선생의 모습으로 인정되었음을 보여준다. 예수께서 일단의 제자들을 거느린 선생이었기 때문에, 그가 아무런 전승도 그의 제자들에게 주지 않았다고 주장하는 것은

---

21) C. K. Barrett, *review in Journal of Theological Studies 14*, 1963, 445–49.

어리석은 일이다. 더욱이 예수께서 그의 생전에 그의 교훈을 다른 사람들에게 전하기 위해 그의 제자들을 사용했다는 것은 확고한 복음 전승이다(막 6:7-13; 눅 9:1-6; 10:1-16; 마 9:36 등).

두 번째 단계는 전승의 전수자로서의 교회이다. 흔히 초대 교회는 역사적인 예수에 대해 별 관심이 없었다고 주장되어 왔는데, 그러나 예수의 제자들이 처음부터 예수에 관한 전승을 전수하려고 하지 않았다는 주장은 신빙성이 없어 보인다. 아무리 초대 교회가 부활하신 그리스도의 임재에 흥분했다 하더라도 지상적인 예수는 분명히 그들이 초신자들에게 종말론적인 공동체 내에서 어떻게 살아야 할지 교훈하기 위해서 사용한 일차적인 자료임이 분명하다. 특히 사도행전 1:21-22의 이야기는 사도들의 일차적인 역할이 부활을 증거하는 것뿐만 아니라 지상적인 예수의 생애와 교훈에 대해 증거하는 것이었음이 분명하다. 그러한 역할을 지닌 사도들이 전승의 발전에(기계적인 통제는 아닐지라도) 모종의 통제 역할을 했다는 것은 아주 분명하다. 이것은 사도 바울의 회심에서도 증명된다. 바울이 회심한 후에 계시를 받았을 때 적어도 그는 두 번 이상 예루살렘 사도들로부터 그의 복음을 인준받으려고 그곳을 방문할 필요를 느꼈다는 점이다(갈 2:1-10). 이 점에서 볼 때 예수에 관한 초대 교회의 전승이 전혀 통제를 받지 않고 복음서 기자들이 그들의 신학적 목적 때문에, 그리고 개 교회가 각기 필요에 의해 전승을 변경하고 개작하여 심지어 창조까지 했다는 양식비평가들과 편집비평가들의 급진적인 주장은 설득력을 잃은 것으로 보인다.[22]

---

22) 물론 공관복음서에서 나타나듯이 예수의 말씀의 다양한 형태들이 발전되기 때문에 게할드슨이 제시한 이론이 가능성은 있을지라도 충분한 확실성을 확보했다고 볼 수는 없을 것이다. 스칸디나비아 학파의 이론을 보다 가능성 있는 수준으로 끌어올린 사람은 독일 학자 Rainer Riesner이다 (*Jesus als Gebrer*, J. C. B. Mohr, Tübingen, 1981). 그는 이 박사 학위논문에서 고대 이스라엘과 주변 나라들에 공통적으로 발견되는 교육 방법에 주의를 기울임으로써 복음 전승의 신뢰성을 조심스럽게 정초하려고 하였다.

스칸디나비아 학파의 이러한 주장에도 불구하고 여전히 남아있는 한 가지 문제가 있다. 공관복음서의 평행구절들 간에 언어와 세부 내용의 차이점들이 엄연히 존재한다는 사실은 복음서 기자들이 유대 랍비들의 발전된 암기식의 전승방식을 채택하였다는 가설을 무너뜨리고 있지 않은가? 게할드슨은 그의 비평가들의 비평에 직면하여 좀처럼 물러서지 않을 뿐만 아니라 그의 입장을 한층 더 발전시키고자 하였다.[23] 그러나 웁살라 학파에 의해서 소개된 논의를 보다 가능성 있는 새로운 수준으로 발전시킨 사람은 독일의 학자 라이너 리스너R. Riesner이다.[24] 그는 예수께서 채용하지 않았을지 모르는 랍비적 관행들에 초점을 맞추기보다는 고대 이스라엘과 그 주변 국가들 가운데서 흔히 발견되는 교육적 방법들을 상당히 포괄적으로 검토하였다. 그는 이 검토를 통해서 예수의 제자들이 예수에 관한 전승을 반드시 어구대로 암기하지도 않으면서도 조심스럽고 정확하게 보존하였음을 보여주는 적어도 다음 여섯 가지 이유들을 제시하였다.

첫째로, 예수는 주의 말씀을 권위를 가지고 선포함으로써 하나님으로부터 계시로 받은 것을 경외심을 가지고 보존하려고 했던 구약 선지자들의 관습을 따랐다. 구약의 많은 부분들이 상당히 회의적인 학자들에 의해서도 아주 잘 보존된 것으로 인정받고 있는 것처럼, 예수의 말씀들도 같은 맥락에서 고려되어야 한다. 둘째로, 예수께서 때로 은밀한 방식일지라도 자신을 메시아로 제시하였다는 사실은 그의 제자들로 하여금 예수의 말씀을 잘 보존하도록 만드는 동기로 작용하였는데, 그 이유는 1세기 메시아 기대들을 담고 있는 다양한 문헌들 가운데 메시아는 지혜의 교사라는 시종

---

23) B. Gerhardsson, *Tradition and Transmission in Early Christianity*, Lund Gleerup 1964; *The Origins of the Gospel Tradition*, London, SCM, 1979.
24) Rainer Riesner, *Jesus als Lehrer*, J. C. B. Mohr (Paul Siebeck), Tübignen 1981. 본래 이것은 리스너의 학사학위 논문을 책으로 출판한 것이다.

일관한 사상적 흐름이 전제하기 때문이다. 셋째로, 복음서들은 예수를 지혜의 교사로 묘사할 뿐만 아니라 그의 말씀들 가운데 90% 이상을 히브리 시(詩)에서 발견되는 것과 같은 그림언어들과 문체들을 사용함으로써 외우기 쉬운 형태들로 표현하였다. 넷째로, 복음서에는 예수께서 그의 생애 동안에 열두 제자들에게 특정한 교훈들은 '배우고' 그들이 배운 것을 다른 사람들에게 전수하라는 명령을 한 광범위한 증거가 존재한다(막 6:7-13; cf. 막 13:28; 눅 11:1; 막 9:10; 행 2:42). 다섯째로, 예수 당시 이스라엘 사회에는 소년이 열두 살이 될 때까지 기초교육을 받는 관습이 널리 실행되고 있었기 때문에 사도행전 4:13과 같은 본문들은 제자들이 읽고 쓰고 외우는 능력이 전혀 없는 무식한 사람들이란 뜻으로 해석되어서는 안 된다. 여섯째로, 유대와 그리스-로마 사회의 거의 모든 선생들은 그들의 교훈과 삶을 후세에 전해주기 위해서 그들 주변에 제자들을 모으는 일이 많았는데, 예수가 아무리 랍비들과 다르다 할지라도 그도 역시 제자들을 그런 방식으로 모았음이 분명하다. 만일 그가 그의 제자들을 그의 사역을 앞으로 계속 지속할 무리들로 보았다면, 그는 분명히 그들이 그의 메시지와 사역을 성실히 보존할 것에 관심을 가졌을 것이다.

리스너의 결론은 다른 두 독일 학자들에 의해서 강화되어 왔는데, 그들은 초대 교회 내에 있었던 일반적인 전승의 보수적 성향과 그 전승을 보존하는 일에 있어서 기독교 교사들의 역할을 논의하였다.[25] 리스너가 충분히 다루지 못한 단 한 가지 문제가 있다면 현재 복음서 기록들 가운데 왜 차이점들이 존재하는가라는 문제라고 생각된다. 아무리 많이 암기되었다 하더라도 초대 교회는 전승의 어느 단계에서 그들이 얻은 예수에 관한 정

---

25) P. G. Müller, *Der Traditionsprozess im Neuen Testament.* Freibrug, Herder 1982; F. Zimmermann, *Die urchristlichen Lehrer*, Tübingen, Mohr 1984.

보를 자유롭게 부연설명하고 재배열하고 설명하고 생략하는 일을 했던 것으로 보인다. 그러나 이것은 게할드슨이나 리스너가 지적한 대로 전승에 대한 유대사회의 보수적 성향을 고려해 볼 때 초대 교회의 임의적이며 창조적인 편집행위라고 볼 수는 없다. 필자는 앞에서 유대 랍비들뿐만 아니라 초대 교회의 전승과정이 기계적인 것이 아님을 지적하고 전승의 신뢰성을 해치지 않는 범위에서 기존 전승에 대한 편집과 해석 행위가 있을 수 있음을 설명하였다. 사실 양식비평과 편집비평 학자들의 급진적이고 부정적인 전제들만 받아들이지 않는다면, 복음서들의 역사적 신뢰성은 인정하면서 그들의 독특한 신학적 강조점들을 찾아내는 일은 이미 스톤하우스N. B. Stonehouse와 같은 복음주의 학자들에 의해서 실행되어오고 있다.[26] 초대 교회가 오직 한 복음서만 남겨놓지 않고 지금의 네 복음서들을 나란히 다 정경으로 인정한 사실, 그리고 타티안Tatian 식으로 네 복음서를 하나로 조화시켜 한 복음서로 종합해 놓지 않은 사실은 마태, 마가, 누가, 요한이 서로 간과되거나 무시될 수 없는 독특한 강조점들을 지닌다는 사실을 인정한 것이나 다름이 없다.

복음 전승의 신뢰성 문제 이외에 우리는 편집비평에 대하여 또 한 가지 비평적 관찰을 할 필요가 있다. 로데J. Rohde는 초기 편집비평가들을 평가하는 책에서 그들의 장점을 정확하게 분석했다. 편집비평가들은 알려져 있지 않은 구두전승 기간을 추적하는 양식비평보다는 현재 완성된 현재의 본문 자체를 다룬다는 의미에서 복음서에 훨씬 더 공정을 기한다고 볼 수 있다.[27] 그러나 로데가 분석하는 데 실패한 것은 거의 모든 편집비평적 연

---

[26] N. B. Stonehouse, *The Witness of the Synoptic Gospels to Christ*, Baker Book House, Grand Rapids, Michigan, 1944.
[27] J. Rohde, *Rediscovering the Teaching of the Evangelists* (1968), 257.

구에서 발견되는 심각한 모호성이다. 사실 편집비평이 방법方法인지 목표目標인지조차 학자들 간에 결정되지 못하고 있다.

편집비평에 대한 여러 정의들이 존재한다. 그 중에 여러 학자들 간에 '표준적인 정의'라고 여겨지는 것은 페린N. Perrin의 것이다. 그는 편집비평을 논의하는 초기 저술에서 그것을 이렇게 정의한다 : "편집비평이란……전통적인 자료를 수집하고 배열하며 편집하고 수정하는 데서, 그리고 초대 기독교의 전승들 속에서 새로운 자료를 작성하고 새로운 양식들을 만들어 내는 데서 나타나는 대로 저자著者의 신학적 동기를 연구하는 일에 관심을 갖는다. 비록 이 과제가 편집비평이라고 불리고는 있지만 그것은 또한 새로운 자료를 작성하고, 편집되거나 또는 새롭게 창조된 자료를 새로운 단위로 배열하고, 뿐만 아니라 기존 자료를 편집하는 일에도 관심을 두기 때문에 '구성비평'Composition criticism이라고도 불릴 수 있다."[28]

이 정의의 첫 번째 문제점은 그것이 정의로서 유용하기에는 너무 많은 것을 내포하고 있다는 점이다. 구성비평의 모든 것을 편집비평의 범위 속에 포함시킨다는 것은 너무 부정확하여 그리 큰 도움을 주지 못한다. 보다 심각한 두 번째 문제점은 이 정의가 편집비평이 방법이요 동시에 목표라고 주장하는 점이다. 편집비평은 모종의 기술을 사용하여 저자의 신학적 동기를 발견하려는 시도이다.[29] 이 진술의 저변에 숨어있는 가정은 그런 기술을 사용하여 바라는 목표가 성취된다는 것이다. 어떤 학자들은 일련의 기술들을 훨씬 더 축소 정의함으로써 첫 번째 문제를 해결하려고 하지만, 이로써 첫 번째 문제는 해결될지 몰라도 두 번째 문제는 악화된다. 포드J. M. Ford 같은 학자는 편집비평의 개념을 축소 정의하여 말하기를, "복음

---

28) N. Perrin, *What is Redaction Criticism?* (1970), 1; cf. E. Haenchen, *Der Weg Jesu* (1966), 24.
29) Cf. T. J. Geddert, *Mark 13 in Its Interpretation Context* (1986), 35.

서에 있어서 편집이란 저자들이 어떤 신학적 관점을 전달하려는 목적으로 그들의 자료 또는 자료들에 가하는 편집행위를 가리킨다"고[30] 진술한다. 그러나 복음서 기자가 기존 자료의 본문을 "수정"emendation하는 일에 초점을 맞추는, 훨씬 더 좁게 정의된 편집비평의 이 방법이 저자의 의미와 목적을 발견하는 데 적절하다고는 도무지 생각되지 않는다. 편집 부분과 전승 부분을 구별할 수 있을지라도(대부분의 편집비평 연구가 이 경우에 확인할 수도 없는 자료를 의도적으로 확대 해석하는 경향이 있다는 것은 접어두고라도), 복음서의 편집비평적 연구에서 얻어지는 결론들의 다양성이 증거하듯이 전승을 수정하는 데서 저자의 목적과 의도를 정확히 추론할 수 있다는 보장이 없다. 사실은 편집행위를 분석하는 데서 오류가 생기기보다는 편집 목적을 종합하는 데서 훨씬 오류의 가능성이 클 뿐만 아니라[31] 복음서 기자가 수정하지 않고 그대로 받아들인 기존 자료들은 그의 신학적 의도를 나타내는 데는 별 가치가 없다고 가정하는 자체가 아주 비논리적이다. 최근의 학자들은 개별 복음서 기자들의 의도와 목적이 실제에 있어서 전승들을 변경시키지 않으면서도 강조되는 부분들에 의해서도 결정되어야 함을 점차 인정하고 있다.[32] 마가는 저자로서 진지하게 다루겠다는 편집비평의 약속은 이 점에서 실현되지 않았음이 분명하다.

주목되어야 할 또 다른 문제가 있다. 그것은 편집비평이 목표가 아니라 방법이라고 생각하는 학자들조차도 그 방법이 어떤 목표를 성취하려고 하는지에 대해 의견일치를 보지 못하고 있다는 사실이다. 마테라F. J. Matera와

---

[30] J. M. Ford, *My Guest* (1984), 1.
[31] J. D. Crossan, "Mark and the Relatives of Jesus" (1973), 6.
[32] C. Blomberg, *The Historical Reliability of the Gospels* (1987), 37. " Some have assumed the an author' s perspective emerges only from a study of how he has edited his sources. But most authors regularly cite information from various authorities precisely because they agree with it and do not need to modify it in any way."

같은 학자는 편집비평이 탐구하려는 것은 "본문의 의미"이거나 또는 "저자의 의도들"이라고 주장하는 반면에,33) 슈타인R. H. Stein 같은 학자는 그것을 격렬하게 부정한다.34) 슈타인은 편집비평을 저자의 신학을 발견하려는 시도로 정의하는 것은 오류라고 못박고, 편집비평은 일차적으로 저자가 사용하는 자료들과 관련하여 그의 "독특성"uniqueness이 무엇인가를 찾으려는 데 목적이 있다고 주장한다. 이것은 복음서 기자들이 공통적으로 믿는 것은 일차적인 관심이 아니라는 것을 의미한다.

따라서 학자들은 편집비평의 방법이나 목표가 무엇인지에 대해서조차 의견일치를 찾지 못했다는 결론에 이르게 된다. 그들이 편집비평을 사용하여 방법과 목표를 명기하려는 이중의 의무를 다하려고 하는 한 이러한 상황은 아마도 쉽게 바뀔 수는 없을 것이다. 따라서 편집비평을 방법으로 생각하는 사람들은 이제 그 자체의 방법으로는 저자의 의도들을 밝히는 데 부적절하다는 인식을 가질 때가 왔다고 본다. 그것은 단지 저자와 특정한 자료의 관계를 드러내려고 시도할 뿐이고 또 거기에는 많은 추측적인 요소가 개체되어 있다. 편집비평이 목표라고 생각하는 사람들은 앞에서 거론한 학자들이 그것이 더 이상 편집비평이 아니라고 주장할 때까지 관련된 방법론들을 계속 확대하려고 할 것이다.

이 문제를 나중에 깨달은 페린은 그의 초기 오해들을 인정하면서 그의 초기 정의가 막센W. Marxen에게 너무 영향을 많이 받은 것 같다고 진술하였다. 그는 아무리 그의 초기 정의가 편집비평의 정의로서 타당성을 지닌다고 해도, 그 정의의 문제점에 대한 그의 지적은 시사하는 점이 많다 : "그것은 복음서 해석에 적합한 비평적 방법의 정의는 아니다. 왜냐하면 그것

---

33) F. J. Matera, "Interpreting Mark" (1968), 53.
34) R. H. Stein, "What is Redaktionsgeschichte?" (1969), p. 53.

은 복음서 기자의 문헌적 활동을 너무 좁게 정의하기 때문이다. 그것은 저자로서 복음서 기자의 문헌적 활동의 전체적인 범위에 공정을 기하지 못한다; 따라서 그것은 그가 작성한 본문의 전체 영역에 공평을 기할 수 없다."[35] 이것은 편집비평이 복음서 기자의 사상적 틀 속에서 한 본문의 충분한 의미와 기능을 결정하는 유일한 방법으로서는 부적합하다는 것을 뜻한다. 좁게 정의된 어떤 개별적 주석방법도 복음서 기자들의 목소리를 포괄적으로 경청하는 일을 위해서는 적합하지 않다고 말할 수 있다. 그러므로 보다 광범위한 접근이 필요하다. 다루는 주제가 어떤 것인가에 따라서 그의 합당한 방법을 모두 동원하지 않고 한 가지 방법에만 매달려 그것으로 모든 것을 포괄하려는 것은 잘못이다. 모든 본문은 복음서 기자가 독자들의 해석을 돕기 위해 남겨 놓았을지 모르는 열쇠들을 찾아 근접 문맥과 전체 문맥에 열려진 눈을 가지고 연구되어야 한다.

과제 중심의 방법론

방법론이 복음서 연구에 매우 중요한 역할을 한다는 것은 아무리 강조해도 지나치지 않는다. 보통 방법론을 결정하게 되면 어느 정도 그 연구의 결과를 예측할 수가 있다. 그러나 우리의 목적이 저자가 본문을 통해 전하려는 의미를 발견하는 것이라면 어떤 방법을 선택해야 하는가? 물론 어떤 방법이든 의미를 드러내기는 하겠지만, 중요한 것은 어느 방법이 저자의 의미를 드러낼 수 있는 보다 많은 기회를 제공해 주는가에 있다. 학자들은 때때로 저자의 의도를 찾아야 하는 그들의 과제보다는 그들이 사용하는 방법론에 더 현혹되는 수가 많다. 이것은 어린아이들이 장난감을 가지고 놀

---

[35] N. Perrin, "The Interpretation of the Gospel of Mark" (1976), 120.

때와 마찬가지이다. 그들은 마음속에 어떤 계획을 먼저 수립하고 나서 대상들을 수집하지는 않고 그저 상상력이 가는 대로 대상들을 이리저리 꿰맞추어 흥미 있는 것들을 만들려고 하는 경우가 대부분이다. 성경학자들도 이와 같이 과제보다는 방법론에 훨씬 매력을 느끼곤 한다. 양식비평이든, 편집비평이든, 문헌비평이든 간에 학자들은 한 방법론에 매달려 그것을 가지고 성취할 수 있는 것에만 관심을 갖는다. 본문의 성격에 따라 방법론을 적용하는 것이 아니고 방법론을 먼저 정해놓고 그들이 고정화시킨 방법론에 본문을 꿰맞추려고 하며, 정당치 못한 결론들을 끌어내곤 한다. 때로 여러 다른 방법론이 저자의 의도들을 규정하도록 사용되기 때문에 모순되는 해석들이 나오기도 한다.36)

한 가지 방법만 사용하는 학자들이 흔히들 저자의 의미를 발견했다고 부당한 주장을 하는 수가 많지만, 우리가 앞에서 편집비평의 방법론을 비평할 때 지적하였듯이 독립된 어떤 개별 방법론도 저자의 의도를 드러내기에는 적합하지 않다. 아무리 그런 방법론이 과학적인 객관성을 지향한다는 후광을 입고 있어도, 우리의 목적이 저자의 의도를 찾는 것이라면, 선택된 방법이 관계있는 자료를 소홀히 하는 한 그러한 과학적 객관성의 모습은 환상에 불과하다. 여기서 지적하려는 것은 본문이 타당한 접근방식을 결정하도록 하지 않고 학자들이 그들의 방법을 사용하는 데만 매달림으로써 가치 있는 자료들이 소홀하게 취급되어 왔다는 점이다. 그러므로 테일러V. Taylor는 본문이 특정한 설명방식을 요구한다는 사실과, 마가의 이야기들이 한 가지 종류뿐이라고 가정하는 것은 잘못이라고 잘 지적하였다.37)

---

36) V. Taylor, *The Gospel According to St. Mark* (1953), 364.
37) 복음서 연구에 있어서 이러한 "다중적 전망"의 필요성은 여러 신학자들에 의해서 지적되고 있다. 그러나 비록 우리가 이로써 복음서의 의미의 다차원적 성격을 인정한다 하더라도 그 다차원성을 복음서 사상의 전체 구조들(structure)속에서 조화된 의미를 갖도록 해석되어야 한다.

더욱이 이것은 단순히 한 구절마다 다른 방법을 선택해야 한다는 문제가 아니다. 그것은 동일한 구절들에 다양한 방법들을, 다양한 관점에서 사용하는 문제이다. 이것은 본문의 심층적 의미를 드러내기 위해서 때로 "다중적 전망"multiple perspectives을 취해야 할 필요를 말하는 것이다.[38] 마가와 그의 전승들이 구약적 개념들과 본문들의 깊은 영향을 받은 것이 분명하기 때문에 각 구절마다 마가의 의미에 실마리를 제공해 줄 수 있는 구약의 본문들을 찾을 필요가 있다. 그리고 삽입구절들, 이야기 구조들, 상호 해석적인 이야기 단위들pericopes의 병렬조합, 그리고 전체 장들의 교차대귀적chiastic이거나 구심적인concentric 배열 등이 마가가 그의 의도를 전달하는 데 도움이 되도록 사용한 문헌적 장치들임이 분명하기 때문에, 우리는 각 이야기 단위마다 마가가 그의 해석자들을 돕기 위해 떨어뜨려 놓았을지 모르는 실마리를 찾기 위해 근접 또는 원접 문맥을 열린 눈을 가지고 연구해야 한다.[39] 마가의 동기가 깊고 숙고된 개인적인 신학적 전망에 영향을 받았다고 한다면, 어떤 본문도 동일한 어휘를 사용하거나 동일한 신학적 관심을 나타내는 마가의 다른 구절들이, 논의되고 있는 장에 숨겨있는 마가의 전망에 어떤 빛을 던져 주는지도 검토하지 않은 채 해석되어서는 안 된다.[40] 마가가 특징화, 구성발전, 관점, 정황선정, 단어나 어구의 선택 등과 같은 이야기 기술들을 사용하는 방식에 조심스러운 저자라면, 각 본문은 문헌 구조 속에서 그 기능이 어떤 것인지에 비추어 검토되어야 한다.[41] 또한 최근의 마가를 연구하는 학자들에 의해서 인정되고 있듯이 마가가

---

[38] M. Kiddle, "The Death of Jesus and the Admission of the Gentiles in St. Mark" (1934), 45: "There is evidence the in the selection and arrangement of his materials he was able to achieve a number of secondary purposes."
[39] R. H. Stein, *What is Redaktionsgeschicht?* (1969), p. 46.
[40] 특별히 N. R. Petersen, *Literary Criticism for New Testament Critics* (1978)을 참조하라.
[41] 특별히 N. R. Petersen, *ibid,*.

암시, 풍자, 역설의 대가일 뿐만 아니라 이야기 속에 나오는 등장인물들을 통해서 암묵적으로 말한다든지 독자가 간과하기 쉬운 것들을 주목하도록 실마리를 남겨두는 기술적인 저자라는 것이 사실이라면, 우리는 그러한 가능성을 그의 복음서의 각 본문을 대할 때 충분히 고려해야 한다. 그리고 온건한 의미에서 마가가 그의 독특한 신학적 강조점을 소유한 신학자라고 한다면, 다른 복음서와 비교함으로써 그가 기존 전승을 어떻게 다루고 해석하고 있는지도 살펴야 할 것이다.

간단히 말해서 제한된 해석방법을 선택하면 단지 제한된 과제만을 성취할 수 있을 뿐이다. 우리의 목적은 또한 특정한 방법이 본문을 규정하게 하는 것보다는 본문이 우리의 이해를 결정하도록 하는 것이기 때문에, 우리는 우리의 방법론적인 통제들을 좀 느슨하게 하여 본문들의 목소리를 좀 더 포괄적으로 경청할 수 있어야 한다. 이것은 특정한 방법에 제한된 방법보다는 본문의 성격을 존중하는 과제 중심의 방법론에 따라 마가의 본문에 드러나 있는 그의 신학적 의도를 포괄적으로 여러 전망에서 접근해야 함을 의미한다.

제 2 부

복음서의 이해

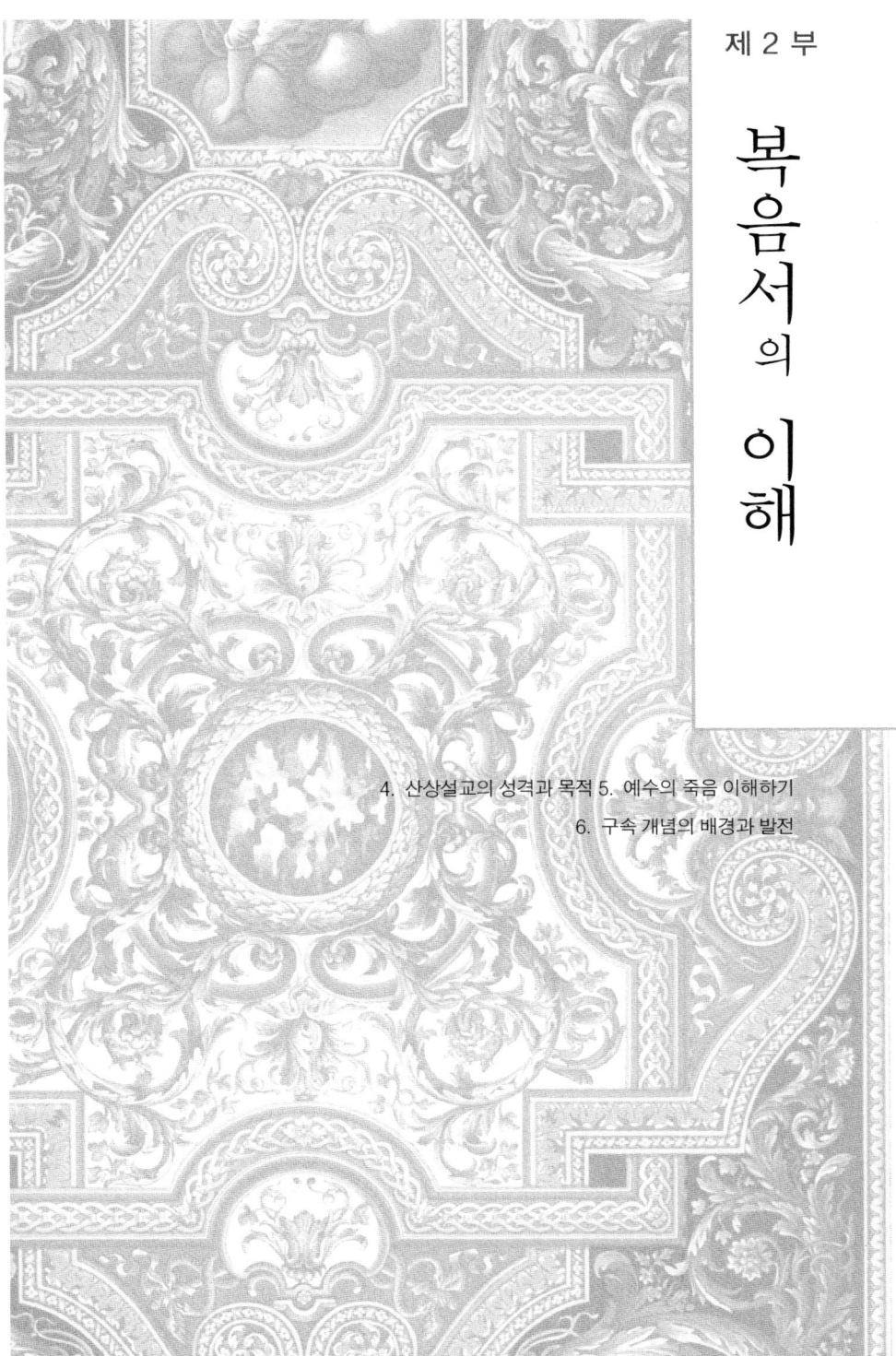

4. 산상설교의 성격과 목적
5. 예수의 죽음 이해하기
6. 구속 개념의 배경과 발전

예 수 · 바 울 · 교 회 ▶ 4

산상설교의 성격과 목적

　산상설교는 마태복음 5-7장에 실린 예수의 교훈을 가리킨다. 이 특별한 예수의 교훈은 역사적으로 수많은 기독교인들이나 세상 사람들에게조차 주옥과 같은 말씀으로 사랑받아 왔다. 하지만 여러 면에서 그 특이한 점들 때문에 산상설교는 또한 역사적으로 많은 논란의 대상이 되어 온 것도 사실이다. 그것은 마태복음의 중요하고도 핵심적인 자리에 놓여있을 뿐만 아니라 예수의 신학 세계를 파악할 수 있는 교훈 자료인 것은 분명하다. 때문에 예수의 교훈 속에서 산상설교가 갖는 성격과 목적을 파악하는 일은 그의 신학과 윤리 일반을 바로 이해하는 데 아주 중요하다.

산상설교에 대한 다양한 연구들

　역사적으로 수많은 복음서 연구자들이 산상설교가 기독교인들의 삶에 대해 갖는 근본적 의의를 탐구하는 데 몰두해 왔으면서도 현재까지 이 결정적으로 중요한 본문에 대해서 만족할 만한 설명을 제시하지 못하고 있다. 현재까지 그 윤리적 교훈들에 대한 적용과 관련하여 다양한 해석들이 제시되어 왔다.[1] 맥아더 H. K. McArthur에 따르면 현재까지 12가지 제안들이 제시되었다:

❶ 절대주의자 견해the Absolutist View 이 견해는 산상설교를 액면 그대로 받아들여 그것을 보편적으로 그리고 문자적으로 적용하고자 한다.

❷ 수정주의자 견해the Modification View 이 견해는 수정주의적 문구들을 산상설교의 계명에 도입하여 그 절대적 성격을 완화해 보고자 한다.

❸ 과장법 견해the Hyperbole View 이 견해는 예수께서 자신의 도덕적 요구들을 극적으로 강조하기 위해 과장법을 사용하셨다는 사실에서 통찰을 얻어 산상설교를 일종의 과장법적인 교훈으로 이해하고자 한다.

❹ 일반 원리론 견해General Principles View 이 견해는 예수께서 산상설교에서 강조하신 것은 일상적인 실제의 행동들이 아니라 우리의 행동을 안내할 수 있는 원칙들을 천명하신 것으로 본다.

❺ 행동이 아니라 태도를 중시한다는 견해Attitudes-Not-Acts View 이 견해는 예수의 진짜 관심이 실제적인 행동들에 있는 것이 아니라 행동 배후에 놓여있는 새로운 심성 또는 삶의 새로운 태도나 정신에 있다고 본다.

❻ 이중 표준의 견해the Double Standard View 이 견해는 로마 가톨릭 교회에 의해 받아들여지는 견해인데, 예수의 교훈들을 두 개의 다른 범주들로 구분한다. 예를 들면 '계명'precepts과 '조언'counsels을 구분하여 전자는 구원과 관계가 되고 후자는 그리스도인의 성숙과 관계된다. 가

---

1) Cf. Harvey K. McArthur, *Understanding the Sermon on the Mount* (London: The Epworth Press, 1960), 105-127.

톨릭 교회는 잘 알려진 대로 평신도와 사제 계층을 분리시켜 예수의 교훈들을 평신도와 사제들에게 따로따로 적용하고 있다.

❼ **두 영역론 견해**the Two Realms View 루터가 이 견해를 옹호했는데 그는 인간의 삶의 행위를 두 개의 영역들로, 즉 세상 영역과 영적인 영역으로 구분하며 기독교인들은 이 두 영역에 모두 참여하는 것으로 보았다.

❽ **성경의 유추론 견해**the Analogy of Scripture View 이 견해는 산상설교를 신약이나 구약에 나타난 다른 교훈들을 참조하여 해석하는 데 관심을 기울인다.

❾ **중간기 윤리 견해**the Interim Ethic View 슈바이처에 의해 피력된 이 견해는 임박한 역사의 종말에 직면하여 산상설교의 교훈은 하나님 나라가 도래하기 직전 짧은 잠정적 중간 시기를 살아가는 기독교인들의 특별한 윤리로 고안되었다고 본다.

❿ **현재 세대주의적 견해**the Modern Dispensationalist View 이 견해는 산상설교의 윤리가 신자들의 현세적 삶을 위해 쓰여진 것이 아니라 미래 왕국 세대를 위해 의도된 윤리라고 본다. 따라서 그것은 현세의 그리스도인들에게는 단지 부차적인 의의를 지닐 뿐이다.

⓫ **회개론적 견해**the Repentance View 이 견해는 산상설교의 일차적인 기능을 사람들로 하여금 자신들의 죄악성을 깨닫게 하여 회개케 하려는 것이라고 본다.

⓬ **무제약적 신의지론 견해**the Unconditioned Divine Will View 이 견해는 독일의 학자 디벨리우스M. Dibelius에 의해 옹호되었는데, 예수의 윤리적 요구들이 비록 절대적이고 무제약적인 윤리이기는 하지만, 제자들은 세상적 현실과 제약들에 비추어 적응하며 살아가야 한다는 기본적 가정에

근거해 있는 해석이다.

한국 장로교회의 원로 신학자이며 신구약에 관한 방대한 주석을 남겨놓으신 박윤선 박사께서는 이 견해들 중 열한 번째 견해를 받아들이신 것으로 보인다. 그는 산상설교에 관한 그의 주석에서 바울의 이신칭의 구원론에 비추어 산상보훈의 예수 교훈을 해석하고자 시도하였다. 이런 독특한 해석학적 과정을 취하게 된 것은 나름대로의 이유가 있었다. 행위를 부정하고 오직 믿음만을 치켜세우는 바울의 이신칭의 교리가 천국에 들어갈 때 '하나님 아버지의 뜻대로 행하는'(마 7:21; cf. 7:24-27; 25:1-46) 삶의 필수불가결성을 강조하는 예수의 산상설교 교훈과 논리적 마찰이 빚어지는 것처럼 보였다. 그래서 박 박사께서는 이런 논리적 혼란을 피하기 위해 예수의 산상설교를 해석할 때 바울의 이신칭의 구원론을 해석학적 원리 내지 규범으로 삼자고 제안한 것이다.[2]

물론 이 제안은 성경 계시가 보다 덜 분명한 계시에서 보다 분명한 계시로 발전되어 간다는 전통적인 계시의 점진적 발전론에 근거한 것이다. 박 박사께서 산상설교의 해석학적 규범으로 삼고자 했던 이 이론에 따르면 예수의 교훈은 '덜 발전된' 계시이며 '덜 분명한 계시'가 되고, 바울의 교훈은 '보다 발전된' 계시 또는 '보다 분명한' 계시가 된다. 박 박사는 이보다 한 걸음 더 나아가 바울의 교훈을 '완성된 계시'라고까지 천명한다. 따라서 완성된 바울의 신학적 교훈, 즉 믿음을 강조하는 그의 구원론 계시에 비추어 볼 때 행위를 강조하는 예수의 산상설교 교훈들은 그리스도인과 직접적인 관련이 없는 '율법 조항'으로 간주될 수밖에 없었다.[3] 다시 말

---

[2] 박윤선, "산상보훈의 구원론", 『성경신학』(서울 1971), 138-46; 『성경주석 공관복음』(부산 1953), 169-266을 참조하라. 그와 비슷한 견해를 피력하는 이상근, 『신약주해 마태복음』(대한예수교총회교육부 1966), 80-140을 참조하라.

해서 산상설교는 그리스도인의 실제 생활과는 직접 관계가 없고 다만 인간이 얼마나 죄인인가를 보여주려고 실천 불가능한 율법으로 주어진 것이라는 것이다.

여기서 우리는 산상설교가 마태복음에 나타난 예수의 교훈 속에서 어떤 성격과 목적을 지니는가 하는 근본적인 질문에 봉착하게 된다. 박윤선 박사께서 제안한 대로 산상설교는 인류의 죄악성을 깨닫게 하려고 실천 불가능한 율법 조항으로 주어진 것인가, 아니면 제자된 믿음의 사람들에게 요청되는 복음적 윤리인가? 본 논문은 물론 이런 질문들을 다루어야 하겠지만, 산상설교의 독특한 성격 때문에 어느 한쪽으로 단순하고 깔끔한 체계를 발전시켜 해석하는 일이 어려운 과제라는 것을 실토하지 않을 수 없다.[4] 현대 학자들 가운데 산상설교의 해석상 난제들은 예수께서 결코 조직적인 윤리적 체계를 제시한 바가 없기 때문에 기인한다고 보기도 하고,[5] 또는 산상설교가 다양하고도 수많은 문맥에서 끌어온 예수 로기온을 느슨하게 수집한 것이기 때문에 기인한다고 보기도 한다.[6] 사실 우리는 산상설교의 다양한 교훈들이 어떤 역사적 배경과 삶의 정황Sitz im Leben에서 나온 것인지에 대해 구체적인 정보를 갖고 있지 않다. 하지만 본문의 역사적 정황이 어떠하든 간에 마태가 예수의 말씀들에 기초하여 하나의

---

[3] 박윤선 박사께서는 그의 주석 다른 곳에서 산상보훈이 그리스도인의 삶과 관련이 있다는 긍정적인 진술을 하기까지 한다. 그러나 그 관계성은 전통적인 입장을 따라 소위 말하는 '율법의 제3의 용법' (the third use of the law)이란 범주 속에서만 이루어진다. 앞의 각주에 언급된 문헌 부분을 보라.

[4] Robert H. Stein, *The Method and Message of Jesus' Teachings* (Philadelphia: The Westminster Press, 1978), 88: "any attempt to arrange them into a simple neat 'system' encounters numerous problems."

[5] Robert H. Stein, *ibid.*, 88.

[6] Cf. H. K. McArthur, *Understanding the Sermon on the Mount*, 129. 맥아더는 따라서 산상보훈의 말씀 교훈이 다양한 문맥에서 나온 것이기 때문에 그에 상응하는 다양한 해석의 범주들을 적용해야 한다고도 주장한다: "the necessity for using various categories of interpretation since the context of a saying determined, in part, the method of its interpretation."

교훈 단위로서 산상설교를 통해 전달하고자 했던 분명한 의도가 있기 때문에, 우리는 그것을 본문 속에서 찾아내는 것이 불가능한 일이라고 생각지는 않는다. 필자는 본 논문에서 지금까지 제안되어 온 견해들을 일일이 살펴 그 약점들을 비판하는 일은 하지 않을 것이다. 대신 독자들에게 산상설교의 일반적인 성격과 목적을 밝혀 그것을 보다 바른 관점에서 이해하는데 도움을 주는 데 만족하고자 한다.

산상설교와 유대적 삶의 정황

산상설교를 바른 정황 속에서 이해하려면 마태복음뿐만 아니라 산상설교가 놓여있는 유대적 정황에 주목할 필요가 있다. 마태복음을 조심스럽게 읽어 가노라면 우리는 곧 그것이 유대 전승에 가깝게 접근하고 있다는 인상을 받게 된다. 학자들은 흔히 마태복음과 모세오경 사이에 존재하는 특징적인 구조적 유사성에 비추어 "마태는 자신의 복음서를 새로운 모세오경 또는 새로운 율법책의 형태로 제시하는 데 관심을 두었다"[7]고 추정하기도 한다. 이 견해에 따르면 탄생 이야기들, 산상설교, 예수의 열 가지 기적들은(cf. 마 8-9장) 예수를 모세와 같은 분으로 제시하려고 고안한 것이라고 한다. 비록 이런 동기들을 뒷받침하는 것으로 보이는 증거들이 베이컨의 모세 오경 가설을 실증하기에 충분한 것은 아닐지라도, 데이비스W. D. Davies는 마태가 묘사한 그리스도의 모습 속에서 모세적 특징들이 보다 심층적이고도 차원높게 전수되고 있음이 사실이라고 주장한다.[8] 이

---

7) W. D. Davies, *The Sermon on the Mount* (Cambridge Press, 1966), 7-8. 그는 이러한 베이컨 가설을 상세하게 논의하면서 이 견해의 약점과 장점도 지적한다.
8) W. D. Davies, *ibid.*, 27. 그는 물론 얼마간의 모세적 특징들이 마태복음에서 추적될 수는 있지만, 이들 동기들이 충분하게 주도적으로 나타나지 않기 때문에 베이컨의 가설은 가능하기는 하지만 여전히 의심스러운

견해를 강력하게 주창하는 사람은 베츠H. D. Betz이다. 그는 한 걸음 더 나아가 마태복음에 나타난 예수 운동을 '유대교 내부의 운동'으로까지 간주하려고 한다:

산상설교에 제시된 모든 교훈들은 주후 1세기 중엽 즈음 팔레스틴 유대교라는 맥락 속에서 해석되어야 할 것이다. 다원적인 이 유대 사회 속에서 예수 운동은 여러 운동들 가운데 단지 한 운동에 불과했다. 산상설교에서 예수는 유대 토라의 권위있는 선생이요 해석자로 간주되고 있다. 예수에게 모세보다 더 높은 신분을 부여하거나 또는 그를 '새로운 모세' a new Moses로 말할 만한 이유는 존재하지 않는다.

심지어 마태복음 5:21-48에 나타난 소위 반제적 구절들에서조차도 이런 결론은 타당하다. 산상설교의 청중인 유대 기독교에 있어서 예수의 율법 해석은 유대적 의미에서 '정통적'이다. 이러한 사실은 예수의 율법 해석이 바리새 유대교에 반대하여 제시된 것이라는 사실로 인해서 부정되지 않는다. 예수 자신이나 보다 일찍 나타난 세례 요한처럼 예수 운동은 일차적으로 바리새 유대교와 갈등을 일으켰다.

왜냐하면 그것이 다른 유대 분파들보다 바리새 유대교와 더 근접해 있기 때문이다. 따라서 그들 간의 논쟁은 반유대교적 논쟁이 아니라 유대교 내부의 논쟁이었다. 산상설교에서 당대의 일상적인 유대교를 거부한 사실에 대해서도 동일한 사실이 적용될 수 있다. 그것 역시 유대교 내부의 현상일 따름이다. 따라서 산상설교에 따르면 예수의 권위는 토라의 권위에 의존한다. 물론 그의 특정한 율법 해석에 따라서 그렇다는 말이다.[9]

상태에 있다고 지적한다(6-27쪽 참조).

9) H. D. Betz, *Essays on the Sermon on the Mount* (ET by L. L. Welborn; Philadelphia: Fortress Press, 1985), 91f.

베츠가 주장하는 핵심 요점은 산상설교가 본질적으로 유대교 내부의 운동the inner Jewish movement에 속한다는 관찰에 있다. 그는 이 관찰에 기초하여 산상설교가 율법의 폐지를 선언한 바울의 이방 기독교와의 '기독교 내부의 갈등'an inner-Christian conflict을 보여주는 분명한 논쟁적 본문을 나타낸다는 결론을 도출해 내었다.[10] 이 견해는 율법의 영원한 타당성을 옹호하는 마태의 주장으로 인해 강화되기도 한다(마 5:17-19). 마태는 바울주의 신학에 정면으로 맞서서 예수께서는 토라의 진정한 해석자이며 모세 율법의 근본 정신에 발맞추고 있지만, 그는 결코 모세 율법을 제거함으로써 토라의 궁극적 권위를 넘어서지 않으려고 한다는 것이다.

베츠의 이러한 견해는 별로 신빙성이 없다. 그는 마태복음에서 발견되는 유대적 경향성을 너무 과장하면서 사실은 산상설교의 주제와 마태에 의해 묘사된 예수가 모세적 범주들을 초월하고 있다는 분명한 사실을 간과하고 있다. 이 점에서 데이비스는 베츠의 견해와 달리한다. 그는 마태가 그의 복음서에서 제시한 예수의 윤리적 요청이 모세의 율법 이상의 것이며, 말하자면 '메시아적 토라'messianic Torah라고 본다.[11] 이 점에서 예수의 요청들이 본질적으로 예수 자신의 인격에 뿌리를 박고 있다는 데이비스의 주장은 정당한 것이다. 사실 유대 율법은 모세라는 사람의 개인적 인격에 뿌리를 두고 있다거나 그에 관련된다고 볼 수 없지만, 예수의 교훈들은 본질적으로 그 자신의 신적인 인격과 권위에 뿌리를 내리고 있기에 그렇다는 말이다(7:24).[12] 마태에게 있어서 예수는 결코 단순히 토라의 참된 해석자

---

10) H. D. Betz, *Essays on the Sermon on the Mount*, 92-93. 베츠는 야고보를 대표로 하는 유대 기독교회가 바울의 이방 기독교회와 반대 입장을 취했다는 전통적인 튀빙겐 학파의 입장에 서있는 것처럼 보인다.

11) W. D. Davies, *The Sermon on the Mount*, 27.

12) W. D. Davies, *ibid.*, 27. 후에 살필 터이지만 데이비스의 이러한 주장은 기본적으로 마태의 기독론적인 관심에 관련되어 있다.

가 아니다: 마태는 그를 신적인 '인자'(10:23; 13:41 등), 주와 임마누엘로 이해하고 있다. 예수 자신의 삶의 그림자가 산상보훈 설교 전체에 드리워져 있다.

마태에게 있어서 예수는 자신의 요청과 행위를 통해서 율법의 궁극적인 의미를 드러내는 자로서 모세 율법와 연속성을 유지하지만, 동시에 그는 또한 모세의 율법을 초월하는 윤리적 요청을 하기도 하며 때로는 심지어 그것을 자신의 신적인 권위로 폐기하기까지 하는 분으로서 모세의 율법과의 불연속성을 나타내기도 한다.[13] 서기관들과 바리새인들과의 논쟁을 보면 예수의 교훈이 본질적인 의미에서 그들에게 "율법과 전승에 대한 혁명적인 도전"[14]으로 인식되었다는 것을 알 수 있다.

산상설교를 면밀히 연구한 끝에 빈디쉬 H. Windisch는 예수의 교훈과 유대교 율법 전승 사이의 불연속성을 다음과 같이 피력하였다: "'옛 사람들'에게 말한 것과 대조적으로 예수께서는 자기 자신의 권위에 의존하여 옛 계명들을 본질적으로 확장시키고, 초월하고, 또는 심지어 대체시키기까지 하는 새로운 계명들을 여섯 개의 반제 형식들로 제시한다. ……모세의 권위에 맞먹는 권위를 가지고 또는 그의 권위를 능가하는 신적인 권세로

---

13) Robert A. Guelich, *The Sermon on the Mount* (Waco, 1982), 27-28.

14) Bornkamm, *Jesus of Nazareth* (London: Harper & Row Publishers, 1960), 62. 보른캄은 예수께서 서기관들과 바리새인들과 갈등을 일으킨 이유를 바로 이 사실에 비추어 설명한다. 그들이 예수의 사역과 교훈들을 도전하고 거부한 것은 율법에 대한 예수의 새로운 해석 때문이 아니라 모세 전승에 대한 예수의 의식적인 도전 때문이었다. 하지만 보른캄은 그의 후기 논문 "End-Expectation and Church in Matthew"에서 자신의 이전 견해를 수정하고 다음과 같은 주장을 하기도 했다: "Matthew's understanding of the law is not different from that of Judaism. He deliberately inserts his understanding of the law in the Jewish scribal tradition. The sadness in his contrast to Judaism arises from the discrepancy between doctrine and deeds on the part of his opponents, and at the same time, of course, from the mismuse and failure of an interpretation of the law, which does not enquire concerning the original meaning of the divine demand and refuses to perceive the essentials of the law" (*Tradition & Interpretation in Matthew*, ed. by G. Bornkamm, G. Barth, and H. J. Held, London: SCM, 1963), 31).

그는 모세 율법에 그 참된 의미를 부여하는데, 이런 의미는 따라서 타당하며, 필요한 보충들이며, 필요한(그리고 매우 결정적인) 수정들이라 할 수 있다."[15] 그렇다면 본질적인 의미에서 예수는 옛 율법이 구원의 새로운 시대에 하나님 아버지의 뜻을 온전히 표현하는 데 부적합하다는 것을 분명하게 밝힌 셈이다.[16]

지금 우리가 다루는 문제는 아주 민감한 문제인 것은 분명하다. 왜냐하면 보른캄이 인정하였듯이 마태가 유대 기독교적 전통의 율법 이해를 떠나지 않으면서도 모세 율법을 초월하고 폐기하기까지 하는 예수 자신의 권위 있는 말씀에 동시에 헌신하는 이 두 현상 사이에 분명한 긴장 관계가 존재하기 때문에 그렇다.[17] 마태의 이러한 이중적 헌신을 자신의 의도적 모호성 또는 조심성과 관련하여 설명하면서 데이비스는 마태의 이러한 조심성의 이유를 유대교와 유대적 메시아 대망에 대한 그의 '민감성'에 귀속시킨다.[18] 우리가 만일 마태복음이 다른 복음서들보다 더 유대적 전승에 가까운 유대적 복음서라는 것을 인정한다면 이것은 정당한 추정일 수도 있다. 하지만 우리는 마태복음의 유대적 성격을 부정하지 않으면서도 그의 이중적 헌신의 이유를 다른 전망에서 찾을 수도 있다. 예수는 율법을 신의지의 영구적이고 타당한 표현으로 봄으로써 모세적 전통에 발맞추어 그 계명들의 본래적이고 궁극적인 의도를 드러내려고 심층적으로 해석하면서도, 그는 때때로 어떤 계명들을 하나님 아버지의 뜻을 표현하는 데

---

15) Hans Windisch, *The Meaning of the Sermon on the Mount* (ET 1941), 125f; quoted from H. K. McArthur, *Understanding the Sermon on the Mount*, 43.
16) P. Stuhlmacher, "Jesu vollkommenes Gesetz der Freiheit. Zum Verstandnis der Berg-predigt," *ZTK 79* (1982), 287–88.
17) G. Bornkamm, "End-expectation and Church in Matthew," in *Tradition & Interpretation*, 25.
18) W. D. Davies, *The Sermon on the Mount*, 35.

부적절한 것으로 간주하기도 하였다: "산상설교 내에서 이러한 인식을 보여주는 증거들은 이혼(5:31f), 맹세(5:33-37), 그리고 보복(5:38-42)에 관한 반제 구절들에서 가장 분명하게 드러난다."[19]

모세 율법과 관련하여 예수의 교훈이 연속성과 불연속성을 동시에 갖는다는 것은 의심할 여지가 없다. 이러한 긴장 요소를 우리는 예수의 사역이 놓여있는 특별한 상황과 관련하여 설명할 수도 있다. 새로운 시대가 도래하였다. 하나님의 나라는 예수의 인격과 사역 속에서 이미 부분적이나마 현실적 실재로 실현되고 있다. '새 언약 시대'가 하나님 나라의 도래와 더불어 도래하였다. 예수의 사역이 새 언약 시대를 가져왔다면(마 26:28f: cf. 눅 22: 20), 이것은 옛 언약의 어떤 측면들이 수정되거나 제거되어야 한다는 것을 의미할 수밖에 없다. 다른 한편, "새 언약이 아브라함, 이삭, 야곱의 하나님, 즉 '옛' 언약의 하나님에게서 온다는 사실은 옛 언약의 많은 윤리적 교훈들이 여전히 유지되고 보존될 것임을 시사하는 것이다."[20] 마태는 연속성과 불연속성 사이의 이러한 긴장을 '성취'의 관점에서 묘사하고 있는 것이 분명하다.

산상설교의 일반적 특징들

1. 신학과 윤리의 통합

예수의 윤리적 교훈들은 한 때 그의 신학에서 분리되어 독립적으로 다루어진 때가 있었다. 클라우스너J. Klausner는 "유대인들에게 있어서 그들의 종교는 단순한 신앙 이상의 것 그리고 단순한 윤리적 지침 이상의 것이었다:

---

[19] H. K. McArthur, *Understanding the Sermon on the Mount*, 45.
[20] R. H. Stein, *The Method and Message of Jesus' Teachings*, 104.

그것은 삶의 방식이었다 – 말하자면 모든 삶은 그들의 종교에 포괄된 것이다"21)는 점을 인정하면서도 예수의 윤리적 교훈을 그의 종교로부터 떼어내려고 고심했던 것처럼 보인다. 결국 그는 다음과 같은 불행한 결론에 도달하게 되었다: "예수의 주된 장점은 그의 윤리적 교훈에 있다. 만일 우리가 인자를 신격화하려는 기적들과 몇몇 신비적 말씀들을 제거하고 윤리적 계명들과 비유들만을 보존한다면, 복음서들은 세상에서 가장 훌륭한 윤리 교훈의 수집물들 가운데 하나가 될 것이다."22) 하지만 클라우스너의 이 견해는 잘못된 견해이다. 예수의 모든 윤리적 교훈들은 근본적으로 그의 신학에 뿌리를 두고 있다는 것은 말할 필요조차 없다.

헌터A. M. Hunter에 따르면 예수의 윤리적 교훈들은 "참되시고 살아 계신 한 분 하나님에 대한 신앙뿐만 아니라 그의 설교의 중심 주제였던 하나님의 통치에 관한 전체 복음을 전제한다."23) 따라서 예수의 모든 윤리 교훈들은 그의 인격과 사역 속에서 찾아오시는 하나님 나라의 윤리에 대한 주석이며, 사람들이 하나님의 통치를 받게 될 때 반드시 취해야 할 합당한 삶의 방식에 대한 주석이라고 해도 무방하다.24) 예수는 하나님의 왕적인 통치를 '신적인 직설법'divine indicative으로서 이미 자신의 사역 속에서 도래시키셨기 때문에, 사람들에게 신의지의 온전한 성취를 신적 명령법divine imperative으로 요청하신다. 후자는 엄격히 말해서 전자에 기초한다. 예수 안에서 도래한 은총의 질서를 떠난 신자의 윤리적 행위나 삶은 전혀 무의미

---

21) Joseph Klausner, *Jesus of Nazareth, his Life, Times and Teaching* (New York: The Macmillan Company, 1925), 371.
22) J. Klausner, *Jesus of Nazareth*, 381.
23) A. M. Hunter, *Design for Life. An Exposition of the Sermon on the Mount, its Making, its Exegesis and its Meaning* (London: SCM, 1953), 113f.
24) L. H. Marshall, *The Challenge of New Testament Ethics* (London: Macmillan and Co., Limited, 1945), 31.

하다. 이 둘 사이를 분리시키려는 어떤 노력도 결국은 예수의 신학이나 윤리를 모두 심각하게 훼손시키고 말 것이다. 이제 새로운 은총의 질서가 도래하였다. 모든 사람은 새로 도래한 이러한 은총의 새 질서 속에서 하나님의 의로운 통치에 굴복할 것을 요청받고 있다. 직설법에 뿌리를 두고 있는 윤리적 명령법을 헌터는 다음과 같이 적절히 표현한다: "신적인 직설법은 이처럼 표현할 수 있다: '하나님께서 그의 나라를 – 구원하시는 그의 통치를 – 그리스도 안에서 계시하셨다.' 그렇다면 명령법은 다음과 같은 뜻이 된다: '따라서 하나님의 통치를 받아들이는 모든 사람들로 하여금 새로운 방식으로, 즉 왕국에 합당한 방식으로 살게 하라.'"[25]

2. 제자들을 위한 윤리

예수의 윤리 교훈들이 하나님의 통치에 스스로 복종하고자 하는 사람들을 위한 것이라는 사실은 일반적으로 인정받고 있다. 그의 윤리 교훈들은 일차적으로 예수 안에서 이미 하나님의 은총을 경험하고 새 언약 시대에 들어간 제자들에게 건네진 교훈들이다. 예수께서 세리들과 죄인들을 환영하여 함께 식탁 교제를 나누신 것은 하나님께서 그들을 용서하시고 그들에게 자신과의 축복된 교제를 확대하신 것을 보여주는 웅변적 증거이다(9:9-13). 마태는 전에 세리였기 때문에 세리와 죄인들을 환영하신 예수의 행위가 새로운 종말론 시대에 어떤 의미를 함축하는지 누구보다도 잘 인식했을 것이며, 그는 이런 종말론적 인식 속에서 산상설교를 기록하고 있음이 분명하다. 때문에 우리는 예수의 윤리적 교훈들이 "왕국 백성을 위한 삶의 방식으로 주어진 것이지 인류 일반을 위해 주어진 것이 아니다"[26]

---

25) A. M. Hunter, *op. cit.*, 114.
26) A. M. Hunter, *Design for Life*, 114.

라는 결론에 도달하게 된다. 산상보훈 첫 부분에서 '제자들'의 접근을 언급하고(5:1) 이후 연속되는 말씀 교훈 속에서 청중을 계속해서 '너희'로 지칭하는 것은(5:1-7:27) 이와 관련하여 의미 있는 일이다.

몇몇 학자들이 이 견해에 반론을 제기하기도 한다. 예를 들면, 샌더스 J. T. Sanders 같은 학자는 산상설교를 "구원의 길이면서도 동시에 기독교적 삶을 위한 표준으로"²⁷⁾ 볼 것을 제안한다. 샌더스는 마태가 예수의 윤리적 요청들을 하나님 나라에 들어가기 위해 충족시켜야 할 모종의 조건들로 이해했다고 본다. 바르트 역시 이러한 해석에 동조한다.²⁸⁾ 그는 산상설교 전체 주제는 "하나님 나라에 들어갈 조건으로서 '더 낳은 의' better righteousness에 관심을 두고 있다"²⁹⁾고 주장한다. 말하자면 예수의 계명들은 제자들이 하나님 나라에 들어가기 위해 성취해야 할 조건들인 셈이다.

사실 마태는 제자들이 하나님 나라에 들어감을 보장받기 위한 조건들을 성취하기 위해 예수의 계명들을 준수해야 한다고 보는 '신율법주의' new legalism로 기우는 경향을 나타내는 것처럼 보인다. 우리는 하나님 나라에 들어가기 위한 필요 조건들의 존재를 보여주는 여러 증거 본문들을 끌어댈 수도 있다(예, 5:20; 7:13, 21-23, 24-27; 25: 1-46). 하지만 귤리히 R. A. Guelich의 지적을 귀담아들을 필요가 있다: 하나님 나라에 들어가기 위해 필요 조건으로 선언하는 것처럼 보이는 그런 행위들은 "메시아 되신 예수의 인격과 하나님께서 예수의 사역을 통해 자기 백성들과 맺으신 새로

---

27) J. T. Sanders, *Ethics in the New Testament. Change and Development* (Philadelphia, 1975), 44.

28) G. Barth뿐만 아니라 우리는 이 범주에 여러 학자들을 포함시킬 수 있다. 예를 들면, M. Dibelius, R. Bultmann, H. Windisch 등이 여기에 포함된다. 이 모든 학자들은 산상보훈의 윤리를, 즉 '더 낳은 윤리'(better righteousness)를 하나님 나라에 들어갈 수 있는 조건으로 본다. 보다 상세한 사항을 위해서는 *Tradition & Interpretation in Matthew*, 60을 참조하라.

29) G. Barth, *Tradition & Interpretation in Matthew*, 60.

운 관계에" 본질적인 뿌리를 두고 있다:

> 구원의 시대에 내재된 이러한 관계는 메시아 예수에 대한 반응을 보임으로써 하나님 아버지께 전적인 순종의 반응을 보이는 자들에게 허락되는데, 바로 이 예수를 통해서 하나님 아버지는 땅에서 자신의 주권적 통치를 세우고 계신다. 요청되는 행위는 제자 됨을 위한 기초나 수단이 아니라 제자 된 사람들의 '선한 열매'를 나타낸다. 예수는 그의 말씀을 순종하거나 또는 아버지의 뜻을 행하는 자를 복되다고 선언하지 않고 절망 속에서 빈손을 들고 나오는 자들, 하나님 아버지와 다른 이웃들과의 바른 관계를 갈망하고 굶주려하는 자들을 복되다고 선언하신다. 그 축복과 더불어 합당하게 살 수 있는 능력이 동반된다. 따라서 새 시대의 증거, 왕국의 임재를 결핍한 삶이란 자신의 주장과 행위들에도 불구하고 미래 왕국에서 배제되는 결과를 초래하게 될 것이다 (7:21-23).[30]

결론적으로, 산상설교는 예수의 인격 속에서 도래한 신적 은총의 새 질서를 경험한 제자들을 위한 윤리이다. 예수를 통해서 은혜로 하나님의 백성 된 신분을 얻은 제자는 이제 그 신분에 걸맞는 합당한 행위를 할 것을 요청받는다. 때로 하나님 나라에 들어가는 필요 조건처럼 내세워지는 행위들도 '행위 구원의 조건'인 것처럼 이해되어서는 안 된다. '믿음'이란 단순히 하나님의 존재에 대한 지적인 승인 행위가 아니라 하나님을 버리고 자신의 정욕대로 살아왔던 과거의 삶을 분연히 떨쳐버리고 이제 하나님 중심으로 그의 뜻대로 살겠다고 결심하는 신뢰의 행위이다. 이런 전폭적인 신뢰의 행위가 제자 된 사람의 윤리적 삶에 영향을 미치지 않을 수 없

---

[30] R. A. Guelich, *The Sermon on the Mount*, 30f.

다. "그의 열매로 그들을 알리라"(7:16, 20)는 예수의 말씀은 하나님의 백성 된 자의 신분은 하나님의 백성답게 살아가는 그들의 삶, 하나님의 뜻대로 살아가는 제자들의 삶을 통해서 자명해진다는 뜻의 말씀이다. 예수의 윤리는 이런 면에서 바울에게서처럼 본질적으로 '믿음의 윤리'faith-ethics 이다. 믿음으로 하나님의 은총의 새 질서를 경험하여 하나님의 백성이 된 사람은(신분) 이제 동일한 믿음으로 살아가야 할 책임을 짊어진 사람이다 (행위). 신분과 행위는 동전의 양념처럼 서로 분리될 수 있는 성질의 것이 아니다. 한 쪽은 다른 한쪽의 존재를 나타내고 논증해 준다. 따라서 하나님 나라에 들어가기 위한 조건으로 내세워지는 것처럼 보이는 행위들은 (7:21) 믿음으로 경험한 하나님의 은총의 새 질서를 떠나 어떤 독립적인 의미를 지니지 못한다. 도리어 그것은 살아있는 믿음 또는 구원하는 믿음의 윤리적 열매라고 해야 옳다.

3. 성취의 윤리가 아닌 은총의 윤리

앞선 논의들은 관련된 또 다른 문제로 유도한다: 산상설교에 제시된 왕국의 윤리는 은총에 기초하는가 아니면 공적에 기초하는가? 이것은 산상설교에서 직면하는 미묘한 문제들 가운데 하나이다. 사실 왕국 속에서 자신의 신분적 위치가 '행위들'에 의존하는 것처럼 말하는 여러 구절들이 존재한다(마 5:12, 46; 6:19-21; 24:45-51; 6:5-6, 16-18 등). 이 구절들 중에 대표적인 구절들을 몇 구절 인용해보자:

"내가 너희에게 이르노니 너희 의가 서기관과 바리새인보다 더 낫지 못하면 결단코 천국에 들어가지 못하리라"(5:20).

"나더러 주여 주여 하는 자마다 천국에 다 들어갈 것이 아니요 다만 하늘에 계신 내 아버지의 뜻대로 행하는 자라야 들어가리라"(7:21).

"나의 이 말을 듣고 행치 아니하는 자는 그 집을 모래 위에 지은 어리석은 사람 같으리니 비가 내리고 창수가 나고 바람이 불어 그 집에 부딪히매 무너져 그 무너짐이 심하니라"(7:26-27).

"이에 임금이 대답하여 가라사대 내가 진실로 너희에게 이르노니 이 지극히 작은 자 하나에게 하지 아니한 것이 곧 내게 하지 아니한 것이니라 하시리니 저희는 영벌에, 의인들은 영생에 들어가리라"(25:45-46).

신자의 삶과 행위를 미래 구원 또는 천국에 들어가는 일과 연결짓는, 마태복음에서 자주 대하게 되는 이런 말씀들은 전통적으로 행위를 상급에만 연결시키고 구원과는 연결짓지 아니하려는 사람들에게 당혹감과 혼란을 야기시킨다.31) 이런 구절들 때문에 예수의 교훈에서 상급의 주제라든가, 또는 행위와 미래 천국을 연결짓는 구절들은 유대교로부터 넘어온 유대주의적 신학의 잔재라고 흔히 주장되어 왔다.32) 빈디쉬가 바로 이런 주장을 하는 대표적 학자이다. 그는 마태가 바울 신학에 등장하는 인류의 죄악성과 무능성이라든가, 신의 은총이라든가 하는 교리들을 결코 알지 못했다고 확신한다. 따라서 산상설교에 나타난 구원론은 바울의 구원론과 날카롭게 대조될 수밖에 없다는 결론에 도달하고 말았다. 빈디쉬에 있어서 예

---

31) 사실 신자의 행위나 삶을 미래 구원과 연결짓는 것처럼 보이는 구절들은 마태복음뿐만 아니라 바울 서신에도 자주 등장한다. 몇몇 구절들만 인용한다면 다음과 같다: "하나님께서 각 사람에게 그 행한 대로 보응하시되 참고 선을 행하여 영광과 존귀와 썩지 아니함을 구하는 자에게는 영생으로[보응]하시고"(롬 2:6-7); "너희가 육신대로 살면 반드시 죽을 것이로되 영으로써 몸의 행실을 죽이면 살리니"(롬 8:13); "불의한 자가 하나님의 나라를 유업으로 받지 못할 줄을 알지 못하느냐 미혹을 받지 말라 음란하는 자나 우상 숭배하는 자나 간음하는 자나 탐색하는 자나 남색하는 자나 도적이나 탐람하는 자나 술 취하는 자나 후욕하는 자나 토색하는 자들은 하나님의 나라를 유업으로 받지 못하리라"(고전 6:9-10//갈 5:19-21//엡 5:5); "스스로 속이지 말라 하나님은 만홀히 여김을 받지 아니하시나니 사람이 무엇으로 심든지 그대로 거두리라 자기의 육체를 위하여 심는 자는 육체로부터 썩어진(=멸망, pthora) 것을 거두고 성령을 위하여 심는 자는 성령으로부터 영생을 거두리라"(갈 6:7-8); 등등.

32) Cf. Robert H. Stein, *The Method and Message of Jesus' Teaching*, 105.

수와 바울 사이에는 엄청난 신학적 간격이 있어서 둘 사이를 다리놓을 수 있는 방법이 존재하지 않는다: "하나님 앞에 선 인간의 상황은 예수의 말씀들과 바울의 신학에서 전혀 다른 빛 속에서 비추어지고 있다.(성령을 떠나서) 하나님의 계명을 성취할 수 없는 인간의 무능성은 바울의 설교와 교훈 속에서 큰 위치를 차지하지만, 예수의 말씀 속에서는 논의되지도 않고 전제되지도 않으며 이따금씩 그리고 특별한 상황하에서만 암시되곤 한다."[33]

이런 입장을 취하게 되면 자연히 산상보훈의 구원론이 '기독교 이전 또는 바울 이전의' pre-Christian and pre-Pauline 구원론을 대변함을 의미하게 된다. 하지만 산상설교를 면밀하고도 조심스럽게 검토해 보면, 마태가 '행위 구원론'을 제안했다고 결론내릴 수 없게 만드는 많은 구절들이 존재한다. 산상설교의 윤리는 본질적으로 무슨 공적적 성취meritorious achievement에 기초한 것이 아니라 하나님의 은총에 기초한다. 왜냐하면 산상설교의 모든 말씀들이 "신의 은총의 새 질서, 즉 하나님 나라의 도래에 관한 복된 소식"[34]을 전제하고 있기 때문이다. 만일 산상설교의 윤리가 이러한 빛 속에서 읽혀진다면, 그것은 "그리스도 안에서 경험한 하나님의 은총에 대한 바른 반응으로서 새로운 삶의 질을 나타내는 예증들이요 본보기들이 된다."[35] 와일더Amos N. Wilder 역시 산상설교에서 요청되는 윤리가 공적적 성취의 윤리가 아니라 은총의 윤리라는 점을 올바로 지적한 바 있다.[36] 예수께서는 "의인을 부르러 오신 것이 아니요 죄인을 부르러 오셨으며"(마 9:13) 그

---

[33] H. Windisch, *The Meaning of the Sermon on the Mount*, 117.
[34] A. M. Hunter, *Design for Life*, 16.
[35] A. M. Hunter, *ibid.*, 16.
[36] Amos N. Wilder, *Eschatology and Ethics in the Teaching of Jesus* (New York: Harper & Brothers, 1950), 113.

는 "세리와 죄인의 친구"(11:19)라는 비판적 소문을 아랑곳하지 않고 그들을 영접하셨으며 잃어버린 양 한 마리를 얻고 기뻐하시는 것을 하나님의 뜻으로 선포하셨다(18:13-14). 천국은 세리나 죄인들 그리고 창기들을 막론하고 누구든지 침노하는 자들이 들어가는 나라로 선포된다(11:12, 19). 산상설교의 윤리가 만일 예수의 이러한 교훈에 기초하고 있는 것이 분명하다면 빈디쉬의 결론은 크게 잘못된 것임이 분명하다.

겉보기에도 예수의 말씀과 교훈 가운데는 신의 은총과 인간의 삶에 대한 이중적 강조점이 존재하는 것이 사실이다. 때문에 마태복음에는 이 둘 사이에 일말의 역설적 긴장 관계가 있는 것처럼 보인다. 예수께서는 한편에서는 제자들에게 하나님의 뜻을 온전히 성취할 것을 요청하기도 한다: "그러므로 하늘에 계신 너희 아버지의 온전하심과 같이 너희도 온전하라"(5:48). 하지만 다른 한편에서 "세리와 죄인들에게"조차 하나님의 사랑과 용서를 선포하셨다: "너희는 가서 내가 긍휼을 원하고 제사를 원치 아니하노라 하신 뜻이 무엇인지 배우라 내가 의인을 부르러 온 것이 아니요 죄인을 부르러 왔노라"(9:13). 한편에서는 "너희 의가 서기관과 바리새인보다 더 낫지 못하면 결단코 천국에 들어가지 못하리라"(5:20)고 말씀하고, 다른 한편에서는 "천국은 침노를 당하나니 침노하는 자는 빼앗느니라"(11:12)고 말씀하시면서 세리와 죄인들에게 죄 용서와 교제의 축복을 확대하셨다. 겉보기에 서로 불일치하게 보이는 이들 두 동기는 그렇게 손쉽게 조화를 이룰 수 있는 것은 아니겠지만, 예수의 교훈 내면에 무슨 논리적 불일치가 있다고 말할 수는 없다. 하나님의 나라는 세리와 죄인들이 예수의 말씀을 통해서 은혜로 경험하는 은총의 질서임이 분명하다.

그러나 하나님의 나라는 의로운 나라이기 때문에 그들은 은혜로 의로운 하나님의 통치를 경험한 하나님의 백성답게 살아야 할 책임이 주어진 사람들이다. 그들은 무슨 인간적 공적이나 성취로 인해 은총의 새 질서를 경험한 것은 아니다. 하지만 이미 은혜로 경험한 새 질서가 그들에게 새로운 삶을 요청하기 때문에, 그들은 예수께서 요구하시는 새로운 윤리적 요구들을 실천해야 할 새로운 책임하에 놓여져 있다. 그들의 새로운 신분은 그들의 새로운 삶을 통해서 자명해지며 논증되는 것이라 할 수 있다.

따라서 은혜로 하나님 나라를 경험한 제자들에게 신분과 행위를 날카롭게 구분하여 이원론적으로 만드는 것은 마태의 신학을 위태롭게 만드는 것이다. 일상생활에서 그들이 나타내야 할 새로운 삶은 결국 구원을 받은 그들의 새로운 신분을 나타내는 것이기 때문에, 마태는 흔히 제자들의 삶을 미래 구원과 연결짓곤 한다(cf. 7:21, 24-27; 25:1-46). 제자들의 윤리적 행위를 미래 천국에 들어가는 문제와 연결짓는다고 해서 마태의 구원론을 '행위 구원론'으로 치부하려는 빈디쉬의 주장은 이 점에서 크게 잘못된 것이다.

우리의 주장이 올바른 것이라면, 예수의 윤리와 바울의 윤리는 다르지 않다. 이들 모두에게 윤리적 명령법ethical imperatives은 은총의 직설법the indicative of grace에 기초하고 있다. 예수와 바울 사이에 한 가지 차이점이 있다면 예수의 교훈이 부활절 이전 상황을 전제한다는 점일 것이다. 세리와 죄인들에 대한 하나님의 사랑과 죄 용서를 선포하실 때 예수께서는 흔히 "그 해를 악인과 선인에게 비취게 하시며 비를 의로운 자와 불의한 자에게 내리시는"(5:45) 천부 하나님의 사랑에 호소하기도 한다. 하지만 바울은 십자가와 부활 이후의 상황에서 말씀을 선포하기 때문에, 그는 예수 그리스도 안에서 나타난 하나님의 구속의 은총에 보다 직접적으로 호소할 수 있었다: "바울과 산상설교의 차이점이 있다면 예수께서 인간 행위의 근거로서 하나님의 일반적인 은혜에 호소하는 반면, 바울은 그리스도 안에서 특별히 나타난 하나님의 사랑에 호소한다는 점이다."[37] 이 차이점은 그러나 구원사의 발전이란 전망에서 볼 때 자연스러운 현상일 뿐 그리 큰 차이점은 아니다. 범죄한 인류를 위한 하나님의 구원 행위가 예수의 인격과 사역을 통해 도래한 하나님의 의로운 통치(천국) 속에서 이미 논증되고 있기 때문이다.

4. 법조항이 아니라 원칙의 윤리

예수의 윤리의 본질을 이해함에 있어서 혹자는 예수께서 오경에 나타난 율법에 상응하는 하나의 새로운 윤리 법전을 제시하는 데 관심을 두었다고 강조할지도 모른다. 이것은 잘못된 주장이다. 예수께서는 모세 율법의 진정한 의도를 해석하는 자로서, 또는 모세와 같은 방식으로 새로운 윤리적 법조항을 세우는 자로서 새로운 율법을 설파하는 데 관심을 두지 않았다.[38] 예수의 교훈에서 선포된 것은 법률 조항에 대한 형식적인 순응이 아니라 위대한 '원리들' 또는 '새로운 마음의 태도'이다.[39] 법조항과 원리 사이에 분명한 차이점이 있다면, 전자는 '행위의 외적인 표현' 또는 '외부로 나타난 행위'에 배타적으로 관련이 있지만, 산상설교에 나타난 예수의 교훈들은 이러한 외부적 행위를 뛰어넘어 새로운 삶의 정신과 내면적 태도에 관심을 둔다.[40] 예수의 교훈이 외부로 나타난 사람의 행위보다는 그러한 행위를 자아내게 만든 사람의 '내면적 동기'에 더 관심을 둔다는 것은 다음 구절들 가운데서 분명하다: 예물을 드리다가 형제에게 원망을 들을 만한 일이 생각날 때 먼저 형제와 화해를 하라든지(5:23-24),

---

[37] H. K. McArthur, *Understanding the Sermon on the Mount*, 73f.
[38] T. W. Manson, *The Teachings of Jesus* (Cambridge, 1935), 301.
[39] A. M. Hunter, *Design for Life*, 116; R. H. Stein, *The Method and Message of Jesus' Teachings*, 98f.
[40] A. D. Lindsay, *The Moral Teaching of Jesus. An Examination of the Sermon on the Mount* (London: Hodder & Stoughton, 1937), 24, 37.

행동으로 간음은 행하지 않았다 하더라도 속으로 음욕을 품었다면 이미 간음을 행한 것이나 마찬가지라든지(5:28), 기도할 때 바리새인들처럼 길거리에서 하지 말고 골방에 들어가 하나님 앞에 하라든지(6:6) 하는 말씀들이 그것들이다. 예수의 교훈과 바리새 종교의 가르침 사이의 본질적 차이점은 헌터의 다음과 같은 진술에 가장 잘 표현되어 있다:

예언적 정신과 법률 사이에는 밑바닥에서부터 갈등이 있다. 서기관 또는 유대 계율주의자들은 성품이 행위에 의해 결정되며, 반드시 실행되어야 할 것은 윤리적 법전으로 만들어 사람들이 특정한 상황에서 어떻게 행동해야 할지를 말해주어야 한다고 생각했다. 그래서 오경의 613개의 계율들이 생겨났고 안식일에 금지된 일들을 정한 미슈나의 39개 조항들이 생겨났다. 예수의 접근은 달랐다. 그는 행위들 자체에 관심을 둔 것이 아니라 선지자들처럼 인격과 원리에 관심을 두었다. 그는 선한 삶의 비결을 수많은 규율과 규정들에 순종하는 데서 ― 즉 외부터부터 가해진 어떤 도덕적 표준과 권위 ― 찾지 않고 변화된 성품의 자발적인 행위에서 찾고 있다.[41]

산상설교를 문자화시키고 계율주의화시키려는 사람이 있다면 그는 예수의 교훈의 본질이 '행위 구원론'에 근거한 것이 아니라 하나님의 자비와 은총에, 즉 예수 그리스도 안에서 도래한 하나님 나라의 새 질서에 기초하고 있다는 사실을 바로 인식하는 데 실패한 사람이다. 산상설교는 심령이 가난하여 자신의 죄를 애통해 하고 의에 굶주린 사람들에게 축복을 선언하면서 시작된다(5:2-13). 그들이 복된 것은 하나님과의 바른 관계를 자신의 의로운 행위나 성취에 기초하려 했기 때문이 아니라 자신이 그러

---

[41] A. M. Hunter, *Design for Life*, 117.

한 권한이 없는 죄인인 것을 깨닫고 하나님께 빈손 들고 애통해 하는 마음으로 나오기 때문이다.[42] 예수의 교훈에서 요청되는 모든 행위들은 이미 하나님의 은혜와 사랑 그리고 죄 용서에 기초한 하나님과의 바른 관계를 전제한 것이 이로써 분명하다. 따라서 선한 삶의 비결이 어떤 외적인 규율이나 계율들에 대한 형식적인 순종에 있는 것이 아니라 변화된 심령으로 하나님의 뜻에 자발적으로 순종하고자 하는 제자 된 사람의 행위에서 발견하고자 했던 헌터의 견해는 정당하다. "이런 이유 때문에 우리는 산상설교를 신적 은총의 복음과 결정적인 관련을 지니지 못한 윤리로서 생각할 수 없다."[43] 환언하면, '위대한 원리', '새로운 삶의 정신', '새로운 마음의 태도', 즉 예수의 교훈이 지니는 이 모든 측면들은 결정적으로 예수 그리스도 안에서 나타난 하나님의 주도적 사랑과 은혜 그리고 죄 용서와 관련이 있다.

5. 성취 불가능한 윤리인가?

예수의 윤리적 교훈의 실천 가능성과 관련하여 산상설교는 여러 갈래로 다양하게 해석되어 왔다. 우리의 기본적인 질문은 이렇다: 예수의 교훈들을 문자적으로 취해야 하는가, 아니면 때로 회화적으로figuratively 해석되어야 하는가? 그것들이 만일 회화적으로 이해되어야 한다면, 예수의 교훈이 지니는 급진적인 요청들을 보다 안락하고 편안한 윤리로 끌어내리는 위험은 존재하지 않는가? 분명히 이것은 쉽게 해결되기 어려운 매우 미묘한 문제임이 분명하다. 기독교 역사를 거쳐 오면서 산상설교의 윤리 교훈들을 문자적으로 해석하고 그것들을 보편적으로 그리고 절대적으로 적용하고

---

[42] R. A. Guelich, *The Sermon on the Mount*, 31.
[43] A. D. Lindsay, *The Moral Teaching of Jesus*, 14.

자 하는 시도가 있어 왔다. 예를 들면, 16세기 전후로 재세례파들the Anabaptists과 톨스토이 같은 사람들은 예수께서 실재로 모든 기독교인들이 따라야 할 새로운 법을 주시려고 의도했으며 따라서 예수의 이러한 도덕법은 매우 문자적인 방식으로 준수되어야 한다고 주장하였다. 마태복음 7:1("비판하지 말라"), 마태복음 5:39-42("악한 자를 대적하지 말라"), 마태복음 5:34-37("맹세하지 말라") 등과 같은 예수의 교훈들은 이러한 견해를 지탱하는 증거로서 예증될 수도 있다. 하나님의 뜻을 완전하게 성취할 것을 강조함에 있어서 이 견해는 '도덕적 완전주의'moral perfectionism를 자주 강조하게 된다: "그러므로 하늘에 계신 너희 아버지의 온전하심과 같이 너희도 온전하라"(마 5:48).

이 해석의 약점은 산상설교의 예수 교훈들이 하나님의 나라를 세상 속에서 새로운 이상적 사회로, 즉 하나님의 뜻이 완전하게 성취될 수 있는 그런 이상적 사회로 세우려는 시도를 하지 않는다는 사실을 인식하지 못한 점이다.[44] 하나님 나라의 궁극적인 완성을 이 세상 속에서의 가능성으로 보기 원하는 사람들이 있다면 그들은 분명히 왕국의 완성이 인자의 재림과 더불어 성취될 미래의 종말론적 실재에 속한다는 점을 인식하는 데 실패한 셈이다(마 5:19; 7:21-23; 8:11-12; 25:31-46 등). 이러한 절대적 견해의 약점을 극복하기 위해서 다양한 시도들이 제시되었다. 예를 들면, 헤르만Wilhelm Herrmann은 그의 저술 『사회 복음』The Social Gospel에 실린 한 논문에서 소위 '심정 윤리'Gesinnungsethik란 것을 발전시켰다. 헤르만에게 있어서 예수의 윤리 계율들은 "새로운 마음과 의지의 상태, 하나님께서 만유 가운데 만유가 되신다는 의식에 기초한 마음의 기질을 보여주는 예증으

---

[44] R. H. Stein, *The Method and Message of Jesus' Teachings*, 91f; H. K. McArthur, *Understanding the Sermon on the Mount*, 107.

로"45) 간주되고 있다. 이 견해에 따르면 산상설교는 궁극적으로 우리의 실제 행위들과 관련된 것이 아니고, 새로운 마음의 상태나 새로운 기질 또는 태도와 관련된다. 빈디쉬는 물론 이 견해를 "예수에 대한 급진적인 현대적 해석"으로 비평하기는 하지만, "헤르만의 입장에 대한 이런 식의 거부는 예수에 의해 명령된 얼마간의 특정 행위들이 내면적 태도들을 예증한 것으로 의도된 것이지 어떤 행위들이 반드시 행해져야 할 것을 법으로 속박하려는 요청으로 의도된 것이 아니라는 일반적 주장을 거부하는 것은 아니다"46)라고 한다.

또 다른 현대 해석은 세대주의자들의 것이다. 현대 세대주의자들 가운데는 산상설교의 윤리적 계명들이 본질적으로 미래 왕국 세대를 위해 의도된 것이라는 견해를 옹호해 왔다. 이런 맥락에서 산상설교는 "땅 위에 세워질 미래의 의로운 왕국을 위해서 신적인 헌법을 베푼 것이다. 언제든지 천국이 땅 위에 세워지기만 한다면 그것은 그러한 신적 헌법에 따라 세워질 것이다. ……이런 연유로 산상설교는 일차적으로 교회의 특권이나 의무로서 적용되어서는 안 된다."47) 하지만 예수께서 먼 왕국 세대에 가서야 적용되어야 할 윤리적 원리들을 왜 하필이면 자신의 지상 사역 기간 동안에 선포하셨는가? 오히려 자신의 인격과 사역 속에 도래하는 현재적 왕국의 새 질서 속에서 예수께서 제자들에게 그에 상응하는 새로운 삶을 요청한 것이라고 보아야 더 마땅하지 않은가?

또 다른 중요한 접근이 『산상설교』The Sermon on the Mount라는 디벨리우스의 저술에서 피력되었다. 그는 예수께서 비록 절대적이고 무조건적인 윤

---

45) Quoted from H. Windisch, *The Meaning of the Sermon on the Mount*, 46.
46) H. Windisch, *ibid.*, 114.
47) *The Scotfield Reference Bible*, comment on Mt 5:2.

리의 형태로 교훈하시기는 했지만 제자들은 세상의 현실과 제한들에 비추어 스스로 타당한 적응을 이루어내야 한다고 주장하였다. 이 견해에 따르면 예수의 윤리적 요청들은 그 충분한 무게를 지니고 있지만, 제자들은 현실적인 타협과 적응을 해야 할 책임을 받아들여야 한다는 것이다. 헌터 역시 이와 유사한 해석을 취한다. 그는 산상설교의 명령들을 무조건적이고 절대적인 윤리로 본다. 하지만 그는 제자들이 세상적인 현실과 제약들에 스스로 적응해야 할 여지를 언급하지 않는다는 면에서 디벨리우스와 다르다. 헌터에 있어서 예수의 윤리적 명령들은 항상 성취 불가능한 이상으로 남아있으면서도 그의 제자들이 여전히 성취할 것을 도전받는 그런 이상적 윤리라는 것이다.[48] 절대주의 견해만 제외하고 이들 견해는 서로 다른 전망을 가지고는 있지만 공통분모를 지닌다. 말하자면 예수의 윤리적 명령들이 엄격하고도 문자적인 의미로 인간의 성취 능력을 초월해 있다는 점 말이다. 하지만 산상설교의 교훈을 일률적으로 성취 불가능의 관점에서 해석하는 데는 문제가 있다.

산상설교를 보다 새롭게 해석하는 또 다른 가능성이 맥아더에 의해서 제안되었다. 그는 산상설교가 예수의 말씀이 다양한 상황에서 수집된 교훈 단위를 나타낸다고 추정한다. 이것은 교훈들은 교훈들 나름대로, 비유 교훈들은 비유 교훈들 나름대로, 예수의 행적들을 행적들 나름대로 단위별로 구조화시키려는 마태의 경향성에 의해서 뒷받침되는 것으로 보인다. 때문에 신약 학자들이 예수의 교훈들을 일률적인 잣대를 가지고 체계화시키고 그의 전체 교훈에 대한 이해를 풀 수 있는 열쇠를 제공할 하나의 일반적 개념을 발견하는 데 실패하는 이유가 여기에 있다고 한다. 만일 맥아더

---

[48] A. M. Hunter, *Design for Life*, 118.

의 견해를 받아들인다면, "어떤 말씀 본문이 부분적으로 그 해석 방법을 결정하기 때문에 다양한 해석의 범주들을 사용할 필요성이 제기된다."[49] 맥아더는 그의 견해를 뒷받침할 만한 얼마간의 실례들을 제시한다:

> 각 설교는 그 자체의 해석 범주를 요청하는 다른 형태의 진술들을 포함한다. 따라서 마태복음 5:39상("나는 너희에게 이르노니 악한 자를 대적지 말라")이 마태복음 5:39하("누구든지 네 오른 편 뺨을 치거든 왼편도 돌려대며")보다 더 무조건적인 교훈이라고 주장하는 것이 가능하다. 또는, 마태복음 6:6("너는 기도할 때에 네 골방에 들어가 문을 닫고")이 문자적인 의미로 구속력을 지닌 것이 아니라는 논제는 마태복음 5:44("나는 너희에게 이르노니 너희 원수를 사랑하며……")과 관련하여 반드시 동일한 결론으로 인도하는 것은 아니다. 획일화된 옷처럼 하나의 단순한 해석 범주가 산상설교의 모든 진술들에 일률적으로 부과되어서는 안 된다.[50]

산상설교의 예수의 교훈들이 한 역사적 상황에서 나온 것이 아니라 그의 생애 중 다양한 삶의 정황에서 나온 말씀들을 느슨하게 수집해 놓았다는 맥아더의 추정은 논쟁의 여지가 있을 수 있다. 하지만 예수께서 다양한 교훈 방식들을 채용하고 있다는 사실은 의심할 여지가 없다. 예를 들어, 예수께서 자신의 천국 메시지를 효과적으로 전파하기 위해서 시적인 형태의 언어, 비유들, 회화적인 그림언어, 과장법, 역설적 진술 등을 다양하게 사용하신다. 여자를 보고 음욕을 품어 실족케 하는 눈이 있으면 "빼어버리라"(5:29)든가, 실족케 하는 손을 "찍어 버리라"(5:30)는 말씀을 문자적으로 취하여 실제로 눈을 빼어버리고 손을 찍어버리라는 의미로 해석한다

---

49) H. K. McArthur, *Understanding the Sermon on the Mount*, 129.
50) H. K. McArthur, *op. cit.*, 128f.

면 참으로 무섭고도 불합리한 교훈이 될 것이다. 죄를 그만큼 미워하라는 뜻으로 해석할 수 있는데도 말이다. 기도할 때 골방에 들어가 문을 닫으라고 해서(6:6) 그 말씀을 절대적이고 문자적인 의미로 해석한다면 모든 공개적인 기도는 거부할 수밖에 없지 않은가? 예수께서는 사람들에게 보이려는 기도 태도를 비평하면서 하나님 앞에서 하는 진실된 내면의 기도 태도를 추천하시는 것으로 보인다.

예수의 이러한 교훈들은 얼마든지 제자들의 삶 속에서 실천될 수 있는 윤리이기도 하다. 예수는 제자들이 내면의 삶에서 품어야 할 정당한 태도를 추천하시기 위해서 때로 과장법이나 역설적 진술을 사용하신 것은 사실이다. "오른편 뺨을 치거든 왼편도 돌려대며"(5:39)라는 말씀도 문자적이고 절대적인 의미로 취하게 되면 불합리한 교훈이 될 수 있다. '악한 자를 대적하지 말라'는 말씀 속에 나오는 이 교훈은 원수를 대하는 관용의 태도를 추천한 말씀으로 생각되며 그러한 관용을 실천 불가능한 윤리라는 관점에서 이해하게 되면 잘못된 길로 들어설 수 있다. 따라서 산상설교에 나타난 예수의 교훈 형태에 따라 그에 상응하는 합당한 해석 방식이 요청된다.

예수의 윤리 교훈에 나타난 기독론

예수께서 자신의 윤리 교훈의 많은 부분을 유대적 전승에서 빌려왔기 때문에, 그의 교훈에 본질적으로 독특한 면이 아무것도 없다고 주장할 사람도 없지 않다. 유대 랍비였던 클라우스너는 자신의 저술 『나사렛 예수』에서 바로 그러한 주장을 한다: "복음서들 전체에 걸쳐서 구약이나 외경 또는 예수 당대에 근접해 있는 시기의 탈무드나 미슈나 문헌에서 평행되지 않는 윤리 교훈이란 단 항목도 존재하지 않는다."[51]

클라우스너에게서 예수는 전통적인 유대교의 윤리를 단순히 되풀이하는 것처럼 보였을 것이다. 하지만 예수의 윤리에서 가장 중요한 점은 새로운 교훈 자료의 양이 아니라 그가 자신의 교훈을 자신의 인격과 사역에 연관짓는 독특한 방식이라 할 수 있다. 그의 윤리적 메시지에서 역동적인 측면이 있다면 바로 이 사실, 즉 기독론에 놓여 있다. 마태가 자신의 복음서에서 시도했던 것은 예수의 윤리적 교훈들과 그의 인격과 사역 사이에 놓인 불가분리적 관련성을 보여주는 것이었다. 이 사실이 그의 교훈과 행위들에 비교할 수 없는 역동적 힘을 실어준다. 마태는 예수의 교훈을 제시할 때 깊은 기독론적인 관심을 피력한다. 예수의 말씀을 들은 군중들은 전통적 랍비들의 교훈에서 느낄 수 없었던 새로운 신적 권세를 느끼고 놀라워할 수밖에 없었다: "이는 그 가르치는 것이 권세 있는 자와 같고 저희 서기관들과 같지 아니함일러라"(마 7:29). '권세' *eksousia*란 말은 분명히 믿음으로만 이해되는 예수의 인격과 감화력의 비밀을 담고 있다. 다양한 사람들을 만나는 과정에서 예수의 '신적인 권세'는 항상 즉각적으로 참되게 현존한다.[52] 서기관들의 권위는 이 점에서 파생적인 권위일 수밖에 없다. 그들은 자신들 내면에 내재하는 고유한 권위가 없고 기껏해야 모세의 권위에 의존하거나 선배 랍비들의 권위에 의존해서 말하는 자들일 뿐이다. 하지만 산상설교 속에서 예수는 자신만의 고유한 신적 권세에 의지해서 사람들에게 직접적으로 호소한다. 그의 인격을 받아들이거나 그의 교훈을 받아들이는 자에게는 천국 백성이 되는 은총의 새로운 경험을 하게 된다(13:10-16). 마태복음 전체에 걸쳐서 우리는 지상적 예수의 메시아적 말씀과 행위들을 제시할 때 나타나는 마태의 시종일관한 기독론적 관심을

---

51) J. Klausner, *Jesus of Nazareth, his Life, Times and Teaching*, 384.
52) G. Bornkamm, *Jesus of Nazareth*, 60.

추적할 수 있다.[53] 그는 여러 서기관들 가운데 하나가 아니었다: 그는 근본적으로 그들과 달랐다. 보른캄이 이 사실을 잘 지적한다:

> 무엇보다도 예수의 교훈 방식이 다른 랍비들의 방식과 심대하게 달랐다. 랍비는 성경해석자였다. 이것이 랍비들의 직책에 권위를 부여했는데, 이 권위란 주어진 성경의 문자와 '선배 랍비들'의 권위 있는 주석에서 증거되어야 할 그런 성격을 지닌다. 그들의 권위란 따라서 언제나 파생된 권위에 불과하였다. 한편 예수의 가르침은 단순히 권위있는 거룩한 본문 해석에서 결코 파생되는 것도 아니고 심지어 성경에서 말씀이 인용되지 않을 때조차도 자신의 신적 인격에서 직접 흘러나오는 권위를 지닌다. 하나님의 실재와 그의 뜻의 권위는 항상 그의 인격 안에서 직접적으로 현존하며 성취되어진다. 당대 유대교에서 그가 교훈하시는 직접성에 상응하는 어떤 것도 존재하지 않는다. 그는 심지어 직접적으로 현존하는 하나님의 뜻을 가지고 율법의 문자적 본문에 도전할 정도로 직접적인 권위를 소유하셨다.[54]

서기관과 예수의 본질적인 차이점은 따라서 전자가 자신들의 교훈을 선배 랍비들의 전통적인 권위에 묶어두려고 한 반면, 후자는 자신의 교훈들을 자기 자신의 독특한 인격에 근거시키려 했다는 것이다. 제자들이 순종하는 말씀은 예수 자신 속에 인격화된 반면, 유대교의 율법은 모세 자신 속에 결코 인격화되었다고 할 수 없다(마 7:24). 마태복음 전체뿐만 아니라 산상설교의 교훈들은 이 점에서 마태의 기독론적 관심에 비추어 해석되어야 한다. 귤리히는 이 점을 다음과 같이 뒷받침한다:

---

[53] P. Stuhlmacher, "Jesu vollkommenes Gesetz der Freiheit. Zum Verstandnis der Bergpredigt," *ZTK* 79 (1982), 292f; R. A. Guelich, *The Sermon on the Mount*, 25.
[54] G. Bornkamm, *Jesus of Nazareth*, 57.

무엇보다 먼저 산상설교는 기독론적인 진술을 한다. ······이 일차적인 동기는 예수를 메시아로 제시하는 마태복음 5-9장의 전체 체계 속에 위치한 산상설교의 일반적 정황 가운데서 제일 먼저 두드러진다. ······산상설교의 기독론적 진술의 기본적인 내용은 메시아 예수에게 집중되어 있는데 그의 오심은 다가오는 구원의 시대, 동터오는 천국을 예언한 구약의 약속을 성취하였다. 간단히 말해서, 산상설교의 구원론은 일차적으로 '성취 기독론' fulfilment christology의 성격을 지닌 마태복음의 기독론에 일치한다.55)

사실 마태복음 전체를 주도하는 중심적 주제는 '예수는 누구신가?' 하는 기독론적 관심에 놓여 있다는 귤리히의 주장은 정당한 것이다. 마태는 산상설교에서 "나를 인하여 핍박을 받는 일"(5:11)을 "의를 위해 핍박을 받는 일"(5:10)로 동일시하고 바로 그런 자에게 천국을 약속한다. 예수의 말을 "듣고 행하는가" 하는 문제는 장차 다가올 하나님의 심판에 직면한 자신의 신분을 결정한다(7:24-27). 이것은 천국에 들어가는 문제가 예수의 인격뿐만 아니라 그가 선포하는 말씀에 대해 어떻게 반응하는가에 의해 결정된다는 것을 강하게 시사하는 것이다(cf. 25:31-46). 마태는 자신의 복음서에서 수많은 예수의 교훈들과 행적들을 기록한다. '예수께서 무엇을 말씀하셨는가?'(말씀), '예수께서 어떤 일을 하셨는가?'(행적) — 사실 이 두 질문들은 한 가지 질문에 수렴된다: '예수는 누구신가?'(기독론). 따라서 산상설교에 나타난 예수의 윤리적 교훈들은 이러한 기독론적 동기에 비추어 해석할 때 비로소 올바른 그 의미가 드러날 수 있다.

---

55) R. A. Guelich, *The Sermon on the Mount*, 27. 귤리히는 마태의 이 기독론적 동기를 인식하는 데 실패하는 사람은 누구나 산상설교의 실제 관심을 오해하고 말 것이라고 주장한다. 사실 산상설교는 천국에 들어감을 보장받기 위해 선행을 할 것을 강조하는 그런 관심을 피력하기보다는 그리스도 안에서 동터오는 천국에 합당한 백성의 삶의 패턴을 묘사하는 데 관심을 둔다(30쪽 참조).

결론: 산상설교의 목적

앞선 논의에서 우리는 산상설교에 나타난 예수의 교훈의 성격을 다양한 전망들 속에서 살펴보았다. 이런 논의들은 결국 한 가지 질문, 산상설교가 무슨 목적으로 제시되고 있는가 하는 질문을 지향한다. 우리는 선행하는 우리의 논의에서 산상설교의 목적과 관련하여 다음 몇 가지 결론들을 추론할 수 있다.

첫째로, 우리는 논문 처음 부분에서 산상설교와 유대적 전승 사이의 관계 문제를 논의한 바 있다. 산상설교에 나타난 마태의 목적은 이러한 관계에 비추어 이해되어야 한다. 마태는 예수께서 서기관들과 바리새인들과 갈등을 빚은 사실, 그리고 그들이 결국 예수와 그의 사역을 거절한 사실을 묘사하려고 상당한 시간을 할애한다. 이 사실은 마태복음에서 특별한 중요성을 띤다. 마태는 유대적 전승에 비록 가깝다 할지라도, 그는 예수의 인격과 사역을 단순히 유대적 옛 전승의 방식대로 묘사하기를 거부한다. 예수의 교훈을 모세의 율법적 가르침을 강화하고 초월하며 때로는 대체시키는 방식으로 선포함으로써, 마태는 자신의 유대 기독교 청중들에게 다음 몇 가지 사실들을 강조하는 데 관심을 피력한다: (1) 예수의 교훈은 바리새인들에 의해 선전되는 모세 율법보다 우월하다. (2) 예수는 모세보다 우월하다. (3) 크리스쳔 제자들은 바리새인들에 의해 해석된 모세 율법의 제자들보다 우월하다.[56] 마태의 청중이 유대인들이었고 그의 사역은 유대 기독교회라는 상황에 놓여 있었기 때문에, 소위 말하는 마태의 의도적인 '모호성' 또는 '조심성'은 아마도 유대 전승에 민감했던 그의 태도에 기

---

[56] Peter F. Ellis, *Matthew. His Mind and His Message* (Minnesota: The Liturgical Press, 1974), 36f.

인했을 것으로 보인다. 그렇다면 마태의 목적은 "모세의 의의를 부정적으로 깎아내리지 않으면서 예수의 신적 지위를 높이려는"[57] 것이라 할 수 있다. 마태에게 발견되는 이러한 미묘한 경향은 예수의 사역이 놓여 있었던 특별한 상황, 즉 예수의 인격과 사역과 더불어 동터오는 새 언약 시대에 비추어 잘 이해될 수 있다.

둘째로, 마태의 다음 목적은 예수의 말씀과 행위를 통해서 그의 신적 신분을 그의 유대 기독교 청중들에게 제시하려는 기독론적 관심을 포함한다. 마태의 이러한 기독론적 주제는 예수의 우월한 권위를 모세와 관련하여 다룰 때 전면에 부각된다: "이는 내 사랑하는 아들이요 내 기뻐하는 자니 너희는 저의 말을 들으라"(마 17:5하). 이 말씀은 예수께서 제자들과 더불어 변화산에 올라갔을 때 하늘에서 들린 음성인데, 제자들이 이 천상의 소리를 들었을 때 '모세'가 바로 예수의 곁에 있었다.

셋째로, 마태는 결국 예수의 인격과 말씀이 모세와 그의 율법보다 우월하다는 전격적인 이해에 비추어 율법을 재평가하게 되었는데, 이러한 새로운 인식 전환 속에서 그는 예수야말로 '새롭고도 더 낳은 의' new and better righteousness를 소개하는 분이라는 사실을 깨닫게 되었다.[58] 마태에게

---

[57] P. F. Ellis, *ibid.*, 37.

[58] Georg Strecker, *Die Bergpredigt. Ein exegetischer Kommentar* (Gottingen: Vandenhoeck & Ruprecht, 1984), 186f; P. Stuhlmacher, "Jesu vollkommenes Gesetz der Freiheit. Zum Verstandnis der Bergpredigt," *ZTK* 79 (1982), 287f. 스툴마허는 여기서 이런 진술을 한다: "Es geht dem Evangelisten in der Bergpredigt offensichtlich darum zu zeigen, wie die neue Gerechtigkeit nach Jesu Verstandnis aussicht……An dieses Verstandnis vor Gerechtigkeit knupft die Bergpredigt an, gibt ihm aber noch einen zusatzlichen Akzent. Wie Jesus die 'bessere Gerechtigkeit, die die Bergpredigt lehrt, besteht im Tun der Liebe, das sich von Gottes Gute und seiner allem menschlichen Tun zuvorkommenden Liebe getragen und in Pflicht genommen weiss."

있어서 예수는 천국을 도래시키는 분이시며, 그는 지금 그의 제자들에게 천국에 합당한 새로운 삶의 방식을 요청하고 계신다. 예수는 하나님 나라의 새롭고도 더 낳은 의에 도달하는 길을 지시하신다. 마태의 목적은 그렇다면 "사람들이 실제로 하나님의 의로운 통치를 받게 될 때 그들이 불가피하게 살아가야 할 방식을 보여주는"[59] 것이라 할 수 있다. 이러한 새로운 삶의 방식, 즉 '더 낳은 의'는 하나님의 은혜와 사랑과 용서를 갈구하는 겸허하고 굶주린 마음으로 하나님께 나아가는 천국 백성에게 약속된 것이다. 산상설교의 윤리는 은혜로 천국을 경험한 사람들에게 요청되는, 그리스도 안에서 열려진 삶의 새로운 방식이라 할 수 있다.

---

[59] L. H. Marshall, *The Challenge of New Testament Ethics*, 31.

예 수 · 바 울 · 교 회 ▶ 5

예수의 죽음 이해하기

복음서 기자들은 예수의 고난이 끝이 아니라 그의 지상 사역의 목표이자 면류관이라고 생각하였다. 초대 교회가 어떻게 이런 신앙 이해에 도달했는가? 이제는 예수의 고난과 죽음이 예수 자신뿐만 아니라 초대 교회를 통해 어떻게 이해되었는지 살피려고 한다.

예수께서 왜 십자가 처형을 받으셨는가?

예수의 고난은 단일 사건이 아니라 일련의 수난 과정을 내포하지만 그 극치는 아무래도 십자가 사건에서 찾는 것이 자연스럽다. 마태가 지적한 대로 예수는 "예루살렘에 올라가 장로들과 대제사장들과 서기관들에게 많은 고난을 받고 죽임을 당하"(마 16:21)였다. 그러면 예스께서는 무슨 이유로 십자가 처형을 당하셨는가? 이 질문은 쉽게 대답될 수도 있다. 유대와 같은 로마 식민지에서 이런 종류의 처형은 지역 로마 총독의 명령으로만 수행될 수 있었다. 더욱이 십자가형은 치안을 교란시키는 반란자들에게 내려지는 것이 상례였기에 예수께서도 본디오 빌라도 치하에서 반란자의 죄목으로 처형당했을 것으로 추론할 수도 있다. 누가복음의 한 구절도 이 가능성을 뒷받침해 준다: 무리가 "고소하여 가로되 우리가 이 사람을 보매 우리 백성을 미혹하고 가이사에게 세 바치는 것을 금하며 자칭 왕 그리스도라 하더이다"(눅 23:2). 빌라도는 이런 비난을 받고 "네가 유대인의 왕이냐"(마 27:11; 막 15:2; 눅 23:3; 요 18:33)고 물었다. 궁극적으로 예수는 다른 두 반란자들과 더불어 처형되었고 십자가 형틀에 붙인 비문도 이러한 국가 반란죄와 연관되어 있었다. 따라서 형식적으로 예수는 치안 교란죄로 처형당한 것이 된다. 하지만 심문을 받을 때 예수께서는 자신이 국가 반란을 주도한 적이 없었다는 것을 분명히 하셨다(마 26: 55; 막 14:48; 눅 22:52). 더욱이 예수의 추종자들도 국가 반란에 가담한 죄에 연루되어 함께 처형되지도 않았다. 빌라도도 예수에게(치안 교란죄와 같은) "죄가 없다"고 시인하였다(눅 23:4).

예수의 직접적인 죽음의 원인을 '성전청결 사건'에서 찾는 사람들도 있다(마 21:12-13; 막 11:15-17; 눅 19:45-46). 사실 예수의 행동은 성전을 개혁하고자 하는 개혁운동이라기보다는 성전파괴를 예고하는 행동이며 유대 종교체제의 무효화를 선언하는 도전적 행위였다. 성전청결이라는 공개적 행위가 있자마자 그를 죽이려는 결정적인 음모가 꾸며지기 시작하였다. 예수께서는 하나님 나라를 선포하셨고 그러한 선포는 다윗 왕국 건설에 대한 백성들의 대중적 소망을 자극하기에 충분했기 때문에, 성전을 대항하는 예수의 공개적 행동은 로마 사람들에게 정치적 위협으로 간주되었을 가능성도 있다. 하지만 단순히 이런 식의 해석은 예수의 수난 과정에서 유대 종교지도자들의 역할과 그들의 선동에 부화뇌동했던 유대 군중의 역할을 무시한 것이다. 예수와 종교지도자들 간의 갈등은 이미 오래 전부터 시작된 것이고 마가복음에 따르면 그를 죽이고자 하는 음모는 예수의 사역 초반부터 시작된 것을 알 수 있다(막 3:6). 따라서 예수의 공개적인 성전청결 행위는 이러한 갈등 과정을 절정에 끌어올린 촉매제 역할을 했을 것으로 보인다. 유대 종교지도자들은 치안 교란죄로 일단 예수를 빌라도 총독에게 넘겼으나 죽일 죄를 찾는 데는 실패하고 말았다. 따라서 산헤드린이 예수의 문제로 비공식 모임을 가져 그를 죽일 음모를 꾸몄으나 로마 당국의 비판이 두려워서 치안 교란죄뿐만 아니라 이에 덧붙여 성전 모독죄란 종교적 죄목 하나를 더 추가하여 빌라도 총독에게 다시 넘긴 것으로 보인다(요 11:48). 하지만 복음서 보도에 따르면 성전 모독죄에 대해서도 증인들의 주장이 서로 엇갈리고 또한 증인들까지 매수한 흔적이 역력하다. 복음서 기자들은 그들의 주장을 거짓 증언이라 못 박고 있다(막 14:55-59).

그럼에도 불구하고 로마 총독과 유대 종교지도자들 간의 정치적 이해득실이 맞아떨어진 부분이 존재한다. 예수를 추종하는 수많은 군중들의 무리가 없었더라면 예수는 로마 당국이나 종교지도자들에게 위협이 되지 않았을 것이다. 하지만 하나님의 보편적 통치의 도래를 선포하는 예수의 왕국 설교는 이스라엘의 회복을 대망했던 유대 군중들의 소망을 자극하여 수많은 군중들의 추종을 만들어냈고 이것은 로마 당국자들뿐만 아니라 유대 종교지도자들에게 잠정적인 엄청난 위협이 되었을 것이다. 물론 예수의 왕국 설교는 군사적이고 정치적인 의미는 없었지만 현체제를 고수하려는 기득권자들 모두에게 정치적인 위협이 되었을 것이 분명하다. 유월절 동안 예루살렘에 도착한 예수의 공개적 설교와 행동으로 인해 고조된 이 위협은 결국 그의 체포와 처형을 야기하고 말았다. 결국 예수께서는 현질서를 고수하려는 당시 종교, 정치 기득권자들의 이해에 따라 희생이 되셨다고 할 수 있다.

십자가 고난에 대한 예수의 이해

예수는 당대의 사회, 정치, 종교적 구조의 관점에서 무죄한 희생양으로 돌아가신 것은 분명하지만, 초대 교회는 그것을 우연한 사건으로 이해한 것이 아니다. 죽이기는 사람들이 죽였지만 사실은 인류 구속을 위해 하나님께서 예수를 죽는 데 '넘기운' 사건이라 할 수 있다(롬 8:3). 예수의 죽음은 그 안에 하나님의 사랑과 의가 계시된 사건인 것이다(롬 5:6-8; 고전 1:18-2:5). 초대 교회가 이러한 인식에 도달하게 된 뿌리와 기원은 물론 예수 자신이다. 하지만 로마제국 당시 지녔던 십자가 처형의 잔인성과 치욕적 성격 때문에 초대 교회는 외부로부터 자연히 조롱과 공격을 받게 되었다. 심지어 기독교회 내부에서조차 십자가의 의미에 대한 혼란과 당혹감이 존재했던 것이 분명하다. 신명기 21:22-23에 따르면 "나무에 달린 자마다 저주 아래 있는 자이다." 기독교 이전 시기에 이미 십자가에 못박힌 자가 하나님께 저주받은 인물로 간주되었음을 보여주는 얼마간의 중간사 시대의 문헌적 증거가 존재한다.

그렇다면 유대인들이 십자가에 못박힌 예수를 하나님께 저주를 받은 사람으로 생각하였을 것이 분명하다. 그러므로 유대인들은 십자가에 달려 저주를 받은 예수를 메시아와 하나님의 아들로 선포하는 기독교 메시지 자체를 모순된 주장으로 인식했을 것이다. 초대 교회의 설교 가운데 자주 신명기 21:23의 구절이 암시된다(행 5:30; 10:39; 13:29; 갈 3:13; 벧전 2: 24). 이것은 유대인들이 처음부터 신명기의 이 구절에 근거해서 예수를 메시아로 선포하는 기독교 메시지에 반대하고 기독교인들을 핍박했음을 역으로 시사해 준다. 기독교인들이 신명기 구절을 주도적으로 예수의 죽음에 적용했다기보다는 유대인들이 기독교회를 공격하는 근거 구절로 활용했을 가능성이 많다. 사실 바울도 십자가의 복음이 헬라 세계 속에서

'거리낌'과 '거침돌'이었다는 사실을 인정한다(고전 1:23; 갈 5:11). 십자가는 당대 헬라 세계 속에서 부끄러움과 굴욕의 상징이었고, 심지어 기독교 복음 전파자들 가운데도 십자가의 복음을 부끄러워하던 사람들이 있었던 것으로 보인다(cf. 롬 1:16; 딤후 1:8).

이렇게 부끄러움과 거리낌의 대상이었던 십자가가 어떻게 초대 교회에서 인류를 위한 구원 사건으로 이해될 수 있었을까? 뿌리를 찾다보면 우리는 그러한 이해의 근원을 예수 자신에게서 발견하게 된다. 복음서들은 예수께서 사역 중반부터 자신의 고난과 부활을 여러 차례 예고하셨다고 기록한다(막 8:31; 9:31; 10:33, 34). 자신의 죽음의 의미에 대해 밝힌 곳은 많지는 않지만 가장 대표적인 복음서 구절은 마가복음 10:45//마태복음 20:28이다. 이 구절은 이사야 53장의 '고난당하는 여호와의 종' 사상을 배경으로 한 것이 분명하다. 이 구절은 예수의 죽음을 "많은 사람의 대속물"로 내어준 대속적 죽음으로 말한다(cf. 딤전 2:5-6).

성찬식 말씀에서도 제자들에게 주어진 떡을 가리켜 "너희를 위하여 주는 내 몸"으로 말씀하셨고 그의 죽음의 피를 상징하는 잔도 제자들을 위해 붓는 새 언약 의식으로 설명하셨다(눅 22:19-20; 막 14:25). 최후의 만찬은 출애굽 구원 사건을 기념하는 유월절 식사를 배경으로 하는데 후자는 예수의 죽음을 기념하는 최후만찬의 신학적 의미를 풀어주는 열쇠가 되었다. 뿐만 아니라 최후만찬은 장차 도래할 구원 시대의 잔치를 예표하는 의미도 지녔다. 특별히 유월절에 예루살렘에 도착하셔서 행하신 성전청결 사건은 자신의 죽음과 부활을 통해 새롭게 형성될 부활 공동체, 즉 신약교회의 형성을 예시하는 예표적 사건이었다. 손으로 지은 현 예루살렘 성전이 하나님의 심판으로 무너질 때 예수께서는 자신의 죽음과 부활을 통해 "손으로 짓지 아니한 새로운 성전" 곧 새로운 하나님의 백성을 창조하실 것이다(막 14:58; 요 2:19). 예수는 사람들에게 버림을 받고 결국 "건축자들의 버린 돌"이 되었지만 이제 새 언약 시대에 새롭게 지어질 새 언약 공동체, 즉 신약의 교회는 예수께서 친히 모퉁잇돌이 되어 믿는 자들이 서로 엮어져서 연결될 새 성전, 새로운 하나님의 처소가 될 것이다(막 12:10). 결국 예수는 자신의 죽음을 새로운 하나님 백성을 창조한 교회론적 사건으로, 인류 구속을 위한 대속적, 희생적 죽음으로 이해했음을 알 수 있다.

예수의 죽음에 대한 초대 교회의 이해들

십자가 고난과 죽음에 대한 예수 자신의 이해는 초대 교회의 신앙고백의 근거가 되었으며 사도들의 신학의 근간이 되었다(고전 15:1-5). 특히 바울은 십자가의 고난과 죽음을 훨씬 더 풍부하고 다양하게 해석한다. 예수의 죽음은 하나님 백성의 속죄를 이룬 유월절 양의 희생제사였으며(고전 5:7) 그들을 율법의 저주에서 속량하고(갈 3:13) 아들의 명분을 부여해 준 구원론적 사건이었다(갈 4:5). 그것은 이 악한 세대에서 건지시기 위해 그들의 죄를 위해 자신의 몸을 내어준 사건이었다(갈 1:4).

바울은 한 걸음 더 나아가 예수의 죽음은 신자가 믿을 때 그의 십자가의 죽음에 참여하는 실존적인 사건이라고 말한다. 그래서 신자들은 세례받을 때 그와 함께 장사지낸 바 되었으며(롬 6:4) 그와 함께 십자가에 못 박혔다(갈 2:20). 특별히 신자를 주어로 삼아 '십자가에 못박다'는 능동태 동사를 사용하는 경우도 있다: "그리스도 예수의 사람들은 육체와 함께 그 정과 욕심을 십자가에 못 박았느니라"(갈 5:24). 십자가 사건은 예수의 구속적 죽음에만 해당되는 것이 통례인데, 바울은 이 통례를 깨고 기독교인들 자신이 믿을 때 자신 속의 죄성, 즉 '육' 肉, 싸륵스을 못 박았다고 선언한다. 십자가 사건은 여기서 기독교인의 윤리적 삶의 기초와 출발점이 된다.

그것은 옛 사람과 그 죽은 행실들을 처리한 사건이며, 이 구원론적 사건에 기초해서 신자는 여전히 자신의 육과 정욕을 '죽여야' put to death 한다(롬 8:13). 여기에 이미 완성된 것 already과 아직 완성되지 못한 것 not yet 사이에 독특한 긴장 관계가 존재한다. 이미 완성된 측면만을 강조하게 되면 죄 문제는 이미 다 끝난 것이 되고 구원도 이미 완성된 것처럼 되며 따라서 날마다 죄와 싸우고 회개할 필요도 없어지게 된다. 한국교회 내에 이런 잘못된 신학사상이 엄연히 존재한다. 반면에 아직 완성되지 못한 미래의 측면만을 강조하게 되면 기독교인의 삶과 윤리의 안정성을 위태롭게 만들 가능성이 있고 또 다른 행위구원론의 위험에 빠질 가능성이 있다. 신약 저자들은 '이미' already와 '아직 아니' not yet, 이 두 측면들을 모두 균형 있게 붙들고 있음을 기억해야 한다.

십자가에 못 박혀야 할 대상은 옛 사람, 정욕 또는 육체뿐만 아니다. 신자는 율법에 대해서 죽었다(갈 2:19). 율법에 대한 죽음은 곧 하나님을 향하여 살 수 있는 길로 설명된다(19절). 율법이 주인처럼 군림하던 때가 끝나고 그리스도의 주권적 통치 아래서 사는 때가 도래하였다(20절). 더욱이 신자는 그리스도로 말미암아 "세상에 대하여 십자가에 못 박혔다"(갈 6:14). 이 말의 의미는 다음 15절에서 부연 설명된다. 옛 세상의 질서는 할례와 무할례, 즉 유대인과 이방인을 구분하는 가치관에 의해 묶여 있었다. 십자가 사건은 유대인이냐 이방인이냐, 노예냐 주인이냐, 남자냐 여자냐 하는 등과 같은 옛 세상의 구분 방식들과 그것을 뒷받침하는 옛 가치체계에 종말을 고한 사건이다(갈 3:28). 그것은 유대인과 이방인 사이에 가로막힌 담을 허물고 그들을 그리스도 안에서 한 새 인류로 만든 교회론적인 사건이었다(엡 2:11-18).

이제 십자가는 서로 다른 문화적, 사회적, 인종적, 성적 배경의 차이점들을 지닌 수많은 사람들을 그리스도 안에서 한 형제자매로 창조하였다(엡 2:15). 이런 의미에서 십자가는 교회의 존립 근거이며 통일성의 기반이다. 그렇다면 십자가 복음은 단지 구원론적 의의만을 지닌 것이 아니라 사회적 계층과 인종적 차이, 신분적 차별을 뛰어넘어 모든 신자를 평등한 하나님 백성으로 만든다는 점에서 사회변혁적 의의도 지닌다고 하겠다. 복음주의 교회가 이 후자의 의미를 소홀히 하는 것은 약점 가운데 하나이다. 복음은 사회 변화의 지향성을 지녀야 한다.

바울은 선교 과정에서 당하는 고난들을 '그리스도의 고난'으로 부르기도 한다(고후 1:5). 그리스도의 고난은 단번에 끝난 사건이지만, 바울과 같은 선교사들이 복음을 전하는 과정에서 당하는 고난 역시 '그리스도의 고난'으로 불리는 것은 의미 있는 일이다. 일차적으로 그리스도의 고난에 참여한다는 의미를 갖는다. 하지만 바울의 함축된 의미는 그보다 폭넓다. 그는 복음 선교사로서 당하는 고난들을 설명하면서 "항상 예수 죽인 것을 몸에 짊어지고" 다닌다고까지 말한다(고후 4:10). 물론 바울의 고난은 그리스도의 고난처럼 구속적인 의미를 지닌다기보다 선교적인 의미를 지닌다. 예수께서 고난의 죽음을 당함으로써 많은 사람들이 부활의 생명에 동참할 수 있었던 것처럼, 선교사들 역시 그들의 고난을 통해 다른 사람들을 살리고 생명을 준다.

때문에 선교적인 의미에서 선교사들의 고난은 그리스도의 고난의 연장선상에 놓인 것이다. 공관복음에서처럼 참된 예수의 제자는 자기를 부인하고 자기 십자가를 짊어져야 하는 것처럼, 하나님의 뜻대로 받는 고난은 제자들의 사역의 일부이며 교회의 참된 종들인 것을 확증해 주는 징표이다(고후 11:23ff). 고난은 또한 부활에 참여하기 위해 거쳐야 할 과정으로 간주되기도 한다(빌 3:10).

결론적으로, 예수의 고난과 그의 십자가 죽음은 초대 교회에서 다양하게 이해되고 해석되어 왔다는 것을 알 수 있다. 그것은 인류를 구원하기 위한 대속적인 죽음이며 유대인과 이방인을 포괄한 범세계적인 믿음의 공동체를 창조한 교회론적인 사건이다. 그것은 복음 선교를 통해 여전히 참여되어야 할 실재이며 매일의 삶 속에서 좇아야 한 본보기이기도 하다. 무엇보다도 십자가 복음은 교회의 통일성의 기초일 뿐만 아니라 다양한 사회 계층의 차별을 무너뜨리고 그들을 그리스도 안의 한 형제자매로 변화시키는 사회 변혁적 성격도 지닌다고 할 수 있다. 유대인과 이방인, 노예와 주인, 남자와 여자 -- 고대 사회에서 뛰어넘을 수 없었던 신분적 차별들을 무너뜨리고 그들 모두를 평등한 한 하나님의 백성으로 변화시킨 것이 바로 십자가 사건이다. 그것은 또한 제자 된 사람들이 본받아야 할 자기부정과 섬김의 정신이기도 하다. 바로 이 십자가 복음의 정신을 특별히 한국교회는 실천해내야 할 과제를 안고 있다.

6 ◀ 예수 · 바울 · 교회
구속 개념의 배경과 발전

들어가기

 기독교 신앙의 중심에는 하나님께서 그의 백성을 구속하기 위해 역사 속에서 행위하셨다는 확신이 놓여 있다. 바로 이 점 때문에 많은 학자들은 역사 속에서 이루어진 하나님의 구속 행위들에 관심을 기울이게 되었고 근래에 와서는 구속사 신학을 발전시켰다. 이러한 구속사 신학의 발전에 영향을 받아서 '구속'救贖이라는 말은 특별한 의미를 지니게 되었다. 이것은 성경에서 발견된다고 생각되는 통일된 역사적 전망에 따라서 전체 성경을 해석해주는, 다시 말해서 특정한 신학적 체계體系를 대변하는 기술적 술어가 되었다.

 그러나 놀랍게도 이 개념은 구속사 신학을 주장하는 사람들뿐만 아니라 현대 신학자들의 저술들 속에서 그 의미에 대한 어떤 일반적인 의견일치도 없이 매우 광범위하게 사용되고 있는 것도 사실이다. 이런 시점에서 신약에서 사용되고 있는 구속 개념으로 돌아가 그것을 다시 한번 살펴보는 것은 의미 없는 일은 아닐 것이다. 본 글의 목적은 신약에서 사용되는 구속 개념을 배경사적으로 추적하고 그 의미들을 밝히는 것이다. 현대 신학에서 형성되고 발전된 구속 개념은 여기서 다루지 않을 것이다.

신약 밖에서의 구속 개념

모든 말은 역사적인 삶의 자리 Sitz im Leben를 가지고 있고 그 의미론적 배경은 역사 가운데 뿌리박고 있기 때문에 우리는 신약 밖에서 사용된 구속 개념의 배경들을 세 가지 다른 각도에서 추정해 볼 수 있다. 그것은 구약과 고전 헬라 세계와 후기 유대교이다.

1. 구약

신약에서 사용된 구속 개념에 해당하는 히브리어 단어들은 다음 세 가지 말에 근거한다. 히브리어 어근인 '가알' (45회), '파다' (43회). 그리고 히브리어 명사인 '코펠'이 그것이다.

(1) '가알' gaal

오경에서 '가알'이란 동사는 가족 관계를 묘사하는 말로 자주 사용된다.[1] 이 동사를 가지고 묘사되는 사람들은 그들의 가족 구성원들과 소유, 그리고 그들과 관련된 사람들의 권리와 이익을 보호할 책임을 진다. 힐D. Hill에 의하면 이 동사는 다음 경우들에 사용된다.

이 단어는 다음 경우를 당할 때 친족을 '보호하고 변호하는' 행위를 나타낸다:

피를 흘렸을 경우이다. 그래서 피의 보수자('고엘')는 가족의 명예를 회

---

1) D. Hill, *Greek Words and the Hebrew Meanings*, Cambridge, 1967, 53.

복한다(민 35장; 신 19:6, 12; 수 20:3, 5; 삼하 14:11). 2) 가족의 이름이 소멸할 위험이 있을 경우이다. 이것은 룻의 결혼 과정에서 예증된다(룻 3:13). 3) 땅이 다른 사람의 소유가 되는 경우이다.[2] 여기서 '가알'은 '되찾다'의 의미를 갖는다(레 25:26, 33). 4) 가족의 한 일원이 노예가 되는 경우인데, 여기서 '가알'은 '되사다'를 뜻한다(레 25:48ff).[3]

위에서 분명해지듯이 이 히브리어 어근이 가지고 있는 기본적인 개념은 "친족의 일원으로 행동하는 것, 즉 잃어버린 것을 회복함으로써 가족 내에서 자신의 의무를 다하는 것"[4]이다. 이 경우에 우리는 구약이 이 단어를 사용함에 있어서 두 가지 특징적인 의미를 발견할 수 있다. 기본적인 의미는 가족 의무라는 일반적인 뜻이고 여기서 값을 지불한다는 구속의 좀더 좁은 뜻이 나타난다.

우리는 이 단어의 사용과 관련하여 두 가지 대조되는 현상을 주목한다. 이 단어가 인간주체와 더불어 사용될 때 대속물 또는 속량가贖良價의 개념이 흔히 언급되거나 암시되지만, 이와는 반대로 야훼 하나님이 주어로 나타나는 구절들 가운데서는 그 동사가 그 본래 의미를 상실하고 단지 '구원한다'는 뜻을 갖는 것 같다. 그러나 야훼를 주어로 하는 여러 경우들을 검토한 후에 모리스L. Morris는 결론짓기를, 이것은 사실과 전혀 부합되지 않는 것 같다고 주장한다. 왜냐하면 야훼가 주어로 나오는 구절들을 살펴보면 많은 경우 그의 구속 행위는 전혀 노력의 대가없이 쉽게 이루어지는 것이 아니기 때문이다.[5] 성경 기자들이 야훼를 구속자로 말할 때 그들은 보

---

[2] 유대 전승에 따르면 땅은 야훼 하나님의 소유이며 역사의 주(主)로서 야훼의 구원사적 간섭을 통해서 이스라엘에게 주어진 선물이다. 따라서 땅은 영원히 매매될 수 없고 (레 25:23) 오히려 구속되어야 한다 (레 25:24).
[3] D. Hill, *Greek Words and the Hebrew Meanings*, Cambridge, 1967, 53.
[4] *Idem*.
[5] L. Morris, *The Apostolic Preaching of the Cross*, London, Tyndale Press, 1972, 21.

통 하나님께서 많은 노력을 하는 것으로 묘사한다(예, 출 6:6, "편 팔과 큰 재앙으로 너희를 구속하여"). 그래서 모리스는 이 경우에 야훼가 기울인 노력이 구속을 위한 값으로 간주되어야 한다고 주장한다. 그의 강한 행위는 자신에게 값을 지불한 셈이다.

그러나 데이비드 힐이 지적한 대로 하나님께서 큰 능력을 행하셨다는 생각이 속량가를 지불한다는 뜻을 내포한다는 것은 매우 의심스러운 주장이다. 속량가의 뜻을 보존하기 위해서 야훼의 행위와 능력을 그런 식으로 해석하는 것은 분명히 증거를 부당하게 곡해하는 것이다. 이 점에서 모리스 논의의 주된 약점은 단어들의 의미는 보통 고정되어 있지 않고 역사가 흐름에 따라 흔히 의미론적으로 발전된다는 사실을 소홀히 한 점일 것이다.[6]

구속 개념과 관련하여 한 가지 중요한 사실에 주목할 필요가 있다. 구약의 신앙과 예배의 핵심에는 이스라엘이 야훼 하나님과 언약 관계에 있으며 이 언약에 의해서 그들은 거룩한 백성이 되었다는 확신이 놓여 있다. 따라서 시내산 언약 체결에서 제물의 피를 뿌리는 것은 가족의 연대관계를 맺는 것을 뜻한다. 이스라엘 백성은 야훼 하나님이 그들을 자신의 가족 구성원으로 받아들인 것으로 이해하게 되었다.[7] 사실 출애굽기 4:22, 23에 보면 하나님은 처음으로 이스라엘을 "나의 아들" 또는 "나의 장자"로 부르고 있고, 출애굽기 6:4-6에서는 야훼가 이스라엘을 애굽의 속박에서 구원하는 행위가 언약言約과 연관되어 나타난다. 이것은 구속이라는 말이 하나님께서 언약을 통해 이스라엘을 그의 백성으로 만드신 사실과 깊은 관련이 있음을 분명히 해준다. 바우어J. B. Bauer도 "야훼는 그의 백성에 대

---

[6] D. Hill, op.cit., 56.
[7] Richard Skiba, "The Redeemer of Israel," CBQ 34 (1972), 11.

해 이런 식으로 행위하시는데, 그는 선택과 언약 때문에 그들의 구속을 책임지셨다"[8]고 주장했다. 분명히 우리는 하나님의 구속 행위를 나타내는 구약 구절들을 이런 배경하에서 읽어야 한다.

(2) '파다' padah

'가알'이라는 동사는 위에서 살펴본 대로 가족 의무의 영역에 뿌리박고 있는 반면에, '파다'는 상업적인 거래의 개념을 나타내는 것으로 보이는데, 후자의 경우에 있어서는 "가족 연대관계에서 나오는 책임의 뜻은 없다."[9] 기본적으로 이 단어는 다른 사람의 소유로 되어 있는 물건이나 사람을 그에 해당하는 값을 대신 지불함으로써 자기의 소유로 삼는 행위를 지칭한다. 우리는 이 예를 '초태생을 여호와께 돌리는' 일에서(출 13:12ff; 민 18:15ff) 찾을 수 있다. 민수기 3:40ff에서도 이 동사는 하나님께서 처음 난 자 대신에 레위인들을 취하게 하셨을 때 레위인들의 수를 초과하는 각 이스라엘 사람을 다섯 세겔로 구속하라는 말씀에서 나타난다. 이 단어는 또한 노예의 첩을 구속하는 일에 대해서도 적용된다(출 2:8).

'가알'의 경우에서처럼 '파다' 동사도 흔히 야훼를 주어로 하여 사용된다(33회). 흥미 있는 사실은 애굽에서의 구원은 흔히 야훼를 주어로 삼는 반면 바벨론 포로에서 구속하는 하나님의 행위는 이 동사에 의해서 잘 묘사되지 않는다는 점이다.[10] 더욱이, 이 동사는 악이나 환난에서의 구속을

---

[8] J. B. Bauer, *Encyclopedia of Biblical Theology II*, London, 788-41 ; 또한 D. E. H. Whiteley, *The Theology of St. Paul*, Oxford, Blackwell, 1964, 139. 여기서 그는 구속의 개념을 시내산에서 야훼께서 이스라엘과 맺은 언약과 관련하여 해석한다. "모세는 피의 절반을 제단 위에 뿌리고 다른 절반을 이스라엘 백성들에게 뿌리는 데 사용하였다. 하나님과 그의 백성은 이제 가족 관계로 연합되었다."

[9] D. Hill, *Greek Words and the Hebrew Meanings*, Cambridge, 1967, 55.

[10] 단지 사 35:10과 51:11에서만 사용될 뿐이다.

묘사하여(시 25:22; 130:8) 국가보다는 자주 개인을 지칭한다.[11] 때때로 그것은 어떤 특정한 상황과 관련 없이 이스라엘의 구속을 의미한다.[12] 이러한 사실에 근거해서 힐은 속량가贖良價의 개념은 뒷전으로 밀려나가고 이 동사는 단순히 '구원하다'를 의미할 뿐이라는 결론을 내린다.[13] 또한 그는 하나님의 강력한 구속 행위들이 속량가의 지불로 간주되어야 한다는 모리스의 주장을 거절한다. 사실 우리는 이 동사의 후기 의미론적인 발전을 살펴보면 속량가라는 어떤 뜻을 암시하지 않고 – 완전히 사라진 것은 아니지만 – 흔히 '구원'을 시사한다는 것을 발견하게 된다. 이 의미론적인 발전이란 '가알'과 '파다' 동사가 전문화되어 사용될 때 나타나는 본질적인 의미, 즉 "사람들을 해방시키는 것"이라는 의미를 확장하고 강조한 것에 불과하다.

(3) '코펠' kopel

히브리어 어근인 *kpl*에서 파생되어 나온 이 명사는 속량가贖良價를 지칭하며, 그것이 쓰일 때마다 속량가의 개념이 나타난다. 구약에서 그것은 죽임을 당한 생명을 구속하기 위해 지불되는 돈을 지칭한다(출 21:28ff; 30:12; 욥 33:24; 36:18; 잠 13:8; 시 43:3f). 그러나 속량가가 아무 소용이 없는 몇몇 상황들이 존재한다(민 35:31; 35:32; 시 49:8; 또한 잠 6:35). 이 경우에 죽음에서 구원할 만한 대속물을 찾는 것은 불가능하다. 결론적으로 이 명사는 그것이 쓰이는 매 경우에서 나타나듯이 반드시 속량가 또는 대속물의 개념을 포함하는 것이 분명하다.

---

[11] 예를 들면, 삼하 4:9; 왕상 1:29; 그리고 시편에서 그러하다.
[12] 신 21:8; 느 1:10; 호 7:13; 슥 10:8.
[13] D. Hill, *op. cit.*, 55.

2. 고전 헬라어

고전 헬라어에서 구속을 나타내는 '루트론' *loutron* 단어군 單語群은 '풀다'는 일반적인 의미를 지닌 '루오' *louo* 동사로 소급된다. 이 동사가 사람과 더불어 사용될 때 그것은 보통 '풀어주다, 속박, 위험 또는 어려움으로부터 해방하다'는 뜻을 갖는다. 시간이 흐르면서 그것은 보석금을 받는 조건으로 죄수들을 놓아준다는 좀더 발전된 의미를 갖게 되어 '돈을 받고 풀어주다', '볼모잡다'(능동태), 또는 '돈을 지불함으로 해방을 확약받다' 등을 뜻하게 되었다. 뷔흐셀 F. Büchsel에 따르면, 첨가된 어미 '-트론' -*tron*은 이 동사의 행위가 수행되는 방편 또는 도구를 뜻한다. 후기 호머 시대에는 그 수단은 보통 무엇을 위해 값을 지불한다는 뜻을 갖는데, '뜨레프-트라' *threp-tra*는 "교육에 대한 보상", '메누-트론' *menu-tron*은 "정보에 대한 보상", '디닥-트론' *didak-tron*은 "가르침에 대한 보상", 비슷하게 '루트론' *loutron*은 "속량가로 지불되는 돈"을 뜻한다.[14] '루트론' 명사의 기본적인 용법과 의미에 대한 힐의 설명에 따르면 이 단어는 다음 몇 가지 뜻을 갖는다:[15]

(거의 항상 복수형으로 쓰일 때) '속량가' 또는 '대속물'을 뜻한다. 이 뜻을 지닐 때 이 단어는 흔히 *labein, apodidnai* 그리고 *katatheinai* 같은 동사들과 함께 사용된다. (복수형의) 이 단어가 비석이나 파피루스들 가운데서 노예 해방을 위해 지불된 돈을 뜻하는것은 이 의미의 특별한 적용인 것처럼 보인다(P. Oxy. 486, 49 그리고 772, B. C. 1세기부터). (2) 화해 또는 속죄의 수단을 뜻한다. 흔히 발견되는 이 뜻은 Aesch, Choeph

---

14) F. Büchsel, '*loutron*,' *TDNT* 4, 340.
15) D. Hill, *Greek Words and the Hebrew Meanings*, Cambridge, 1967, 50.

48과 아마도 Lucian, Dial Deorum 4.2에서 나타난다. (3) 매우 드물게는 '보상'의 일반적인 뜻을 갖기도 한다(예, Pindar, Isth. 8.1과 Ol. 7.77).

단어 형성사에서 나타나듯이 새로운 동사가 이 단어에서 발전되었다: *loutroo, loutousthai*. 이 단어군의 존재 자체가 값을 지불하고 풀어준다는 뜻을 표현한다는 것은 의미 있는 일이다. 그래서 힐은 추측하기를, "세속 헬라 문헌의 전체 역사를 통해서 이 동사는 끊임없이 '값을 지불하고 풀어주다'는 뜻을 지탱해온 것 같다"[16]고 한다. 능동태로 쓰일 때 이 동사는 '속량가를 받고 풀어주다' 또는 '볼모잡다'를 뜻하고, 중간태로 쓰일 때는 '속량가를 지불하고 풀어주다'를 뜻하며, 수동태로 쓰일 때는, '볼모잡히다'를 뜻한다. 또한 '값을 지불하고 풀어주는 절차'를 뜻하는 명사 *loutrosis*가 있고, 이 명사와 함께 쓰이는 여러 합성명사들, 특별히 *apo*와 *ek*와 함께 쓰이는 명사들이 있다. 명사 *loutrosis*는 성경 밖의 헬라어에서는 드문 단어이고 사전에 단지 세 번만 인용된다(Plut. Aratus 11; P. Teb. 120, 41, 1세기, P. Oxy. 1130, 20, 5세기). 이 모든 경우들은 분명히 교환할 때 지불되는 가격을 언급한다.

합성동사 *apoloutroo*는 성경 밖의 헬라어에서 일곱 번 나타난다. 네 번은 능동태로,[17] 매우 후기인 것인 두 개의 구절에서는 중간태로,[18] 그리고 단지 한 번만 수동태로 쓰인다(Plut. Pompey 24. 4). 주목할 만한 사실은 이들 각 경우마다 놓아주는 가격이 언급되고 있고 이 동사는 분명히 '속량가를 받고 풀어주다' 또는 '속량가를 지불하고 풀어주다'의 뜻을 갖는다.[19] 성경 헬라어 밖에서는 명사 *apoloutrosis* 역시 드문 단어이지만,

---

[16] *Idem*.
[17] Epist.(phil.) apud Demos. 2, 3, 159; Plato, Lawll, 919ff; Polybius, 2.6.6.
[18] Pautaenus, Strategemata 5, 40; Julian, Imp. Glat. VII (Teubner, vol. I, p.253).

신약에서는 구속을 가리키는 특징적인 단어이다. 그것은 세속 헬라어에서 열 번 나타나고,[20] 70인경은 그것을 느부갓네살이 미친 상태에서 놓임을 받았음을 말하는 다니엘 4:34에서 단 한 번 사용한다. 이 구절은 속량가에 대한 언급이 없다. 결론적으로 이들 예들에서 분명히 나타나는 것은 이 단어가 분명하고도 시종일관한 뜻을 가지고 있다는 점이다. 매 구절에 바라는 해방을 확보하기 위해서 속량가를 지불한다는 생각이 들어있다. 또한 세속 헬라 문헌에서 *loutron*과 파생어들을 사용할 때 속량가의 개념을 지탱하고 표현함에 있어서 놀라울 만큼 시종일관한 면을 드러내주고 있다.

(1) 쿰란과 랍비 유대교

흥미로운 것은 쿰란 문헌은 하나님의 구원을 묘사하기 위해 어근 '가알'을 잘 사용하지 않는 반면, 하나님의 과거와 미래 구원을 나타내기 위해 '파다' 동사를 선호한다는 점이다. 이것은 랍비 문헌에서는 상황이 아주 달라진다. 이들 문헌에서는 '가알'이 출애굽 구원 사건에 대해 자주 사용되고, '파다'는 특별히 미슈나 Mishnah에서 하나님의 과거와 미래 구원 행위라는 의미를 전혀 갖지 않는다. 구약 랍비 문헌에서 '가알'이 야훼의 권세 있는 구원 행위를 표현하는 주도적 술어라는 사실은 이 동사에 함축되어 있는 '관계'와 '회복'이라는 개념들이 구속에 대한 유대적 이해에 있어서 주된 주제들임을 시사한다. 환언하면, 랍비 문헌은 '가알' 동사를 배타적으로 사용함으로써 언약과 밀접하게 연관되어 있는 특별한 관계를 강조하는 경향이 있다. 그러나 쿰란 문헌에서 '타바' *tabah*가 사용된다는 것

---

19) Pompey 24, 2; Josephus, aut. 12.2.3; Epistle of Aristeas 12, 33; Diod. Fragm. 37.5.3; philo, probus 114; The Inscripton of Cos(Oxford, 1891). p.52; Scholia in Lucianum, ed. H. Rake, p.220; Dan 4: 30 in LXX.

20) D. Hill. *Greek Words and the Hebrew Meanings*, Cambridge, 1967, 51.

이 유대교의 일반적 관행에 대한 쿰란 분파들의 저항이었는지는 분명치 않다. 랍비 문헌에서 '가알'은 또한 이스라엘의 모든 환난이 종말을 고하는 그들의 미래 구원에 대해서도 자주 적용된다. 그 실례가 마카비 시대로부터 기원된 것으로 보이는 기도문인 "열여덟 축복들 중 일곱 번째 축복" the Seventh of the Eighteenth Benedictions에서 발견된다. 비록 이 기도문에서 신의 능력을 발휘하는 것이 속량가로 이해될지는 몰라도, "이 술어는 일상적으로 사용되는 경향이 있어서 그렇게 주장하는 것이 언제나 가능한 것은 아니다."[21] 이러한 의미론적인 발전은 쿰란 문헌에서 '파다'를 사용하는 데서도 확인될 수 있다. 이 동사는 1QH에서 네 번 사용되고 매 경우 그것은 "풀어주다, 구원하다"를 뜻하고 보통 거짓된 예배자들의 무리에서 하나님이 구원하시는 것을 가리킨다(1QH 2.32, 35; 3:19; 17:20). 다른 파생어들은 속량가의 뜻을 갖거나 갖지 않은 채 사용된다.

(2) 70인경

70인경에서 *loutron* 명사는 19번 나타나고 보통 복수형으로 사용된다. 데이비드 힐에 따르면, 구약의 법률 조항에서 나온 구절들 중 16개 구절과 이사야서의 한 구절에서 *loutron* 명사는 히브리 원어에서 요구되는 "속량가"의 의미를 지닌다.[22] 따라서 그는 '코펠'이라는 히브리어 술어의 의미가 교환의 개념을 유지하지만 주로 어떤 특별한 자유를 확보하는 수단을 뜻하는, 보다 일반적 의미를 지닌 속량 개념으로부터 발전했을 것으로 추측한다. 형용사인 *loutroso*(레 25:31, 32)와 합성명사인 *ekloutrosis*(민 3:49)는 비록 이 두 단어가 신약에서는 나타나지 않지만 70인경 모세 오

---

[21] Hill에 따르면, "그것은 *kopel*을 6번, *pedeyon*을 7번, *geelah*를 5번 그리고 *mehir* ("가격")을 한 번(사 45:13) 번역하고 있다"(61).

[22] D. Hill, *op. cit.*, 61.

경에서 이 단어군의 의미 속에 속량가 개념을 소유하고 있음을 시사한다. 헬라어 명사 *loutrosis*는 8번 사용되는데, 히브리어 어근인 '가알'과 '파다'에서 파생된 단어들임을 보여준다. 이들 중 네 경우에서(모세 오경) 이 명사는 값을 지불하고 속량하거나 구속하는 과정이라는 의미로 사용된다(레 25:29-48; 민 18:16). 그러나 모세 오경 밖에서는 속량가의 개념이 분명하지 않다(시 9:9; 111:9; 130:8; 사 63:4). 구속을 실행하는 사람을 뜻하는 헬라어 명사 *loutroies*는 야훼에 적용될 때 두 번 사용되고, "구원자" 또는 아마도 "보호자"의 뜻을 지닌 '고엘' *goel*을 번역한 것이지만 그의 백성의 해방을 위해 값을 지불한다는 생각은 없다.

동일한 의미론적 발전이 두 개의 히브리어 어근에 해당하는 뜻을 지닌 *loutroo* 동사의 사용에서 발견된다. 70인경에서 *loutroo* 동사가 나타나는 모든 경우들을 살펴보면, 보상 또는 자유를 위한 값이 언급되거나 분명히 암시되는 구약의 법률조항들 속에서 이 동사는 세속적인 용법에서처럼 값을 지불하고 속량하는 일을 뜻한다. 그러나 신의 구속을 지칭하는 구절들 속에서 사용되는 *loutroo* 동사는 보통 성경의 헬라어 의미에 영향을 주어 속량가 개념을 강조하지 않고 단지 "풀어주다", "구원하다"는 일반적 의미를 지니게 된 것으로 보인다.

동사 *apoloutroo*는 70인경에 두 번 사용되었다(출 21:8; 습 3:1). 위에서 살핀 대로, 출애굽기의 구절은 값을 주어 해방을 얻는다는 개념이 언급되는 법률조항에 속해있다. 그러나 스바냐 3:1(3)에서는 문맥상 속량가를 지불한다는 개념이 없다. 뷔흐셀의 지적에 의하면 70인경에서 *apoloutrosis* 명사는 느부갓네살이 광인의 상태에서 놓임을 묘사하는 다니엘 4:34에서 단 한번만 나타나지만, 이 구절은 속량가라는 개념을 가지고 있지 않다. 이것은 *apoloutrosis*가 언제나 분명한 구속 또는 노예해방

manumission을 가리키는 신약의 용법과 분명한 대조를 이룬다.23)

본래 의미들을 이해하는 데 필요 불가결한, 개념들의 사상적 배경과 관련하여 한 가지 주목할 점이 있다. 이것은 팔레스틴 유대교의 사상에 있어서 고난(특별히 죽음)과 속죄 atonement와의 관계이다. 전통적으로 유대교에서는 속죄란 제사와 속죄일의 의식들을 통해서 오는 것으로 생각되었는데 성전이 파괴되고 성전의 희생제사가 중단됨으로 점차 속죄는 고난을 통해, 특히 죽음을 통해 실현되는 것으로 여겨지기 시작하였다 데이비드 힐은 이러한 사상적 발전에 근거해서 "사람이 죽음으로 자신의 죄를 속죄한다는 생각은 기독교 이전 유대교에서는 발견되지 않지만, 대표에 의한 속죄 능력이란 주제는 기독교 이전에 이미 발견된다"24)고 주장한다. 특별히 유대 전승은 의인들, 특히 순교자에 의한 대리적 속죄, 고난 또는 죽음의 사상을 보존하고 있다고 흔히 지적한다. 비록 신약에서처럼 분명하고 심원한 대리적 속죄 vicarious atonement의 개념이 유대교에서는 발견되지 않지만, 이러한 유대교적 전승은 예수의 죽음과 관련한 신약의 진술들을 이해하는 데 있어서 간접적인 사상적 배경을 이룬다고는 생각될 수 있다. 그러나 원시 기독교가 자기 백성을 위한 순교자의 속죄적 죽음이라는 후기 팔레스틴 유대교의 사상에서 직접 영향을 받아 예수의 속죄적 죽음의 의미를 발전시켰다는 부세트 W. Bouseet와 불트만의 주장은 지나친 것이다.25) 이 문제는 비슷한 생각이 발견되는 마가복음 10:45에 대한 논의에서 더 논의될 것이다.

---

23) F. Büchsel, *loutron ktl.*, *TDNT 4*, 352.
24) D. Hill, *Greek Words and the Hebrew Meanings*, Cambridge, 1967, 62.
25) W. Bousset, *Kyrous Christos*, G ttiongen, 1926, 73; R. Bultmann, *Theology of the New Testament I*, London, SCM, 1952, 47.

신약에서의 구속 개념

1. 신약에서 '루트론' loutron 단어군

(1) '루트론' loutron

이 명사는 신약에서 마가복음 10:45 (=막 28:28; 또한 눅 22:27)에서만 나타난다. 이 구절은 예수께서 자신의 죽음의 의미를 설명하는 말씀이다. 이 말씀과 관련되는 문제들은 주로, 1) 진정성, 2) 의미 그리고 3) 사상적 배경과 관련되어 있다.

1) 이 말씀의 진정성眞正性은 거의 끊임없이 논의되어 왔다. 우리의 직접적인 목적상 이제까지 제기된 모든 문제들을 해결할 필요는 없고 단지 이 말씀의 진정성을 의심할 만한 충분한 근거가 없다는 것을 지적하는 데서 만족하려고 한다. 마샬에 따르면 "이 말씀은 그 셈어적 형태와 인자人子구절 가운데 전수되어 왔다는 사실에서 나타나듯이 교회의 가장 이른 전승에서 나온 것"[26)]임이 분명하다.

2) 성경의 용법 안에서나 밖에서 *loutron* 단어의 주도적 개념은 자유를 확보하는 데 지불되어야 할 속량가, 즉 해방을 얻거나 다시 얻기 위해 주어지는 어떤 것을 지칭한다. 이 단어는 *anti*와 더불어 잘 사용되지는 않는데, "~을 대신하여"를 뜻하는 이 전치사는 *loutron*의 대속적인 성격을 강조한다 "비록 *anti*가 '~의 유익을 위해'라는 뜻으로 번역될 수 있기는 하지만,

---

26) I. H. Marshall, "The Development of the Concept of Redemption in the N.T." in *Reconciliation and hope* (ed. R. J. Banks, 1974), 169; cf. Ralph P. Martin, *Mark: Evangelist and Theologian*, Exeter, The Paternoster Press, 1972, 196.

그것은 예수의 죽음이 많은 사람들에게 일어났어야 했던 일이 그에게서 일어났음을 의미한다."[27] *pollon*은 분명히 많은 사람들 가운데 한 사람처럼 죽음을 경험하셨다. 사랑하는 하나님의 아들로서 그는 그들의 위치에 선 것이다.

3) 보통 마가의 이 구절의 사상적 배경은 이사야 53장이라고 여겨져 왔다. 그러나 후커M. D. Hooker는 마가복음 10:45이 이사야 53장의 '고난당하는 종'의 구절에 의존한다는 사실을 부정한다. 그녀에 의하면, 헬라어 명사 *loutron*은 결코 히브리어 명사 *asham*(사 53:10)과 관련이 없다는 것이다. "*loutron*은 값을 지불하고 어떤 인물이나 물건을 구속하는 것을 말하고, *asham*은 잘못 소유한 어떤 것을 배상하고 속죄의 수단으로 제물을 드리는 것을 말한다. 하나는 상업적인 거래 문제이고, 다른 하나는 죄를 위한 희생제사를 포함한다."[28] 바레트를 따라 그녀는 계속해서 주장하기를, *asham*은 결코 대속물substitute이 아니고 배상하기 위해 값을 지불하고 속전제를 드리는 것을 말한다는 것이다. 분명히 이들 두 단어가 서로 다른 조건에서 사용된 것은 사실이다. 그러나 예수께서 마가복음 10:45을 말씀하실 때 이사야 53장의 고난당하는 종을 염두에 두고 계셨던 것은 분명한 것 같다. 왜냐하면 마가복음에 나오는 *diakonein* 동사는 이사야서의 "종"을 지칭하고 *anti pollon*은 이사야 53:11 이하에서 반복 사용되는 "라빔" rabim을 반영하는 것으로 보이기 때문이다.[29]

---

[27] F. Büchsel, *loutron ktl.*, *TDNT 4*, 343.
[28] M. D. Hooker, *Jesus and the Servant*, London, SPCK, 1959, 77; cf. J. Knox, *The Death of Christ*, London, Collius, 1959, 47, 88.
[29] C. E. B. Cranfield, *The Gospel according to St. Mark*(GTC), Cambridge, 1959, 342; cf. W. Grundmann, *Das Evangeliums nach Markus (THNT)*, *Evangelische Verlagsaustalt*, Berlin,

데이비드 힐은 후커의 주장을 받아들이면서, 오히려 그는 마가복음 10:45의 배경을 이사야 53장보다는 마카비 시대에서 연원된 의인들, 특별히 순교자들의 대속적인 죽음의 개념에서 찾으려고 한다. 그에 따르면, 예수는 "이스라엘 전체를 위한 대속물로서 의로운 남은 자the righteous remmant로서 살았고 이스라엘이 당했어야 할 운명을 자신 속에서 나타냈다"[30]는 것이다. 앞에서 이미 언급한 것처럼 부세트와 불트만 역시 원시 기독교가 예수의 죽음을 죄를 위한 속죄적 희생으로 해석할 때, 의인이나 순교자들의 죽음과 고난이 속죄적 능력을 지닌다는 후기 유대교 전승으로부터 직접적인 영향을 받았다고 주장하였다. 그러나 롤로프J. Roloff는 이 해석에 있어서 몇 가지 기본적인 난관점이 있다고 지적한다.[31]

먼저, 주후 1세기 중엽 이후에 팔레스틴 유대교에서 순교자의 대리적인 속죄적 죽음이라는 개념이 일반적으로 널리 유포되었다는 것은 불가능하다는 것이다. 대리적 속죄개념이 나오는 가장 오래된 유대 전승적 증거의 하나는 예수 당대에 형성된 순교자의 이야기를 수록한 마카비 4서이다. 단지 몇 세기 전에 기록된 마카비 2서의 평행되는 이야기는 대리적 속죄 사상을 분명하게 포함하지는 않지만 한 곳에서 이 대리적 동기가 나타난다(2 Macc 7:37f) : 순교자의 죽음은 그의 백성 전체를 향하고 있는 하나님의 진노를 진정시킬 것이다. 마카비 4서에는 보다 분명하게 순교자가 흘린 피를 통해 백성을 정결케 한다는 사상(1:11; 6:20; 17:21)과 백성을 속죄하기 위해 하나님께 드려지는 대속적 사역(4:28; 17:22)의 동기가 포

1984, 294f; W. L. Lane, *The Gospel of Mark (NLCNT)*, Marshall, Morgan & Scott, London, 1974, 384.
   30) D. Hill. *Greek Words and the Hebrew Meanings*, Cambridge, 1967, 66.
   31) J. Roloff, "Auf nge der soteriologischen Deutung des Todes Jesu (MK x, 45; Lk xxii), 27)," *NTS 19* (1972/73), 47-48.

함되어 있다. 그러나 롤로프는 주장하기를, 여기서조차 이러한 사상들이 hypomone[32] 또는 낯선 상들에[33] 의해 중성화된다는 것이다. 또한 가장 오래된 랍비문헌의 증거가 약 주후 150년경으로 추정되기 때문에 롤로프는 대리적인 속죄사역에 대한 증거들은 후대에 삽입되었을 것으로 추정한다. 그러나 모펫J. Moffatt에 의하면 마카비 2서가 주전 106년 이전에 기록되었고[34] 마카비 4서는 주후 20-54년에 기록되었을 것으로 생각되기 때문에 기독교 이전 시대에 대리적 속죄 사상이 전혀 유포되지 않았다고 보기에는 무리가 있다. 더욱이 마카비 4서에 분명하게 드러나는 대리적 속죄사상은 한 시점에서 갑자기 생긴 것이라기보다는 서서히 유대교 사상의 한 흐름 속에서 점진적으로 발전되었다고 보는 것이 더 타당하게 보인다.

그러나 롤로프가 지적한 두 번째 점은 정당한 것으로 보인다. 후기 유대교의 이러한 대리적 속죄사상에 따르면 순교자는 오직 이스라엘 중에서 죽었고 그들의 죄 때문에 고난을 당하였다. 이 점에서 의인이나 순교자의 속죄적 죽음을 기술하는 후기 유대교의 증거들은 신약에서처럼 집합적인 corporate 성격을 지니고 있다. 그러나 이들 유대교의 증거들이 신약과 결정적으로 다른 것은 의인과 순교자의 죽음이 절대적으로 율법을 "위한"hyper, peri죽음이고(6:28; 7:9, 37; 8:21) 조국을 "위한" 죽음이었다는 것이다(8:21). 이와는 반대로 예수의 구속적인 죽음은 후기 유대교의 집합적인 사상에서처럼 국가적인 이스라엘과 관계가 없고 그의 죽음에 의해 처음으로 형성된 새로운 신앙공동체, 즉 교회와 관련이 있다. 기본적으로 순교자

---

[32] 4 Macc, I, ii; iii, 17ff; vi, 9; ix, 8; xv, 32; xvi, 1; xvii, 1, 10, 17, 23.
[33] 4 Macc ii, 8; vi, 30ff; viii, 28, etc.
[34] J. Moffatt, "2 Maccabees," in *The Apocrupha and Pseudephigrapha of the Old Testament*, ed. R. H. Charles, Oxford, Clarendon Press, 1913, 129.

의 속죄적 죽음이라는 후기 유대교의 사상은 민족주의적인 동기에서 연유된 것이고 이것은 초대 교회와 예수 자신의 보편주의적 동기와 크게 대조된다. 그럼에도 불구하고 내용보다는 외적인 사고양식에 있어서 비슷한 점이 있는 것은 의심할 여지가 없다. 따라서 후기 유대교의 대리적 속죄사상은 개념사적인 면에서는 마가복음 10:45의 배경이 되겠지만, 마가복음 10:45의 실제 의미 내용은 구약과 예수 자신의 수난의 실제 역사로부터 이해되어야 한다.

(2) '루트로오' loutroo

신약에는 중간태인 *loutrousthai*만 발견되고(눅 24:21; 딛 2:14; 벧전 1:18f), 배타적으로 하나님과 예수의 구속 행위에 대해서만 사용된다. 첫 번째로 언급된 누가의 구절은 전형적인 유대적 구속 소망을 보여준다. 유대인들은 하나님의 능력으로 그의 백성이 그들의 모든 원수들로부터 해방되고 축복과 번영의 시대를 맞게 될, 오랫동안 기다려온 하나님의 간섭을 대망하여 왔다. 이 구절에서 "이스라엘을 구속한다"는 표현은 그들을 원수들로부터 해방시키고 하나님의 나라를 세우는 것을 뜻한다.[35] 본문에 나오는 '구속'이라는 단어는 속량가라는 개념을 지니고 있지 않다. 디도서 2:14에서는 그러나 독특한 기독교적인 구속 사상을 발견하게 된다. 이 구절이 시편 130:8의 언어에 근거했음을 상기한다면, 이 동사를 '구원하다'로 번역하는 것이 정당할 것이다. 그러나 모리스는 이 구절에서 속량가에 대한 언급이 포함되어 있다고 주장한다("자신을 주실").[36] 그러나 지적할 점은 예수의 자기 포기가 사람들을 죄로부터 속량하기 위해 지불

---

[35] I. H. Marshall, *The Gospel of Luke, Exeter*, The Paternoster Press, 1978. 38.
[36] L. Morris, *The Apostolic Preaching of the Cross*, London, Tyndale Press, 1972, 35.

된 가격을 지칭하기보다는 그들을 구원하기 위한 수단을 지칭한다는 사실이다. 따라서 이 동사는 "구원하다" 또는 "자유케 하다"는 말로 번역되어야 한다.37) 베드로서에 나오는 구절(벧전 1:18f)은 분명히 값을 지불하고 산다는 개념을 보여준다. 사상적 배경은 출애굽과 유월절 희생이다. "금이나 은"과 같은 가격들과 대조하는 것은 구속의 일반적인 절차에서 함축하고 있는 것으로 이해된다.

(3) '루트로시스' loutrosis

이 명사는 신약에 세 번 나타난다(눅 1:68; 2:38; 히 9:12). 처음 두 누가복음 구절에서 이 명사는 하나님께서 이스라엘을 그들의 원수들로부터 구원하심으로써 그들을 구속하신다는 유대인들의 소망에 대해 사용되는데, 이 사상이 내용적으로 가시적인 것만은 아닌 것은 같은 문맥에서 죄 용서에 대한 언급이 나오는 데서 알 수 있다(눅 1:77). 사상적 배경은 하나님께서 크신 권세로 자기 백성을 구원하신 출애굽 사건인데, 구약의 이 사건이 예표적으로 이후의 계속되는 구원 행위들에 적용된다.38) 누가에 있어서 이 단어는 이스라엘 또는 예루살렘에 대해 대망되던 구속을 묘사한다. 그것이 지칭하는 것은 대속물 또는 속량가에 있지 않고 구속자에게 있다. 그러나 히브리서 9:12은 전혀 다른 사상적 영역을 보여준다. 그리스도는 자신의 피를 통해 영단번적으로once and for all 성소에 들어가셔서 영원한 구속을 성취한 대제사장으로 묘사된다. 이 구절에서 희생제사 언어가 구속 언어와 혼합되어 있다. 그러나 여기서조차 모리스는 "자기 피로"라는 표현이 "그의 피로 값을 치르고"라는 뜻으로 이해되어야 한다고 주장한

---

37) D. Hill, *Greek Words and the Hebrew Meanings*, Cambridge, 1967, 70.
38) I. H. Marshall, *op. cit.*, 90f.

다.**39)** 사실 신약 헬라어의 용법에서 전치사 *en*(여격과 함께)은 가격의 의미를 표현할 수도 있지만, 고전 헬라어, 70인경 또는 코이네 Koine 헬라어에서는 결코 히브리서 본문에 나오는 전치사 *dia*(소유격과 함께)가 가격을 표현하는 데 사용되지 않는다. 그것은 오히려 수단을 표현한다.**40)** 그렇다면 대제사장 자신의 피는 가격이 아니라 죄로부터 구원하고 하나님과 새로운 관계를 회복시키는 수단을 뜻한다. 구원의 수단은 그리스도의 피다. 왜냐하면 "피"는 분명히 희생제사적 의미로 사용되기 때문이다.

(4) '아폴루트로시스' apoloutrosis

이 명사는 구속에 대해 쓰이는 전형적인 기독교적 술어이다. 그것은 신약에서 10번 나타나는 반면에(눅 21:28; 롬 3:24; 8:23; 고전 1:30; 엡 1:7, 14; 4:30; 골 1:14; 히 11:35), 성경 밖의 문헌에서는 드물게 쓰인다. 따라서 자세한 검토를 필요로 한다.

로마서 3:24에서 바울은 이 단어를 칭의稱義에 적용한다. 그러나 이 구절의 문맥을 보면 그리스도의 피가 구속보다는 화목和睦, Expiation에 더 직접적으로 관련되어 있다. 또한 속량가에 대한 간접적인 암시도 있다 *en to autou haimati*. 샌데이와 헤들람 W. Sanday와 A. C. Headlam은 여기에 "*loutron*의 완전한 개념이 포함되어 있으며……강조점은 사람을 구속하는 데 필요한 값에 있다"는**41)** 비슷한 결론을 내린다. 구속을 위한 값은 따라서 은총의 선물로서 그리스도의 죽음이며, 이 죽음은 여기서 하나님께 드려진 희생제물이다. 히브리서 9:15에서 "범한 죄로부터 속한다"는 표현은 드문 것이기

---

39) L. Morris, *The Apostolic Preaching of the Cross*, London, Tyndale Press, 1972, 36.
40) D. Hill, *Greek Words and the Hebrew Meanings*, Cambridge, 1967, 68.
41) W. Sanday와 A. C. Headlam, *The Epistle to the Romans* (ICC), Edinburgh, T. & T. Clark, 1896, 86.

는 하지만, 이 말의 뜻은 22절에 나오는 용서의 개념에 매우 가깝다. 그리스도의 죽음은 죄로부터 속죄적 구원 또는 죄 용서가 실현되는, 하나님께서 정하신 수단이다. 히브리서 9:15에서 "구속은 죄 용서와 밀접하게 관련되어 있다. ……구속의 수단은 '피'가 분명히 희생제사적 의미로 쓰이고 있는 것으로 보아 그리스도의 죽음을 의미한다."[42] 따라서 히브리서 9:15에 사용되는 말은 속량가를 지불하는 것과 관련하여 해석되어서는 안 된다. 히브리서 11:35은 보다 낳은 부활을 얻기 위해 생명을 구걸하기를 거절한 순교자들에 대해 말한다. 우리는 이 구절에서 "값" 또는 "가격"의 개념을 발견할 수 있다. 왜냐하면 순교자들이 죽음에서 건짐 받기를 거절한 사실은 조건이 설정되었음을 의미하고 그러한 조건들은 신앙을 버리는 것 이외에 아무 것도 아니기 때문이다. 고린도전서 1:30에 나오는 단어의 의미는 일반적이기 때문에 *apoloutrosis*의 의미를 결정할 만한 아무 것도 없다. 이것은 바울이 그의 청중들에게 친숙한 전통적인 술어를 사용하고 있음을 시사한다. 이에 근거해서 마샬은 "만일 전통적인 표현들이 여기에 사용되고 있다면, 이것은 구속 개념이 일찍부터 유포되고 있었다는 증거이며 또한 내용상 초기의 이 구속 개념이 바울의 것과 다른 것이 아님을 증명한다"고[43] 생각한다.

골로새서 1:14과 에베소서 1:17은 비슷한 사상을 나타내고 있기 때문에 여기서 함께 다루려고 한다. 에베소서 1:17에서 구속은 "그의 피로" 이루어지는 죄 용서와 밀접하게 연관되어 있다. 여기서 "피"는 예수의 희생적 죽음을 지칭하는 것으로 해석되어야 한다. 비슷하게 골로새서 1:14에서 구속은 어둠의 세계에서 하나님의 나라로 구원되는 것과 관련되어 있고,

---

[42] I. H. Marshall, "The Development of Concept of Redemption in the NT," 165f.
[43] *Ibid.*, 164.

구속은 죄 용서와 동일시되고 있다. 주목할 점은 이 두 구절이 현재 동사 *ekomen*을 사용함으로써 구속의 현재적 국면을 강조한다는 사실이다. 이 점에서 구속은 우리가 그리스도의 희생적 죽음에 의해 이루어진 죄 용서를 경험할 때 나타나는 현재적 실재實在이다. 에베소서 1:14에 나타나는 미래 구속 개념은 이미 성취된 것의 완성을 지칭한다.

종말론적인 사상이 담겨있는 세 개의 구절이 남아있다(눅 21:28; 롬 8:23; 엡 4:30). 먼저, 누가복음 21:28에서의 구속 개념은 누가 자신의 표현으로 보이기 때문에 그의 사상적 배경과 관련하여 이해되어야 한다. 이 구절은 분명히 인자가 다시 오는 마지막 날에 환난과 고통으로부터 성도들을 구원하는 것을 지칭한다. 여기서 구속이 신자들이 이미 경험한 것 이상의 어떤 것을 의미한다는 것은 의심할 여지가 없다. 위의 두 구절에서처럼 유대적 사상과 닮은점들이 식별될 수 있다(cf. 1 En 51:2). 보통 누가가 일반적인 70인경의 술어를 사용하는 반면 여기서는 아주 흔한 기독교적 술어를 사용한다는 사실은 아마도 예수의 초림에 성취된 구속과 그의 재림에 완성될 구속을 구별하려는 의도가 엿보인다.[44] 에베소서 4:30에서는 장차 이루어질 구속의 날을 내다본다. 이 구절은 종말론적 구속, 즉 "성령의 임재로 보장되어 있고 모든 형태의 악의 세력으로부터 해방을 성취하는 믿음과 그리스도인의 생활의 미래적 완성"[45]을 지칭한다.

로마서 8:23은 우리의 특별한 관심을 요청한다. 보통 이 구절은 종말론적인 의미와 관련해서만 해석되어 왔다. 로마서 8:23은 문맥 속에서 이해되어야지 고립되어 잊혀져서는 안 된다. 19-22절에서 바울은 피조 세계

---

44) I. H. Marshall, "The Development of Concept of Redemption in the NT," pp.155f.
45) D. Hill, *Greek Words and the Hebrew Meanings*, Cambridge, 1967, 72.

*ktisis*의**46)** 고통을 묘사한다. "피조물의 고대하는 바는 하나님의 아들들의 나타나는 것이니 피조물이 허무한 데 굴복하는 것은"(19-20절). 그리고 나서 23-25절에서 그는 그리스도인의 탄식을 묘사한다: "[피조물만이 아니라] 우리 곧 성령의 처음 익은 열매를 받은 우리까지도 속으로 탄식하여 양자 될 것 곧 우리 몸의 구속을 기다리느니라"(23절). 의심할 것도 없이 여기에 의인화擬人化가 채용되고 있다. 그러나 이 구절의 진리는 피조물을 의인화하기 때문에 모호해져서는 안 된다.

바울은 여기서 인간과 피조 세계의 불가피한 상호관련을 강조한다. 그는 피조 세계를 한 역사적인 현상으로 강조함으로써 우주가 인간사의 장소로 간주되고 있다.**47)** 이 점에서 바울은 이미 구약으로 소급되는 확고한 한 전승에 의존하고 있다(cf. 시 98:8; 사 55:12; 겔 31:15). 후기 유대교에서 기원하는 몇 가지 예들을 살펴보면 이 전승이 얼마나 강하게 인간의 타락과 구속을 우주적 배경하에 위치시키는가를 알 수 있다(4 Ezra 7:11ff; Gen. Rab 12:6).**48)**

이러한 전승에 따르면, 인간의 죄를 통해 죽음이 세상에 들어왔고 거기에 통치권을 확립하여 놓았다. 물론 이것은 인간에게 일차적으로 관련된다. 그러나 사망에 굴복하는 것은 인간만은 아니고 그가 살고 있는 세계도 역시 그 사망에 굴복하고 있다. 땅은 사람 때문에 저주를 받았다(창 3:17).

---

46) 일반적으로 이들 구절에 대한 주석은 "피조물"(*ktisis*)은 무엇을 뜻하는가 하는 길문에 집중되어 있다. 머리(J. Murray)가 지적했듯이, "피조물"이라는 단어는 롬 1:20에서는 창조행위를 의미한다. 그러나 여기서 이 단어는 그 결과적 산물을 가리킴에 틀림없다. 그는 그것을 인간 이외의 비인격적인 피조 세계로서 해석한다(J. Murray, *The Epistle to the Romans*, Grand Rapids, Michigan, Eerdmans, 1968, 303f).

47) E. Käsemann, *Commentary on Romans*, ET by G. W. Bromiley, Grand Rapids, Michigan, Eerdmann, 223.

48) "그리고 아담이 내 계명들을 범했을 때, 그에 대해 심판을 받았다. 그리고 또한 이 세상의 입구들은 더 좁아지고 슬퍼지며 수고스러워졌다"(4 Ezra 7:11ff); "비록 사물들은 그 충만한 데서 창조되었지만, 첫 사람이 죄를 범했을 때 그것들은 부패해졌고 벤 페레즈(메시아)가 오기 전에는 그것들의 본래 창조질서가 회복되지 않을 것이다"(Gen. Rab. 12:6). E. Käsemann, *Romans*, p.233 참조.

인류가 살고 있는 전체우주(22절)는 썩어짐에 종노릇하고 있다. 피조물이 인간 때문에 썩어짐에 종노릇하는 것처럼, 따라서 그 피조물 역시 언젠가는 인간과 더불어 썩어짐에서 해방될 소망을 가진다. 그래서 베드로는 같은 맥락에서, "우리는 그의 약속대로 의의 거하는 바 새 하늘과 새 땅을 바라보도다"(벧후 3:13; cf. 계 21:1; 사 65:17)라고 주장한다. 바울도 거의 같은 방식으로 생각한다. 그에 의하면 전 우주는 매우 확정적인 하나의 목표, 즉 하나님의 자녀의 영광에 속해 있는 자유를 향해 움직이고 있다(21절). 바울은 분명히 여기서 영지주의적 신화를 전제하지 않는다.[49] 그는 인간과 피조 세계의 불가분의 내면적 관련이라는 구약적 배경하에서 생각하고 있다. 이 점에서 인간의 구속은 피조물의 구속과 깊은 관련이 있다.[50] 샌데이와 헤들람도 역시 같은 결론 속에서 "하나님의 아들들은 그들 자신만을 위해 선택된 것이 아니며 그들의 구속은 그들과 나란히 존재하는 세계의 구속을 의미한다"[51]고 주장한다. 바울뿐만 아니라 구약도 역시 사상 흐름이 실로 우주적이고 묵시적이다. 하나님의 주권이 인간에게 제한되어 있지 않은 것은 그가 세상을 강조하였기 때문이다. 특별히 이것은 그의 서신에 나타나는 바울의 구원론의 우주적이고 묵시적인 전망과 일치한다(cf. 엡 1:10; 골 1:10f).

---

49) Cf. R. Bultmann, *Theology of the New Testament I*, SCM, London, 1978, 174, 177f. 이에 반하여 제임스 데니(J. Denney)는 몸의 구속을 피조 세계의 썩어짐이나 고통과 관련하여 묘사하는 것은 격양된 바울의 시적 표현에 불과한 것처럼 생각한다. *St. Paul's Epistle to the Romans in the Expository Greek Testament*, 8장 18-23에 관한 주석을 창조하라.

50) 많은 학자들이 이 견해를 주장한다. 예를 들면, J. G. Gibbs, "The cosmic scope of redemption according to Paul," *Biblica 56* (1675), 13-29; Hans W. Schmidt, *Der Brief des Paulus uud die R mer Berlin*, 1972, 147ff; O. Michel, *Der Brief an die Römer*, Gottingen, 1963, 200-5; F. F. Bruce, *The Epistle of Paul to the Romans*, 169; E. Käsemann, *Commentary on the Romans*, 233f; A. Nygren, *Commentary on Romans*, 332.

51) W. Sanday and A. C. Headlam, *Romans*, 212.

(5) '안티루트론' antiloutron

이 단어는 신약에서 단 한 번만 나타난다(딤전 2:6). 이 구절의 사상은 분명히 마가복음 10:45의 것과 유사하다. 마가의 구절에서처럼 대속적 개념이 여기에도 나타난다. 그러나 예레미아스J. Jeremias는 이 구절이 셈어적 표현양식을 상실한 점에서만 마가복음의 예수의 말씀과 다르다고 지적한다.52) 바울이 명사와 전치사를 결합시켜 놓은 사실은 아마도 대속의 사상을 강조하고자 하는 의도 때문이었을 것이다. 또한 지적되어야 할 점은 "모든"pas이라는 말이 사용된 것은 이방 선교의 맥락에서 이해되어야 한다는 사실이다. pas라는 단어는 절대적이고 내포적인 의미에서 "모든"을 의미하기보다는 그리스도의 죽음의 보편적 성격을 암시한다. 이것이 맞는다면, 바울은 팔레스틴 유대교적 정황에서 나온 "많은"pollon의 의미를 의미 있게 확정시켜 놓고 있는 것이다.

2. '아고라조' agorazo의 용법

이 단어는 신약에서 24회 사용된다. 이 단어는 본래 "시장을 다니다"를 뜻하는데, 여기서 결과적으로 "시장에서 사다, 얻다"라는 의미가 발전되었다. 후자의 의미로는 그리스도인들이 값을 주고 "산 바가 되었다"고 할 때 그리스도인들에 대해 4회 사용된다. 헬레니즘적 헬라어에서는 구입한다는 의미로 쓰이는 경우가 아주 흔하고, 이 단어는 때때로 노예를 사는 일을 지칭하기도 한다. 그래서 다이스만A. Deissmann은 이 후자의 용법은 아주 관용어적이 되었다고 주장한다.53) 이러한 사상적 배경은 유대적 상황에서도 적지 않게 발견된다(Mid, Sifre on Num 115).

---

52) Cf. G. Brown, *NIDNTT 3*, 197.
53) A. Deissmann, *Light from the East*, London, 1910, 324.

고린도전서 6:20과 7:23에서 이 단어가 사용된다. 분명히 이들 구절에서 나오는 표현들은 노예매매manumissions가 아주 성행했던 세계 속에서 살았던 독자들에게 친숙했을 것이다. 바울이 너희들은 "값으로 산 것이 되었으니 사람의 종이 되지 말라"고 말했을 때 그는 돌이킬 수 없는 거래가 이루어졌음을 의미한다. 이 두 구절에서 주된 강조점은 속량가에 있지 않고 구속받은 사람의 최종적 자유에 있다. 오히려 구속받는 사람이 값으로 산 바가 되었기 때문에 역설적으로 하나님의 종들이 되었다고 말하는 것이 더 나을지도 모른다. 이제부터 그들은 하나님의 종으로서 그의 뜻을 행하기 위해 그를 섬겨야 한다.

비슷한 뜻으로 이 단어는 또한 요한계시록 5:9과 14:3f에서 사용된다. 이 구절에서 *agorazo* 동사는 각 나라와 인종 중에서 하나님을 위해 신자들을 값을 주고 사는 그리스도의 구속 행위를 묘사한다. 부정과거 시제로 쓰인 동사는 돌이킬 수 없는 거래, 즉 "십자가상에서 이루어진 영단번적 행위"[54]를 지시한다. 이 단어의 배경은 노예를 구입하는 일반적 상황을 가리킬지도 모른다. 이것은 다음에 따라오는 "하나님께"to theo라는 말을 통해 분명해지는데, 이 말은 소유권을 지시한다. 구입 가격 역시 "피로"라는 표현에 의해 강조된다. 그러나 동시에 하나님과 함께 다스리고 그와 새로운 관계가 된 그들의 특권도 역시 강조된다(계 5:10; 14:3). 특별하게 요한계시록 5:9f은 "구속이 희생제물을 통해 성취된다"[55]는 기본적 사상을 확인해 준다.

우리는 이제 지금까지 살펴본 단어의 일반적 배경에 대해 알아볼 차례이다. '사들이다' 또는 '구속한다'는 개념은 구약이나 유대교에서뿐만 아니

---

54) I. H. Marshall, "The Development of the Concept of Redemption in the N.T.," 157.
55) *Idem.*

라 고대 세속세계에서도 발견된다. 『동방으로부터의 빛』이라는 책에서 다이스만은 신약의 이 개념을 종교법에 따른 노예해방sacral manumission의 배경하에서 해석하려고 시도하였다. 노예는 돈을 저축하여 이 돈을 성전에 바치고 노예의 주인이 특정한 성전의 신神에 파는 것을 상징하는 규정된 예식을 거행함으로써 그의 자유를 사는 것이다. 이 경우에 노예는 신의 가상적인fictious 소유가 된다.56)

그러나 "포로 상태로부터의 구속"이라는 글에서 베르너 엘러트Werner Elert는 이 해석의 몇 가지 난점들을 지적하였다.57) 먼저, 종교법에 따른 노예해방에 있어서 자유를 얻기 위해 실제 값을 지불한 사람은 노예자신이다. 더욱이, 노예가 신에 의해 구입되어 그의 소유가 된다는 것은 순전히 가상假想에 불과하다. 반대로, 바울과 요한에게 있어서 실제로 값을 지불한 분은 그리스도 자신이다. 둘째로, 이 가설은 술어적으로 근거가 없다. 구입하다가 해당하는 델피스delphis 신전의 용어는 *priasthai*인데, 이 단어는 신약에서 전혀 사용되지 않는 반면에 바울은 *agorazein* 또는 *exagorazein*을 즐겨 사용한다. 바울의 이 용어들은 신전의 제의적 상황보다는 노예시장, 즉 *agora*를 더 기억나게 한다. 셋째로, 종교적인 노예해방에 있어서 구속은 오직 개인의 매매와만 관계가 있고 따라서 그것은 개인적인 문제이다. 그러나 성경에 있어서 구속은 개인뿐만 아니라 집합적인 구속에도 적용된다. 더욱이 그것은 영역의 변화를 전제한다. "그가 우리를 흑암의 권세에서 건져 내사 그의 사랑의 아들의 나라로 옮기셨으니" (골 1:13). 그래서 엘러트는 다른 배경, 즉 "포로상태로부터의 구속" *redemptio ab hostibus*이라는 것을 실제 배경으로 제안하였다. 고대사회에 있어

---

56) A. Deissmann, *Light from the East*, 322ff.
57) Werner Elert, "Redemptio ab Hostibus," *ThL 72* (1947), 265ff.

서 보통 전쟁 포로들의 운명은 노예가 되는 것이었는데 동료시민이 값을 대신 지불함으로써 해방되어 본토에 귀환할 수 있는 길이 있었다. 이 경우에 자유를 얻은 사람은 속량 비용을 되돌려 줄 때까지 그를 구속한 사람에게 모종의 의무들을 지게 된다. 이와 마찬가지로 그리스도인들도 그리스도를 통해 원수의 속박에서 풀려나 이제 그에게 의무를 지고 있다.

이와는 달리 바우어는 구약에서 그 개념적 배경을 찾을 것을 제안한다. 그는 "언약을 통해서 이스라엘은 값으로 산 야훼의 소유가 되었다"(출 19:5ff; 신 7:6; 14:2; 26:18 등)고 주장한다. 다이스만의 가설을 비판하면서 그는 하나님의 교회는 피로, 즉 "언약의 피로"(출 19:5ff) 산 바가 되었다고 주장한다. 따라서 그리스도인들이 하나님에 의해서 구입되는 방식은 이방 노예들이 구입되는 가상적 방식이 아니고, 이스라엘이 야훼의 소유가 되기 위해서 피로써 맺어진 언약을 통해 야훼에 의해 구입되는 방식인 것이다.58) 그러나 마샬이 지적한 대로 이들 가능성들 가운데 어떤 한 가능성만을 배타적으로 선정한다는 것은 어렵게 보인다. *agorazein* 동사의 배경은 신약의 구속 개념에 대한 한 가지 특정한 배경을 반영한다기보다는 일반적인 노예해방의 개념들을 반영한다고 보는 것이 더 타당할지도 모른다. 의미 있는 사실은 "구약의 배경과 나란히 이러한 세속적 배경이 분명히 존재한다는 점인데, 이것은 구속이 이들 구절에서 값을 지불한 결과로 소유권이 바뀌었다는 사실과 관련하여 생각되어야 한다"59)는 것이다.

3. '엑사고라제인' exagorazein의 용법

갈라디아서 3:13과 4:5에서만 바울은 신자들을 구속하는 그리스도의 행

---

58) J. B. Bauer, *Encyclopedia of Biblical Theology*, Vol. 2, London, 740f.
59) I. H. Marshall, "The Development of the Concept of Redemption in the N.T.," 159.

위를 묘사하기 위해 이 단어를 사용한다. 아마도 동사와 결합된 *ek* 전치사는 합성동사의 의미를 수식하는 것 같다. 이 단어는 두 가지 의미로 사용되는데, 하나는 "구속하다"이고 다른 하나는 "모두 사버리다"이다. 여기에 도입되는 상은 사람들이 율법의 저주 아래 있는 결과로(갈 3:13) 율법이나 초등학문 *ta stoixeia tou kosmou*에 종노릇하는 상태로부터 해방시킨다(갈 4:3f)는 개념을 나타낸다. 그리스도는 율법의 저주 아래 있는 우리들 대신에 저주를 받음으로, 즉 십자가형을 받아 죽음으로 신자들을 그 율법의 저주에서 구속하셨다. 그리스도는 그들을 위해 저주가 되셨다 *genomenos hyper hemon katara*. 율법의 저주에서 자유케 한다는 이 구절의 의미는 그리스도께서 실제적일 뿐만 아니라 법률적인 근거를 가진 자유를 주신다는 것이다. 속량가의 개념이 분명히 나타나 있다. 모리스에 따르면, 그리스도인의 구속 행위는 대리적 성격을 지닌다.[60] 따라서 강조점은 죄인들의 구원과 그들의 자유획득에 있는데, 이것은 그리스도의 대리적 죽음에 의해 성취되었다.

4. '페리포이우마이' peripoioumai의 용법

이 동사는 속죄와 관련하여 신약에서 단 한번만 나타난다(행 20:28). 중간형태인 이 동사는 "스스로 지키다 또는 구원하다"를 뜻하고 따라서 "얻다, 소유하다"를 의미한다. 헬라어 명사 *peripoiesis*는 야훼 하나님의 특별한 소유로서 이스라엘을 지칭하는 관용어화된 술어로 쓰인다(벧전 2:9). 이스라엘이 출애굽시에 하나님의 특별한 백성이 된 것처럼, 그리스도도 교회를 그의 백성으로 얻으셨다. 여기서 이 단어는 "그리스도의 피를 값으로 주고 얻었다"는 사상을 함축한다.

---

[60] L. Morris, *The Apostolic Preaching of the Cross*, London, Tyndale Press, 1972, 58.

결론

이제까지 살핀 구속 개념 탐구를 통해서 우리는 다음 몇 가지 결론들을 제시해 볼 수 있다.

1. 속량가를 지불한다는 개념이 때때로 구속의 의미를 지닌 단어들이 사용되는 문맥에서 나타나거나 함축되어 있다. 그리스도는 영단번적으로 십자가상에서 우리의 구속을 위해 값을 지불하셨다. 그러나 이것은 이들 단어에 의미론적인 발전이 없다는 것을 뜻하지 않는다. 때로 구원이라는 중심 개념이 신약에서 강조된다는 사실은 단어들의 의미가 정체되어 있지 않고 역사적 사건들에 영향을 받아 의미론적 발전과정을 겪는다는 것을 보여준다.

2. 구속 개념은 현재와 미래적 국면을 모두 가지고 있다. 구속은 그리스도인이 과거에 이루어진 그리스도의 희생적 죽음에 의해 이루어진 죄 용서와 칭의를 경험할 때 소유하는 현재적 실재이다. 이 점에서 구속은 죄 용서와 칭의에 밀접하게 관련되어 있으면서, 또한 그것은 구원 또는 자유의 개념을 지니기도 한다. 신자는 무법한 데서 자유함을 얻어(딛 2:14) 그리스도의 종이 되었다. 더욱이 그가 구속을 받은 것은 그의 주인의 뜻을 행하기 위해서이다.

3. 여러 사상적 배경들이 추적될 수 있다 : 구약, 유대교, 그리고 고대 세속세계가 그것이다. 우리가 앞에서 살펴본 대로 신약의 구속 개념에 대한 특정 배경을 찾기 위해서 이들 여러 사상적 배경들을 서로 고립시키거나 분리시키는 것은 옳지 못하다. 아마도 우리는 기독교 구속의 특징적인 국면들을 설명하기 위해서 여러 배경들이 사용되고 있다고 결론지어야 할

것 같다. 이것은 다음 사실에 의해 더 분명하게 증명될 수 있다. 즉 신약 기자들은 구속을 지칭하는 개념을 한 단어에만 국한시키지 않고 광범위한 여러 단어들을 사용함으로써 그리스도인이 경험하는 구속의 독특하고도 풍부한 측면들을 설명하려고 한다는 점이다.

4. 바울 서신에서, 특별히 로마서에서 구속 개념은 우주적 전망을 지니게 된다. 이 우주적 구속은 그리스도의 재림시에 완성될 것이며, 이것은 구약이나 바울의 다른 서신들에서도 발견되는 우주적 구속 동기와 부합된다. 바울의 사상에 있어서 그리스도의 주권과 주 되심은 인류와만 관계가 있는 것이 아니라 그들이 살고 있는 피조 세계와도 관련이 있다. 인류의 구속은 불가피하게 피조 세계의 구속과 연결되어 있다.

제 3 부

바울 서신의 이해

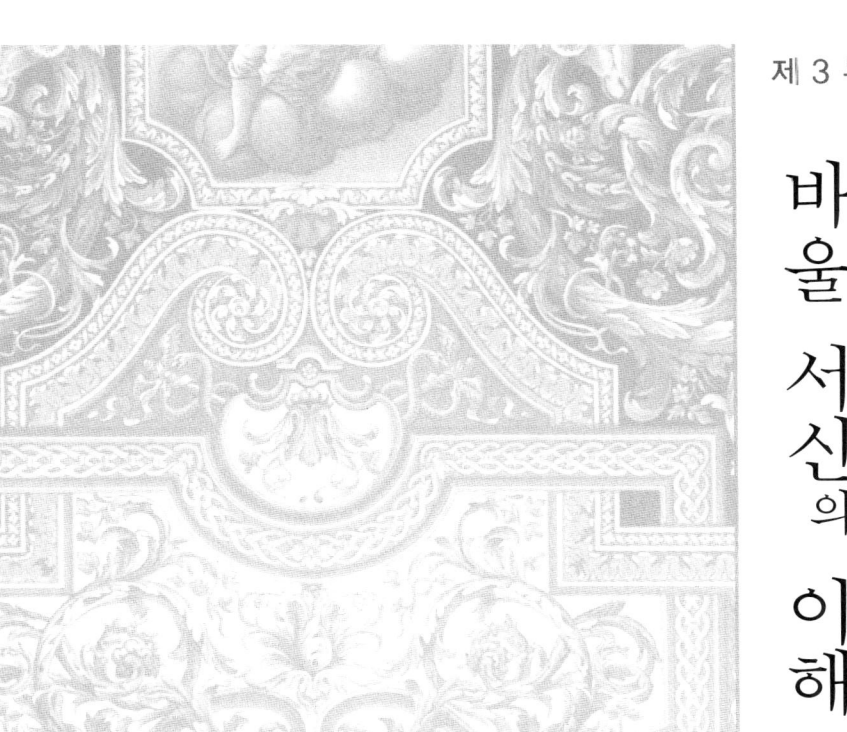

7. 은혜 개념과 그 우선성 8. 이신칭의와 선행의 윤리
9. 이신칭의와 율법의 행위 10. 하나님의 주권적 자유
11. 신적 주권과 신자의 책임 12. 언약신학 패턴들의 비교
13. 일/노동 개념 이해하기 14. 바울의 이스라엘 이해
15. A. D. 70년 이후의 유대교 문헌

예 수 · 바 울 · 교 회 ▶ 7

은혜 개념과 그 우선성

신약에서 '은혜' charis 개념은 그 술어 자체와는 별개로 전체 기독교 케류그마를 내포한다고 할 수 있다. 바울에게는 모든 것이 은혜에 속한다. 충분하게 다루기에는 연구 분야가 너무 광범위하여 편의상 연구 범위를 바울신학 중에서 제한되기는 하지만 중요한 영역에 국한해야만 한다. 따라서 필자는 우선적으로 바울 서신에 나타난 '카리스'란 술어에 귀속된 의미들에 초점을 맞추면서도, 이차적으로 전자와 관련된 '긍휼' eleos이란 술어의 의미들에도 주목하게 될 것이다.

하지만 이것은 우리가 단지 한두 가지 특정 헬라어 술어에 관한 어휘 연구에 매달리게 되는 것을 뜻하지는 않는다. 때로 어휘 연구가 가치 있기는 해도 그것은 신약 저자들의 신학 세계를 밝히는 데 제한되어 있고 때로는 자주 심각하게 오용되기도 한다.[1] 따라서 우리는 우선 '카리스'란 술어에

---

1) Cf. D. A. Carson, *Divine Sovereignty and Human Responsibility* (1981), 3f. But see D. Hill, *Greek Words and Hebrew Meanings* (Cambridge, 1967), 2ff.

대한 어휘 연구를 한 뒤에 그것이 바울의 신학 체계 속에서 어떻게 사용되는가를 밝히는 절차를 밟게 될 것이다.

필자가 이렇게 바울의 신학 체계 속에서 은혜 개념을 연구하는 일에 관심을 갖게 된 것은 주석적 탐구에 기초한 바른 이해를 가짐으로써 바울 신학에 대해 보다 가깝게 접근하게 될 뿐만 아니라, 혹여나 은혜에 대한 그릇된 개념이나 통속적인 생각들에 기울어져 있는 현실 교회들의 경향을 바로잡으려는 데 있다.

카리스(은혜): 바울 신학에서의 그 중요성과 의미들

1. 은혜의 우선성에 대한 논란

'카리스'란 헬라어 술어는 바울 복음에 있어서 중심적이고도 근본적인 중요성을 갖는다. 그것이 그의 신학의 핵심을 나타낸다는 것은 의심할 여지가 없다. 하지만 카리스에 중심적 중요성을 귀속시키기를 거부하는 불트만과 같은 학자들도 몇몇 있다. 그는 '믿음'을 핵심적인 개념으로 간주하기를 제안하고, 바울 신학에 대한 자신의 전체 이해를 이러한 믿음의 빛 속에서 해석되어야 한다는 가정하에서 구성하고 있다. 불트만에게 있어서 바울의 다양한 개념들 속에 존재하는 통일성은 믿음의 이해 속에서 발견되어야 한다. 그러므로 불트만의 신학 구조를 이해하기 위해서는 모든 신학 진술이 믿음의 자기 이해에 근원을 두어야 하고, 신앙 이전의 인간 실존조차도 "믿음의 관점에서 회상적으로 이해되어야 한다"[2)]는 근본 전제를

---

2) R. Bultmann, *Theology I*, 191. 여기서 그는 바울 신학의 전체 구도를 그의 인간론과 관련하여 조직하자고 제안하는데, 그것은 두 가지 근본적인 관점들, 즉 "믿음의 계시 이전의 인간"과 "믿음 아래 있는 인간"이란 두 관점에서 이해될 수 있다는 것이다. 그가 믿기로는, 이런 방식으로 바울 신학의 인간론적인 방향성이 제대로 표현된다고 한다.

염두에 두어야 한다. 만일 이것이 사실이라면, 그의 전제는 바울이 믿음을 그 자체의 관점에서가 아니라 그리스도 안에서 역사적으로 계시된 하나님의 은총의 행위의 전망에서 해석하려고 했다는 근본 사실에 대한 고려를 기묘하게 배제하는 것처럼 보인다. 따라서 불트만이 인간의 믿음의 행위를 자신의 신학의 출발점으로 삼았다는 것은 자주 그의 해석자들로 하여금 그의 신학을 '배타적으로 인간론적인' exclusively anthropological 어떤 것으로 규정하도록 유도하곤 하였다.[3]

물론 이러한 평가가 불트만 자신의 사상들을 온전히 반영한다고 할 수는 없다. 왜냐하면 그는 사실상 그리스도 안에 있는 하나님의 은총에 일차적인 의의를 귀속시키는 것처럼 보이기 때문이다.[4] 그의 신학이 단순한 인간론으로 수렴되지 않는 것은 이렇게 신의 은총의 '우선성'에 여지를 남겨놓기 때문일 것이다. 하지만 이 점을 인정하더라도 불트만은 은총의 우선성에 대한 그의 강조점이 열어놓은 길을 따라가지 않는 데 문제점이 있다. 이것은 그가 바울 신학의 핵심 개념으로서 믿음이라는 인간 행위에 중심성을 귀속시켰다는 사실에서 나타난다. 이러한 인간론적인 편향성은 오히려 신의 은총의 궁극적인 의의를 모호하게 만든다. 바로 이 부분에서 불

---

[3] 예를 들면, E. Käsemann은 불트만의 신학을 배타적으로 인간론적인 것으로 규정한다 (*New Testament Questions of Today*, 14f.) 하지만 불트만은 은총의 개념에 대한 이해를 가진 것뿐만 아니라 은총의 구원사건(Heilsgeschehen)에 대한 그의 강조점에 비추어 보면 그의 신학이 단순하게 배타적인 인간론적으로 치부될 수 없어 보인다. D. J. Doughty의 논평은 믿음에 대한 불트만의 인간론적인 사용에 대한 그의 비판 중에서 이 사실을 제대로 주목하지 못하는 것으로 보인다 ("Priority of Charis. An Investigation of the Theological Language of Paul," *NTS 19* (1972/73), 163f.).

[4] R. Bultmann, *Theologie des Neuen Testament* (1948), 325f를 보라. 여기서 그는 믿음을 우선 결단으로 정의한 후에 그것을 하나님에게서 은총의 선물로 오는 것으로 간주하고 있음을 분명히 밝히고 있다. 그는 이렇게 말한다: "Faith is the work of God, in so far as the grace which comes from him first makes possible the human descision, so that this decision itself can be understood only as God's gift, without on that account losing its character as decision" (quoted from the translation of J. Macquarrie, *An Existential Theology*, 196).

트만이 은혜의 의의를 그것이 믿음에 대해서 갖고 있는 의미론적인 관계 속에서 분명하게 파악하지 못하게 되는 것이다. 불트만을 필두로 하여 독일의 루터파 개신교 학자들은 바울 신학의 중심을 이신칭의 교리에서 찾고자 하기 때문에 자연히 '오직 믿음만으로' sola fide란 원리가 신학 작업의 중심 자리를 차지하게 되었지만, 은혜가 믿음의 개념보다 우선하는 개념이며 바울 복음이 근본적으로 표현되는 중심 개념으로 간주되어야 한다는 것은 의심할 여지가 없다고 본다.

2. 다메섹 사건과 바울의 은혜 경험

카리스는 바울의 근본 개념일 뿐만 아니라 그것은 또한 그의 저술의 특징적인 술어이기도 하다. 그것은 전형적으로 바울적인 술어이다. 카리스가 신약의 다른 저술들에 등장하는 회수를 헤아릴 때 이 점은 분명해진다. 그것은 신약에서 150회 이상 등장하는데, 그 중에서 101회가 바울 서신들 가운데서 나온다.[5] 이 술어가 빈번하게 등장한다는 사실 이외에도, 카리스는 바울 서신들 가운데서 특별한 의미를 지니고 있다. 바울은 그것을 자신의 복음 이해와 선포에 있어서 심대하게 중요한 진리를 표현하는 수단으로 삼았다. 그의 복음은 신자의 전체 삶이 하나님의 거저 주시는 은혜와

---

[5] 카리스란 술어는 마태, 마가, 요한일서, 요한삼서, 그리고 유다서에서는 결코 등장하지 않는다. 그것은 요한 2서에서 단지 한번만 사용되며 (3절), 야고보서 (4:6), 베드로후서 (1:2; 3:18), 그리고 요한계시록 (1:4; 22:21)에서 두 번씩, 요한복음에서 3번 (1:4, 16, 17), 누가복음에서 (1:30; 2:40, 52; 4:22; 6:32, 33, 34; 17:9) 8번 등장한다. 하지만 누가에게 나타나는 8회 중의 어떤 것도 독특한 바울적 의미로 카리스란 술어를 사용하고 있지 않다. 공동서신에서 그것은 베드로전서와 (10회) 히브리서에서 (8회) 가장 흔하게 발견된다. 베드로전서에서 이 술어의 용법은 어떤 면에서 바울의 용법에 가깝기는 하지만, 그의 특징적인 의미는 히브리서에서는 분명하게 나타나지 않는다. 그것은 또한 사도행전에서 17회 사용되는데, 여기서 이 술어는 바울적인 강조점의 면모를 담고 있다 (15:11, 은혜를 통한 구원; 18:27, 은혜를 통한 믿음; 20:24, 32; 14:3, 복음의 내용으로서 하나님의 은총. 물론 칠십인경과 세속적인 용례 가운데서 카리스가 '호의' (favor)란 뜻으로 사용된 것도 또한 자주 발견된다. 이것은 비록 바울이 카리스란 술어를 사용한 첫 번째 사람이 아닐지라도 그가 친숙한 이 헬라어 술어에 새롭고도 독특한 함축을 부여했다는 사실을 분명히 해준다.

긍휼에 의존한다는 확신에 기초한다. 바울 사상에 있어서 은혜는 특별히 그리스도의 형상으로 각인되어 있으며, 그것은 유대주의자들과의 논쟁에서 그의 영구적인 경계 어휘watch-word가 되었다. 그러나 우리가 이제 곧 살피게 되겠지만, 그가 압도적으로 이 술어를 사용했다는 사실은 단순히 그가 유대주의자들과 갈등을 벌인 결과에서 기인한 것은 아니었다. 좀더 정확하게 말한다면, 은혜에 관한 그의 설교는 그러한 논쟁을 불러일으킨 것으로 보인다.[6]

하지만 한 가지 이상한 점이 눈에 띈다. 왜냐하면 바울이 '카리스'란 술어를 처음부터 그의 복음의 핵심을 표현하는 중심 개념으로 사용하지 않았기 때문이다. 데살로니가전서는 바울의 가장 초기 서신들 가운데 하나인데, 은혜는 이 서신의 처음 인사말과 마지막 축도 이외의 문맥에서는 등장하지 않는다(1:1; 5:28). 이러한 사실로부터 슈넬레U. Schnelle는 "바울이 데살로니가전서를 작성할 시기에는 후기에나 등장한 율법과 은총의 대립 개념들이 미처 사용되지 않았다. 갈라디아 교회의 갈등이 처음으로 부정적인 율법 논쟁과 긍정적인 믿음 교리를 통해서 인지되고 개념적으로 반성된 칭의 교리를 구축하게 만들었다"[7]는 결론을 도출하였다. 혹자는 은혜란 말이 등장하는 인사말과 축도가 "바울 이전 예배 형식문"[8]이라고 주

---

[6] J. Moffatt, *Grace in the New Testament* (London: Hodder & Stoughton, 1931), 131.

[7] U. Schnelle, "Der Erste Thessalonicherbrief und die Entstehung der Paulinischen Anthropologie," *NTS 32* (1986), 207-224, 특히 218.

[8] Cf. H. Conzelmann, *TDNT 9*, 394. 이러한 형식은 '긍휼'과 '평강'이 등장하는 민 4:24ff, 2 Bar 78.2, Tob 7.11, 갈 6:16과 같은 평행 구절들에 비추어 볼 때 바울 이전의 예배 형식문을 반영할 수도 있다. C. K. Barrett, *Romans* (BNTC), 23; I. H. Marshall, *Thessalonians* (NCB), 49; E. Käsemann, *Romans*, 16을 보라. 하지만 이 형식문의 정확한 기원에 관해서는 의견일치를 보지 못하고 있다. 상당수의 학자들은 그 기원이 바울 이전 용법에 거슬러 올라갈 수도 있을지라도 바울은 그것을 크게 수정하였고 새로운 서신 문체를 만들기 위해서 그것을 자신의 신학적 전망 속에 통합시켰다고 주장한다. J. Gnilka, *Der Philipperbrief*, 41; L. Morris, *1 and 2 Thessalonians* (NICNT), 49; C. L. Mitton, *IDB 2*, 466; E. Best, *1 and 2 Thessalonians* (BNTC), 64, etc.

장함으로써 이 견해를 한층 더 뒷받침할 수도 있다. 이것은 이 형식문이 바울 사도가 보다 이른 시기에 은혜 교리를 발전시켰다는 것을 뜻하게 될 것이다. 하지만 이 견해는 의심스럽다.

첫째로, 그것은 바울 서신의 상황적 성격을 소홀히 하고 있다. 바울 서신들은 문제들을 교회 상황에 알맞게 다루려는 목적으로 특정한 회중에게 보내진 것들이다.[9] 그리스도의 임박한 재림은 데살로니가전서에서 바울 사도가 큰 강조점을 두어가면서 다루는 중요 이슈들 가운데 하나였다. 은혜 교리와 이신칭의 교리가 거기서 언급되지 않은 것은 그것들이 아직 바울에 의해서 발전되지 않았기 때문이 아니라 서신의 이슈들에 부적합했기 때문일 수 있다. 이것은 다음 사실에 의해서 더 잘 논증될 수도 있다: 카리스가 초기 서신 중의 하나인 갈라디아서에서 중심적 의의를 가지는 반면, 그것은 빌립보서와 같은 후대의 서신들 중에서조차 드물게 등장한다. 더욱이, 데살로니가후서를 살펴보면,[10] 우리는 바울이 이미 처음부터 '완전히 발전된' 은혜 교리를 가지고 있었다는 것을 믿을 만한 증거들을 가지고 있다. 왜냐하면 2:16에서 '카리스'는 다른 바울 서신들의 것과 동일한 개념을 반영하기 때문이다.

둘째로, 은혜로 말미암는 칭의교리가 갈라디아의 유대주의자들과 논쟁

---

9) Cf. R. E. H. Uprichard, "The Person and Work of Christ in 1 Thessalonians," *EvQ* 53 (1981), 108. 여기서 그는 이렇게 말한다: "Justification by faith was not mentioned in 1 Thessalonians simply because it was not relevant to the issues of the correspondence. The preponderance of a futurist emphasis on the death of Christ in its effects arises because the return of Christ dominates the on-going discussions between Paul and the Thessalonians."

10) 어떤 학자들은 데살로니가후서가 바울에 의해 쓰여지지 않았다고 주장하지만, 상당히 많은 여러 학자들은 이 서신의 바울 저작권을 옹호한다: see E. Best, *Thessalonians*, 50-59; I. H. Marshall, *Thessalonians*, 28-45; L. Morris, *Thessalonians* (NICNT), 29-34; D. Guthrie, *New Testament Introduction* (1965), 569f, etc.

하는 상황에서 후기에 가서야 발생했다는 슈넬레의 견해를 의심할 만한 또 다른 훌륭한 이유가 있다. 그는 그것이 데살로니가전서와 같은 초기 서신들 중에 등장하지 않기 때문에 그런 추측을 하는 것으로 보인다. 최근의 몇몇 학자들은 바울의 은혜 칭의 교리가 그의 갈라디아 사역 초기부터 설교되었으며, 더욱이 그것이 그의 다메섹 회심 사건에서 근본적으로 기원되었다는 사실을 설득력이 있게 논증한 바 있다.[11] 예를 들면, 김세윤은 바울 자신이 설교하지도 않은 교리가 갈라디아 유대주의자들과의 논쟁을 불러일으켰다는 것은 이해할 수 없는 추론이라고 주장한다. 오히려, 보다 합리적으로 추론한다면 그러한 논쟁이 율법, 특별히 할례 준수를 완전히 거부하는 바울의 은혜 칭의 교리에 의해 야기되었다고 보는 것일 것이다. 그렇다면 한 저자의 저술에서 특정한 술어들과 교리들이 결핍되었다는 것을 관찰하는 일과 그것들이 그의 사상 발전 단계에 있어서 후기에 가서 기원되었다고 증명하는 것은 전혀 다른 문제임이 분명하다. 많은 경우에 있어서 바울은 '카리스'란 술어를 자신의 사도직 소명과 사역에 밀접하게 연결짓는데, 이것은 그의 전 생애와 사상이 처음부터 하나님의 주권적인 은혜에 의해 근본적으로 형성되고 동기부여 되었다는 것을 시사한다(갈 2:9; 롬 1:5; 12:3; 15:5; 고전 3:10; 엡 3:2, 7, 8; cf. 고전 7:25; 고후 4:1; 딤전 1:12f, 16).

따라서 어떤 현대의 신약 학자들은 '카리스'란 술어가 그의 저술에 그토

---

[11] Cf. S. Kim, *The Origin of Paul's Gospel* (1981), 269ff. 여기서 그는 칭의-은혜 교리가 갈라디아의 유대주의자들과의 논쟁에서 후대에 기원되었다는 견해를 설득력이 있게 비판하는데, 이 견해는 W. Wrede, *Paulus* (1904), 67; A. Schweitzer, *The Mysticism of Paul the Apostle* (1956), 220f에 의해 옹호되었으며, 더구나 최근에는 G. Strecker, "Befreiung und Rechtfertigung. Zur Stellung der Rechtfertigungsleher in der Theologie des Paulus," Rechtfertigung, E. Käsemann FS, edited by J. Friedrich et al (1976), 479f에 의해 추종되고 있다. Pace J. Moffatt, *Grace in the New Testament*, 131.

록 압도적으로 등장하는 이유는 그의 다메섹 경험에 깊이 뿌리를 두고 있기 때문이라는 올바른 주장을 한다. 예를 들어, 예레미아스는 그의 다메섹 경험이 바울로 하여금 자기 자신의 생애에 대한 은혜의 주권적 능력을 깨닫도록 만들었다고 주장한다. 그는 심지어 바울이 "카리스란 술어를 재형성함으로써 그러한 근본 경험을 나타내기 위해 새로운 어휘를 사용하였다"[12]고 말하기까지 한다. 이것은 '카리스' 란 술어의 실재 선역사先歷史가 존재하지 않기 때문에, 바울 자신이 그 술어에다 자신의 다메섹 경험에서 흘러나오는 새로운 의미들을 채워 넣었다는 것을 뜻한다. 이것은 조금은 과장된 평가일 수는 있지만, 바울의 용법이 헬라어 술어를 크게 쇄신시키고 확장시켰다는 예레미아스의 주장은 옳다. 이 사실을 부연 설명하는 것이 우리의 의도는 아니지만, 이 점은 우리가 카리스란 술어의 어휘 역사 속에서 그것의 선행 용례들을 바울의 것과 비교할 때 분명해진다.[13] 비록 당대의 문헌 속에서 발견하는 이 술어의 의미들 가운데 어떤 것도 바울의 교훈에 반영되어 있지 않다고 말할 수는 없지만, 이러한 고전적 용법과 다른 주된 상이점은 그것이 바울 신학 속에서 얻게 된 종교적 의미를 살필 때 드러나게 될 것이다.

---

12) J. Jeremias, "The Key to Pauline Theology," *ExpT* 76 (1964–65), 29; K. Haacker, "Die Bekehrung des Verfolgers und die Rechtfertigung des Gottes," *Theologische Beitrage* 6 (1975), 12.

13) 이러한 이슈에 대한 표준적인 저술로는, H. Conzelmann, 'charis,' *TDNT 9*, 372–402; W. Manson, "Grace in the New Testament," *The Doctrine of Grace*, ed. by W. T. Whitely (1932), 33–60; C. L. Mitton, 'grace,' *IDB 2*, 464–468; J. Wobbe, *Der Charis-Gedanke bei Paulus. Ein Beitrag zur NTL Theologie* (Munster, 1932), 1–96; R. Winkler, "Die Gnade im Neuen Testament," *ZST 10* (1933), 642–80; G. P. Wetter, *Charis. Ein Beitrag zur Geschichte des altesten Christentums* (Leipzig, 1913); J. Moffatt, *Grace in the New Testament* (Hodder & Stoughton, 1931); C. R. Smith, *The Bible Doctrine of Grace* (London, 1956), 1–99 등을 보라.

3. 술어의 의미에 대한 최근 해석들

이제 우리는 '카리스'란 술어가 바울의 본문들 가운데서 실재 어떤 의미로 사용되었는가를 잠시 살필 차례가 되었다. 바울의 저술들 중에서 그것은 그리스도보다는(갈 1:6; 롬 5:16; 16:20; 고후 13:14; 살전 5:28; 빌 4:23 등) 하나님과 훨씬 더 자주 연결되곤 한다(롬 3:24; 15:5; 고전 3:10; 15:10; 갈 2:21 등). 하나님은 은혜가 사람에게 임하게 만드는 궁극적인 원천인 셈이다. 그리스도인 생활을 세울 수 있는 유일한 기초는 하나님의 은혜에 대한 전적인 의존에 있다. 다른 한편, 우리는 하나님에게 귀속된 동일한 은혜가 또한 그리스도 자신에게 속해 있다는 사실을 망각하면 안 된다(롬 16:20; 고전 16:23; 고후 8:9 등). 하지만 하나님과 그리스도를 '카리스'란 술어 밑에서 결합시킬 때(롬 5:15; 살후 2:12) 바울은 단순히 두 분에게서 나오는 은혜를 생각하는 것이 아니다.

바울에게 있어서 은혜는 특별히 그리스도의 형상으로 각인되어 있다. 하나님의 은혜가 사람에게 중개되고 그들에게 살아있는 실재가 되는 것은 정확하게 말해서 그리스도의 인격과 사역을 통해서다. 하지만 한 가지 이상한 점이 여전히 남아 있다. 그것은 바울이 "은혜의 영"(히 10:29)이란 히브리서의 표현에서처럼 은혜를 결코 성령에 연관짓지 않는다는 점이다. 도리어 카리스는 '성령' *pneuma*과 동의어적으로 사용될 수 있는데, 바울의 언어에서 은혜는 의미상으로 실제로 '능력', '믿음', 그리고 '성령'과 중첩되어 등장하는 면이 없지 않다.[14] 바울에게 있어서, 성령 안에서 행하는 것은 은혜의 통치 아래 사는 것을 말한다(롬 6:15f; 8:4). 특별히, 로마서 6:14, 15과 갈라디아서 5:18과 같은 평행 구절들은 바울이 은혜의 통치를

---

[14] R. Winkler, *ibid.*, 655; G. P. Wetter, *ibid.*, 54; R. Bultmann, *Theology I*, 291; J. D. G. Dunn, *Jesus and the Spirit* (1975), 204.

성령의 사역과 관련하여 이해하고 있음을 분명하게 해준다.

사실 바울의 은혜 개념은 그 변화무쌍한 성격 때문에 파악하기가 쉽지 않다. 그것은 다른 본문들 속에서 다른 뉘앙스를 띠고 사용된다. 일반적으로 주장되고 있는 한 가지 점은 바울의 은혜 교리의 구속사적인 성격을 주목해야 한다는 사실이다.[15] 그가 하나님의 은혜에 대해서 말할 때마다 그는 일차적으로 하나님의 무시간적인 어떤 기질을 지칭하는 것이 아니다. 그런 식의 기질 개념은 필로와 같은 헬레니즘적 저술가들 속에서 자주 등장한다. 따라서 바울에게 있어서 은혜는 하나님의 은혜로운 기질이 아니라 신적인 '능력'을 담지한, 그리스도 안에 있는 하나님의 구원 행위를 지시한다는 주장이 제기되고 있다.[16]

사실 그가 때때로 은혜란 말을 가지고 그리스도의 성육신, 죽음, 부활에 나타난 하나님의 역사적인 구원 행위를 지칭한다는 것은 사실이다(고후 8:9; 엡 1:6f; 딤후 1:9; 딛 2:13). 하지만 은혜는 단순히 과거에 있었던 하나님의 구원 행위를 지시하지는 않는다. 특징적으로 바울은 하나님과 인간 사이의 실제적인 교제를 위해서 그리스도 안에서 새 시대를 끌어들이고 사람을 이러한 새로운 생명의 질서 가운데로 불러들이는 하나님의 현재적이고 구체적인 행위를 설명하기 위해서 이 술어를 사용하곤 한다(롬 3:24f; 5:2, 20-21; 고전 1:4f; 15:10; 고후 8:1f; 엡 2:5, 8; 살후 2:16; 딤

---

[15] H. Ridderbos, *Paul. An Outline of His Theology* (1975), 173.
[16] 대부분의 신약 학자들은 은혜가 하나님의 무시간적인 속성이나 기질로 구성되기 보다는 하나님의 구속 행위로 구성된다고 보는 점에 거의 의견일치를 보이고 있다. R. Bultmann, *Theology I*, 288f; H. Ridderbos, *Paul*, 173; H. Conzelmann, *TDNT 9*, 394; G. Bornkamm, *Paul*, 141; J. D. G. Dunn, *Jesus and the Spirit*, 202. 특별히 콘첼만은 이렇게 강하게 주장한다. "Paul orientates himself, not to the question of God, but to the historical manifestation of salvation in Christ. He does not speak of the gracious God; he speaks of the grace that is acutalized in the cross of Christ (Gal 2:21) and that is an actual event in proclamation" (p. 394). 하지만 콘첼만은 하나님의 구속 행위가 이미 그의 은혜로운 성품을 전제하고 있다는 사실을 보는 데 실패하고 있다.

전 1:14). 그러므로 그리스도인들은 '은혜'를 자신의 삶 안에서 그리고 자신의 삶을 통해서 역사하는 변화시키는 능력으로 경험한다. 은혜는 새 생명의 외적인 조건으로만 작용하는 것이 아니라 그 내면적인 역동적 능력의 원천으로도 작용한다. 이와 관련하여 현대 학자들의 대다수는 은혜를 신적인 '능력'으로 본다는 점에서 옳다고 할 수 있다(고후 12:9; cf. 엡 3:7; 딤후 2:1; 히 13:9). 왜냐하면 바울은 은혜와 능력을 중업법hendiadys으로 긴밀하게 연관시키는 경우가 흔하기 때문이다.

하지만 과연 우리는 하나님의 은혜를 '행위'나 '능력'과 같은 개념들과 배타적으로 동일시할 수 있을까? 베터G. P. Wetter의 견해는 오늘날 신약 학자들에 의해서 널리 채용되고 있는데, 그는 한때 카리스를 하나님의 성질로 정의하려는 시도에 대해서 강하게 반박한 바 있다.[17] 하지만 보베J. Wobbe가 은혜란 하나님 자신의 은혜로운 성품과 간단하게 분리될 수 없다고 주장한 것은 정당한 면이 있다.[18] 예를 들면, 은혜의 능력이 어떤 '비인격적이고 형이상학적인 에너지'가 아니라는 사실은 바울이 그것을 올리심을 받은 그리스도 자신의 인격적인 능력으로 본다는 점을 주목할 때 자명해진다(고후 12:9, "나의 능력").[19] 침멀리W. Zimmerlie는 구약에서 '헨' chen은 '카리스' charis에 해당하는 히브리어 술어로서 "'헨'의 성질을 소유한 분의 은혜로움"[20]을 뜻한다고 관찰한다. 놀랜드J. Nolland는 침멀리의

---

17) G. P. Wetter, *Charis* (1913), 17ff.
18) J. Wobbe, *Charis- Gedanke bei Paulus* (1932), 32.
19) R. Winkler, "Die Gnade im NT," 664. 여기서 그는 이렇게 주장한다: "Dann darf aber charis keineswegs als eine unpersonliche metaphysische Macht, als eine Art von Kraftstoff, als eine Potenzierung von Naturkraften gedacht werden. Sie ist von Person and Leistung Jesu Christi gar nicht abzulosen."
20) W. Zimmerlie, "charis," *TDNT 9*, 379. 여기서 그는 이렇게 주장한다: "*chen*은 그것을 지닌 사람의 은혜로움이다. 자주 강한 미학적인 강조점과 더불어 그것은 그의 '아름다움' 또는 '매력'을 뜻한다."

견해를 따라서 '헨'이 본래 하나님께 속해 있으며, 그가 이 헨을 자신의 행동 속에서 그의 백성에게 분배하고 논증한다고 주장한다(창 39:21; 출 3:21; 11:3; 12:36; 시 84:11).[21] 구약적인 전승에 발맞추어 바울은 아마도 하나님의 은혜가 그의 역사적인 행동 속에서 나타나는 하나님의 어떤 인격적 성질을 지칭함을 파악했을 수 있는데, 이 경우에 그러한 역사적 행동은 보통 능력을 동반한다. 자신의 은혜로움 속에서 하나님은 하나님과 인간 사이의 관계를 바로잡고 인간으로 하여금 죄와 율법의 권세를 극복할 수 있도록 역사적인 행동들을 취하셨고 지금도 취하고 계신다(cf. 롬 5:21; 6:14). 이러한 정의는 우리가 은혜를 각각 '행동'이나 '능력' 등등으로 이해할 때보다 더 포괄적인 것으로 보인다.

따라서 사랑의 개념은 분명히 하나님 또는 그리스도의 성품을 지칭할 수 있는데(롬 8: 35, 39; 고후 5:14; 13:11, 14; cf. 요일 4:8), 그것이 은혜의 개념과 상호 교환적으로 사용될 수 있다는 것은 놀라운 일이 아니다. 하나님의 사랑이 죄인들을 위해 죽으시는 그리스도의 행위 속에 나타났듯이(롬 5:8), 하나님의 은혜도 역시 그들을 값없이 의롭다 하시고 그들을 하나님과 화목시키는 그리스도의 동일한 행위 속에서 계시되어 나타난다(9절 ff). 따라서 카리스는 죄인들을 향하여 밖으로 표출되는 하나님의 관대한 사랑과 애정을 뜻하는데, 그것은 그리스도 안에서 나타난 그의 구원 행위 속에 나타났고 성격상 자유롭고, 값없이 주어지며 주권적인 성질을 갖고 있다(롬 8:31ff).[22]

주목할 만한 가치가 있는 점은 고린도후서의 축복문에서(고후 13:14) 바울이 "주 예수 그리스도의 은혜"와 "하나님의 사랑"을 병기시킨다는

---

[21] J. Nolland, "Grace as Power," *NovT 28* (1986), 29.
[22] 따라서 E. Schillebeeckx, *Christ. The Christian Experience in the Modern World* (1980), 127.

사실이다. 바레트는 전자를 "행위와 선물"로 정의하고, 이로써 역사 속에서 경험적 사실로 나타난 전자를, 하나님으로 하여금 행동하도록 고무하는 동기로서 작용하는 후자와 구분한다.[23] 바레트의 이러한 주장은 맞는 면이 있기는 하지만, 우리는 하나님의 사랑이 바울에게는 단순한 동기 이상의 것을 의미함을 소홀히 해서는 안 된다: 하나님의 은혜가 그의 역사적인 구원 행위들 속에서 계시되는 것과 같은 방식으로 하나님의 사랑도 동일한 그러한 행위들 속에서 항상 구체화되어 나타난다(cf. 롬 5:8f; 8:31ff; 딛 2:11).

첫 번째 구절은 사상적으로 에베소서 2:7과 평행을 이루는 것으로 보인다: 하나님께서는 우리를 그리스도와 함께 살리시고 그와 함께 다스리게 하셨으니 "그리스도 예수 안에서 우리에게 자비하심으로써en chrestoteti 그 은혜의 지극히 풍성함을 오는 여러 세대에 나타내려 하심이니라." 만일 그리스도의 죽으심이 죄인들에게 현재와 미래의 구원을 가져다 줄 하나님의 사랑을 나타내려sunistesin 했다면, 그리스도의 살리심, 부활, 보좌에 앉으심과 같은 사건들도 그들의 구원을 가능하게 만든 하나님의 은혜를 나타내려endeiksetai 하신 것이다(엡 2:5ff). 은혜와 사랑이 그의 구원 행동 속에 나타난 하나님의 성품을 뜻하기 위해 상호 교환적으로 사용될 수 있다는 것은 바로 이러한 사실로부터 분명해진다.

더욱이, 에베소서 2:4에서 하나님은 긍휼이 풍성하시고 그의 크신 사랑을 인하여 죄인들을 구원하셨다고 말하는 반면에, 7절에서 하나님은 신자에게 자비하심으로써 그의 은혜의 지극히 풍성함을 나타내셨다고 말한다. 이 구절이 분명하게 밝혀주듯이, 바울의 언어에 있어서 '긍휼'eleos과 '사

---

[23] C. K. Barrett, *2 Corinthians* (BNTC), 344.

랑' *agape* (4절), '은혜' *charis* (5, 7, 8절), 그리고 '자비' *chrestotes* (7절)는 서로 거의 근접한 의미를 지니고 있다. 역으로, 카리스는 실제적으로 하나님의 객관적이고 주관적인 구원 행위들 속에 나타나는 긍휼, 선하심, 호의, 사랑과 같은 하나님의 성질들을 뜻한다(cf. 갈 2:20f).[24] 상기 네 헬라어 술어들이 비슷한 종류의 형용사나 명사와 함께 사용된다는 점을 주목할 때 이것은 분명해진다. '자비' *chrestotes*가 여기서 다른 술어들에 의해서 수식되지는 않지만, 로마서 2:4에서 바울은 하나님의 '인자하심' *chrestotes*, '용납하심' *anoche*, '길이 참으심' *makrothumia*의 풍성하심에 대해서 말한다(cf. 롬 11:22). 같은 맥락에서 목회서신의 저자는 사람들을 구원하시기 위해 나타난 하나님의 자비하심 *chrestotes*과 사람 사랑하심 *philanthropia*에 대해서 말하고 있고(딛 3:4), 이 구절은 디도서 2:11과 평행절을 이루는데, 여기서 바울은 인류의 구원을 위해서 나타난 하나님의 은혜의 계시에 대해서 말한다. 이 모든 것은 카리스가 일차적으로 하나님의 구원 행동 또는 죄인들을 향한 그의 태도에 나타난 그의 성질을 가리킨다는 것을 분명히 해준다. 카리스와 다른 술어들 사이의 한 가지 중요한 차이점은 바울이 전자를 택하여 자신의 복음 이해에 있어서 핵심적 진리를 나타내기에 가장 적절하고 포괄적인 중심 개념으로 삼았다는 사실이다.

물론 하나님의 은혜를 그의 성품으로 보는 개념이 인정된다 해도, 그것은 단순히 인간의 필요 상황과 고립된 채로 존재하는 신적 성질을 뜻하지는 않는다. 왜냐하면 하나님의 은혜로운 성품은 항상 구체적인 행위와 선물들 속에서 나타나기 때문이다. 따라서 은혜는 받을 가치가 없는 사람들을 구원하거나 의롭다 하시고(cf. 갈 2:21; 롬 3:24; 딛 2:13; 엡 2:5, 8),

---

[24] J. Wobbe, *Charis-Gedanke*, 33.

선택하시며(롬 11:5f), 그들을 부르시는(갈 1:6, 15) 하나님의 행위 속에서 실현된다. 이러한 구원 행위는 율법의 행위들과는 대조적으로 하나님의 자유로운 선물로 이해되어야 한다(롬 4:4f; 5:15f).

은혜는 또한 바울과 그의 동역자들이 복음 사역을 위해서 경험했던 고난 중에도 나타난다(빌 1:7f). 그것은 기독교인의 사역과 봉사를 위한 효과적인 에너지이다(롬 15:15ff; 고전 3:10f; 15:10). 그것은 또한 경건한 삶을 가르치는 선생으로(롬 6:14-21) 그리고 왕노릇하는 주체로(롬 6:14-21) 인격화된다. 모펫과 같은 몇몇 학자들은 은혜가 종말론적인 뉘앙스를 지니고 사용될 수 있다는 점을 보지 못하고 있다: 바울에게 있어서 은혜는 영원한 위로와 소망을 가져오며(살후 2:16) 하나님의 영광에 참여할 소망 중에서 기쁨을 자아내게 만드는 '종말론적인 능력'이다.[25] 쉴레백스E. Schillebeeckx가 잘 관찰한 대로, 카리스는 또한 '지식'(*epignosis*, 고전 1:5; 골 1:6, 9; cf. 벧후 3:18), '지혜'(*sophia*, 고후 1:12; 골 1:6, 9), 그리고 '총명'(*suneseis*, 골 1:9)과 분명한 연관성을 갖고 있다.[26]

더욱이, 은혜는 흔히 바울에게 주어진 사도직을 지칭하고(롬 1:5; 고전 3:10; 엡 3:2; 갈 2:9; 빌 1:7), 때로는 신자의 삶 속에서 살아있는 능력으로 역사하는 복음을 지칭하기도 하고(골 1:5f), 구제를 지칭하기도 한다(고전 16:3; 고후 8:6f). 그것은 또한 기독교인의 성품이 지닌 인격적인 성질을 가리키기도 한다. 사랑스러운 언어 방식이나 태도는 은혜를 받은 그리스도인들의 삶 속에서 나타나는 신적인 행위들 가운데 하나이다. 바울은 은혜란 말을 사용하여 일차적으로 사람들을 다루시는 하나님의 방식들

---

[25] J. Moffatt, *Grace in the New Testament* (1931), 47. 여기서 그는 이렇게 진술한다: "바울처럼 필로는 결코 마지막 종말을 은혜와 관련하여 바라보지 않는다. 하지만 이것은 그가 종말론에 전혀 관심이 없었기 때문이다."

[26] E. Schillebeeckx, *Christ*, 118f.

을 가리키기도 하지만, 그는 또한 인간과 인간의 관계를 묘사하기 위해서 은혜란 말을 채용하기도 한다(엡 4:29; 골 4:6).[27] 은혜는 때때로 받거나 또는 주어지는 어떤 것을 뜻하기도 하고(롬 12:6; 고전 1:4; 엡 4:29; 고후 8:1), 거절되거나 또는 폐해질 수 있는 어떤 것을 뜻하기도 한다(갈 2:21; 고후 6:1). 몇몇 구절들 속에서 그것은 하나님께서 통치하시는 영역을 뜻할 가능성도 있다(갈 5:4; 롬 6:14f).

결론

지금까지 살펴보았듯이 은혜 개념의 탄력적인 성격 때문에 그것을 획일적인 방식으로 범주화하는 것은 어렵다. 하지만 우리가 앞에서 확인한 것은 하나님께서 자신의 은혜로우심을 그의 실제적인 행위들과 선물들 속에서 논증하신다는 사실이다. 은혜는 본래 하나님 자신에게 속한 것이지만, 그것은 그리스도인 생활의 다양한 영역들 속에서 나타난다.

---

[27] C. L. Mitton, "grace," *IDB 2*, 466.

예 수 · 바 울 · 교 회 ▶ 8

이신칭의와 선행의 윤리

문제 제기

바울의 이신칭의 구원론은 종교개혁의 핵심적 교리이며 바울의 중심 신학을 표현하면서도 한국교회의 현실 생활에 적용되면서 원치 않는 굴절을 경험한 것으로 보인다. 겉보기에 '행위'works가 아니라 오직 '믿음'faith으로만 의롭다 함을 얻는다는 명제 때문에 그것이 마치 윤리적 삶과 행위의 불필요성을 지탱해 주는 것처럼 이해되어 온 것이 사실이다.

실제 어떤 한국 교회사가들 중에는 초기 선교사들이 유교나 불교와 같이 기독교적인 의미에서 소위 전통적인 '행위 구원론적' 종교들을 분쇄하기 위해 의도적으로 바울의 이신칭의 복음을 논쟁적 무기로 활용한 흔적이 있다고 지적하기도 한다. 인간 자신의 수양으로 도에 이르려는 전통 종교들을 무너뜨리고 오직 신적인 은혜와 인간 편에서의 신뢰만을 강조하는 기독교복음의 우월적 정당성을 논증하기에는 바울의 이신칭의 복음만큼 훌륭한 논쟁의 무기도 드물 것이다.

문제는 바울의 이신칭의 복음을 제대로 평가하지 못한 채 행위를 부정하고 믿음과 은혜만을 강조하는 교리적 기초로 오용함으로써 기독교 윤리가 바울의 이신칭의 구원론에 깊은 뿌리를 두고 자란 것이란 핵심 사상을 간과하게 만들었다는 데 있다. 결국 이러한 오해에 빠진 현실 교회들은 윤리적 행위와 삶의 정당성과 그 불가피성을 훼손시켜버리는 불행한 경험을 할 수밖에 없다. 오늘날 기독교 신자들이 설교 단상에서 은혜와 믿음을 강조할 때는 감동을 받다가도 칭의 경험을 한 신자에게 요청되는 윤리적 삶의 정당성과 책임성을 강조할 때 거부감이나 불편함을 느끼게 되는 것은 그리 이상한 일이 아니다.

한국 신학계의 원로라고 할 수 있는 고 박윤선 박사께서도 바울의 이신칭의 복음을 윤리적 행위를 강조하는 마태복음의 산상보훈과 연결시킬 때 논리적 연결성에 어려움을 겪은 것은 유명한 일이다.[1] 행위를 부정하고 오직 믿음만을 치켜세운 바울의 이신칭의 교리가 천국에 들어갈 때 하나님 아버지의 뜻대로 '행하는' 삶의 필수불가결성을 강조하는 산상보훈의 예수의 교훈과 논리적 마찰을 빚는 것처럼 보이기 때문에 박윤선 박사는 해석학적인 혼란을 겪은 것처럼 보인다. 그는 마태복음 5-7장에 실린 예수의 산상설교를 해석하면서 바울의 이신득의 구원론을 해석학적인 원리 내지 규범으로 삼자고 제안하였다. 이 제안은 성경 계시는 보다 덜 분명한 계시에서 보다 분명한 계시로 발전되어 간다는 전통적인 '계시의 점진적 발전' 이론에 근거한 것이지만 박윤선 박사는 이보다 한 걸음 더 나아가 바울의 교리를 '완성된 계시'라고까지 확신한다. 그렇다면 보다 덜 발전된 예수의 말씀보다 바울의 말씀이 완성된 계시이기 때문에 박윤선 박사께서 예수의 교훈보다 바울의 교훈을 해석학적인 규범과 원리로 삼게 되

---

[1] 박윤선, "산상보훈의 구원론", 『성경신학』 (서울 1971), 138-146: 『성경주석 공관복음』 (부산 1953), 169-266을 참조하라. 그와 비슷한 견해를 피력하는 이상근, 『신약주해 마태복음』 (대한예수교총회교육부 1966), 80-140을 참조하라.

는 것은 당연한 귀결이 아닌가 생각된다. 바울에 따르면, 죄인들이 구원을 얻을 수 있는 유일한 방도는 신의 구속의 은총을 오직 '믿음으로' sola fide 받아들이고 수용하는 길뿐이다. 그러나 문제는 마태복음의 산상설교에서 '행위'를 미래 천국에 들어가는 조건으로 여기는 분명한 구절들이 발견된다는 점이다: "나더러 주여 주여 하는 자마다 천국에 다 들어갈 것이 아니요 다만 하늘에 계신 내 아버지의 뜻대로 행하는 자라야 들어가리라"(마 7:21; 참조 5:20). 믿음을 강조하는 바울의 교훈들과 행위를 강조하는 예수의 말씀들은 박윤선 박사께서 보기에 모순처럼 보였기 때문에 그는 마태복음의 산상설교를 그리스도인의 삶과 직접적인 관련이 없는 율법으로 간주할 수밖에 없었다.[2] 환언하면 산상보훈은 그리스도인의 실제 생활과는 직접 관계가 없고 다만 인간이 얼마나 죄인인가를 보여주기 위해 실천 불가능한 윤리적 법조항으로 주어졌다는 것이다.

바로 이러한 그의 관점은 예수의 산상설교의 복음적 성격을 제대로 평가하지 못하도록 만들었을 뿐만 아니라 예수께서 요구하시는 행위가 제자된 믿음의 사람들에게 요청되는 불가결한 요소라는 사실을 깨닫는 데 실패하게 만들었다. 예수의 산상설교에 대한 이러한 오해는 부분적으로 이신칭의 복음에 대한 오해에서 귀결된 것처럼 보인다. 적어도 바울의 이신칭의 교리는 행위를 불필요하게 만든다는 생각이 그런 오해를 유발시켰다는 것이다.

따라서 본 논문은 바울의 이신칭의 구원론이 어떻게 그의 윤리 신학과 깊은 연관성을 갖고 있는지를 밝히는 것에 일차적인 목적을 둔다. 보다 넓게는 바울의 구원론 신학이 예수의 산상설교와 모순된 것이 아니라는 것

---

[2] 박윤선 박사는 그의 주석 다른 곳에서 산상보훈이 그리스도인의 삶과 관련이 있다는 긍정적 진술을 하기까지 한다. 그 관계성은 그러나 소위 '율법의 제3의 용법'(the third use of the law)이란 범주 속에서만 이루어진다. 1)의 각주를 참조하라.

을 밝힐 필요가 있겠지만 이것은 본 논문의 범위를 넘어서는 것이기 때문에 다음 기회로 미루기로 한다.

현대적 논의 들여다보기

바울 신학에서 특징적인 것은 구원론적 직설법indicative이 윤리적 명령법 imperative의 근거가 된다는 사실이다. 구원론적 직설법은 우리의 구원을 위해 과거에 일어난 사건과만 관련이 있는 것이 아니라, 새로운 은총의 통치 영역에 들어서게 된 현재적 상황과도 밀접한 관련이 있다. 믿음으로 들어선 이러한 새로운 통치 영역은 불가피하게 능동적인 선행의 삶에 영향을 미치지 않을 수 없다. 그 연관성은 정확하게 어떻게 이루어진 것인가?

논쟁적 상황에서 이신칭의 교리는 이방인들에게 율법의 행위들을 구원에 필수적인 조건으로 내세우던 유대적 이해와 맞물려 있기 때문에 일차적으로 부정적 논쟁으로 사용되는 것이 사실이다.3) 따라서 '행위'works는 하나님 앞에서 자신의 신분을 규정하는 수단으로서는 부정적 뉘앙스를 띠게 마련이다. 그러므로 믿음이 구원의 유일한 방도로서 율법의 행위를 대체하게 된다. 바울의 구원론에서 이렇게 '행위'를 부정한 것은 자연히 이신칭의와 선행의 윤리 사이의 상관성에 관한 뜨거운 논쟁을 유발하게 만들었다. 예를 들어, 칭의 교리는 바울 신학에서 윤리와 관련하여 거의 긍정적인 작용을 하지 못한다는 주장이 있어 왔다. 그는 사실 믿음과 선행을 서로 밀접하게 연관시키면서도, 칭의 교리는 좀처럼 윤리와 연관을 맺지 않으며, 그것은 또한 그리스도 '안에' 있는 신자의 존재 의의들을, 예를 들면

---

3) E. P. Sanders, *Paul and Palestinian Judaism* (1977), 492ff; H. Hubner, *Law in Paul's Thought* (1984), 124–137.

구속, 성령의 선물, 윤리, 성례, 부활 등을 설명할 때도 잘 채용되지 않는다.

그래서 슈바이처는 자신의 저술에서 이런 점들을 자세히 지적한 후에 다음과 같은 결론에 도달하게 되었다: 그의 신학에서 "구속과 윤리는 서로 다른 두 길들 같아서 그 한 길은 한 쪽 편으로 인도하고 또 다른 길은 정반대 편으로 인도한다. 하지만 한 쪽에서 다른 쪽으로 옮겨갈 수 있는 다리가 없다."[4] 오히려 윤리는 이신칭의와 연결되기보다는 그리스도와 함께 죽고 함께 산다는 dying and rising with Christ 바울의 신비적 연합의 교리와 밀접하게 연결된다. 슈바이처는 심지어 신자의 세례를 '자동적인 사건' *ex opere operato*으로 묘사하기까지 하는데, 말하자면 "신자가 세례를 받는 순간 그리스도의 죽으심과 다시 사심이 인간 편에서의 어떤 협력이나 의지나 생각의 행사 없이 그의 안에서 일어난다"[5]는 것이다. 일단 세례를 받은 사람이 그리스도와 연합하게 되면, 그는 자신의 개성을 상실하게 되고 따라서 그는 그 연합한 몸을 지배하는 그리스도의 인격성의 한 발현에 불과하다(갈 2:19-20)"[6]는 것이다. 그렇다면 윤리는 하나님의 선행하는 은총에 대한 응답으로서 기독교인이 선한 삶을 살기 위한 윤리적 노력의 일환이 아니라 그리스도와의 신비적 연합에서 귀결되는 자연적 산물에 불과하게 되며 이 때 자신의 창조적 개성은 상실하게 된다.

결과적으로 슈바이처는 믿음으로 말미암는 칭의를 바울에게 있어서 단지 부차적인 의의밖에 없는 별볼일없는 교리로 간주하고 말았다. 일단 바울이 유대주의자들과의 논쟁에서 떠나게 되면, 기독교인의 경험이 지닌 다른 근본적 측면들을 표현하는 데 더 이상 그에게 도움이 되지 못한다는

---

[4] A. Schweitzer, *The Mysticism of Paul the Apostle* (1956), 295.
[5] A. Schweitzer, *Paul and his Interpreters* (1956), 225f; 또한 *ibid.*, 116, 128.
[6] A. Schweitzer, *ibid.*, 125.

것이다. 이런 부차적 교리에서는 선행의 윤리로 나아가는 길이 닫혀있다는 슈바이처의 주장은 이 점에서 특별한 중요성을 갖고 있다. 심지어 믿음으로 말미암는 칭의는 '율법의 행위'만 배제할 뿐만 아니라 '행위' 일반을 다 배제한다고까지 주장하기도 한다. 이런 판단은, 칭의 교리가 불경건한 자를 그의 죄악된 실존을 변화시킴도 없이 단지 의롭다고 선언하는 '법률적' forensic 행위에 불과하기 때문에, 이런 법률적 교리만 가지고는 "전에 본래 선행을 할 수 없었던 사람이 어떻게 칭의 경험을 통해서 그런 행위를 할 수 있게 되었는가를 보여줄 수 없다"[7)]는 생각에 기초해 있다. 바울의 구원론이 윤리에 미치는 함축들을 다룬 슈바이처의 이런 해석은 최근 신약 학자들에게 근거없는 주장으로 판명났다. 그의 해석이 어떤 약점들을 지니고 있는지 몇 가지 지적할 필요가 있다.

첫째로, 여러 신약 학자들이 잘 지적했듯이 바울의 구원론에서 '법정적인' forensic 것과 '신비적인' mystical 것을 날카롭게 구분하는 것은 아주 잘못된 발상이다.[8)] 바울은 사실 자신의 저술에서 이 두 그림언어들을 상호교환적으로 사용함으로써 그리스도 안에 있는 우리 신자의 존재의 근본적 측면들을 밝히고 있다. 그는 한 쪽에서는 구원을 법정적 선언과 관련하여 이해하고 다른 편에서는 그것을 그리스도와의 신비적 연합과 관련하여 이해할 뿐 결코 분열된 정신을 갖고 있지 않다.

두 그림언어를 상호 교환해 가며 사용하는 가장 훌륭한 본보기는 갈라디아서 2:16-20에서 발견된다. 여기서 바울은 신자가 어떻게 의롭다 함을 얻었는가를 보여주기 위해 그리스도와 함께 죽었다는 연합의 사건에 호소

---

7) A. Schweitzer, *The Mysticism of Paul the Apostle* (1956), 295.
8) 건설적인 논의로는 E. Schweizer, "Dying and Rising with Christ," *NTS 14* (1967), 1-14; E. Käsemann, "'Righteousness of God' in Paul," in *New Testament Questions of Today*, 171f; A. Oepke, *TWNT 1*, 539; J. Jermias, *The Central Message of the New Testament*, 59ff를 참조하라.

한다. 더욱이, 믿음이 칭의 교리뿐만 아니라(2:16) 그리스도와의 연합 교리에도(2:20) 공통 구성 요인으로 등장한다는 사실은 그것들이 서로 다른 두 사상 세계를 나타내는 것이 아니라는 점을 분명하게 밝혀준다: 믿음은 칭의에만 참여하는 것이 아니라 그리스도와 함께 죽고 사는 연합의 사건에도 참여하고 있다.[9]

둘째로, 믿음에 대한 이러한 강조점은 슈바이처의 신학에서 발견되는 크리스천 생활에 대한 기계적 이해가 바울의 윤리 신학을 제대로 평가하지 못한 것임을 다시 한번 분명히 해준다.[10] 바울이 그의 독자들로 하여금 그리스도 안에 있는 하나님의 높으신 부르심의 푯대를 향하여 계속 전진하라거나 두렵고 떨림으로 자신의 구원을 이루라고 권면하는 것은 크리스천 생활이 슈바이처가 생각하는 것처럼 자동적으로 귀결되는 현상이 아님을 분명하게 밝혀준다(빌 2:13). 믿음의 영역을 초월하여 사람이 마술적으로 변화되는 일이란 결코 일어날 수 없다: "슈바이처가 묘사한 것은 믿음에 의해 조건지워진 인격적 교제가 아니라 종말론적인 의식으로 생겨진 신비주의적 사상의 발로에 불과하다."[11] 바울이 그리스도와 함께 십자가에 못박혔으며 그리스도께서 지금 자신 안에 사신다고 말할 때조차도(갈 2:20), 이것은 바울의 인간적 자아가 그리스도와의 집합적 인격에 흡수된 신비주의적 어떤 탈인격화 사건을 의미하는 것이 아니다. 결론구가 잘 시

---

9) K. Kertelge, 'Rechtfertigung,' 180; H. Ridderbos, *Paul*, 232; A. Oepke, *Galater*, 96; R. Bultmann, *TDNT 6*, 219f; S. Kim, *The Origin of Paul's Gospel*, 306f; E. Lohse, "Emuna und Pistis. Judisches und urchristliches Verstandnis des Glaubens," *ZNW 68* (1977), 156f.
10) 이 문제에 대한 건설적 논의로는 R. Bultmann, *Theology 1*, 311ff; W. D. Davies, *Paul and Rabbinic Judaism*, 98f; R. C. Tannehill, "Dying and Rising with Christ." *A Study in Pauline Theology* (1967), 41; J. D. G. Dunn, *Jesus and the Spirit*, 336–39; H. A. A. Kennedy, *St. Paul and the Mystery Religions*, 213, 285–89를 참조하라.
11) V. Taylor, *Forgiveness and Reconciliation* (London 1956), 138.

사해 주듯이, 그는 다른 방식으로 이해되기를 의도하고 있다. 따라서 "이제 사는 것은 내가 아니요 그리스도께서 내 안에 사신다"는 말은 바울이 "나를 사랑하사 나를 위하여 자신을 주신 하나님의 아들을 믿는 믿음 안에서 산다"는 뜻으로 이해될 수 있다. 이러한 믿음에 의해서 그리스도는 옛 자아를 대신하여 내 안에서 거하시고 통치하시는 것이다. 바울이 믿음을 강조하는 저변에는 따라서 영지주의에서나 볼 수 있는 영적 신비주의를 거부하는 근본적 논쟁이 놓여 있다.[12]

셋째로, 슈바이처 해석의 또 다른 약점은 바울의 이신칭의 교리가 선행의 윤리로 인도되지 않는다는 주장과 연관되어 있다. 몇몇 현대 학자들은 슈바이처의 견해를 추종하고 있다. 예를 들면, 보른캄은 "바울 신학에서 다른 중요한 주제들과 사상들이" 칭의 교리에서 "직접적으로 파생되지 않는다"[13]는 데 동의한다. 오히려 그는 윤리와의 상관성을 칭의 사상 자체에서 찾기보다는 칭의를 가능케 하는 '믿음' 개념 자체에서 찾고자 한다. 왜냐하면 믿음이란 사람의 전인격을 규정하는 포괄적인 의의를 지니기 때문이다. 샌더스 역시 비슷한 주장을 하지만, 그는 바울이 결코 이신칭의와 윤리를 함께 연결짓는 논의를 제시한 바가 없다는 점을 더 힘주어 강조한다.[14] 믿음만이 의롭다 함을 얻기 위한 전제 조건으로 요청되고 있지만, 바울의 저술에서 칭의가 윤리의 원천으로 작용하는 실례들은 존재하지 않는다는 것이다. 윤리는 오히려 그리스도와 함께 죽고 함께 사는 소위 신비주의적 연합의 교리에서 파생된다. 이런 맥락에서 그는 칭의와 윤리 사이

---

[12] W. Joest, "Die Personalität des Glaubens," *KuD* 7 (1961), 38–53, 특히 43f; H. Ridderbos, *Paul*, 232; J. S. Stewart, *A Man in Christ*, 166f; H. A. A. Kennedy, *St. Paul and the Mystery Religions*, 213.
[13] G. Bornkamm, *Paul*, 116.
[14] E. P. Sanders, *Paul and Palestinian Judaism*, 438–441.

를 다리놓고자 하는 불트만의 다음 주장에 대해서 비판적이다: "그러므로 '성령을 좇아 행하라'는 명령법이 칭의의 직설법(신자가 의롭다 함을 얻는다)과 모순되지 않을 뿐만 아니라 거기에서 귀결된 것이다……."[15] 샌더스는 따라서 바울이 술어적으로 "성령을 좇아 행하라"는 명령법에 상응하는 직설법을 칭의와 일치시키지 않고 오히려 "성령 안에서 사는 삶"에 일치시킨다고 주장한다(갈 5:16-25; 롬 8:1-17; cf. 살전 4:1-8).

슈바이처처럼 샌더스도 바울 저술에서 선행의 윤리가 칭의와 어떤 직접적인 연관성도 맺지 않고 있다고 주장은 하지만, 그는 그것들을 서로 다른 두 사상 세계인 것처럼 분리시키려는 슈바이처와는 견해를 달리한다. 그는 슈바이처 견해의 두 가지 약점을 지적한다. 첫 번째 약점은 바울의 이신칭의 교리가 윤리로 나아가는 길을 차단시켰다는 슈바이처의 주장은 논의를 한 가지 단순한 방식으로 과도하게 단순화시킨 데서 기인한다는 것이다. 칭의가 아니라 믿음이 윤리 행위에 참여함을 보여주는 바울의 구절들을 찾는 일은 가능하다. 하지만 더 중요한 것은 슈바이처가 "이신칭의 술어와 성령 안에서의 삶에 관한 술어 그리고 그리스도 안에 있는 삶에 관한 술어들이 서로 내적 연관성을 갖고 있다는 사실에"[16] 주목하지 못했다는 사실이다. 따라서 슈바이처는 신자가 세례시에 그리스도와 연합한다고 바울이 말할 뿐만 아니라(고전 10:17) 동시에 신자가 믿음을 통해서 성령을 받는다고 말한다는 점을(갈 3:1-5) 주목하지 못했다고 할 수 있다.

샌더스의 이런 비평은 기본적으로 정확하다. 하지만 바울이 윤리를 이신칭의와 좀처럼 잘 연결시키지 않는다는 그의 판단은 그 둘 사이의 관계에

---

15) R. Bultmann, *Theology 1*, 332.
16) E. P. Sanders, *op. cit.*, 440.

대한 오해에서 기인한 것으로 보인다. 칭의 교리는 일차적으로 윤리 행위와 연관된 교리가 아니라 죄인을 무죄 판결하시는 하나님의 판단과 연관된 교리이다. "칭의는 과거의 행위이며 현재의 상태로 귀결된다. 그것은 본래 사람의 최초 신분에 속한 것이지 신자의 후속되는 삶에 연관된 것이 아니다."[17] 따라서 자신의 칭의 논의에서 윤리적 삶의 함축을 적극적으로 드러내지 않는 것은 어찌보면 당연한 일이다. 그럼에도 불구하고 믿음으로 말미암는 칭의가 윤리적 행위에 아무런 함축이 없다고 말해서는 안 된다. 은총의 세계에 처음으로 들어가는 행위로서 칭의 경험은 경험적 차원에서 사람을 윤리적으로 만드는 것은 아니다. 하지만 불경건한 사람이 심판자이신 하나님과 바른 자리에 들어선다는 것은 어떤 가상 현실도 아니요 윤리적 막다른 골목도 아니다. 그것은 형식적인 무죄 방면 이상의 것이다. 드보R. C. Devor의 바른 지적을 여기서 귀 기울일 필요가 있다: "칭의는 처음 입구, 처음 행위를 나타내며 신자의 온전한 의에서 절정에 달하게 될 전체 과정의 시작을 가리킨다."[18]

더욱이, 우리가 위에서 주장한 대로, 이 처음 행위에서 죄의 통치로부터 은총의 통치로 주권 변경change of lordship이 일어난다(롬 5:17 −21). 믿음으로 의롭다 함을 받은 사람은 이제 혼자 내버려져 있는 것이 아니라 하나님의 새로운 통치와 능력에 개방되어 있다.[19] 하나님의 무죄 판결은 단순

---

17) Sanday and Headlam, *Romans*, 57; 비슷하게 Ridderbos, *Paul*, 175; C. Crowther, "Works, Work and Good Works," *ExpT 81* (1969−70), 168; R. C. Devor, *The Concept of Judgment in the Epistle of Paul* (Ph.D dissertation, Drew University 1959), 414; R. Y. K. Fung, "Justification by Faith in 1 & 2 Corinthians," *Pauline Studies*, 257ff; J. Jeremias, *The Central Message of the New Testament* (London 1965), 65.

18) R. C. Devor, *ibid.*, 341f; cf. also 408−14.

19) E. Käsemann, "'The Righteousness of God' in Paul," 175−78; E. Best, "Justification by Faith," *BT 14* (1964), 6f; Kertelge, 'Rechtfertigung,' 283−85; E. Lohse, "Emuna und Pistis," 156.

한 말이 아니라 하나님과 사람 사이의 새로운 관계를 창조하는 능력있는 말씀 선언이다.[20] 믿음에 의해서만 사람은 하나님의 능력으로 지탱되어지는 이 새로운 관계에 들어갈 수 있으며, 그는 그에게 부과된 명령법을 실현할 수 있는 '새 피조물'이 된다. 바울이 칭의 교리를 그리스도 안에 존재하게 된 '새 피조물'과 밀접하게 연관시키는 것은 이런 연유 때문이다(고후 5:17-21).[21]

결과적으로 윤리가 형식적으로 이신칭의 자체에 연관된 것은 아닐지라도 칭의가 윤리적 행위에 대해 아무런 함축을 지니지 못한다고 말하는 것은 잘못된 오류이다. 이 점이 분명하게 나타나는 것은 바울이 칭의를 성령의 사역과 밀접하게 연관시킨다는 점에 있다.

칭의와 성령의 사역

논의해야 할 또 다른 문제가 있다. 바울은 윤리적 권면의 근거를 제공하는 일을 할 때 성령에 그 중심적인 역할을 부여한다는 사실이 널리 인정되고 있다. 사람이 성령을 받고 그 안에서 살아가기 때문에 그는 성령을 따라 행해야 하고 성령의 열매를 맺어야 한다(롬 8:9-14; 고전 6:19; 갈 5:16-25). 이 점 때문에 어떤 학자들은 바울의 윤리적 진술들이 이신칭의에 근거한다기보다는 성령 안에서의 삶에 기초해서 이루어진다고 주장해왔다.

칭의가 윤리에 대해 아무런 함축을 지니지 못한다는 점을 보여주기 위해서 슈바이처는 성령의 소유가 칭의와 결코 관련이 없다고 추정하기까지 한다.[22] 샌더스는 믿음으로 말미암는 의와 성령 안에서의 삶 사이에 숨어

---

20) J. Jeremias, *The Central Message*, 64; E. Best, *ibid.*, 6; M. Barth, *Justification. Pauline Texts Interpreted in the Light of the Old and New Testaments* (ET, Eerdmans 1971), 70.
21) J. Jeremias, *ibid.*, 57ff; P. Stuhlmacher, *Gerechtigkeit Gottes bei Paulus*, 83f, 77.

적으로 직접적인 관계가 없으며, 믿음으로 말미암는 의는 성령의 소유라든가 성령 안에서의 삶과 같은 기독교인 경험의 다른 중요한 측면들을 설명해낼 수 없는 결함 있는 술어이기 때문에 그것은 바울에게 부차적인 의미밖에 없다고 본다는 점에서 슈바이처를 추종한다. 다만 그가 슈바이처와 견해를 달리하는 것은 칭의나 성령 모두 믿음을 통해 경험된다는 점에서 내적 연관성을 인정한다는 점일 것이다. 더욱이 로마서의 처음 여덟 장을 분석하면서 그는 바울이 법정적인 진술들과 참여적인participatory 진술들을 무짜르듯이 확연하게 구분하지 않았다는 바른 관찰을 하기도 한다 (cf. 빌 3:8-11; 갈 3:24-29). 그에 따르면 바울은 무죄를 선언하고 생명을 제시하는 근거들을 제공하려고 로마서 5장을, 이신칭의를 다루던 이전 주제를 다시 넘겨받는 연결 고리로 발전시키고 있고(5:1, 18) 그것을 후속되는 생명의 주제를 준비시키는 발판으로 사용한다(5:21). 한편, 로마서 8:1은 5:16-18에서 전개된 주제를 다시 회상하고 있고, 성령 안에서의 삶에 관한 후속되는 논의는 기본적으로 선행하는 법정적인 논의를 전제한다(8:2, 4, 10). 이것은 이신칭의가 성령 안에서의 삶과 모순되는 것이 아니라 그것과 함께 속해 있다는 것을 증명하는 구실을 해준다.[23]

샌더스는 그러나 몇몇 구절에서 바울이 칭의를 직접적으로 성령과 연결 짓고 믿음으로 말미암는 의를 전적이든 또는 부분적이든 하나님의 성령에 귀속시킨다는 사실을 소홀히 하고 있는 것으로 보인다.

대표적인 몇몇 구절들 가운데 우리가 먼저 살펴야 할 구절은 갈라디아서

---

22) A. Schweitzer, *Mysticism*, 220f; E. P. Sanders, *Paul and Palestinian Judaism*, 439f, 490.
23) E. P. Sanders, *Paul and Palestinian Judaism*, 507. 여기서 그는 의가 성령에 참여하기 위한 '예비적 조건'으로 파악되어서는 안 된다는 바른 관찰을 한다. '영'이 비록 이신칭의의 주제를 설명하는 이전 섹션에 나타나지는 않지만, 바울은 그리스도의 죽음이 죄인에 대한 무죄 선언뿐만 아니라 성령의 능력에 참여하는 일을 위한 동일한 근거를 제공해 준 것으로 말한다.

3:2-5과 5:5이다. 첫 번째 구절에서 바울은 갈라디아인들이 율법의 행위에서가 아니라 믿음으로 복음을 청종함으로써 성령을 받았다고 주장한다. '믿음으로 말미암는 의'란 바울의 전형적 표현이 여기서 성령의 소유와 관련하여 등장하지는 않지만, 이 구절은 분명히 칭의가 본 섹션의 중심 주제로 언급되는 넓은 문맥 속에 자리잡고 있다(2:16; 3:6f). 따라서 바울이 이신칭의를 성령의 선물과 결코 연결짓지 않는다는 주장은 본문 증거를 지니지 못한다. 바울에게 있어서 신자는 복음을 믿을 때 성령을 받게 되며(3:2-5) 결국 의롭다 함을 경험하게 된다(2:16; 3:6f). 던은 이 점에서 바른 관찰을 한다: "성령의 선물과 칭의는 같은 동전의 양면과 같다. 아브라함의 축복은 8절 이하에서 후자와 동일시되고, 14절에서는 전자와 동일시된다. 두 번 다 주어진 수단은 믿음뿐이다."[24] 여기서 바울은 복음을 믿어 의롭다 함을 얻는 자들에게 성령이 주어진다는 점을 분명하게 밝힌다.[25]

갈라디아서 5:5에서 바울은 그리스도를 믿을 때만이 신자가 성령의 능력으로 확신을 가지고 의의 소망을 기다릴 수 있다는 주장을 한다. 성령은 기독교인으로 하여금 처음 칭의를 경험할 수 있게 할 뿐만 아니라, 마지막 심판 때 하나님의 호의로운 판결을 받게 될 소망을 확신 있게 기다리게 만든다(롬 5:1f; cf. 살전 5:8). 그리스도를 믿는 자들에게, 이 소망은 최종 구원이 마치 신자의 불투명한 노력에 달려있기라도 한 것처럼 희미하거나 위태로운 것이 아니다. 무죄 선언을 받게 될 미래의 소망은 성령의 능력에 의해서 보존되고 활력을 얻게 된다. 따라서 이유를 말하는 접속사 '가르' (왜냐하면)로 소개되는 다음 구절은 칭의의 믿음이 성령을 힘입어 사랑을 통해

---

[24] J. D. G. Dunn, *Baptism in the Holy Spirit* (1970), 108.
[25] K. Kertelge, 'Rechtfertigung,' 248f; F. F. Bruce, *Galatians*, 149, 233; P. Stuhlmacher, *Gerechtigkeit Gottes*, 221f.

역사하도록, 즉 선행에 참여하도록 힘입는다는 것을 분명히 밝혀준다.[26]

성령을 의와 밀접하게 연관시키는 또 다른 구절은 로마서 8:10이다. 이 구절에 대한 바른 해석은 '몸'과 '영'의 반제 구조가 men……de 어떻게 이해되어야 하는가에 달려있다. 10절 상반절에서 '몸'은 사망의 몸을 지칭하는 인간학적인 의미로 사용되었기 때문에, 어떤 주석가들은 10절 하반절의 '영'도 또한 한 인격의 내적 생명으로서 인간 영을 지칭한다고 주장해 왔다.[27] 본 섹션 전체를 고려할 때(1-11절) 이 견해는 잘못된 것이다. 선행하는 문맥과 11절에서 성령이 계속해서 염두에 있는데, 여기서 성령은 신자를 하나님과의 새로운 관계에 끌어들이고 그를 그리스도 안에서 새로운 순종의 삶 가운데로 인도하는 분으로 묘사된다. 더욱이, '살아있는' alive 이란 술어보다 명사인 '생명'을 사용한 것은(cf. 고전 15:45) '영' pneuma 이 여기서 본질적으로 살게 하는 사역을 담당하는 성령을 지칭하고 있음을 시사해준다.[28] 이 해석은 11절에 전개된 사상과 잘 들어맞는다: 신자 안에 내주하는 성령의 부활 능력은 마지막으로 그를 사망 가운데서 일으키실 것이다.

두 번째로 지적할 점은 바울이 '죄로 인하여'란 문구를 '의를 인하여'란 문구와 대조시키고 있다는 사실이다. 어떤 학자들은 '죄로 인하여 죽은 몸'이란 표현을 세례시에 이루어진 죄악된 몸의 죽음을 의미한다고 해석하기도 한다.[29] 하지만 바울이 로마서 6:10에서 '죄로 인하여 죽은'이란 표현보다는 '죄에 대하여 죽은'이란 표현을 사용한다는 사실은 이 제안을

---

26) C. K. Barrett, *Romans* (BNTC), 159. 비슷하게 Cranfield, *Romans 1*, 390; Schlier, *Römer*, 247f; Käsemann, *Romans*, 224; Michel, *Römer*, 193.

27) Sanday and Headlam, *Romans*, 198, based on E. Gaugler, *Römer 1*, 276.

28) C. K. Barrett, *Romans*, 159; similarly Cranfield, *Romans 1*, 390; Schlier, *Römer*, 274f; Käsemann, *Romans*, 224; Michel, *Römer*, 193.

29) R. Bultmann, *TDNT 4*, 894; C. K. Barrett, *ibid.*, 159f.

신빙성 없게 만든다.30) 어떤 학자들은 '우리 죽을 몸'의 부활을 지칭하는 11절의 표현에 근거해서 그 문구가 육신의 몸이 죄의 대가를 받아 부패와 사망에 굴복하게 되는 것을 뜻하는 것으로 이해하기도 한다.31) 하지만 바울은 세상에 속하면서 여전히 죄와 사망의 능력하에서 살아가는 육신적 실존, 즉 인간 자신을 지칭할 때는 정규적으로 '몸' soma이란 말을 사용한다. 그러므로 인간은 죄의 몸이며(6:6) 사망의 몸이다(7:24).

오히려 이 문구를 이런 식으로 해석하는 것이 더 타당하다: 육신적 존재로서 인간은 죄의 능력으로 인하여 사망에 굴복하고 있다. 이것은 로마서 6:12에서 분명해지는데, 여기서 죄는 우리의 '죽을' 몸에 왕노릇하는 세력으로 묘사된다. 그렇다면 우리는 여기서 '의'righteousness를 '능력'으로, 다시 말해서 칭의를 경험한 사람을 순종의 새로운 삶으로 끌어들이는 능력으로 이해할 수도 있다(cf. 롬 6:13, 18f, 22).32) 이러한 하나님의 의는 신자를 의롭다 하는 종말론적인 능력으로서 복음 설교 안에 나타난다(롬 1:6). 성령이 죄로 인해 사람의 육체적 실존에 임하는 사망을 무력화시키고 생명을 부여할 수 있는 것은 바로 이 하나님의 의 때문이다. 바울은 의와 생명을 같은 범주에 속하는 개념들로 혼용하는 때가 많다(갈 3:21 참조).33)

고린도전서 6:11에서 바울은 보다 직접적으로 칭의를 성령의 사역에 연결시킨다. 이 구절은 바울이 고린도교인들에게 불신법정에 서지 말고(1-8절) 죄악된 과거 생활을 떨쳐버리고 구속을 받은 자들처럼 살 것을(9-11절) 훈계하는 문맥에서 등장한다. 첫 번째 동사인 '씻었다' apelousasthe란

---

30) Michel, op. cit., 193, n.1; Cranfield, op. cit., 389; Leenhardt, Romans, 209.
31) J. Murray, Romans 1, 289.
32) P. Stuhlmacher, Gerechtigkeit, 224; Michel, op.cit., 193; Kertelge, 'Rechtfertigung,' 156.
33) J. Murray, op. cit., 289.

말을 가지고 어떤 학자들은 이 구절이 초대 교회의 세례 교훈을 반영한다고 보기도 하지만, '세례받다'는 보다 기술적인 술어가 있음에도 불구하고 '씻었다'는 비기술적인 술어를 선호한 것은 바울이 여기서 세례란 외적 의식 자체보다는 그것이 지닌 내적인 의미로서 죄로부터 깨끗해지는 내적 정결을 부각시키고 있음을 시사해 준다.[34] 아마도 우리는 본절에 언급된 세 개의 부정과거 시제 동사들이 "씻었다"는 동사에 반영된 동일한 세례 사건을 지칭하는 것으로 보아야 할 것 같다. 고린도교인들이 '거룩하게 되었다'는 것은 그들 편에서 있었던 어떤 도덕적 행위를 지칭하지 않고 그들을 하나님의 백성으로 성화시킨 확정적인 신적 행위를 지칭한다.[35] 하지만 이 구절이 권면적 섹션에 들어있기 때문에, 우리는 윤리적 결과들이 '거룩해지고 의롭다 함을 얻은' 그들의 최초 신분에서 귀결되는 것이라는 결론에 도달하게 된다.

여기서 바울은 성화와 칭의를, 세례시에 그리스도의 이름으로 하나님의 영 안에서 이루어지는 동일한 사건으로 함께 밀접하게 묶어놓는다.[36] 세 번씩이나 반의접속사인 '그러나' *alla*를 참조할 때 이들 두 개의 전치사 구들은 모두 선행하는 세 개의 동사들을 수식하고 있고 따라서 세례 사건 전체를 지칭하는 것으로 볼 필요가 있다. 세 개의 부정과거 시제 동사들은 기독교인의 경험이 지닌 세 단계들을 나타내지 않고 신자가 세례시에 성령을 통해서 경험하게 되는 동일한 사건의 다른 측면들을 나타낸다.[37] 첫 번

---

[34] Barrett, *1 Corinthians*, 141.
[35] O. Procksch, *TDNT 1*, 112; Kertelge, 'Rechtfertigung,' 244; J. A. Ziesler, *The Meaning of Righteousness in Paul* (1972), 157; Fung, "Justification," *Pauline Studies*, 250.
[36] Fung, *ibid.*, 250; Kertelge, *ibid.*, 244; Bultmann, *Theology 1*, 136; F. Hahn, "Taufe und Rechtfertigung: Ein Beitrag zur paulinischen Theologie in ihrer Vor−und Nachgeschichte," in *Rechtfertigung* (FS for Käsemann), 105−07; Sanders, *Paul and Palestinian Judaism*, 471.
[37] J. Herring, *The First Epistle to the Corinthians* (ET, London 1962), 42; Ziesler, *Righteousness*, 157; Fung, *ibid.*, 250.

째 전치사구인 '주 예수 그리스도의 이름으로'는 그리스도 안에서의 하나님의 구속 사역을 지칭하는데 이를 근거로 해서 고린도교인들은 구원의 은총을 경험하게 된다. 두 번째 전치사구인 '우리 하나님의 영으로'는 신자를 믿음으로 말미암아 의롭다 할 때뿐만 아니라 그를 계속 도덕적으로 새롭게 함에 있어서도 역사하는 성령의 사역을 지칭한다(고후 3:18; 롬 8:13-14; 갈 5:17-18, 22-25 등). 결과적으로, 여기서 '칭의'가 성령의 사역과 밀접하게 연관되며 그것이 바울의 윤리적 권면의 기초로 사용된다는 사실은 두 가지 결론으로 인도한다: 칭의는 바울에게 있어서 부차적인 의미를 지닌 것이 아니며, 그것은 불가피하게 윤리와 연결되어 있다. 바울은 신자가 자신의 의롭다 함을 얻은 신분을 세례시에 받은 성령을 의지하여 순종하는 삶으로 나타낼 것을 기대하고 있다.

이상과 같은 관찰들에 비추어 볼 때 믿음으로 말미암는 의는 바울의 신학에서 성령의 선물과 밀접하게 그리고 직접적으로 연관되어 있음을 알 수 있다. 따라서 "칭의가 문제가 될 때마다 성령이 항상 사역한다"[38]는 바르트의 지적은 정당하다. 성령은 칭의라는 처음 구원 사역에 참여하며 따라서 신자들을 그의 능력으로 지탱되는 하나님과의 바른 관계로 끌어들이게 된다. 하지만 성령은 또한 "믿음으로 의롭다 함을 받은 자들의 삶을 규정하며 하나님의 능력으로서 칭의시에 그들에게 주어진 새로운 존재를 전개시키시는데, '믿음'은 여기서 그리스도 안에서 선물로 제공된 새로운 현실의 항구적인 근거를 나타낸다."[39] 이런 이유 때문에 '믿음'이 성령에 힘입어 칭의에서 귀결되는 윤리적 행위와 삶에 참여하게 되는 것은 아주

---

[38] M. Barth, *Justification*, 62. Cf. Kertelge, *op. cit.*, 248f; Bruce, *Galatians*, 149; Stuhlmacher, *Gottes Gerechtigkeit*, 222; Dunn, *Baptism*, 108.

[39] Kertelge, *ibid.*, 249.

자연스러운 일이다.

하나님의 능력, 믿음 그리고 윤리적 행위

1. 믿음의 두 가지 측면

앞에서 우리는 칭의가 은총의 처음 행위로서 윤리에 대해 중요한 함축을 지니고 있다는 점을 살폈으며, 이것은 이신칭의와 성령의 선물을 밀접하게 연관시키는 구절들을 통해서 분명해진다. 바울이 이신칭의를 성령의 사역에 귀속시키는 것은 의심할 여지가 없다. 의롭다 하시는 사역을 통해서 성령은 신자가 하나님과의 새로운 관계에 들어갈 수 있도록 만들어주며, 이것은 칭의를 경험한 자가 이후로 내주하는 성령으로 인하여 선한 행위를 할 수 있게 되었다는 것을 의미한다.

믿음이 선행을 할 수 있는 것은 바로 이 사실에 근거한다. 윤리는 하나님의 선행하는 은총의 행위 없이 존재할 수 없다. 여기서 믿음은 사람이 칭의의 은혜와 성령의 선물을 받아들일 뿐만 아니라 선행을 할 수 있는 능력을 얻기 위해 내주하는 성령에 끊임없이 의존하게 만드는 수단으로 작용한다. 그렇다면 믿음은 '수동적 측면'passive aspect을 지닌다. 즉 그것이 처음부터 마지막까지 하나님의 은총의 행위에 전적으로 의존한다는 의미에서 말이다. 믿음은 자신의 재원이나 능력으로 하나님과의 바른 관계를 쟁취하거나 또한 선한 생활을 하려고 고투하지 않는다. 신자는 단지 하나님이 하고자 하시는 바를 향하여 자신을 개방할 뿐이며 자신이 스스로 할 수 없는 바를 그에게 완전히 의탁할 뿐이다. 그는 자신 속에 스스로 갇혀있거나 자신의 힘에만 의지하지 않고 도리어 신적인 능력을 지향한다. 바로 이 사실 때문에 신자는 불신자와 다르다.

하지만 선행을 할 수 있는 믿음의 능력이 근본적으로 하나님의 능력을 지향하고 있다 하더라도, 바울의 저술에서 믿음은 결코 하나님의 은총의 행위에만 전적으로 내던져져 있다고 말하지 않는다: 그것은 신적인 능력에 매몰될 수 없는 참된 인간 행위이다. 때문에 믿음은 여기서 '능동적 측면' active aspect을 갖는다. 즉 신자는 하나님의 은총에 응답하여 선한 삶을 스스로 책임 있게 추구해야 한다는 점에서 그렇다.

여기서 우리는 믿음이 지니는 '수용적' receptive 또는 '수동적' passive 측면이 어떻게 선한 삶을 적극적으로 추구하게 만드는 '능동적' active 측면을 내포하게 되는지 고려해 보아야만 한다. 이 질문은 믿음의 본질과 관련하여 대답될 수 있다. 믿음은 기본적으로 인간의 수용적 행위이며 이로 인해서 사람은 하나님께서 그리스도 안에서 행하신 일을 자신을 위해 받아들인다. 바울에게 있어서 인간의 이 수용적 행위는 복음의 말씀을 믿음으로 들을 때 시작된다(롬 10:17; 고전 15:11). 그것은 복음 안에서 선포된 하나님의 구원 행위를 받아들이는 행위이다.[40] 복음을 순종하는 마음으로 받아들이는 행위로서 믿음이 지니는 이런 성격이 이로써 전면에 부각된다. 복음에 대한 이런 수용 행위가 '믿음의 순종'으로 묘사되기도 한다(롬 1:5; 16:26; cf. 갈 5:7; 고후 9:13; 살후 1:8). 그것은 단순히 복음에 대한 지적인 승낙을 뜻하지 않고 자신의 전인격을 그리스도와 그의 말씀에 개인적으로 헌신하는 행위이다.[41] 순종으로서의 믿음은 자신의 죄악된 과거에서 돌이켜 하나님을 향하여 굳게 결단하는 것이며(살전 1:8ff) 하나님

---

40) Bultmann, *TDNT 6*, 217f; Kertelge, 'Rechtfertigung,' 170f; Käsemann, *Romans*, 107f; Burton, 'pistis,' in *Galatians*, 478ff; Bornkamm, *Paul*, 141f.
41) Bultmann, *Theology I*, 314f; Burton, *ibid.*, 481; H. W. Bartsch, "The Concept of Faith in Paul's Letters to the Romans," *Biblical Research 13* (1968), 50; J. A. Fitzmyer, *Pauline Theology. A Brief Sketch* (1967), 64; S. Kim, *The Origin of Paul's Gospel*, 299; D. Guthrie, *New Testament Theology*, 592.

께서 그리스도 안에서 부르신 부르심의 푯대를 향하여 전적으로 헌신하는 것이다(롬 6:16-17; 16:19; 빌 1:27 등). 그리스도인의 삶의 기초는 그리스도 안에서 하나님과 연합하는 것인데, 그것은 성령을 통해서 믿음의 순종으로 말미암아 존재하게 되는 존재론적 실재이다. 이 생동감 넘치고 인격적인 믿음의 순종 행위가 사람의 의식적인 행위에 영향을 미쳐 그의 모든 행위가 이 존재론적 실재에 통합되게 만든다는 것은 아주 자연스러운 일이다.[42] 그리스도인의 삶은 신자가 그리스도를 향한 자신의 기본적인 헌신을 그의 의식적 행위에서 표현하는 이 통합의 실현이라 할 수 있다.[43]

윤리는 그러므로 기독교인의 믿음의 필수불가결한 부분을 구성한다. 기독교 윤리의 강점은 그것이 하나님의 행위와 능력의 맥락 속에 위치한 믿음에 기초한다는 의미에서 '믿음의 윤리'faith-ethics라는 점에 있다(고전 2:5).[44] 하지만 하나님의 능력이라고 해서 믿음의 자리를 대체하는 것도 아니요 믿음에게서 선한 생활을 추구할 필요성을 면제시켜 주는 것도 아니다. 기독교 윤리는 이로써 진정한 가능성이 된다. 왜냐하면 하나님의 선행하는 은총의 행위가 신자로 하여금 새로운 삶 가운데서 행할 수 있도록 만들어 줄 뿐만 아니라(롬 6:4, 10, 11) 계속적으로 믿음의 헌신 가운데서 살도록 그에게 책임을 지워주기 때문이다(고후 5:15). 바울에게 있어서 믿음은 단순히 수동성 또는 행위의 결핍을 의미하지 않는다. 구원하는 믿음은 선행으로 자신을 논증해야만 한다. 이 경우에 선행은 기독교 믿음에 온전히 '필수적인'integral 것으로 간주될 수 있다.[45]

---

42) J. A. Fitzmyer, *Pauline Theology*, 64.
43) V. P. Furnish, *Theology and Ethics in Paul*, 226; Ridderbos, *Paul*, 257; Bornkamm, *Paul*, 202f; Kertelge, 'Rechtfertigung,' 251f.
44) J. Boozer & W. A. Beardslee, *Faith to Act. An Essay on the Meaning of Christian Experience* (1967), 48; Peter Blaser, "Glaube und Sittlichkeit bei Paulus," in *Von Wort des Lebens* (FS for M. Meinertz, NTA 1, 1950), 114-127.

이와 관련하여 우리는 믿음의 역동적이고 살아있는 성격에 주목해야 한다. 믿음은 어떤 정체된 사실이 아니라 '살아있는 인간 행위'이다: 그것은 강해질 수도 있고 약해질 수도 있다. 따라서 믿음은 신자의 전체 생활을 규정하는 인간 행위이기 때문에 그것을 기계적으로 이해해서는 안된다. 슈바이처는 기독교인의 삶이 세례시에 그리스도와 함께 죽고 사는 연합 사건에서 자연적으로 귀결되어 나오는 불가피한 과정이라고 잘못 주장하였다. 하지만 믿음의 생활에서 자동적인 것이란 하나도 없다. 바울이 끊임없이 그의 독자들에게 믿음 안에서 굳게 서라(롬 11:20; 고전 15:58; 빌 4:1; 골 2:5) 그들을 통제하는 죄, 육체의 세력들과 싸우라고 권면하는 이유가 여기에 있다(롬 6:12f; 8:13; 갈 5:16; 엡 4:20ff; 골 3:5). 여러 이유 때문에 믿음이 윤리적 행동으로 옮겨지는 데 실패할 가능성이 있다. 그것은 믿음의 연약함 때문에 생길 수도 있고(롬 14:1) 또는 죄에 빠지거나(갈 5:16f) 선한 행위를 하는 데 피곤해지거나(갈 6:9f) 믿음으로 살아가는 데 실패하기 때문에(롬 14:23; 고후 6:1) 기인할 수도 있다. 그러므로 믿음은 자라가야 하고(고후 10:15; 살후 1:3) 진보해야 하며(빌 1:25) 굳게 서야 하며(골 1:23; 2:5, 7), 강해지거나 격려를 받아야 하며(롬 1:11, 12; cf. 4:19), 기독교인의 삶에 합당한 선한 싸움을 싸워야 한다(딤전 6:12).**46)** 이것은 믿음 안에서 굳게 서서 선을 행하는 일에 견인해야 할 신자의 긴박한 책임을 부각시켜 준다.

---

45) 바울은 선행을 구원의 증거 이상의 의미로 간주한다. 행위 심판의 주제가 이 점을 분명히 밝혀준다. Against R. H. Gundry, "Grace, Works and Staying Saved in Paul," *Biblica* 66 (1985), 1–38, esp. 11f; cf. also Sanday and Headlam, *Romans*, 57.
46) 정체된 어떤 것이 아니라 살아있는 인간 행위로서 믿음 개념을 살피려면, Bultmann, *TDNT 6*, 212f; Conzelmann, *Outline*, 172; Guthrie, *New Testament Theology*, 592ff를 참조하라.

2. 믿음의 윤리적 작용

이제까지 우리는 바울의 구원론적 사상의 맥락 속에서 윤리 생활과 관련하여 믿음이 지니는 역할과 성격을 확인하려고 노력해 왔다. 이로써 우리는 믿음의 수동적 또는 수용적 동기가 그 자체의 성격으로 인해서 필연적으로 선행의 능동적 동기를 내포할 수밖에 없다는 점을 알게 되었다. 이를 증명하기 위해서 우리는 이제 믿음이 윤리적 행위와 직접적으로 관련을 맺고 있는 몇몇 구절들을 살필 것이다.

바울은 데살로니가전서 1:3에서 믿음과 행위를 함께 결합시킴으로써 믿음이 행위에 참여한다는 생각을 잘 밝힌다. 그는 여기서 '행위'work, ergon를 기독교인의 믿음이 행하는 어떤 것으로 생각한다. 인칭대명사 '너희'가 세가지 주요 덕목 맨 앞에 강조적으로 위치함으로써 각 문구와 함께 취해져야 한다. 따라서 그것은 데살로니가 교인들의 믿음에서 연유되어 나오는 행위임을 시사해 준다. 모펫J. Moffatt은 '믿음의'란 소유격 술어에 강조점을 둠으로써 '믿음의 역사'the work of faith란 문구가 '능동적 믿음'active faith을 뜻한다고 해석한다. 하지만 헬라어 본문은 강조점을 '행위' ergon에 두고 있기 때문에 소유격 술어를 주격 소유격으로 취하여 "너희 믿음에서 나오는 행위"란 뜻으로 번역하는 것이 더 타당할 것 같다.[47] 믿음은 하나님의 구원 행위에 대한 신자의 전폭적인 헌신의 행위이기 때문에, 그것은 공동체의 선을 위해 선행으로 표현될 수밖에 없다. 믿음, 소망, 사랑이라는 삼중적 덕목에서 '믿음의 역사(행위)'가 '사랑의 수고'와 '소망의 인내'와 함께 더불어 감사의 근거로 제시되고 있음은 주목할 만하다.[48] 인간의

---

[47] L. Morris, *Thessalonians*, 51과 n.11; von Dobschütz, *Die Thessalonicher Briefe* (1974), 66; E. Best, *Thessalonians*, 68; W. Hendriksen, *Thessalonians*, 46f and n.35.
[48] 여기서 우리는 세 개의 분사 구들을 볼 수 있는데 - '언급하며', '기억하며', '알며' - 각 분사구들은 '감사한다'는 주동사에 걸려 있다 (2절상).

반응 행위들은 신자의 믿음의 삶을 성격규정하는 참된 인간 행위들이면서 여기서 분명히 하나님의 은혜에 귀속되고 있다. 바울이 동일한 신자의 행위를 두 다른 관점에서, 즉 인간 편에서도 묘사하고 하나님 편에서도 묘사한다는 것은 그에게 있어서 아주 특징적인 현상이다. 믿음으로 일하고 사랑으로 수고하고 소망을 가지고 인내하는 것은 참으로 데살로니가인들의 책임 있는 행위들임에 틀림없지만, 바울은 동시에 그것들을 하나님의 은총 행위라는 관점에서 바라보면서 그분께 감사하고 있는 것이다.

비슷한 사상이 데살로니가후서 1:11f에서도 발견된다. 이 구절은 그들을 위해 드리는 바울의 기도 내용을 담고 있다. 선행하는 구절에서 바울은 그의 독자들에게 마지막 심판날을 상기시켜 준다. 그날에 핍박자들은 징벌을 받게 될 것이며 핍박을 받은 성도들은 하나님 나라를 유업으로 받게 될 것이다. 이 점을 염두에 두고 바울은 하나님께서 "모든 선을 기뻐함과 믿음의 역사를 능력으로 이루게 하시기를" 그의 독자들을 위해 기도한다. '선을 기뻐함'이란 첫 번째 문구를 하나님 자신의 결심을 지칭하는 의미로 해석하는 학자들이 없지 않다. 이들은 성경 헬라어에서 "유도키아" *eudokia*가 로마서 10:1과 빌립보서 1:15만 제외하고 대부분 하나님의 의지를 지칭한다는 관찰에 근거해서 이런 해석을 취한다.[49] 더욱이 이런 의미를 보존하기 위해서 이들은 두 번째 문구 역시 '믿음의 하나님 역사' God's work of faith를 뜻하는 것으로 억지 해석을 한다.[50] 하지만 바울에게 있어서 '믿음의 역사'란 신자의 믿음에 의해서 행해지는 어떤 것을 지시한다(살전 1:3). 그렇다면 "유도키아"를 신적인 의지로 보는 견해는 두 번째 문구

---

49) Schrenk, *TDNT 3*, 746. 하지만 좀더 면밀하게 살펴보면 이 술어가 인간의 의지를 지칭하는 더 많은 경우들이 있다 (cf. 빌 2:13; 살후 1:11).

50) von Dobschutz, *op. cit.*, 256.

와의 평행 구조를 깨트린다고 볼 수 있다. 첫 번째 소유격 표현은 두 번째 소유격 표현을 좇아서 주격 소유격으로 취해질 수 있다. 다시 말해서 "선에서 나오는 모든 결심"을 나타낼 수 있다. 하지만 그것을 목적격 소유격으로 취하여 "선을 위한 모든 결심"으로 해석하는 것이 더 타당할 것 같다. 그렇다면 바울이 여기서 기도하는 내용은 하나님께서 자신의 능력으로 선을 행하고자 하는 데살로니가 교인들의 결심과 그들의 믿음에서 귀결되는 행위를 성취시켜 달라는 것이다. 분명히 바울은 그들의 결심과 행위를 완성시킬 수 있는 하나님의 주권적 능력을 부각시키고 있다.

그렇다면 '믿음의 역사' (행위)란 데살로니가전서 1:3에서 신자의 행위로 묘사되었을지라도 여기서는 하나님 자신의 행위의 관점에서 묘사된다고 할 수 있다. 그들의 외적인 행위나 심지어 그들의 내적인 결심까지도 순전한 그들 자신만의 행위가 아니라는 것이다. 바울은 여기서 신자 자신의 책임 있는 행위를 하나님 자신의 행위라는 측면에서 이해한다. 믿음의 행위란 사실 신자의 책임 있는 행위이면서도 그것들이 하나님의 도우시는 능력 안에서 이루어진 것이기 때문에 감사의 조건이 되는 것이다. 하나님의 능력이 작용할 때만 선을 위한 결심과 모든 믿음의 행위가 성취될 수 있다. 그것들은 그의 능력을 논증하여 나타내는 방식으로 수행된 것이다. 흥미로운 것은 인간의 행위가 하나님 자신의 행위 위에서 성립된 것이라 할지라도 바울은 신자의 책임 있는 삶과 행위를 면제시켜 주지 않는다는 사실이다.

우리가 고려해야 할 또 다른 구절은 갈라디아서 5:6이다. 여기서 바울은 그리스도 안에서 할례나 무할례가 중요한 것이 아니라 사랑을 통해 '일하는' working 믿음만이 중요함을 역설한다. 어떤 가톨릭 학자들은 이 분사를 수동태로 취하여 마치 믿음이 사랑으로 말미암아 효력을 지니는 것처럼 해석한다. 이 해석에 따라서 그들은 사랑으로 인해서 온전해지는 믿음을 통해서만이 칭의가 이루어진다고 생각한다.[51] 하지만 이런 식의 수동태 용법은 신약에서 증언된 바가 없다. 바울의 저술에서 이 분사가 중간태로 쓰이는 많은 경우들이 존재한다(롬 7:5; 고후 1:6; 4:12; 살전 2:13; 살후 2:7; 골 1:29; 엡 3:20; cf. 약 5:16).[52] 이런 용례들로 볼 때 '사랑'을 칭의의 부가적 전제조건으로 해석하는 것은 잘못이다. 따라서 루터는 이 구절에 대해서 아주 탁월한 진술을 한다: "믿음에 기초한 행위들은 사랑을 통해서 이루어지지만, 사람은 사랑으로 인해 의롭다 함을 받는 것은 아니다."[53] 다른 학자들은 '사랑'이 갈라디아서 2:20에서처럼 하나님의 사랑을 지칭한다고 보고 "하나님의 사랑으로 인해 움직이는 믿음"[54]이란 뜻으로 번역하자고 제안한다.

하지만 본절의 사랑이 그리스도인 자신의 사랑을 뜻한다는 것은 후속되는 권면 섹션이 이 윤리적 개념의 지배를 받고 있다는 사실을 살필 때 자명하다(13-25절). 믿음은 다른 사람을 위한 사랑으로 나타난다. 그것은 일상적인 윤리 생활에서 실현되어야 할 인간의 순종 행위이다. 더욱이, '일한다'work는 동사는 믿음이 여기서 사랑을 야기시키는 능력으로 이해되고 있음을 시사해 준다.[55] 이것은 사랑으로 역사하는 믿음의 능동적 측면을 부각시켜 준다. 하지만 "사랑을 통해 일하는 믿음"은 사람 자신의 독립적

---

51) 이 문제에 관한 최근의 상세한 논의로는 G. Bornkamm, *Paul*, 153; A. Oepke, *Galater*, 158f을 참조하라.
52) J. A. Robinson, *Ephesians*, 241-47; Bruce, *Galatians*, 232; Oepke, *ibid.*, 158; H. D. Betz, *Galatians*, 263, n.97.
53) M. Luther, *In epistulam Pauli ad Galatas* (1535, WA 40/2), 35, cited in F. F. Bruce, *Ibid.*, 233.
54) G. S. Duncan, *Galatians*, 157f.
55) H. D. Betz, *op. cit.*, 263, 하지만 그는 '능력'이란 이런 믿음 개념이 후기 바울주의자들에 의해서 한층 더 발전된 것으로 생각한다(cf. 골 1:29; 2:12; 엡 1:11, 19, 20; 3:7, 20; 4:16).

인 행동이 아니라 은총의 행위에 대한 반응이다; 믿음이 사랑으로 역사하는 일이 가능한 것은 성령이 먼저 믿음으로 의롭다 하심을 얻은 자들의 마음에 사랑을 부어주기 때문이며(롬 5:1f) 계속해서 그들로 하여금 사랑의 열매를 맺도록 능력을 불어넣어 주기 때문이다(갈 5:22ff). 믿음은 사랑을 불러일으키는 힘으로 작용한다. 왜냐하면 그것은 궁극적으로 하나님의 행위와 능력에 의존하기 때문이다(고전 2:5; 골 2:12; 엡 1:19). 믿음이 사랑을 통해 역사할지라도 바울이 사랑을 믿음의 열매로 묘사하지 않는 반면 그는 갈라디아서 5:22에서 사랑을 성령의 열매로 생각한다는 것은 흥미롭다. 바울이 인간의 행위를 하나님 자신의 행위와 관련하여 묘사한다는 것이 분명해진다. 그럼에도 불구하고 사랑으로 역사하는 믿음의 윤리적 작용이 회심 이후에 작동하는 기계적 과정이라는 식으로 이해해서는 안 된다. 뒤따라오는 권면 섹션에서 바울이 그의 독자들에게 성령을 따라 행하고 서로 사랑을 실천할 것을 강조하는 것은 이 때문이다.

다음으로 우리는 에베소서 2:8-10을 고려해야 한다. 신자들이 행위와 관계없이 오직 믿음으로 말미암아 구원을 받은 것은 그들이 선한 행위들을 실천하기 위함이다. 그들은 선한 생활 가운데서 행하기 위해 그리스도 예수 안에서 새로운 피조물이 되었다. 흥미롭게도, 바울은 믿음의 '수용적' 동기를 선행의 '능동적' 동기와 함께 연결짓고 있다. 전자(8절하)를 후자(10절)와 분리시켜 이해하는 것은 잘못이다. 신자가 은혜로 경험하는 구원은 과정의 끝이 아니라 후속되는 어떤 것을 준비하기 위함이다. '구원 얻었다' *sesomenoi*는 완료시제의 동사는 '구원'이 앞절에서 발견한 크리스천 경험의 모든 축복들을, 예를 들면 구속, 죄 용서(1:7), 하나님 지식(1:9, 17), 성령의 선물(1:13), 그리스도 안에 있는 새 생명(1:15; 2:10), 그리고 소망(1:12, 18) 등과 같은 모든 축복들을 포괄하는 내포적 의미로 이해되고 있음을 시사해 준다.

그렇다면 구원은 과거에 있었던 단순한 단일 사건이 아니라 믿음이 그리스도 안에 있는 모든 축복들에 참여하는 계속적인 경험이다. 구원의 이러한 새 질서 속에서 믿음은 그 안에 갇혀 내던져진 것이 아니라 은총의 능력에 힘입어 선행에 참여하게 되는 것이며, 하나님은 이를 위해 우리를 조성하셨다(10절하). 이 구절은 이런 '선행들'이 구원에 우연하게 동반되는 현상들이 아니라 하나님이 인간을 창조하시게 된 근본 목적의 본질적 부분을 형성한다는 것을 교훈해 준다.[56] '선행'善行이란 그리스도 안에서 우리에게 제공된 하나님의 구원을 자신의 행위 속에서 실천적으로 논증하거나 수행해내는 것을 말한다. 결론적으로, 믿음은 기본적으로 구원을 받아들이는 인간의 수용적 행위이지만, 이런 기초 위에서 믿음은 그것을 은총의 능력을 통해서 능동적인 선한 삶으로 옮겨놓을 수 있다.

아마도 믿음과 선행을 가장 흔하게 자주 연관짓는 것은 목회서신들일 것이다. 여기서 믿음과 선행은 술어적으로 서로 아주 밀접하게 묶여있지는 않지만, 이들 술어들이 목회서신에서 중심적 의의를 지닌다는 사실은 부정할 수 없다.[57] 목회서신에서 '믿음' $pistis$과 그 파생어들은 57회 등장하며, '일/행위' $ergon$는 20회 나타나는데, 그 중에는 '선행'이란 술어가 14회 포함되어 있다. 바울의 다른 저술들의 교훈과 마찬가지로 '행위들'은 구원을 얻어내지 못한다고 주장된다(딤후 1:9; 딛 3:4-7). 그러면서도 바울은 독자들에게 선행에 힘쓰라고 권면한다. 그리스도 사건에 계시된 대로

---

[56] Cf. C. Crowther, "Works, Work and Good Works," *ExpT 81* (1969-70), 171; Gnilka, *Epheserbrief*, 130f.

[57] 자세한 논의로는 I. H. Marshall, "Faith and Works in the Pastoral Epistles," in *Studien zum NT und Seine Umwelt* (ed. A. Fuchs 1983), 203-218; cf. O. Merk, "Glaube und Tat in den Pastoralbriefen," *ZNW 66* (1975), 91-102.

하나님이 우리를 구속하시고 정결케 하신 목적은 우리를 선한 행위들에 열심을 내는 자신의 친 백성을 만들기 위함이며(딛 2:14), 따라서 그들은 하나님의 창조 목적에 따라 선한 행위를 하는 법을 배워야 한다(딛 3:8, 14). 교회 지도자들은 자신들을 선행의 모델로 나타내야 하며(딤후 3:17; 딛 2:7), 모든 그리스도인들은 교회를 위해 선행을 준비해야만 한다(딤전 2:10; 5:10; 6:18; 딤후 2:21; 딛 3:1). "선행의 결핍은 기독교인의 신앙고백의 공허함을 보여줄 뿐이며(딛 1:16), 결국 그들이 심판 때에 책임을 져야 한다는 사실이 함축된다(딤전 5:24f)."[58] 의미심장하게도 디도서 3:8에서 바울은 '믿는 일'과 '선행'을 밀접하게 연결짓고 있으며(cf. 딤전 6:17f), 이로써 믿음이 능동적인 선한 생활로 나타나야 함을 함축한다. 앞선 문맥은 이들 '선행'이 성령 안에서 의롭다 함을 얻은 상태에서 귀결되는 것임을 함축적으로 보여준다(딛 3:4-8).[59] 바울이 그의 독자들에게 선행을 하라고 권면할 수 있었던 것은 바로 이런 기초 위에서다. 한편, 권면을 통해서 신자의 책임을 강조하는 것을 볼 때 믿음이 선행이란 능동적인 삶으로 나타나야 한다는 것을 알 수 있다.

결론적으로 기독교 윤리의 독특한 성격은 '믿음'이 선행하는 하나님의 은총의 행위라는 맥락 속에 위치한다는 점이며 이 때문에 믿음이 선을 행할 수 있는 것이다. 기독교 윤리가 '믿음'으로 의롭다 함을 얻은 상태에서 귀결되는 결과임이 사실이다. 하지만 인간의 순종 행위로서 믿음은 그 수용적 또는 수동적 자리에 머물지 않는다. 그것이 비록 기독교 윤리에 중요하다 할지라도, 믿음의 능동적 동기는 필수적이다. 왜냐하면 만일 믿음이

---

58) Marshall, "Faith and Works in the Pastoral Epistles," 216.
59) 3:5f에서 저자는 성령의 사역을 그의 독자들이 세례시에 받은 '구원'에 밀접하게 연관짓고 있으며 중생으로 생겨진 후속되는 윤리적 갱신을 강조한다. I. H. Marshall, *ibid.*, 207; cf. J. N. D. Kelly, *The Pastoral Epistles*, 253f을 보라.

선행으로 나타나지 않는다면 새 생명의 선물을 얻었다는 것이 무의미할 것이기 때문이다. 능동적으로 선행을 실천해야 할 믿음의 책임성이 여기서 부각된다. 선행을 행할 수 있게 하는 하나님의 능력을 훼손하지 않고도 선을 실천해야 할 신자의 책임을 강조하는 것이 바울의 윤리 신학의 특징이다.

이신칭의와 행위심판

우리는 앞에서 이신칭의와 윤리 사이의 상관성을 논하면서 몇 가지 중요한 사실들을 관찰한 바 있다. 믿음으로 말미암는 칭의는 술어적으로 윤리적 행위와 직접 연관되는 일은 사실 드물다. 그것이 좀처럼 윤리적 삶에 직접 연관을 맺지 않는 것은 칭의란 하나님의 백성의 신분을 결정하는 처음 구원 경험이기 때문이다. 하지만 칭의가 비록 행위가 아니라 믿음/은혜에 기초한다고 할지라도 그것은 윤리적 삶과 행위의 신학적 가능 근거가 된다는 것은 의심할 여지가 없다.

왜 칭의가 윤리의 가능 근거가 되는가? 첫째로, 칭의는 새로운 은총의 통치권 영역 안으로 들어가는 구원 사건이다. 칭의 자체가 성령에 의해서 가능해지기 때문에 믿음으로 칭의를 경험한 신자는 선을 행할 수 있는 능력을 힘입게 된다. 그것은 죄의 통치 아래서 해방되어 은총의 보다 강력한 통치에 들어가는 주권 변경을 가능하게 만들기 때문에 기독교 윤리의 가능성은 여기서 성립한다(롬 6:4-7, 14). 둘째로, 칭의를 가능케 하는 믿음이 전폭적인 헌신의 성격을 지니기 때문에 신자의 의식적인 행위와 삶에 영향을 미친다는 것은 자연스러운 일이다. 바울 서신에서 믿음과 선행이 자주 연결되는 것은 바로 이런 이유 때문이다. 믿음은 단순히 지적인 유희가 아니라 자신의 죄악된 과거를 청산하고 이후로 하나님의 뜻대로 살겠다는 헌신과 결단의 행위이기 때문에 그것은 선한 삶으로 나타날 수밖에 없다.

중요한 것은 칭의가 믿음과 배타적으로 관계를 맺고 있는 것과는 반대로 최후 심판은 항상 행위와 연결된다는 사실이다(cf. 롬 2:6-8; 8:13; 14:10-12; 고전 3:10-17; 고후 5:10; 갈 6:7-8 등). 바울이 한편에서는 오직 믿음/은혜로 의롭다 하심을 얻는다고 해놓고 마지막 심판에서는 행위로 말미암아 심판을 받는다고 하는 이유는 어디에 있는가? 이 두 주제가 공존한다는 사실은 역사적으로 로마 가톨릭과 개신교 신학자들 사이에서뿐만 아니라 또한 현대 개신교 신학자들 내에서도 수많은 논쟁을 불러일으켰다.[60] 가톨릭 학자들은 전통적으로 구원을 얻는 데 있어서 행위의 중요성을 강조해 왔기 때문에 그들은 이 두 주제들 간의 갈등을 개신교 학자들에게만 존재하는 어떤 문제로 치부해 왔다.[61] 어떤 개신교 학자들은 행위심판의 주제는 바울 자신에게 낯선 요소, 특히 그가 자신의 은총의 교리와 아무 관련없이 그의 신학에 여전히 남겨두고 있는 유대적 요소라고 추정하였다. 하지만 많은 개혁파 학자들은 바울의 심판 개념들을 그의 칭의 교리의 당연한 논리적 결과라고 해석하는데, 바울 서신들의 관련 구절들을 면밀히 분석해 보면 이것이 정당한 바울 해석임을 보여준다.[62]

칭의가 신의 은총에 근거해서 값없이 믿음으로 경험하는 구원 경험이라

---

[60] 이 주제에 관한 가장 중요한 문헌들에 대해서는 K. P. Donfried, "Justification and Last Judgment in Paul," *ZNW* 67 (1976), 90-92; Calvin J. Roetzel, *Judgment in the Community. A Study of the Relationship between Eschatology and Ecclesiology in Paul* (Leiden, E. J. Brill 1972), 1-13을 참조하라.

[61] Cf. P. S. Lyonnet, S. J., "Gratuite de la justification et gratuite du salut," *Analecta Biblica* XVII-XVIII (1963), 2 vols, Rome, Pontificio Biblico I, 106-110.

[62] 대표적인 저술은 L. Mattern, *Das Verständnis des Gerichtes bei Paulus* (1966); cf. Richard C. Devor, *The Concept of Judgment in the Epistle of Paul*, 384-466; James E. Rosscup, *Paul's Teaching on the Christian's Future Reward with Special Reference to 1 Corinthians 3:10-17*, 321-39.

할지라도 그것이 행위심판을 전제한다면 칭의가 처음부터 신자의 윤리적 책임을 내포하고 있다는 분명한 사실을 관찰할 수 있다. 믿음으로 의롭다 함을 경험한 순간부터 신자는 하나님의 거룩한 백성답게 선한 삶을 추구해야 할 과제를 짊어지는 것이다. 은혜로 받은 칭의의 선물을 그는 자신의 윤리적 책임을 통해서 논증해야 한다. 하나님이 우리를 구원하신 것은 우리로 선한 삶에 열심을 내는 자신의 친 백성을 삼기 위한 목적을 지닌다. 구원의 이 근본적인 방향성을 상실하고 은혜로 얻은 구원을 '값싼' 경험으로 만들게 되면 신자는 여러 가지 엄중한 경고에 직면하게 된다(롬 8:13; 갈 5:19-21; 6:8; 고전 6:9-10; 엡 5:3-5 등).

구원의 '은혜성'과 '책임성'이 여기에 절묘하게 어울려 있다. 자신의 구원을 성취해내야 하는 신자의 의무는 궁극적으로 그를 값없이 의롭다 하시는 하나님의 성실성에 기초한다. 신자의 순종은 현재와 미래에 걸쳐 나타나는 하나님의 이러한 성실성 속에서 그 참된 의미를 발견한다. 인간의 순종은 은총의 사역을 떠나서 독립적으로 존재하지 않는다. 따라서 믿음을 은총의 사역과 고립시키고 마지막 구원을 오로지 인간의 믿음에만 의존시키는 것은 잘못된 것이다. 칭의를 받을 때 약속된, 하나님의 성실성에 기초한 확신의 요소를 무시하고 '순종'만 일방적으로 강조하는 것은 흔히 신율법주의 또는 '도덕적 칭의론' sittliche Rechtfertigungslehre의 오류에 빠지게 만든다. 더욱이 마치 모든 것이 불확실한 순종에 걸려 있는 것처럼 기독교인의 삶을 불필요하게 긴장되고 위태롭게 만든다.

다른 한편, 하나님의 은혜와 성실성을 강조한다고 신자가 선행으로 견인해야 할 진지한 책임이 면제되는 것은 아니다. 신자가 칭의를 경험하는 순간 그는 새로운 책임의 실재로 들어서는 것을 의미한다. 왜냐하면 하나님께서 신자들을 은혜로 구원하신 것은 선한 일에 열심을 내는 자기의 친 백성을 만드시려는 창조의 목적을 전제한 것이기 때문이다. 따라서 은혜로 하나님의 거룩한 백성이 되었기 때문에 이제 그는 하나님의 거룩한 백성답게 살아야 할 책임하에 놓여 있다. 이 책임의 새로운 현실성을 깨닫지 못하고 은혜를 값싼 공허한 은혜로 만드는 것은 자신이 얻은 구원의 본질적 성격을 곡해하는 것이며 하나님의 백성 된 신분을 위태롭게 만드는 것이다. 범죄하는 기독교인들을 향한 바울의 "불의한 자는 하나님 나라를 유업으로 얻지 못한다"(고전 6:9, 10; cf. 갈 5:19; 엡 5:4)라는 경고성 발언들은 하나님의 은총을 빙자하며 거짓된 환상 속에서 사는 자들에게 여전히 효력이 있는 말씀이다. 그러면서도 바울이 심판의 경고들을 발하는 것은 신자들로 공포의 상태 속에서 떨게 하려는 것이 아니라 죄에 빠진 사람들과 뒤에 처진 사람들을 그들의 거짓된 환상 속에서 흔들어 깨워 성실한 그리스도인의 삶을 살도록 유도하기 위함이다. 경고를 통해서 바울은 그들을 징계하여 다시 소망과 확신의 자리로 인도하고자 한다.[63]

결론: 폭넓은 전망에서 본 행위/일

결론적으로 본 논문의 분석 결과를 보면 바울의 사상에서 믿음과 행위가 본질적으로 서로 밀접하게 연관된 사실을 확인할 수 있다. '행위/행위들'이란 술어가 비록 근접 문맥에서 믿음을 언급하지 않은 채 자주 등장하는 것은 사실이지만, 바울은 믿음이 그러한 행위를 산출할 것으로 기대했다는 것은 의심할 여지가 없다. 물론 그 술어가 등장하는 구절들 가운데서 반드시 기독교인의 행위를 지칭하는 것은 아니다. 예를 들면, 복수형인 '행

---

63) W. Joest, *Gesetz und Freiheit. Das Problem des Tertius Usus Legis bei Luther und die neutestamentliche Parainese* (Gottingen 1956), 180–85.

위들'works은 흔히 그리스도 밖에 있는 사람들의 행위를 지칭할 때 부정적인 뉘앙스를 띠게 된다. 이 사실 때문에 매턴Mattern과 같은 학자는 바울이 복수형 '행위들'을 항상 나쁜 의미로 채용했다고 제안하기도 한다. 예로 '율법의' 행위들(롬 3:20, 28; 갈 2:16; 3:2, 5 등), '육체의' 행위들(갈 5:19), '어둠의' 행위들(롬 13:12; cf. 엡 5:11), '악한' 행위들(골 1:21) 등이 바로 그런 것들인데 때로 그런 행위들은 사탄의 사역자들과 연관되기도 한다(고후 11:15). 이런 기초 위에서 매턴은 바울이 결코 복수형 술어를 신자가 행하는 일에 대해 사용하지 않는다는 결론에 도달한다.[64] 매턴은 복수형 술어가 불신자의 행위와 관련하여 부정적인 뉘앙스를 띤다는 점을 인정하면서도 복수형이 좋은 의미로 등장하는 에베소서(2:10)와 목회서신(딤전 1:10; 5:10, 25; 6:18; 딤후 3:17; 딛 2:7, 14; 3:8, 14)의 경우들을 저작권 문제를 빙자하여 제거시켜버렸다. 하지만 바울의 본문들을 조심스럽게 검토해 보면 매턴의 논제는 바울이 실제로 교훈하는 바를 공정하게 다루지 못했다는 사실이 드러난다. 이것은 복수형이 중립적인 의미로 사용되는 로마서 2:5ff에서 자명해지는데, 여기서는 '선행'(7, 10절)을 지칭하거나 또는 '악행'을 지칭할 수 있다(8절 이하).[65]

바울의 저술에서 '행위'work란 술어가 등장하는 대다수의 경우들은 불신자의 행위나 또는 율법의 행위들을 묘사하기보다는 신적인 명령에 의해 수행된 신자의 행위를 표현하는 것들이다. 구약의 교훈들과 발맞추어(창 2:15) 바울은 신자의 행위를 신적으로 위임된 과제로 생각한다. 따라서 이런 행위는 '하나님의 일'(롬 14:20) 또는 '그리스도의 일'(빌 2:3) 또는

---

64) L. Mattern, *Das Verständnis des Gerichts bei Paulus* (Zürich/Stuttgart 1966), 147; W. G. Kummel, *The Theology of the New Testament* (1974), 229; Preisker, *TDNT 4*, 695ff.
65) Käsemann, *Romans*, 57; Michel, *Römer*, 116f; Cranfield, *Romans 1*, 147.

'주의 일'(고전 15:58; 16:10)로 불려진다. 바울은 교회라는 맥락 내에서 행해지는 일일 때 생계를 위해서 행한다는 의미의 직업적 일(고전 4:12; 9:6ff)과 공동체를 위해 봉사하는 신앙의 일(고전 15:58; 16:10) 사이에 엄격한 구분을 하지 않는 것처럼 보인다.[66] 이 모든 '일/행위'는 그리스도의 교회를 창조하는 일뿐만 아니라(고후 3:4-4:6) 그리스도의 몸으로서 그의 교회를 세우는 일을 돕는 역할을 한다(엡 4:12). 이런 맥락에서 일/행위는 신자가 자신의 힘으로 어떤 것을 성취하려고 노력하는 인간적인 노력 행위가 아니라 사람을 통한 하나님 자신의 일인 것이다. 왜냐하면 하나님께서 그에게 과제를 주시고 그 과제를 실현시킬 수 있는 힘을 제공하기 때문이다(고전 2:4, 5; 4:20; 살전 1:3ff). 하나님이 창조하신 이러한 새 질서 속에서 '일/행위'는 이제 새로운 의미를 지니게 된다. 그리스도를 떠난 불신자들의 행위는 어둠의 일이요 육체의 일이요 무가치한 일이지만, 바울은 신자가 그리스도 안에서 행하는 일/행위는 참되고 영구적인 결과들을 확보하는 가치 있는 일로 간주한다(고전 15:58 참조).

영구적 가치를 지닌 이런 선행들은 칭의 경험이 지향하는 목적이다. 인류는 과거에 죄와 육체의 세력들 밑에서 포로처럼 갇혀 악의 통치를 받아 온갖 무가치하고 악한 행위들을 자행하였고 이제 그들은 진노의 심판을 피할 수 없는 운명 아래 놓이게 되었다. 하지만 그리스도 안에서 하나님은 인류가 하나님을 향하여 살 수 있는 새로운 삶의 가능성을 열어놓았다. 그것이 칭의 사건이다. 그것은 그리스도의 구속 사역에 기초하여 죄인들에게 무죄를 선언하는 법률적 선언일 뿐만 아니라 그들을 죄의 세력권 밑에

---

[66] Betram, *TDNT 2*, 649; Beardslee, *Human Achievement and Divine Vocation in the Message of Paul* (1961) 46, 여기서 그는 "교회라는 새로운 종말론적 공동체 내에서 '세속적인' 일과 '성스러운' 일 사이에 구분이 없다고 주장한다."

서 해방하여 은총의 새로운 종말론적 통치권 속으로 인도해내어 '새 피조물' new creation로 살 수 있게 만든 종말론적인 사건이다(고후 5:17). 이제 칭의를 경험한 신자는 은총/성령의 능력이 지배하는 새로운 통치권 영역 속에서 살 수 있게 된 새로운 피조물이 되었기 때문에 하나님을 향한 선한 삶과 행위를 실천할 수 있는 환경 속에 놓이게 되었다. 칭의는 악의 세력에서 해방하는 데서 멈추지 않고 선행에 열심을 내는 하나님의 친 백성을 창조하는 목적과 연계된 분명한 방향성을 지닌다. 칭의를 경험하는 순간 신자가 하나님의 거룩한 백성답게 선한 행위에 열심을 내야 할 책임을 짊어지게 되는 것은 바로 이 때문이다. 더욱이, 믿음으로 말미암는 칭의가 행위로 말미암는 심판과 연계되어 있다는 사실은, 칭의 경험을 통해서 신자가 선한 삶을 삶으로써 하나님의 거룩한 백성 된 자신의 신분을 나타내고 논증해내야 할 과제를 짊어지게 되었음을 의미한다. 칭의가 이 방향성을 상실하고 하나님의 은혜를 값싼 은혜로 만드는 것은 바울의 신학을 근본적으로 오해하는 것이다. 한국교회가 귀를 기울여야 할 점이 바로 여기에 있다고 할 수 있다.

9 ◀ 예 수 · 바 울 · 교 회
이신칭의와 율법의 행위

"율법의 행위"*erga nomou*란 문구가 무엇을 의미하고 지칭하는지에 대해서 논란이 되어 왔다. 그것은 갈라디아서나 로마서와 같이 논쟁적인 서신들 가운데서 특징적으로 등장한다(cf. 갈 2:16; 3:2, 5, 10; 롬 3:28). 따라서 이 독특한 문구가 등장할 때마다 최근의 학자들은 바울 사도가 칭의에 대한 왜곡된 이해를 가졌던 유대주의자들을 비평한다고 본다. 문제는 바울의 비평의 실체를 파악하는 일에 있어서 학자들마다 견해를 달리한다는 사실이다: "율법의 행위"는 하나님이 그의 언약백성에게 명령하시고 요구하시는 것을 일반적으로 지칭한다고 해석되기도 하고,[1] 보다 제한된 의미로서 오용될 수 있는 국가적 정체성의 표지들을 가리킨다고 이해되기도 하고,[2] 또는 전통적인 해석에 따라 자기의自己義를 확보하려는 율법주의적

---

[1] Cf. Moises Silva, "Faith Versus Works of Law in Galatians," in *Justification and Varigated Nomism*, Vol. 2- The Paradoxes of Paul, ed. by D. A. Carson, P. T. O'Brien, and M. A. Seifrid (Mohr: Tubingen, 2004), 221: "acts of obedience prescribed or required by the law."

[2] J. D. G. Dunn, *Romans 1-8, 9-16*, Word Biblical Commentary *38A-B* (Waco, Texas: Word, 1988), 1:159: "The Works of the law" is "a way of identifying the individual with the people whom God has chosen and will vindicate and of maintaining his status within that

노력을 부정적으로 지시한다고 해석되기도 했다.

이러한 해석들은 보다 넓게는 바울이 비평한 유대교의 실체를 파악하는 과제와 맞물려 있기도 하다. 최근에 바울 당대의 유대교가 어떤 종류의 종교였는지를 탐구하려는 다양한 시도들이 있어왔다. 전통적인 입장에 서있는 학자들은 중간사 시대의 유대교 문헌들로부터 '행위의' works-righteousness를 시사하는 것처럼 보이는 문헌 증거들을 끌어다대면서 유대교는 본질적으로 '행위의' 行爲義의 종교로 간주하려고 하고,3) 새 관점주의자들은 유대교 문헌들을 전혀 새로운 시각에서 접근함으로써 유대교의 본질을 '언약적 신율주의'에서 찾으려고 한다.4) 최근에는 이 두 상반된 입장들을 조화시켜 보려는 새로운 중도적 입장들이 생겨나서 유대교를 언약적 신율주의 내에서 행위의의 요소를 지닌 종교로 간주하려는 학자들이 많아지고 있다.5) 필자는 세 번째 중도적 입장에 초점을 두고 이 해석 모델의 타당성을 검토하게 될 것이다.

본 논문의 목적은 갈라디아서에서 "율법의 행위"란 문구가 믿음으로 말

---

people"; N. T. Wright, "Romans." in *New Interpreter's Bible*, Vol. 10, ed. by L. E. Keck (Nashville: Abingdon, 2002), 649: "the works of the law" are "the works that marked out the Jews from their pagan neighbors."

3) Luther나 Calvin과 같은 종교개혁자들 이래로 이 전통적인 해석은 유대교의 실체를 파악하는 전형적인 패러다임 역할을 해왔다.

4) E. P. Sanders, *Paul and Palestinian Judaism* (London: SCM: Philadelphia: Fortress, 1977); *Paul, the Law, and the Jewish People* (Philadelphia: Fortress, 1983); J. D. G. Dunn, "The New Perspective on Paul," *BJRL* 65 (1983), 95-122; *Jesus, Paul and the Law* (London: SPCK, 1990), etc.

5) 최근에 이 방면의 대표적인 저술로는 *Justification and Varigated Nomism*, Vol. 2-The Paradoxes of Paul, ed. by D. A. Carson, P. T. O'Brien, and M. A. Seifrid (Mohr: T bingen; Baker Academic: Grand Rapids, 2004)과 그 안에 실려 있는 다양한 논문들을 참조하라; cf. 김세윤, 『바울 신학과 새관점』 (서울: 두란노, 2002); T. Laato, *Paul and Judaism: An Anthropological Approach* (Atlanta: Scholar Press, 1995); I. H. Marshall, *New Testament Theology. Many Witnesses, One Gospel* (IVP: Downers Grove, Illinois, 2004), 215-229; D. A. Hagner, "Paul and Judaism. The Jewish Matrix of Early Christianity: Issues in the Current Debate," *BBR* 3 (1993), 122, etc.

미암는 칭의를 확립하려는 바울의 시도 가운데서 어떤 신학적 함축을 갖고 있는지 탐구하는 것이다. 특별히 필자는 논의를 갈라디아서에 국한시켜서 중요하다고 생각되는 문제들에 좀더 초점을 맞추고자 한다.

선동자들의 정체와 논쟁의 성격

우리의 논제를 효과적으로 다루기 위해서 갈라디아 교회에 침투한 선동자들의 정체와 그들의 선동의 실체를 파악하는 것이 도움이 될 수 있다.

갈라디아서는 논쟁적인 성격이 강한 서신이지만 그 안에 사용된 술어나 표현들 가운데 어떤 것이 갈라디아 교회에 침투한 선동꾼들의 정체와 행위를 반영하는지 결정하는 일은 거울읽기를 하는 것처럼 간접적이고 추론적일 수밖에 없다. 하지만 술어의 빈도, 강조점, 비친숙성 등에 기초하여 어떤 술어가 반대자의 정체나 활동을 반영하는지 상대적으로나마 분명하게 파악할 수 있다.[6] 그들의 활동의 성격은 "요란케 하다"(1:7), "요동케 하다"(5:10), "어지럽게 하다"(5:12)는 동사들의 등장을 통해 시사된다. 바울은 정치적인 배경의 언어를 채용함으로써(cf. 행 15:24) 혼란과 소용돌이를 일으키는 이들 선동자들의 파괴적 활동을 부각시킨다. 그들은 또한 갈라디아 이방 기독교인들을 주술사들처럼 "꼬이기도"(3:1) 하고, 자신들에게 유리한 구약의 여러 구절들을 가지고 논리적으로 "설득하기도"(5:7f) 하고 자신들의 주장을 "강요하기도"(6:12; cf. 2:3) 하였다. 이런 술어들은 그들의 선동 활동이 우발적인 것이 아니라 논리적이고도 집요하였다는 것을 함축한다.

---

6) 이에 대한 자세한 논의로는 J. M. G. Barclay, *Obeying the Truth. A Study of Paul's Ethics in Galatians* (T. & T. Clark: SPCK; Edinburgh, 1988)을 참조하라.

이들의 정체를 암시하는 것으로 보이는 증거들은 상당히 복잡하고 간접적이어서 이를 기초로 해서 갈라디아의 위기를 재구성하는 데는 많은 난점들이 존재한다.[7] 그럼에도 불구하고 몇 가지 분명하게 확인할 수 있는 것들이 있다. 첫째로, 바울이 선동자들을 "거짓 형제"(2:4)라고 지칭한다는 사실은 그들이 기독교적인 배경에서 나온 사람들이라는 것을 시사한다. 둘째로, "가만히 들어온"(2:4)이란 술어는 외부자의 침투를 시사한다.[8] 셋째로, 이들의 인종적이며 지리적 기원을 확인하는 일은 한층 더 어렵지만, 다수의 학자들은 6:13에 나오는 술어 *hoi peritemnomena*[9]를 중간태 분사로 해석하여 "자진해서 할례를 받은 사람들", 즉 유대인들을 지칭하는 것으로 해석한다.[10] 그들은 "계집종과 그 아들을 내어 쫓으라"고 말하는 4:30에서 바울의 공격 대상인 것으로 보이고, 3-4장에서 바울이 여러 구약 구절들을 인용하여 이들의 주장을 논박하는 것으로 미루어 이들은 근거 없는 성경적 논의들을 사용한 것으로 보인다. 이런 요소들도 6:13의 분사가 유대인들이었음을 뒷받침한다. 넷째로, 바울은 항상 선동자들을 복수 삼인칭으로(1:7; 3:1; 4:17; 5:7-12; 6:12-13), 그리고 갈라디아

---

[7] Cf. G. Lyons, *Pauline Anthropology. Towards a New Understanding.* SBLDS 73 (Atlanta, 1985), 96ff. 그는 많은 학자들이 자주 채용하는 "거울을 통해 읽는" 방식이 매우 사변적이라고 비평하기도 한다. 예를 들면, 바울의 반응이 매우 논쟁적이기 때문에 사태에 대한 중립적, 객관적인 보도라고 보기 어렵다는 것이다.

[8] 물론 이 표현은 안디옥 교회나 바울이 세운 이방 교회들에 대해 일차적으로 적용되는 말이기는 하지만, 바울이 지금 갈라디아 교회의 상황을 안디옥 교회에서 있었던 사건에 비추어 유비적으로 묘사하고 있기 때문에 우리는 갈라디아 교회도 이와 비슷한 상황에 있었다고 추론할 수도 있다.

[9] 어떤 학자들은 이 술어를 수동태 분사로 취하여 유대주의적 이방인들, 즉 다른 사람들의 권유에 의해 할례를 받은 이방인들을 가리킨다고 해석하기도 한다. Cf. E. Hirsch, "Zwei Fragen zu Galater 6," *ZNW 29* (1930), 192-7; W. Michaelis, "Judaistische Heidenchristen," *ZNW 30* (1931), 83-89; J. Munck, *Paul and the Salvation of Mankind*, 87-89; J. H. Ropes, *Singular Problem*, 44-45; A. E. Harvey, "The Opposition to Paul," *StEv 4* (1968), 323ff.

[10] Cf. O. Holtzmann, "Zu Emanuel Hirsch, Zwei Fragen zu Galater 6," *ZNW 30* (1931), 76-83; W. Schmithals, *Paul and the Gnostics*, ET by J. E. Steely (Nashville, 1972), 26-28; R. Jewett, "Agitators and the Galatian Congregation," *NTS 17* (1970/71), 198-212; 그리고 다수의 주석가들.

인들을 이인칭으로 지칭한다(1:6, 11; 3:1; 4:12 등). 그들이 예루살렘에서 왔는지 아니면 안디옥에서 문제를 일으켰던 "야고보에게서 온 자들"(2:12)과 동일 인물들인지는 분명치 않다.

이들이 실제 어떤 내용의 주장을 했는지에 대해서도 어느 정도 분명하게 제시할 수 있다. 그들이 제시한 메시지는 실상은 "다른 복음"(1:6-7)이었으며, 바울의 사도적 복음을 변개시키고 갈라디아 기독교인들을 혼란스럽게 만들어(1:7) 결국 자신들에게 충성하도록 만들려는 의도를 지녔다(4:17). 과연 그들이 전한 메시지의 핵심은 무엇이었을까? 첫째로, 진술의 빈도수나 강조점의 원리에서 볼 때 선동자들의 핵심적인 주장은 "할례"와 연관된 것이 분명하다(2:3; 5:2-4; 6:12-13). 그들은 하나님께서 할례를 언약백성 된 중심적 신분표지로 명하고 있는 창세기 17:9-14과 같은 구절을 논거로 내세워 바울의 할례 없는 복음의 부당성을 공격하고 갈라디아 이방 기독교인들에게 할례를 받도록 선동하고 강요했을 것이다. 둘째로, 할례에 관한 논쟁은 갈라디아서에서 아브라함 언약에 대한 해석과 깊이 맞물려 있다. 선동자들은 할례 계명이 아브라함에게 언약의 징표로 명령된 것이기 때문에 그에게 약속된 언약의 "복"(3:8-9)에 참여하려는 자들은 예외 없이 모두 할례를 받아야 한다고 주장했을 것이다. 따라서 갈라디아서에서 할례에 관한 논쟁은 결국 "누가 아브라함의 자손인가"라는 질문을 둘러싼 정체성 논쟁과 연관되어 있다.[11] 셋째로, 율법 문제가 선동자들의 할례 주장과 연관되어 있는 것은 분명해 보이지만, 그 내면적 연관성의 본질은 논란의 여지가 있다. 갈라디아 위기에서 율법 문제는 선동자들의 할례 주장에 부수적인 문제였는지, 아니면 선동자들의 핵심 의제였는지가 분

---

[11] Cf. Moises Silva, "Faith Versus Works of Law in Galatians," 223-24.

명치 않다. 6:13은 갈라디아 이방 신자들에게 할례를 받도록 강요하면서도 "스스로 율법은 지키지 않는" 선동자들의 자기모순을 지적한다. 이 구절은 할례와 율법 준수 사이에 모종의 내면적 연관성이 있음을 시사한다.

이 연관성은 5:3에서 보다 분명하게 시사된다: "내가 할례를 받는 각 사람에게 다시 증거하노니 그는 율법 전체를 행할 의무를 가진 자라." 이 구절에서 할례는 율법 준수보다 선행하는 의미를 가지며, 후자는 할례를 받은 자가 행해야 할 "의무"로 묘사된다 *opheiletes......poiesai*. 유대교에서 할례와 토라 사이의 관련에 대해서 획일적인 태도가 있었던 것은 아니다. 하지만 할례는 율법을 지킬 때 효력이 있다는 바울의 주장은(롬 2:24-25) 그가 유대교 중에서 엄격주의자에 속해 있었음을 암시한다(행 22:2 참조). 맹세 형식을 띤 본문의 준엄한 경고는 유대주의자들이 할례와 전체 율법을 지킬 의무 사이의 연결점을 단순히 부인했던지, 아니면 교묘하게 평가절하시켰을 가능성을 암시한다. 그러나 바울은 아직 그들의 의식 속에 자명하게 드러나지 않은 요소, 즉 할례받는 행위가 지닐 심각한 함축들을 그들에게 상기시켜 주었을 수 있다.[12)]

본절 경고의 중심 강조점은 "전체 율법" *bolon ton nomon*[13)]을 행할 의무가

---

12) Cf. G. W. Kümmel, *Introduction to the New Testament*, 300; H. D. Betz, *Galatians*, 259-61; J. M. G. Barclay, "Mirror Reading a Polemical Letter: Galatians as a Test Case," *JSNT 31* (1987), 73-93; R. Y. K. Fung, *Galatians*, 222.

13) 어떤 학자들은 이 헬라어 표현에 제시된 율법관이 정통 유대교의 것이 아니고 혼합주의 영향을 받은 유대-기독교의 율법관이라고 주장하기도 한다 (D. Georgi; cf. J. G. Hawkins, *The Opponents of Paul in Galatia*, Ph.D dissertation, Yale University 1971, 53). 하지만 갈라디아서 3-4장의 진술들이 혼합주의 영향을 받은 선동자들의 율법관이라는 것을 보여줄 만한 증거도 없을 뿐만 아니라 오히려 그것들은 바울의 전형적인 율법 이해를 보여주는 것이 분명하다. 휘브너와 같은 학자는 본절의 "전체 율법"을 기본적으로 5:14의 "온 율법"(*bo pas nomos*)과 구분할 것을 역설하면서 전자는 율법을 구성하는 개별적 계명들을 이야기하고 후자는 사랑으로 완성될 수 있는 율법의 '전체성(totality)을 가리킨다는 견해를 밝힌 바 있다 (H. Hubner, *The Law in Paul's Thought*, 37f). 따라서 전자와 후자는 동일한 것이 아니며 후자만이 기독교인들에게 좋은 것이라고 하였다. 하지만 문법적인 관점에서 두 헬라어 표현 사이에 본질적인 차이점이 존재하지 않는다. 오히려 두 표현들 모두 모세 율법을 단수명사인 '노모스'로 표현하기 때문에 토라를 완전한 통일체로 간주하는 바울의 이해를 시사해준다.

있다는 진술에 있다. 유대교 내에서도 전체 율법을 어느 정도로 지켜야 하는지에 대해서 견해를 달리하는 것으로 보이기 때문에(cf. sabb 31a), 혹자는 5:3의 진술이 당대의 유대교 견해라기보다는 바울 자신의 이해라고 주장할 수도 있다. 하지만 다양한 랍비 문헌의 진술들은(m. 'Abot 2.1; 4.2; m. Mak. 3.14; b. Sanh. 81a; b. Sabb. 70b 등) 전체 율법을 행해야 한다는 교리가 초기 유대교에서 전혀 결여되어 있지 않았다는 것을 보여준다. 더욱이 쿰란 문헌을 보면 모든 계명들을 행해야 할 것을 말하는 구절들이 많이 눈에 띈다(cf. 1QS 1.14). 따라서 율법의 계명은 사소한 것이든, 중요한 것이든 그것을 어기는 것은 마찬가지로 죄악이기 때문에 모든 율법을 진지하게 행하는 것이 유대인의 의무라고 할 수 있으며(4 Macc. 5:20-21; cf. Sir. 7:8), 바울이 바로 그러한 인식을 표명한 것일 수 있다.

그렇다면 선동자들은 할례가 갖는 이러한 진지한 함축을 어느 정도로 간과한 것인가? 바울 사도의 표현이 분명하지는 않지만, 몇몇 구절들은 선동자들이 할례를 강조할 때 어느 정도는 처음부터 율법 준수 문제를 염두에 두고 있었을 가능성을 암시한다: "내게 말하라 율법 아래 있고자 하는 자들아 율법을 듣지 못하였느냐"(4:21). "율법 아래 있고자 하는 자들"이란 표현은 선동자들의 충동질에 영향을 받아 율법 아래 있기를 "원하는" *thelontes* 갈라디아 이방 신자들을 가리키는 것이 분명하다. 유대인들은 본래 "율법 아래서" 태어난 자들인 반면(4:4), 갈라디아 이방 신자들은 선동자들의 꾀임에 넘어가 이제 "율법 아래 있기를 원하기" 때문이다. 그렇다면 유대주의자들의 선동은 할례에 일차적인 초점을 두었으면서도 할례 강요 행위가 이방 신자들로 하여금 율법 아래 있기를 원하도록 만들었을 수 있음을 시사한다. 이것은 우발적인 결과일 수도 있지만, 갈라디아서에 등장하는 광범위한 율법 관련 이슈들은 선동자들이나 바울 모두에게 중요한 논쟁점이기 때문에 어느 정도 의도된 결과일 수도 있다.

결론적으로, 갈라디아 교회의 위기는 이방 기독교인들에게 할례를 강요하려는 유대주의자들의 선동에 있고, 그것은 그들 사이에 벌어진 아브라함 후손의 정체성에 관한 논란을 배경으로 한다. 그들의 할례 주장은 또한 율법 준수 의무에 대한 함축을 처음부터 어느 정도 갖고 있었던 것으로 보인다. 할례가 유대인들에게는 언약백성 된 신분 표지이고 이방인들에게는 유대교로 개종하여 시내산 언약의 구성원이 되는 입문의식이었다면, 갈라디아서의 율법 논쟁은 이러한 배경하에서 이해되어야 한다. 율법 준수는 언약을 세우는 행위가 아니라 할례를 통해 들어서게 된 언약 관계 속에 '머무는' staying in 의무 행위이다.

유대교의 칭의론에 대한 논쟁

우리는 이미 유대주의자들과의 할례 논쟁이 아브라함 후손의 정체성 문제와 내면적으로 연관되어 있다는 사실을 지적한 바 있다. 그들은 창세기 17:9-14에 근거하여 아브라함의 후손은 할례를 받은 자여야 하며 오직 그들만이 그에게 약속된 언약의 축복을 상속할 권한이 있다고 주장했던 것으로 보인다. 그들은 또한 자신들의 이러한 주장을 혈통이나 율법과 같은 것들에도 연관시켰을 것이다(4:23, 29; 롬 4:14). 유대주의자들의 이러한 혈통적이며 민족주의적인 아브라함 언약 해석은 이방 신자들을 아브라함의 후손에 귀속시키려는 바울의 해석과 대치를 이룬다. 바울의 이신칭의 구원론의 등장은 아브라함 언약 해석을 놓고 유대주의 논적들과 첨예하게 대립하는 논쟁적 상황의 배경을 이룬다. 전통적으로 칭의 술어를 개인적인 차원에서 법률적 무죄선언[14)]의 의미로만 이해하려고 한 개신교 학자들은 "초대 교회가 유대인-이방인 문제와 씨름했다는 사실을 충분하게 설명하는 데 실패했다"[15)]는 점을 인정할 필요가 있다. 이 점에서 칭의 술어는 아브라함 가족에 대한 재정의를 통해서 이방 신자들을 그의 가족에 들어올 수 있는 길을 합법화하는 데 큰 역할을 한다. 3: 6-8에서 바울의 논리는 다음 순서로 발전한다: (1) 아브라함은 믿음으로 의롭다 함을 받았다(6절), (2) 믿음의 사람은 누구나 아브라함의 아들이다(7절), (3) 성경은 이방인이 믿음으로 의롭다 함을 받을 것을 예언했다(8절상).

그러면 "율법의 행위" 또는 "율법"이 칭의 술어와 연관하여 부정적으로 등장하는 이유는 어디에 있는가? 샌더스와 던 이후로 많은 학자들은 유대교를 순전한 의미의 "율법주의" 또는 "행위의"의 종교로 치부하는 입장을 수정한 것으로 보인다.[16)] 그렇다고 그들이 "언약적 신율주의" 해석 모델을 받아들이는 것도 아니다. 그들은 샌더스가 제2성전 시대의 유대교의 복합적인 성격을 무시하고 유대교를 "언약적 신율주의"라는 단일 패턴의 종교로 과도하게 범주화했다고 보기 때문이다.[17)] 이들 학자들은 바울 당

---

14) Heung-Sik Choi, "The Truth of the Gospel," 84. 그는 "의롭게 된다"는 것을 하나님과 올바른 관계를 회복하여 하나님의 백성이 되는 것을 뜻한다고 해석한다. 하지만 "의"와 "칭의" 술어들이 과연 이런 뜻만을 가지는가에 대해서는 논란이 되고 있다. 이들 술어의 창조론적이고 법률적인 배경에 대한 연구로는, cf. Mark A. Seifrid, "Righteousness Language in the Hebrew Scriptures and Early Judaism," in J*ustification and Varigated Nomism: A Fresh Appraisal of Paul and Second Temple Judaism. Vol.I: The Complexities of Second Temple Judaism* (2001), 420-21; 또한 Guy Prentiss Waters, *Justification and the New Perspectives on Paul. A Review and Response* (P & R Publishing: Phillipsburg/New Jersey, 2004), 170-177.

15) Moises Silva, "Faith Versus Works of Law in Galatians," 246. 그는 전통적인 입장에 서있던 학자였는데 최근의 이 논문에서 새 관점 학파의 공헌을 인정한 것은 변화라고 할 수 있다.

16) 순전한 의미의 "율법주의" 또는 "행위의"의 종교라는 표현은 유대교가 하나님의 은총의 개념을 완전히 상실하고 구원, 의, 생명과 같은 것들을 완벽한 율법준수 행위를 통해 스스로 확보하려고 노력한 순전한 인본주의적 종교였다고 보는 견해를 가리킨다. 흔히 이러한 인본주의적 유대교를 "강성 율법주의"hard legalism 종교로 표현할 수 있는데, 여호와 하나님을 자신들의 유일신으로 믿고 그의 은혜로운 선택을 여전히 믿었던 유대인들이 완전한 의미의 인본주의적 종교로 전락했을 가능성은 없다고 할 수 있다.

17) 소위 새 관점학파의 주류 세력을 형성하는 E. P. Sander, J. D. G. Dunn, N. T. Wright에 대한 이들

대의 유대인들이 자신들을 이방인과 구별된 언약백성이라고 생각하면서도 "율법의 행위"로 의롭다 함을 얻으려는 사람들이었다고 보고 유대교를 소위 "신인협력적"synergistic 신율주의 종교로 규정하고자 하였다.[18] 이들 학자의 샌더스 비평은 분명히 진리의 요소가 있다. 최근에 엘리엇은 샌더스가 생각한 것처럼 획일적인 언약적 신율주의만 존재했던 것이 아니고, 유대교 내에 다양한 분파운동들의 남은 자 신학 패턴이 있었다는 사실에 주목한다. 그는 샌더스를 비롯하여 그의 많은 추종자들이 유대교의 언약 신학을 일방적이고 불변적이며 국가적인 성향을 지닌 것으로 주장한 반면, 자신이 발견한 제2성전 시대의 문헌 증거들은 정반대의 사실을 보여 준다고 주장한다: 분파운동들은 자신들의 신분을 계명 준수에 묶어둠으

의 최근 비평으로는 *Justification and Variegated Nomism*. Vol. 2: *The Paradoxes of Paul* (ed. D. A. Carson, P. T. O'Brien, M. A. Seifrid) (Mohr: Tübingen/Baker Academic: Grand Rapids, 2004)에 실린 여러 학자들의 글을 참조하라; 또한 G. P. Waters, *Justification and the New Perspectives on Paul* (P. & R Publishing: Phillipsburg/ New Jersey, 2004). 특별히 D. A. Carson은 고대 유대교에 대한 샌더스 해석의 모델이 방법론적으로 다음과 같은 문제가 있다고 결론짓는다: (1) 최근의 많은 학자들은 샌더스의 언약적 신율주의 해석 모델이 제2성전 시대의 모든 관련 문헌에 동등하게 적용되지 않는다고 본다. (2) 어떤 학자들은 언약적 신율주의 모델이 "환원주의적 범주"(reductionist category)에 불과하기 때문에 제2성전 유대교 저술들이 언약 공동체에 들어가는 일(getting in)과 머무는 일(staying in)에 관련하여 나타내는 "균형성"(또는 "불균형성")의 다양성을 파악하지 못했다고 비판한다. 예를 들어, 어떤 저술들은 언약 공동체에 들어가는 일에 대해서는 상대적으로 무관심하고 그 안에 머무는 일에 대해서는 큰 관심을 나타낸다. (3) 어떤 학자들은 언약적 신율주의 범주가 "오도된" 것이어서 실제보다 유대교 문헌의 통일성을 더 가정하게 만드는 오류를 범하게 만든다고 비난한다. 예를 들면, 제2성전 유대교 문헌은 공적주의적 신학의 요소도 많이 내포한다는 것이다. (4) 어떤 학자들은 샌더스가 제2성전 유대교 문헌에서 언약의 역할을 과장하고 있다고 믿는다. (5) 이 시대의 유대교 문헌이 어느 정도까지 대중적인 신학적 의식을 반영했는지 분간하기가 불가능하다 (D. A. Carson, *Justification and Variegated Nomism*, Vol.1, 543–48.

[18] 최근에 이러한 중도적 입장을 취하는 대표적인 한국 학자는 김세윤 교수이다: "우리는 유대교를 순전한 행위의의 종교로 보는 전통적인 견해도, 유대교 안에 있는 모든 행위의의 요소를 부인하는 새 관점주의자들도 옳지 않으며, 유대교는 행위의의 요소를 지닌 언약적 신율주의였다는 것을 알게 될 것이다"(『바울 신학과 새 관점』(도서출판 두란노, 2002), 141). 그는 유대교의 본질을 "언약적 신율주의"(covenantal nomism)로 보기보다는 "신인협력적 신율주의"(synergistic nomism)로 보기를 선호한다. 이와 동일한 견해를 피력하는 학자들로는 T. Laato, *Paul and Judaism: An Anthropological Approach* (Antlanta: Scholar Press, 1995), 167; D. A. Hagner, "Paul and Judaism. The Jewish Matrix of Early Christianity: Issues in the Current Debate," *BBR* 3 (1993), 122; I. H. Marshall, *New Testament Theology. Many Witnesses, One Gospel* (IVP: Downers Grove; Illinois, 2004, 228–29).

로써 언약을 '개인주의적으로' 해석하는 경향을 보였다. 따라서 그들은 조건적이고, 개인적이며, 역동적이고, 이원론적인 언약 개념으로 기울었다.[19] 최근에 학자들은 엘리엇의 통찰을 바울 해석에 적극 활용하면서 갈라디아 교회에 침투한 유대주의자들도 율법 칭의를 주장함으로써 분파운동에 반영된 "개인적이고 조건주의적인" 신학 패턴을 나타낸다고 추정한다.[20] 환언하면, 최근 학자들은 이들 분파 유대교 그룹에서는 이스라엘마저도 죄와 배교에 빠져서 율법을 준수하는 행위를 통해 하나님과 바른 관계를 맺을 필요성이 인정되었으며, 이러한 신학 입장이 갈라디아 교회에 침투한 유대주의자들의 칭의론에 반영되었다고 추정한다.

유대주의자들은 자신들을 언약 밖에 있는 자들로 생각하지 않았을 터인데, 왜 율법의 행위로 말미암는 칭의를 선전할 필요가 있었을까? 이런 난점 때문에 학자들은 칭의 선언을, 어떤 사람이 이미 언약백성 안에 있음을 선언하는 하나님의 행위로 해석한다.[21] 이 경우에 칭의 술어는 율법을 지킴으로써 언약 안에 '머무는' 행위와 연관된 선언일 수 있다. 그렇다면 유대인은 언약백성 된 신분을 유지하려는 차원에서 율법에 대한 열심을 나타낸 자들인 셈이다. 이를 칭의 술어로 달리 표현한다면, 유대인은 자신이 비록 언약 안에 있는 자라고 할지라도 율법을 온전하게 지키지 못할 때 언제라도 다시 언약 밖으로 쫓겨날 수도 있다고 생각하여 그러한 불안감을

---

19) M. A. Elliot, *The Survivors of Israel. A Reconstruction of the Theology of Pre-Christian Judaism* (Eerdmans: Grand Rapids, 2000), 307, 또한 263. 하지만 엘리엇의 견해가 지닌 약점은 분파운동에서 추론한 개인주의적이며 조건적인 정신이 어떻게 대중적인 차원에서도 적용되는지 밝히지 않고 있다는 점일 것이다.

20) Cf. I. H. Marshall, *New Testament Theology*, 228.

21) Contra G. P. Waters, *Justification and the New Perspectives on Paul*, 170ff. 여기서 그는 개혁신학의 전망에서 던 교수의 이러한 해석에 대해서 비평하면서 칭의 술어를 교회론적으로만 보고 법정적인 구원론 술어로 보지 않는 것은 바울 신학에 대한 큰 오해라고 지적한다. 그의 비평은 진리의 요소들을 담고 있기는 하지만 편향적인 측면도 보인다.

보상하기 위해 끊임없이 율법의 행위로 의롭다 함을 얻으려고 시도한 사람이다. 이 경우에 "율법으로 의롭다 함을 얻다"justified by the law라는 표현은 실질적으로 "율법으로 살아가다"live by the law라는 표현과 동일한 표현이라 할 수 있다. 실바 교수는 최근 자신의 논문에서 갈라디아 교회에 침투한 유대주의자들의 칭의론 주장을 바로 이러한 전망에서 해석한다: "'믿음으로 말미암는 자'와 명시적인 대조를 이루는 '율법의 행위에 속한 자들'이란 표현은 부정적인 기능을 갖고 있으며, 따라서 그것은 (참) 믿음의 결핍을 시사하며 일차적으로는 행위를 따라 살기를 추구하는, 즉 의롭다 함을 얻기를 추구하는 유대주의적 선동꾼들을 지칭한다."22) 만일 이 관찰이 맞는다면, 유대주의자들만 아니라 그들이 선동하는 이방 기독교인들까지도 의롭다 함을 얻기 위해서, 즉 구원 안에 머물기 위해서 열정적인 율법준수가 불가피하다고 보았을 것이다. 언약 안에 이미 들어와 있다고 생각한 유대인들은 그 안에 머무는 방식으로서 열정적인 율법준수로 의롭다 함을 얻어야(즉 율법을 따라 살아야) 했을 것이고, 언약 밖에 있다고 생각되던 이방인들은 언약 안에 들어가는 방식으로서 할례와 그것에 뒤따르는 모든 것을 행함으로써 의롭다 함을 얻어야 했을 것이다.23)

이러한 해석은 갈라디아 교회의 상황을 제대로 해석한 것으로 보이지 않는다. 첫째로, 바울은 갈라디아에 침투한 유대주의자들이 칭의를 확보하는 수단으로 열정적인 율법준수를 선동하던 자들인 것 같지 않다. 그들은

---

22) Moises Silva, "Faith Versus Works of Law in Galatians," *Justification and Variegated Nomism*, 2:247; cf. also 김세윤, 『바울 신학과 새 관점』(도서출판 두란노, 2002). 마샬 교수 역시 갈라디아서를 해석할 때 동일한 노선을 걷는다. 유대주의 논적들은 이방인들이 "유대 백성 안에 편입되는 일이 율법이 규정한 것, 즉 할례와 그것에 뒤따르는 모든 것을 행함으로써 이루어진다"고 보았다. 이러한 신인협력적 언약신학에는 "은혜와 행위가 같이 갈 수 있기 때문에 은혜는 이방인들이 언약 안에 들어가기 위해서, 그리고 유대인들은 그 안에 머물기 위해서 모종의 행위들을 하도록 요청하였다"(I. H. Marshall, *op. cit.*, 229).

23) I. H. Marshall, *ibid.*, 229.

이방 기독교인들에게 아브라함 언약의 축복에 참여할 자격을 갖추려면 할례를 받으라고 선동한 것은 사실이지만, 바울은 그들이 실제로 "스스로 율법은 지키지 않는"(6:13) 자들이었다고 보았다. 그들은 할례 의식 준수만 아니라(5:2-4; 6:12-13) 정결법이나 음식법(cf. 2:11-14), 또는 "날과 달과 절기와 해를 삼가 지키는"(4:10) 열심을 나타내기는 했지만, 바울이 판단할 때 그들은 사랑을 근본정신으로 삼는 "온 율법"(5:14) 또는 "율법 전체"(5:3)를 지키지 않는 자들이었다.

둘째로, 분파적인 유대인들은 몰라도 일반 유대인 대중들은 언약백성 된 신분을 언제라도 잃어버릴지도 모른다는 불안 때문에 그것을 보상하려고 끊임없이 완벽한 율법준수를 시도했다는 증거가 없다. 오히려 이스라엘의 역사는 반대를 증명해준다. 후기 예언자들의 시대에 유대인들은 율법을 범하는 반언약적인 행습들에도 불구하고 속죄제사, 하나님의 언약적 성실성, 그리고 그의 은혜로운 선택에 기대어 구원받을 것으로 과신한 자들로 묘사된다(cf. 렘 7:4, 8-10). 이러한 현상은 로마서 2장의 배경을 이루는 솔로몬의 지혜서와 로마서 2, 9장에서 비평되는 유대인들의 자의식을 통해서도 분명하게 시사된다(cf. Wis. Sol. 11-15; 롬 2장).[24] 로마서 2장에서 바울의 논증의 핵심은 유대인들이 율법을 범하면서도 하나님의 언약적 성실성에 기대어 하나님의 심판을 피할 줄로 생각하였지만, 그들도 이방인들과 마찬가지로 신의 공평한 심판 대상이라는 것을 논증한다. 그들은 언약백성 된 신분 표지로서 혈통이나 육신의 할례, 그리고 율법 등과 같은 것을 내세우면서도 사실은 하나님의 백성답게 율법을 따라 사는 데 실패한 "표면적 유대인"(롬 2:28)에 불과하였다. 따라서 우리는 좀 다른 시

---

24) 이에 대한 자세한 해설로는 이한수, "로마서에 나타난 바울의 유대교 비평: 실천적 유추에서 본 전망," 『신학지남』 제274호 (2003,봄호), 82-126; 『언약신학에서 본 복음과 율법』(생명의 말씀사, 2003), 153f.

각에서 접근할 필요가 있다.

종말론적 전망에서 본 아브라함의 가족

여기에 사용된 "종말론적 전망"이란 표현은 바울이 다메섹 도상에서 얻은 계시적 인식으로 인해 그리스도 안에서 하나님 백성의 정체성을 새롭게 이해하게 된 그의 변화된 전망을 가리킨다. 필자는 갈라디아서에 나타난 바울의 칭의론을 바로 이러한 전망 속에서 이해하자고 제안하고 싶다. 보통의 유대인들은 자신들이 하나님의 택한 백성으로서 이미 언약 안에 있다고 생각했을 것이고, 율법 준수는 분명히 그 안에 머무는 방식이라고 생각했을 것이다. 더욱이 유대인들은 그들이 비록 율법을 온전히 준수하지 못한다 해도 제사제도와 같은 속죄의 길이 열려있을 뿐만 아니라, 자기 백성을 버릴 수 없는 하나님의 언약적 성실성 때문에(cf. 롬 11:1) 하나님은 그들의 범죄에도 불구하고 마지막 심판 날에 유대인을 이방인과는 달리 호의적으로 다루실 것으로 내다보았을 것이다(cf. 롬 2장, 특히 1-4절).[25] 엘리엇을 비롯하여 최근 학자들의 해석에 내재한 약점은 유대교의 복합적 성격만을 주목했지 사실 대중적인 차원의 유대교와 분파적인 유대교 사이를 구분하지 못한 점일 것이다.[26]

바울은 그러면 왜 당대 유대인들의 대중적인 의식 차원에서 유포된 국가

---

25) 로마서 2장의 논의들이 솔로몬의 지혜서 11-15장의 것들과 깊은 유사성이 있다는 것은 널리 알려진 사실이다 (Wis. Sol. 11.9-11; 12.22; 15.2-3과 롬 2:1-4과 비교; cf. Esdr. 3:34-35). 그렇다면 이것은 지혜서 저자와 로마서 2장이 지시하는 유대인 대화 상대자는 유대인과 이방인에 대해 이중적인 표준을 갖고 있었다는 것을 시사해준다. Cf. Nygren, *Romans*, 115-17; Cranfield, *Romans 1:141*; Fitzmyer, *Romans*, 298; Morris, *Romans*, 108; Schlier, *Römer*, 68 n. 2 등.

26) 이러한 지적에 대해서는 이한수, 『언약신학에서 본 복음과 율법』, 116: "물론 그의 (엘리엇의) 논지는 분파운동의 남은 자 신학에 초점을 맞추다 보니 유대 사회의 대중적 인식 속에 널리 자리잡고 있는 배타적 선민주의 의식을 드러내지 못한 약점이 있다."

적인 언약신학을 거부하게 되었는가? 이런 질문은 아브라함의 혈통적 후손 차원에서 정의된 유대인을 다 하나님의 백성으로 보지 않는 바울의 계시적 통찰과 맞물려 있다. 여기서 우리는 유대인/유대교에 대해서 몇 가지 중요한 관찰을 할 필요가 있다.

첫째로, 바울의 종말론적인 인식은 바울이 다메섹 도상에서 얻게 된 그러한 계시적 인식에 뿌리를 두고 있다. 바울은 교회를 핍박하던 바리새 랍비 시절시 유대교에 대한 남다른 "열심"을 가졌었는데(1:14), 다메섹에서 그가 받은 "예수 그리스도의 계시"(1:12)의 빛 속에서 그것은 단지 "조상들의 유전에 대한 열심"(1:14) 또는 순전한 인간적 종교적 전통에 대한 열심에 불과한 것으로 드러나게 되었다. 그러한 종교적 열심은 참 "지식을 따른 것이 아니"었다(롬 10:2).

둘째로, 바울의 계시적 통찰에서 보면 유대교는 "육"sarx의 종교에 불과하다. 유대인들은 기껏해야 "육체를 따라 난 자"(4:23, 29)이며, "육체"나 자랑하고(6:12-13) 신뢰하는 자들이었다(빌 3:3-4).[27] 그들은 언약백성 된 신분을 할례, 음식법, 안식일 등과 같은 "율법의 행위"를 통해 표시하는 자들로서(2:16; 4:10; 6:12-13) 정의적으로 "율법의 행위에 속한 자들"(3:10)이다. 바울에 따르면 "율법의 행위"는 결코 의롭다 함을 가져다 줄 수 없는 '육'의 영역에서 행해진 행위들이다(2:16; 3:2-3). 이방 신자들이 "율법의 행위"를 받아들이는 것은 유대교로 돌아가는 삶이며, 그것은 "육체로 마치는"(3:3) 결과를 초래하고 만다. 사라-하갈 알레고리에 따르면 "육체를 따라 난 자들"은 불신 유대인들을 지시하는 풍자적 표

---

27) 이런 의미에서 유대교는 "육의 종교"(religion of sarx)이다. 유대교를 "육의 종교"로 보게 된 신학적 함축들에 대해서는 J. M. G. Barclay, *Obeying the Truth : A Study of Paul's Ethics in Galatians* (T. & T. Clark : Edinburgh, 1988), 202-212를 참조하라.

현임이 분명한데, 4:24에서 이들을 시내산 언약 밑에서 종노릇하는 계집 종의 자녀들로 동일시한다. 그리고 30절에서 바울은 "계집종과 그 아들을 내어 쫓으라"는 창세기의 진술을 인용함으로써 그들이 아브라함의 참 자손들과 더불어 유업을 함께 나누지 못할 자들이라고 쐐기를 박는다. 이 진술은 불신 유대인들이 아브라함의 참 자손이 아니기 때문에, 기독교인들은 그들로부터 갈라서라는 것을 시사한 셈이다.[28]

셋째로, 그렇다면 아브라함의 가족은 새롭게 재정의되어야 할 필요가 있다. 그들은 혈통이나 할례, 율법 등과 같은 유대인의 삶의 유형에 의해서 정의되는 사람들이 아니다: 아브라함의 가족은 "율법의 행위에 속한 자들"(3:10)이 아니라 "믿음에 속한 자들"(3:7, 9)이다.[29] 그리고 그들은 "육체를 따라 난 자들"(4:23, 29)이 아니라 "약속으로 말미암아 난 자들"(4:23, 28)이다. 주목할 필요가 있는 것은 "약속으로 말미암아 난 자"(23절) 또는 "약속의 자녀"(28절)가 29절에서 "성령을 따라 난 자"로 동일시 된다는 사실이다. 바울은 로마서에서 약속의 본질이 "죽은 자를 살리시며 없는 것을 있는 것같이 부르시는"(롬 4:17) 하나님의 창조적인 '부르심' calling에 있다고 본다(cf. 롬 9:7, 11, 24-26).[30] 칭의론의 관점에서 보면 아브라함의 가족은 믿음으로 의롭다 함을 얻은 "믿음의 가족"(3:7, 9)이지만, 선택론의 관점에서 보면 아브라함의 가족은 창조자 하나님의 은혜로운 "부르심"을 통해 형성된 자들이다; 달리 표현하면 그들은 "약속의 자녀" 또는 "성령을 따라 난 자들"이다. 이것은 법률적 신분의 변화를 지칭하는 것으로 해석되어 온 칭의 술어가 하나님의 백성을 주권적으로 형성

---

[28] Heung-Sik Choi, "The Truth of the Gospel," 113, following J. D. G. Dunn, *Galatians*, 82.
[29] Moises Silva, "Faith Versus Works of Law in Galatians," 223.
[30] J. D. G. Dunn, 『바울 신학』(박문재 역: 크리스챤다이제스트사, 2003), 683.

하는 성령의 창조적 사역에 의해서 보완되어야 함을 시사해준다: 인간 편에서 아브라함의 가족은 믿음으로 의롭다 함을 받은 "믿음의 백성"이지만, 하나님 편에서 그들은 하나님의 창조적 부르심 또는 성령의 능력으로 형성된 "성령의 백성"이다. 바울의 다른 편지에서 칭의 술어가 근접문맥에서 새 창조 술어와 연결되는 것은 이런 이유 때문일 것이다(cf. 고후 5:17, 21: *kaine ktisis……genometha dikaiosune theou en auto*). 만일 이렇게 아브라함의 가족의 신분 정체성이 "믿음"과 "성령"으로 규정된다면, 그들의 삶의 정체성도 "믿음"과 "성령"으로 규정되어야 한다. 그들은 "믿음"으로 의롭다 함을 받았기 때문에(2:16) 또한 "하나님의 아들을 믿는 믿음 안에서 사는"(2:20) 자들이다. 마찬가지로 그들은 신분상 "성령으로 난 자들"(4:29)이기 때문에 또한 "성령을 따라 행하는"(5:16) 자들이어야 한다. 이로써 믿음과 성령은 아브라함 가족의 신분과 삶을 규정하는 포괄적인 원리들이다.

"믿음" 대(對) "율법의 행위"

"율법의 행위"란 문구가 칭의 술어와 직접 연결되어 나타나는 곳은 안디옥 사건의 신학적 함축을 묘사하는 한 구절뿐이다(2:16). 나머지 세 경우 중 둘은 성령 경험과 연관해서 등장하고(3:2, 5), 마지막 하나는 "율법의 행위에 속한 자"가 저주 아래 있음을 뒷받침하기 위해 신명기 27:26을 인용하는 문맥 속에서 등장한다(3:1). 주목할 점은 바울이 "율법의 행위"를 칭의의 조건으로 보기를 거부하는 것과 마찬가지로(2:16), "율법" 또한 그렇게 보기를 거부한다는 사실이다(3:11). 필자는 이런 현상에 대해서도 곧 주목하게 될 것이다. 최근 학자들은 특별히 "율법의 행위"란 문구가 정확하게 어떤 의미를 가지고 있고 그것이 무엇을 지칭하는가에 대해서 논란을 벌이고 있다. 칭의론과 연관하여 이들 술어의 의미, 지시대상, 그리고 신학적 함축 등에 대해 차례대로 살펴보자:

1. "율법의 행위": 그 의미와 최근 학계의 논의들

바울이 2:16에서 처음으로 사용한 이 문구는 소위 안디옥 사건의 신학적 함축을 설명하는 문맥에서 등장한다. 학자들마다 안디옥 사건의 세부 사항에 대해서 의견을 달리하기는 하지만,[31] 분명한 것은 유대 기독교인들이 이방인과 함께 하는 식탁교제를 피해야 하는가라는 이슈어 논쟁의 핵심이 놓여있다는 점이다. 말하자면, 의견 불일치는 모세 율법이 지닌 의식적 측면에 초점이 맞추어져 있다. 이것은 갈라디아서에 나타난 바울 자신의 논쟁을 통해서도 확인되는데, 여기서 그는 월력(4:10), 음식법(2:12-15), 할례(5:2-6)와 같은 몇 가지 의식적 이슈들을 다룬다. 이런 요소들이 유대인의 "신분 표지들"identity badges로서 배타적인 기능을 가졌다는 점을 밝힌 것은 던 교수의 기여일 것이다.[32] 인접문맥에서 "율법의 행위들"은 유대인의 신분을 표현해주는 행위들, 즉 바울이 "유대인답게 산다" (2:14, z n Ioudaikos)고 말한 유대인의 삶의 유형을 가리키는 것이 분명하다.[33]

던은 유대인의 삶의 유형을 나타내는 대표적인 율법의 행위들로서 할례, 안식일, 음식법 등을 특별히 거명하지만, 그의 초기 입장에 대한 비판들이

---

[31] 주석가들마다 견해를 달리하는 몇 가지 예를 든다면, "야고보에게서 온 사람들"이 누구를 가리키는가? 그들이 무엇을 행하고 말하였기에 베드로를 "두렵게" 만들었는가? 베드로가 이방인들과의 교제를 기피했다면 특정한 '코셔 (kosher) 규정들을 위반했기 때문인가, 아니면 단순히 그들이 이방인이었기 때문인가?

[32] J. D. G. Dunn, *Jesus, Paul and the Law. Studies in Mark and Galatians* (Lousville: John Knox, 1990), 194.

[33] J. Barclay, *Obeying the Truth. A Study of Paul's Ethics in Galatians*, 32.

거세지자 그는 "율법의 행위"란 율법이 유대인에게 요구하는 모든 것, 즉 율법이 의무로 짊어지우는 "행위들"을 지칭한다고 한발 물러섰다.[34] 그렇다면 "율법의 행위"란 단순히 유대인의 신분 표지만 아니라 율법이 유대인에게 요구하는 행위들도 내포한다고 할 수 있다.[35] 이처럼 "율법의 행위"를 예전보다 포괄적으로 해석하기는 하지만, 그는 여전히 어떤 행위들이 다른 행위들보다 더 주목을 받게 된 점을 강조한다. 예를 들면, 하나님께 속한 백성으로서 이방인들과 구별된 신분을 표시하는 행위들, 즉 할례, 안식일, 음식법 등에 관련된 율법의 행위들이 그런 것들이다.[36] 던의 비평자들은 "율법의 행위"가 유대인의 신분표지들보다 더 폭넓은 의미를 가진 술어이기 때문에, 그것은 "모세 율법에 순종하여 행해지는 행위들"[37]을 가리킨다고 주장한다. 던 교수가 이러한 정의 자체를 부정하지 않기 때문에, 그들 사이의 차이점은 결국 강조점의 차이가 아닐까 생각된다. 하지만 최근의 어떤 학자들은 바울이 유대교의 칭의론을 비평할 때 그의 비판의 핵심은 전적으로 '신분'이 아니라 '행위' 문제에 있었다고 강변한다.[38] 하지만 안디옥 사건의 신학적 함축을 다루는 문맥에서 "율법의 행

---

[34] J. D. G. Dunn, *Theology of Paul*, 354-5. Works of the law refers "to all or whatever the law requires, cevenantal nomism as a whole"(358).
[35] 최근에 "율법의 행위"란 표현의 의미에 대해서는 던 교수나 그를 비판하는 학자들이나 의견 차이를 나타내지 않고 있다. 예를 들면, Silva 교수는 "율법의 행위"를 "acts of obedience prescribed or required by the law"로 정의한다 (Moises Silva, "Faith Versus Works of Law in Galatians," *Justification and Variegated Nomism*, 2:221).
[36] J. D. G. Dunn, "Paul and Justification by Faith," in *The Road from Damascus: The Impact of Paul's Conversion on His Life, Thought, and Ministry* (ed. by R. N. Longenecker; Grand Rapids/Cambridge: Eerdmans, 1977), 95-100. 그는 이런 율법들이 마카비 전쟁 동안에 중심 초점 이슈가 되었다고 지적한다 (cf. *Theology of Paul*, 357).
[37] D. J. Moo, "'Law,' 'Works of the Law,' and Legalism in Paul," *WTJ 45* (1983), 90-99; Cf. M. A. Seifrid, *Christ, Our Righteousness: Paul's Theology of Justification* (Leicester: Apollos/Downers Grove, ILL.: IVP, 2000), 100.
[38] Cf. G. P. Waters, *Justification and the New Perspectives on Paul*, 159: "Paul, when he faults Israel, exclusively identifies human effort and not status. In other words, the contrast is

위"가 유대인의 삶의 유형을(ioudaizen, 2:14) 지칭하는 것이 분명하다면, 실바 교수의 솔직한 인정처럼, 유대인의 신분과 연관된 행위들이 이후 바울의 칭의론에 영향을 주고 있음을 부인하는 것은 헛된 일일 것이다.[39] 필자의 판단으로는 신분과 행위가 갈라디아서의 논쟁에 다 연루되어 있는 것이 분명하다. 그것들을 날카롭게 구분하는 것 자체가 무리한 일이다.[40]

2. "율법의 행위": 칭의의 조건이 될 수 없는 이유

2:16 하반절에 등장하는 '호티' *hoti*절이 "율법의 행위"로 의롭다 함을 얻을 수 없는 이유를 설명해준다: "율법의 행위로서는 의롭다 함을 얻을 육체가 없느니라." 이것은 시편 132:2을 암시적으로 인용하는 본문이지만, 바울은 시편 구절을 문자 그대로 인용하기보다는 "율법의 행위로"라는 표현을 덧붙이고 '인생' 대신에 "모든 육체"*pasa sarx*란 말을 삽입하였다. 그가 "모든 육체"란 말을 덧붙인 것은 아마도 죄의 세력에 취약한 인간의 연약성에 초점을 맞추려 했을 것이다(4:13-14; 5:16-17; 6:8). 그렇다면 위의 구절에 함축된 의미를 해석하는 방식에는 두 가지가 있을 수 있다:

(1) 모든 인간은 죄의 세력에 취약한 연약한 존재이기 때문에 "율법의 행위"와 같은 인간 노력을 통해서 스스로 의롭다 함을 얻을 길이 없다. 갈

---

framed sqaurely in terms of effort, not in terms of identity"; 이와는 달리 좀 중도적인 입장을 취하는 학자로는 P. T. O'Brien, "Was Paul a Covenantal Nomist?" in *Justification and Variegated Nomism*, 2:279; Moises Silava, *op. cit.*, 221 등을 참조하라.

[39] Moises Silva, *ibid.*, 221. 하지만 이러한 솔직한 고백에도 불구하고 그는 여전히 "율법의 행위"가 유대인의 신분 문제에만 걸려있다고 추론하는 것에 대해서는 비판적이다. 그 역시 중심 이슈는 '신분'이 아니라 '행위'에 있다고 본다.

[40] 유대인 신분을 가진 자라면 토라의 백성답게 율법에 규정된 대로 살아야 할 의무를 가진 자이다 (5:3). 마찬가지로 그리스도인 신분을 가진 자라면 (2:16; 5:29) "믿음으로 살고"(2:20) "성령을 따라 행해야"(5:16) 한다.

라디아의 유대주의자들이 그러한 노력을 신뢰하여 이방 기독교인들에게 "율법의 행위"를 받아들이도록 선동을 했으나 바울이 자신의 믿음 칭의론을 통해 그것이 오도된 길임을 반박한다.

(2) "율법의 행위"는 '육'의 영역에서 행해진 유대인의 삶의 유형들에 불과하며, 그것들은 어떤 누구에게도 칭의의 근거가 될 수 없다(anthropos……pasa sarx.[41]) "율법의 행위"가 육의 영역에 속한 인간적 삶의 유형이라는 것은 그것이 율법의 의로운 요구에 대한 인간 쪽의 응답이면서도 언제나 죄의 세력에 의해 굴절되어 율법의 근본정신인 사랑의 정신에서 벗어난 인간적 행위들로 변질될 수 있음을 함축한다. 이것은 예수와 바리새인들 사이에 있었던 율법 논쟁을 통해서 뒷받침된다. 이런 의미에서 "율법의 행위"를 좇는 유대교는 육의 종교에 불과하다.

첫 번째 해석에도 진리의 요소는 있다. 인간은 죄에 취약한 육신적 존재로서 율법을 온전히 지킨다는 것은 처음부터 불가능하다. 그러나 그것이 전제하는 배경적 내용에 대해서는 논란이 될 수 있다: 유대주의 선동자들은 완전한 율법준수를 통해 스스로 의롭다 함을 얻으려고 한 인본주의자들이었는가? 그들은 할례를 선동하면서도 "스스로 율법을 지키지 않는"(6:13) 자들이지 않은가? 오히려 두 번째 해석이 갈라디아 교회의 논쟁 상황에 더 적합한 것으로 보인다. 왜냐하면 3:3에서 바울이 갈라디아 독자들에게 "성령으로 시작하였다가 이제는 육체로 마치겠느냐"는 풍자적인 질문을 던졌을 때, 인접 문맥은 "율법의 행위"와 "육으로 마치는" 것을 동일시하기 때문이다.[42] "율법의 행위"를 받아들이는 것이 "육체로 마치는"

---

41) J. Barclay, Obeying the Truth, 78.
42) 어떤 주석가들은 '육체로' (3:1)란 문구가 지시하는 것을 여기서 할례에만 국한시키기는 하지만 (예로,

결과를 가져오는 이유는 유대교를 육의 종교로 파악하는 바울의 비판적 시각과 연결되어 있다. 말하자면, 계시적 통찰에서 볼 때 유대교는 단순히 인간적인 종교에 불과하고 유대인들의 삶의 유형인 "율법의 행위"도 하나님의 표준에[43] 못 미치는 인간적 삶의 유형에 불과할 뿐이다. 유대인들의 이러한 삶의 유형들이 칭의의 조건이 될 수 없다는 것은 자명하다.

마태복음에는 예수께서 유대인들이나 그들의 종교 지도자들을 비평적으로 묘사하는 많은 진술들이 존재한다. 이들 진술들도 위에서 우리가 내린 결론을 뒷받침하는 역할을 할 수 있다. 여기서 예수께서는 유대인들을 "입술로는 나를 존경하되 마음은 내게서 먼" 자들로 비판하셨다. 그들은 겉보기에 율법에 대한 열심을 통해서 하나님을 존경하는 것처럼 보이지만, 실상은 "사람의 계명으로 교훈을 삼아 가르치니 나를 헛되이 경배하는"(마 15:8-9) 자들이었다. 이것은 당대 유대인들의 위선적 마음 상태와 "사람의 계명"으로 변질된 율법 교훈의 성격을 극명하게 잘 드러내준다. 근접문맥에서 "너희 유전"과 "하나님의 말씀"이 날카롭게 구분된 것을 고려할 때(6절), 갈라디아서에 나타난 "율법의 행위"도 역시 외면적으로는 율법에 규정된 것들을 준수하는 유대인들의 경건한 행위 유형으로 보

Burton, *Galatians*, 148; Duncan, *Galatians*, 81; Betz, *Galatians*, 133-4), 다른 학자들은 이 술어가 폭넓고 모호한 면이 있어서 "율법의 행위" 전체를 추구하는 것을 포함한다고 주장한다 (예로, Bonnard, *Galates*, 63; Schlier, *Galater*, 123; Bruce, *Galatians*, 149).

43) 하나님의 표준이라고 말했을 때 몇 가지를 고려할 수 있다: (1) "온 율법"(5:14; 롬 13:10)이 서고 넘어지는 근본정신 및 원리인 사랑, (2) 수많은 개별 계명들로 구성되어 있지만 그 안에는 그것들을 하나의 통일체로 묶는 사랑과 같은 원리가 있어서 한 계명을 어겨도 동시에 다른 계명을 어긴 것이나 마찬가지이기 때문에 (약 2:10-12) 모든 개별 계명들도 바로 그러한 정신으로 지켜져야 한다는 의미에서 바라본 "전체 율법"(5:3). 그런데 위의 두 가지는 기본적으로 한 이야기일 수 있다. 여기에 한 가지를 덧붙인다면, "전체 율법"을 지켜야 의롭다 함을 받을 수 있다는 유대주의자들의 공로적 칭의관이 갈라디아서 3:10이나 5:3의 진술에 반영되어 있다고 생각하고 하나님의 표준은 율법을 완벽하게 지키는 것 자체를 뜻한다고 말하는 것이다. 속죄제사 제도에 열심을 내던 유대인들이 그러한 완벽한 율법준수를 칭의의 조건으로 생각했을 법하지 않다. 후에 살필 것이지만 필자는 이 세 번째 해석이 갈라디아 상황에 맞지 않는다고 판단한다.

이지만, 이면에는 죄에 붙들려 있는 그들의 위선, 욕심, 편견 등에 의해서 "사람의 계명"으로 변질된 형태의 행위들일 수 있다. 이런 인간적 행위들은 사실 율법의 표준에도 못 미치는, 육의 영역에서 행해진 종교적 행위들일 뿐이며, 복음서에서도 그런 변질된 종교 행위들에 대한 증거는 어렵지 않게 찾을 수 있다. 사실 당대의 바리새인들과 서기관들은 이렇게 변질된 사람의 계명들을 교훈할 뿐만 아니라, 때로 제대로 가르쳤다고 할지라도 "말만 하고 행치 않는"(마 23:3) 자들이었다. 마태복음의 이 표현은 갈라디아의 선동자들이 "스스로 율법을 지키지 않는"(6:13)다고 말한 바울 자신의 표현과 유사하다. 바리새인들과 서기관들의 문제점은 율법을 온전히 지켜 스스로 의롭다 함을 얻으려고 한 자들이라기보다는 "무거운 짐을 묶어 사람의 어깨에 지우되 자기는 이것을 한 손가락으로도 움직이려 하지 아니하는"(마 23:4), 실천이 없는 말쟁이들이라는 데 있다. 그러면서도 그들은 계명을 행할 때에도 "저희 모든 행위를 사람에게 보이려고"(마 23:5) 외식하는 자들이었다. 화禍는 바로 그들에게 선언된다.

3. "육체를 따라 난 자들": 바울의 보다 근원적인 통찰

바울의 칭의론이 아브라함 가족의 정체성을 재정의하는 논리라고 한다면, 우리는 그것을 통해 유대인들과 논쟁을 벌일 수밖에 없었던 바울 자신의 심층적 논리를 드러낼 필요가 있다. 우리는 여기서 사라-하갈 알레고리에 주목할 필요가 있다. 계집종의 아들은 4:23, 29에서 "육체를 따라 난 자"로 동일시되고, 자유하는 여인에게서 난 아들은 "약속의 자녀"(23, 28절) 또는 "성령을 따라 난 자"(29절)로 동일시된다. 역사적으로는 하갈과 사라, 이스마엘과 이삭 사이의 대조를 지시하지만, 사실 바울은 개인보다는 그들이 함축하는 구원사적인 의미에 더 관심을 기울인다. 하나님의 약속과 관계없이 혈통에 근거해서만 난 자라는 점에서 이스마엘은 불신 유대인들을 예표한다. 30절에서 "계집종과 그 아들을 내어 쫓으라"는 창세기 구절의 인용은 불신 유대인들이 시내산 언약의 구성원임에도 불구하고 (24절) 아브라함의 참 가족이 아니라는 인식을 함축한다.[44]

로마서 2장 역시 유대인들에 향한 바울의 신랄한 비평을 담고 있다. 그들은 "율법에 열심 있는"(행 21: 20) 자들이요 "율법을 자랑하는"(롬 2:23) 자들로 치부됨에도 불구하고, 바울 사도는 그들이 "율법을 범함으로 하나님을 욕되게"(롬 2:23f) 한 자들이라고 한 것은 아주 역설적이다. 여기서 바울이 유대인들을 비판한 것은 그들의 율법 칭의론 때문이 아니라 율법을 자랑하면서도 실상은 율법을 범하는 자들이기 때문이었고, 또한 범죄 중에도 하나님의 언약적 성실성에 기대어 진노의 심판에서 피할 줄로 생각하는 자들이기 때문이었다. 로마서 2:28에 등장하는 "표면적 유대인"이란 표현에는 언약사의 심층구조에 흐르는 하나님의 진정한 의도(성령을 따라 남, 마음의 할례, 순종의 삶)를 깨닫지 못하고 언약사의 표층구조에 놓인 외피적 요소들(아브라함의 혈통적 후손, 육신의 할례, 음식법, 율법의 행위)에 초점을 두면서 그것들을 언약백성 된 징표들로 내세우는 불신 유대인들에 대한 비판이 담겨있다.[45] 바울이 보기에 그들은 참 하나님의 백성이 아닌 "표면적 유대인"에 불과하다.

바울 사도는 왜 불신 유대인들을 아브라함의 참 후손으로 생각하지 않는가? 바울의 이신칭의론이 아브라함 언약에 뿌리를 두고 있으며 그의 후손

---

[44] J. M. G. Barclay, *Obeying the Truth*, 207: Paul's "description of Ishmael's birth kata sarka (4.23, 29) and his association of Ishmael with unbelieving Jews suggests a criticism of Judaism for being based on human descent: one is born a Jew by mere human parentage, but made a Christian by the creative work of the Spirit of God."

[45] 이에 대한 자세한 논의는 필자의 저서, 『언약신학에서 본 복음과 율법』, 제1장을 참조하라.

의 정체성을 재정의하는 중요한 구원론 원리라고 한다면, 이러한 인식은 방금 우리가 제기한 질문을 답변할 때도 적용될 필요가 있다. 앞서 언급한 것처럼, 최근의 여러 학자들은 유대인들이 스스로 언약 안에 있다고 생각하면서도 율법을 온전히 지키지 않으면 언약백성 된 그들의 신분을 언제라도 상실할 수 있다는 생각에서 "율법의 행위"로 의롭다 함을 얻으려고 (= 율법으로 살아가려고) 시도한 자들이라고 보고, 이러한 주장이 갈라디아 교회에 침투한 바울의 유대주의 논적들의 칭의론에 반영되고 있다고 본다. 율법 또는 율법의 행위로 말미암는 칭의에 대한 바울 사도의 거부는 유대인들의 잘못된 모종의 교훈에 대한 바울 편의 반응으로 나타난 것이라는 점은 부인하기 어려운 것 같다. 하지만 그들의 잘못의 본질이 행위의 行爲義의 무모한 시도에 있다고 추론하기에는 아직도 해소되어야 할 장애물들이 많다. 더욱이, "율법" 또는 "율법의 행위"를 칭의에 연결시키는 것에 대해 바울이 부정적 반응을 보이는 이유는 보다 직접적으로 율법이 변화된 참 하나님 백성을 형성할 능력이 없다는 바울 자신의 계시적 인식에 근거한 것이 분명해 보인다. 바울의 칭의론은 아브라함 가족의 정체성을 재정의하는 중요한 수단이면서도 동시에 육신적 유대인들의 거짓된 정체성을 폭로하는 논쟁적 수단이기도 하다. 그렇다면 유대주의자들과의 논쟁 상황에서 바울이 "믿음"과 "율법의 행위"와 같이 다른 두 조건들을 자신의 칭의론에 함께 결합시키게 된 배경은 무엇인가? 필자는 위에서 이미 제시한 바울의 계시적 전망의 연관성을 뒷받침하기 위해서 몇 가지 관찰을 하고자 한다:

첫째로, "믿음"과 "율법의 행위"는 모두 칭의의 조건으로 제시된다 (2:16). 문제는 앞서 이미 지적한 대로 두 요소가 동일한 의미의 조건이 아니라는 데 있다: 바울 편에서 "믿음"이 칭의 경험과 연결될 때는 처음 회심getting in과 연관된 신뢰 행위를 가리키는 반면, 유대주의자들 편에서 "율법의 행위"가 칭의 경험과 연결될 때는 자신들이 언약 안에 살고 있음을 나타내거나 또는 그 언약 안에서 떨어져 나가지 않기 위해 staying in 나타내는 행위를 가리킨다. 두 술어들이 이렇게 서로 다른 정황에서 다른 의미로 사용되었음을 충분히 알았을 사도 바울이 그것들을 처음 구원경험을 묘사하는 자신의 칭의론에서 함께 묶어놓은 것은 어색하게 보인다. 따라서 이 점은 도리어 16절 하반절을 달리 해석해야 할 필요성을 드러내준다.

둘째로, 바울의 유대교에 대한 비평은 소위 말하는 "율법의 행위"로 의롭다 함을 얻으려고 시도했던 유대인들의 그릇된 인식 비평 차원을 넘어 주로 율법 자체의 구원사적 한계[46])에 대한 지적에 더 많이 관계되어 있다. 3:6에서 아브라함의 믿음에 대한 호소는 후속되는 논의에서 어느 정도 구원사 시대들에 대한 해설과 연계되어 있다: 1) 하나님께서 아브라함에게 약속하시고 언약을 맺던 시대, 2) 율법이 주어진 시대, 3) 믿음이 도래한 시대. 따라서 아브라함에게 주어진 "약속"과 "유업"(3:18)은 모세 율법과 분명하게 반대되는 원리를 세우기 위해 믿음의 원리에 연계되고 있다. 믿음과 율법의 대조는 바울의 논의에 근본적으로 중요한 것은 사실이지만, 우리는 그 대조가 역사적 술어들로 묘사된다는 점을 소홀히 해서는 안 된다. 율법은 약속이 주어진 지 수세기 후에 왔으며(3:17), 그것은 약속한 자손이 오기까지 더해진 것이다(3:19). 우리가 믿음이 오기 전에는 율법의 지도를 받았으며, 따라서 믿음이 계시될 필요가 있었다(3:23). 율법의 후견인 역할은 믿음이 온 후로 끝나게 되었다(3:25). 더욱이 바울은 3:12에

---

[46]) 이한수, 『신약은 성령을 어떻게 말하는가』(서울: 도서출판 이레서원, 2001), 75-91. 필자는 여기서 이스라엘의 완악한 마음을 덮고 있는 수건을 벗겨내고 종말론적인 인식의 새로움을 줄 수 없는 "율법의 인식론적 한계"(고후 3:11-18), 죄의 세력을 극복할 수 없는 "율법의 무능성의 한계"(롬 8:1-4), 그리고 이스라엘 백성의 삶의 규범으로 주어진 "율법의 민족주의적 한계"(엡 2:11-16)에 대해서 설명한다.

서 "율법은 믿음에서 난 것이 아니라"는 대담한 진술을 하기까지 한다. 여기서 우리는 율법과 믿음이 서로 배타적인 개념들이라는 인상을 받게 된다. 루터가 보통 이런 견해를 대변하는 인물로 간주되어 왔고,[47] 어떤 세대주의자들은 그것을 극단적으로 발전시키기도 하였다. 하지만 이런 견해는 여러 주석적이고 신학적인 문제점들을 야기한다. 바울이 3:12에서 율법을 믿음과 직접 대조할 때 그는 "칭의 문제에서 율법이 담당하는 역할"[48]이라는 한 특정한 초점에 맞추어 대조한 것이다. 또 다른 극단은 믿음과 율법의 대립 구도 속에서 바울이 반대하는 것은 "율법에 대한 유대인들의 오해"라고 보는 견해이다.[49] 바울의 논의들이 문화적 공백에서 나온 것이 아니기 때문에 이 견해는 진리의 요소를 지닌 것은 사실이지만, 율법과 믿음의 대조에 대한 바울의 진술들은 율법에 대한 유대인들의 오해에 대한 비판이라기보다는 율법 자체의 구원사적 한계에 대한 비판이라고 할 수 있다.

이 점에서 최근의 학자들은 유대교의 오류에 대한 바울의 비평과 김세윤 교수가 말하는 "율법의 구조적 약점"[50] 사이를 구별하지 못하고 혼동하는 경향이 있다. 바울이 불신 유대인들을 비판할 때조차도 그의 비평은 자

---

[47] M. Luther, *Luther's Works 26* (ed. J. Pelikan; St. Louis: *Concordia*, 1963), 271: "…… the Law is not faith or anything about faith; it does not believe." 하지만 루터는 구원을 받은 신자들에게 율법은 거룩하고 유익한 것이기 때문에 "we love the Law, praise it, and commend it exceedingly"라고 적극적인 표현도 서슴지 않는다 (*Luther's Works*, 1964, 27, 278, 291).

[48] Moises Silva, "Faith Versus Works of Law in Galatians," 242; J. Calvin, *The Epistle of Paul the Apostle to the Galatians. Ephesians, Philippians and Colossians* (trans. T. H. L. Parker; Grand Rapids: Eerdmans, 1965), 54, cited from Moises Silva, *ibid.*, 242.

[49] Dunn 교수에 의해 유포된 이 견해는 특별히 Daniel P. Fuller, *Gospel and Law: Contrast or Continuum* (Grand Rapids: Eerdmans, 1980)에서 논의되었다; cf. also D. J. Moo in *TrinJ* 3 (1982), 99–103.

[50] 김세윤 교수는 여기서 "율법의 구조적 약점"을 언급한다 (『바울 신학과 새 관점』, 263f.). '구조적 약점'이란 율법 자체의 내용적 약점을 말한다기보다는 돌비에 새겨진 문자언약으로서 인간의 고질적인 죄의 문제를 치유할 수 없고 오히려 그것에 이용당할 수밖에 없었던 율법의 기능적 약점을 가리킨다고 보여진다.

주 율법 자체의 한계들에 대한 비평과 맞물려 전개되곤 한다. 이것은 유대인들이 율법의 구원사적 기능에 대해서 오해하고 있음을 시사할 수 있다. 필자가 사용한 '오해'란 말은, 던 교수가 주장한 것처럼, "율법의 행위"를 율법의 본래 정신을 떠나 유대인의 배타적 신분표지로 만들어버린 유대인들의 오해 차원이 아니라, 율법 자체가 구원사적 한계가 있음을 깨닫지 못하는 유대인들의 보다 근원적인 몰이해를 가리킨다. 던 교수가 주장하는 종류의 오해가 당대 유대인 사회에 있었다는 것을 부인할 수 없으나, 바울의 논쟁적인 진술들은 오히려 율법 자체의 한계를 드러내는 데 많은 노력을 기울인다. 유대인들의 오해가 있었다면 율법의 이러한 한계를 깨닫지 못한 것일 것이다. 만일 갈라디아 교회에 침투한 유대주의자들이 특이한 유대인들이 아니었다면, 우리가 지금까지 재구성한 그들의 인식은 바울 당대의 보통 유대인들의 것과 다르지 않다고 판단된다. 그의 유대인 비평이 흔히 율법 자체의 한계에 대한 통찰을 전제로 한다는 점에서 그것이 특이한 율법 이해를 옹호하던 특이한 유대인들에 대한 비평이 아닌 것으로 보이기 때문이다.

그렇다면 "율법의 행위로서는 의롭다 함을 얻을 육체가 없다"(2:16)거나 "아무나 율법으로 말미암아 의롭게 되지 못할 것이 분명하다"(3:11)는 바울의 진술들은 율법이 변화된 하나님의 백성을 형성할 능력이 없다는 그의 변화된 전망에서 이해될 필요가 있다. 유대주의 논적들은 율법의 이러한 구원사적 한계를 깨닫지 못하고 회심 전의 바리새인 바울처럼 조상의 유전에 열심을 나타냈고(cf. 2:14) 이방 신자들에게 "율법의 행위들"을 받아들이도록 선동했지만, 그런 행위들은 그들이 율법을 '온전한 의미'[51]

---

[51] '온전한 의미'란 이스라엘이 "하나님 여호와를 사랑함으로" 개별 계명들을 지키라는 신명기 저자의 정신과 관련이 있다(신 30:16, 20). 신약 저자들도 계명들을 지키고 순종함은 주를 사랑하는 일에 기초를 두어야 하

에서 행한 것도 아닐 뿐더러 그들 자신도 실상은 율법을 지키지 않던(6:13) 사람들이었다. 그들은 자신들을 이미 언약 "안에"in 있다고 생각했겠지만, 바울은 그들이 여전히 "밖에"out 있다고 생각하는 것이 분명하다. 왜 그런가? 유대인들은 "율법의 행위"에 종사하는 자들임에도 불구하고 율법에 나타난 하나님의 표준을 따라 사는 데 실패했고 또 그렇게 살 수도 없는 "죄 아래" 갇힌 세상적 존재의 일부이기 때문이다(3:22f). 그들이 이렇게 "율법 아래" 있는 백성임에도 불구하고 실패한 존재라고 한다면, 그들의 실패를 치유할 수 없었던 율법 자체에도 한계가 있다고 볼 수밖에 없다. 그렇다면 "의"dikaiosune와 "생명"zoe과 같은 구원론적 실재들은 결코 '문자언약'에 불과하여 죄의 세력에 취약한 율법이 줄 수 없는 것들이다: "만일 능히 살게 하는 dunamenos zopoiesai 율법을 주셨더면 의가 반드시 율법으로 말미암았으리라"(3:21). 율법은 이 점에서 의와 생명을 향유한 변화된 하나님 백성을 형성하기보다는 죄의 지배권이 확립되는 데 이용당한 셈이 되었다. 그 결과는 이방인만 아니라 율법 백성인 유대인조차 "죄 아래 갇힌" 포로가 되었다. 따라서 바울에게 있어서 "율법 아래 매인"(3:23) 것은 "죄 아래 갇힌"(3:22) 것과 동일한 의미를 갖는다.

여기서 율법의 본래 역할의 반전反轉이 관찰된다: 옛 언약 시대에 율법은 언약백성 이스라엘에게 주어진 것으로서 자신들이 이미 언약 구성원 안에 속해 있음을 보여주는 신분 표지요 그들이 그 안에 머무는 삶의 규범이었지만, 신약 시대에 그것은 이방인과 마찬가지로 유대인도 "죄 아래 갇힌"

고 또 그러한 정신으로 그것들을 준수하라고 가르친다는 점에서 다르지 않다 (요 14:15; 15:10; 요일 5:2–3; cf. 롬 13:8; 갈 5:14). 모든 계명들이 하나님 사랑과 이웃 사랑의 표현이기 때문에 그것들을 다 지켜야 한다는 의미도 여기에 포함될 수 있으나 (cf. 약 2:8, 10), 이스라엘이 행위의의 차원에서 모든 계명들을 완전하게 지켜야 한다고 생각했다는 의미를 여기에 포함시킬 수는 없다. 이스라엘에 속죄제사 제도가 있었다는 것은 하나님께서도 이스라엘이 산술적으로 그것들을 다 완전하게 지킬 수 있으리라고 기대하지 않으셨다는 것을 함축하기 때문이다.

세상적 존재로 드러내고 그들을 정죄하는 도구로 바뀌었다. 율법이 이렇게 그들 모두를 죄 아래 갇힌 존재들로 드러낸 상황에서(갈 3:21-22), 옛 언약 아래서 "할례자"와 "무할례자"(5:6; 6:15), 또는 "율법에 속한 자"와 "율법이 없는 자"(롬 4:14; 2:12) 사이에 존재하던 구분은 무의미하게 되었다. 따라서 바울의 변화된 계시적 전망에서 보면 유대인이나 이방인 모두는 동일한 치유책과 구원의 길을 필요로 할 뿐이다.[52]

4. "율법의 행위에 속한 자들": 왜 저주 아래 있는가?

갈라디아서 3:10은 "율법의 행위"란 술어가 등장하는 세 번째 본문이다. 이 구절은 역사적으로 다양하게 해석되어 왔다.[53] 최근에 대다수 학자들은 우리의 본문에 인용된 신명기 27:26이 부분적으로 유대주의 논적들의 교두보 역할을 한 것으로 보는 경향이 있다.[54] 만일 이러한 시각에서 보면, 갈라디아서 3:10에서 바울은 신명기 구절을 역이용하여 그들의 논거들을 분쇄하는 셈이다. 김세윤은 이러한 해석 노선을 택하는 학자들 가운데 하나이다. 그는 이 본문에 인용된 신명기 구절의 내용이 바울 당대의 유대교의 성격을 반영하는 것으로 해석한다: "전통적인 해석이 갈라디아서 3:10에 대해 전제하고 있는 유대교는 바로 이와 같은 종류의 유대교인 것

---

[52] Cf. N. T. Wright, *The Climax of the Covenant: Christ and Law in Pauline Theology* (Minneapolis: Fortress, 1991), 153-55; 이한수, 『언약신학에서 본 복음과 율법』, 239.

[53] Cf. S. Westerholm, *Israel's Law and the Church's Faith: Paul and His Recent Interpreters* (Grand Rapids: Eerdmans, 1988), part II; D. Hill, "Galatians 3:10-14: Freedom and Acceptance," *ExpT 93* (1982), 197f.; R. H. Gundry, "Grace, Works, and Staying Saved in Paul," *Biblica 66* (1985), 24; H. Hubner, *Paul and the Law*, 37ff; 약간 완화된 입장으로는 C. D. Stanley, " 'Under a Curse': A Fresh Reading of Galatians 3.10-14," *NTS 36* (1990), 481-511, 특히 495.

[54] C. K. Barrett, *Freedom and Obligation. A Study of the Epistle to the Galatians* (London: SPCK, 1985), 24-25; M. Hengel, "Der vorchristliche Paulus," in *Theologische Beitrage 21* (1990), 195.

같다."⁵⁵⁾ 따라서 그는 "불행하게도 이스라엘은 믿음이라는 쉬운 방법이 아니라 율법의 행위라는 어려운 방법으로 의를 추구했다"(p. 250)고 하면서 "그리스도인이 된 바울에게는 레위기 18:5의 약속이 도달할 수 없는 것처럼 보이기 시작했으며, 따라서 율법 아래 있는 자들에 대한 신명기 27:26의 위협이 실제적인 것으로 보이기 시작했다"(p. 251)고 결론짓는다. 하지만 김세윤의 논리는 우리를 혼란스럽게 만드는 것 같다. 왜냐하면 우리의 본문에 반영되어 있다고 주장되는 바울의 유대교 비평논리가 구약의 이스라엘 종교나 그의 당대의 유대교, 심지어 신약 저자들에게 모두 적용될 수도 있기 때문이다.

신명기 저자는 랍비 유대교 이상으로 생명과 죽음, 복과 저주의 경험이 율법을 순종하는 일에 걸려 있는 것처럼 말할 뿐만 아니라(신 30:16-20), 구약에서 '의인'의 개념은 이스라엘 백성이 하나님을 사랑하는 마음으로 계명들을 지키고 순종하는 삶과 밀접하게 연관되어 있다: "내 율례를 좇으며 내 규례를 지켜 진실히 행할진대 그는 의인이니 정녕 살리라"(겔 18:9). 그리고 에스겔서의 이 약속은 김세윤이 자신의 진술에서 인용한 레위기 18:5의 약속과 기본적으로 동일하다(cf. 시 1편). 그렇다면 그는 유대교를 비판하던 동일한 준거를 가지고 구약의 이스라엘 종교도 행위의 行 爲義의 종교라고 비평해야 되지 않을까?

"생명에 들어가려면 계명들을 지키라"고 교훈한 예수의 말씀들은 차치하고라도(마 19:17; 눅 10:25-28),⁵⁶⁾ 바울 사도 역시 여기서 예외가 될 수 없다. 그는 칭의의 은혜를 강조하면서도 육체를 따라 살아가는 신자들에게 "하나님 나라를 유업으로 얻지 못한다"(5:16-21; 고전 6:9-11; 엡

---

55) 김세윤, 『바울 신학과 새 관점』, 247f.
56) 이들 구절에 대한 자세한 분석으로는, 이한수, 『언약신학에서 본 복음과 율법』, 315-333을 보라.

5:5)고 경고한다. 심지어 바울은 여러 곳에서 신자들의 미래 구원과 영생이 그들의 현재 순종의 행위에 연관된 것으로 말한다(cf. 갈 5:21; 6:8; 롬 8:13). 특별히 주목할 것은 로마서 8:13과 신명기 30:16-20 사이에 존재하는 평행점이다:

로마서 8:13

(a) 너희가 육신대로 살면

(a') 반드시 죽을 것이로되 *apothneskein*

(b) 영으로써 몸의 행실을 죽이면

(b') 살리니 *zesesthe*

신명기 30:16-18

(a) 네가 만일 마음을 돌이켜……섬기면(17절)

(a') 너희가 반드시 망할 것이라(18절상)

(b) 네 하나님 여호와를 사랑하고 그 모든 길로 행하며 그 명령과 규례와 법도를 지키라 하는 것이라(16절상)

(b') 그리하면 네가 생존하며……(16절중)

위에서 인용한 두 구절은 여러 면에서 평행되는 점들을 지니고 있다. 순종하는 내용들이 계명과 성령으로 각각 달리 강조되고 있고, 신명기의 진술 순서가 로마서의 것과 달리 도치된 점은 있지만, 죽음과 생명의 주제, 그것이 순종의 삶에 의존한다는 사상, 그리고 순종하는 백성에게 약속된 유업(롬 8:17; 신 30:16, 20) 등은 두 본문에 두드러지게 평행되는 요소들이다. 따라서 로마서 8:13 배후에 신명기 30:16-20이 있음은 분명한 것 같다.[57)] 이러한 관찰들이 맞는다면, 바울과 신명기 저자는 모두 생명과 죽음이 순종의 삶 여부에 의존한 것으로 생각하는 것 같다(cf. 롬 6:16, 22). 그렇다고 신명기 저자가 완벽한 율법준수를 명하고 있지 않는 것처럼, 바울도 역시 로마의 신자들에게 그러한 명령을 하고 있지 않다. 구약의 속죄 제사의 존재가 율법을 범할 수 있는 이스라엘의 연약성을 전제하고 있다면, 그리스도 속죄를 경험한 신약의 신자들도 하나님의 뜻을 어길 수 있는 연약성을 배제한 것은 아니다. 만일 신명기와 바울 서신 사이에 유사한 사고패턴이 존재하는 것이 사실이라면, 김세윤 교수는 마땅히 사도 바울도 행위의行爲義를 추구하는 사람이었다고 비평해야 하지 않을까? 만일 그렇지 않다면, 바울이 "율법의 행위에 속한 자들"이 저주 아래 있다든가, 또는 "율법의 행위로 의롭다 함을 얻을 육체가 없다"고 말할 때마다 행위의를 추구하는 유대교 칭의론이 배후에 놓여있다는 결론을 내릴 필요는 없어 보인다. 앞서 인용한 대로, 김세윤은 바울이 "레위기 18:5의 약속이 도달할 수 없는 것처럼 보이기 시작했다"고 주장한 바 있지만, 바울은 도리어 회심 이전의 자신의 유대교 생활을 "율법의 의로 흠이 없는"(빌 3:5) 것으로 회상한다. 이것은 레위기 18:5의 실현 가능성과 관련된 그의 의식 변화가 회심 전에는 별로 나타나지 않았던 것이 분명한 것 같다.[58]

만일 바울 당대의 보통 유대인들이 언약 "안에" 있는 자들이란 자의식을 가진 자들이라면, 그들은 자연히 자신들이 신명기 27:26이 규정한 "저주

---

57) Dunn, *Romans 1–8*, 449: "The parallel with the death-life warning of Deut 30:15ff. (cf. 11:26ff) is probably in Paul's mind, since in each case the thought moves on to inheritance (Deut 11:29, 31, 30; Rom 8: 17)."

58) 바울의 회심 전 바리새인 시절에 "율법 아래" 있었던 그의 인간적 심리상태가 롬 7장의 주장에 반영되어 있다는 김세윤의 해석에도 약간의 모순 같은 것이 느껴진다. Cf. S. Kim, *The Origin of Paul's Gospel*, 53; 김세윤, 『바울 신학과 새 관점』, 263ff.: "유대인들이 율법을 온전히 지켜 스스로 의를 확보할 수 있다고 생각했다는 그의 전통적인 입장과, 바리새인 시절 바울은 율법을 온전히 지킬 수 있는 자신의 능력에 대해 의심했으며 그러한 시각에서 로마서 7장의 절망적인 절규를 이해해야 한다는 그의 주석적 입장은 어떻게 조화가 될 수 있을까?" (이한수, 『언약신학에서 본 복음과 율법』, 77–78).

아래" 있다고 생각하지 않았을 것이다(cf. 롬 2:1-4). 그러면 바울이 저주 아래 있다고 말한 "율법에 속한 자들"은 누구인가? 근접문맥에서 바울은 아브라함의 참 후손을 "믿음에 속한 자들"*hoi ek pisteos*로 묘사한다(3:7, 9). 이 표현은 하나님을 믿어 의롭다 함을 받은 아브라함(3:8; cf. 창 15:6)의 본을 따라 "믿는 자들"을 뜻하는 것이 분명하다.59) 어순語順, 특별히 지시대명사 *houtoi*의 삽입 등은 7절 표현의 강조적 형태를 시사해주고, 이것은 또한 "믿음에 속한 자들"과 또 다른 그룹 간의 대립을 시사한다. 바울은 여기서 이미 독자들의 관심을 자극하여 믿음에 속하지 않기 때문에 아브라함의 복에 참여하지 못하는 사람들이 있다는 것을 주목하도록 유도한다. 학자들은 "율법의 행위에 속한 자들"*hosoi ex ergon nomou eisin*의 의미가 그것과 의미론적 대립을 이루는 "믿음에 속한 자들"*hoi ek pisteos*에 의해 상당 부분 결정되어야 한다는 것을 충분히 평가하지 못해왔다. 후자만이 아브라함의 참 자손을 형성하며(3:29) 복을 받은 자들이다. 이와 대조적으로 율법의 행위에 속한 자들은 저주를 받는 자들로 묘사된다(3:10). 좀더 직설적으로 표현하면, 율법의 행위에 속한 자들은 믿음에 속한 자들이 아니다. 만일 우리의 분석에 충실하려고 한다면, "율법의 행위에 속한 자들"이 저주를 받는 이유는 그들이 아브라함의 참 자손이 아니기 때문이다.

그러나 후속되는 문맥도 이러한 부정적 논조를 강화시켜준다. 보통 전치사들이 동사들에 의해서 자주 지배된다는 점을 생각할 때, "율법의 행위로"란 전치사구에 함축된 사상은 무엇인가? 바울은 이 질문에 답변이라도 하는 것처럼 하박국 2:4을 인용한다: "의인은 믿음으로 말미암아 살리라"(3:11). 그리고 하박국 인용구에 들어있는 '산다' *za* 동사가 12절의 레위기

---

59) Moises Silva, "Faith Versus Works of Law in Galatians," 223.

인용구(레 18:5)에서 다시 한번 되풀이된다. 주변문맥의 논리적 흐름을 따른다면, "'믿음에 속한 자들'은 아브라함처럼 믿음으로 살고live by faith 복을 받는 자들이다; 반대로 '율법의 행위에 속한 자들'은 율법에 명령된 것들을 따라 살고' live by the things commanded in the law 결국 저주를 받는 자들이다."⁶⁰⁾ 하지만 두 번째 그룹을 "율법으로 의롭다 함을 얻으려고 노력하는 자들"과 연관시키려는 실바 교수의 추론은(p. 224) 신빙성을 결여한 추론일 뿐이다.⁶¹⁾ 그가 이렇게 추론하는 이유는 칭의와 생명 개념들의 상관성이 잘 확립되어 있다는 것(3:11)과, "율법 안에서 의롭다 함을 얻으려는" *hoitines en nome dikaiousthe* 자들을 비판하는 갈라디아서 5:4의 본문 등이다.

우리는 여기서 몇 가지 비판을 가하지 않을 수 없을 것 같다: 첫째로, 갈라디아서 5:4의 표현은 선행하는 3절의 '의무'라는 술어를 통해 해석되어야 한다: "율법 전체"를 행하는 것은 유대주의자들만 아니라 이스라엘 백성의 본연의 '의무'였기 때문이다. 둘째로, 생명과 칭의가 갈라디아서에서 서로 긴밀하게 연관된 것은 사실이다(cf. 3:11, 21). 아마도 실바 교수는 여기서 이런 이야기를 하고 싶어하는 것 같다: 유대주의자들이 "율법으로 살려고 노력한"try to live by the law 행위는 결국 "율법으로 의롭다 함을 얻으려고 노력한"try to be justified by the law 행위이다. 그가 '산다'는 술어와 '의롭다 함을 얻다'는 술어를 동의어적으로 해석한 것은 바울 당대의 유대인들이 자신들을 이미 언약 "안"에 있는 자들로 의식했다는 것을 그가 인정한 바 있기 때문이다. 따라서 유대주의자들이 염두에 둔 "칭의"는 언

---

60) Moises Silva, *ibid.*, 224.
61) Moises Silva, "Faith Versus Works of Law in Galatians," 224, following Cf. Hans-Joachim Eckstein, *Verheissung und Gesetz. Eine exegetische Untersuchung zu Galater 2.15-4.7* (WUNT 86: Tübingen: Mohr, *Siebeck*, 1996), 23.

약 안에 "들어가는"getting in 것을 지칭하는 것이 아니라 언약 안에 "머무는" 삶의 행위를 지시하는 것이다. 그러나 일단 이 점을 인정한다고 해도, 처음 구원 경험을 묘사하는 바울의 칭의 술어는 언약 안에 머무는 삶의 방식을 지칭하는 유대주의자들의 칭의 술어와는 서로 다른 실재實在를 가리킨다. 그리고 유대주의자들 편에서 '산다'는 술어를 이렇게 칭의 술어로 변환시키려고 한다면, 그들과의 논쟁적 상황을 반영하는 갈라디아서에서 동일한 언어 함축을 "믿음으로 산다"live by faith는 표현에도 삽입할 수 있어야 하지 않을까? 이런 뉘앙스를 적용하면 아주 재미있는 결과가 도출된다: 기독교인들 역시 유대주의자들처럼 순종의 행위로써 의롭다 함을 얻으려고 '노력한' 사람들이다. 다만 그들 사이에 다른 점이 있다면, 유대인들의 '행위'는 율법에 의해 규정되는 행위이고, 기독교인들의 '행위'는 믿음에 의해서 규정되는 행위이다. 이것은 오히려 유대인들과 바울 사이의 사고 패턴에 있어서 공유된 면이 있다는 것을 역으로 반증해주는 것이다. 그렇다면 '노력했다'는 함축만으로 "율법의 행위에 속한 자들"이 저주에 떨어졌다고 말할 수 없다는 것이 드러난다.

필자는 김세윤이나 실바가 택한 길보다는 다른 길을 택할 필요를 느낀다. "율법의 행위에 속한 자들"이 저주에 떨어지는 이유는 그들이 율법에 명령된 것들을 행함으로써 의롭다 함을 얻으려고 '시도했기'try 때문이 아니라, 바울의 변화된 전망에 따라서, 그들이 "믿음에 속한 자들", 즉 아브라함의 참 가족이 아니었다는 그의 계시적 통찰 때문이었다. 바울이 왜 유대인들 대다수를 아브라함의 참 자손으로 생각하기를 거부하는지에 대해서는 이미 앞서 수차례 강조한 바 있다. 율법은 변화된 참 하나님 백성을 형성할 능력이 없음에도 불구하고 그들은 율법을 의지하고 자랑하며(롬 2:17, 23) "율법에 열심 내는" 백성이었다(행 21:20). 하지만 역설적으로 그들의 역사는 율법을 범해온 불순종의 역사이며 결국에는 이방인과 마찬가지로 "죄 아래 갇힌" 세상적 존재로 판명이 된 역사이다. 왜냐하면 바울에게 있어서 유대인들이 "율법 아래 매인" 역사는 결국 "죄 아래 갇힌" 역사였기 때문이다(3:22, 23). 율법은 그들에게 하나님의 백성답게 율법이 명한 것들을 따라 "행할"(*poiesai*, 3:10, 12) 의무를 짊어지웠지만(갈 5:3), 그들이 나타낸 "율법의 행위들"은 율법에 지시된 하나님의 진정한 표준에 못 미치는, 육의 영역에서 행해진 인간적 행위들일 뿐이었다. 유대주의자들은 이방 기독교인들에게 할례를 받도록 선동했지만, 그들은 할례를 받는 행위가 "전체 율법을 행해야 할 의무"를 동반한다는 사실을(전혀 의식하지 않은 것은 아니지만) 심각하게 숙고하지 못한 것으로 보인다. 따라서 그들이 나타낸 "율법의 행위들"에도 불구하고, 바울은 그들이 "스스로 율법을 지키지 않는"(6:13) 자들이라고 말할 수 있었다.

결론적으로, 우리가 위에서 관찰한 내용들을 고려할 때 "율법의 행위에 속한 자들"이 저주 아래 떨어지는 이유는 좀 다른 각도에서 해석될 필요가 있다. 갈라디아서 3:10에서 그들이 율법의 저주 아래 있는 것은 바울의 계시적 전망 속에서 아브라함의 참 가족이 아닌 자들로 드러났기 때문이다. 그들은 기껏해야 "육체를 따라 난 자들"(4:23, 29)에 불과하고 그들이 나타내는 "율법의 행위"도 육의 영역에서 행해진 인간적 행위들일 뿐이다. 그들은 온전한 의미에서 율법에 나타난 하나님의 의도에 따라 살아가는 데 실패한 백성이었다. 율법 아래 있는 자들임에도 불구하고 그들은 "죄 아래 갇힌" 자들로 판명되었기 때문이다. 그렇다면 율법은 죄의 세력에 대한 진정한 치유도, 변화된 하나님 백성의 형성도, 따라서 "의와 생명"(3:21)을 줄 수 있는 능력도 없는 '의문' *gramma*일 뿐이다. 유대인들의 오해가 있었다면, 율법 자체의 이러한 구원사적 한계들을 깨닫지 못하고 "율법의 행위들" – 유대인의 신분표지로 변질된 행위들이든 아니면 육의 영역에서 죄로 인해 굴절된 계명의 준수 행위들이든 – 을 의지하였기 때문이다. 하지만 바울에게는 이런 인간적 행위들은 결코 칭의의 근거가 될 수 없다(2:16; 3:11). 결과적으로, "율법의 행위에 속한 자들"이 하나님의 참 백성이 아닌 자들로 드러난 상황에서, 신명기 27:26의 저주는 율법에 나타난 하나님의 의도를 따라 사는 데 실패한 세상적 존재들에게 임하는 저주이다. 3:10에서 바울은 마소라 사본에는 없지만 칠십인경에 덧붙여진 '모든' pasin이란 강조적 문구를 넘겨받았다.62) 종말의 때에 야기된 율법의 역할 반전을 고려할 때, 이런 강조적 문구는 왜 "율법에 속한 자들"이 행위의 관점에서 율법의 준엄한 표준에 못 미치는가를 드러내려는 바울의 의도를 나타낼 수 있다.

요약과 결론

필자는 지금까지 새 관점 학파의 해석 모델을 비판하고 바울 당대의 유대교가 "행위의의 요소를 지닌 언약적 신율주의"였다고 제안한 최근의 중도적 해석 모델에 초점을 맞추었다. 그리고 그들의 해석 모델이 과연 갈라디아서의 논쟁적 진술들에 제대로 적용될 수 있는지도 집중 검토하였다. 특별히 우리의 초점은 "율법의 행위로 말미암는 칭의"에 대한 바울의 강한 부정 배후에 유대교의 "행위의"行爲義 주장이 반영되어 있다는 이들 중

---

62) 마소라 사본의 본문을 번역하면 다음과 같다: "Cursed is he who does not keep the words of this law to do them." 반면에 LXX 본문을 번역하면 다음과 같다: "Cursed be every man who will not abide by all the words of this law in order to do them." 문제는 바울이 우리에게 알려져 있지 않은 LXX 본문을 인용했는지, 아니면 그가 의도적으로 그 본문을 변경시켰는가에 있다. 차이점들은 바울의 인용구에만 국한된 것은 아니고 다른 사본 전승들 속에서도 발견되기 때문에, 바울의 인용 본문은 그가 인용한 것을 담고 있었을지도 모른다. 아니면 그가 기억하고 있는 것을 인용했을지도 모른다.

도파 학자들의 주장의 부당성을 논증하는 데 있었다. 지금까지 우리의 관찰 결과들을 종합한다면, 다음과 같이 결론지을 수 있을 것 같다:

1. 갈라디아 위기의 핵심은 외부에서 침투한 유대주의자들의 할례 강요에 있다. 그들이 이방 신자들에게 할례를 받도록 선동하는 문제는 내면적으로 아브라함 자손의 정체성을 해석하는 방식과 연관되어 있는 것 같다. 그들은 아브라함에게 약속된 언약의 복에 참여하기 위해서 할례를 받으라고 이방 신자들을 강요하였는데, 이러한 선동 행위 배후에는 아브라함의 자손은 할례를 받는 자여야 한다는, 창세기 17:9-14의 본문에 대한 그들의 해석이 뒷받침하고 있었을 것이다. 그들의 할례 강요 행위가 얼마나 율법 문제와 연관되어 있는지는 분명치 않지만, 율법에 관한 이슈가 갈라디아서 논쟁의 중심을 이룬다는 점과 또 갈라디아서 4:21에 언급된 '뗄론테스' *thelontes* 동사의 사용 등으로 미루어볼 때 선동자들이 할례와 율법의 상관성을 어느 정도는 의식하고 있었던 것 같다. 하지만 유대주의 논적들이 "스스로 율법은 지키지 않는"(6:13) 자들이었다고 묘사된 점, 그리고 새삼스럽게 할례의식이 "율법 전체를 행해야 할 의무"(5:3)를 동반한다는 사실을 강조한 점 등은 그들이 할례 준수가 함축하는 진지한 의미를 아직 의식 속에 뚜렷하게 떠올리지 못했을 수도 있다. 사실 그들이 "율법의 행위"에 종사했으면서도 그것을 제대로 지키지 않았다고 한다면, "율법의 행위"는 논쟁적 문맥에서 달리 해석될 여지도 있다.

2. "율법의 행위"가 뜻하는 의미에 대해서 학자들 사이에 강조점의 차이가 존재하기는 하지만 어느 정도 의견 접근이 이루어진 것으로 보인다. 던과 같은 교수는 "율법의 행위"가 할례, 음식법, 안식일 등과 같이 유대인들의 배타적인 "신분표지" 또는 "경계선 표지" 역할을 해왔다고 관찰한 것

은 일단 그의 기여이다. 하지만 "율법의 행위"를 이처럼 너무 좁게 해석한 데 대해서 많은 비평들이 가해지자, 최근에 던은 이전의 자신의 중심 주장을 유지하면서도 전보다는 훨씬 폭넓게 해석하여 그것은 "율법이 경건한 유대인에게 요구하는 모든 것, 즉 율법이 의무로 짊어지우는 '행위들'"⁶³⁾을 가리킨다고 물러섰다. 그리고 그를 비판하던 중도파 학자들도 던의 사회학적 통찰에 대한 기여를 인정하여 "율법의 행위"가 유대인들의 배타적 신분표지 기능이 있다는 것을 부인할 수 없다고 양보한다. 하지만 그들은 여전히 갈라디아서의 논쟁의 핵심은 "신분"이 아니라 "행위" 문제였다고 해석한다. 그들은 따라서 "율법의 행위"를 율법에서 명령되고 규정된 행위들로 해석하고, 이러한 해석을 유대교 칭의론을 논박하는 발판으로 삼는다. 결국 그들의 주된 차이는 "율법의 행위"란 표현의 의미 해석에 있지 않고 지시대상 해석에 있다는 것이 분명하다.

3. 최근에 중도파 학자들은 "율법으로 말미암는 칭의"에 대한 바울의 강한 거부 배후에 "행위의"行爲義를 추구하는 유대교 칭의론이 반영되어 있다고 해석한다. 그들의 이러한 해석은 "언약적 신율주의" 해석 모델에 대한 비판 의식이 담겨져 있다. 유대교는 새 관점 학파들이 주장하듯이 획일적인 집단이 아니고 '은혜' gift와 '요구' demand 사이의 균형성을 깨트리고 후자 쪽으로 편향되어 언약백성 된 신분을 계명 준수에 묶어두려는 개인주의적이고 조건주의적인 유대교 집단들도 포함했다는 것이다. 따라서 그들은 자신들을 언약백성의 구성원으로 의식하기는 했지만, 자신들의 신분이 계명 준수에 의존되어 있다고 봄으로써 결국 '행위의'를 추구하게 되었다는 것이다. 최근의 학자들 가운데는 이러한 유대교의 정신이 갈라디아의

---

63) Dunn, *Theology of Paul*, 358.

논쟁에도 반영된 것으로 보고, 갈라디아 교회에 침투한 유대주의 논적들은 할례와 그것에 뒤따르는 모든 것을 받아들이도록 강요했다는 것이다. 환언하면, 그들은 "율법의 행위들"을 따라 살도록(= 의롭다 함을 얻도록) 선동했다는 것이다. 필자는 이 해석 모델이 갈라디아 위기를 재구성하는 데 큰 도움을 주지 못한다고 생각한다:

첫째로, 칭의 술어는 바울과 유대주의 논적들 사이에서 서로 다른 것을 지시한다: 바울의 경우에 그것은 언약 안에 "들어가는"getting in 처음 구원 경험을 지칭하는 반면, 유대주의자들의 경우에는 언약 안에 "머무는" staying in 삶의 행위를 가리킨다. 따라서 "믿음"과 "율법의 행위"의 대조도 이런 차이점을 설명하는 방식으로 적용되어야 한다. 믿음이 바울에게 있어서 칭의 경험과 연관된 처음 단계의 신뢰 행위를 가리키는 반면, 율법의 행위는 유대주의자들에게 언약 안에서 머무는 유대인들의 삶의 행위들을 가리킨다. 그런데 왜 바울은 믿음과 더불어 율법의 행위조차도 처음 구원 경험을 묘사하는 칭의 술어와 연결시키려고 하는지 불분명해진다.

둘째로, 불분명한 이런 요소를 해소하는 길은 바울이 다메섹 도상에서 생겨난 그의 변화된 종말론적 전망을 고려할 때다. 갈라디아서 3:6 이후에 전개되는 바울의 논지를 조심스럽게 살펴보면, 그는 "믿음에 속한 자들"과 "율법의 행위에 속한 자들"을 대조하면서 전자만이 아브라함의 참 자손으로 생각하는 것이 분명하다. 이것은 역으로 후자가 "믿음에 속한 자", 즉 아브라함의 참 가족이 아니라는 것을 함축한다. 그들이 "율법의 행위에 속한 자들"임에도 불구하고 저주 아래 놓이게 된 것은 율법을 따라 삶으로써 스스로 의롭다 함을 얻으려고 시도했기 때문이 아니라, 단순히 말해서, 아브라함의 가족에 속해 있는 "믿음의 사람들"이 아니기 때문이다. 그들은 "율법의 행위들"에 종사하는 자들임에도 불구하고, 그것들은 육의 영역에서 행해진, 하나님의 의도에 못 미치는 인간적 행위들에 불과하다. 그들은 율법에 나타난 하나님의 의도를 실행하는 데 실패한 자들이었고, 따라서 "율법 아래 매인" 그들의 역사는 "죄 아래 갇힌" 기간이었다는 것이 드러났다(3:22-23).

셋째로, 바울의 논의들은 유대교 율법 칭의론의 오류, 또는 그들의 특이한 이해에 초점을 맞추었다기보다는 대부분 율법 자체의 구원사적 한계들을 지적하는 데 집중되어 있다. 바울의 율법 관련 진술들의 핵심은 그것이 죄의 세력을 치유할 능력도, 변화된 하나님의 백성을 형성할 능력도, 결국 의와 생명을 줄 수 있는 능력도 없다는 것을 지적하는 것이다. 하나님께서 자신의 백성을 형성하는 근본 원리는 시내산 율법 이전에 주어진 아브라함 언약에서 천명되었다. 율법은 그리스도께서 오시기까지 이스라엘의 후견인 역할을 담당했으나, 이제 그리스도 안에서 성취의 때(4:4)가 도래하면서 율법의 이러한 역할도 중지하게 되었다.

율법의 역할에도 자연히 '반전'이 일어났다. 그것은 구약에서 언약백성의 신분표지, 그들이 머물러야 할 규범 역할을 했지만, 이제 그것은 율법 백성이 죄 아래 갇힌 세상적 존재에 불과하다는 것을 드러내는 심판의 표준이 되었다. 유대인들이 이렇게 죄 아래 갇힌 세상적 존재들로 드러낸 상황에서(갈 3:21-22), 옛 언약 아래서 "할례자"와 "무할례자"(5:6; 6:15), 또는 "율법에 속한 자"와 "율법이 없는 자"(롬 4:14; 2:12) 사이에 존재하던 구분은 무의미하게 되었다. 따라서 바울의 변화된 계시적 전망에서 유대인이나 이방인 모두 동일한 치유책과 구원의 길을 필요로 할 뿐이다.[64]

---

64) Cf. N. T. Wright, *The Climax of the Covenant: Christ and Law in Pauline Theology* (Minneapolis: Fortress, 1991), 153-55; 이한수, 『언약신학에서 본 복음과 율법』, 239.

칭의론, 율법의 저주에 관련된 바울의 진술들은 행위의$行爲義$를 추구하는 유대교 칭의론에 대한 그의 반박 형태로 읽어낼 것이 아니라 바로 이러한 바울의 변화된 계시적 시각에서 해석되어야 한다. 이와 같은 제안에 따라 바울과 유대주의 논적들의 칭의론 논쟁을 재구성해보자. 유대주의자들의 주장 방식을 "A"라고 하고 바울의 주장 방식을 "B"라고 하고, 또한 언약 안에 "들어가는" 행위를 "G," 그 안에 "머무는" 행위를 "S," 그리고 불순종 행위가 가져올 결과에 대한 경고를 "W"라고 한다면 다음과 같은 논쟁 형식을 띠게 된다:

Ⓐ 유대주의자들의 전망에서

(1) 자신들에 대한 주장

AG | 자신들은 이미 언약 "안에"in 들어온 자들이다.
AS | 할례, 음식법, 안식일, 율법준수 등과 같은 "율법의 행위"는 AG에 대한 증거이다.
AW | 율법에 대한 불순종에도 불구하고 하나님은 그들에게 여전히 언약적으로 성실하시기 때문에 그들은 마지막 심판에서 면제될 것이다(cf. 롬 2장//Wis. Sol. 11-15장).

(2) 갈라디아 이방 기독교인들에 대해서

AG | 할례를 받음으로 언약 "안에" 들어와야 한다.
AS | 할례를 받은 자는 "율법의 행위"를 받아들여 언약 안에 머물러야 하며, 하나님은 오직 그렇게 하는 자들만을 언약 안에 머무는 '의인'으로 여기신다.
AW | 유대주의자들의 입장이 무엇인지 불분명하다: 3:10에 인용된 신명기 27:26의 함축이 자만에 빠진 유대주의자들을 경고하는 바울 자신의 말을 반영하는지 아니면 행위의를 받아들이는 유대주의자들 자신의

말을 반영하는지 분명하지는 않다. 필자는 전자가 더 가능성이 많다고 생각한다.

Ⓑ 바울의 변화된 전망에서

(1) 유대주의자들에 대해서

BG | 그들은 여전히 언약 "밖에"out 있으며, "죄 아래 갇힌" 세상적 존재이다.

BS | 그들이 행하는 "율법의 행위"에도 불구하고, 그런 행위들은 육의 영역에서 행해진 유대인의 삶의 유형에 불과하여 결코 그들이 언약 안에서 살아가는 '의로운' 하나님 백성임을 보여주는 징표들이 아니다. 율법은 변화된 하나님 백성을 형성할 능력이 없으며, 그들이 행하는 "율법의 행위" 역시 하나님의 표준에 못 미치는 인간적 삶의 유형에 불과하다. 따라서 율법을 의지하는 유대인들은 단지 "육체를 따라 난 자들"에 불과하고, 그들의 종교 역시 "육의 종교"이다.

BW | 율법은 결코 의와 생명을 가져다 줄 능력이 없고, 그 행위에 속한 자들은 결국 "율법의 저주"에 떨어질 것이다.

(2) 이방 기독교인들에 대해서

BG | 유대인이나 이방인 모두 "죄 아래 갇힌" 세상적 존재들로서 모두 하나님의 동일한 구원과 치유책이 필요하다. 따라서 그들은 오직 믿음으로/은혜로 의롭다 함을 받을 뿐이다. 유대주의자들이 내세우는 "율법" 또는 "율법의 행위"는 결코 변화된 하나님의 백성을 형성할 능력이 없다. 그것을 좇아가는 유대인들이 지금 "죄 아래 갇힌" 세상적 존재로 드러나지 않았는가?

BS | 믿음으로 말미암는 칭의는 이방 신자들의 삶의 패턴도 변화시킨다. 아브라함의 참 가족은 "믿음에 속한 자들"이요 "성령을 따라 난 자들"이다. 믿음으로 의롭다 함을 얻어 아브라함의 참 자손이 되었다면, 그는

이제 "믿음 안에서 사는" 자가 되어야 한다; 마찬가지로 "성령을 따라 난 자"라면, 그는 마땅히 "성령을 따라 행하는" 자가 되어야 한다. 이제 더 이상 "율법의 행위"는 갈라디아 이방 기독교인들의 신분과 행위를 지배하는 원리가 될 수 없다.

BW | 만일 믿음/성령 안에 있는 자라고 하면서 육체의 일을 일삼는 자가 있다면, 그는 하나님 나라를 유업으로 얻지 못하게 될 것이다(5:19). "너희가 육신대로 살면 반드시 죽을 것이로되 영으로써 몸의 행실을 죽이면 살"(롬 8:13) 것이다. 참 하나님의 백성은 참된 믿음의 고백과 진정한 순종의 삶으로 논증되는 사람들이다(cf. 요일 3:10, 23).

결론적으로, 구약, 분파 유대교, 신약 저술들의 언약사고 패턴 사이에는 어느 정도 공유된 관점들이 존재하는 것으로 보인다. 따라서 그들의 언약신학 패턴을 단순 비교한 결과에 근거해서 구약적 사고인지 유대교적 사고인지, 바울적인 사고인지를 결정하려는 것은 혼선을 조장할 여지가 많아 보인다. 신구약 사이, 또는 좀더 좁게 유대교와 바울 사이의 진정한 차이점은 샌더스Sanders가 열어놓은 언약사고 패턴들의 단순 비교[65])에서 찾을 것이 아니라, 언약의 비전이 성취되는 구원사적 조건들의 차이에서 찾아야 한다. 필자의 이 진술은 변화된 하나님의 백성을 형성하려는 새 언약의 비전이 시내산 율법 아래서보다 예수 그리스도와 그가 보내시는 새 언약의 영을 통해 성취되기 시작했다는 신약 저자들의 확신, 특별히 바울의 변화된 종말론적 시각에 근거한 것이다. 유대인들의 근본적 오해는 율법의 구원사적 한계들을 깨닫지 못하고 여전히 옛 언약에 의해 한계 지어진 울타리 안에 머물면서 언약사의 정점climax에 오신 그리스도를 받아들이지 못하는 데 있다고 하겠다.

---

[65]) E. P. Sanders, *Paul and Palestinian Judaism. A Comparison of Patterns of Religion* (Philadelphia: Fortress; London: SCM, 1977) 참조.

예 수 · 바 울 · 교 회 ▶ 10

하나님의 주권적 자유

문제 제기

신약의 신론에 있어서 근본적인 사상들 중 하나는 하나님께서 사람들을 다룸에 있어서 절대적 주권과 자유를 지니고 계신다는 사상이다. 하나님의 주권적 자유에 관한 사상은 공관복음서의 예수의 사상 속에도 나타나지만, 신약 중에서 가장 두드러지게 나타나는 곳은 바울 서신 중에서 로마서 9-11장일 것이다. 로마서 9-11장은 이스라엘의 불신앙 문제를 다룬다. 하나님께서 이스라엘을 선택하시고 그들에게 온갖 축복들을 제공하셨지만 그들은 지금 현재 불순종에 빠졌다(11:17-24).

여기서 "하나님의 말씀이 폐하여졌느냐"(9:6)라는 근본적인 질문이 제기된다. 로마서 9-11장은 이 질문에 대한 신학적 답변이라고 할 수 있다. 이 부분의 두드러진 특징은 하나님의 절대적 주권과 인간의 책임 문제가 묘하게 공존한다는 사실이다. 하나님은 진흙을 가지고 자신이 원하는 대로 그릇을 빚을 수 있는 토기장이에 비유되기도 하지만(9:19-22), 그는 또한 불순종한 이스라엘을 향하여 종일 손을 벌리고 기다리는 분으로 비유되기도 한다(10:21).

로마서 9-11장은 따라서 교의신학자들뿐만 아니라 여러 성경 신학자들의 지대한 관심을 끌어왔다. 이 부분의 해석에 관하여 논쟁되는 문제들이 많기는 하지만 필자는 그 중에서 한 특정한 문제, 즉 사람들을 다루시는 하나님의 주권의 성격에 관하여 논의의 초점을 맞추고자 한다. 전통적인 장로교 신학에 따르면 하나님의 주권은 선택자들에게 작용되는 것과 동일한 방식으로 유기자들에게도 작용한다고 주장되어 왔다. 헤르만 바빙크H. Bavink의 견해를 따라서 벌카우어G. C. Berkouwer는 인과因果의 논리에 따라서 문제를 접근하려는 모든 주장들은 선택과 거절 사이에 평행점을 수립하는 데 실패할 것이고 또한 반드시 실패하고야 말 것이라고 주장한다.[1] 왜냐하면 인간의 죄는 하나님의 유기 작정에서 유래되지 않으며, 그것은 신자의 믿음의 선택의 외적 징표인 것과 똑같은 방식으로 유기의 외적 징표가 아니기 때문이다. 오히려 성경은 하나님께서 인간들을 그들의 죄악된 불순종에 대한 그의 역사적 반응으로서 거절하신 것이지만 그의 거절이 그 원인이 아니라고 되풀이해서 말하기 때문이다.[2] 이러한 전통적인 논쟁은 사실 단순히 교리적 논쟁으로 끝나지 않고 로마서 9-11장에 대한 신약학자들의 주석에도 영향을 미친다. 필자는 이러한 전통적 논쟁을 염두에 두고 바울이 로마서 9-11장에서 이 문제에 대해 무엇을 교훈하는지를 살펴보고자 한다.

---

[1] G. C. Berkouwer, *Divine Election*, 190. 그는 여기서 예정론을 논리적 균형과 관련하여 설명하기를 거절한 개혁신학자로 헤르만 바빙크를 인용한다(*Gereformeerde Dogmatik II*, 352ff: "선택 교리는 신자뿐만 아니라 불신자에게도 큰 위로가 된다" (II, 265f) : "아마도 자신이 거절당했다고 믿어서는 안 될 것이다. 왜냐하면 모든 사람이 진지하고도 긴급하게 부르심을 받고 있고 구원을 받기 위해 그리스도를 믿을 것을 요청 받고 있기 때문이다" (*Ibid.*).

[2] G. C. Berkouwer, *ibid.*, 190f.

본문에 대한 해석

로마서 9-11장의 의미에 관해서 많은 견해들이 피력되어 왔다. 이 본문에서 대두되는 모든 질문들과 이슈들을 다 논의할 수는 없고 그 대신 한 가지 질문에 대한 답변만을 추구할 것이다 : 우리는 선택과 거절의 균형 symmetry에 관한 교훈을 이 장들에서 발견할 수 있는가? 우리는 이제 바울이 실제로 이 부분에서 무엇을 교훈하는지 살펴볼 것이다.

로마서 9-11장에서 바울이 염두에 두었던 일반적인 목적을 개관하기 전에 주요 본문들을 선택해서 그것들을 주변 문맥에서 검토하는 것이 편리할 것이다. 이들 본문들은 로마서 11:5-12과 함께 9:6-13을, 그리고 11:5-12과 9:19-24이다.

첫 번째 본문(9:6-13)에서 바울은 하나님의 말씀이 실패하지 않았음을 보여주기 위해서(6절상) 하나님께서 이스마엘과 에서를 버리고 이삭과 야곱을 택하신 두 가지 창세기 이야기들을 인용한다. 하나님께서 아브라함과 그의 씨에 대한 약속을 아브라함의 모든 육신적 후손들에게 주시지 않았다. 왜냐하면 그들 모두가 참 이스라엘이 아니고(6절하) 참 아브라함의 자손들도 아니기 때문이다(7절). 7절하에서 바울은 이러한 논의를 먼저 하나님께서 이스마엘을 버리고 이삭을 택하신 창세기 이야기에 근거시킨다(LXX 창 21:12). 창세기에서 인용된 "이삭으로부터 난 자라야 네 씨라 칭하리라"는 문구는 분명히 이삭을 단순히 개인으로 생각하여 그를 "네 씨"*soi sperma*에서 고립시키지 않는다는 것을 분명히 시사해 준다. 여기서 말하려는 요점은 하나님의 특별한 백성이 이스마엘로 말미암는 그의 후손들에서 나오는 것이 아니라 이삭으로 말미암는 아브라함의 자손들로부터 나올 것이라는 것이다. 8절에서 바울은 '약속의 자녀'와 '육신의 자녀'를 대조시킴으로써 이삭과 이스마엘의 경우에서 함축된 기본적인 진리를 끌어낸다. 이런 식의 대조를 통해서 바울은 다음과 같은 의미를 전달해 준다 : 이삭과 이스마엘은 모두 자연적인 출생으로 말미암는 아브라함의 자손들일지라도, 오직 이삭만이 특별하고 선택적인 의미에서 그의 씨였으며 그의 후손들로 칭함을 받는 자들의 조상이 된 것은 바로 '약속' 때문이었다.[3]

그러나 "이뿐 아니라 또한"*ou monon de, alla kai*이란 문구가 시사하듯이, 바울은 이삭과 이스마엘의 경우를 8절에 표현된 진리를 증거해 주기에는 덜 결정적인 논증으로 생각하는 것 같다. 왜냐하면 9절에 인용된 약속을 차지하고라도 그들 사이에 중요한 차이점이 남아 있기 때문이다. 다시 말해서, 이스마엘은 이삭과는 달리 사라의 여종인 하갈의 아들이었다는 사실이다. 이 점 때문에 바울은 두 번째 보다 분명한 본보기로서 창세기 18:10, 14을 칠십인경에서 인용하게 되는데, 여기서 우리는 리브가가 야곱과 에서를 '한 사람으로 말미암아' *ex henos* 잉태하였다는 말을 듣게 된다(10절). 이것은 두 사람 모두에게 동일한 어머니, 동일한 아버지 그리고 동일한 잉태시기가 있었다는 것을 의미한다. 그들이 태어나서 선악 간에 무슨 일을 하기 전에 야곱을 에서로부터 구별해 내셨다(11절). 하나님께서 이렇게 구별하신 목적은 "택하심을 따라 되는 하나님의 뜻이……서게 하려는"*hina he kat' eklogen prothesis tou theou mene*, 11절할 것이었다. 여기서 "택하심을 따라

---

[3] '씨'(*sperma*)란 말은 바울에게 있어서 기본적으로 집합적인 술어이다 (cf. 갈 3:29; 롬 4:14, 18; 11:1). 그것을 여기서 단지 이삭의 개별 아들을 지칭하는 것으로 볼 만한 타당한 이유가 없다. 존 머리는 '엔'(*en*)전치사를 무시하고 이 인용을 "이삭이 네 씨가 될 것이다"는 식으로 번역하였다 (J. Murray, *Romans II*, 11). 하지만 Sanday and Headlam, *Romans*, 241; Cranfield, *Romans II*, 474ff; L. Morris, *Romans*, 353에서 그들은 모두 이 술어의 집합적 의미를 선호한다. 한편, C. K. Barrett와 M. Black은 6－14절에 나타난 바울의 난해한 논의 배후에 놓여있는 기독론적이고 구원론적인 사상에 주목한다. 왜냐하면 갈 3:16ff에서 '씨'는 아브라함의 한 후손인 그리스도에 초점이 맞추어져 있기 때문이다. Barrett, *Romans*, 181; Black, *Romans*, 131을 보라.

되는 하나님의 뜻"이란 표현은 '선택으로 특징화되는 하나님의 목적' (cf. 11:5)을 지칭하며,[4] 그것은 6절상에 있는 '하나님의 말씀'과 평행을 이룬다. 왜냐하면 *ekpeptoken*과 *mene*라는 두 동사들이 문맥 중에서 같은 주제와 연계되어 있기 때문이다.[5] 환언하면, 하나님의 선택 목적이 세워진다는 사실은 하나님의 말씀이 실패하지 않았다는 것을 의미한다. "행위로 말미암지 않고 오직 부르시는 이에게로 말미암아"*ouk ex ergon all' ek tou kalountos*, 11절하라는 문구는 11절하와 어느 정도 느슨하게 연결되어 있지만 11절에 있는 독립소유격의 함축을 끌어내 준다. 하나님께서 에서를 버리고 야곱을 선택하신 것이 그들의 출생보다 선행한다는 사실은 이것이 야곱의 행위들에 기초할 가능성을 배제시킨다. 이 점에서 하나님의 선택 목적은 전적으로 부르시는 하나님에 의존한다.

여기서 주된 문제는 이 구절에서 어떤 선택 행위가 의도되고 있는가와 관련된다. 그것은 개인들의 영원한 운명을 결정짓는 선택 행위인가, 아니면 구속사 가운데서 개인들이나 종족들이 담당한 기능들과 역할들과 관계있는 선택 행위인가? 현재 학자들의 견해는 이 두 사상 노선들 사이에서 갈려 있다. 전자의 견해는 핫지C. Hodge, 머리J. Murray, 케제만E. Kasemann, 마이어G. Maier, 파이퍼J. Piper 그리고 빌G. K. Beale과 같은 학자들에 의해 지지를 받고 있고,[6] 반면에 후자의 견해는 샌데이와 헤들람), 레인하트F. J.

---

[4] Cranfield, *Romans II*, 478. Cf. Sanday and Headlam, *ibid.*, 244; Black, *ibid.*, 132; Barrett, *ibid.*, 182.

[5] J. Piper, *The Justification of God* (1983), 33; Cranfield, *ibid.*, 478; H. Schlier, *Römer*, 293; Black, *ibid.*, 182.

[6] C. Hodge, *Romans* (1835), 304-12; Murray, *op. cit.*, 8-24; Käsemann, *Romans*, 264-66; G. Maier, *Mensh und freier Wille nach den judischen Religionspateien zwischen Ben Sira und Paulus* (WUNT 12), 351-400; J. Piper, *The Justification of God. An Exegetical and Theological Study of Romans 9:1-23*, Baker Book House, Grand Rapids, Michigan 1983, 31-54; G. K. Beale, "An Exegetical and Theological Consideration of the hardening of Pharaoh's

Leenhardt, 멍크J. Munck, 크랜필드C. E. B. Cranfield 그리고 모리스L. Morris 등과 같은 학자들에 의해서 지지를 받고 있다.[7] 연루된 문제에 세심하게 초점을 맞추기 위해서 먼저 여기서 유대 백성이 일차적으로 염두에 있고 개인들이 문맥 속에 등장할 때조차도 그들은 구속사적 문맥과 고립시켜 이해되어서는 안 된다는 것을 지지해 주는 몇몇 문맥적인 관찰들을 제시할 것이다.

(1) 로마서 9:7-13은 바울이 이스마엘과 에서를 버리시고 이삭과 야곱을 선택하신 하나님의 주권적인 자유를 분명하게 인정하고 있음을 보여준다. 바르트가 지적한 대로 하나님이 받아주시고 거절하시는 행위 속에서 나타난 '이중성'duality의 요소가 존재한다. 이런 이중적 요소는 흔히 전통적인 교리에서 이중 예정론을 구성한다.[8] 이런 기초하에서 파이퍼와 같은 학자들은 바울이 개별 이스라엘 사람들이 저주를 받을 때조차도 하나님의 말씀이 어떻게 해서 실패하지 않았는가를 설명할 수 있는 원리로 예정론을 제시한다고 해석한다.[9] 여기서 우리는 이삭과 야곱을 개인들로 선택하는 배후에 작용하는 하나님의 주권적인 자유를 발견하게 되는데, 그러한 주권적 자유가 없는 하나님이라면 인간 상황에 대해서 어떤 결정적인 일을 행할 수 없게 될 것이다.[10]

Heart in Exodus 4-14 and Romans 9," *TrinJ* 5 *NS* (1984), 129-54.

[7] Sanday and Headlam, *Romans*, 239-250; F. J. Leenhardt, *Romans*, 247-251; J. Munck, *Christ and Israel. An Interpretation of Romans 9-11*, Philadelphia, 1967, 75-104; Cranfield, *Romans II*, 470-81; L. Morris, *Romans*, 351-357.

[8] M. Barth, *The People of God*, Sheffield, 1983, 38. 여기서 바르트는 이렇게 인정한다: "'은혜로 말미암은' 하나님의 선택은 이중 예정론으로 묘사될 수도 있을 것이다. 왜냐하면 이중성 또는 이원성이 그것을 구성하기 때문이다." 그러나 이 이원성의 요소는 그것이 그리스도의 선택과 거절에서 성취된 것으로 나타내기 위해 기독론적으로 해석되고 있다.

[9] J. Piper, *Justification*, 48. 그는 여기서 J. Murray, *Romans II*, 18을 추종한다. 비슷하게 케제만은 이스마엘과 에서의 선택과 거절 속에서 "모형으로 승화된" 두 개인들을 발견한다(*Romans*, 264).

[10] L. E. Keck, *Paul and His Letters* (1979), 66.

그러나 예정을 모든 역사적 현상들의 형성적 요인으로 간주하여 모든 인간의 구원에 일반적으로 적용할 수 있는 원리를 제공하는 '모델들'로 이삭과 야곱을 삼는 것은 잘못된 일로 보인다.11) 그들을 그렇게 모델들로 삼을 수 없는 이유는 이스마엘과 에서를 버리고 이삭과 야곱을 택하신 하나님의 선택 행위가 다른 사건들과 같이 일상적인 사건들이 아니고 하나님의 백성의 형성에 특별한 의의를 지니고 있었기 때문이다. 이삭과 야곱은 이스라엘 백성의 조상들에 속해 있고(9:10하; 11:28f) 그들을 통해서 이스라엘의 선택과 그에 동반되는 축복들이 여전히 작용하고 있기 때문이다.12) 따라서 하나님께서 그들을 선택하신 것은 하나님의 백성들로서 그들의 후손들의 운명을 결정한 독특한 구속사적 사건이었다(9:4f; 11:2). 우리가 위에서 살핀 대로, 이것은 이삭과 이스마엘의 경우에서 분명해진다. 왜냐하면 "이삭으로부터 난 자라야 네 씨라 칭하리라"는 7절의 말씀은 하나님의 백성이 이스마엘이 아니라 이삭으로 말미암는 아브라함의 후손들로부터 나온다는 것을 시사한다. 전치사 "엔*en*은 이삭이 후손들의 출발점, 기원 장소이며 따라서 후손들이 그를 통해 태어나는 대리자라는 것을 의미한다"(마 9:34; 고전 6:2).13) 그러므로 이삭에 대한 하나님의 선택은 그의 후손들의 역사적 운명과 축복들과 불가분리적으로 결합되어 있다.

---

11) 케제만은 관찰하기를, 이중 예정의 사상이 여기에 현재한다고 인정한다 하더라도 바울이 그것을 나타내는 것은 오직 이 구절에서뿐이라고 말한다 (*Romans*, 265; cf. E. Dinkler, "Pr destination bei Paulus: Exegetische Bemerkungen zum Romerbrief," in *FS* for G. Dehn, ed. by W. Schneemelcher, *Neukirchen*, 1957, 92). 어디에서도 바울이 예정론을 '균형적으로'(symmetrically) 발전시키지 않는다는 사실은 현재 우리의 구절을 이해하는 데 도움을 줄지도 모르고 또한 이 균형을 바울의 다른 예정론적 구절들에 일반적으로 적용하는 것을 막아줄 수도 있다.

12) Cf. Leenhardt, *op. cit.*, 249; Cranfield, *op. cit.*, 479.

13) Sanday and Headlam, *op. cit.*, 241을 보라. 이 전치사의 의미에 대해서는 O. Michel, *Römer*, 300을 보라. 여기서 그는 이 구절을 이렇게 번역한다: "d. h. nur die Nachkommen Isaaks werden von God als der wahre heilgeschichteliche Samme anerkannt werden."

(2) 이것은 또한 에서를 버리고 야곱을 택하신 하나님의 선택의 성격을 설명하려고 인용된 두 구약 인용문들을 보아도 역시 분명하다. 첫 번째 구절(롬 9:12)은 칠십인경 창세기 25:33에서 인용된 것인데, 이 구절은 히브리어 구절에 대한 정확한 번역이다: "큰 자가 어린 자를 섬기리라." 창세기의 문맥은 분명히 야곱의 선택에 동반되는 역사적 특권들을 보여주는데, 왜냐하면 바울이 인용한 신탁의 말씀은 일찍이 다음과 같은 진술을 담고 있기 때문이다 : "두 국민이 네 태중에 있구나 두 민족이 네 복 중에서부터 나누이리라……큰 자는 어린 자를 섬기리라"(창 25:23). 이 신탁의 교훈은 에서를 버리고 야곱을 택하신 사건과 그들의 후손의 역사적 운명 사이의 관계가 연대성의 원칙에 따라 지배를 받는다는 것 이외에 다른 것일 수 없다(시 135; 사 41:8f).[14] 이와 관련하여 '섬긴다' *douleusei*는 동사는 개인적인 의미로 해석될 수 없다. 왜냐하면 에서는 사실상 야곱을 섬긴 적이 없기 때문이다. 또한 그것은 예정론적인 의미로 해석될 수도 없다. 왜냐하면 그 동사는 영원한 정죄에 대해 결코 쓰인 적이 없고 인간 상호 간의 관계들에 대해 쓰이기 때문이다.

두 번째 인용문(롬 9:13)은 말라기 1:2f에서 나온 것이다. 아마도 여기서 바울은 말라기 선지자가 에서에 대해서 말하는 것처럼 열방들을 지칭하는 것으로 보인다: "에서는 미워하였으며 그의 산들을 황무케 하였고 그의 산업을 광야의 시랑에게 붙였느니라"(말 1: 3). '미워한다'는 동사는 '적게 사랑한다'는 뜻을 가질 수 있지만(cf. 창 29: 31, 33; 신 21:15; 눅 14:26; 요 12:25), 말라기 1:3에 채용된 언어는 '미움'이 에돔 족속에 대한 하나님의 역사적 심판과 관련이 있음을 시사해 준다. 이것은 칼빈처럼 그것이 '선택하다'는 말과 대립적으로 '거절하다'는 뜻을 지닌 것으로 해

---

[14] Cf. Sanday and Headlam, *Romans*, 248; Murray, *Romans II*. 17.

석하는 것이 더 낫다는 것을 말해준다.15) 그렇다면 이것은 하나님의 은혜로운 목적에 긍정적인 관계를 맺도록 만들어 놓았지만, 하나님께서 에서를 버리신 것은 그와 에돔 족속을 이러한 관계 밖으로 배제시켜 놓았다는 것을 의미할 것이다. 바울이 대다수의 이스라엘이 에서를 버린 이런 패턴을 따른다고 생각하고 있는 한에서 로마서 9장의 문맥에서 살필 수 있듯이 이 인용문에 나타난 바울의 특별한 강조점은 그 후반부에("그러나 내가 에서를 미워하였노라") 놓여있다.16) 그러나 로마서 9-11장의 문맥에서 에서의 거절로 대표되는 이스라엘의 거절은(cf. 9:17) 영원한 버림을 의미하지 않고 이스라엘 중에서 거절당한 사람들조차도 끝내는 '받아들여질' 것이라는 역사적 의미로 이해되어야 한다(11:26-29).

(3) 이 마지막 지적은 우리가 이 본문을 비슷한 사상이 등장하는 11:5-12과 비교할 때 분명해진다. '선택'이 두 본문 중에서 비슷한 표현들과 연결되어 있다는 것은 - "행위로 말미암지 않고 오직 부르시는 이에게로 말미암아"(9:11), 그리고 "행위로 말미암지 않고 은혜로 말미암아"(11:6) - 그 두 본문들이 동일한 선택 사상을 다루고 있다는 것을 시사해 준다.17) 두 본문에서 신적 행위의 '이원성'duality을 표현해 주는 모종의 평행점이 존재하는 것으로 보인다 : 하나님께서 에서를 버리고 야곱을 선택하신 것처럼, 여기서도 하나님은 남은 자들을 선택하시고 나머지를 강퍅하게 하셨다(11:5, 7). 얼핏 보기에 이들 본문들은 모두 이중예정론을 제시하는 것처럼 보이며 아마도 그 의미를 여기서 발견할 수 있을지도 모른다. 하지

---

15) J. Calvin, *The Epistles of Paul the Apostle to the Romans and to the Thessalonians* (1961), ad loc; cf. L. Morris, *Romans*, 357; Murray, *Romans*, 23.
16) Cranfield, *Romans II*, 481.
17) J. Piper, *Justification*, 35; Cranfield, *ibid.*, 478.

만 분명하게 보이는 유사성이 있다고 해서 우리는 이삭과 야곱의 선택과 남은 자의 선택 사이에 중요한 차이점이 있다는 사실을 놓쳐서는 안 된다 (11:5f). 전자는 이삭과 야곱의 선택이 깊이 연루된 유대 백성의 역사적 '형성'과 관련이 있고, 따라서 독특한 구원사적 사건으로 간주되는 것이 타당할 것이다. 다른 한편, 후자는 역사적 유대 신자들이 택하심을 입은 남은 자로 동일시되는 현재적 상황과 관련이 있다. 여기서 택하심을 받은 남은 자는 질투를 불러일으키는 복음 사역을 통해서 신앙을 갖게 될 얼마간의 '강퍅하게 된 나머지' 사람들까지 포함할 수 있는 열려진 숫자의 개인들을 지칭한다.

이러한 차이점에도 불구하고 우리는 6절과 11절 사이에 존재하는 이원성이라는 공통요소를 인정해야만 한다. 특별히 11:5ff에서 선택하는 일과 강퍅하게 하는 일 사이의 이원성은 이스라엘과 관련하여 하나님의 목적의 한가지 결정적인 측면을, 즉 그들의 거절이 최종적인 것도 전체적인 것도 아니라는 '비밀'에 초점을 맞추게 한다(cf. 11:2, 25ff). 이 비밀은 변증법적인 방식으로 전개되어 하나님께서 이스라엘을 강퍅하게 하신 것은 이방인들에게 구원을 가져다주는 역할을 하고(11:11f, 25), 이방인들이 구원의 반열에 들어오는 것은 강퍅하게 된 나머지 사람들을 '질투하게' 만들어서 그들 중의 얼마간이 구원을 얻을 수 있게 된다(11:11, 14). 그렇다면 우리는 강퍅하게 된 자들을 하나님께서 영원한 과거 전에 멸망시키기로 예정한 고정된 숫자의 사람들을 지칭하는 것으로 보려는 파이퍼의 시도를 거절해야만 한다.[18] 왜냐하면 하나님께서 강퍅하게 된 자들을 그의 사

---

18) J. Piper, *Justification*, 156–60. 그의 논제를 지지하면서 그는 거기서 다음과 같은 학자들을 거명한다. Cf. Michel, *Römer* (1966), 241f; U. Luz, *Das Geschichtsver-st ndnis des Paulus* (1968), 77; G. Maier, *Mensch und freier Wille* (1971), 370; Käsemann, *Romans*, 268f; Kuss, *Römer III*, 723.

랑하는 백성으로 변화시키는 일(cf. 9:25f; 11:26, 31)은 인간의 모든 반역에 대한 그의 긍휼의 우월성을 보여주며 따라서 "죽은 자 가운데서 사는 것" zoe ek nekron에 비유되기도 한다(11:15).[19] 이것은 이스마엘과 에서의 경우에는 분명하지 못하지만, 그들의 거절을 로마서 9-11장에서 바울의 전체 사상을 지배하는 이러한 구원사적인 배경하에서 읽어내는 것은 불가능한 일은 아닐 것이다.[20]

결과적으로 개인들을 다루시는 하나님의 주권적인 자유는 본 섹션에서 인정되어야 한다. 하지만 선택과 거절의 이원성은 모든 인류의 구원이 결정되어야 할 원리로서 이중 예정론을 지칭하지 않고 이삭과 야곱의 선택이 그들의 후손들의 역사적 운명과 특권들과 불가분리적으로 연계되고 있으며, 또한 이스마엘과 에서의 거절이 하나님의 사랑에 의해서 포괄되는 (cf. 9:25-26) 로마서 9-11장의 구원사적 문맥으로부터 읽혀져야 한다. 이 마지막 요점은 우리의 후속되는 논의를 통해서 더 분명해질 것이다.

두 번째 본문(9:14-18)에서 긍휼케 할 자를 긍휼히 여기고 강퍅하게 할 자를 강퍅하게 하는 일에서 나타나는 하나님의 주권적 자유의 주제는 바울이 9:6-13에서 말한 어떤 것에 대한 논적자의 반대에 답변할 때 소개되어 지는데, 그의 반대는 하나님께서 만일 인간의 어떤 특징들이나 가치들

---

19) 우리가 이 표현에 대해서 (문자적이든 은유적이든) 무슨 해석을 취하든지 간에 이 사건은 마지막 때에 일어날 일로 이해되어야 한다. 하지만 바울의 요점은 얼마간의 개별 유대인들의 회심이 "교회조차도 미리 맛보는 일밖에 하지 못하는 그 영광을 특별히 두드러지게 지시해 주는 것"이라는 것이다 (Cranfield, *Romans II*, 563). 다른 한편, 바르트는 이 표현을 롬 9-11장에 나타난 바울의 기독론적인 관심과 관련하여 해석한다. 따라서 그는 이렇게 주장한다: "왜냐하면 그리스도의 죽음은 이스마엘, 에서 그리고 바로의 거절과 상응한다. 그리스도 자신은 하나님의 저주의 대상이 되었다. 다른 한편, '버림받은' 백성을 '받아들인다'는 것은 롬 11: 15에서 '죽은 자 가운데서 생명을 얻는 것'으로 불린다"(M. Barth, *The People of God*, 38).

20) 이러한 해석이 가능하다고 보는 학자들로는 다음과 같다. M. Barth, *ibid.*, 34-38; Cranfield, *ibid.*, 472: "논의에 함축된 것은 그들이 성취하는 역할들이 그렇게 날카롭게 대조되기는 하지만 이삭과 마찬가지로 이스마엘도, 야곱과 마찬가지로 에서도, 모세와 마찬가지로 바로도, 긍휼의 그릇과 마찬가지로 진노의 그릇도 신적 긍휼의 울타리 안에 (그 밖이 아니고) 서 있다."

과 관계없이 한 사람은 선택하시고 다른 사람은 버리신다면 그는 '불의하시다'는 주장을 담고 있다. 이로써 우리는 앞의 섹션과 현재의 섹션 사이에 본질적인 관련이 있음을 살필 수 있다. 환언하면, 바울은 후자에 의해 소개된 주제를 수단으로 해서 전자의 함축을 분명히 밝힌다.

하나님의 방식이 애초부터 불의하지 않다는 것을 보여주기 위해서 바울은 출애굽기 33:19에서 하나님이 모세에게 말씀하신 사실에 호소한다: "내가 긍휼히 여길 자를 긍휼히 여기고 불쌍히 여길 자를 불쌍히 여기리라"(롬 9:15). 이 구절에 대한 전통적인 주석은 그것을 18절 하반절과 함께 취하여 "하고자 하시는 자를 강퍅케 하시느니라"는 표현을 바울이 15절에서 끄집어낸 논리적 추론으로 간주하고자 한다. 이 견해에 따르면 출애굽기 33:19은 하나님께서 무조건적인 선택과 거절에서 나타나는 하나님의 주권적인 자유를 사용하실 때 "불의하시지" 않다는 바울의 주장을 뒷받침해 주는 역할을 한다. 따라서 파이퍼와 빌은 하나님의 의가 "항상 그의 이름의 영광을 위해 활동하시는 그의 불가항력적인 결의로 구성되는 한에서"[21] 그의 무조건적인 선택과 유기 가운데서 동등하게 나타난다고 주장한다.

파이퍼는 바울이 왜 하나님께서 바로를 강퍅하게 하셨음을 언급하는 출애굽기의 여러 구절들 중의 하나를 인용하지 않고 '강퍅하게 함'이란 단

---

21) J. Piper, *Justification*, 78; cf. C. Muller, *Gottes Gerechtigkeit und Gottes-Volk* (1964), 31; G. K. Beale, "An Exegetical and Theological Consideration of the Hardening of Pharaoh's Heart in Exdous 4-14 and Romans 9," *TrinJ* 5 *NS* (1984), 129-54, 특히 152. 여기서 그는 파이퍼의 견해를 따라 다음과 같이 말한다. 롬 9:17에서 바울은 하나님의 공의/의('체데크')가 그의 이름이나 영광을 위하여 활동하실 때, 즉 그의 내면적 본성에 따라 무조건적으로 활동하실 때 그것들이 심판의 행위들이든 긍휼의 행위들이든 간에 피조물에 의해 조건화된 반응들이라면 부당한 것이 될 것이다. 이 논의는 이미 파이퍼에 의해 옹호된 바가 있으나, 이것은 하나님의 뜻을 '자신의 이름을 높이기 위해 한 방향으로 움직이다가 또 다른 방향으로 변덕스럽게 움직이는' 무제약적인 의지로 만들어 버린다. 이것은 분명히 하나님을 긍휼이 풍성하신 분으로 묘사하는 바울의 묘사와 크게 동떨어지게 만든다(Cranfield, *Romans II*, 472).

어가 빠져있는 본문을 선택하였는가 하는 바른 질문을 제기한다. 그러나 파이퍼는 그 본문 선택이 주는 함축을 본 섹션의 문맥과 구조 속에서 발견하는 데 실패하였다. 바울은 출애굽기 33:19을 근본적인 원리로 사용하는 것이 분명한 것 같은데, 그 원리에 의해서 그는 하나님께서 왜 이삭과 이스마엘을 그리고 야곱과 에서를 구분함에 있어서 불의하시지 않은지를 설명할 수 있었다. 본 절의 강조점은 하나님의 긍휼의 자유에 있고, '엘레오스' *eleos*란 단어가 로마서 9-11장에 나타난 바울의 전체 논의를 지배하는 핵심 개념이다(11:30ff).[22]

그것은 하나님께서 죄인들을 분수에 넘치도록 극진하게, 순전한 자비로 대한다는 것을 의미한다 : 그가 만일 아무 일도 하시지 않는다고 해도 그는 불의하시지 않다. 왜냐하면 죄인들은 아무 대접을 받을 권리가 없기 때문이다. 이러한 긍휼이 사람들을 다루시는 하나님의 방식을 지배한다면, 그것은 그들이 그들의 의지나 노력을 통해서 벌어들이거나 또는 어떤 방식으로든 통제할 수 있는 어떤 것이 아니다(16절). 그러나 이런 진술을 한다고 해서 바울은 하나님의 긍휼의 자유가 자비할 수도 있고 무자비할 수도 있는 절대적이거나 임의적인 자유라는 것을 의미하지 않는다. 그의 자비로운 의지와 다르지만 그것과 균형을 이루는 어떤 무제약적인 하나님의 의지가 그의 긍휼 배후에 놓여 있다고 상상하는 것은 비바울적인 생각이다.[23] 하나님께서 오직 긍휼의 원리 위에서 행동하신다는 것은 우리가 15절이 바울의 논의에서 핵심 요점에 놓여 있다는 것을 주목할 때 자명해진다. 만일 이것이 바른 관찰이라면, 이 구절은 우리의 전체 섹션 해석을 지

---

22) Barrett, *Romans*, 185. 이 단어와 그 파생어들은 9:15-23과 11:30-32과 같은 바울의 논의의 핵심 요점들에서 나타난다. 이 마지막 구절은 특별히 롬 9-11장에서 그의 선행하는 논의에 대한 결론을 형성한다.
23) Cranfield, *op. cit.*, 472, 483, 488. '자비'와 '강퍅하게 함'을 두 분리된 신적 행위 노선들로 구분시키는 것은 '스콜라적인' 발상이다.

배하도록 허용되어야 한다. 이것은 11:32에 표현된 하나님의 궁극적인 목적과 일치한다 : 그는 모든 사람들을 불순종에 가두어 둠으로써 모든 사람들을 긍휼로 다루신다.

하나님께서 바로를 강퍅하게 하셨다는 것이(17절) 이해되어져야 할 것도 바로 이러한 문맥 속에서다. 왜냐하면 크랜필드가 말한 대로,[24] 그것은 하나님께서 어떤 사람들을 영원한 죽음을 맛보도록 예정하신 경우로서 기능을 하지 않고 "지금 복음을 반대하는 불순종하는 유대인들의 예표로서" 기능하기 때문이다. 칠십인경 출애굽기 9:16을 자유롭게 인용한 17절의 주된 강조점은 "내 능력" *ten dunamin mou*과 "내 이름" *to onoma mou*이란 문구들에 놓여있다. 케제만은 여기서 '두나미스' *dunamis*가 "심판에서 나타나는 창조자의 능력"을 뜻한다고 해석하지만,[25] 로마서의 다른 곳에서 그리고 바울의 다른 서신들 중에서 그것은 흔히 구원하는 능력을 지칭하며 무제약적인 능력을 지칭하지 않는다(cf. 롬 1:16, 24). 출애굽기 구절의 문맥에서조차도 기본적인 사상은 이스라엘을 구원하는 하나님의 능력이다.

'내 이름'이란 문구는 출애굽기 3:14이 시사하는 것처럼 의심할 여지도 없이 하나님의 말씀과 행위들 속에 나타난 그의 성품을 뜻한다. 하지만 하나님의 구원 능력을 보여주고 그의 거룩한 이름과 성품을 공포하는 것은 하나님께서 이스라엘을 선택하신 바로 그 목적이다. 그렇다면 바울이 17절에서 함축하는 것은 바로도 역시 자기 나름대로의 방식으로 이스라엘이 선택받게 된 그 목적을 세우는 역할을 한다는 것이다. 결과적으로, 18절에서 긍휼과 강퍅하게 함을 대조하는 것은 위에서 설명한 바가 있는 15-17

---

[24] Cranfield, *Romans II*, 485. Cf. K. Barth, CD II/2, 220, 여기서 바르트는 바로를 '이스라엘의 거절당한 모든 사람들의 어두운 전형'으로 부른다.
[25] E. Käsemann, *Romans*, 268.

절의 사상과 별도로 이해될 수 없다. 그것은 파이퍼와 빌이 시사하듯이 선택과 유기 사이의 균형을 지칭하지 않고, 도리어 바로가 강퍅하게 된 일이 하나님의 자비로운 목적에 압도당하듯이, 이스라엘의 죄악된 자기 고집도 그의 동일한 목적에 압도당해야 한다는 것을 보여준다.[26]

세 번째 본문(9:19-24)도 역시 같은 전망에서 이해되어야 한다. '토기장이와 진흙'의 그림언어에서 어떤 사람들은 바울의 논의가 신정론 theodocy과 같은 전통적인 문제에 접근하는 것으로 생각한다.[27] 하지만 바울은 실제로 하나님을 임의적으로 행동하시는 분으로 간주하여 한 그릇은 자비를 베풀기 위해 만들고 다른 그릇은 파괴하기 위해 만드는 것을 보는가? 그는 하나님의 자비와 진노를 '평행된 것'으로 생각하여 그것들이 신적 행위의 두 분리된 노선들을 나타낸다고 보는가? 분명히 바울은 그런 식의 인간적 사변을 허용하지 않는다. 왜냐하면 그것은 불가피하게 하나님의 선하심을 결함 있는 것으로 만들기 때문이며, 더욱이 바울은 인간의 책임을 확증하기로 결정했기 때문이다(9:30-10:21과 11:20-24).[28] 그러나 바울은 9:18에서 '강퍅하게 한다'는 거슬리는 단어를 사용했기 때문

---

[26] Barrett, *Romans*, 187. Contra J. Piper, *The Justification of God*, 75-78; G. K. Beale, "An Exegetical and Theological Consideration of the Hardening of Pharaoh's Heart in Exodus 4-14 and Romans 9," 153f. 빌은 출 4-14의 '강퍅하게 함'의 구절들을 철저하게 검토하기는 했지만, 그는 유대인과 이방인들 사이의 변증법적 관계를 보여주는 롬9-11장의 구원사적 맥락을 살피는 데 실패하였다. '긍휼'이란 단어와 그 파생어들이 처음으로 나타날 때 (9:15-23), 그것들은 로마서 9-11장의 문맥과 고립되어서는 안 된다. 오히려 그것들은 최후의 사건을 지시하는 역할을 한다. 하나님께서 모든 사람들을 불순종에 가두어 두신 것은 그가 그들 모두를 자비로 다루시기 위함이다 (롬 11:32). 왜냐하면 이 구절은 그의 이전 논의에 대한 바울의 결론을 형성하기 때문이다.

[27] 예를 들어, J. Piper, *ibid.*, 75f. 그러나 그의 결론은 하나님의 주권이 그가 긍휼을 보이거나 강퍅하게 하는 일에 있어서 균형적으로 나타난다는 가정에 기초해 있다.

[28] 롬 9:30-10:21은 분명히 이스라엘이 그들의 반역적이고 불순종하는 사람의 방식에 '책임이 있다'는 것을 시사해 준다. Barrett, *Essays on Paul*, London, 1982, 135. d와 관련하여 Munck가 롬 10:21에 대해 주석한 것은 너무 일방적이고 임의적인 것이다. 왜냐하면 그는 하나님의 펼치신 손들을 사랑과 구원의 목적을 표현해주는 것뿐으로 해석하기 때문이다. 이것은 유대인들에게 일어났던 일에 대한 단순한 보도 이상의 것을 진술한다. 그것은 그들의 책임과 죄책을 드러낸다.

에, 그는 거기서 발생하는 반대에 대해 응답할 필요가 있다고 느꼈다. 따라서 그는 다른 종류의 그릇들을 만드는 신적인 토기장이의 자유에 호소하며, 하나님께서 그들을 빚으신 목적이 9:22, 23에 설명된다. 여기서 주된 난점은 이 구절들의 기본적 구조이며, 우리는 여기서 두 개의 구별된 문제들을 구분할 수도 있다.

(1) 이 조건절 문장은 귀결절은 없고 조건절만 담고 있다. 이것은 심각한 문제가 되지 못한다. 왜냐하면 조건절 문장에서 귀결절을 생략하는 것은 헬라어에서 꽤나 흔하기 때문이다. 요한복음 6:62, 사도행전 23:9 그리고 여기서도 조건절은 "그러면 어찌하려는가"what if……?를 뜻하는 말로 취해질 수 있다. 22-24절을 21절과 연결시키는 '데' de라는 말은 중요하다. 왜냐하면 '운' oun이나 '아라' ara대신 '데' de를 사용한 것은 '토기장이와 진흙'의 비유가 22, 23절과 모종의 대조를 이룬다는 것을 시사한다. "하나님의 방식이 토기장이의 것과 똑같지는 않다는 사실"을[29] 끄집어냄으로써 바울 사도는 그의 비유가 부적절하다고 간주하는 것 같다.

(2) 주된 난점은 분사 '뗄론' thelon에 놓여 있는데, 이것은 (a) 원인을 나타내는 분사이거나 또는 (b) 양보를 나타내는 분사로 이해될 수 있다. (b)를 선택하게 되면 '오래 참으심' polle makrothumia과 마지막 절을 함께 묶어 놓을 필요가 있게 만들지만, 이것은 문법적으로 매우 어색하고 좋은 의미를 나타내는 것 같지 않다. 그리고 그의 진노를 나타내고 그의 능력을 알리는 데 있어서 하나님의 성취되지 못한 의지는 로마서 1:18에서 언급된 그의 진노의 현재적 계시와 불일치하는 것처럼 보인다. 그렇다면 (a)가 선호되어

---

[29] Cranfield, *Romans II*, 493.

야 한다.30) 23절 초반에 '카이' *kai* 접속사는 23절에 표현된 세 번째 목적을 22절 상반절과 중반절의 부정사들에 표현된 처음 두 가지 목적들과 결합시켜 놓는 것처럼 보인다. 하지만 세 목적들 중에 마지막 번째 목적의 위치와 부정사 대신에 '히나' *hina*를 사용한 것 등은 23절의 목적이 궁극적이며 처음 두 목적들은 그것에 종속되어 있다는 것을 시사한다. 그렇다면 이 구절은 다음과 같이 부연 설명될 수 있다 : 하나님께서 "자비의 그릇들에게 영광의 부요함을 나타내려는" 세 번째 목적을 위해서 멸하기에 합당한 진노의 그릇들에게 오래 참으심으로 참으셨으며, 세 번째 목적의 성취는 첫 번째와 두 번째 목적들의 − "그의 진노를 보이고 그의 능력을 알리는 것" − 의 성취를 요청한다. 이것은 마치 하나님께서 한 때는 이것을 뜻하시다가 다른 때는 다른 것을 뜻하시기라도 하는 것처럼 그의 진노를 보이는 하나님의 의지와 그의 영광을 보이는 하나님의 의지 사이에 평행점이 존재하느냐 하는 문제는 없다는 것을 분명히 해준다.31) 22절은 도리어 하나님의 긍휼이 진노를 나타내는 과정에서 나타난다는 것을 보여준다.

하나님의 풍성하신 오래 참으심을 지칭한 것은 로마서 2:4과 3:25과 비교될 만하다. 만일 그러한 해석을 배제할 만한 다른 이유가 없다면, 여기서 하나님의 '오래 참으심' *makrothumia*을 죄인들을 회개케 하려고 의도된 그의 선하신 성품과 연관시키는 것이 자연스럽다. 이 점을 따라 이해할 때 정관사 없이 사용된 "진노의 그릇" *skeue orges*이란 표현은 하나님께서 영원히 멸망시키기로 예정한 고정된 수의 사람들을 가리키지 않는다. 이것은 지

---

30) 대다수의 학자들은 그것을 원인적인 분사로 이해한다: Cranfield, *ibid.*, 493f; J. Piper, *Justification*, 188; Barrett, *Romans*, 190; L. Morris, *Romans*, 267; Murray, *Romans II*, 34f, etc. Against M. Black, *Romans*, 134f.
31) Cranfield, *ibid.*, 496.

금은 그리스도인들이 된 바울의 독자들이 "진노의 자녀들"이었다고(엡 2:3) 말해진 점을 주목할 때 분명해진다. 완료 수동태 분사인 '카테르티스메나' *katertismena*와 관련하여 우리는 그것이 '만들어진 또는 준비된'이란 뜻을 지닌 것으로 취할 수 있다.[32] 만일 수동태가 신적인 행위라는 사상을 담고 있다고 이해된다면, 하나님께서 이들 그릇을 파괴하기로 정하셨으며 그들을 이러한 목적을 위해 준비하셨다는 이야기가 된다. 하지만 이 해석은 하나님께서 오래 참으신다는 사상과 조화를 이루지 못한다. 더욱이, 바울이 비록 하나님의 이전 결정을 의미하는 '프로' *pro*- 합성어들에 익숙해 있다고 하더라도(고후 9:5, *prokatartizo*), 그는 그것을 여기서 사용하지 않는다. 그리고 완료 동사는 여기서, 레인하르트가 시사하듯이, 그릇들이 "멸망하기에 합당하게 된 어떤 조건에" 이르렀다는 것을 뜻하는 것으로 해석될 수 있다.[33]

이 모든 것들을 함께 연결해서 이해하면, 다음과 같은 결론이 불가피하다: 진노의 그릇들과 긍휼의 그릇들은 고정된 숫자의 두 그룹의 사람들 numeri clausi이 아니고, 전자가 후자가 되는 것이 하나님의 자비로운 목적이다. 이것은 바울이 로마서 9-11장에서 중심 관심을 기울이는 유대인과 이방인 간의 관계에 대해서도 참이다. 이스라엘은 하나님의 진노의 대상이 됨으로써 다른 사람들이 그의 긍휼을 받을 대상이 되었다. 그러나 이것은 하나님의 긍휼에 이르는 길이 이스라엘에게 영원히 닫혀버렸다는 것을

---

[32] Cf. Piper, *Justification*, 182f. 여기서 그는 9:21에서 두 종류의 그릇들 사이를 구분하는 바울의 구분이 9:22f에서 계속된다는 근거하에서 크랜필드의 견해에 대해 비평적이다. 이러한 통찰로 인해서 그는 "진노의 그릇"과 "긍휼의 그릇"이 numeri clausi, 즉 선택을 받거나 또는 유기를 받도록 예정된 고정된 두 그룹의 사람들을 가리킨다고 주장하게 되었다. 이 견해는 그러나 하나님이 강퍅하게 하신 것이 이방인의 충만한 숫자가 들어올 때까지 불순종하는 이스라엘 위에 임한 반면에 (9:25f; 11:7ff, 25), 그들을 거절하거나 강퍅하게 하는 일은 최종적이지 않고 하나님의 자비에 의해 포용되어야 한다는 바울의 주장과(11:11-15, 26-32) 일치하지 못한다.

[33] Leenhardt, *Romans*, 258; cf. Cranfield, *Romans II*, 495f; Morris, *Romans*, 368.

의미하지 않는다. 왜냐하면 이방인들에게 보이신 긍휼은 역으로 이제 불순종하는 유대인들도 긍휼을 입도록 인도하는 역할을 하기 때문이다(11:14f, 31). 사도 바울에게 있어서 이스라엘이 강퍅하게 된 것은 하나님께서 이방인의 충만한 숫자가 차게 만드실 때까지 '잠정적으로'만 지속될 뿐이다(11:25).

결론

하나님의 주권과 인간의 책임에 관한 바울의 구절들은 언제나 해석하기 어렵기로 유명하다. 해석상 난점이 가장 두드러지게 나타나는 곳은 아무래도 로마서 9–11장이며, 학자들은 전통적으로 그 속에 나타난 신적인 주권 사상의 성격을 해석함에 있어서 견해를 달리해 왔다. 비록 로마서 9–11장이 해석하기 어려운 부분이기는 하지만, 우리가 이제까지 검토한 바로는 선택과 거절 사이에는 균형이 존재하지 않으며 다만 진노를 나타내는 과정에서 그의 긍휼과 주권적인 능력을 나타내는 하나님의 자유로운 행위만이 존재할 따름이다. 로마서 9–11장에서의 강조점은 구원사의 노정을 자신의 자유의지를 따라 인도하시는 하나님의 주권에 있다. 하지만 바울에게 있어서 유기는 그의 선택교리에서 추론된 논리적 결과가 아니다. 카슨Carson의 표현을 빌린다면, 온 세상이 율법 아래서 이미 정죄를 받았으며(cf. 롬 3:9ff) 유대인과 이방인 모두 불순종에 갇힘으로써 하나님께서 그들을 긍휼히 다루시게 되었다는 의미에서(롬 11:32) 바울은 오히려 "정죄의 실현된 종말론"을[34] 옹호한다.

---

[34] Carson, *Divine Sovereignty and Human Responsibility*, 196.

바울은 흔히 하나님의 선택 행위의 무조건성을 강하게 주장한다. 인간이 하나님의 택하심을 받게 된 것은 그의 어떤 내면적 기질이나 신앙의 결단 때문이 아니라 오직 하나님의 주권적인 은총의 결정에 기인한다(롬 11:4-6; cf. 롬 8:31ff; 살후 2:13). 하지만 이와는 반대로 그는 하나님께서 인간들이 불순종했기 때문에 그들을 버리셨다고 자주 말하기도 한다(롬 11:20). 따라서 바울은 하나님께서 불신앙 때문에 사람들을 거절하셨다고 말하는 것과 동일한 방식으로 하나님께서 신앙 때문에 사람들을 선택하셨다고 말하지 않는다. 그는 보통 믿음과 순종을 선택의 결과로 보지 그 원인이나 근거로 생각하지 않는다(cf. 살전 1:4f). 이런 이유 때문에 우리는 선택과 거절을 대등하게 균형 잡힌 것으로 간주할 수 없다. 그렇다면 바빙크나 벌카우어 같은 신학자들이 선택과 거절을 균형론적으로 접근하기를 거절했던 것은 성경신학적으로 타당하다고 할 수 있겠다.

예 수 · 바 울 · 교 회 ▶ **11**

신적 주권과 신자의 책임

신적 주권과 신자의 책임 간의 긴장은 신약 시대 이래로 기독교 신학자들에 의해서 오랫동안 토론되어 온 난제 중의 하나이다. 우리는 이 토론을 오늘날 우리와 상관 없는 단순한 역사적 유산으로 이해할 수 없다. 전통적인 술어들과 사고 유형들이 여전히 우리의 것과 함께 엮어져 있고, 더욱이 과거 시대에 기독교 신학자들에 의해서 토론된 문제들이 최근에 신약 신학자들의 성경적 탐구를 야기하기 때문이다.[1] 본 연구의 주된 목적은 신의 은혜와 신자의 책임 간의 긴장에 대한 바울의 이해를 밝히고 그리스도인의 삶을 그의 사상 구조들 속에서 파악하는 것이다.

---

1) 대표적인 저술들로는, I. H. Marshall, *Kept by the Power of God: A Study of Perseverance and Falling Away* (Cambridge, 1963); D. A. Carson, *Divine Sovereignty and Human Responsibility: Biblical Perspectives in Tension* (John Knox Press, 1981); J. M. G. Volf, *Perseverance and Falling Away in Paul's Thought* (Ph.D dissertation: Tübingen, 1987), etc.

성경적 반성들

우리는 바울이 은혜와 책임 간의 긴장 문제에 대해 교훈한 바를 제대로 그려내기 위해 그의 신학의 기본 구조들과 연관된 바울 서신의 이슈들을 먼저 검토할 것이다. 이러한 검토를 통해서 우리는 제기된 문제들에 대한 답변을 제공해 주는 방식으로, 또는 만일 그것이 가능하지 않다면, 적어도 긴장에 대한 보다 나은 이해를 시사해 주는 방식으로 긴장 구조를 재구성할 것이다. 우리의 논의는 문제의 두 측면들에 초점을 둘 터인데, 이들 문제는 다음과 같다:

(A) 그리스도인의 실제 생활 과정에서 하나님의 은혜와 인간의 책임 간의 관계에 대한 바울의 관점은 무엇인가?
(B) 구원받은 자로서 그리스도인의 신분과 관련하여 하나님의 주권적 선택과 인간의 책임 간의 관계에 대한 바울의 관점은 무엇인가?

(B) 측면과 관련된 문제들보다 (A) 측면과 연관된 문제들에 대한 해결책을 찾는 일이 상대적으로 더 쉽다. 바울 서신에서 관련된 구절들을 조심스럽게 탐구해 보면 표제어 (A) 아래 논의되는 문제들과 (B) 아래서 논의되는 문제들 사이에 존재하는 차이점들 또는 공통 요소들이 무엇인지를 드러내준다. 우리가 바울 사상에서 직면하는 공통된 현상은 그가 동일한 행동을 두 다른 관점에서 묘사하고 있고, 따라서 그것을 하나님 자신의 주권적 행동과 관련하여 살피기도 하고 동시에 그것을 인간의 책임 있는 행위와 관련하여 살피기도 하는 분명한 경향을 나타낸다는 점이다. 이러한 현상은 표제어 (A)와 (B) 아래서 논의되는 문제들 모두에 공통적이다.

첫째로, 믿음의 경우는 (A) 측면과 관련한 표준적 실례일 수 있다. 바울에게 있어서 믿음은 한편으로 하나님의 자유로운 구원의 선물을 받아들이기 위해 인간 편에서 성취되어야 할 여러 조건들 가운데 하나가 아니다. 믿음 이외에 다른 구원의 수단이 없기 때문에, 그것은 항상 인간 책임의 문제로서 복음 선포의 전면에 등장한다(cf. 롬 10:13, 16-17). 다른 한편, 바울이 동일한 믿음을 하나님의 능력에 기초한 것으로 간주하거나 또는 그것을 신의 은혜에 귀속시킴으로써(cf. 빌 1:29; 고전 2:5) 그것을 하나님 자신의 행위와 관련하여 이해한다는 점이 흥미롭다.

이 두 진술들 가운데 어떤 것도 독립적으로 다루어져서 현안 문제에 대한 완전한 설명으로 취해질 수는 없다. 왜냐하면 만일 그렇게 독립적으로 취해진다면, 이들 각 진술은 다른 진술에 의해서 의미 없는 것이 되어버리기 때문이다: 믿음을 배타적인 신적 행위로 생각하면 믿음으로 구원을 받으라는 바울의 명령을 무의미하게 만들게 되고, 그것을 배타적인 인간 행위로만 생각하게 되면 그것을 신의 선물로 보는 바울의 이해를 무의미하게 만들고 만다.

동일한 진리가 바울 사상의 여러 영역들에도 적용된다. 또 다른 실례를 하나 들어보자: 사람을 회개케 하여 하나님을 알도록 하는 것은 하나님의 은혜이다(딤후 2:25). 하지만 이 진술은 하나님의 은혜가 주어지지 않았기 때문에 사람이 회개하지 않았다는 주장의 근거가 될 수 없다. 이 경우에 사람은 스스로 회개할 책임을 짊어진 것이 틀림없고(고후 7:10; 12:21b), 하나님은 심판 날에 그가 회개치 않은 사실에 대해서 벌을 내리실 것이다(롬 2:5). 따라서 바울의 진술들을 상호보완적이며 상호해석적인 진술들로 간주하는 것이 더 나은 것 같다. 왜냐하면 동일한 행동이 다른 두 관점에서 묘사됨으로써 그것의 다른 측면들을 설명해주고, 역으로 그 두 진술들 중 어떤 것도 포기하지 않고 그것들을 전체적으로 의미 있게 만들어 주기 때문이다.

이런 접근은 또한 표제어 (B) 아래서 다루어지는 문제들에도 해당된다. 믿음, 선행, 성화 – 이 모든 것들은 인간의 책임 있는 행동 영역에 속해 있기 때문에 바울 사도는 사람들에게 믿음 안에 굳게 서고(롬 11:20; 고전 15:58; 빌 4:1; 골 2:5) 선행과 성화의 삶으로 견인하라는(빌 2:12; 살후 2:15) 명령으로 도전한다. 하지만 바울에게 특징적인 것은 이 모든 것들이 영원의 관점에서 sub specie aeternitatis, 즉 하나님의 주권적 행위와 관련하여 이해된다는 점이다. 신적 선택의 사실은 사람의 긍정적 반응을 야기하는 원인으로 이해되기 때문에, 후자는 전자의 원인이나 근거가 아니라 그 결과이다(살전 1:3-4). 하지만 이것을 단순한 논리적 사실로 받아들이면, 우리는 믿음과 성화를 배타적인 신적 행위로 특징화할 수밖에 없다. 우리는 신의 선택에 의해 이런 저런 방식으로 강요를 받아 그것들을 수행할 수밖에 없을 것이기 때문이다. 그러나 바울에게는 이런 단순한 논리적 접근 방식을 허용하지 않는 중요한 요소들이 존재한다. 그리스도인의 도덕적, 윤리적 실패의 현실은 분명하게 인정되고 있고(갈 5:15, 21; 고전 3:1-4; 5:1), 현실 역사는 신자들 편에서 여러 배교의 경우들을 포함하고 있다. 무엇보다도 최후 심판은 사람을 하나님과 구별시키는 역할을 함으로써 그들이 환상에 빠져 교만한 마음으로 신의 선택을 주장하지 못하도록 만든다. 우리가 살핀 대로, 바울에게 있어서 신의 선택이 항상 믿음과 성화 생활 가운데서 견인해야 할 인간의 책임을 내포하는 방식으로 현현되는 한에서 견인은 선택과 상관되어 있는 요소이다. 이런 점 때문에 우리는 바울이 신의 선택의 결과로 묘사한 것들을 순전히 논리적 차원에서 이해해서는 안 된다.

신의 행위와 인간 행위의 관계에 대한 바울의 진술들이 상호 보완적인 것으로 해석될 때에도, 우리는 그의 진술들이 지닌 경험론적 차원을 고려하는 데 실패해서는 안 된다. 논리적인 접근은 자주 이 점을 무시하고 그것들을 논리적 진술들로 바꿔치기 하려고 하는데, 이런 접근은 긴장의 한 측면을 희생시키면서 긴장의 다른 쪽 측면을 논리화하려는 '환원즈의적인' reductionistic 시도와 자주 밀접하게 연관된다. 인간의 행동을 하나님 자신의 행위와 관련하여 묘사하는 진술들은 대부분 감사, 회상, 기도, 기대, 개인적 확신 등의 문맥 속에서 등장한다. 더욱이, 그것들은 회상적 문맥에서 대부분 등장하는데, 여기서 바울은 사람이 하나님 백성의 구성원이 된 이후에 인간의 삶과 존재를 하나님 자신의 행위의 관점에서 회상한다: 사람은 믿을 뿐만 아니라 그 믿음 안에서 계속 살아가야 할 책임을 스스로 짊어져야 하지만, 만일 그가 그런 삶을 산다면 바울은 하나님의 은혜가 그의 존재와 삶을 지탱하고 있다고 본다. 이것은 긴장이 바울에게 있어서 기본적으로 삶이 연루된 문제라는 것을 함축한다: 그것은 단순히 논리적 추론의 문제가 아니라 우리의 믿음, 고백, 감사, 기도, 그리고 확신의 생활을 통해 살아져야 할 문제인 것이다. 그렇다면 바울 서신에서 긴장과 연관된 진술들은 경험적 차원을 지닌다는 것은 옳은 지적이다. 왜냐하면 그런 진술들이 온전한 의미를 지니게 되는 것은 믿음의 생활을 통해서이기 때문이다.

이제까지 우리는 표제어 (A)와 (B) 아래서 다루어지는 문제들 사이에 공유되는 요인을 고찰해 왔다. 이제 그것들 사이에 어떤 차이점들이 존재하는지, 그리고 그것들이 그리스도인의 삶을 이해하는 데 있어서 어떤 실천적인 함축들을 갖고 있는지 고려할 시점이다. 사도 바울은 신의 행동과 인간 행동 사이의 관계를 두 다른 차원에서, 즉 시간과 영원에 관련해서 달리 제시하는 것처럼 보인다. 하나는 '역사적' historical 차원이며 표제어 (A) 아래 수렴되는 문제들은 이 첫 번째 차원 속에 포함된다고 할 수 있는 반면, 다른 하나는 '영원한' 차원으로 불릴 수 있으며 표제어 (B) 아래서 수렴되는 문제들은 이 두 번째 차원 아래서 포함될 수 있다. 이러한 차이점을 이해하려면 이 두 차원들이 비교될 수 있는 중요한 두 측면들을 선정하면 족할 것이다.

(1) 비교할 첫 번째 측면은 하나님의 성품과 관련되어 있다. 역사적인 차원에서 하나님은, 바울 서신에서 묘사되는 것처럼, 인간 세상과 역사에 개인적으로 참여하시는 분, 즉 부르고, 사랑하고, 약속하고, 격려하며, 간청하고, 경고하며, 심판하고, 강하게 하고, 인도하며, 화목하게 하고, 베푸는 인격적인 존재이시다; 그는 또한 거룩하고, 의로우며, 자비하고, 신실하며, 친절하고, 인내하는 분이시며 평화의 하나님으로 확증되었다. 이 모든 술어들은 하나님께서 자신을 역사적 사건들에 관여시키고 인간 결정들과 상호 작용하심으로써 인격적으로 인간 세상에 참여하시는 분이라는 것을 강력하게 시사해준다(cf. 롬 10:21; 고전 10:1ff).[2] 더욱이, 그리스도 안에서 하나님은 설교를 통해서 모든 사람들을 부르시며 그들이 구원받기를 진지하게 원하시지만(딤전 2:4), 그의 부르심과 소원은 인간 반역을 통해서 좌절되기도 하는 것처럼 보인다. 그러나 영원의 차원에서, 바울은 또한 동일한 하나님을 미리 아시고 예정하시며(롬 8:29-30; 11:2) 구원받고 (롬 8:33; 고전 1:26-27; 엡 1:4-5) 하나님의 아들의 형상을 본받도록 (롬 8:29) 영원 전에 선택하시는 분으로 묘사한다. 하나님은 그의 영원한 목적을 실현하기 위해(롬 9-11장) 심지어 어떤 개인들을 강퍅하게 하고

---

[2] Cf. F. Young and D. F. Ford, *Meaning and Truth in 2 Corinthians*, BFT (London: SPCK, 1987), 240ff; I. H. Marshall, "Predestination in the New Testament," *Grace Unlimited*, ed. C. H. Pinnock (Bethany Fellowship I, 1975), 141; cf. D. M. Mackay, "The Sovereignty of God in the Natural World," *SJT* 21 (1961), 16f.

(롬 9:17) 개인의 삶에 개입하는 주권적 자유를 지니신 분으로 묘사된다.

(2) 역사적 차원에서 구원의 확실성은 그리스도 안에 있는 하나님의 신실한 구속 행위에 기초하는데, 그것은 현재부터 미래까지 은혜가 신자들에게 지속적으로 적용되는 것을 단번에 이루어놓았다. 구원의 성취는 신자의 계속된 순종의 직접적인 결과가 아니다; 오히려 그것은 그의 책임 있는 삶에 기초를 제공하고, 그에게 소원하고 행동하도록 고무하며(빌 2:13), 그를 신실하게 끝까지 보존하시는 하나님의 은총의 행위에 근거한다. 의롭다 함을 얻은 신자는 따라서 현재적인 구원 경험을 통해 마지막 구원을 미리 확신할 수 있다(갈 5:41; 롬 5:1-5). 하지만 이러한 확신은 기계적이고 논리적인 관점에서 절대적인 것처럼 보이지는 않는다. 바울에게 있어서 하나님이 우리를 보존하는 일은 우리의 책임 있는 자기 보존을 배제하지 않고, 후자는 전자의 실재를 논증하는 역할을 한다(cf. 빌 1:5-6; 살전 5:9-11, 16-24); 보존하시는 하나님의 능력은 새로운 순종의 실천 속에서만 자명해진다. 더욱이, 바울은(끊임없는) 도덕적, 영적 실패들이 영원한 죽음으로 귀결될 수도 있다는 사실을 잘 알고 있다(cf. 갈 5:5, 16ff; 6:8ff; 롬 8:13f; 11:22f). 하지만 바울이 고난과 핍박 중에서 믿음을 지키는 독자들을 격려하려고 선택의 사실에 호소할 때 이러한 상황은 아주 다르게 보인다. 이 경우에 그는 선택하시는 하나님의 사랑이 영원한 과거까지 거슬러 올라가며(엡 1:4) 그들을 온갖 위협과 위험들로부터 지키는 데 실패할 수 없다는 점을(롬 8:28-29; 살후 2:13f; cf. 마 24:22; 요 6:37-40) 확신시켜 줌으로써 그들의 구원의 확실성을 자주 고양된 필체로 표현하기도 한다. 이와 관련하여 바울에게 특징적인 것은 예정론적인 언어가 구원의 절대적 확실성을 강조하기 위해 자주 표현된다는 것이다.

여기서 대두되는 사실은 이들 두 신적 행동 양식들 사이에 존재하는 명백한 차이점이다. 영원의 차원에서 하나님의 행동 양식은, 역사적인 차원에서의 그의 행동 양식과는 대조적으로, 절대적이고 무조건적인 것처럼 보이기 때문이다. 우리가 아주 솔직하게 고백해야 할 점은 이러한 차이점을 이론적으로 해석할 수 있는 어떤 논리적 틀을 발견하는 것이 거의 불가능하다는 사실이다. 하지만 신적 행동의 두 양식들이 우리에게 다르게 보이는 몇몇 이유들은 확인할 수 있다. 우선, 그것들이 우리에게 다르게 보이는 이유는 아마도 죽을 운명의 인생들이 영원을 시간과 관련하여 파악할 수 있는 논리적 능력을 갖고 있지 못하다는 사실에 기인할 것이다. 이것은 하나님과 인간 사이의 존재론적인 간격을 인식하는 것을 뜻하는데, 이 점은 바울이 하나님의 헤아릴 수 없는 섭리를 강조하는 로마서 11:33-35에서 분명하게 나타난다. 비슷하게 그것은 인간 언어가 하나님께서 인간 세상을 다루실 때 어떻게 행동하시는가를 전체적으로 그려줄 수 있는 절대적 관점을 소유하지 못한다는 사실에도 기인한다. 인간 언어는 본질상 유한하고 신과 인간의 관계를 전체적으로 묘사하는 데 불가피한 한계들을 갖고 있다.

그러나 우리가 앞서 논한 대로 신적 행동의 주권적 양식은 하나님과 인간의 인격적 관계를 상대화시키고 하나님의 역사적인 행동과 반응에 나타나는 그의 자유를 부정하는 방식으로 해석되어서는 안 된다. 바울은 결코 역사적 사실들을 하나님의 영원한 결정과 대결시키는 방식으로 설정한 적도 없고, 도리어 그것들을 하나님의 영원한 결정에 다가가거나 파악하는 근거로 삼는다. 따라서 선택의 사실은, 칼빈 자신이 인정하였듯이, 항상 그리스도의 보편적인 은총의 사역을 논증하고, 따라서 믿어야 할 인간의 책임을 확증하는 방식으로 나타난다. 바울은 물론 인간의 확신을 오로지 그의 개인적 성실성에 의존한 것처럼 만들어 마치 선택이 그것에 조건지어져 있는 것처럼 생각하지 않고 도리어 구원의 확실성을 신의 주권적 선택의 사실에 근거시키기는 한다. 그럼에도 불구하고 그는 인간의 책임성을 희생시키지 않는다. 왜냐하면 바울에게 있어서 선택자는 항상 그리스도인의 전투 militia christiana를 능동적으로 수행하는 역사적 그리스도인들을 지칭하기 때문이다. 타락은 역사적인 현상이며, 선택의 사실은 인간 실패와 성공들을 내포하는 역사적 실재들로 나타난다. 결과적으로, 인간과 맺고 있는 하나님의 모든 인격적이고 역사적인 관계들을 하나님의 행동의 절대적 양식과 관련하여 순전히 논리적 체계로 변환시키려고 하는 것은 논리적으로 잘못된 것이다. 오히려 존재론적인 간격은 믿음의 접근을 요청한다. 믿음의 생활은 시간-영원의 간격이 다리 놓아질 수 있는 유일한 관점이기 때문이다.

신학적 반성들

시간과 영원에 관련해서 몇 가지 대조되는 특징들이 앞에서 지적된 바 있다. 그러한 특징들 때문에 어떤 사람들은 바울이 근본적으로 모순되는 두 사상들을 자신의 신학 안에 끌어들임으로써 자기모순에 빠졌다고 생각한다. 이러한 추정이 논증될 수 있다면, 우리는 하나님, 주권, 자유, 책임 등을 재정의할 수밖에 없으며, 심지어는 이런 요소들 가운데 어떤 것들의 존재를 부정할 수밖에 없다. 하지만 이 견해는 신학적으로 건전하지 않을 뿐만 아니라 그러한 현상이 바울 자신에게만 독특한 것이 아니라 구약, 쿰란 문헌, 요한복음, 그리고 다른 신약 저술들에도 흔하다는 것을 인지하지 못하고 있다.[3] 더구나, 카슨은 그것이 반드시 논리적으로 모순된 것이 아니라는 결론을 허용할 만큼 긴장 구조 속에 들어갈 모호한 많은 영역들이 존재한다고 지적한다.[4] 이런 진술을 할 때 그는 그것의 자기모순성을 논리적으로 논증할 수 있는 것처럼 말하는 것이 아니다. 그러한 모호한 영역들의 존재를 증명함으로써 그는 신적 주권과 인간의 책임을 믿는 신앙 사이에 근본적 모순을 내포하는 논리적 함정을 바르게 피하고자 한다. 우리는 그의 주요 주장들을 되풀이하지 않을 것이다. 대신에 시간-영원의 긴장과 관련하여 우리의 앞선 논의들로부터 어떤 논리적 함축들을 끌어낼 수 있는지를 발견해내려는 시도를 하게 될 것이다. 이것은 우리가 최대한 해결책을 제안하려고 관심을 기울이고 있는 문제의 핵심이기 때문이다.

1. 시간과 영원

바울의 언어 사용과 관련하여 위에서 부각시킨 대조되는 특징들은 시간과 영원 사이에 존재론적인 간격이 존재한다는 것을 분명히 해주고 있다. 이 간격은 다양한 영역들 가운데서 감지되고 있지만, 이들 영역들은 대부분 '숨겨진 하나님' *deus absconditus*과 '계시된 하나님' *deus revelatus*, 또는 하나님의 두 의지들 간의 긴장 문제에 대부분 관계되어 있다. 후자의 경우에 대조는 다양한 방식으로 제시되는데, 예를 들면, 하나님의 감추어진 뜻과 그의 계시된 뜻, 또는 그의 비의적인 뜻과 그의 명시적인 뜻 사이에 대조가 이루어진다.[5] 이러한 존재론적 간격은 어떠한 단순한 유추적 논의들을 통해서 메꾸어질 수 없다. 이 간격을 쉽게 설명해버리거나 또는 거기에 아

---

[3] D. A. Carson, *Divine Sovereignty and Human Responsibility: Biblical Perspectives in Tension* (Atlanta: John Knox Press, 1981).

[4] D. A. Carson, *ibid.*, 206. 특히 257쪽에서는 이 사실을 뒷받침하기 위해서 중요한 두 저술을 인용한다: C. F. D. Moule, "The Influence of Circumstances on the Use of Eschatological Terms," *JTS 15* (1964), 5f.; J. I. Packer, "What Did the Cross Achieve?", *Tyndale Bulletin 25* (1974), 35ff.

[5] 또 다른 구분들과 그것들에 대한 비평적 평가를 보려면, Carson, *ibid.*, 213; Marshall, "Predestination," 136f를 보라.

무런 문제도 일어나지 않는 것처럼 가장하는 것은 방법론적으로 부적절하다. 이제 바울 교훈에 걸맞는 시간—영원 긴장의 성격을 검토하고 그 한계들과 기능을 지적하는 시도를 하게 될 것이다.

(가) 영원 속의 하나님의 행동 양식은 시간 속의 그의 행동 양식을 압도하는 방식으로 해석되어서는 안 된다. 어떤 학자들이 이런 방식을 취한다. 예를 들어, 오토R. Otto는 하나님 개념을 전적 타자의 개념 속에서 발견하고 하나님의 두려운 거룩성과 초월성에 관심을 기울인다.[6] 하나님 안에는 인간 존재와 비견할 수 없는 어떤 것이 내재하여 있는데, 그것은 두려움과 떨림을 일으키고 극한 놀람 속에서 움찔하게 만든다. 이러한 강조점은 예정론에 관한 그의 논의 속에서 다시 분명해진다.[7] 오토에게 있어서 예정은 피조물로서 인간이 하나님을 절대적으로 의존하는 고양된 피조 감정을 뜻한다. 이러한 은닉성, 초월성, 그리고 하나님의 예정은 모두 그가 불합리하다고 부른 것에 연관되어 있다. 하나님에 대해 말하는 것은 불합리하고 신비로운 어떤 것을 합리적으로 표현하려는 시도일 뿐이다.[8] 그는 종교 자체의 핵심을 초월하는 하나님에 대한 그러한 불합리한 경험에서 발견한다. 하지만 지적되어야 할 것은 하나님의 은닉성을 추상적으로 말하는 것은 잘못된 것이라는 점이다. 바울을 포함해서 성경 저자들은 하나님을 말할 때 그의 피조물과 역사적인 관계에 참여하시는 창조자와 구속자로 말하기 때문이다.[9]

하나님의 의지들 간의 전통적인 대조는 동일한 문제에 직면할 것이 분명

---

[6] R. Otto, *The Idea of the Holy God* (Oxford, 1950), 28.
[7] *Ibid.*, 90.
[8] *Ibid.*, 91f.
[9] G. C. Berkouwer, *Divine Election: Studies in Dogmatics* (Grand Rapids: Erdmans, 1960), 121.

하다. 역사 속에서 하나님은 사람들에게 간청하고, 그들이 어떤 것을 행해야 하며 모든 사람이 구원받기 위해 복음을 믿어야 한다는 그의 규범적 의지를 표현한다. 복음을 영접하고 구원받도록 그들을 부르시는 분은 하나님이시다: "네 마음으로 예수를 주로 믿으라 그리하면 구원함을 얻으리라"(롬 10:9-13). 하지만 하나님의 비의적 뜻은 어떤 사람들이 그 뜻에 따라 행동하도록 효과적으로 역사함으로써 어떤 것들을 완수하려는 그의 실제 결의를 표현해준다. 여기에서 대두되는 실제적인 문제는 하나님의 규범적 뜻이 항상 순종되지도 않고 따라서 그의 신적 주권성이 훼손되는 것처럼 보이기 때문에, 혹자는 뒤로 물러가 그의 비의적 뜻에 의지하고 그것을 그의 실제 의지로 간주해야만 한다는 것이다. 이러한 구분은 커다란 난점에 빠지게 된다.

첫째로, 여러 경우에 이 두 의지들은 서로 모순되고, 비의적 의지는 흔히 명시적 의지를 조롱하는 것처럼 보인다는 것이다.[10] 이러한 구분은 심지어 하나님을 위선적인 분으로 보이게 만들기도 한다. 왜냐하면 그의 명시적 뜻에 따라 하나님은 구원을 모든 인류에게 자유로이 베푸시지만, 그의 비의적 뜻에 따라서 그는 그들 중에 몇 사람들만 그것을 받아들이도록 결정하시기 때문이다. 우리가 이런 딜레마를 피하기 원한다면, 우리는 하나님께서 모든 사람이 구원받는 것을 원하신다는 사실을 부정함으로써만 그렇게 할 수 있다. 이것은 신빙성도 없는 의미를 성경 본문에 집어넣을 것을 우기는 것이다.

둘째로, 그런 구분은 불가피하게 우리가 위에서 언급한 바 있는 동일한 오류에 빠지게 만든다. 말하자면 하나님의 계시된 뜻을 그의 비의적 뜻을

---

[10] Marshall, "Predestination," 137; Carson, *Divine Sovereignty*, 213.

통해 위협을 받고 압도당하도록 만들어 전자를 상대적인 것으로 만들어버리는 오류가 그것이다.[11] 하지만 하나님의 감추어진 뜻은 결코 성경 저자들에게 있어서 계시의 위협으로 간주되지 않았다. 따라서 계시를 그의 숨겨진 뜻 내지 섭리로부터 고립시키려는 어떤 시도도 해결될 수 없는 난관에 떨어지게 될 것이다. 이것은 하나님의 계시된 뜻의 실재와 신뢰성에 대한 바울과 성경 저자들의 명백한 증언에 의해서 제거되기 때문이다.

(나) 또 다른 극단적인 접근은 신적 선택과 예정의 의미를 평가절하시키고 시간 속에서의 하나님의 행동 양식을, 사람들을 다루시는 하나님의 방식의 유일한 규범으로 삼는 것이다. 하나님은 사람들과의 역사적 관계에 스스로 참여하고 그들에게 간청하고 그들의 결정에 응답하신다. 하나님의 행위는 인간 결단에 의존한 것처럼 보인다. 왜냐하면 인간의 자유로운 결정들은 그의 주권적인 자유에 제한을 가하는 것처럼 보이기 때문이다. 이 견해와 발맞추어 브룬너E. Brunner는 주장하기를, 하나님은 자신의 절대적 자유를 스스로 제한하셨다고 말한다. 하나님은 사람을 창조하실 때 하나님의 행동에 협력하거나 또는 거역할 능력들을 소유한 진정한 상대자로 창조하시기를 원하셨기 때문이다. 그래서 브룬너는 '창조'를 불가피하게 '자기제한'과 상관된 것으로 생각하였다.[12] 이 견해는 분명히 비성경적인 논의 방식이다. 왜냐하면 바울은 결코 하나님의 영원한 결정을 극소화시키는 방식으로 그의 역사적 행동들을 해석하지 않기 때문이다. 하나님은 여전히 그의 서신들 속에서 무엇을 의지하든지 자유롭게 행하실 수 있

---

11) Berkouwer, *Divine Election*, 117.

12) E. Brunner, *The Christian Doctrine of Creation and Redemption, Dogmatics II* (London, 1952), 172: cf. also, S. Fisk, *Divine Sovereignty and Human Freedom* (Loizeaux Brothers, New Jersey 1974), 52ff. 여기서 그는 하나님의 자발적인 자기제한이란 개념을 주장하는 학자들의 명단을 나열한다.

는 주권적인 존재로 이해되고 있다. 다른 곳에서 우리는 바울이 모종의 목적을 가지고 예정론적 언어를 채용하였고 거기에는 신적 궁극성에 대한 표현도 포함된다는 점을 주목한 바 있다.13) 그는 인간 자유의 우발성을 살리기 위해서 하나님의 주권성의 실재를 희생시키기를 거부한다.

이 마지막 판단은 또한 하나님의 의지들 간의 관계에도 적용된다. 계시된 하나님의 뜻은 규범적인 성격을 지닌다. 사람은 윤리적인 매 순간마다 그것을 그의 명령으로 준수해야 하고 사람은 그것을 이해하고 받아들이는 것밖에는 하나님의 뜻을 알 수 있는 다른 길이 없기 때문이다. 이 점을 해석할 때 하나님의 계시된 뜻이 그것과 하나님의 주권적인 감추어진 뜻 사이에 놓인 존재론적 간격을 제거한다는 식으로 이해하는 것은 잘못이다. 이 간격은 두 의지들을 서로 이질적인 것들로 만들지 않지만, 그것은 우리의 인간 생각으로 그 심연을 파헤쳐 들어가는 일을 허용하지 않는다.

(다) 상기 두 접근방식들은 "환원주의" 형태들로 이해될 수도 있다. 환원주의란 긴장의 한 쪽 면에 여지를 만들기 위해 긴장의 다른 쪽 면을 수정함으로써 이율배반 현상을 해소하려고 시도하는 접근방식을 가리킨다. 이러한 접근방식들 배후에는 그것들이 논리적으로 모순된다는 전제가 놓여 있지만, 우리는 그러한 가정을 이미 비성경적인 발상으로 거부한 바 있다. 비슷한 이유 때문에 우리는 또한 시간과 영원을 다 인정하면서도 서로 다른 두 원리들로 만드는 세 번째 접근방식을 거절해야만 한다. 이 접근방식을 취하는 사람들은 시간과 영원 사이의 논리적 간격을 강조하고 있고, 그들은 이 점 때문에 영원 속에 계신 하나님과 그의 숨겨진 뜻에 대해 불가지

---

13) Cf. Marshall, "Predestination," 140-42. 여기서 그는 예정론적 언어의 목적과 한계에 대해서 논의한다.

론적인 태도를 취할 수밖에 없다. 예를 들면, 매케이D. M. Mackay는 하나님의 절대적 주권을 인정하지만, 그는 유한한 인간들이 시공간 속에서 그것을 파악하거나 그것에 접근할 수 있는 논리적 지점을 갖고 있지 못하다고 생각하는 듯하다. 그는 심지어 시간 속의 하나님은 영원 속의 하나님이 가진 전체적이면서도 절대적인 '예지'叡智를 갖고 있지 않다고 주장하기까지 한다. "우리의 드라마 속의 어떤 사람에게도 - 심지어 그가 인간의 모습으로 계신 하나님일지라도 - 그러한 절대적 지식은 존재하지 않기"[14] 때문이라는 것이다. 매케이는 시간 속의 하나님이 불완전하다고 말하기를 주저한다. 그러면서도 하나님은 그런 절대적인 지식을 갖고 있지 않다고 말할 수 있을까? 바울은 시간 속의 하나님과 영원 속의 하나님 사이에 그렇게 날카로운 구분을 인식하고 있지 않다. 물론 그것이 우리의 논리적 사고 가운데 존재할 수는 있다고 해도 말이다.

더욱이, 영원 속의 하나님의 행동을 표현해주는 선택과 예정과 같은 술어들은 역사적 실재들과 동떨어진 추상적 개념들이 아니라 우리의 삶을 일상생활 속에서 안전하고도 의미 있게 만들어주는 근거이다. 한 가지 예만 들어도 바울이 어떻게 그러한 술어들을 채용하는지를 금방 알 수 있다. 하나님이 지금 "사랑 가운데서"(롬 5:8; 엡 2:4) 죄인들을 의롭다 하신다고 말할 수 있는 것처럼, 그는 또한 창세 전에 그들을 "사랑 가운데서" 택

---

[14] Mackay, "The Sovereignty of God in the Natural World," 23. 문맥은 인간의 모습을 입은 하나님이 시간 속의 하나님으로서 성육신하신 그리스도를 지칭할 것을 요청하는데, 성육신하신 그리스도는 지상적인 상태에서 인자의 미래 재림과 같은 모종의 사실들에 대해 알지 못하였다(마 24:36; 막 13:32). 이 점이 인정된다 할지라도, 그리스도께서 미래 사건들에 대한 예언적 통찰을 가졌고 이미 누가 자신을 배반할 것인가를 알았다는 것도 사실이다(막 14:18f). 더욱이, 지상적 예수는 지금 올리심을 받았고 주권적 능력을 갖고 통치하고 계신다. 물론 그의 완전한 주권은 아직 이 세대에 계시되지는 않았다. 올리심을 받은 그리스도의 지식은 절대적인 것이 분명하고 영원 속의 하나님은 여전히 이 그리스도를 통해서 우리에게 말씀하신다. 시간 속의 하나님이 절대적 지식을 결여하고 있다고 주장하는 것은 위험한 일이다. 물론 우리 죽을 존재들은 영원을 시간과 관련하여 파악할 수 있는 논리적 능력을 갖고 있지 않다. 그러나 이것은 하나님 안에 있는 어떤 불완전성에 기인한 것이 아니라 우리의 유한함과 무능력에 기인한다.

하시고 예정하셨다고 말할 수 있다(롬 8:28-29; 엡 1:4f). 존재론적인 간격은 하나님의 사랑을 두 다른 사랑으로 만들지 않는다. 바울의 구절들은 역사 속의 하나님과 영원 속의 하나님을 동일한 사랑의 하나님으로 보도록 요구한다.

(라) 시간과 영원이 비록 서로 상관되어 있기는 하지만, 이것은 우리의 인간 논리가 그것들 사이의 존재론적 간격을 제거하거나 없애버릴 수 있다고 말하는 뜻이 아니다. 아마도 우리는 이런 문제에 대한 논리적 접근을 거부하는 몇 가지 요인들을 지적해야만 할 것 같다.

첫째로, 로스J. F. Ross가 적절하게 관찰한 것처럼 이러한 존재론적 간격은 신적 작인作因 양식을 설명하도록 고안된 유추적 논쟁을 수단으로 해서 합리적으로 메꾸어질 수 없다. 우리의 언어는 항상 하나님의 전능한 행위와 유한한 인간 행위 간의 관계에 대한 묘사에 적용될 때 무너지기 때문이다.[15] 만일 하나님의 작인이 직접적이고 기계적인 것처럼 이해된다면, 우리는 하나님의 선하심과 인간의 책임에 대한 우리의 신앙을 포기할 수밖에 없다. 하지만 카슨도 "사실 하나님의 통치 양식에는 미지의 요인들이 많이 있어서 어떤 것도 버릴 필요가 없다"[16]고 주장한다.

둘째로, 신적 주권은 모든 인간사에 영향을 미친다는 것을 인정해야만 한다. 하나님은 전능하시고, 그의 지식은 주권적이며 전체적이고 무조건적임에 틀림이 없다. 이러한 정의를 승인한다면, 우리는 하나님의 예지를

---

15) J. F. Ross, *Philosophical Theology* (Indianapolis, 1969); cf. Carson, *Divine Sovereignty*, 211. Calvin 역시 인간 추론을 위험하게 만드는 존재론적 간격에 대해 호소한다 (그의 저술, *Concerning the Eternal Predestination of God* (London, 1961), 123; cf. also Marshall, "Predestination," 135, 여기서 마샬 교수는 "인간 언어가 무제한적으로 하나님께 적용될 수 없다"는 바른 지적을 한다.

16) Carson, *Divine Sovereignty*, 212.

예고자의 지식, 즉 우리의 시간 속에서 미리 아는 지식으로 보는 개념을 거절해야 한다. 하나님의 지식은 "질적으로 다르고 하나의 통합된 개념으로서 우리의 시공간을 만드신 창조자 하나님의 보다 직접적인 지식을 가리키기 때문이다. 그러한 통합된 개념에서 볼 때 하나님은 조작자로서가 아니라 저자로서 주권적이신 분이시다."[17] 그러나 매케이는 동일한 진리가 역사 속의 하나님에 대해서 말해질 수 없다고 지적한다. 왜냐하면 예지를 결정된 특정 사건들에 대한 지식으로 파악할 때 그러한 예지 개념은 - 만일 어떤 사람이 그것들을 알든 모르든 간에 그것들이 우리 모두에게 구속력을 가진다고 한다면 - 그것들이 지칭하는 사건들이 일어난 이후까지 우리의 언어에는 존재하지 않기 때문에 그렇다는 것이다.[18] 물론 하나님은 발생하는 모든 사건들을 알고 계시고 그가 뜻하는 것을 존재하게 하실 수 있는 분이다. 그러나 이러한 하나님의 절대적 통치 양식을 하나님의 역사적 행위들에 적용하고 하나님과 인간의 관계를 그의 행위의 절대적 양식과 관련하여 하나의 논리적 체계로 변환시키려는 것은 논리적으로 오류이며 심지어 위험하기까지 하다.[19]

2. 경험론적 차원

우리가 위에서 논한 것처럼 만일 시간-영원의 간격이 어떤 합리적인 논의들을 통해 메꾸어질 수 없다면, 바울(또는 그리스도인)은 어떻게 그것을 경험하는가? 바울은 시간-영원 긴장을 결코 그의 경험과 고립된 순전

---

[17] Mackay, "Sovereignty of God," 22.
[18] Ibid., 21.
[19] Ibid., 23: 그는 이렇게 말한다. "For in our time, as we have seen, there are future events, hanging upon human decision, for which no complete and universally belief-worthy determining specifications can exsit until after the decisions concerned."

한 논리적 문제로 직면한 적이 없다. 논리는 본질적으로 경험과 모순된 것이라고 할 수 없다. 대부분의 경우에 경험은 논리를 요청하기 때문이다. 하지만 우리는 시간-영원 긴장을 다룰 때 다른 상황에 놓이게 된다. 논리에 직면하여 경험으로 도피하는 것은 잘못된 일일 것이지만, 때로 인간의 논리는 역설적인 것으로 증명된 것들을 이해함에 있어서 부적절한 것으로 드러났다. 우리는 여기서 이러한 전형적인 현상을 설명할 한 좋은 실례를 들고자 하는데, 사실 우리가 앞서 이미 지칭한 경우이기도 하다.

시간-영원 긴장과 관련하여 바울은 두 논리적 전망들 사이를 구분하여 그러한 전망들로부터 우리의 상황이 갖는 다른 측면들을 묘사하는 것 같다. 첫 번째는 "유추적"inferential 또는 "회상적"retrospective 전망이다. 택하심을 받은 사람의 신분은 긍정적인 반응들과 같은 역사적 사실들과 관련하여 또는 그러한 사실들로부터 추론되거나 회상되어진다. 따라서 사람의 선한 삶과 행위는 믿음의 눈을 통해 신적인 영원한 행위들의 결과였다고 추론된다. 하지만 매케이가 지적했듯이, 논리적으로 이상한 점은 이러한 추론적 과정이 인간 책임에 대한 우리의 신앙을 무효화하지 않는다는 사실이다. 신적 선택의 사실은 항상 인간의 책임 있는 믿음 행위를 내포하는 방식으로 현현되기 때문이다.[20] 두 번째는 "선언적"declaratory 또는 "해석적"interpretative 전망이다. 선택의 사실은 그리스도인의 삶과 존재를 해석해주고 그것들을 의미 있고 안전하게 만들어준다. 이것은 예정론적 언어가 왜 자주 신자의 존재 의미를 설명해주고 절망스러운 세상 속에서 그의 최종 구원을 확신시켜주는 문맥들 속에서 등장하는지를 설명해준다. 그러나 더 이상한 점은 이 해석적 과정이 인간 책임에 대한 우리의 신앙을 무효화

---

[20] Cf. Mackay, "Soveignty of God," 23f.

시키지 않는다는 사실이다. 이 궁극적 확신은 논리적인 관점에서 절대적인 것을 뜻하지 않기 때문이다. 그것은 실제로 견인하며 전투적인 그리스도인의 삶 militia christiana을 수행하는 역사적 그리스도인들에게 속한 것이다.

얼핏보면 추론적이며 선언적인 관점들 모두 두 다른 과정들을 나타내는 것처럼 보이지만, 엄격하게 말해서 후자는 전자에 기초한다. 믿음, 선행, 견인과 같은 역사적 사실들에 기초해서 바울은 택하심을 받은 인간의 신분을 추론하고 하나님께서 성실하게 선택자를 보존하셔서 마지막 구원을 받을 것이라고 확신시켜준다. 이것은 사람이 믿음의 길을 걷고 그리스도에게 시야를 고정할 때만 영원에 접근할 수 있음을 의미한다. 선택의 사실은 믿음의 삶을 살 때만 자명하고, 또 믿음의 삶을 산 이후에 그것은 결정적인 요인이 되어 사람이 자신의 모든 삶과 존재를 은총의 선물로 주어진 것으로 보도록 만들며, 여기서 그는 합법적으로 자신의 구원의 확실성을 추론해낼 수 있다. 결국, 바울은 구원의 확실성이 마치 우리의 믿음 행위들에 조건지어진 것처럼 그것들에 근거시키지 않지만, 믿음의 길은 하나님 앞에서 우리의 신분이 안전하게 묵상될 수 있는 유일한 논리적 지점이다. 마찬가지로, 우리가 영원한 주권적 하나님에 대해 말할 때, 우리는 그와 그의 감추어진 뜻을, 역사 속에서 자신을 계시하신 하나님과 분리시켜 이해해서는 안 된다. 역사 속의 하나님은 우리에게 간청하고 인간 결정들에 응답하며 그의 규범적인 뜻을 나타내는 하나님이시다. 이로써 우리는 시간과 영원이 믿음의 길 안에서 통일체로 보이고 바로 이 사실 때문에 시간-영원 긴장이 바울에게 있어서 삶이 연루된 문제라는 것을 뜻하게 된다.

상기 제안은 구치 P. W. Gooch가 "신앙적 양립론" fideistic compatibilism[21]이라

---

21) P. W. Gooch, "Sovereignty and Freedom: Some Pauline Compatibilism," *SJT 40* (1987), 534f.

부른 것과 유사하게 들린다. 그는 이 술어를 비판적으로 사용한다. 왜냐하면 그것은 문제와 더불어 살면서도 해결책을 제시할 과제를 눈감아버린다고 여겨졌기 때문이다. 그것은 두 가지 형태를 갖고 있다. 첫 번째 것은 "정제되지 못한 신앙주의"undiluted fedeism이다. 그것은 하나님의 주권적이고 임의적인 자유를 강조함으로써 문제와 더불어 살아간다. 하나님의 능력은 절대적이고 모든 인간 행위에까지 미치지만, 그럼에도 불구하고 하나님은 자유롭게 사람에게 책임을 짊어지우신다. 구치는 극단적인 이런 형태의 신앙주의는 자기모순에 빠지고야 말며, 바울도 이것을 허용하지 않는다고 주장한다. 그러므로 그는 "정제된 신앙주의"diluted fideism를 보다 입맛에 맞는 견해로 본다. 그것은 두 진리들을 화해시키지 않고 하나님께 맡겨둔 채 단순히 두 진리 모두를 주장한다. 그는 또한 신앙제일주의 형태를 거부한다. 그것은 해결이 불가능하다고 추정하기 때문이다. 오히려 로마서 9-11장에 대한 연구를 통해서 구치는 바울의 교훈과 들어맞는 최선의 견해로서 "자유로운 양립론"libertarian compatibilism을 선호한다.[22] 이 견해는 토기장이와 진흙 비유가 함축하듯이(롬 9:19ff) 인간 자유를 넘어설 수 있는 신적 주권을 주장하지만, 종국에 가서 그것은 그러한 노정을 밟지 않는다: 오히려 이 비유는 하나님께서 자신의 약속을 준수하시며 그의 절대적 자유에도 불구하고 긍휼을 베푸신다는 사실에 강조점을 둔다(롬 11:32).

이 제안은 얼마간의 진리들을 포함하고 있지만, 그 논리적 함축은 선행하는 섹션의 (나) 경우와 유사하다. (나) 경우에 대해 제기된 동일한 비판들이 이 제안에도 여전히 적용된다. 더욱이, 우리의 문제는 하나님께서 그의 주권적 자유에도 불구하고 자신의 약속들에 대해서 성실하실 것인가에

---

[22] *Ibid.*, 535 and 541f.

있지 않고, 오히려 시간과 영원에 관련된 하나님의 두 다른 행위 양식들이 주권적인 한 하나님 안에서 어떻게 작용하는가에 있다. 결국 우리는 "신앙적 양립론" fideistic compatibilism을 옹호할 수밖에 없다. 그것은 어떤 해결책도 제공하지 않은 채 문제와 더불어 살아가기 때문이 아니다: 믿음의 노정만이 시간–영원 긴장을 메꿀 수 있는 유일한 논리적 지점일 뿐만 아니라 하나님에 대한 여러 미지의 측면들을 파악할 수 없는 우리의 무능력이 우리의 믿음의 접근을 요청하기 때문이다. 이것은 바울이 왜 인간의 교만함을 공격하고, 인간의 지식에 한계를 긋고, 이론적으로 접근하려는 모든 시도를 하나님의 신성에 대한 모독으로 간주하여 거부하는지를 설명해준다(롬 9:20; 11:33–36). 따라서 바울은 하나님과 인간 사이의 존재론적 간격을 인간 논리로 해소하려고 하기보다는 그것을 재확증함으로써 그는 한쪽을 다른 쪽과 대등하게 올려놓는 모든 가능성을 제거하고자 한다. 이런 식으로 거절한다고 해서 그는 소위 마브로드G. I. Mavrodes가 지칭한 "인식론적 딜레마"epistemic dilemma[23)]에 직면하지 않는다. 환언하면, 신적 주권을 인정한다고 해서 결코 바울을 인간 자유의 실재를 의심할 수밖에 없는 자리에 내몰지 않는다. 그것은 두 실재들에 대한 바울의 신앙이 서로 일치하지 않는다고 추정하고 개인적 고뇌 속에서 그러한 긴장과 더불어 고투하도록 그를 강요하지도 않는다.

3. 선악 간의 균형

선악 간에 평행을 이루게 해놓고 발생하는 모든 일들을 신적 궁극성에 종속시키는 인과因果 체계를 세우려는 시도가 있었다. 불신앙의 사실을 이

---

23) G. I. Mavrodes, *Belief in God: A Study in the Epistemology of Religion* (Washington: University Press of America, 1970), 97ff.

인과 체계로 설명하기 위해서는 유기遺棄를 선택의 논리적 결과로 만드는 일이 필요하다. 제2원인이라는 개념이 들어서는 곳이 바로 이 지점이다. 이 개념은 악을 하나님께 귀속시키는 일을 피하고 인간의 자율성을 보존하면서도 신적 궁극성을 옹호하기 위해서 고안되었다. 하지만 우리가 악의 문제를 이 인과 체계로 설명하려 할 때 난점이 대두된다. 인과 개념이 하나님의 섭리와 죄의 관계를 묘사할 때 무너지기 때문이다. 바울과 다른 성경 저자들은 결코 하나로부터 연역된 "투명한 인과적 일원론", 즉 예정의 이중적 원인을 옹호하지 않는다.[24]

이 인과적 일원론은 죄와 불신앙을 내포하는 포괄적인 인과 체계를 전제하지만, 바울은 결코 그것들이 그러한 인과 체계에 의해 설명될 수 있다고 주장하지 않는다. 심지어 우리의 악행조차도 하나님의 주권을 피할 수 없다는 것은 사실이며, 이것은 왜 스스로 강퍅해진 인간의 행위가 자주 수동태(cf. 롬 11:17)와 능동태 동사들(cf. 9:18; 11:32)을 모두 활용하여 하나님 자신의 행위로 묘사되는지를 설명해준다. 이런 점 때문에 어떤 학자들은 하나님께서 스스로 책임을 지지 않으면서도 자유로운 인간들을 활용하여 악을 행하도록 하신다고 제안하기도 한다. 하지만 이 견해는 사람은 원칙적으로 그의 대리자가 행한 것에도 책임을 진다는 사실을 깨닫는 데 실패하고 있다.[25] 그러므로 우리는 '야기하다'cause란 술어를 다음과 같은 수정된 의미로 이해할 수도 있다: 비록 사람은 하나님의 대리자는 아닐지라도, 그는 죄를 지을 때 하나님의 의지를 따른다. "하지만 이것 역시 하나

---

24) Berkouwer, *Divine Election*, 176ff. 여기서 그는 도르트 신조가 *eodem modo*(즉 선택과 유기 간의 평행)를 거부한 것이 큰 의미를 지닌다고 주장한다. 그는 C. Van Til에 대해서도 비판적이다(*The Defence of Faith*, 1955, 413ff). 그는 이렇게 주장한다: "Van Til does not see a single (legitimate) question arise here, and therein he stands on the side of Hoeksema."

25) Marshall, "Predestination," 136.

님께서 만사를 미리 정하신다고 할 때 우리가 활용하는 사고 양식이 무너지고, 우리가 올려놓고자 하는 무게를 지탱하지 못한다는 것을 인정하는 또 다른 방식이다."[26] 오히려 하나님께서 사람들을 거절하시는 것은 그들의 죄에 대한 역사적인 반응인 반면(롬 11:20, 22), 그의 거절은 그들의 죄의 원인이 아니라고 말해야 한다. 특별히, 최후 심판의 교리는 바울에게 있어서 인간 책임의 근거로서, 그리고 사람들이 범죄할 때 그들과 하나님을 구별하는 하나의 주요 수단으로 기능을 한다. 이 점 때문에 우리는 좀더 모호하게 정의된 신적 궁극성 개념을 고려해야만 한다. 따라서 카슨은 이 "모호성은 하나님께서 어떻게 그의 피조물들이 소유한 상당한 정도의 자유를 파괴하지 않고 확실하게 다스릴 수 있는지를 정확하게 파악할 수 없는 우리의 무능력에서 기인한다"[27]고 주장한다.

더구나, 바울은 이론적인 논의 방식을 통해 예정을 죄와 연관시켜 제시하지 않는다. '뜻' *prothesis*, '예지' *prognosis*, '예정' *proorismos*과 같은 단어들은 거의 배타적으로 구원에 대한 예정을 지칭하는 뜻으로 사용된다.[28] 이런 이유 때문에 "사망을 위한 예정" *ad mortem*과 "생명을 위한 예정" *ad vitem*을 서로 연결시키고 선택과 유기를 대등한 궁극적 원리로 수립하려는 것은 정확하지 않은 것이다. 이것은 인간의 죄가 하나님의 유기 작정에서 기원하지 않으며, 인간의 믿음이 선택의 징표인 것과 동일한 방식으로 전자가 후자의 외적 징표가 아니라는 것을 뜻한다. 이 점은 도르트 신조에서 이미 분명하게 인정된 바 있다. 앞서 언급한 바 있는 쌍방향 과정이 – 추론적이

---

[26] *Ibid.*
[27] Carson, *Divine Sovereignty*, 211.
[28] G. C. Berkouwer, *Divine Election*, 176. 여기서 그는 H. Bavinck, *Gereformeerde Dogmatiek II*, 352ff를 인용한다; cf. also Arndt-Gingrich, *Greek Lexicon*, 713, 710, 716; G. Schrenk, *TDNT* 1:629-37; 3:44-62.

고 선언적 전망 – 악의 문제에 있어서는 전혀 작용하지 않는 곳도 바로 이 지점이다. 이것은 사람이 범죄 중에서도 선택자는 은혜로부터 떨어져나갈 수 없다고 주장하면서 하나님의 은혜를 참칭할 수 있는 논리적 가능성을 막아줄 뿐만 아니라, 자신은 버림을 받은 자라고 추정하면서 자포자기 상태에 침잠하며 살아갈 수 있는 가능성도 막아준다. 결과적으로, 사람들은 그들의 불신앙과 죄 때문에 하나님에 의해 거절당한다(롬 11:20, 22). 비록 그들의 악행이 하나님의 궁극성을 피할 수는 없어도, 그들은 자신들의 죄를 하나님의 책임으로 돌릴 수 없다. 사람들은 신적 선택이 마치 그들의 믿음과 선행에 의해 조건지어진 것처럼 그런 것들로 인해 택하심을 받은 것이 아니다. 하지만 논리적으로 이상한 점은 신적 선택의 사실이 항상 그들의 책임 있는 행위를 포함하는 방식으로 나타난다는 사실이다. 하나님의 주권성은 그들의 책임의 진정성을 보존할 만큼 충분히 간접적이다.[29]

4. 신인협력인가 신단독사역인가?

이 질문에 대한 답변은 우리의 앞선 논의들로부터 대두되거나 또는 예견된 것이다. 본 섹션은 위에서 결론지은 것과 관련해서 좀더 분명하게 밝힐 것이다. 우리가 위에서 살핀 것처럼, 바울은 사람들이 복음을 받아들이고 그 안에서 계속 살아가야 할 책임이 있다고 주장하면서도, 만일 그들이 그렇게 산다면, 그는 하나님의 은혜가 그들의 삶과 존재를 붙든 것으로 본다는 것이 특징적이다. 이런 유형의 사고는 표제어 (A)와 (B) 아래 수렴된 문제들 가운데서 공통적으로 발견된다. 은혜–책임 간의 긴장이 삶이 연루된 문제인 한에서, 인간 책임의 의의를 신적 은총의 사역과 관련하여 논리화시키는 것은 잘못된 일일 것이다. 예를 들어, 신인협력설 주장자들은

---

29) Carson, *Divine Sovereignty*, 212.

조건주의를, 하나님과 사람 간의 관계가 정의될 수 있는 지배 원리로 천명하면서, 인간의 자유는 "신 의지에 대한 인간 편의 활동들을 지속적으로 조건짓고 인간이 신적 행동에 대해서 제한을 가한다"[30]고 주장한다. 이 견해는 인간 자유의 실재를 인정하는 장점이 있기는 하지만, 우리가 이미 앞에서 지칭한 바 있는 긴장의 회상적-해석적 측면들, 즉 바울은 감사말 속에서 인간의 선행을 하나님께서 그의 속에서 행하신 일의 결과로 회상하고 있고, 그것들을 하나님께서 그를 택하신 증거로 본다는 사실을 살피는 데 실패하고 있다. 바울에게 있어서 신적 주권은 기도, 고백, 감사로 살아져야 할 문제이다. 따라서 이론적인 접근방식으로서 신인협력설은 고백과 삶을 통해 극복되어져야 한다(cf. 살전 1:3f; 딤후 2:25).

신인협력설과 관련하여 자유 의지 문제는 그 밑바탕에 깔려있는 전제로 논의되어 왔다. 어떤 신인협력설 추종자들은 자유 의지를 신적 행동들에 제한을 가하는 '분리된' 힘으로 파악하면서 하나님과 인간의 결정의 동등성 개념을 옹호한다. 하지만 우리가 앞서 살핀 것처럼, 몇 가지 요소들은 이런 식의 환원주의적 접근방식을 허용하지 않는다. 예를 들면, 우리의 악행들까지도 하나님의 주권을 피할 수 없다는 신적 궁극성 개념, 시간-영원 긴장의 추론적이고 선언적 측면들, 우리의 삶과 행위를 하나님 자신의 행위와 관련하여 묘사하려는 바울의 경향 등이 그것이다. 이런 요소들은 자유 의지를 "역에의 힘"power to the contrary으로 정의하는 것은 비성경적임을 분명히 해준다. 이런 식의 정의는 하나님의 주권을 인간 결정에 의존한 것으로 만듦으로써 신적 주권의 확실성을 불가피하게 희생시키기 때문이다. 더욱이, 이 알미니안 견해가 지닌 보다 심각한 오류는 그것이 실제로

---

[30] Cf. F. Platt, "Arminianism," *ERE* 1:812.

인간에게 자기 충족성을 부여한다는 점이다. 따라서 어떤 신학자들은 자유 의지를 수정된 의미로 사용한다. 예를 들면, 리드J. K. S. Reid는 신인협력설이 하나님의 은혜와 협력할 수 있는 모종의 인간 능력, 즉 "긍정적으로는 이미 시작된 과정을 추진하고, 부정적으로는 신적 능력에 항거하지 않는 인간 반응의 기초를 형성하는 인간 내면의 어떤 것"을 포함한다고 주장한다.[31] 아마도 이것이 보다 가능성이 있는 정의인 것 같다. 바울은 인간의 자유와 책임을 선험적으로 부정하지 않기 때문이다. 하지만 만일 우리가 여전히 '협력'을 조건적인 의미로 취한다면, 우리는 우리가 이미 앞서 지적했던 것과 동일한 이유 때문에 그러한 정의를 거절해야 한다.

다른 한편, 칼빈주의자들은 신단독사역설을 옹호해왔다. 그들은 영원한 작정이란 개념을 지배 원리로 활용한다: 그들은 궁극적인 목적이란 관점에서 그들의 모든 개념들을 그 지배 원리에 인과적으로 종속시키고, 모든 것들을 하나님의 주권이란 사상으로부터 추론하고 실제로 목적론적 인과론 사상 체계에 따라 모든 것들을 하나님이 하신 일로 귀속시키곤 한다.[32] 이 점에서 신단독사역설은 하나님의 은혜가 불가항력적으로 작용한다는 사상을 가리키는 신학적 경구가 되었다. 하나님의 은혜는 그의 영원한 작정에 따라 죄인을 선한 존재로 하나님께 회복시키는 과제를 효과적이고 불가항력적으로 수행하기 때문이다. 물론 작정 신학자들decretal theologians은 인간이 하나님의 성화 사역에 협력할 수 있는 여지를 허용하는 듯하다: 은혜는 구체적인 그리스도인의 생활 속에서 거부될 수도 있다.[33] 구원 과

---

31) J. K. S. Reid, *Our Life in Christ* (London, 1963), 113.
32) Cf. H. Weber, *Die Theologie Calvins* (Berlin, 1930), 15ff; also see G. Harkness, *John Calvin: The Man and His Ethics* (New York, 1931), 74. B. B. Warfield 자신은 하나님의 주권적 의지와 작정들이 목적론적 사상 체계에 따라 모든 사건과 개념들을 그의 위엄에 종속시키는 지배 원리라고 주장하였다: *Calvin and Calvinism* (1931), 354-364를 참조하라.

정의 초기 단계와 완성 단계에서 모두 그들은 신의 은혜가 인간 반응의 유일하고도 충족한 원인이라고 주장하면서 인간 반응을 신의 은총의 전능한 사역으로, 즉 순전히 초자연적인 사건으로 본다. 따라서 택함을 받은 모든 사람은 확실하게 구원을 받을 뿐만 아니라 끝까지 안전하게 보존될 것이다.

바울의 사상은 엄격할 정도로 논리적인 이 접근방식에 잘 들어맞지 않는 것처럼 보이는 몇몇 요소들을 내포하고 있다. 첫 번째 언급해야 할 요소는 때로 역사적 기독교인들이 중한 죄와 배교에 빠질 수 있는 가능성이다. 바울은 역사적인 그리스도인의 죄에 대해서 논리적인 태도를 취하지 않는 것처럼 보인다. 오히려 그는 위험을 실재적인 것으로 간주함으로써 그것을 진지하게 취급한다. 택함을 받은 자가 자신의 구원을 상실한다고 말할 수는 없지만, 소위 말하는 그리스도인들의 타락은 역사적인 현상이다. 그리고 신적 선택은 항상 인간의 실패와 성공을 모두 포함하는 현실적인 갈등 사건들로부터 대두된다. 이것은 바울이 왜 신의 선택을 언급할 때조차도 그리스도인들도 하나님의 자비하심 가운데서 살지 않으면 꺾일 수도 있다는 강력한 경고와 나란히 병행시키는지를 설명해준다(cf. 롬 11:5-8 with 11: 20ff). 바울의 논리는 여기서 추상적이지 않고 본질적으로 역사적이며 삶이 연루되어 있다. 이것은 신의 선택의 역사적 현현이 인간의 책임과 모순되지 않으며 그것을 전제하거나 포함한다는 것을 시사한다. 선택자는 항상 실제로 견인하는 삶 속에서 살아가는 자들을 지칭하기 때문이다. 합리적인 접근방식이 무너지는 곳도 바로 이 지점이다.

---

33) Cf. L. Berkhof, *Systematic Theology* (1958), 532ff; C. Hodge, *Systematic Theology* (1880), III, 230ff. Hodge는 성화의 과정에서 "제2 원인들의 협력"을 인정한다. 이것은 은혜의 작용 양식에 있어서 칼빈주의자들이 구원론적 차원의 은혜와 실천적 차원의 은혜 사이를 구분하고 있다는 것을 의미한다. 하나님의 은혜는 신적 은혜의 양식을 따라 불가항력적으로나 또는 가항력적으로 작용한다.

두 번째 요소는 인간의 전적 타락이 신적 선택의 논리적 추론 결과로 기능하면서도 이신칭의의 주제는 복음의 보편적 범위와 구원의 수단으로서 믿음의 필요성을 전제한다는 사실이다. 복음은 모든 사람들에게 전파되어야 하며 그들은 구원을 받기 위해서 믿음으로 그것을 영접해야만 한다(cf. 롬 3:22; 10:12ff). 바울이 시사하는 것처럼, 신의 선택은 복음의 보편성과 믿음의 필요성에 대립된 것이 아니다. 이상한 점은 오히려 그것이 그것들의 실재를 논증하거나 나타내는 방식으로 작용한다는 사실이다.

이런 요소들은 하나님께서 이런 저런 방식으로 사람을 강요하여 복음을 받아들이도록 만드는 그런 기계적인 방식으로 일하시지 않는다는 것을 증명하는 역할을 한다. 때로 환원주의 이론은 성경에 전혀 낯선 요소를 끌어들임으로써 그것이 설명하고자 하는 성경의 의도를 상실할 위험에 놓여 있다. 왜냐하면 이것은 사랑과 자비의 하나님으로부터 주권적 의지의 하나님 쪽으로 강조점을 잘못 옮겨서 은혜를 모종의 비인격적인 힘으로 바꾸어놓는 우를 범할 수 있기 때문이다.[34] 스콜라적인 신단독사역설 주장자들은 이로써 하나님의 사랑과 자비를 훼손해가면서까지 하나님의 공의와 주권적 능력을 일방적으로 높이고 논리적 일관성에 대한 관심 때문에 긴장이 한쪽으로 깨어지게 만든다. 그들이 경고를 받아야 할 점은 인간의 정체성을 피상적인 단순 존재로 환원시키는, 그들의 폐쇄 논리에 내재된 "비인간화" 경향이다.

---

[34] Cf. A. P. F. Sell, *The Great Debate: Calvinism, Arminianism, and Salvation* (H. E. Walter, Ltd., 1982), 22f., citing James Orr, *The Progress of Dogma* (1901), 292 and 294f.

결론

사도 바울은 하나님의 주권과 인간의 책임을 어느 것 하나 희생시키지 않고 긴장 속에 붙들고 있다. 하지만 균형을 잡는다면, 우리는 칼빈주의적 개혁신학자들에 의해 주장된 "해석적" 신단독사역설이 알미니안들의 신인협력적 조건주의 개념보다 선호되어야 한다고 생각한다. 우리는 그것을 "해석적 신단독사역설"로 부를 수 있다. 이 개념은 믿음의 삶이 살아질 때만 하나님의 주권이 우리의 삶과 존재를 의미 있고 안전하게 만들어 주는 결정적인 요인으로 기능하면서도, 그것은 결코 우리의 책임을 무효화시키거나 또는 악행의 책임을 하나님께 돌리는 방식으로 작용하지 않는다는 것을 뜻한다. 만일 사람이 하나님에 의해 거절되었다면, 그것은 항상 그의 불신앙과 죄 때문이다.

우리의 상기 논의는 시간과 영원 간의 존재론적 거리가 어떤 인간의 논리로도 메꾸어질 수 없다는 것을 분명히 해준다. 하나님과 인간의 관계를 하나님의 절대적인 행위 양식과 관련하여 엄격할 정도로 논리적인 체계로 변환시키는 것은 방법론적으로 그릇된 것이다. 하나님의 통치 방식에 대해서 알려져 있지 않은 많은 측면들이 이런 접근방식을 거부하기 때문이다. 오히려 이 존재론적 간격은 믿음의 접근방식을 필요로 한다. 책임 있는 믿음 생활은 인간 책임을 믿는 우리의 신앙이 검증되고 하나님의 주권 아래서 자명해지는 유일한 논리적 지점이기 때문이다. 이런 종류의 개념을 우리는 신적 주권과 인간 책임 간의 균형을 유지할 수 있는 해석적 신단독사역설로 정의하고자 한다.

12 ◀ 예수·바울·교회
언약신학 패턴들의 비교

문제 제기

 최근 바울 신학 연구에서 논쟁의 핵을 이루는 이슈들 중의 하나는 소위 '새관점주의' New Perspective on Paul 견해에 대한 찬반 논쟁이다. 이러한 토론 중에서 한 중요한 축을 이루는 이슈는 구원과 행위 간의 상관성을 해석함에 있어 바울과 유대교 사이에 존재한다고 여겨지는 차이점들에 관한 질문일 것이다.

 전통적으로 바울의 이신칭의 교리는 구원이 전적으로 신의 은총에 속한 경험이라는 것을 부각시키는 반면에, 유대교의 칭의 교리는 율법의 행위로 말미암는 구원을 강조함으로써 인간의 행위만을 강조하는 인본주의적 성격을 나타낸다고 주장되어 왔다.[1]

 이러한 전통적인 해석에 반기를 든 견해는 최근에 소위 새 관점학파에 속한 학자들의 '언약적 신율주의' covenantal nomism 해석이다.[2] 이 해석을

---

1) M. Luther, J. Calvin을 비롯하여 종교개혁자들에게 영향을 받은 상당수의 한국 목회자와 교수들이 이러한 전통적 견해를 따르고 있다.

주창한 샌더스에 따르면, 은혜와 행위의 관계는 바울과 유대교에 있어서 서로 유사하다. 바울과 유대교는 언약적 신율주의라는 종교 패턴을 서로 공유한다는 것이다: "구원은 은혜로 말미암지만 심판은 행위에 따라 이루어진다; 행위는 '안에 머무는' remaining in 조건일 뿐이며 그것들은 구원을 획득하지 못한다."[3] 이 해석에 따르면, 언약 안에 들어가는 일에는 배타적으로 신적인 측면만 존재할 뿐이다 — '들어가는' getting in 일은 전적으로 신의 은혜에 속한다. 유대교는 따라서 율법주의와 아무런 관련이 없으며, 율법은 단지 이러한 언약 관계 안에서 기능할 뿐이며 따라서 그 안에 머물기 위한 방편에 불과하다. 이스라엘을 하나님의 백성으로 구성하는 중심은 그들을 자기의 소유된 백성으로 택하신 하나님의 은혜로운 선택 행위이다(cf. 신 7:6-8). 율법에 대한 순종은 언약을 성립시키는 행위와 아무런 관련이 없고 그것을 유지시키는 방편에 불과하다. 샌더스는 이렇게 선택과 은혜를 배타적으로 강조하려는 경향을 나타내기 때문에, 이스라엘을 향한 하나님의 선택은 국가적인 성격을 띨 수밖에 없다. 따라서 결국 그는 온 이스라엘의 구원 또는 종말론적인 회복을 주장하기에 이르렀다: "온 이스라엘은 오는 세상에 다 참여하게 될 것이다"(b. Sanhedrin 10.1).[4] 자연히 샌더스는 율법에 대한 순종이 지닌 인간 개인의 책임 차원을 소홀

---

2) 대표적인 학자들로는 E. P. Sanders, *Paul and Palestinian Judaism. A Comparison of Patterns of Religion* (Minneapolis: Fortress, 1977); J. D. G. Dunn, "The New Perspective on Paul," in *Jesus, Paul and the Law: Studies in Mark and Galatians* (London: SPCK, 1990), 183-214; "The New Perspective on Paul: Paul and the Law," in *The Romans Debate. Revised Ed. Ed. by Karl Donfried* (Peabody: Hendrickson, 1991), 299-308.

3) E. P. Sanders, *ibid.*, 514; cf. 552. 그럼에도 불구하고 샌더스는 '바울 종교를 새로운 언약적 신율주의로 묘사하는 일이 부적절하다'는 것을 인정하였다. 왜냐하면 "이 술어는 그의 참여적 전이 술어들을 제대로 설명하지 못하기 때문이다."

4) Cf. M. A. Elliot, *The Survivors of Israel. A Reconstruction of the Theology of Pre-Christian Judaism* (Eerdmans: Grand Rapids, 2000), 53. 엘리엇이 이렇게 샌더스의 일방적인 국가적 언약신학을 비판하는 것은 정당한 것이다.

히 하는 경향을 보인다. 샌더스는 여기서 유대교에 대한 균형적인 시각을 잃어버린 것이 분명하다. 어떤 유대교 학자들에게 선택은 영구적인 의미를 지닌다; 그들은 Sifra on Num 5:3과 같은 구절에 호소하여 이스라엘의 국가적 선택의 불변성과 영구성을 확증하려고 시도한다 Schechter. 샌더스는 아마도 이러한 유대교 신학자들의 판단에 깊은 영향을 받은 것 같다. 그는 이렇게 유대인의 보편적 구원을 믿었기 때문에 유대교 내의 분파운동에서 일어난 '남은 자' remnant 신학의 존재를 부정하고 말았다.[5]

최근의 학자들은 샌더스의 해석이 내포한 해석적 맹점을 인지하고 바울 당대의 유대교가 이스라엘을 향한 신의 선택과 은혜를 말하면서도 구원을 율법에 대한 순종 행위에 의존시키려는 경향을 나타냈다고 주장하기 시작하였다. 김세윤 교수는 이러한 입장을 잘 대변해 준다: "우리는 유대교를 순전한 행위의 行爲義 종교로 보는 전통적 견해도, 유대교 안에 있는 모든 행위의의 요소를 부인하는 새 관점주의자들도 옳지 않으며, 유대교는 행위의의 요소를 지닌 언약적 신율주의였다는 것을 알게 될 것이다."[6] 이러한 절충적 해석을 뒷받침한다고 주장되는 논거들은 언약적 신율주의를 지탱하는 두 구원론 원리들[7]에 모두 연결되어 제시되지만, 필자는 후자의

---

[5] M. A. Elliot, *The Survivors of Israel*, 53ff.; cf. 이한수, 『언약신학에서 본 복음과 율법』 (서울: 생명의 말씀사, 2003), 114-15.

[6] 김세윤, 『바울 신학과 새 관점』(두란노, 2002), 141. 그의 이러한 입장은 그의 초기 저술인 『바울복음의 기원』에 혼재되어 있던 요소들을 그의 후기 저술에서 분명하게 논리화시킨 것으로 보인다. 김세윤 교수와 유사한 절충적 견해를 나타내는 신약 학자들은 최근에 점차 많아지고 있는 추세이다: cf. D. A. Carson, P. T. O'Brien, and M. A. Seifrid (ed.), *Justification and Variegated Nomism*. Vol. 2 - The Paradoxes of Paul (Baker Academic: Grand Rapids, 2004)에 실린 S. Westerholm, M. A. Seifrid, M. Hengel, S. J. Gathercole, D. J. Moo, M. Silva, P. T. O'Brien, R. Yarbrough, D. A. Carson, T. George, H. Blocher의 논문들을 참조하라. 또한 I. H. Marshall, *New Testament Theology. Many Witnesses, One Gospel* (IVP: Downers Grove, Illinois, 2004)를 참조하라.

[7] 샌더스는 유대교의 구원론을 특징화하는 두 대표적인 원리들을 'getting in by grace' 와 'staying in by works' 로 표현한다. 이 두 원리들이 날카롭게 분리될 수 있는 성격의 실재들이 아니라는 지적이 여러 학자

측면에 주로 초점을 맞추려고 한다. 절충주의자들은 제2성전 유대교 문헌에서 최후 심판을 행위와 연결짓는 구절들을 찾아내거나 구원 또는 생명 등을 율법에 대한 순종 행위에 조건지우는 진술들을 찾아내는 데 열심이다. 이들 학자에 따르면, 제2성전 시기에 속한 어떤 유대교 본문들 중에서 하나님의 자비만 아니라 인간의 행위(行爲)가 마지막 신원이나 구원을 위해 필요한 조건으로 간주되었다고 한다(cf. LAB 3:10; 1 En. 100:7; 11Q5 22; Ps. Sol. 14:3).[8] 말하자면 바울 당대의 유대교 언약신학은 신의 은혜와 인간의 자율이 나란히 작용하는 '신인협력적 신율주의'[9] synergistic nomism인 것이다. 바울 당대의 유대인들은 신의 자비가 아무리 인간 구원에 필수적이라 할지라도 인간의 책임 있는 순종 행위가 뒤따르지 않으면 언약 안에 있는 이스라엘의 신분이 유지될 수 없다고 생각하고 그것을 상실하지 않고 언약 안에 머물려고 시도한 사람들이라고 할 수 있다.

어느 유일신 종교에나 신의 은혜와 인간의 책임 간의 조화 문제는 풀리

들에 의해서 제기되었다: cf. R. H. Gundry, "Grace, Works and Staying Saved in Paul," *Biblica 66* (1985), 1–38.

8) Cf. Kyung-Shik Kim, *God Will Judge Each One According to His Works: The Investigation into the Use of Psam 62:13 in Early Jewish Literature and the New Testament* (Ph.D dissertation, Aberdeen, 2005), 275. 그는 또한 제2성전 유대교에서 행위만이 아니라 (LAB 3:10; 1 Enoch 100:7; 11Q 5.22) 하나님의 자비도 (Ps. Sol. 2, 17) 최후 신원과 구원의 조건 또는 표준으로 간주되었다는 것을 인정하기도 한다. Cf. also S. J. Gathercole, *Where is Boasting?: Early Jewish Soteriology and Paul's Response in Romans 1–5* (Grand Rapids: Eerdmans, 2002), 67. 그는 Ps.Sol. 14:3의 주석에서 이런 주장을 한다: Life is "dependent upon obedience to Torah." 하지만 이런 사상은 신명기의 중심 사상이다.

9) 김세윤, 『바울 신학과 새 관점』, 141f; cf. T. Laato, *Paul and Judaism: An Anthropological Approach* (Atlanta: Scholars Press, 1995); D. A. Hagner, "Paul and Judaism. The Jewish Matrix of Early Christianity: Issues in the Current Debate," *BBR* (1993), 122; I. H. Marshall, *New Testament Theology: Many Witnesses, One Gospel* (IVP press, 2004), 229: "Grace and works thus go together, in that grace was inviting people to do certain things in order for Gentiles to get in and for Jews to stay in."

지 않는 난해한 이슈로 존재하고 있고, 이런 점에서 유대교도 예외일 수는 없을 것이다. 그러나 문제의 핵심은 두 실재의 존재를 인정하는데 있지 않고 그것들 사이의 관계를 해석하는 데서 차이를 나타낸다. 바울과 유대교는 어떤 점에서 해석의 차이를 나타냈을까? 바울은 무슨 이유로 유대교가 잘못된 종교라고 비판하였을까? 바울은 구원이 전적으로 신의 은혜에 속한 문제라고 생각한 반면, 유대교는 그것이 어느 정도 인간 자율에도 속한 문제라고 생각했기 때문에 전자가 후자를 공격한 것일까? 바울 자신도 수많은 경고와 권면, 호소들을 통해서 하나님의 은혜를 헛되이 받지 말고(고후 6:1) 바른 삶을 살라고 격려하지 않는가? 심지어 그는 죄에 빠진 역사적인 그리스도인들에게 불순종의 삶을 살면 하나님 나라를 유업으로 받지 못한다거나(갈 5:19-21; 고전 6:9-10; 엡 5:3-5 등), 또는 반드시 죽을 것이라고 경고하지 않는가(롬 5:16, 21; 8:13)? 제2성전 시대의 유대교 문헌에서 최후 신원을 순종의 행위에 의존시키려는 구절들을 찾아내어 바울 당대의 유대교도 행위의(行爲義)의 요소를 지닌 인본주의적 종교였다고 주장하는 절충주의자들은 위에서 인용한 바울의 진술들도 역시 마찬가지로 평가해야 하지 않을까?

김세윤 교수는 자신의 절충주의 해석을 논증하기 위해 갈라디아서 3:10과 같은 바울의 본문들에 호소하기도 한다. 그는 이 본문에 인용된 신명기 구절의 내용이 바울 당대의 유대교의 성격을 반영하는 것으로 해석한다: "전통적인 해석이 갈라디아서 3:10에 대해 전제하고 있는 유대교는 바로 이와 같은 종류의 유대교인 것 같다."[10] 그는 이 구절에서 율법을 지켜 스스로 의를 확보하려는 유대교 신학을 전제하고 있고 바울 사도가 신명기

---

10) 김세윤, 『바울 신학과 새 관점』, 247f.

구절을 인용하여 그것을 비판하고 있다고 본다. 하지만 김 교수의 이러한 판단을 일단 받아들인다면, 유대교의 신학이 신명기의 언약신학과 별로 다르지 않다고 말해야 한다. 신명기의 저자는 랍비 유대교 이상으로 생명과 죽음, 복과 저주의 경험이 율법을 준수하고 순종하는 일에 걸려 있는 것처럼 진술하기 때문이다(신 30:16-20). 더욱이 구약에서 생명과 언약의 축복은 율법을 '행하는' 일에 조건지어져 있는 것처럼 진술하는 다수의 구절들을 담고 있고(레 19:18; 신 5: 33; 8:1; 16:20; 18:9; 22:7), 바울과 같은 신약 저자들은 구약의 이러한 구절들을 인용하기도 한다(갈 3:10; 롬 10:5). 주지하듯이, 구약에서 '의義'의 개념은 이스라엘 백성이 하나님을 사랑하는 마음으로 율례와 법도와 계명을 준수하고 지키는 삶과 밀접한 연관이 있다(cf. 겔 18:5-9): "내 율례를 좇으며 내 규례를 지켜 진실히 행할진대 그는 의인이니 정녕히 살리라"(9절; 시 1편). 구약의 종교는 일반적으로 율법의 말씀을 지키는 행위를 부정적으로 평가하지 않으며 하나님의 백성으로서 살아가야 할 규범이며 자신의 생명을 유지하는 길이라고 말한다.

만일 김세윤 교수가 신명기 구절에 근거하여 유대교 신학을 비판했다면 그는 또한 동일한 근거 위에서 신명기 저자만 아니라 그의 신학에 의존하는 구약 저자들의 신학 또한 비판해야 마땅할 것이다. 왜냐하면 그가 유대교를 신인협력적 신율주의 종교로 치부하게 만든 유사 요소들이 구약 전반에 걸쳐 나타날 뿐만 아니라 신약 저자들에게도 마찬가지로 나타나기 때문이다. 제2성전 유대교 문헌 가운데 마지막 신원을 행위에 의존시키는 것처럼 보이는 구절들이 존재하듯이, 구약과 신약 저술 가운데서도 그러한 진술들은 헤아릴 수 없이 많이 존재한다. 따라서 중간사 시대의 유대교 문헌에서 행위 심판을 언급하는 구절들을 찾아내어 그것들이 유대교에 내재한 행위의의 요소들을 가리킨다고 논증하는 방식은 내면적인 허점이 있

다고 사료된다.[11]

여기서 최근 절충학파 학자들이 많이 인용하는 엘리엇의 관찰에 주목할 필요가 있다. 그는 제2성전 시대의 유대교가 샌더스가 판단한 것보다 단일 종교 집단이 아니고 다양한 분파 신학들이 서로 투쟁하며 영향력을 넓히던 복합적인 집단이었다는 관찰을 한다. 그의 관찰에 따르면 바울 당대의 유대교는 언약적 신율주의 종교라는 단일 레벨로 동일시될 수 없고 다양한 분파운동들의 전망들이 각축을 벌이고 있었다. 그들은 이스라엘 속에서 율법에 충성하는 자신들만이 남은 자remnant이며 참 하나님 백성이라고 생각하는 분파 의식을 갖고 있었다. 그들은 자신들의 신분 정체성을 계명 준수에 묶어둠으로써 언약을 '개인주의적으로' 해석하는 경향을 보였다. 하나님은 언약 때문에 죄를 간과하시는 일이 없으며, 공평한 재판관으로서 이스라엘을 심판하실 것이다. 심판은 개인의 삶의 합당성에 의존하며 따라서 그들의 언약신학의 패턴은 극히 개인주의적이고 조건적인 것으로 간주되었다. 흥미롭게도 엘리엇은 유대교 분파운동만이 아니라 신명기의 언약 사상 자체도 매우 "개인적이며 조건적인"[12] 성격을 갖는다고 주장한다. 그의 관찰을 받아들이는 최근의 절충주의 학자들은 분파운동에

---

11) 사실 이런 식의 논증 방식을 취하는 학자들은 최근에 많다: cf. Kyung-Shik Kim, *God Will Judge Each One According to his Works: The Investigation into the Use of Psalm 62:13 in Early Jewish Literature and the New Testament* (Ph.D dissertation: Aberdeen, 2004); P. T. O'Brien, "Was Paul a Covenantal Nomist?" in *Variegated Nomism II*, 256ff; M. Silva, "Faith Versus Works of Law in Galatians," in *Variegated Nomism II*, 245. 실바 교수는 여기서 누가복음에 언급된 바리새인 이야기를 예로 들어 예수 당대의 바리새인들이 자신을 신뢰하고 자기 의를 내세우는 모습이 바로 유대교의 행위의의 요소를 함축한다고 주장한다: "we still have to contend with the reality that at least one Christian in the first century (the writer of the third gospel) believed that self-trust and self-righteousness was a problem for at least some Jews, and that the true way to justification was to abandon such self-exaltation and humbly plead God's mercy (vv. 13-14)."

12) M. A. Elliot, *The Survivors of Israel*, 263. 그의 견해에 대한 보다 자세한 소개로는 본인의 저서, 『언약신학에서 본 복음과 율법』(서울: 생명의 말씀사, 2003), 60-67, 113-121을 보라.

나타난 이런 개인주의적이고 조건적인 언약신학 사고가 갈라디아에 침투한 유대주의자들의 사상에도 반영되어 있을 것으로 추정한다. 분파주의자들은 이스라엘 "백성이 다소간 죄와 배교로 물들어 있어서 모종의 행위를 통해, 보통은 어떤 특정 교사나 그룹의 계율들을 준수함으로써 하나님과 바른 관계를 회복할 필요가 있다고 인정하였다."[13] 갈라디아교회에 침투한 유대주의 논적들이 주장한 것은 율법을 지킴으로 의롭다 함을 얻는 것이었을 것이다. 만일 바울 사도가 유대주의 논적들이 주장한 이런 개인적이고 조건적인 사고 자체를 비판하였다면, 그는 마찬가지 방식으로 신명기나 다른 구약 저자들의 개인적이고 조건적인 사고방식도 비판해야 했을 것이다. 과연 바울의 유대교 비판 핵심이 거기에 있었을까? 아니면 비판의 핵심이 다른 데 있었을까?

필자는 지금까지 살핀 대로 새 관점학파나 절충학파의 해석들이 유대교만 아니라 신약 해석에 있어서 균형을 잃었다고 판단할 수밖에 없다. 따라서 본 논문의 목적은 언약신학의 균형성을 회복하는 새로운 해석을 모색하는 데 있다. 사실 우리의 주제는 너무 광범위하게 펼쳐있기 때문에 이 짧은 논문에서 그 안에 내재된 다양한 논쟁의 요소들을 다 다루는 것은 극히 부적절하게 보인다. 따라서 필자는 한 특별한 본문을(롬 8:12-17) 시범 케이스로 선택하여 바울이 자신의 권면을 위해 신명기 30:15-20을 함축적으로 인용한 이유가 무엇인지, 바울 복음의 사고구조가 구약의 언약신학 패턴에 대해서 어떤 연속성과 불연속성을 갖고 있는지, 그리고 유대교의 언약신학 패턴에 내재된 문제점은 무엇인지를 드러내는 순서를 밟게 될 것이다.

---

13) Cf. I. H. Marshall, *New Testament Theology*, 228f. and n. 41.

본문과 신명기 30:15-20의 관계

소수의 학자들은 로마서 8:13에서 바울의 논지의 흐름이 바뀐다고 생각하지만,[14] 대부분의 학자들의 관찰처럼 12절 이후에서 바뀐다고 생각하는 것이 더 낫다.[15] 5-11절에서 중심적인 영육 대립이 12-13절의 주제 권면의 근거 역할을 하고 있고, 1-11절의 중심 주제를 형성하는 '생명'生命이 13절에도 지속되기 때문에 현재의 본문과 이전 본문 사이에 주제상의 연속성이 존재하는 것은 사실이다. 하지만 바울 사도는 앞선 본문에서 천명된 중심 주제를 12절 이후부터는 로마의 기독교인들을 대상으로('형제들아,' 12절) 한 보다 개인적인 권면에 적용하기 시작한다. 직설법 형태의 이전 본문의 진술들은 1절부터 명령법 형태의 권면으로 전환된다.[16]

5-11절에서 개진된 직설법 진술들은 육과 영, 사망과 생명, 죄와 의의 대조를 둘러싸고 전개된다:

"육신의 생각은 사망이요 영의 생각은 생명과 평안이니라"(6절).

"몸은 죄로 인하여 죽은 것이나 영은 의를 인하여 산 것이니라"(10절).

또한 11절에서 이러한 대조는 예수 그리스도와 죽음과 부활이 그에게 속한 신자들의 죽음과 부활에 미치는 영향과 관련하여 기독론적으로 발전된다:

---

14) Cf. D. J. Moo, *Romans* (NICNT), 472.
15) F. Godet, *Romans* (CCL), 215; O. Michel, *Römer* (KEK), 248; E. Käsemann, *Romans*, 212; C. E. B. Cranfield, *Romans* (ICC), 1:372; J. D. G. Dunn, *Romans 1-8* (WBC), 414f; T. R. Schreiner, *Romans* (BECNT), 419, etc.
16) T. R. Schreiner, *Romans*, 419; J. Murray, *Romans*, 293.

"예수를 죽은 자 가운데서 살리신 이의 영이 너희 안에 거하시면 그리스도 예수를 죽은 자 가운데서 살리신 이가 너희 안에 거하시는 그의 영으로 말미암아 너희 죽을 몸도 살리시리라"(11절).

이와 대조적으로 13절에서는 육과 영, 사망과 생명의 대조가 명령법 형식으로 전환되어 개인적으로 적용되기 시작한다:

"너희가 육신대로 살면 반드시 죽을 것이로되 영으로써 몸의 행실을 죽이면 살리니"(13절).

대조의 형식을 통한 논지 전개 방식은 바울 복음의 핵심적 내용을 형성하는 것이 분명하다. 바울 사도는 자신이 사역하는 시대가 새 언약의 영에 의해 지배되고 있다고 확신한다. 그는 이미 7:6에서 옛 언약 시대가 율법에 의해 얽매인 시대인 반면, 새 언약 시대는 성령에 의해 지배되는 시대이기 때문에 신자들은 더 이상 "의문의 묵은 것"이 아니라 "영의 새로운 것"으로 섬겨야 한다고 강조한 바 있다. 의문과 영의 대조는 바울에 있어서 옛 언약과 새 언약을 대조하는 전형적인 방식이다(cf. 고후 3:6).[17]

몇몇 학자들은 바울이 본문에서 옛 언약의 핵심 본문인 신명기 30:15-20을 함축적으로 반영하고 있다고 보고 있다.[18] 특별히 로마서 8:13과 신

---

[17] 이한수, 『신약은 성령을 어떻게 말하는가』(서울: 도서출판 이레서원, 2001), 63-69; cf. S. J. Hafemann, *Paul, Moses, and the History of Israel: The Letter/Spirit Contrast and the Argument from Scripture in 2 Corinthians 3* (Hendrickson, 1996).

[18] Cf. Dunn, *Romans 1-8*, 449; Cranfield, *Romans I*, 394: "The contrasted conditional clauses indicates the two possibilities of human existence. Compare Deut 11:26ff; 30:15ff: in the latter passages, as here, life and death are presented as the consequences of the alternative ways."

명기 30:16-18 사이에는 두드러진 평행점들이 존재한다.

로마서 8:13

(a) 너희가 육신대로 살면

(b) 반드시 죽을 것이로되 *apothneskein*

(a') 영으로써 몸의 행실을 죽이면

(b') 살리니 *zesesthe*

신명기 30:16-18

(a) 네가 만일 마음을 돌이켜…… 섬기면(17절)

(b) 너희가 반드시 망할 것이라(18절상)

(a') 네 하나님 여호와를 사랑하고 그 모든 길로 행하며 그 명령과 규례와 법도를 지키라 하는 것이라(16절상)

(b') 그리하면 네가 생존하며(16절)

순종하는 내용들이 계명과 성령으로 각각 달리 강조되고 있고, 신명기의 진술 순서가 로마서의 것과 달리 도치되어 있는 것은 사실이다. 하지만 죽음과 생명의 주제, 그것이 순종의 삶에 의존한다는 사상, 그리고 순종하는 백성에게 약속된 유업(롬 8:17, '후사'; 신 30:16, 20, '땅의 상속') 등은 두 본문에 두드러지게 나타나는 평행 요소들이다.[19] 이러한 관찰들이 맞는다면, 바울과 신명기 저자는 모두 생명과 죽음이 순종의 삶의 여부에 달려있는 것으로 생각하는 것 같다(cf. 롬 6:16, 22). 본래 옛 언약에서 사망

---

19) Dunn, *Romans 1-8*, 449: "The Parallel with the death-life warning of Deut 30:15ff (cf. 11:26ff.) is probably in Paul's mind, since in each case the thought moves on to inheritance (Deut 11:29, 30, 31; Rom 8:17)."

과 죽음의 대조는 흔히 율법과 연관되어 전개된다(cf. 레 18:5; 신 4:1; 8:1; 30:15-20; 겔 18:5-9 등).20) 흥미로운 것은 천국 시대를 도래시킨 예수 그리스도께서 율법에 대한 순종을 생명의 길로 간주한 구약의 이러한 사고 패턴을 변경 없이 그대로 인준하고 있다는 사실이다(마 19:17; 눅 10:25-28). 이런 점들은 어떤 학자들이 생각하는 것 이상으로 신약과 구약의 언약적 사고에 있어서 상당한 연속성이 있다는 것을 시사해준다.

물론 상기 두 본문들 사이에 유사점만 아니라 차이점도 존재한다는 것도 놓쳐서는 안 된다.

첫째로, 신명기 본문은 생명을 얻는 길로서 하나님을 사랑하고 그의 계명을 준수하는 것으로 파악하는 반면에, 바울 사도는 "영으로써 몸의 행실을 죽이는"21) 것으로 파악한다. 달라진 것은 생명을 얻는 길이 율법 순종의 삶에서 성령을 따른 삶으로 전환되었다는 것이다. 율법에서 성령으로의 전환은 그리스도 안에서 시대가 결정적으로 전환되었다는 바울 사도의 종말론적 확신과 연계되어 있다. 이 점은 7:6에서 이미 분명하게 천명된 바 있고, 본문은 그것을 권면의 형식으로 재적용할 뿐이다: "이제는 우리가 얽매였던 것에 대하여 죽었으므로 율법에서 벗어났으니 이러므로 우리가 영의 새로운 것으로 섬길 것이요 의문의 묵은 것으로 아니할지니라." 앞의 인용 구절에서 의문과 영의 대조는 구원사적 대조를 함축한다: 그리

---

20) 이 문제에 대한 보다 자세한 논의를 보려면 필자의 저서, 『언약신학에서 본 복음과 율법』을 참조하라.
21) 앞선 구절을 고려할 때, '육신의 행위' 대신에 '몸의 행실'이 언급된 것으로 보인다. cf. Cranfield, *Romans 1*: 395; Dunn, *Romans 1-8*, 449; Fitzmyer, *Romans*, 492; Wilckens, *Römer 2:134*, etc. 그러나 두 술어 간에는 약간의 뉘앙스 차이가 있다. 바울은 흔히 두 술어를 동일시하지 않기 때문에, 육신의 행위들이 몸을 통해서 표현된다고 보는 것이 더 나을 것이다. Cf. R. H. Gundry, "Soma" in *Biblical Theology with Emphasis on Pauline Anthropology. SNTSM Series 29* (Cambridge: Cambridge University Press, 1976), 39; T. J. Deidun, *New Covenantly Morality in Paul. Analecta Biblica 89* (Rome: Pontifical Biblical Institute Press, 1981), 98; D. J. Moo, *Romans 1-8*, 528-29.

스도 안에서 율법으로 대표되는 '의문'letter의 시대에서 성령으로 대변되는 '영'spirit의 시대로 바뀌었다.

둘째로, 이러한 시대 전환은 거기에 속한 사람들의 삶의 양태도 바꾸어 놓았다: 의문의 묵은 것으로 '섬기는'*douleuein* 시대에서 영의 새로운 것으로 '섬기는' 시대로 바뀌었다. 이것은 삶의 의무의 변화를 가리킬 수도 있다: 이스라엘은 율법의 계명들을 따라 살 언약의 의무를 짊어진 사람들이지만(cf. "법 아래," 롬 6:14), 로마의 기독교인들은 육신이 아니라 영을 따라 살아야 할 새로운 의무를 짊어진 사람들이다(cf. *opheiletai*, 롬 8:12). 특히 '섬기다'는 동사는 본래 '종노릇하다'는 의미를 갖는데, 바울은 이 동사를 통해 어떤 지배 권세 아래서 영위하는 사람의 책임 있는 삶을 지시하려는 것 같다. 옛 시대와 새 시대 사이에 달라진 점은 섬김의 양태mode of service이지 섬김의 존재 자체나 필요성이 아니다. 그리스도의 사역은 신자들을 책임이 전혀 없는 무죄 상태로 올려놓았다기보다는 의문의 묵은 통치 아래서의 '섬김'에서 성령의 새로운 통치 아래서의 '섬김'으로 섬김의 양태를 바꾸어놓았다.[22] 하지만 섬김의 필요성 관점에서 옛 시대와 새 시대는 차이가 없다: "율법이 짊어지우는 책임(이것이 바로 로마서 2장에서 말하는 의문이라는 용어의 의미이다)은 하나님의 영으로 말미암아 주어지는 책임과 반대된다."[23] 요점은 섬김이 필요한 옛 언약 시대에서 섬김이 필요 없는 새 언약 시대로 바뀌었다는 것이 아니고,[24] 율법의 문자 아

---

[22] 이한수, 『신약은 성령을 어떻게 말하는가』, 163.
[23] S. Westerholm, "Letter and Spirit: The Foundation of Pauline Ethics," *NTS 30* (1984), 239f.
[24] 성령이 지배하는 새 언약 시대를 이런 식으로 획일적으로 파악하려는 구약학자들도 더러 존재한다. Contra F. H. Sailhammer, *The New Covenant in Jeremiah 31:31-34 and Its Place in the Covenant Treaty Tradition of Israel and the Ancient Near East* (Unpublished Ph.D dissertation: Dropsie University, 1971), 331. 이에 대한 자세한 비판으로는 본인의 저서, 『언약신학에서 본 복음과 율법』, 419-21을 참조하라.

래서 섬기던 시대에서 성령의 새로운 통치 아래서 섬기는 시대로 바뀌었다는 것이다. 섬김의 필요성, 다시 말해서 신자의 순종의 필요성 또는 각 언약 아래서 순종의 의무는 옛 언약 시대나 새 언약 시대나 아무런 변화가 없다. 다만 성령의 인도와 능력을 통해 신자의 책임은 훨씬 의미 있는 것이 되었을 뿐이다.

셋째로, 또한 주목할 만한 것은 그리스도 안에서 결정적인 시대 전환이 이루어짐에 따라 그 아래서 살아가는 사람도 역시 바뀌었다. 로마서에서 이스라엘은 "나의 형제 곧 골육의 친척"(9:3), 아브라함의 혈통을 이은 "육신의 자녀"(9:8), 또는 2:28에서는 "표면적 유대인"으로 불린다. 그들은 구약 시대에 하나님의 백성으로 불리던 존재들이었다. 하지만 주목할 것은 9:6에서 바울 사도는 육신적 이스라엘이라고 해서 다 참 이스라엘이 아니라고 선언한다는 사실이다. 이와는 대조적으로 로마의 기독교인들은 하나님의 "아들" 또는 "자녀"로 불린다. 그들은 혈통으로 정의된 존재도 아니고 율법에 속한 존재도 아니다; 그들은 "하나님의 영으로 인도함을 받는"(8:14) 자들로 재정의된다. 의문으로서 율법은 기껏해야 혈통적 유대인을 특징짓는 요소에 불과했으며, 7:5에서 그것은 죄의 정욕이 그들의 지체에 역사하여 "사망을 위하여 열매를 맺게 하는" 수단이 되고 말았다. 따라서 갈라디아서 3:22-23에서 "율법 아래 매인 자들"은 "죄 아래 가두어진" 존재들로 동일시된다. 그리고 율법은 결코 '의'와 '생명'을 가져다 줄 수 없는 것으로 판명되었다: "만일 능히 살게 하는 율법을 주셨더면 의가 반드시 율법으로 말미암았으리라"(21절하). 그렇다면 논리적으로 율법 아래 있는 육신적 이스라엘 백성은 바울의 계시적 전망에서 볼 때 "죄 아래"(롬 3:9) 있는 존재들에 불과하여, 이방인들과 마찬가지로 세상적 존재의 일부에 불과하다. 이것은 바울이 왜 로마서 8:13에서 율법을 생명의 길로 보지 않고 율법의 자리에 대신 성령을 집어넣었는지를 밝히는 단서가 된다.

이러한 차이점에도 불구하고 바울이 로마의 기독교인들에게 권면하는 문맥에서 옛 언약의 핵심 본문인 신명기 30:15-20을 함축적으로 암시, 반영하고 있다는 것은 놀라운 일이다. 생명이나 사망과 같은 구원론적 함축을 지닌 술어들을 그의 윤리적 권면에 끌어다 쓰기 때문에, 혹자들의 주장처럼 바울의 신학도 유대주의자들처럼 행위의行爲義의 요소를 내포한다고 말해야 하는가? 최근 절충파 학자들은 제2성전 시대의 유대교 문헌을 면밀히 살펴서 최후 신원이 행위에 의존한 것처럼 보이는 구절들만 나타나면 유대교가 행위의의 요소를 지닌 종교였다고 손쉽게 결론짓곤 한다.25) 하지만 동일한 요소들이 예수와 바울, 그리고 신약 대부분의 저자들 가운데 폭넓게 발견된다는 사실을 간과해서는 안 된다. 신약에는 역사적 기독교인들이 육신을 따라 살거나 범죄를 지속하면 하나님 나라를 유업으로 얻지 못한다거나(cf. 마 7:22f.; 갈 5:19-21; 고전 6:9-10; 엡 5:5) 영원한 죽음에 이른다는(cf. 롬 6:16, 21-22; 7:5; 8:13; 갈 6:8) 경고성 진술들이 많이 발견되고, 역으로 성령을 따른 삶을 살거나 의를 행할 때 하나님 나라에 들어간다거나(cf. 마 7:21) 영생을 얻게 된다는(마 19:17; 눅 10:28; 갈 6:8; 롬 6:22; 요일 3:14 등) 긍정적 약속의 진술들도 많이 눈에 띈다. 이신칭의 교리에 대한 일방적 강조점이 이런 구절들에 대한 신약 저자들의 강조점을 희석시키곤 하였지만, 그것은 그렇게 손쉽게

---

25) Cf. Kyung-Shik Kim, *God Will Judge Each One According to His Works: The Investigation into the Use of Psalm 62:13 in Early Jewish Literature and the New Testament* (Ph.D dissertation: Aberdeen, 2005); P. T. O'Brien, "Was Paul a Covenantal Nomist?" in *Variegated Nomism II*, 256ff; M. Silva, "Faith Versus Works of Law in Galatians," in *Variegated Nomism II*, 245, etc.

해석해버릴 만한 구절들이 아니다. 만일 바울 사도가 로마의 기독교인들을 향하여 권면할 때 신명기 30:15-20을 염두에 둔 것이 사실이라면, 바울이 그렇게 한 의도는 어디에 있었을까? 바울은 아마도 하나님을 사랑하고 그의 뜻을 순종하는 삶이 하나님의 자녀들이 생명에 이르는 길이라고 판단한 신명기의 전망에 동의한 것이 분명하다. 다만 바울 사도가 신명기 저자와 다른 점이 있다면, 전자는 그리스도께서 언약사의 정점에 있음을 깨닫고 그 안에서 그러한 전망을 실현시키는 구원사적 수단과 상황이 결정적으로 바뀌었다고 확신한다는 점일 것이다. 앞서 우리가 이미 관찰한 것처럼, 바뀐 것은 섬김의 양태일 뿐이다. 바울은 율법에 담긴 하나님의 뜻과 의도가 인간의 자율적 책임 범위 안에서 이루어질 수 없고 오직 그리스도 안에 나타난 하나님의 재창조 사역과 그 안에서 역사하는 새 언약의 영의 능력 안에서 성취될 수 있음을 확신한 것이다.

이로써 분명해지는 사실이 나타난다. 만일 바울이 로마의 성도들을 위한 권면의 문맥에서 신명기 30:15-20을 함축적으로 반영하고 있다면, 그는 하나님의 뜻에 대한 순종의 삶을 생명에 이르는 길로 파악한 구약 언약신학의 근본 패턴을 동의한 것이 분명하다. 의무의 형태 또는 섬김의 양태가 달라졌을 뿐 순종의 삶을 통해서 생명에 이르는 것은 신, 구약 저자들의 언약신학의 근본적인 사고 패턴이라고 할 수 있다(cf. 롬 6:22).[26]

---

[26] 이것은 교의신학적으로 중요한 함축을 지닌다. 죄에서 해방되어 하나님께 종이 된 것은 로마 기독교인들의 근본 구원 경험을 지칭하고 그 구원의 결과로 그들은 "거룩함에 이르는 열매"를 나타내기 시작하였다. 이렇게 하나님의 거룩한 형상을 회복해 가는 점진적인 성화(聖化)의 과정 끝에 주어지는 은총의 선물은 영생이다. 처음 구원 경험은 인간의 행위와 관계없이 하나님의 순전한 은혜로 주어지지만, 구원 경험의 본질은 이미 성화의 목표를 지향하고 있다. 하나님은 구원의 결과로 나타나는 성화에 이르는 과정을 통해서 마지막 영생에 들어가도록 뜻하신 것이다. 이것은 신, 구약 저자들이 역사적인 기독교인들의 성화와 순종의 삶을 마지막 영생에 이르는 길로 간주하였다는 중요한 함축을 내포한다. 이 점에 대한 상세한 논의로는 필자의 저서, 『언약신학에서 본 복음과

로마서 8:1-2과 8:13의 관계

만일 바울이 순종의 삶을 하나님 앞에서 사는 길로 간주한 것이 사실이라면, 한 가지 중요한 문제가 해결되어야 한다: 로마서 8:13은 "그리스도 예수 안에 있는 자에게는 결코 정죄함이 없다"는 8:1의 선언과 어떤 관계가 있는가? 특별히 로마의 기독교인들이 "육신대로 살면 반드시 죽을 것이라"(13절상)는 경고성 진술은 얼핏 보기에 그리스도에게 속한 자에게 "결코 정죄함이 없다"(1절)는 확신과 조화가 되지 않는 것처럼 보인다. 1절의 경고성 진술은 아마도 이신칭의 교리와도 내면적으로 연결된 것으로 보인다. 왜냐하면 8:33하-34상에서 바울은 '정죄' 定罪 사상을 의롭다 하시는 하나님의 '칭의' 稱義 행위와 교환적으로 사용하고 있기 때문이다: "의롭다 하신 이는 하나님이시니 누가 정죄하리요." 두 술어는 상호 긴밀하게 연결된 개념들임이 분명하다. 두 술어가 모두 법률적인 배경에서 나온 술어이다. 하지만 서로 뉘앙스의 차이도 존재한다. 왜냐하면 후자는 하나님께서 신자를 죄책 罪責 또는 죄의 형벌에서 구원하는 개념을 가리키기 때문이다.27)

물론 이 술어는 흔히 정죄 선고 행위 자체보다는 거기서 귀결되는 형벌을 가리킬 때가 많지만 BGAD, MM, 바울 사도는 그것을 그렇게 협소한 의미의 술어로 사용하지 않는다. 이미 로마서 5:16, 18에서 '정죄'는 칭의와 반대되는 개념으로서 아담의 불순종이 초래한 결과들을 시사한다. 따라서 1

율법」, 471-487을 참조하라; 또한 J. Calvin, *Institutes of the Christian Religion. Vol. II* (Westminster Press: Philadelphia), III. 14.20-21, 787; Chul Won Suh, *The Creation-Mediatorship of Jesus Christ. A Study in the Relation of the Incarnation and the Creation* (Ph.D dissertation, Amsterdam 1982), 93; A. A. Hodge, 『웨스트민스터 신앙고백 해설』(김종흡 역: 크리스천다이제스트, 1998), 290; 박형룡, 『내세론』, 338 등을 참조하라.

27) Cf. R. Gundry, "Grace, Works, and Staying Saved," 31f.; Moo, *Romans*, 472; 이한수, 『로마서 1』(서울: 도서출판 이레서원, 2002), 610 etc.

절에서 '정죄'의 술어는 하나님의 정죄 선언만 아니라 그 실제 집행 결과를 모두 지칭할 수 있다.[28] 그리스도 안에 있는 자들에게는 어떤 형태의 정죄도 위협이 되지 못한다(롬 8:34). 왜냐하면 그가 "우리를 위하여" 죽으심으로 죄의 모든 형벌을 대신 처리하셨기 때문이다(cf. 고후 5:21).

만일 이것이 사실이라면, 바울 사도는 왜 로마의 기독교인 형제들을 향하여 "육신대로 살면 반드시 죽을 것이라"(8:13상)고 경고하는 이유가 무엇인가? '멜레테' mellete란 헬라어 술어는 단순 미래를 지시하기보다는 일어날 사건의 확실성을 함축하고, 동시에 사건의 임박성 또는 긴급성을 뜻할 수도 있다.[29] 그리고 여기서 '죽음'은 대다수의 주석가들이 동의하듯이 단순한 신체적 죽음을 가리키기보다는 영원한 죽음 또는 종말론적인 죽음을 가리키는 것이 분명하다.[30] 그렇다면 바울은 육신을 따라 살아가는 로마의 기독교인들을 향하여 그들이 겪게 될 영원한 종말론적 사망의 '확실성' certainty을 강조하고 있다고 보아야 한다. 어떤 의미의 확실성인가?

코트렐 Cottrell과 같은 학자들은 13절이야말로 신자가 은혜에서 떨어져 자신의 구원을 상실할 수도 있는 가능성을 강하게 확증해주는 구절이라고 주장한다.[31] 바울이 여기서 익명의 누구에게나 경고하는 것이 아니라 로마의 "형제들"에게 경고하고 있다. 만일 그러한 경고의 가능성이 현실성이 없는 것이라면 그것은 경고의 심각성을 훼손시키는 것이며, 또한 불가

---

[28] Cf. Buchsel, *TDNT* 3: 951-2; Morris, *Romans*, 300.
[29] Cf. Dunn, *Romans 1-8*, 448; Moo, *Romans*, 494; Schreiner, *Romans*, 420, etc.
[30] Schreiner, *Romans*, 421; Cranfield, *Romans* 1:395; Dunn, *Romans 1-8*, 449; Fitzmyer, *Romans*, 493. 그렇다면 '살리라'는 미래 시제의 동사도 이와 상응하여 종말론적인 영원한 생명을 가리키는 것이 당연하다.
[31] J. Cottrell, *Romans I* (NIVC) (College Press; Joplin, Missouri, 1966), 475.

능한 경고라면 그것은 무의미한 경고라는 것이다. 신자들은 심령이 새로워진 존재들이지만 그들은 여전히 내주하는 죄와 심각한 갈등과 투쟁에 처해있다(cf. 롬 7:14-25). 따라서 이러한 투쟁에서 승리할 수 있는 핵심 열쇠는 성령을 좇아 살아가는 길뿐이다. 그는 한 걸음 더 나아가 비록 신자들의 종말론적 생명이 순종의 삶에 걸려있다고 하더라도, 칭의와 모순되지 않는다고 단언한다. 믿음과 행위는 동전의 양 면과 같다: 칭의는 항상 믿음으로 되지만, 이 믿음은 반드시 믿음의 순종을 산출해야 한다는 것이다(롬 1:5 참조).[32)] 이 견해는 "반드시 죽을 것이라"*mellete apothneskein*는 경고의 진지성에 의해 뒷받침될 수도 있다.

하지만 이미 우리가 언급한 바 있는 로마서 8:1-2의 선언과 8:31-39의 확신을 제대로 설명하지 못한다. 최종적인 구원이 신자들의 불확실한 노력에 의존해 있다면, 상기 두 구절에 나타난 확신의 논조는 이상할 수 있다. 따라서 필자는 칼빈의 해석이 본문의 의도에 더 적합하다고 생각한다. 그렇다고 해서 우리는 본절에 나타난 바울의 경고의 심각성을 희석시켜서도 안 된다. 머리가 말한 대로, "신자가 죄의 법에 대하여 영원히 단번에 죽었다고 해서 그것은 자신의 지체 속에 역사하는 죄를 죽여야 할 필요성을 그에게서 면제시켜 주지 않는다. 그것은 그가 그렇게 하도록 가능하게 만들고 필요하게 만든다."[33)] 바울이 한편에서 로마의 기독교인들이 육신을 따라 살면 반드시 죽을 것이라고 엄중 경고하면서도 다른 한편으로 그들에게 흔들리지 않는 미래 구원의 확실성을 확신시켜 주는 것은 논리적으로 혼란스러울 수 있다. 하지만 경고와 확신의 논조의 병존은 바울의 권

---

32) 전통적인 교의신학에서 칭의와 성화는 "이중적인 치료책"(double cure)으로 널리 알려져 있다. 칭의에서는 죄책이 제거되고 성화에서는 죄의 오염이 치유된다는 것이다:J. Cottrell, *Romans I*, 477 참조.
33) J. Murray, *Romans*, 294; 또한 이 인용구는 D. J. Moo, *Romans*, 494에도 인용되었다.

면에는 자주 나타나는 현상이다. 아마도 바울은 영원의 관점에서 흔들릴 수 없는 하나님의 사랑이 참 하나님의 자녀를 궁극적으로 지켜주실 것이라고 확신하면서도 역사적인 관점에서는 범죄하는 역사적 기독교인들에게 신명기의 저자처럼 양자택일의 경고를 발한다. 논리적으로 이 둘을 깔끔하게 조화시키는 것은 거의 불가능하지만, 바울의 논조는 아마도 다음과 같은 것일 것이다:

하나님께서는 자신의 참 자녀들을 결코 버리시는 일이 없고(롬 11:2) 그들에게는 결코 정죄함이 없다(롬 8:1-2). 2) 신명기의 패턴에 따라, 하나님의 뜻을 행하는 자에게는 영생을 선물로 베푸시고 불순종하는 자에게는 사망에 처하게 하시는 것이 하나님의 근본적인 의도이다(롬 6:15-23; 8:13). 3) 로마의 기독교인들은 자신의 참된 신분을 성령을 따라 행하는 자신의 삶을 통해 논증해 보일 의무가 있다(롬 8:12); 4) 만일 어떤 형제라고 일컫는 사람이 순종의 삶을 영위하는 데 실패하여 타락한다면 그는 처음부터 하나님께 속한 사람이 아니었다고 말할 수밖에 없으며(cf. 요일 2:19) 그는 반드시 영원한 사망에 처하게 될 것이다(롬 8:13; cf. 6:16, 21-22). 5) 이와는 반대로 만일 어떤 형제라 일컫는 사람이 끝까지 책임을 다하여 신실하게 순종하는 삶을 살았다면, 하나님의 은혜가 그를 붙드신 결과라고 말해야 한다.[34] 사람의 최종적 운명에 대한 하나님 편의 지식은 절대적이지만, 사람 편의 지식은 상대적이고 추론적일 수밖에 없다. 바울 사도는 때로 영원의 관점에서 고난에 처한 신자들에게 그들의 구원

---

[34] 하나님의 은혜와 신자의 책임 간의 문제는 교회사적으로 오랫동안 논쟁이 되어 왔던 문제였다. 이 분야에 대한 필자의 보다 자세한 논의로는, 이한수, "하나님의 선택과 구원의 확실성," 『바울 신학연구』 (서울: 총신대학출판부, 1994), 455ff를 참조하라; cf. also D. A. Carson, *Divine Sovereignty and Humans Responsibility*, 288ff.

이 하나님의 신실한 손에 붙들려 있어서 결코 흔들릴 수 없다고 확신시켜 주기도 하지만, 범죄에 빠진 역사적 그리스도인들에게는 때로 신명기의 모델을 적용하여 그들 앞에 생명과 죽음의 길이 갈려 있다고 경고하기도 한다. 대체로 이런 경고성 진술들은 역사적인 기독교인들에게 그들이 참 하나님의 백성이라면 순종하는 삶으로 자신의 정체성을 나타내 보이라는 도전의 말씀이라고 할 수 있다. 영원과 시간 사이에는 존재론적 간격이 있으며, 바울과 같은 성경 저자들은 그 간격을 논리적 사변을 통해 메꾸려고 하지 않는다: 영원과 시간 사이의 긴장 관계는 오직 믿음의 고백, 기도, 감사, 책임 있는 삶으로 해소될 뿐이다. 왜냐하면 신적 선택의 사실은 믿음의 노정에서만 자명하게 나타날 뿐이기 때문이다.

그렇다면 칭의 교리는 8:13의 경고 진술과 모순된 것이라고 말할 수 없다. 전자는 신자의 미래가 신자의 불확실한 노력에 달려있는 것처럼 보지 못하도록 막아주는 방어 막과 같고, 후자는 이신칭의의 은혜를 값싼 은혜로 만들지 않고 책임 있는 순종의 삶을 지향한다는 것을 지시하게 만들어 주는 자극제 역할을 한다. 얼핏 보기에 이 둘 사이에 존재하는 것처럼 보이는 긴장은 삶이 연루된 문제이다. 스스로 책임 있게 살아가는 자만이 자신의 궁극적인 구원을 확신할 수 있고, 그렇게 산 후에 그들은 비로소 하나님의 은혜가 자신을 붙들고 계셨다는 것을 깨닫게 될 것이다.

이와는 대조적으로 신명기 구절에 내재된 언약신학 패턴은 복합적이다. 언약신학의 표층 구조에서 볼 때 아브라함의 육신적 후손들로 구성된 이스라엘은 일단 구약 시대에 하나님의 백성으로 불리던 사람들이었고 그의 기업의 소유로 택함을 받은 자들이었다(cf. 신 7:6-11). 하나님께서 만민 중에서 그들을 기뻐하시고 택하신 목적은 하나님의 뜻을 준행하는 백성이 되게 하려 함이었다(창 18:19; 신 11; cf. 딛 2:14). 율법은 이 점에서 하나님 백성 된 이스라엘의 삶의 규범으로 주어진 것이며, 결코 언약을 세우는 일에 기여하지 못한다. 하지만 언약 백성인 이스라엘은 율법에 나타난 하나님의 이 뜻을 준행하는 데 실패하였고, 그들의 역사는 반역과 불순종으로 점철된 범죄의 역사였다. 포로기 이후에도 이러한 상황이 나아지지 않자 후기 예언서들 가운데서는 '남은 자'remnant 신학이 대두되면서 이스라엘 속에서 분열이 일어나기 시작하였다. 말하자면, 참 하나님의 백성의 신분은 육적인 이스라엘 모두에게 속한 것이 아니라 하나님이 "은혜로 택하심을 따라 남은 자"(롬 11:5)에게 속한 것이며, 이들은 엘리야 시대에 "바알에게 무릎을 꿇지 아니한 사람 칠천"(11:4)과 같이 위기의 때에도 하나님을 버리지 않고 그의 뜻을 성실히 준행한 자들일 뿐이다.

이런 점에서 바울의 언약신학 패턴은 남은 자 신학의 노선을 따라가고 있다고 할 수 있으며,[35] 그것은 기본적으로 이사야와 같은 후기 예언자들에게서 물려받은 신학적 유산임이 분명하다(롬 9:27, 29; cf. 사 10:22; 11:5; 28:22; 호 2:1). 남은 자 신학의 언약패턴은 신적 선택의 사실이 율법을 준행하는 이스라엘의 순종 행위를 통해서 논증되어야 한다고 보기 때문에, 그들의 사고는 겉보기에 "개인주의적이고 조건적인" 성격을 띤 것으로 보인다. 왜냐하면 하나님의 백성으로서 그들의 신분은 항상 계명 순종에 묶여있으며 그것에 의존해 있기 때문이다. 따라서 제2성전 시대의 유대교 분파운동의 언약신학을 탐구한 엘리엇은 유대교의 분파운동들만 아니라 신명기의 언약사상도 매우 "개인적이며 조건적"[36]인 성격을 띠고 있다고 판단한다.

---

[35] Marshall, *New Testament Theology*, 228f.
[36] M. A. Elliot, *The Survivors of Israel. A Reconstruction of the Theology of Pre-Christian Judaism* (Eerdmans: Grand Rapids, Michigan, 2000), 263.

분파운동들의 남은 자 신학이 그가 지적하듯이 개인적이며 조건적인 성격을 나타내는 것은 사실이지만, 엘리엇이 결정적으로 간과한 한 가지 사실이 있다. 그것은 유대교가 그렇게 단일 사고방식만 지배하던 획일적인 집단이 아니었다는 사실이다. 환언하면, 대중적인 의식 속에서 유포된 국가주의적 언약신학과 분파운동들 가운데 유포된 개인주의적 남은 자 언약신학 사이에 차이가 존재한다. 필자의 판단으로 로마서 2장에서 바울이 (솔로몬의 지혜서 Wisdom of Solomon 11-15장을 함축하면서) 비판하는 부류는 대중적인 유대 사회에 유포된 국가주의적 언약신학이 아닐까 생각된다.[37] 범죄 중에서도 하나님의 심판에서 면제 받았다고 자부하고 이방인들에 대해서 우월의식을 갖고 그들을 판단하려는 사람들은 분명히 분파운동의 남은 자 그룹에 속한 무리들이 아니다: 그들은 솔로몬의 지혜서 11-15장에 반영된, 이방인들에 대해서 언약적 우월의식을 지닌 후자 그룹에 속한 사람들임이 분명하다.

최근에 엘리엇의 이러한 관찰을 바울 서신 해석에 접목하고자 하는 학자들은 갈라디아 교회에 침투한 유대주의자들도 아마도 이런 개인적이며 조건인 언약신학을 전파했을 것으로 보고 사도 바울은 그들의 그릇된 언약신학을 비판하고 "오직 믿음으로" sola fide 또는 "오직 은혜로" sola gratia의 복음을 대안으로 제시했다고 믿는다.[38] 하지만 이들의 주장에서 늘 우리를 혼란스럽게 하는 것은 그들이 유대교를 비평하던 기준들이 신명기와 같은 구약 저술들에도 적용되지 않는다는 것이다.

---

37) 로마서 2장에 대한 상세한 분석으로는 필자의 저서, 『언약신학에서 본 복음과 율법』 제1장, "로마서에 나타난 바울의 유대교 비평: 실천적 유추에서 본 전망," 39-87을 참조하라.
38) Cf. Marshall, *New Testament Theology*, 228f.; 김세윤, 『바울복음과 새 관점』, 247ff.; M. Silva, "Faith Versus Works of Law in Galatians," in *Variegated Nomism II*, 217-248.

만일 갈라디아 교회에 침투한 유대주의 논적들의 신학이 개인적이고 조건적인 사상에 물들어 있기 때문에 비판받아야 한다면, 동일한 논리에 근거해서 신명기의 신학도 마찬가지 방식으로 비판받아야 하지 않을까? 더욱이, 신명기 30:15-20을 함축적으로 반영하는 로마서 8:13의 바울 권면도 동일한 잣대로 비판받아야 하지 않겠는가? 사실 이런 개인적이고 조건적인 듯이 보이는 진술들은 유대교나 신명기만 아니라 신약 저술들 이곳저곳에서 수없이 발견되지 않는가? 우리가 앞의 섹션에서 밝힌 것처럼, 언약적 사고의 근본 패턴은 신명기나 바울 사이에, 심지어 제2성전 시대의 유대교 남은 자 그룹과 신명기, 바울 사이에 큰 차이가 없는 것처럼 보인다. 달라진 것은 신명기의 비전이 실현되는 구원사의 환경 변화가 아닐까 사료된다. 우리는 이제 신명기와 바울, 그리고 유대교의 언약신학 패턴을 비교할 것이다.

결론: 언약신학 패턴들의 비교

우리의 논의 과정에서 필자는 구약 이스라엘 종교, 유대교, 신약 저자들의 신학 사이에 유사한 사고 패턴이 존재한다는 사실을 발견한 바 있다. 제2성전 시대의 유대교에서는 신명기적인 패러다임의 변화가 감지된다. 배교와 타락으로 점철된 이스라엘 역사 속에서 이스라엘을 향한 하나님의 선택이 의심스러워지면서 선택 개념 자체가 이원화되어(롬 11:4-5과 11:28을 비교하라) 이스라엘 내에서 악한 자와 의로운 자의 분열이 일어나기 시작하였다. 자연히 분파운동에 속한 유대교에서는 하나님 백성의 정체성이 계명 순종에 묶이게 되었다. 하지만 겉보기에 개인주의적이고 조건적인 성격을 띤 것처럼 보이지만, 유대교에서 신적 선택이 인간 순종 행위에 조건지어진 것처럼 이해되어서는 안 된다. 유대인들은 아마도 신적 선택은 책임 있는 순종의 삶으로 자명해진다고 생각하는 그런 방식으로 개인적이고 조건적인 형태의 진술을 했을 뿐이라고 사료된다. 왜냐하면 제2성전 시대의 유대교 저자들 상당수가 행위로 말미암는 심판을 말하면서도 여전히 이스라엘을 향한 하나님의 자비와 택하심을 말하기 때문이다(Sir 32:24-26; Ps. Sol. 2:33-34; 17:8-9; LAB 3:4).[39] 은혜성gift과 요구성demand 사이의 균형은 언약신학의 중심적 특징을 이루는데, 이스라엘 역사 속에서 이 균형은 한쪽 방향으로 강조점을 옮기거나 기우는 가능성은 언제든지 잠재해 있었다. 하지만 선행하는 우리의 탐구에 비추어 볼 때 분파운동에 속한 유대교도 역시 신명기와 바울 사도의 언약신학 패턴과 유사한 사고구조를 공유하고 있지 않나 사료된다.

하지만 여기서 유념해야 할 사실은 유대교가 샌더스가 생각했던 것처럼 획일적인 형태의 종교는 아니었다는 사실이다. 그는 이 사실을 진지하게 살피는 데 실패한 것으로 보인다. 제2성전 시대의 유대교 내에는 은혜성恩惠性 국면을 일방적으로 강조하는 국가적 언약신학의 패턴을 지닌 대중적 유대교와, 요구성 차원을 좀더 강조하는 남은 자 신학을 추종하는 분파운동의 유대교가 존재했던 것이 분명하다. 최근에 절충파 학자들은 후자의 신학패턴을 추종하는 논적들이 갈라디아와 같은 이방 교회에 침투했다고 간주한다. 하지만 이러한 구분을 실제 바울 서신의 논쟁적 문맥에 적용할 때는 학자들 스스로 상당한 혼란을 겪고 있는 것으로 보인다. 일단 필자는 일차적으로 신명기와 로마서의 언약신학 패턴을 비교하고 나중에 유대교의 언약신학 패턴에 대한 견해들도 비교해보고자 한다. 우선 효과적인 비교를 위해서 언약신학의 기본구조를 세 항목으로 나눌 필요가 있다. 언약 안에

---

[39] Kyoung-Shik Kim, *God Will Judge Each One According to His Works*, 274. 그는 이 점을 다른 방향에서 해석한다.

"들어가는" 행위를 "G"로, 그 안에 "머무는" 행위를 "S"로, 불순종 행위가 가져올 경고를 "W"라고 표시한다면, 주로 "G"는 하나님의 은혜로운 주도권을 표현하고, "S"는 인간의 책임을, "W"는 책임의 범위를 표현해준다:

신명기
(G) 여호와께서 사랑으로 이스라엘을 자기 백성으로 택하셨다(7:6-8).
(S) 그런즉 그의 명령과 규례와 법도를 지켜 행하라(7:11).
(W) 불순종하는 자에게 화와 죽음을, 순종하는 자에게 복과 생명과 땅의 유업을 베푸실 것이다(7:9-10).

로마서
(G) 이제 그리스도 안에 있는 자에게는 결코 정죄함이 없다(8:1).
(S) 성령을 좇아 몸의 행실을 죽이라. 그러면 살리라(8:13하).
(W) 육신대로 살면 반드시 죽을 것이다(8:13상).

상기 도표에 따르면 신명기와 바울 사도의 언약신학 패턴은 서로 크게 다르지 않은 것 같다. 하지만 두 번째 섹션에서 제시된 주석적 관찰에 따르면 언약신학의 기본 패턴은 바뀌지 않았지만 바뀐 점이 있다면 언약의 비전이 성취되는 구원사적 상황이 아닐까 생각된다. 첫째로, 13절에 나타난 율법과 영의 대조는 그리스도 안에서 율법을 중심한 옛 언약 시대에서 성령을 중심한 새 언약 시대로의 전환이 일어났음을 암시한다. 둘째로, 따라서 율법 아래서 섬기던 시대에서 영으로 섬기는 시대로 전환되었다. 두 시대 모두 순종의 삶을 생명을 얻는 길로 파악한다는 점에서 동일하지만 "섬김의 양태"mode of service가 달라졌고, 율법 아래서 살아가던 옛 언약 시대보다 순종은 성령을 따라 살아가는 새 언약 시대에서는 훨씬 더 효과적이고 의미가 있게 되었다. 셋째로, 시대 전환에 따라 하나님의 백성의 신분에 대한 이해도 바뀌게 되었다. 옛 언약 시대에서 하나님의 백성은 아브라함의 육신적 후손인 이스라엘로 구성되어 있었지만, 그들은 지금 기껏해야 "표면적 유대인"(롬 2:28)에 불과하며 이방인과 마찬가지로 "죄 아래" 갇힌 이 세상적 존재의 일부에 불과하였다(롬 3:9). 육과 영의 대조가 율법과 영의 대조와 평행을 이루는 것은 율법 준수 행위가 "육의 영역"에 속해 있다는 바울의 인식을 함축한다(cf. 갈 4:22-29). 이스라엘의 역사는 율법 아래 있었던 역사였지만 그것은 배교와 타락의 역사였다. 따라서 바울은 율법이 육신에 내재한 죄의 세력을 극복하고 치유할 능력도 없으며(갈 3:22-23) 더욱이 의와 생명을 줄 능력이 없다고 한다(갈 3:21; cf. 롬 8:13). 하나님의 뜻에 기꺼이 순종할 줄 아는 변화된 참 하나님 백성의 형성은 율법을 통해서 오는 것이 아니라 그리스도의 구원사건, 즉 그의 십자가와 부활 사건 가운데서 역사하는 하나님의 영의 창조 행위를 통해서 올 뿐이다. 인간 편에서 참 하나님의 백성은 믿음으로 의롭다 함을 얻는 자들인 반면(롬 3:28; 5:1), 하나님 편에서 그들은 성령을 좇아 태어난 자들이며(롬 8:14; 갈 4:29), 하나님의 약속에 전제된 그의 주권적인 창조 능력으로 형성된 자들이다(롬 4:17-18). 그들이야말로 신명기의 비전을 좇아 하나님의 뜻을 기꺼이 순종함으로 영생에 이르도록 만들어진 새 피조물이다(롬 6:22-23). 이로써 순종의 삶을 영생에 이르는 길로 간주하는 것은 신명기와 바울 사이에는 공유된 사상임이 분명하다.

그렇다면 유대교와는 어떤 차이점이 존재하는가? 우리는 앞서 국가적 언약신학을 붙들고 있었던 대중적인 유대교와 남은 자 언약신학을 추종하던 분파운동의 유대교를 구분한 바 있다. 전자의 경우에는 은혜성과 요구성의 균형성이 한쪽으로 깨어져서 은혜성을 일방적으로 강조하는 형태의 종교이다. 샌더스의 언약적 신율주의가 여기에 가깝다. 그는 이스라엘을 향한 하나님의 선택이 국가적이고 영구적인 함축을 지녔다고 생각했기 때문에, 이스라엘은 예외 없이 오는 시대에 다 참여할 것이라고 보았다(b. Sanhedrin 10.1). 이런 입장 때문에 샌더스는 제2성전 시대의 유대교 내에서 유행하던 분파운동들의 남은 자 신학의 존재를 인정할 수 없었다. 만일 바울 당대의 유대교가 국가주의적인 이런 언약신학 패턴을 가지고 있었다면 그것은 분명히 신명기의 언약신학 패턴에서 이탈한 것이라고 말할 수 있고 은혜성 차원에 대한 일방적인 강조점 때문에 계명을 순종하는 일의 의미는 많이 희석될 수밖에 없다. 바울 사도는 로마서 2장에서 이런 형태의 국가적인 유대교 언약신학을 비판하는 것으로 보인다.[40] 당대의 대다수 유대인들은 이런 국가적 언약신학 인식을 갖고 있어서 자신들을 이미 언약 "안에"in 들어와 있다고 간주했지만, 바울 사도는 그들이 여전히 언약 "밖에"out 있다고 생각하고 있고 남은 자 신학에 따라서 그들의 불순종과 타락 행위들을 그 증거들로 내세우고 있다. 그들은 자신들을 안에 있다고 생각했지만 사실은 밖에 있는 세상적 존재들에 불과한 것이다.

후자의 유대교의 경우는 바울과 어떤 차이가 있을까? 실바Silva와 같은 최근 절충파 학자들은 바울 당대의 유대인들이 자신들을 언약 "안에" 들어와 있는 하나님의 백성으로 인식했다는 점을 인정한다. 만일 이러한 전제에서 출발한다면, 갈라디아 교회에 침투한 유대주의자들의 "율법의 행위로 의롭다 함을 얻으려고 했다"는 진술은 어떤 함축을 갖는가? 바울에게 있어서 칭의 술어는 기본적으로 처음 구원 경험에 자주 연결된다(롬 3:28;

---

[40] 로마서 2장에 대한 상세한 분석으로는 필자의 글, "로마서에 나타난 바울의 유대교 비평: 실천적 유추에서 본 전망," 『언약신학에서 본 복음과 율법』, 39-60을 참조하라.

cf. 갈 2:16; 3:6). 그렇다면 로마서 3:28에 나타난 상기 진술은 처음 구원 경험에 대한 묘사일 터인데 실바 교수는 언약 안에서 살아가는 그들의 순종의 삶을 묘사한다고 해석한다. 아마도 이것은 새 관점학파의 통찰을 일단 수긍하기 때문에 양보한 결과라고 사료된다.

로마서 3:28에서 '믿음'*pistis*과 칭의 술어가 서로 연결된 것은 바울이 여기서 처음 회심과 연결된 구원 경험을 의도하고 있음을 시사한다. 그런데 실바는 바울이 상기 구절에서 논박하고 있는 "율법 칭의" 개념을 유대인들이 언약백성으로서 살아가는 삶에 적용시킨다. 말하자면, "율법의 행위로 의롭다 함을 얻으려"는 것은 율법을 따라 살아가려는 유대인들의 시도를 지칭한다.[41] 이런 논리는 우리를 상당히 혼란스럽게 만들 뿐이다. 왜냐하면 한 행위를 가지고 두 다른 지시대상을 포함시키는 모순에 빠지게 만들기 때문이다. 이런 혼란은 사실 두 관점을 혼동하기 때문에 생긴 것이라고 사료된다. 바울의 관점에서 보면 그는 유대주의자들을 거짓 형제들로 간주함으로써 그들을 결코 언약 "안에" 있다고 생각하지 않았다: 당대의 많은 유대인은 "표면적인 유대인"일 뿐 사실은 참 이스라엘이 아니었다(롬 2:28; 9:6-8). 하지만 유대주의 논적들의 관점에서 보면 그들은 자신들을 언약 "안에" 있다고 생각했을 것이고 언약백성으로서 율법을 준수함으로써 살아가려고 했을 것이며 그것이 바로 하나님 앞에 의로운 길이라고 생각했을 것이다(cf. 겔 18:5, 9).

만일 바울 사도가 처음 구원 경험을 지칭하는 칭의 술어를 가지고 "율법의 행위로 말미암는 칭의" 개념을 비판했다면, 그의 비판은 율법을 따라

---

[41] Moises Silva, "Faith Versus Works of Law in Galatians," in *Justification and Variegated Nomism*, 2:247; cf. 김세윤, 『바울 신학과 새 관점』 (도서출판 두란노, 2002); I. H. Marshall, *New Testament Theology*, 229.

의롭게 살아가려는 그들의 행위에 대한 것이라기보다는 그러한 행위의 존재에도 불구하고 그들이 하나님의 백성이 되지 못했다는 존재론적인 비평이 아니었을까 여겨진다. 사실 예수를 포함해서 신약의 저자들도 율법에 나타난 하나님의 뜻을 순종하는 행위에 대해서 비판한 적이 전혀 없다. 오히려 예수께서는 "생명에 들어가려면 계명들을 지키라"(마 19:17)고 하지 않았던가? 바울도 성령을 좇아 행하는 것이 율법의 근본정신을 실행하는 것과 모순되지 않는다고 말하지 않았던가(갈 5:22-23)? 바울은 자신의 이신칭의 교훈이 결코 율법을 폐하지 않고 도리어 그것을 "굳게 세운다"(롬 3:30)고 주장한다. 바울은 의문으로서 존재하는 율법이 변화된 참 하나님의 백성을 형성할 능력이 없었다는 자신의 종말론적 계시 인식에서 (cf. 갈 4:22-30) "율법의 행위로 말미암는 칭의" 개념을 비판하고 있다. 바울의 율법 비평은 대체로 율법 자체의 구원사적 한계들을[42] 지적하는 것과 연결되어 있다. 따라서 유대인들의 오류가 있다면 율법의 이러한 한계들을 깨닫지 못하고 여전히 그것을 붙들고자 하는 시대착오적 착각이 중심적 오류이며, 불순종과 배교에 빠져 이방인과 방불한 존재가 되었으면서도 하나님께서 자신들을 이방인들과는 달리 대우하실 것이라고 오해한 것이다.

결론적으로 그들의 언약신학은 변화된 하나님의 백성을 지향하는, 언약사의 심층적 흐름을 파악하지 못하고 언약사의 표층구조에 존재하는 외피적 요소들을 붙들면서 범죄 중에도 선민적 특권의식에 빠져있는 피상성에 머물러 있었다. 바울은 바로 그러한 점들을 비판한 것이라고 할 수 있다.

---

42) 김세윤 교수는 "율법의 구조적 약점"에 대해서 말하지만(『바울 신학과 새 관점』, 263f. 필자는 율법의 구원사적 한계라는 표현이 더 적절하다고 보며, 그러한 한계들에 대해서 필자는 필자의 저서 『신약은 성령을 어떻게 말하는가』(도서출판 이레서원, 2002), 75-101에서 자세하게 토론하였다. 이 책에서 율법의 구원사적 한계들은 "율법의 인식론적 한계, 율법의 무능성의 한계, 율법의 민족주의적 한계"를 지칭한다.

필자의 판단으로는 유대교의 분파운동들의 언약신학 패턴은 엘리엇의 관찰대로 신명기의 것과 별로 다르지 않은 것 같다. 바울의 언약신학 패턴이 신명기의 것과 다른 점이 있다면 언약신학의 기본구조가 아니라, 그리스도를 언약사의 정점으로 파악하고 그를 통해서 이전 언약들의 비전이 결정적으로 성취되기 시작했다는 상황 변화에 대한 인식 차이가 아닐까 생각된다.

그러면서도 그리스도께서 도래시킨 새 언약 시대에 직면하여 언약신학의 기본골격 속에서 상당한 변화들도 나타나기 시작한다. 언약 백성 속에 이방 기독교인들이 들어오기 시작하고, 선택의 개념도 인종적 선택 개념에서 구원론적 선택 개념으로 이분화하고, 구원론적 선택 개념도 이방 기독교인들이 들어올 수 있도록 외연이 확대되기 시작한다. 칭의 구원론은 이방 신자들이 아브라함의 자손에 들어올 수 있는 길을 합법화시킨 논쟁의 수단일 뿐만 아니라, 처음 구원 단계에 들어선 자들에게 마지막 구원을 확신시켜 주는 단초가 되었다. 이로써 구원은 하나님의 신실성에 놓이게 되고, 바울 서신에 나타난 여러 경고성 진술들은 이 점을 초월하는 방식으로 해석되어서는 안 된다. 그러면서도 영원과 시간 사이의 존재론적 간격 때문에 바울의 수많은 경고들은 신명기의 패턴을 따라 실질적인 효과를 발휘한다. 사망과 생명은 역사적 그리스도인들의 앞길에 놓여 있고, 육신을 따라 사는가 아니면 영을 따라 살아가는가에 따라 사망과 생명을 경험하게 될 것이다. 만일 어떤 기독교인이 성령을 좇아 끝까지 신실한 삶을 살았다면, 하나님의 선택의 은혜가 그를 붙든 결과라고 고백해야 할 것이고 그에게 영생이 주어질 것이다; 이와는 반대로 만일 어떤 기독교인이 육신을 좇아 살다가 죽었다면 그는 처음부터 하나님의 택한 자에 속하지 않았던 사람이라고 보아야 하며 그는 마지막 날에 영원한 사망을 경험하게 될 것이다.

예 수 · 바 울 · 교 회 ▶ **13**

일 / 노동 개념 이해하기

문제 제기

한국사회는 일과 노동을 천시하는 유교적 긴 전통에 뿌리깊은 영향을 받아 왔다. 선비들은 유교 경전이나 읊조리면서 일과 노동은 천한 상놈들이나 농부들이 하는 것으로 여기는 경향이 있었다. 서양에서 물밀 듯이 들어온 물질주의와 상업주의로 인해서 이러한 유교적 전통이 많이 퇴색되었지만 아직도 많은 사람들이 화이트 컬러의 직장들을 좋아하는 것은 그들의 의식구조 속에 깊이 뿌리내린 유교적 유산이 아닌가 생각된다.

일과 노동을 천시하는 유교적 전통은 그것들을 신적인 위임divine commission으로 생각하는 성경적 전통과 분명히 일치하지 않는데도 불구하고 이신칭의 구원론에 대한 피상적인 오해로 인해 그것이 유교의 그릇된 전통을 강화시키는 결과를 낳고 말았다. 어떻게 그런 현상을 야기시키게 되었는가? 바울 사도는 사람이 의롭게 되는 것은 율법의 행위/일이 아니고 오직 믿음으로 말미암아 된다고 선언한다. 말하자면 바울의 이신칭의 구원론에서는 겉보기에 행위와 믿음이 강한 반립적 구도를 갖는 것처럼 보인다. 의롭다 함을 얻는다는 '디카이오오' 동사는 하나님 앞에서 호의적인 판결을 받아 그와 바른 관계에 들어서는 것을 뜻한다. 결국 의롭다 함을 얻은 사람은 하나님과의 바른 관계가 형성된 그의 언약 백성이 되는 것을 의미하는데, 이러한 칭의 경험을 가능케 하는 주관적인 근거는 사람의 행위가 아니라 오직 믿음뿐이라는 것이다. 사실 사람이 의롭다 하심을 얻어 하나님의 백성이 되는 것은 아브라함 자신의 실례에서 보는 것처럼 행위에 따라 되는 것이 아니라 오직 신적 은혜에 기초하여 믿음을 통해 경험되는 구원 경험이다. 이것은 결코 양보될 수 없는 바울의 근본적인 구원론 신학이다.

다만 필자가 문제 삼고자 하는 핵심은 이신칭의 경험이 율법의 행위가 아니라 오직 믿음에 기초해서만 얻어질 수 있다는 바울의 구원론이 신자의 일과 행위 전반을 다 부정하는 교리인 것처럼 오해되는 데 있다. 사람이 처음 구원 경험은 행위가 아니라 오직 믿음과만 연관을 맺는다는 것은 부인할 수 없다. 하지만 일단 구원을 얻은 신자의 삶의 경계선 안에 들어와서도 행위와 믿음의 강한 반립 구도가 여전히 작용하는 것처럼 이해하는 것은 아주 치명적인 오류가 아닐 수 없다. 더욱이 이신칭의 구원론이 그러한 오해를 부채질하는 방식으로 이해되는 경향이 한국교회 내에 잔존하고 있다.

처음 선교사들이 조선 땅에 발을 디뎠을 때 조선의 전통적인 종교들은 기독교적인 관점에서 볼 때 모두 '행위 구원의 종교들'이었다. 불교는 세상과 마음속에 깃들어 있는 고통이 집착과 욕망에 의해 생긴다고 생각하고 자기 수련을 통해 그러한 집착과 욕망들을 멸할 때 도道에 이를 수 있다고 생각했고, 유교 역시 사람의 본성 속에 자리잡은 천天의 품성을 갈고 닦으면 누구나 예禮를 이루고 군자君子가 될 수 있다고 생각하였다. 인간의 수련과 행위들을 강조하는 이들 전통 종교들의 오류를 깨트려 부수기 위해 선교사들은 이신칭의 구원론이란 강력한 논쟁적 무기를 사용하지 않으면 안 되었다. 모든 사람들은 죄인들일 뿐이고 사람이 구원을 얻는 것은 자기 수련 행위들이 아니고 하나님의 은총을 믿는 신앙뿐이라는 기독교 교리는 이들 전통 종교들과의 싸움에서 강력하고 효과적인 논쟁 무기였던 것만은 사실이다. 하지만 이신칭의 구원론이 자기 수련 행위들을 강조하는 전통 종교들을 쳐부수는 효과적인 논쟁 수단이었던 것은 사실이지만 그것은 점차로 한국 기독교인들 마음속에 일과 행위 전반을 다 부정하는 부정적인 논쟁 교리로 오해되기 시작하였다. 이신칭의 구원론에 대한 이러한 오해는 기독교 윤리 경시 경향을 낳고 만다.

본 논문의 의도는 이신칭의 복음을 강조하는 바울 사도 자신이 기독교인의 삶의 테두리 안에서 '일과 노동'에 대해서 어떻게 이해하고 있는지를 살피고 한국 기독교인들 마음속에 자리잡고 있는 것으로 보이는 일과 노동에 대한 부정적 인식을 교정하려는 데 있다. 특별히 필자는 기독교인의 일과 노동이 자신의 힘으로 이루어지는 인간적 수고와 노력이 아니라 보다 폭넓게 은총의 능력 아래에서 이루어지는 결과라는 것을 보여주고자 한다.

'일' 이란 술어에 대한 일반적 관찰

바울의 신학적 사상에서 믿음과 행위는 본질적으로 함께 속해 있다. 그것들은 처음 구원 경험에 대한 정의와 관련하여, 특별히 유대주의자들과의 논쟁적 상황에서 서로 반립적인 구도 속에 놓인 것으로 평가되지만, 일단 은혜로 구원을 얻은 신자의 삶의 테두리 안에 들어오면 믿음과 행위는 결코 그러한 반립 구도 속에서 이해되지 않으며 도리어 믿음이 일과 행위를 산출하는 것으로 묘사된다.

헬라어 '에르곤' *ergon*은 한글 성경에서 아주 다양하게 번역된다. 그것은 '일'로 번역되기도 하고(갈 5:19; 롬 13:12), '행위'行爲로 번역되기도 하며(롬 3:20, 28; 갈 2:16; 3:2, 5 등), 심지어는 '역사' 役事로 번역되기도 한다(살전 1:3). 동사 형태인 '에르가조마이' *ergazomai*도 역시 '일하다' work 는 뜻으로 번역되기도 하고(롬 5:4-6) 때로는 '역사하다'는 말로 번역되기도 한다(갈 2:8; 5:6 등). 노동이란 말은 현대적인 술어이기 때문에 한글 성경에는 직접적으로 사용된 적이 없지만 성경의 '에르곤'이란 술어가 함축하고 있는 의미 범위 속에 포함되는 것이 분명하다.

바울 서신에서 '에르곤'이란 말이 사용될 때 그것은 반드시 신자의 행위를 지칭하지는 않는다. 예를 들면, 복수형인 '에르가' *erga*는 그리스도 밖에 있는 사람들의 행위들을 지칭할 때 흔히 부정적인 함축을 갖곤 한다. 바로 이 사실 때문에 매턴과 같은 학자들은 바울이 복수형을 항상 나쁜 의미로 사용한다고 제안하고 그 실례로(원문을 기준으로 할 때) '율법의 행위들' (롬 3:20, 28; 갈 2:16; 3:2, 5 등), '육체의 일들'(갈 5:19), '어둠의 일들' (롬 13:12; cf. 엡 5:11), '악행들'(골 1:21)과 같은 표현들을 거론한다. 이런 일들은 때로 사탄의 일꾼들과 연관하여 등장하기도 한다(고후 11:15). 이런 관찰에 기초해서 매턴은 바울 사도가 크리스천이 행하는 일을 가리키는 말로 결코 복수형을 사용한 바가 없다고 결론짓는다.[1] 매턴은 복수

---

[1] L. Mattern, *Das Verständnis des Gerichtes bei Paulus* (Zwingli Verlag: Zurich/Stuttgart, 1966), 147; cf. W. G. Kümmel, *The Theology of the New Testament* (1974), 229; Preisker, *TDNT IV*, 695ff. 큄멜은 "바울이 시종일관하게 인간의 자율적 행위를 나타내며 이를 통해 사람이 하나님 앞에 의롭다 함을 얻을 수 없는 복수형 '행위들'(works)과 그리스도인의 행위를 나타내는 단수형 '행위'(work) 사이를 구분 짓는다"고 주장하고 따라서 "그리스도인의 과제는 행위들을 행하는 것이 아니라 검증(verification)을 위해 노력하는 것이다"(빌 3:13-14)고 말한다.

형 술어가 불신자의 행위들을 지칭할 때 나쁜 의무를 띨 수 있다고 주장하면서도 그녀는 복수형 술어가 좋은 의미로 등장하는 에베소서(2:10)와 목회서신(딤전 1:10; 5:10, 25; 6:18; 딤후 3: 17; 딛 2:7, 14; 3:8, 14)의 관련 구절들을 저작자 문제를 걸어 제거시켜 버린다. 하지만 바울의 본문들을 조심스럽게 검토해 보면 매턴의 이러한 논제는 바울의 실제 교훈에 공정을 기한 것이 아님을 드러내 준다. 이것은 특별히 로마서 2:5ff에서 분명해지는데, 여기서 복수형 '일들/행위들'은 중립적인 의미로 사용되고 있어서 '선행' good works을 지칭할 수도 있고(7, 10절) '악행' evil works을 지칭할 수도 있다(8절 이하).[2]

하지만 바울의 저술들 가운데서 '에르곤' *ergon*이란 술어가 등장하는 대부분의 경우들은 불신자들의 행위나 율법의 행위들을 묘사하기 위해 채용되기보다는 '신적인 위임' divine commission에 의해서 행해진 신자의 일/행위를 표현하기 위해 채용된다. 구약 교훈에 발맞추어(창 2:15) 바울은 신자의 '일/행위/노동'을 하나님이 주신 과제 a divinely given task로 생각한다. 아담은 에덴 동산에서 그가 베풀어 놓으신 축복들을 향유하고 즐기기 위해서만 지으심을 받은 것이 아니라 하나님이 지으신 세상을 정복하고 관리하기 위해서 일할 것을 위임받았다. 구약에서 '일'이란 이런 의미에서 하나님이 지으신 세계를 하나님을 대신하여 관리하고 경작해야 할 위임 명령을 수행한다는 의미에서 적극적인 의미를 갖는다. 인간의 타락으로 인해 일과 노동이 수고스럽고 고통스러워진 것은 사실이지만 그렇다고 일 자체의 실재가 부정되거나 평가절하되는 것은 아니다. 예수께서도 "내 아

---

[2] Mattern은 롬 2:5ff을 사도 바울이 단지 구약을 인용하는 케이스일 뿐이라고 무시하기는 하지만, 바울이 전승을 시종일관하게 수용하여 그것을 자기 자신의 신학적 사고 속에 통합시킨다는 점에 대해서는 의심할 여지가 없다. E. Käsemann, *Romans*, 57; Michel, *Römer*, 116f; Cranfield, *Romans* 1, 147을 참조하라.

버지께서 이제까지 일하시니 나도 일한다"(요 5:17)고 말씀하셨고 이러한 분명한 사명 의식은 "나의 양식은 나를 보내신 이의 뜻을 행하며 그의 일을 온전히 이루는 이것이니라"(요 4:34)는 말씀 속에도 잘 드러나 있다.

따라서 신자들이 행하는 일과 행위는 정당하게 '하나님의 일'(롬 14:20) 또는 '그리스도의 일'(빌 2:3) 또는 '주의 일'(고전 15:58; 16:10)로 불려진다. 그들이 행하는 일은 단순히 자신의 자아실현의 차원에서 행해지는 일이 아니라 하나님께서 위임하신 과제를 행한다는 차원에서 행해지는 일이다. 여기서 '주의 일'은 반드시 세상의 직업적 노동과 구분된 교회 안의 신앙적인 일, 예를 들면 전도나 봉사 등과 같은 행위들만 가리키는 것이 아니다. 바울은 생계를 위해서 일한다는 의미에서 세상 직업의 일(고전 4:12; 9:6ff)과, 교회란 맥락 속에서 공동체 봉사를 위해 행해지는 신앙의 일(고전 15:58; 16:10) 사이를 엄격하게 구분 짓는 것 같지 않다.[3] 그 모든 '일/행위'가 그리스도의 교회를 창조할 뿐만 아니라(고후 3:4-4:6) 그의 몸으로서 기독교회를 세우는 일에 기여를 한다(엡 4:12). 이런 맥락에서 일과 행위 또는 노동이란 사람이 자기 자신을 위해 성취하려고 노력하는 인간 자신의 수고가 아니라 사람을 통해 일하시는 하나님 자신의 일인 것이다. 왜냐하면 하나님은 그에게 과제課題를 주실 뿐만 아니라 그 과제를 실현할 수 있는 능력도 제공해 주시기 때문이다(고전 2:4, 5; 4:20; 살전 1:3ff). 하나님이 그리스도 안에서 창조하신 이 새로운 질서 속에서 신자의 일과 행위 또는 노동은 새로운 의미를 얻게 된다. 왜냐하면 바울은 그

---

[3] Bettram, *TDNT II*, 649; W. A. Beardslee, *Human Achievement and Divine Vocation in the Message of Paul* (SBT) (London: SCM, 1961), 46. 여기서 Beardslee는 "새로운 종말론적인 공동체인 교회 안에서 '성스러운'(sacred) 일이니 '속된'(secular) 일이니 하는 구분은 없다. 적어도 그것들이 공동체를 세우는 목적으로 바쳐진 일이라는 의미에서 말이다"라는 주장을 펼친다.

것이 참되고 영구적인 결과들을 얻는 것으로 이해하기 때문이다. 마지막 심판 때 신자가 행하는 일은 그 영구적인 가치를 인정받게 될 것이다.

하나님의 능력과 신자의 일

만일 신자의 일이 하나님이 주신 과제라고 한다면, 그것은 그 과제를 주신 하나님의 임재와 능력으로부터 분리될 수 없다. 바울은 일할 능력을 수반하지 않는 하나님의 일에 대해 생각해 본 바가 없다. 그것은 정확하게 말해서 신자 안에서 그리고 그를 통해서 행해지는 하나님의 일인 것이다. 이 점을 분명히 하기 위해 몇몇 바울 본문의 실례들을 살펴볼 필요가 있다(롬 15:17-19; 고후 9:8; 고전 15:58; 골 1:10 등).

바울은 로마서 15:17-19에서 하나님을 위한 자신의 일에 대해 자랑스럽게 생각한다고 말한다. 왜냐하면 그리스도께서 이방인의 순종을 이끌어내기 위해 자신을 통해 '말과 일로' 역사하셨기 때문이다. 17절에 나오는 '그러므로'란 접속사는 15절상과 16절을 돌이켜 지칭한다. 이것은 바울의 자랑이 이방인을 위해 그리스도의 일꾼이 되게 하신 하나님의 '은혜'에 기초한다는 것을 시사한다. 바울의 자랑은 말하자면 하나님의 은혜 안에서 또는 그리스도 예수 안에서 자랑하는 것이다(cf. 고전 1:29f; 고후 10:17). 이 은혜는 지금 그리스도의 인격적인 능력으로 작용하고 있으며 이 능력이 바울을 일할 수 있도록 만들고 있는 것이다. 주목해야 할 점이 있다: 18절에서 바울은 자신을 일의 주체主體로 보지 않고 세상 안에 나타난 그리스도의 구원 행위의 도구로 본다는 사실이다.[4] 그러므로 그는 자

---

4) Cranfield, *Romans II*, 758에서 문제를 잘 표현해 준다: '바울이 그리스도의 일꾼으로 일한 것은 그리

신이 그리스도를 통해서 일했다고 말하지 않고 그리스도께서 자신을 통해 일하셨다고 말한다; 그것은 바울을 통해 나타난 그리스도 자신의 행위인 셈이며, 이 행위는 성령의 능력을 논증하는 방식으로 그의 '말과 일' word and deed을 통해 수행되었다(18절상). 여기서 바울의 '일/행위' work는 그리스도의 '일하심' kateirgasato과 너무도 밀접하게 연관되어 있어서 전자는 후자의 열매임을 시사해 준다. 이것은 바울이 하나님의 행위를 신자의 행위와 나란히 작용하는 것으로 보지 않고 후자와는 전적으로 다른 수준에서 나타나는 것으로 보았다는 것을 분명히 해준다. 일은 신자가 하지만 바울은 그것을 그리스도께서 하시는 일로 보았다는 말이다.

"표적과 기사의 능력이며 성령의 능력으로"란 표현이 선행하는 구절("말과 일")과 교차대귀적으로 취해져야 한다고 추론하는 학자들이 있다. 이 경우에 전자의 요소는 "일" ergon을 묘사하고 후자의 요소는 "말" logos을 묘사하는 것이 된다.[5] 하지만 바울 서신에서 '에르곤' ergon이란 술어가 '기적 행위'를 지시하는 의미로 등장하지 않기 때문에, 우리는 도리어 바울이 복음 사역을 위해 행하고 고난을 당한 것을 나타내기 위해 '에르곤'이란 말을 일반적 의미로 사용했다고 보는 것이 더 나을 것이다.[6] 더욱이 '말과 일' word and deed이란 말은 '이방인의 순종'을 수식하기보다 '그리스도께서 나를 통해 역사하셨다'는 말을 수식하는 것으로 보아야 한다. 왜냐하면 그리스도께서 바울의 사역의 본질을 묘사하는 그의 '말과 일'을 통

스도 자신의 제사장적 사역에 보조적인 종속적 사역이 아니었다. 그것은 그리스도 자신이 자신의 일꾼을 통해 실제로 일하신 어떤 것이었다"; Murray, *Romans II*, 211f. 머리 역시 이렇게 표현한다: "바울은 '자신이 그리스도를 통해 일했다'고 말하지 않는다. 그것은 사도를 통해 나타난 그리스도 자신의 행위이며 이 행위는 '말과 행위' 안에서 나타난 행위였다."

[5] Michel, *Römer*, 366; Leenhardt, *Romans*, 369; Black, *Romans*, 175.
[6] Cranfield, *Romans II*, 759; Murray, *Romans II*, 212.

해 이방인을 구원하는 자신의 목적을 성취하시기 때문이다. 이것은 바울의 사역 배후에서 능력으로 역사하는 올리심을 받으신 그리스도의 활동과 권위를 분명하게 부각시켜 준다. 이 사실은 18-19절을 되돌아보는 19절 하의 접속절에서 한층 더 강조된다. 그렇다면 이 접속절의 목적은 복음의 진보가 그리스도께서 바울을 통해 성령의 능력 안에서 말과 일로 역사하신 사실에서 귀결되었음을 시사하는 것이다. 바울이 교회를 세우기 위해 자신의 사역을 통해 이룬 위대한 성취들은 사실은 그리스도 자신이 이루신 어떤 것이다. 이 구절에는 하나님과 바울 사이에 신인협력적synergistic 협동이 있었다는 식으로 시사하지 않는다. 바울이 아무리 열심히 복음 사역을 위해 일했다 할지라도(19절하-20절), 그는 자신이 행한 모든 일들을 솔직하게 자신을 통해 나타난 그리스도 자신의 행위로 귀속시킨다. 왜냐하면 그리스도께서 전체 과정 속에서 계속적으로 일해 오셨기 때문이다. 이것은 고린도전서 15:10에서도 적용될 수 있다. 바울은 여기서 자신이 어떤 다른 사람들보다 더 열심히 일했지만 그렇게 놀라운 일을 하도록 한 것은 자신이 아니라 하나님의 은혜였다고 고백한다.

바울은 고린도후서 9:8에서 이와 비슷한 사상을 진술한다: 하나님은 가난한 자들의 구제를 위해 사람들이 행하는 모든 선한 일에 풍성하도록 하실 수 있다. 하지만 권면적 맥락을 고려할 때(9:6ff) 이 구절을 다음과 같은 뜻을 나타내는 것으로 이해하는 것이 더 좋다: 관대하게 베푸는 일을 함으로써 선한 일을 기꺼이 하는 사람들에게는 하나님께서 그들에게 베풀 수 있는 모든 자원들을 제공해 주신다는 것을 깨닫게 된다. 바울은 분명히 하나님께서 모든 것들을 가능케 하시는 주권적 능력을 갖고 계심을 알고 있었지만, 그가 여기서 말하고자 한 것은 하나님의 선물들이 관대하게 베푸는 순종 행위를 통해서 더 풍성해진다는 사실이었다. 이로써 그는 사람들로 하여금 모든 선한 일을 할 수 있도록 하실 수 있는 하나님의 궁극적인 능력을 부각시키고 있고, 또한 관대하게 베푸는 일을 권면하기 위해 이 사실을 활용하고 있다.

비슷한 사상이 데살로니가후서 2:17에서도 발견되는데, 여기서 바울은 하나님께서 그의 독자들의 "모든 선한 일과 말"을 견고케 하시기를 위해 기도하고 있다. 이 구절은 '구원의 확신'이 13-17절의 중심 주제로 언급되는 권면 문맥에 속해 있다. 이러한 확신은 근본적으로 하나님께서 그리스도 안에서 데살로니가 교인들을 위해 행하신 일에 기초하며(13-14절), 이러한 사실로부터 바울은 그들의 믿음의 삶을 위한 권면을 끌어내고 있다(15절). 이러한 맥락에서 볼 때 바울의 기도는 성실한 그리스도인 삶과 관련하여 그들을 견고케 하려는 목적을 갖는다(16-17절). 여기서도 바울의 사상은 구원의 확신에 관심을 갖지만, 바울은 '모든 선한 일과 말에'라는 표현을 덧붙임으로써 윤리적 적용을 하고 있다. 폰 도브쉬츠von Dobschutz는 평행구가 시사하는 바대로 본 구절은 하나님께서 그들을 견고케 하는 수단들을 지칭하는 것이 아니라 하나님의 '견고케 하심'sterixai이 작용하는 영역을 가리킨다는 바른 관찰을 했다.[7] 그렇다면 '말'word이란 술어는 하나님의 말씀이나 사도 바울의 말씀을 가리키는 것이 아니라 데살로니가 교인들 자신의 말을 시사한다: 바울은 하나님께서 '모든 선한 일과 말이란 삶의 영역에서' 그들을 견고케 하시기를 기도한다. 이 견고케 하심은 그들의 구원을 확신시켜 줄 때만 필요한 것이 아니라 그들로 하여금 계속해서 선한 일들을 하도록 하는 데도 필요하다. 본 구절은 기도를 통해 신비하게 역사하시는, 다시 말해서 신자들로 하여금 선한 일을 하게 하

---

[7] E. von Dobschütz, *Die Thessalonicher Briefe* (Vandenhoeck & Ruprecht: Gottingen, 1974), 303.

실 수 있는 하나님의 궁극적인 능력을 부각시킨다. 바울은 믿음 안에서 견인해야 할 그들의 책임을(15절) 그들을 견고케 하여 모든 선한 일을 하게 하시는 이 신적인 능력에 근거시킨다. 바울은 여기서 인간의 선한 일을 하나님 자신의 행위의 측면에서 이해하고 있는 것이 분명하다.

다른 한편, 바울은 고린도전서 15:58에서 그의 독자들이 견고하여 주의 일에 풍성해야 할 책임을 짊어져야 한다고 주장한다. 이 권면은 의심할 여지도 없이 선행하는 논의에 기초하는데, 앞에서 그는 고린도 교회에 유행하고 있던 부활의 본질에 관한 교리적 오류를 교정시켜 주려고 노력한다. "견고하여 흔들리지 말라"는 구절은 어떤 고린도 교인들이 부활에 관한 기독교 신앙에서 떠나 그리스도인의 일을 저버리고 있다는 사실을 시사해 준다. 따라서 그는 부활의 생명이 없다면 그들의 수고가 헛될 것이라는 점을 보여주려고 한다. 하지만 그들은 지금 그들의 수고가 그리스도 안에서 헛되지 않다는 것을 알고 있기 때문에 바울은 그들이 그리스도인의 일에 풍성할 것을 권면한다.

57절과 58절의 논리적 연결을 지적하는 것이 도움이 될 것같다. 왜냐하면 앞 구절에서(57절) 사도 바울은 자신의 교리적 담론을 승리적인 논조로 끝을 맺고 있기 때문이다: 그는 여기서 그리스도를 통한 승리를 확신하고 있고 자신의 권면을 이러한 승리적 논조로부터 끌어낸다. 문맥은 하나님께서 그리스도인들에게 주시는 승리가 죄와 사망의 권세에 대한 승리라는 것을 시사해 준다. 현재 동사 '디돈티'give를 고려할 때 승리는 바울이 하나님의 능력으로 참여하는 현재적 실재이다. 신자들이 자신들을 점점 더 그리스도인의 일에 헌신하게 되는 것은 정확히 말해서 하나님의 능력 때문이다.

마지막으로 우리는 골로새서 1:10을 고려해야 한다. 이 구절은 골로새인들이 하나님의 뜻을 아는 지식으로 충만하고 모든 선한 일에 열매를 맺도록 간구하는 바울의 기도를 담고 있다. 1:3f에서 그는 이미 그들의 믿음과 사랑에 대해 하나님께 감사하였고 6절에서는 열매를 맺고 성장해 가는 그들의 삶 속에서 그들의 산 믿음과 진실된 사랑을 논증했다는 점을 시사해 준다. 이제 그는 10절에서 '열매를 맺는 일'과 '모든 선한 일'을 연관시키고 있고 이로써 열매를 맺고 자라는 것이 일상적인 도덕적 생활에서 가시화되고 있음을 함축한다.[8] 바울은 그들이 적극적으로 하나님의 은혜에 참여한 사실을 전면에 부각시킴으로써 그들의 영적 생활의 진보를 칭찬한다(4절); 그들이 진리 안에서 하나님의 은혜를 깨달은 날부터 이방인으로 있었을 때의 악한 행위들을 버리고(21절) 적극적으로 선한 일들을 도모하였다. 다른 한편, 바울이 그의 독자들을 위해 기도하는 문맥을 살필 때 하나님의 은총의 능력이 그들로 하여금 열매를 맺고 모든 선한 일에 자라게 하실 수 있다는 것을 분명히 해준다. 따라서 다음 구절에서(11절) 바울은 그들이 강건하여 꾸준히 선한 일에 견인할 수 있는 모든 능력을 갖추도록 기도한다. 기도를 통해서 신비하게 작용하는 하나님의 능력은 그들로 하여금 모든 선한 일을 도모할 수 있도록 만드실 수 있다. 여기서도 또한 바울은 그리스도인의 생활을 다른 두 관점에서 묘사하되 두 실재들 가운데 어떤 것도 희생시키지 않는다.

결과적으로 우리는 아주 흥미로운 사실을 발견하게 된다: 선한 일을 행해야 하는 신자의 책임을 견고하게 강조하되 그로 하여금 선을 행할 수 있도록 능력을 베푸시는 하나님의 은총의 능력을 결코 희생시키지 않는다.

---

[8] E. Lohse, *Colossians and Philemon. A Commentary on the Epistle to the Colossians and to Philemon* (ET, Fortress: Philadelphia, 1971), 29. 특별히 그는 그들의 열매맺음과 성장이 하나님을 아는 지식을 통해 나타났다는 사실을 강조한다.

특징적으로 사도 바울은 그리스도인의 일과 행위들을 다른 두 관점에서 묘사하기 위해 두 가지 형태의 언어를 자주 채용하고 있다: 그는 그것들을 하나님 자신의 행위와 관련하여 우회적으로 묘사하지만 하나를 강조하기 위해 다른 하나를 희생시키거나 신자의 행위가 하나님과 인간 사이에서 구분된 것처럼 간주하지 않는다. 신자는 선한 일을 행해야 할 책임이 있다: 만일 그가 최선을 다해 선한 일을 수행했다면, 그는 그것을 자신의 성취로 돌리지 않고 하나님의 은혜로 되어진 것을 고백해야 한다. 신자가 행하는 모든 선한 일은 자기 자신의 성취의 차원에서 행해진 것이 아니라 하나님께서 그에게 하도록 위임하신 과제이며 하나님은 신자에게 과제를 맡기실 뿐만 아니라 그것을 수행할 능력도 제공하신다. 이러한 맥락에서 신자의 행위는 언제나 은총의 영역 속에서 행해진 신적인 위임이다.

종말론적인 전망에서 본 '일'

신자가 행하는 일과 노동이 하나님이 주신 과제이기 때문에 하나님께서 그것의 가치를 마지막 때에 판단하시고 저울질하신다는 것은 당연한 일이다. 과제를 주실 뿐만 아니라 그것을 성취할 능력을 부여하시며 또한 신자가 행하는 모든 일들이 그가 의도한 뜻과 목적에 따라 제대로 수행되었는가를 판단하는 일은 하나님의 주권에 속한 일이다. 여기에는 두 가지 서로 관련된, 그러면서도 역설적인 측면들이 함께 얽혀있다. (1) 하나는 하나님께서 신자에게 과제를 주시고 그것을 행할 능력을 부여하시기 때문에 그가 신자 안에서 행하시는 일들을 신실하게 완성시키실 것이라는 측면이고, (2) 다른 하나는 하나님께서 신자가 과제를 성취할 책임이 있다고 보시고 그가 성취한 과제들이 자신의 의도와 목표에 부합한 것인지 마지막 때에 평가하시고 판단하신다는 측면이다. 전자는 하나님의 신실성을 강조한 차원의 진술이고, 후자는 신자의 책임을 강조한 차원의 진술이다. 이 두 진술들은 겉보기에 서로 상응하지 못하는 진술들처럼 보여도 사실은 역설적으로 서로 상관된 것이 분명하다. 바울은 이 두 가지 차원을 의식적으로 분리하지 않고 같은 서신 내에서, 심지어는 같은 문맥에서 병치시키거나 통합시켜 놓는 경우가 많다.

우리가 살펴야 할 첫 번째 문제는 신자의 일을 종말론적으로 완성시켜 나가시는 하나님의 신실성에 관련되어 있다. 앞서 이미 살핀 대로, 하나님께서는 자신의 백성에게 영원한 위로와 좋은(선한) 소망을 주시며(살후 2:16), 이것은 또한 하나님께서 그들의 마음을 격려하고 그들을 강건케 하여 모든 선한 일을 계속하게 하신다는 것을 뜻한다. 이러한 격려나 강건케 하심은 의심할 여지도 없이 그들을 끝까지 보존하시고 그들로 하여금 선한 일들을 하게 하시려는 뜻을 갖는다(17절).

비슷한 사상이 빌립보서 1:6에서 더욱 분명하게 진술되는데, 여기서 바울은 빌립보 독자들 가운데 선한 일을 시작하신 하나님이 주 예수 그리스도의 날에 그것을 완성하실 것임을 확신 있게 말한다. 비록 하나님이 '에나륵사메노스'란 분사의 주어로 거명되지는 않지만, 바울이 하나님께 감사하는 3절에 비추어 볼 때 의심할 여지도 없이 빌립보 교인들 가운데서 선한 일을 시작하신 분은 하나님이시다. 어떤 사람들은 '에르곤'을 *nomen resultantum*으로, 다시 말해서 '선행'을 하나님 자신의 선행을 가리키는 말로 해석하려고 한다. 만일 건축 은유가 여기서 사용되고 있다고 본다면 이 해석이 맞는 경우가 된다.[9] 이것은 단순 명사 '에르곤'이 하

---

9) J. Gnilka, *Der Philipperbrief* (Herder: Freiburg, 1968), 46; cf. E. Peterson, "Ergon in der Bedeutung 'Bau' bei Paulus," *Biblica 22* (1941), 439-441. 여기서 Gnilka는 다음과 같이 주장한

나님의 창조 행위와 관련하여 신적 행위를 지칭할 수 있는 칠십인경 용법에서 뒷받침 근거를 찾을 수도 있다(LXX 창 2:2f). 자신의 박사학위 논문에서 볼프J. M. G. Volf는 하나님의 행위들을 선한 일들을 행하시는 탁월한 실례들로 간주하는 유대교와 속사도 시대 문헌 증거들을 끌어다 댄다(b. Sota 14a; Test. Jos. 1.5−7; 1 Clem 33.1, 2, 7, 8; 59.4).¹⁰⁾ 하지만 그녀는 이것이 바울 서신에 적용되지 않는다는 사실을 소홀히 하는 것 같다. 왜냐하면 바울은 '일'을 하나님의 활동과 관련하여 잘 사용하지 않기 때문이다: 하나님 또는 그리스도는 '에르가조마이'ergazomai와 '코피아오'kopiao와 같은 동사들의 주어로 결코 채용되지 않는다. 더욱이, 비록 우리가 신적인 주어를 선한 일의 주어로 받아들인다 하더라도, 이것은 바울이 '선한' agathos이란 형용사를 신적인 일divine work에 적용하는 유일한 경우가 될 것이다. 결국 우리는 이런 식의 적용은 바울적이지 않음을 알 수 있다.¹¹⁾ 오히려 이 구절이 인간의 선한 일을 지칭하는 것으로 취하는 것이 더 낫다.

다: "Der Begriff ergon weckt nicht nur das Bild eines Bau, so dass die Gemeinde ein Bau Gottes erscheint, er steht auch in einer vorgegebenen Tradition, die sich auf das gottliche Schöpfer−wirken bezieht."; cf. also W. Bauer, *Wörterbuch*, 610.

10) J. M. G. Volf, *Perseverance and Falling Away in Paul's Thought* (Ph.D Dissertation: Tübingen, 1987), 36−38. 여기서 그녀는 바울 자신도 신적 '행위(act)와 신적인 '일'(work) 사이를 구분하지 않는다는 사실을 깨닫지 못하는 것 같다. 전자를 다른 동사들로 묘사하는 반면에 그는 결코 하나님이 '일' (work, ergazomai 또는 kopio)을 행하시는 분으로 말하지 않는다. 하나님께서 자비의 일들을 행하신다는 개념을 뒷받침할 때 그녀가 끌어온 유대적 증거들은 이와 관련하여 본질적으로 첫 번째 범주에 속한다: 하나님은 행동하시지만 일하는 것이 아니다.

11) W. Schrenk, *Die Philipperbriefe des Paulus* (Stuttgart/Köln/Berlin/Mainz, Verlag W. Kohlhammer, 1984), 97f. 더욱이 바울은 하나님 자신의 활동을 지칭하기 위해 '에르곤' 이란 명사를 잘 사용하지 않는다. 하나님의 일은 하나님이 세우고 계시는 교회를 지칭할 가능성도 있다 (cf. 롬 15:2; 고전 3:9f). C. K. Barrett, *Romans*, 265; Käsemann, *Romans*, 378; Bertram, *TDNT II*, 643을 참조하라. 그렇다면 우리는 Beardslee와 함께 다음과 같은 주장을 할 수도 있다: "그의 (바울의) 일과 다른 사람들의 일의 열매로서 교회 자체는 실제로 하나님이 만드신 어떤 것이다." 따라서 그의 책 *Human Achievement and Divine Vocation in the Message of Paul*, 56을 참조하라. 이와 관련하여 바울은 하나님의 일과 사람의 일 사이를 날카롭게 구분하지 않는다. 이것은 고전 15:58에도 적용되는데, 여기서 '주의 일'은 '너희 수고'와 관련하여 정의된다. 사람의 일은 사람 자신을 통해 나타난 하나님 자신의 활동이다.

왜냐하면 이것은 '일'을 사람을 통해 나타난 하나님의 일로 보는 바울 서신 다른 곳의 교훈과 일치하기 때문이다. 고린도전서 15:58에서 예증된 것처럼 '주의 일'은 '너희의 수고'와 관련하여 정의되고 있다.

로메이어E. Lohmeyer는 '착한 일'이란 술어가 5절에서 언급된 '복음에서 너희가 교제함'이란 표현을 소급하여 지칭하는 것이라고 제안한다.12) 이 제안이 옳다면, 이것은 빌립보 교인들이 바울의 사역을 통해 처음 교회가 설립된 이래로 복음의 일에 참여해 왔다는 것을 시사하게 된다. 그들이 복음의 일에 참여했다고 할 때 바울은 그들이 단지 설교 사역에서만 그와 협력했다는 것을 뜻하지 않고 그들의 참여는 빌립보서 4:14f에서 예증하고 있듯이 그들의 모든 교제 활동들을 내포하는 의미로 이해되어야 한다. 이 구절은 빌립보 교인들이 '주고받는 일'에 그의 동반자가 된 유일한 사람들이었다고 말한다. 그렇다면 쉥크Schenk가 시사한 대로 바울은 복음의 사역에 동정적으로 참여하는 일을 포함해서 온갖 종류의 활동들에 연루된 전체 그리스도인의 삶을 지칭하는 일반적인 의미로 '선한 일'good work을 사용하고 있다고 보는 것이 더 가능성이 있다.13) 그렇다면, 이 두 구절에서 우리는 바울이 인간의 능동적 생활과 신적인 주권 사이의 관계를 어떻게 보고 있는지 그 참 특징들을 살필 수 있다. 5절 전면에 부각되는 인간의 능동적 생활을 바울은 이제 6절에 언급된 하나님 자신의 행동과 관련하여

---

12) E. Lohmeyer, *Die Briefe an die Philipper, an die Kolosser und an Philemon* (Vandenboeck & Ruprecht: Göttingen, 1964), 20; Marvin R. Vincent, *A Critical and Exegetical Commentary on the Epistles to the Philippians and to Philemon* (ICC) (Edinburgh: T. & T. Clark, 1897), 8.

13) W. Schenk, *Die Philipperbriefe*, 98. 따라서 그는 이렇게 표현한다: "Es geht bei ergon agathon um das ganze Christenleben in all seinen Aktivitaten. Darum ist auch hier nicht damit 「Glauben」 gemeint, da man dies von passivischen Missverständnis von kononia in dem vorangehenden Vers 5 dann auch in unser Syntagma in V. 6 eingetragen hatte."

정의한다. 그들의 '선한 일'은 참된 인간 행위이기는 하지만 선을 행할 수 있도록 만드신 하나님께로 거슬러 올라가야만 한다. 바울은 행위를 두 다른 관점에서, 즉 인간의 선한 생활의 측면(5절)에서뿐만 아니라 신적인 은총의 측면(6절)에서 묘사하는 것이 분명하다. 이 점에서 바울은 모든 인간의 노력들과 행위들을, 그들을 끝까지 보존하시는 하나님의 신실하고 주권적인 행위에 근본적으로 정초된 것으로 보고 있다.

두 번째로 주목해야 할 점은 바울이 착한 일에 견인(堅忍)하는 인간의 행위를, 보존하시는 하나님의 행위에 어떻게 연결시키는가 하는 점이다. 6절은 5절과 고립시켜 취해져서는 안 된다. 왜냐하면 이 두 구절들은 인간의 능동적인 생활과 하나님의 보존하는 능력 사이의 관계에 대해서 바울이 말하고자 한 실체를 보여주기 때문이다. 구약과 유대교 문헌에서 '시작한다'와 '완성한다'는 동사들이 창조와 구속 행위에 나타난 여호와 하나님의 성실성을 반영한다는 것이 널리 인정되고 있다(창 2:2, 3; 사 41:4; 44:6; 48:12f; 2 Esd 6:38; 4 Esr 6:43).[14] 이러한 전승에 발맞추어 바울도 자주 하나님의 성실성을 강조한다(고전 1:8f; 10:13; 고후 1:18; 살전 5:24; 살후 3:3). 그는 이 신적인 성실성에 기초해서 하나님이 신자 속에 선한 일을 시작하시고 그것을 완성하실 것이라고 확신한다. 이와 관련하여 바울은 그들의 견인에 대한 자신의 확신을 보존하시는 하나님의 능력에 두고 그들 자신 안에 있는 어떤 것에 두지 않는다. 그는 하나님을 두 동사들의 주어로 봄으로써 선한 일을 하는 그들의 견고함과 성장이 본질적으로 하나님의 사역임을 함축한다. 하지만 이것은 선한 일을 행해야 할 필요성을 제거하는 것처럼 억지 해석하는 명분이 되어서는 안 된다. 그렇다

---

14) J. Gnilka, *Der Philipperbrief*, 46f; R. P. Martin, *Philippians*, 66; Schenk, *Philipperbriefe*, 98f.

면 인간의 능동적인 선한 생활의 궁극적인 의의는 무엇인가? 사도 바울이 선행을 마지막 구원을 얻는 조건으로 간주한 것 같지는 않다. 왜냐하면 이것은 그의 자신의 교훈과 분명하게 모순되기 때문이다. 오히려 감사의 문맥은 선한 일에 견인하는 그들의 행위가 – 예를 들면, 그들이 열정적으로 복음 사역에 동참하는 일 등(살전 5:7; 4:15f) – 하나님께서 그들을 끝까지 신실하게 보존하신다는 사실을 논증하는 역할을 한다.[15] 이것은 또한 데살로니가전서에 나오는 감사 구절에도 적용되는데(1:2f), 여기서 바울은 정확하게 동일한 논리를 추구하고 있다. 인간의 견인堅忍과 하나님의 보존保存은 바울에게 있어서 서로 긴밀하게 연결되어 있어서 그것들이 서로를 설명해 주는 것으로 이해해야 하지 서로를 보충하거나 조건짓는 것으로 이해해서는 안 된다. 그럼에도 불구하고 바울에 있어서 그들의 일을 완성시키시는 하나님의 성실한 행위를 인정한다고 해서 사람을 단순히 수동적인 도구로 제외시켜 버리거나 방탕한 생활을 할 수 있는 구실을 제공해 주는 식으로 해석해서는 안 된다. 바울뿐만 아니라 다른 성경 기자들은 모두 하나님의 성실성에 대한 강조를 겸손한 신뢰와 적극적인 선한 생활을 위한 부르심으로 내세운다(빌 1:27f; 2:12f).

신자의 일이 하나님이 부여한 과제로서 마지막 날에 평가와 판단을 받는다는 사실은 위에서 지적한 사실을 분명히 해준다. 하나님이 세상을 창조하시고 그의 구원 사역을 이루시기 위해서 일하시는 것처럼, 신자도 역시 복음을 통해서 새 창조 사역에 동참하고 그의 구원 사역을 성취하기 위해 부르심을 받은 자들이다. 일/행위/노동은 사람의 존재 방식이요 자신을

---

[15] W. Hendriksen, *Philippians* (NTC: London, 1962), 51ff. 여기서 그는 이 구절이 의미하는 실체를 간략하게 다음과 같이 표현한다: "복음의 사역에 열심히 참여하는 너희의 견인 생활은(5절) 나로 하여금 너희가 신적인 보존의 대상들이라는 사실을 (6절) 확신시켜 주었다."

구현하는 방법일 뿐만 아니라 하나님이 부여하신 과제를 성취하는 중요한 수단이다. 인간은 일을 통해 하나님이 맡겨주신 세상을 정복하고 관리하며 문화를 창달하는 '세상의 후사'이다(롬 4:13). 인간의 일은 또한 하나님의 창조와 구원 사역을 성취하기 위해 그의 사역에 동참하는 중요한 수단이다.

하지만 타락은 인간들로 하여금 창조자 하나님이 맡겨주신 과제를 실현하고 그의 뜻을 성취하는 방식으로 일을 하지 않고 도리어 온갖 '어두움의 일'과 '육신의 일'을 행하게 만들었다. 예수 그리스도께서 "우리를 대신하여 자신을 주심은 모든 불법에서 우리를 구속하시고 우리를 깨끗하게 하사 선한 일에 열심하는 친 백성이 되게 하려 하심"(딛 2:14)이다. 신자들도 본래 전에는 "악한 행실로 멀리 떠나 마음으로 원수가 되었던"(골 1:21) 자들이었으나 그리스도의 죽으심으로 말미암아 "거룩하고 흠 없고 책망할 것이 없는 자로 세우심을 받았기"(골 1:22) 때문에 이제 "옛 사람과 그 행위를 벗어버리고 새 사람을 입은"(골 3:9ff) 자가 되었다.

'옛 사람'이라든가 '새 사람'이란 표현들은 모두 존재론적인 술어들이다: 옛 사람이란 존재는 항상 악한 행실이나 어두움의 일들 또는 육신의 행위들로 드러나게 되고, 새 사람이란 존재는 항상 선한 일과 행위로 논증되어 나타나게끔 되어 있다. 그것들은 항상 동전의 양 닢과 같이 서로의 실체를 드러내 주고 설명해 주는 역할을 한다. 바울에 따르면 옛 사람의 일이든 아니면 새 사람의 일이든 예외 없이 마지막 심판 날에는 하나님의 심판의 대상이 된다: "기록되었으되 주께서 가라사대 내가 살았노니 모든 무릎이 내게 꿇을 것이요 모든 혀가 하나님께 자백하리라 하였느니라 이러므로 우리 각인이 자기 일work, ergon을 하나님께 직고하리라"(롬 14:11-12). "이는 우리가(신자들) 다 반드시 그리스도의 심판대 앞에 드러나 각각 선악 간에 그 몸으로 행한work 것을 따라 받으려 함이라"(고후 5:10).

신자들의 일과 행위는 마지막 심판 날에 하나님이 주신 과제를 그가 뜻하고 목적한 대로 행했는가를 판단하기 위해 심판을 받게 될 것이다. 이 때 어떤 사람의 행위는 무가치한 일과 행위로, 어떤 사람의 일과 행위는 영구적인 가치가 있는 일로 판단을 받게 될 것이다(고전 3:10-15). 심판 날에 전자는 어리석은 건축자로, 후자는 지혜 있는 자로 드러나게 될 것이다.

이제까지 우리의 논의는 '일/행위'를 지칭하는 명사 '에르곤'의 함축들에 집중하여 살펴 왔다. 본 섹션을 결론짓기 전에 교회 내에서 신적인 위임 divine commission으로 행해진 일과 밀접하게 관련된 몇 가지 동사들에 대해 언급할 필요가 있다. '에르가조마이' ergazomai와 '코피아오' kopiao 동사들은 그리스도의 공동체를 위한 바울의 선교 사역을 묘사하기 위해 흔히 채용되는 대표적 동사들이다. 바울은 비록 신자들의 일과 수고 속에서 하나님의 활동과 능력이 효과적으로 작용했다는 점을 강조하기는 하지만, 그는 좀처럼 하나님이 '일한다' work는 표현을 잘 사용하지 않는다. 이들 동사들 가운데 어떤 것도 하나님이나 그리스도를 그 주어로 취하지 않는다는 점을 주목할 때 이 점은 분명해진다. 이것은 이들 동사들이 인간의 일과 노동을 위해 배타적으로 남겨진 술어들이라는 것을 분명하게 논증해 준다. 비어즐리 Beardslee가 추정하는 대로, 바울이 '일하시는' 하나님이란 표현을 피하는 것은 아마도 부분적으로 인간의 일과 노동이 갖는 수고스러운 성격 때문이 아닌가 여겨진다. 따라서 그는 생각하기를, "인간 노동의 어려운 투쟁은 바울에게 있어서 하나님의 활동을 묘사하는 적절한 은유로 보이지 않는 것 같다"[16]고 한다. 이것은 바울이 하나님의 행위 act를 인간의 것과 다른 수준에서 이해하려고 했다는 것을 뜻하는 것이다. 바울 사상

---

16) Beardslee, *op. cit.*, 57.

의 일반적인 문맥을 고려할 때 바울이 인간의 일work을 하나님의 행위act와 같은 수준에서 또는 그것과 나란히 놓지 않았다는 비어즐리의 견해에 신빙성이 간다.

하나님은 인간과 나란히 협동하시는 분이 아니라 인간에게 과제와 그것을 성취할 힘을 주시는 분이시며 마지막에 그 가치를 판단하시고 그가 떠맡은 책임의 실재를 확인하시는 분이시다. 하나님은 신자 속에서 이미 선한 일을 시작한 분이시며 그것을 또한 완성하는 신실한 분이시지만, 마지막 심판 날에 그의 일이 하나님의 뜻과 목적에 부합하게 성취되었는지를 판단하시는 분이시다.

하나님의 행위와 신자의 책임

교회 내에서 행해지는 신자의 '일'work과 밀접하게 연관된 것은 아니지만 하나님 또는 인간의 행위를 표현해 주는 두 다른 동사들이 있다. 첫 번째 동사는 인격적이고 비인격적인 주어들과 함께 21회 사용되고 있는 '카텔가조마이' *katergazomai* 동사이다. '에르가조마이' *ergazomai* 동사가 결코 하나님이나 그리스도를 그 주어로 삼지 않는 반면, 이 동사는 이들 주어 가운데 각각을 한번씩 채용한다는 사실이 주목할 만하다(고후 5:5; 롬 15:18). 우리는 로마서 15:18에 관한 주석에서 이미 살핀 대로 바울의 일work은 그리스도께서 그를 통해서 일하신 *kateirgasato* 결과이다.

두 번째 동사인 '에네르고' *energo* 역시 인격적이고 비인격적인 주어들과 함께 18회 사용된다. 이 동사는 하나님, 사탄의 영, 사망과 생명, 믿음, 죄악된 정욕들, 신자들, 그리고 위로 등을 지칭할 때 효과적인 에너지나 힘의 작용을 나타낸다. 이들 술어들이 본문에서 전달하는 일반적인 의미들을 검토하는 것이 우리의 목적이 아니고 그것들이 하나님의 은혜와 신자의 책임 간의 관계 문제에 어떤 함축을 갖는가를 밝히는 것이 목적이다. 따라서 우리는 우리의 주제와 상관 없는 구절들은 제외하고 그것과 직접 관계된 몇몇 본문들만 선택하고자 한다.

빌립보서 2:12-13에서 바울은 이렇게 명령한다: "그러므로 나의 사랑하는 자들아 너희가 나 있을 때뿐 아니라 더욱 지금 나 없을 때에도 항상 복종하여 두렵고 떨림으로 너희 구원을 이루라 너희 안에서 행하시는 이는 하나님이시니 자기의 기쁘신 뜻을 위하여 너희로 소원을 두고 행하게 하시나니." 어떤 학자들은 다음과 같은 근거들을 들어 '구원' *soteria*이란 술어가 개인 구원을 지칭하지 않고 집합적인 몸으로서의 교회의 '온전성' wholeness을 가리킨다고 제안한다: (1) 1:28에서 바울은 이미 교회 전체의 구원과 반대자들의 파멸을 대조하였다. (2) 복수형 재귀대명사 '헤아우톤' *beauton*은 오히려 집합적인 의미를 갖는다. (3) 문맥(1: 27ff)은 바울이 그의 독자들에게 그들의 교회 생활의 건강을 회복해야 할 공동체적 의무를 권면하는 것으로 이해하도록 유도한다.[17]

하지만 이 견해는 공동체와 개별 신자의 관계를 오해한 데서 나온 견해로 보인다. 왜냐하면 대부분의 경우 바울의 권면들은 개인적이고 집합적인 측면을 동시에 갖고 있기 때문이다. 예를 들어, 만일 그의 독자들이 형제들을 사랑하라는 권면을 받는다면 우리는 바울이 사랑의 명령을 할 때 배타적으로 개인적 측면만을 강조한다거나 배타적으로 공동체적인 측면만을 강조한다고 이해해서는 안 된다. 적어도 그들의 개인 생활은 오직 공동체 내에서 존재하는 한에서 그렇다는 말이다.

---

[17] J. H. Michael, "Work out Your own Salvation," *Exp 12* (1924), 439-50; cf. also R. P. Martin, *The Epistle to the Philippians* (Marshall, Morgan & Scott: London, 1980), 102f; Gnilka, *Philipperbrief*, 149; J.F. Collange, *The Epistle of Saint Paul to the Philippians* (The Epworth Press: London, 1979), 109.

마찬가지로, 구원도 신자가 공동체 생활과는 관계 없이 자기 자신만의 구원을 이루라는 의미의 개인 문제로만 이해되어서는 안 되고 상호 간의 사랑과 일치를 통해 함께 이루어가야 할 공동체적 과제로 이해되어야 한다. 이렇게 구원의 공동체적 측면을 인정한다고 해서, 본절의 구원이 교회의 건강을 뜻한다는 견해는 지나친 것이다. 따라서 마샬Marshall은 사도행전 27:34에서 비록 '소테리아'가 '건강'을 뜻하는 말로 취해질 수는 있을지라도 이들 구절들을 "전통적인 의미에서 빌립보교인들에게 상호 간의 사랑과 일치를 통해 그들의 구원을 성취할 것을 호소하는 권면으로 받아들이는 것이" 낫다고 주장한다.[18]

"두렵고 떨림으로"란 문구는 사람이 하나님 앞에서 갖는 '순종'의 태도(고전 2:3; 고후 7:15), 다시 말해서 자신의 모든 삶과 행위들이 그의 안에서 선한 일을 시작하셨으며 전능한 지식으로 모든 행위를 심판할 하나님의 임재 안에 있다는 의식을 가리킬 수 있다.[19] '카텔가제떼' *ratergazethe*란 동사의 현재 시제는 신자가 자신의 구원의 결과들을 공동체 삶 속에서 나타내도록 끊임없이 노력해야 한다는 사실을 시사해 준다. 얼핏 보기에 바

---

[18] I. H. Marshall, *Kept by the Power of God. A Study of Perseverance and Falling Away* (London: Epworth Press, 1963), 113.

[19] O. Glombitza, "Mit Furch und Zittern. Zum Verstandnis von Phil 2.12," *NovT 3* (1959), 100-6. 그는 여기서 제안하기를 부정부사 '메'(*me*)가 전승 과정에서 탈락해 나갔기 때문에, 바울은 본래 '두려움과 떨림이 없이'를 뜻하고자 했다는 것이다. 마치 빌립보 교인들이 하나님의 보복을 염려했던 것처럼 말이다. 하지만 이 가설은 불필요하다. 왜냐하면 이 문구는 바울에게서 거의 고정화된 표현으로 몇 차례 등장하기 때문이다 (고전 2:3; 고후 7:15; 엡 6:5). R. P. Martin, *Philippians*, 103은 이 문구가 상기 바울의 용례들에 비추어 볼 때 오히려 인간 편의 존경 행위를 가리킨다고 주장한다; 비슷하게, G. Bornkamm, "Der Lohngedanke im NT," *Studien zu Antike und Christentum*, Aufsatze Bd. 2 (Munchen 1963), 69-92, 특히 92. 하지만 Sigfred Pedersen, "Mit Furcht und Zittern (Phil 2.12-13)," *StTh 32* (1978), 1-31를 보라. 그는 구약과 유대교 문헌에 나타난 이 문구의 용례들을 다루고 (창 9:2; 출 15:16; 신 2:25; 11:25; 사 19:16; Sal 55:6 <54.6>; Judith 2:28; 15.2; 4 Macc 4.10; 1 QH 3 4-5; 4.7-8; 1QS 1.16f; 10.15f) 이 용례들 가운데서 이 문구가 정규적으로 하나님 앞에서 인간이 갖는 '순종'의 태도를 가리킨

울은 오직 은혜로 말미암는 칭의 교리justification sola gratia와 모순되는 새로운 구원 교리를 소개하는 것처럼 보인다. 그래서 로메이어Lohmeyer와 디벨리우스Dibelius는 이 구절이 바울 사상에 여전히 잔존해 있는 '바리새적 경건'의 본질을 나타내는 것으로 간주한다.20) 하지만 여기서 바울이 '행위의'에 붙들려 있다고 주장하는 것은 오류이다. 왜냐하면 그는 구원을 이루라는 그의 권면을 궁극적으로 신자로 하여금 교회의 선을 위해 뜻하고 행하도록 만드시는 하나님의 행위에 근거시키기 때문이다(13절).21) '뜻하다'는 의미를 갖는 '텔레인' thelein동사는 하나님께서 신자들이 행하게act 할 뿐만 아니라 심지어 '뜻하게도' will, 즉 교회의 선을 위해 결심하고 소원하도록 만드신다는 것을 시사해 준다. 결과적으로, 바울은 심지어 인간의 외적 행동뿐만 아니라 내적 동기까지도 신자 안에서 역사하는 하나님의 사역에 귀속시킨다.

사도 바울이 여기서 어느 정도까지 인간의 행위가 그의 안에서 뜻하고 행하게 하시는 하나님의 행위 energon에 연관된 것으로 보는지에 대해 의견들이 갈려 있다. 따라서 바르트K. Barth는 12절과 13절에 나오는 바울의 진

다는 결론에 도달한다. 이런 기초 위에서 그는 또한 빌 1:12에 관한 주석에서 다음과 같이 주장한다: "Das bedeutet zunächst, da der einleitende Vergleich mit dem früheren Gehorsam (hypekousate) von 2.12a in 2.12c mit einer Aufforderung zu fortgesetztem Gehorsam weitergeführt wird."

20) E. Lohmeyer, *Die Brief an die Philipper, an die Kolosser und an Philemon* (1964), 102f; M. Dibelius, *Thessalonicher I/II und Philipper*, ad loc. 여기서 그는 '행위의' (行爲義, Werkgerechtigkeit)와 '유대적 경구' (eine judische Maxime)에 대해 말한다.

21) "그의 선한 뜻을 위해"라는 문구는 보통 "하나님의 선하신 뜻"을 나타내는 말로 해석되어 왔다. So Schrenk, *TDNT II*, 746. 우리가 비록 그 의미에 대해 확신할 수는 없지만 후속되는 문맥에 비추어 볼 때 헬라어 술어 '유도키아' (eudokia)가 인간의 선한 의지를 가리키는 것이 분명한 것 같다. 이것은 다른 곳에 나타난 본 술어의 바울 용법과도 일치한다 (cf. I. H. Marshall, *Kept by the Power of God*, 114). 이 논문 주석 83번에서 그는 또한 다른 가능성들을 나열한다. 더욱이, 전치사 '휘페르' (hyper)는 흔치 않기 때문에, 어떤 학자들은 이 문구를 다음 문장에 연결시키기를 선호하지만, Schrenk는 "인용된 문장 끝머리에 나오는 그 위치가 *theos gar estin*을 강조한다는 근거에서 이러한 문장 연결에 대해 비평적이다" (p. 746 n.32).

술이 "신교 교의학의 난제이며 가톨릭 학자들 가운데서 되풀이 인용되는 경구"*dictum probans*[22]가 되었다고 한 때 선언한 바도 있다. 어떤 알미니안 학자들과 가톨릭 학자들은 두 명제들을 서로 보충해주는 것으로 봄으로써 전통적으로 이 구절을 신인협동설을 지지하는 구절로 해석해 왔다. 이런 경우에 '하나의 특이하고도 분리된 힘'으로서의 인간 행위는 하나님의 행위와 나란히 놓여지게 된다. 물론 인간은 신적인 영향 속에서 뜻하고 행동하지만(13절) 이것은 그가 자신의 마음속에 있는 하나님의 사역과 함께 또는 나란히 행위한다는 식으로 이해되어지게 된다. 이 견해의 장점은 신자가 자신의 구원을 이룰 때 담당할 자신만의 역할이 있다는 것을 보여주고 따라서 인간을 단순한 꼭두각시로 환원시키는 일을 방지시켜 준다. 이 견해에 따르면 하나님의 행위는 인간의 행위에 고삐를 매어 완전히 하나님의 주권적 통제 아래 수동적으로 놓이게 만들지 않는다고 말한다. 그러나 이런 식의 접근은 바울 자신의 교훈을 온전하게 공정히 다루지 못한 것이라 말할 수 있다.

다음 근거에서 볼 때 바울은 인간의 구원을 이루는 데 있어서 하나님이 인간과 협력하는 것처럼 말하지 않는다: (1) 이유를 말하는 접속사 '가르' *gar*에 의해 소개되는 절은 도리어 신자가 왜 행위할 수 있으며 또 행위해야 하는지의 이유를 설명해 준다: 하나님의 행위는 구원을 이루어야 할 신자의 의무 근거 자체를 형성한다. 그리스도인은 정확히 말해서 하나님께서 그의 안에서 뜻하시고 행하도록 역사하고 계시고 또한 역사해 오셨기 때문에만 행할 수 있고 행해야 한다; 그리고 (2) 접속사 절은 하나님의 행위와 협력하라는 부르심을 내포하고 있지도 않고 하나님께서 그를 도우실 것이라는 약속도 내포하고 있지 않다. 도리어 그것은 하나님께서 신자

---

[22] K. Barth, *The Epistle to the Philippians* (ET) (SCM: London, 1962), 72.

로 하여금 뜻하고 행하게 하신다는 것을 보여준다. 여기서 바울은 인간 자신의 행위를 – '뜻하고 행하다' – 그것을 가능케 하시는 하나님 자신의 행위의 관점에서 우회적으로 묘사한다.

이러한 고려 때문에 만일 그리스도인이 온갖 노력을 기울이기만 하면 하나님께서 그에게 신적인 조력이나 도움을 제공해 주신다거나, 또는 일단 하나님께서 시작하시고 나면 인간이 그것을 완성해야 한다는 식의 입장을 옹호하는 일이 불가능해진다. 왜냐하면 선한 일을 시작하고 그것을 완성하는 분은 하나님 자신이시기 때문이다(1:6). 하나님은 그리스도인의 생활 전체 과정에서 일하고 계신다. 이 구절은 또한 바울이 분쟁과 싸움에 굴복해 있는 빌립보 교인들에게 교훈하는 권면적 문맥을 고려할 때 그리스도인 생활을 배타적일 정도로 하나님 단독사역식monergistic의 전망에서 이해하는 것을 방지시켜 준다. 물론 권면은 하나님의 능력이란 사실을 이미 전제하고 있다. 신자들이 이루어낼 수 있다는 혼신 속에서 바울이 그들 자신의 구원을 이루라고 권면할 수 있는 것은 바로 이 신적인 능력 때문이다. 하지만 권면 자체가 필요하다는 것은 구원에 대한 기계적인 이해를 배제시키는 것이 분명하다. 왜냐하면 바울은 신자가 자신 편에서의 어떤 노력도 없이 자동적으로 그의 구원을 이루게 된다는 의미로 하나님이 '야기시킨다'causing고 말하지 않기 때문이다. 바로 이런 이유 때문에 바울은 빌립보 교인들에게 싸움과 불평을 버리고 복음에 합당한 삶의 태도를 보이라고 권면하는 것이다(1:27). 바울이 이렇게 그들을 권면하는 것은 마지막 날에 그의 "달음질도 헛되지 아니하고 수고도 헛되지 않게 하기"(빌 2:16) 위함이다. 이 문구는 역사적인 기독교인들이 그들의 구원을 이루는 데 실패할 수도 있다는 가능성을 암시한다. 바로 이 문맥에서 볼 때 권면은 하나님이 신자들을 믿음 안에서 보존하시고 그들이 떨어져 나가지 않도록 지키시는 수단으로 이해될 수 있다.

그렇다면 바울은 하나님의 행위와 인간의 행동 사이에 어떤 연관성을 염두에 두고 있는가? 보른캄은 빌립보서 2:12-13의 해석과 관련하여 새로운 해결책을 제안하고 하나님과 인간의 측면들에 대해 공정을 기하려 한다. 그는 이렇게 주장한다: "바울은 양쪽이 서로 보충한다거나, 인간의 능력이 초자연적인 은혜를 침범할 정도에까지 이른다고 말하지 않고 도리어 양쪽이 상호의 근거를 이룬다고 생각한다. 왜냐하면 하나님께서 모든 일을 하시기 때문에 신자도 모든 것을 해야 한다."[23] 이 점에서 바울이 인간의 행위를 두 다른 관점에서, 말하자면 먼저는 인간의 책임의 측면에서 바라보고 또한 하나님의 행위의 전망에서 바라본다는 우리의 앞선 관찰을 회상해 볼 필요가 있다. 더욱이, 우리는 또한 바울이 신적 행위가 인간의 유한한 행위와는 다른 차원에 놓여 있는 것으로 생각한다고 주장한 바 있다: 전자는 후자가 그 참된 의미와 성공을 발견하는 유일한 영역이요 기초가 된다. 이런 요인들은 두 행위들이 서로를 보충하거나 조건짓는다기보다는 서로를 확증해 establish 준다는 보른캄의 논제에 더 신빙성을 두게 만든다. 여기서 바울은 신자로 하여금 뜻하고 일하게 '만드는' causing 하나님의 행위 사실을 신자에게 구원을 이루라고 명하는 적극적인 권면의 근거로 사용하고 있음이 분명하다. 신자의 책임은 근본적으로 그에게 뜻하고 일하도록 만드시는 하나님의 현재적인 행위에 기초한다. 바울에게 있어

---

[23] G. Bornkamm, *Der Lohngedanke im Neuen Testament* (Bensheimer Hefte herausge-geben vom Evangelischen Bund, Heft 15, Gottingen, Vandenhoeck & Ruprecht, 1961), 29: "Paulus aber redet nicht davon, dass die beiden Satze sich erganzen, dass also des Menschen Fähigkeit bis zu einer gewissen Grenze reicht, bis sie dann von der übernaturlichen Gnade weitergefuhrt werden muss, sondern er meint, dass beide Satze sich begründen. Weil Gott alles wirkt, darum habt ihr alles zu tum."

서, 이 두 요인들은 실재적이고 필수적이다: 동일한 서신에서 그는 신자를 향한 하나님의 주권적인 능력을 부각시킬 뿐만 아니라(1:6, 29) 같은 진지성을 갖고 신자의 책임을 강조한다(2:12, 16). 이것은 보른캄의 역설적인 다음 논제에 더 신빙성을 부여하는 것처럼 보인다: "이 두 행위들은 서로를 확증해준다. 하나님께서 모든 것을 일하시기 때문에 그들도 모든 것을 해야만 한다."

고려해야 할 또 다른 두 구절들이 남아 있다. 첫 번째 구절은 에베소서 3:20인데, 바울은 여기서 신자들 가운데 힘으로 역사하셔서 그들이 구하거나 생각하는 것 이상으로 풍성하게 하실 수 있는 하나님께 영광을 돌린다. 바울에게 있어서 충만한 은총의 능력이 주어진다는 것은 바울이 자주 말하듯이, 신자가 하나님께서 시작하신 종말의 때에 살고 있음을 의미한다(엡 1:19; 2:7; 고후 3:10; 9:14; 빌 4:7).[24] 이 종말론적인 능력은 지금 그들의 삶 속에 역사하고 있어서 그들로 하여금 그리스도인 생활을 영위하게 하고 그리스도의 몸된 공동체를 위해 일할 수 있도록 하신다(엡 4:11-13). 여기서 강조점은 신자들의 생활 속에 나타난 능력있는 하나님의 역사에 놓여 있음이 분명하다.

다른 구절은 골로새서 1:29이다: "이를 위하여 나도 내 속에서 능력으로 역사하시는 *energoumenen* 이의 역사를 따라 힘을 다하여 수고하노라." 로제 E. Lohse는 '수고한다' toils는 동사가 교회를 위한 바울의 선교 사역을 지칭하는 것으로 이해하고(갈 4:11; 롬 16:6; 고전 3:8; 고후 6:5; 11:23, 27; 빌 2:16) 생계를 위해 일하는 바울의 일을 지칭하는 것으로 보지 않는다(살전 2:9; 고전 4:12; 살후 3:8).[25] 분사인 '아고니조메노스' *agonizomenos*는

---

24) J. Gnilka, *Der Epheserbrief* (Herder/Freiburg/Basel/Wien, 1971), 192.

보통 경주장에서 하는 시합을 나타내는 말로 쓰이지만, 여기서는 바울의 수고와 노력을 지칭한다. 따라서 두 동사들은 교회를 위한 선교 사역을 행할 때 나타나는 바울의 힘든 수고와 노동을 부각시킨다.

바울은 이 힘든 수고와 노동을 그를 붙잡고 있는 그리스도의 능력에 따라 수행되는 것으로 간주한다. 그의 저술에서 이 능력은 교회를 위한 일에 있어서 효과적인 에너지이다(고전 15:10; 엡 1:19; 빌 4:13). 이 구절에서 하나님의 능력과 인간의 행동을 결합시킬 때 이중적인 움직임이 전면에 부각된다. 얼핏 보기에 이 구절은 하나님과 인간 사이의 신인협력적 협동이란 사상을 뒷받침하는 것처럼 보인다. 하지만 인간 행동이 하나님의 사역을 보충한다는 식으로 '객관화시켜' 인간 행동을 하나님과 사람 사이에서 분리시킬 수는 없다. 전치사 '카타' *kata*는 바울이 어떤 표준을 따라, 즉 그리스도께서 주시는 능력의 표준을 따라 열심히 일했다는 것을 시사하는 것 같다.[26]

이 전치사는 바울이 복음 사역을 함에 있어서 하나님과 협력했다는 것을 뜻하지 않는다. 왜냐하면 그의 노력은 힘을 주시는 하나님의 능력과 독립되어 있는 분리된 실재가 아니라 '이미' 그를 수고하도록 충동하시는 그의 현재적 행위에 기초하고 있기 때문이다. '카타' 란 단어는 바울의 사도

---

25) E. Lohse, *Colossians and Philemon (ET)*, 78f; F. Hauck, *TDNT III*, 827–30; cf. F. F. Bruce, *The Epistle to the Colossians, to Philemon, and to the Ephesians (NICNT)*, 88. 때로 '코피아오' (*kopiao*) 동사는 손으로 하는 일에 대해 사용되기도 한다(cf. 고전 4:12; 엡 4:28). 하지만 이런 의미는 그리스도의 능력 안에서 '힘을 다해 수고한다' (*agonizesthai*)는 말과 관련해서 아주 특이하다. 이 마지막 헬라어 동사는 바울이 자신의 복음 사역을 묘사하기 위해 자주 사용하는 경주자 술어이며 이것은 골 2:1f에 있는 '아고냐' (경기장, *agona*)라는 명사에 반영되어 있다.
26) 동일한 전치사 '카타' 가 고전 3:10에서 사용되는데 여기서는 바울과 그의 동료들이 하나님이 주시는 은혜의 표준을 따라 건물을 세우는 일을 하고 있음을 보여준다. Rosscup, op.cit., 215; H. Conzelmann, *Der erste Brief an die Korinther* (Gottingen, 1969), 94를 보라.

직의 신적 기원을 표현하기 위해 25절에서 이미 사용되었다: 그는 "그에게 주신 신적인 직무를 따라 일꾼이 되었다." 그리스도는 그에게 직무를 주실 뿐만 아니라 그 직무를 수행하실 수 있는 능력도 주신다. 사도 가운데 나타난 능력 있는 하나님의 역사는 그의 일의 참 의미와 성공을 발견하는 표준이 된다. 그것은 그의 사도직을 검증하는 것이며, 신적인 능력의 효과는 그의 힘든 수고를 통해서 논증되었다. 그렇다면 인간의 행동과 하나님의 역사의 관계가 마치 평행이라도 되는 것처럼 전자가 후자와 동일한 수준에서 작용하는 것으로 볼 수 없다.

우리는 본 섹션에서 '일/행위'는 바울에게 있어서 공동체 내에서 신적인 위임으로 행해지는 신자의 활동으로서 새로운 의미를 띠게 되며, 바울은 '일/행위'를 하나님이 주신 과제로 파악하기 때문에 그것을, 사람에게 과제를 주신 하나님의 임재와 능력에 밀접하게 연관짓는다는 사실을 살펴보았다. 일이란 따라서 단순히 사람이 자기 힘으로 성취해보려는 인간 자신의 활동이 아니라 사람을 일하게 하시는 하나님의 능력으로 행해진다는 의미에서 사람 안에서 그리고 그를 통하여 나타나는 하나님 자신의 행위인 것이다.

바울은 행위를 객관화시키는 objectifying 방식으로, 쉽게 말해서 이들 두 측면들이 서로 보충한다는 식으로 하나님과 사람 사이에서 분리시키지 않는다. 오히려, 그는 행위를 두 다른 관점에서, 즉 사람의 행위와 관련해서뿐만 아니라 신적인 행위와 관련해서도 설명하는 것이 분명하다. 바울은 또한 하나님의 행위가 사람의 일과는 다른 수준에 놓여 있다고 생각한다: 인간의 일은 근본적으로 하나님의 행위에 기초하고 또 그 안에서 움직여지되 결코 순서를 뒤바꿀 수는 없다.

결론

　결론적으로 바울은 처음 구원 경험을 설명할 때 믿음과 행위의 강한 반립 구조를 내세우지만 일단 구원받은 신자의 삶의 테두리 안에 들어오면 그의 일과 행위는 하나님께서 맡겨주신 신적인 위임을 수행한다는 의미에서 아주 적극적인 의미를 갖게 된다. 일과 행위 또는 노동은 인간이 타락하기 전에 하나님께서 그에게 위임하신 신성한 과제였다. 타락 후에 인간의 노동이 수고스럽고 고통스럽게 변한 것은 사실이지만, 성경은 결코 신자의 행위를 부정적으로 평가하지 않는다. 일과 노동이 이렇게 처음부터 적극적인 의미를 띠기는 해도 사람은 '죄'로 인해 하나님께서 본래 위임하신 과제를 행하지 않고 온갖 반역적인 행위들, 예를 들면 '육신의 일', '어두움의 일', '악한 일', '죽은 행실들'을 자행하게 되었다. 이런 악행들은 하나님의 생명에서 떠난 옛 사람의 실존을 드러낸 것들이다. 바울은 옛 사람이란 존재론적 신분과 그가 외적으로 나타낸 악한 일과 행위들을 날카롭게 구분하지 않는다. 옛 사람이기 때문에 온갖 악한 일을 행하게 되는 것이고, 역으로 악한 일을 행한다는 것은 그가 옛 사람의 존재이기 때문이다. 따라서 바울은 "옛 사람과 그 행실들을 벗어 버리라"고 명령하기도 하고 새 사람이 되었다면 새로운 삶과 행위를 나타내라고 권면하기도 한다. 예수 그리스도께서 우리의 죄를 대신 담당하시고 구속하신 것은 "선한 일에 열심하는 친 백성이 되게 하려는"(딛 2:14) 분명한 윤리적 방향성을 갖는다. 예수 그리스도께 속한 하나님의 백성이 될 때에만 그가 몸으로 행한 모든 일들은 마지막 날에 영구적인 가치를 인정받게 된다.

　바울은 그리스도인의 모든 활동을 그리스도 안에서 하나님이 확립해 놓으신 종말론적인 전망 안에 정초시키고 그러한 인간 활동을 통제하는 요인으로서 '믿음'을 하나님의 은총의 행위 위에 근거시킨다. 바울 사도가 공헌한 것이 있다면 선행善行의 수용적 정향성receptive orientation과 능동적 정향성active orientation 간의 변증법적 관계를 믿음 안에 깊게 구축시켜 놓았다는 점이다. 비어즐리는 후자를 '변화된 성취 정향성'transfigured achievement orientation[27])으로 묘사한다. 케제만과 케르텔게K. Kertelge는 그것을 '선물과 과제'gift와 task 또는 Gabe와 Aufgabe의 관계로 이해하고 새 생명의 선물은 그것과 더불어 선한 일과 행위를 해야 할 과제를 수반한다고 강조한다. 하나님은 신자에게 새 생명의 선물만 주시지 않고 그와 더불어 선한 일을 행해야 할 과제를 위임하시고, 더욱이 그것을 실현할 수 있는 능력도 부여하신다. 기독교 윤리가 그 가능성과 참 의미를 발견하는 장소가 바로 여기에 있다. 기독교의 윤리는 근본적으로 '믿음의 윤리'faith-ethics이다. 믿음의 열매로 나타나는 윤리, 믿음에 의해 역동적으로 작용하여 나타나는 윤리라는 점에서 그렇다는 말이다. 이 믿음은 하나님의 은총의 능력에 정초하여 있다. 하지만 바울은 그것이 전적으로 은총의 행위에 내던져진 것으로 간주하지 않는다. 신자는 하나님의 은총에 반응하여 선한 일에 힘써야 한다. 왜냐하면 하나님의 은총은 결코 그의 믿음을 대신하지 않기 때문이다. 믿음은 수용적 정향성에 머물지 않고 능동적인 삶으로 변역되어야 한다. 더욱이, 믿음의 능동적 정향성이 가능한 것은 믿음이 전인격을 그리스도와 그의 말씀에 맡기는 전폭적인 헌신의 행위이기 때문이다.

믿음의 수용적 행위가 어떻게 선행이란 능동적 정향성을 포함할 수 있는가? 신자의 모든 활동이 그리스도 안에서 존재하게 된 그의 존재론적 신분에 통합됨으로써 인간의 의식적인 행위가 이 살아있고 인격적인 믿음의 헌신에 의해 영향을 받기 때문이다. 신자의 '일과 행위'는 이러한 통합 과

---

[27]) See J. Boozer and W. A. Beardslee, *Faith to Act. An Essay on the Meaning of Christian Existence* (Nashville: Abingdon Press, 1967), 125.

정을 실현한 결과이며 이로써 그리스도인은 자신의 기본적인 믿음의 헌신을 그의 의식적인 행위 속에서 나타낸다. 하지만 새 생명의 선물이 어떤 때는 행동으로 나타나지 않는다는 사실은 이것이 회심 이후에 자동적으로 움직이는 과정이 아니라는 것을 함축한다. 때문에 신자는 바울의 강력한 권면과 명령에 직면하게 된다.

바울의 저술에서 선한 일들을 해야 할 신자의 책임이 강조되기는 하지만 그렇다고 그로 하여금 선행을 할 수 있도록 만드시는 하나님의 능력을 희생시키지 않는다. 기도와 감사의 문맥 속에서 바울은 하나님께서 그리스도인들에게 모든 선한 일을 풍성하게 하실 수 있음을 분명히 밝힌다. 그리스도인의 생활을 흔히 두 다른 방향에서 바라보는 것은 바울에게 특징적인 현상이다: 때로 그는 '일과 행위'를 그리스도 자신에 의해 행해진 활동으로 묘사하지만 다른 때는 동일한 일을 하나님 자신에 의해서 행해진 활동으로 묘사한다(살전 1:3; 살후 1:11). 바울은 자주 그의 모든 성취들을 하나님의 은총의 행위에 귀속시킨다. 물론 그는 실질적으로 그 자신이 그러한 놀라운 일을 했다는 점을 부인하지 않는다. 따라서 그는 다른 어떤 사도들보다 더 열심히 일했으면서도 '하나님' 또는 '그리스도'를 자기 자신의 활동의 주어로 삼기도 한다(롬 15:18f; 고전 15:10).

빌립보서 1:6에서 그는 하나님께서 빌립보 교인들 안에서 선한 일을 시작했기 때문에 하나님이 그것을 완성하실 것이라고 주장한다. 바울은 그의 독자들에게 그들의 구원을 이루라고 명령하면서도, 그는 하나님께서 그들 속에 소원을 두고 행하신다는 사실을 상기시켜 준다(빌 1:12f). 모든 경우에 있어서 그는 두 형태의 단어들을 사용하여 그리스도인의 생활을 두 다른 관점에서 묘사한다: 인간이 최선을 다해 선한 일과 행위를 해야 할 책임이 있지만, 일단 그것을 다 행한 후에는 하나님께서 행하신 일로 회상되어진다. 이들 두 단어들은 서로를 보충하거나 조건짓는 것으로 보기 보다는 서로를 설명해주는 것으로 이해되어야 한다. 바울에게 있어서 인간의 일과 행위는 신인협동설의 경우에서처럼 객관화시키는 방식으로 하나님과 사람간에 구분되지 않는다. 바울은 자주 사람의 행동을 하나님 자신의 행동의 관점에서 묘사하는 경우가 많지만, 그렇다고 해서 그는 그에게 선을 행할 의무를 면제시켜 주지는 않는다. 따라서 인간의 선한 생활은 그것을 가능케 하신 하나님께 감사하게 만든다. 보른캄이 말한 것처럼, 이 두 행위들은 서로의 실체를 확립해 준다: 하나님께서 모든 일을 행하시기 때문에 우리도 역시 해야 할 모든 일을 갖고 있다.

예 수 · 바 울 · 교 회 ▶ 14

바울의 이스라엘 이해

문제 제기

유대인과 이방인의 관계는 바울이 자신의 신학적 사상들을 전개할 때 가장 중요한 이슈들 가운데 하나이다. 아마도 이것은 유대인으로서만 아니라 이방인을 위한 사도로서 그의 개인적인 배경의 전망에서 이해되어야 할 것 같다.

사도행전 22:3에 기초하여 바울이 다소에서 유대인으로 태어났지만, 실제로 예루살렘에서 자랐다는 주장이 제기되어 왔다. 이러한 누가의 보도에서 볼 때 그가 아직 어린아이나 또는 심지어 아기였을 때 그의 가족이 예루살렘으로 이주하였고(cf. 행 26:4f), 예루살렘에 있는 자신의 부모 집에서 가말리엘 문하에 들어가 어린 시절을 보냈다는 사실이 분명하게 보인다. 바울이 적어도 예루살렘에서 여러 해 교육을 받았다는 사실은 그가 유대교에서 상당한 진보를 나타낸 바리새파 랍비였다는 자신의 증언에 의해 시사되고 있다(갈 1:13f; 빌 3:5f). 기독교로 회심한 이후에도 그는 자신의 사고와 삶에 있어서 한번도 유대인이기를 중단한 적이 없다는 사실을 주목하는 것은 중요하다.

하지만 그가 다메섹 도상에서 부활하신 그리스도를 만나고 이방인의 사도로 부르심을 받은 이후에(cf. 갈 1:16; 롬 15:16, 18), 이 그리스도 현현 사건은 자신의 정체성 형성에 있어서나 후속되는 자신의 신학 사상들의 전개에 있어서 결정적인 영향을 미쳤을 것이라는 점은 의심할 여지가 없다. 최종상 교수는 최근에 출판된 자신의 박사 학위 논문에서 바로 이 문제를 다루면서, 이방인의 사도라는 바울의 자기 정체성 인식이 로마서의 그의 논의들을 발전시킬 때 유대인과 이방인의 동등성을 논증하는 특별한 방식으로, 특별히 후자를 위하여 그렇게 하는 방식으로 유도하였다고 결론지었다. 그는 이스라엘의 문제가 고립된 문제가 아니라 유대인과 이방인의 동등성에 관한 바울의 구원사적 관심사의 맥락 속에서 이해되어야 한다고 제안한다.

만일 최종상 교수의 상기 관찰이 정확하다면, 우리는 또한 그가 도달한 동일한 결론을 우리의 현재 본문 로마서 11:26, 보다 폭넓게는 로마서 9-11장에 적용할 때도 그 같은 결론에 도달할 수 있어야 한다. 하지만 정말 그런가? 흥미로운 사실은 '이스라엘'이란 술어가 로마서 9-11장과 같은 후반부 장들에서 대부분 등장하는 반면에, '유대인'이란 술어는 로마서 1-4장과 같은 전반부 장들에서 등장한다는 사실이다. 필자는 바울이 아브라함의 자손을 지칭할 때 로마서의 전반부와 후반부 사이에 모종의 긴장 같은 것을 주목하게 된다. 우리는 그것을 바울의 저술 목적뿐만 아니라 로마 교회들의 역사적 삶의 정황 *Sitz im Leben*과 관련하여 어떻게 해석할 수 있을까? 이러한 질문들에 답변하기 위해서는 무엇보다도 먼저 우리의 본문의 의미에 대한 기존 학자들의 견해들을 비평적으로 분석하고 나서 이스라엘의 문제를 로마서의 보다 폭넓은 문맥 속에서 검토함으로써 로마서 전반부와 후반부 사이에 존재하는 긴장의 성격을 밝히고자 한다.

기존 견해들에 대한 비평적 검토

우리가 이제 검토할 본문은 바울이 '비밀'을 말하는 문맥 속에서 등장하는데, 여기서 그는 이스라엘의 실패 뒤에 이방인의 구원이 있을 것을 내다보고 있다(11:25-27). 그는 비록 이스라엘의 '완악함'(7절), 그들의 '넘어짐'과 '실패'(12절), 그리고 심지어 그들의 '버림'(15절)에 대해서 말하기는 하지만, 그의 논의의 핵심은 하나님께서 결코 그들을 영원히 버리신 것이 아니라는 것이다. 몇몇 학자들은 바울의 이러한 논점을, 글라우디오 황제가 유대인들을 로마에서 추방하는 칙령을 내린 뒤에(A. D. 49-54년 C. E.) 이방 기독교인들이 공동체 내에서 이미 소수자들이 되어버린 로마 교회의 상황과 연결지으려고 시도한다. 간단히 말해서, 바울은 로마 교회 내에서 이미 소수자가 되어버린 유대 기독교인들의 약화된 위치를 변호하는 반면, 동료 유대 기독교인들에 대해서 자만심을 가진 로마의 이방 기독교인들의 교만한 태도를 수정하려고 했다는 것이다(cf. 18-21절). 이스라엘이 그들의 뿌리임을 강조함으로써 이방 기독교인들이 이스라엘에 대해서 교만한 마음을 품지 말아야 한다는 바울의 권면은 바로 이 점을 강화시켜주는 역할을 할 수 있다(18, 20절). 흐발비크R. Hvalvik가 지적한 것처럼, 복음이 유대인과 이방인 모두에게 구원의 능력이 되는 것처럼(1:16), 하나님은 이스라엘을 다시 접붙일 능력도 가지고 계신다(11:23). 하나님께서 본래 유대인들과 언약을 맺으셨기 때문에 더욱 그렇다. 그러므로, 25절에 언급된 '비밀'은 이방 기독교인들이 그들의 동료 유대 기독교인들에 대해서 교만한 마음을 품지 않게 하고 오히려 그들로 지혜가 풍성하신 하나님께 영광을 돌리도록 하기 위해서 계시된 것이라고 말할 수 있을 것이다(20, 33-36절).

1. 무엇이 '비밀'인가?

로마서 11:26에 있는 수수께끼 같은 진술을 해독하기 위해서 우리는 먼저 다음 질문에 답변할 필요가 있다: 무엇이 비밀인가? 바울이 26절에서 말하고자 의도했던 바를 탐구하기 위해서 역사적으로 다양한 주장들이 개진되기는 했지만, 학자들 사이에는 의견 합의에 이르지 못하고 있다. 아마도 그들의 주장들이 지닌 한 가지 약점은 비밀이 이방인들에게도 해당된다는 사실을 소홀히 한 점일 것이다. 이방인들이 구원을 얻을 수 있는 시기는 영구적인 것이 아니다. 왜냐하면 '온 이스라엘'이 구원을 얻은 후에 종말의 때가 올 것이기 때문이다. 만일 이러한 관찰이 정확하다면, 비밀은 적어도 다음 세 가지 면들을 지닌다고 할 수 있다:

첫째로, 이스라엘은 부분적으로, 그리고 단지 잠정적으로만 완악하게 되었다; 둘째로, 이방인들의 구원은 유대인들의 구원보다 선행한다; 셋째로, '온 이스라엘'이 결과적으로 구원을 얻게 될 것이다. 25-27절에 있는 비밀의 본질은 이스라엘이 구원을 받게 되는 방식과 때에 놓여 있으며, 따라서 이스라엘은 이방인의 충만한 수가 들어온 이후에야 구원을 얻게 될 것이다. 결과적으로, 비밀은 이방인의 구원뿐만 아니라 유대인들의 구원에도 해당된다는 것이 분명해진다. 하지만 실제의 문제는 학자들마다 '이스라엘'의 정확한 의미를 이해하는 방식에 있어서 서로 견해를 달리한다는 점이다.

2. '이스라엘'은 유대인과 이방인들 중에서 믿는 모든 사람들을 가리키는가?

여러 학자들은 26절의 '이스라엘'이 예수 그리스도를 믿는 모든 유대 및 이방 기독교인들을 포괄적으로 가리킨다고 주장하여 왔다. 바울은 그의 서신 다른 곳에서 때때로 모든 기독교인들을 참 유대인과 참 할례자로(롬 2:28-29; 빌 3:3), 아브라함의 아들들로(롬 4:1-17; 갈 3:6-9, 26-29), 그리고 하나님의 이스라엘로(갈 6:16) 지칭하기까지 한다는 것은 사실이다. 그러한 본문 증거들에 기초해서 우리는 사도 바울이 로마서 11:26의 이스라엘을 가리켜 유대와 이방 기독교인들로 구성된 신약의 교회를 지칭할 수 있는 가능성을 원천적으로 배제할 수는 없다.

하지만 문제는 로마서 9-11장의 문맥이다. 특별히, 우리 본문의 근접 문맥은 결코 이스라엘을 그러한 일반적인 의미로 사용한 적이 없고, 도리어 그것은 항상 인종적인 그룹인 이스라엘을 지칭한다. 25절에 선행하는 구절들은 의도적으로 이방인들을 인종적인 유대인 그룹과 구분한다. 원가지들로서 유대인들은 베임을 당한 반면에, 이방인들은 원감람나무에 접붙임을 받는다. 만일 '이스라엘'이란 술어가 이방 기독교인들까지 포괄적으로 지칭한다면, 바울이 26절에서 그 술어에 새로운 의미를 부여한 경우가 되어야 한다. 이러한 판단은 타당하지 않다. 왜냐하면 25절에서도 바울은 "이방인의 충만한 수가 들어오기까지 이스라엘의 더러는 완악하게 된 것이라"고 말함으로써 이방인들을 이스라엘과 구분하기 때문이다.

결과적으로, 25절의 '이스라엘'이란 술어가 인종적인 이스라엘을 지칭한다는 것은 의심할 여지가 없다. 따라서 바울이 혈통적인 이스라엘을 염두에 두고 있는 25절 이후에 즉시 이스라엘이란 말에 새로운 다른 의미를 끌어들이기 시작했을 가능성은 전혀 있을 법하지 않다. 이러한 사실은 다음 구절들에 의해서도 다시 확증되는데, 28절은 이스라엘을 "너희로 인한 원수들"로 지칭하거나 그들을 "조상들로 인하여 사랑하심을 입은 자들"로 묘사함으로써 유대인들과 이방인들을 대조시키기 때문에 그렇다. 그러므로 필자는 26절에서 바울이 인종적 이스라엘을 염두에 두고 있다는 대다수 학자들의 견해에 동의를 표하지 않을 수 없다.

3. 온 이스라엘은 인종적 이스라엘 중에서 누구를 지칭하는가?

만일 상기 우리의 관찰이 정확하다면, '온 이스라엘'을 지칭하는 바울의 진술은 다음 세 가지 다른 방식들로 해석될 수 있다:

(1) 그리스도를 믿는 신앙과 관계없이 역사 속에 존재했던 모든 혈통적 이스라엘

최근의 학자들 가운데 이러한 견해를 채택하는 경향이 점증하고 있다. 이 견해를 받아들이는 학자들에 따르면 여기서 바울은 하나님께서 그리스도를 믿는 신앙과 관계없이 역사상 존재했던 모든 혈통적 이스라엘을 구원하실 것을 내다보고 있다고 주장한다. 소위 말하는 '두 언약 이론'two covenant theory은 흔히 이 견해가 작동하는 논리적 기초를 제공하는 구실을 해왔다: 이방인들은 그리스도를 믿는 신앙으로 구원을 받는 반면에, 유대인들은 율법에 부종함으로써 구원을 받는다. 11장에서 구원을 받기 위해 그리스도를 믿어야 할 필요성이 전혀 언급되지 않기 때문에, 유대인들은 이방인들과는 전혀 다른 기초 위에서 구원을 받을 수 있는 것처럼 보인다. 믿음을 통해 구원을 얻는 길과는 달리, 유대인들에게는 다른 특별한 길 Sonderweg이 있다는 이런 식의 제안은 일견 현대인의 감성에는 적합하게 들릴지는 몰라도, 주석학적으로는 전혀 신빙성이 없다.

11장에 실린 바울의 논의는 로마서 9-11장의 주변 문맥과 고립시켜 이해되어서는 안 된다. 바울의 끊임없는 고뇌는 그의 동료 유대인들이 그리스도에게서 끊어진 상태로 있는 역사적 상황과 관련되어 있다(9:3). 그는 그리스도를 믿기를 거부하는 이스라엘의 불신앙에 대해서 긴 비평을 시작

하는데(9:31-10:8), 그는 개인적으로 그들이 지금 구원을 받았으면 좋겠다는 소원을 피력한다(10:1-2). 바울은 또한 구원의 은혜가 그리스도를 믿는 신앙을 통해서 유대인과 이방인 모두에게 주어진다는 사실을 계속해서 확증한다(10:9-13). 유대인들은 복음의 메시지를 분명하게 들어왔기 때문에 그리스도를 믿었어야 했다(10:14-21). 그리고 바울은 자신을 이스라엘 중에서 그리스도를 믿는 신앙으로 구원을 받은 남은 자의 존재를 예증하는 한 증거로 언급한다(cf. 11:1-2). 11장에서 '믿음'과 '순종'은 상호 교환 가능한 술어들로 등장하는데, 30-32절에 언급된 하나님에 대한 불순종은 의심할 여지도 없이 23절에 언급된 '불신앙'을 지칭한다. 9장과 10장의 핵심적인 주장들은 그리스도에 대한 믿음을 전제하고 있기 때문에, 23절의 '불신앙'은 그를 믿기를 거부하는 이스라엘의 불순종을 지칭할 것이 분명하다. 더욱이, 시온에서 오는 구원자가 예수 그리스도를 지칭하는 것이 분명하기 때문에 바울이 이스라엘에 대해서 다른 종류의 구원의 가능성을 내다보았다고 말하는 것은 주석학적으로도 근거가 없다. 로마서에서 바울은 시종일관하게 그리스도에 대한 믿음을, 하나님께서 유대인이든 이방인이든 상관없이 모든 사람들을 구원하는 유일한 길로 제시한다. 그러므로 그리스도를 믿기를 거부하는 것은 하나님께서 그 안에서, 그리고 그를 통해서 성취하시고자 하는 바를 거부하는 사악한 불순종 이외에 다른 것이 아닌 것이다.

(2) 역사상 구원받은 남은 자 전체로서 모든 믿는 유대인들

최근의 어떤 학자들은 사도 바울이 '온 이스라엘'이란 말을 할 때는 모든 믿는 유대인들, 즉 역사상 살았던 구원받은 남은 자 이스라엘을 뜻한다고 주장한다. 이 견해가 지닌 약점들 가운데 하나는 '온 이스라엘'의 구원이 종말의 때의 절정에서 발생할 종말론적인 사건을 지칭하는 것처럼 보인다

는 것이다. 사실, 25-27절의 문맥과 언어는 마지막 때의 사건을 내다봄으로써 구원받은 남은 자의 역사적 존재 이상의 것을 시사한다. 남은 자의 구원은 오직 부분적일 뿐이지만, 바울 사도는 여전히 이스라엘의 '충만함' pleroma, 12절과 그들의 '받아들임' proslempsis, 15절을 내다보고 있는데, 이런 일들은 종말의 때에 일어날 것이다. 이것은 역사상 있었던 그 어떤 것을 훨씬 뛰어넘는 위대한 종말론적 사건이 될 것이다. 동일한 방식으로, 감람나무 비유는 베어진 가지들이 다시 접붙임을 받게 될 것이라는 기대감으로 결론지어지고 있다. 이것은 이스라엘의 많은 수가 그리스도를 믿는 믿음을 갖게 될 것을 시사하는데, 왜냐하면 25절과 26절이 다 동일한 결론을 지시하기 때문이다. 현재는 이스라엘이 부분적으로 완악함을 경험하는 동안에 이방인의 충만한 수가 들어오는 때이다. 접속사 '까지' until는 이스라엘 대부분의 완악해짐은 이방인의 충만한 수가 들어올 때 끝이 날 것을 시사해 준다. 그러므로 '온 이스라엘'의 구원은 바울이 유대인과 이방인 사이에 모종의 연대기적인 구원의 순서를 내다보는 구원사적 문맥 속에서 이해되어야 한다.

(3) 마지막 때에 구원을 얻게 될 인종적 이스라엘의 많은 수

우리의 본문과 주변 문맥에 대한 여러 주석학적 관찰들은 우리로 하여금 세 번째 견해가 옳다는 확신으로 인도한다. 첫째, 11장의 문맥은 26절의 '이스라엘'이 인종적 그룹을 지칭하고, 둘째, 이 구절에서 바울의 논의는 기본적으로 그리스도에 대한 믿음을 통한 구원을 전제하고 있고, 셋째, '온 이스라엘'의 구원은 마지막 종말의 때를 지시하고 있다. 이제 우리는 로마서 초반부에서 아브라함의 후손들에 관한 바울의 논의들을 탐구하게 될 것이다.

보다 폭넓은 문맥 속에서 살핀 아브라함의 후손

'이스라엘'이란 술어는 하나님께 불순종하고 복음을 받아들이기를 거부한 이스라엘의 불순종을 다루는 로마서 9-11장의 문맥 속에서 주로 등장한다. 바울은 여기서 그들을 "나의 형제 곧 골육의 친척, 이스라엘 백성"(9:3, 4)으로, "아브라함의 자손" 또는 "그의 후손"(9:7, 8)으로, "이스라엘인들"(10:1; 11:1)로, "아브라함의 씨"(11:1)로, 그리고 "원가지"(11:24)로 부른다. 이런 표현들 속에서 바울은 항상 아브라함의 육신적 자손들로서 이스라엘을 염두에 두고 있다. 하지만 다른 한편 로마서의 다른 부분에서, 특별히 처음 네 장들 가운데서 그들은 '유대인들'로 불린다(1:16; 2:17-29; 3:1-9, 29-30). 로마서 4:1에서 아브라함은 "육신으로 우리 조상된" 사람으로 묘사된다. 이것은 유대인들이 아브라함을 그들 자신의 육신적 조상으로 간주했다는 것을 시사한다. 바울 당대의 유대인들에게 있어서 이스라엘을 아브라함의 자손으로 보는 개념은 언약적인 뉘앙스가 있는 것이다: 하나님은 아브라함과 그의 자손을 선택하셔서 그의 백성이 되게 하셨다.

하지만 로마서의 이 초반부 장들 속에서 바울은 아브라함의 혈통적 후손 개념에만 기초한 그러한 민족주의적 언약신학에 대담하게 도전한다. 그가 2:17-29에 함축적으로 채용한 유대인 비평의 준거들은 남은 자와 새 언약과 같은 사상들을 붙들었던 후기 선지자들의 개념들로부터 연원된 것으로 보인다. 이런 개념들은 적어도 로마서 초반부에 등장하는 바울의 날카로운 유대인 비평들 배후에 암시적으로 나타나지만(cf. 2:28-29), 그것들은 후반부의 논리 속에서 표면화된다(cf. 8:1-17; 9:6-8, 27-29; 11:5). 그런 개념들은 모두 참 하나님의 백성의 자격이 무엇인가를 명기하기 위하여 바울에 의해서 채용된다. 그의 이러한 재정의 작업은 그-다메섹 도상에서 부활하신 그리스도에게서 얻은 계시적 통찰들에 의해 동기부여된 것으로 보인다(cf. 갈 1:12, 16; 고후 4:6).

본 섹션에서 우리는 이제 바울의 신랄한 유대인 비평에서뿐만 아니라 하나님의 백성에 대한 그의 급진적인 재정의 작업 속에서 등장하는 바울의 논리의 발자취를 추적하게 될 것이다.

1. 하나님의 진노의 심판 아래 있는 유대인과 이방인

구약적인 전망에서 볼 때, 유대인들은 하나님께서 자신의 거룩한 백성이 되게 하기 위해서 언약을 맺었던 아브라함의 육신적 자손들이다. 이러한 사실로부터 그들은 하나님의 언약 백성이라는 자기 이해를 가지게 되었고 하나님을 이방인들의 하나님이 아니라 그들의 하나님으로 인식하게 되었다(3:28-29). 하나님은 아브라함에게 먼저 계시되었고 그와 그의 후손들에게 언약을 맺으셨기 때문에, 그는 아브라함의 후손들인 유대인을 위한 하나님이시다. 그들의 정체성은 흔히 할례에 의해서 표시되는데, 그것은 유대인들을 이방인들과 구분짓는 언약 의식이다(cf. 4:9-12). 그러므로 로마서에서 유대인들은 흔히 '할례자'로 불리는 반면에(2:25; 3:30), 이방인들은 '무할례자'로 불린다(4:9). 던이 옳게 지적한 대로, 할례는 이미 언약 안에 있는 자들이 언약 밖에 있는 자들로부터 구분되는 사회적 경계선 표지가 되었다(cf. 엡 2:11-12). 더욱이, 율법도 또한 유대인들을 이방인들로부터 사회적으로 구분시키는 사회적 경계선 표지 기능을 하였다: 후자는 "율법이 없는 자들"(2:12, 14)인 반면에, 전자는 "율법으로 말미암는 자들"(4:14)이다. 사람이 율법을 가졌느냐 하는 것은 그를 하나님의 언약 백성으로 구분 짓는 표준적인 기준들 가운데 하나이다. 이와는 반대로, 이방인들은 "이방 죄인들"(갈 2:15)로, 그리고 "약속의 언약들에 대해서는 외인"(엡 2:12)으로 불렸다.

하지만 로마서 초반부 장들 중에서 우리를 놀라게 하는 점은 "유대인과 이방인 모두 죄 아래 있다"(3:9)는 바울의 대담한 선언이다. 유대인들은 비록 사실상 아브라함의 자녀요 하나님의 언약 백성으로서 자의식을 가진 자들이었지만, 바울은 자명하게 보이는 이러한 유대인들의 자의식을 급진적으로 도전하고 유대인들이, 이방인들과 마찬가지로, 지금 하나님의 동일한 심판 아래 있다고 선언한다: 바울의 계시적 이해의 전망에서 볼 때 유대인들은 이미 이 세상적 존재의 일부가 되어 이방인들과 마찬가지로 동일한 하나님의 치료책을 필요로 하는 자들이 되었다(3:19-26; cf. 10:1-2). 물론 그들은 아브라함의 혈통적 후손이라든가(4:1), 할례라든가(2:25-29; 3:1), 율법과 같은(2:17-23) 특권들에 의지하여 이방인들에 대해서 자랑하던 자들이었으나, 그들은 단지 구원을 받지 못한(10:1-2) "표면적 유대인들"로 드러난 자들이었다(2:28). 2:28-29에서 "표면적"이란 말과 "이면적"이란 술어들이 대조된 것은 "유대교 내부 논쟁"의 논리로부터 이해될 필요가 있다. 이것은 남은 자(사 1:9; 10:22ff)와 새 언약(렘 31:31-34; 겔 36:25-28)과 같은 후기 예언서의 사상들에 의해서 동기부여가 된 것으로 보인다. 소위 말하는 "이면적 유대인"만이 아브라함의 가족에 속하고 따라서 참 유대인으로 불릴 자격이 있다. 참 유대인은 성령으로 마음에 할례를 받은 자들이다(2:28-29).

그는 누구인가? 그는 여전히 육신적인 이스라엘 중의 한 사람인가, 아니면 보다 포괄적으로 유대인과 이방인 중에서 구원을 받은 자들 가운데 한 사람인가? 이 "이면적 유대인"의 정체성은 불분명한 채로 남아 있고 2:17-29에서 아직 표면화되어 있지 않다. "그들의 마음에 새겨진 율법의 행위"(2:15)나 또는 "무할례자가 율법의 제도를 지키면 그 무할례를 할례와 같이 여길 것이 아니냐"(2:26)와 같은 긍정적인 진술들은 성령으로 마음의 할례를 받은 "이면적 유대인"에 대한 바울의 긍정적 묘사의 빛 속에서 같이 연결하여 해석될 수도 있다. 하지만 2:12-15에 있는 바울의 논리 전개의 흐름이 어느 정도까지 2:26-29에 있는 그의 진술에까지 한 통일된 단락으로 간주하여 적용될 수 있는지는 전혀 분명치 않다. 왜냐하면 전자는 좀 긍정적으로 묘사되기는 했지만 하나님의 심판을 피할 수 없는 불신 유대인을 기술하고 있는 반면에, 후자는 "이면적 유대인"을 참 유대인으로 묘사하고 있기 때문이다.

하지만 우리에게 중요한 것은 이 질문이다: "이면적 유대인"은 과연 누구인가? 그는 여전히 육신적 유대인인가 아니면 이방 기독교인가? 상당한 수의 학자들은 2:28-29의 진술에서 추론하기를, 바울이 여기서 기독교인들을 암시하고 있고, 이보다 한 걸음 더 나아가 "육신적 할례는 더 이상 요청되지 않으며 '유대인'이란 술어를 암시적으로 인종적으로 유대인들이 아닌 자들에게까지 적용한다"고 제안하기까지 한다. 아마도 바울은 여기서 그가 3:21-4:25에서 전개하게 될 논의, 즉 유대인과 이방인 모두에게 적용되는 "구원의 메시지의 전주곡"을 미리 예시하는 것으로 보인다. 이러한 기초 위에서 볼 때, 우리는 바울이 "이면적 유대인"이란 말을 가지고 전혀 새로운 방식으로 이방 기독교인을 지칭하는 술어로 사용하는 것이 불가능하지 않다고 생각할 수밖에 없다.

2. 급진적으로 재정의된 아브라함의 가족

아브라함의 가족에 대해서 급진적으로 재정의된 개념은 로마서 4장에 등장하는데, 이곳에서 바울은 믿음으로 의롭다 하심을 얻은 아브라함의 경험以信稱義에 관한 창세기 이야기의 구원론적 함축들을 특별히 이방인들을 위한 바울의 사역의 빛 속에서 다루고 있다. 4:1에 제기된 질문의 의미와 구조가 여전히 신약 학자들 사이에서 논란거리로 남아있기는 하지만, 그 구조와 의미에 대한 헤이스R. B. Hays의 해석을 받아들이는 것이 합리적인 것으로 보인다. 헤이스에 따르면, "그런즉 우리가 무엇을 말하리요"란 표현은 독립된 문장으로 취해져야 하고, 이러한 수사적 질문 속에 포함된 '우리'가 후속되는 문장의 주어로 취해져야 한다. 학자들은 완료부정사의 목적어가 전혀 등장하지 않는다는 근거로 헤이스의 이 해석을 기피해 오기는 했지만, 그것은 3:28-29의 근접문맥과 아주 잘 어울린다. 만일 아브라함이 완료부정사 '휴레케나이' heurekenai의 주어가 아니라 그 직접 목적어로 취해진다면, 우리는 4:1의 질문을 다음과 같은 의미로 읽을 수 있다: "그런즉 우리가 무엇을 말하리요? 우리는 아브라함을 육신을 따라 우리의 조상된 사람이라는 것을 발견한 바 있느뇨?" 이것은 이방인들이 아브라함의 육신적 조상이 결코 아닌 때에도 그의 가족의 합법적인 구성원들이 될 수 있는가에 대해 바울이 물었던 질문일 수 있다. 답변은 그렇다고 해야 한다. 만일 아브라함이 그들의 육신적 조상일 뿐이라면(바울 당대의 전형적 유대인들의 생각처럼), 그는 결코 이방인들의 조상은 될 수 없다. 하지만 만일 그가 다른 근거 위에서 유대인들의 조상일 수 있다면, 그는 또한 동일한 근거 위에서 이방인들의 조상도 될 수 있는 것이다. 이 해석은 3:28-29에 있는 바울의 선행하는 논의와 탁월하게 어울릴 뿐만 아니라 로마서 4장 전체 요지와도 잘 어울린다. 왜냐하면 여기서 아브라함의 믿음으로 말미암는 칭의 경험은 그의 참 아들들이 된다는 것이 무엇을 뜻하는지 명기함으로써 결과적으로 이방 기독교인들의 유입을 위한 합법적인 길을 닦아 놓는 역할을 하기 때문이다.

4:13에서 바울은 아브라함과 그의 후손이 세상의 후사가 되리라고 하신 약속을 받았다고 천명한 뒤에, 그는 계속해서 이것은 율법을 통해서가 아

니라 믿음의 의로 말미암은 것이라고 주장한다. 그렇다면 후사는 누구인가? 아들이 자연스럽게 그의 후사가 된다는 점에서 그는 아브라함의 아들들을 가리킨다는 것은 의심할 여지가 없다(cf. 16절; 갈 3:29). 우리는 여기서 바울이 아브라함의 아들들의 진정한 성격을 재정의하는 바울의 논리 전개 과정에 관심을 가지고 있다. 그는 자신들이야말로 아브라함에게 약속된 유업을 이어받을 유일한 합법적 후사라고 생각했던 유대인들의 전통적인 사고 패턴을 따르기를 거부한다. 그들이 의존했던 혈통, 할례, 율법과 같은 요소들은 언약의 표층 구조에 속한 것이기는 하지만, 사람이 칭의를 경험하는 충분 근거는 될 수 없다. 왜냐하면 아브라함은 그런 요소들과 관계없이 믿음으로 말미암아 칭의의 선물을 경험했고 세상의 후사가 되리라는 약속을 받았기 때문이다.

은혜를 통한 믿음의 원리는 4:16에서 다시 분명하게 확증된다. 여기서 바울은 아브라함의 참 자손이 되는 것이 무엇을 뜻하는지 명기한다. 하나님께서는 은혜를 통해 믿음으로 오는 약속을 그의 후손들, 즉 "율법에 속한 자에게뿐 아니라 아브라함의 믿음에 속한 자에게도"(16절하) 보장하기로 결정하셨다. 약속과 유업을 받을 수 있는 방식을 분명히 하는 과정에서 믿음의 원리가 천명된다는 점에서, 우리는 대다수의 학자들과 더불어 다음과 같은 결론을 내릴 수 있다: "율법에 속한 자"란 표현에 대해서 바울은 유대 기독교인들을 특별하게 지칭하고 있고, "아브라함의 믿음에 속한 자"란 표현을 통해서 그는 이방 기독교인들을 지칭하고 있다. 이 장에서 바울은 이미 세 번이나 유대인이든 이방인이든 가리지 않고, 신자들 일반이 다 아브라함이라는 공통된 조상을 가지고 있다는 사실을 강조해 왔다(1, 11-12, 16-18절). '모든'이란 술어는 11, 16절에서처럼 매우 강조적인 의미를 가지고 있고, 던이 옳게 지적한 것처럼, "그것은 11-12절에서처럼 아브라함이 오직 유대인들의 조상이라고 가정하는 자들을 반대하려는 논쟁적 목표를 지니고 있다." 아브라함의 가족에 대한 바울의 개념 속에 급진적으로 새로운 요소가 있다면, 그것이 그의 육신적 후손을 넘어서서 신자들 일반을 다 포괄하는 방식으로 확장되었다는 것이다. 그들은 이제 이면적 유대인들이요(2:19), 아브라함의 후손이요(4:16), 후사이며 (4:18), "하나님의 이스라엘"이다(갈 6:16; cf. 9:6).

초반부와 후반부 사이에 긴장이라도 있는가?

우리의 선행하는 관찰에서 나타나는 것은 바울이 아브라함의 후손을 지칭하는 방식에 있어서 로마서의 전반부와 후반부 사이에 모종의 긴장의 요소 내지 차이점이 존재한다는 사실이다. 우리는 이러한 차이점의 진정한 성격을 이해하는 데 도움이 되는 몇 가지 점들에 주목할 필요가 있다. 우선, 우리는 로마서 처음 장들 중에서는(1-4장) 바울이 아브라함의 후손을 지칭하기 위해 '유대인'이란 술어를 배타적으로 채용하는 반면에 (1:16; 2:9-10, 17, 28-29; 3:1, 9, 29-30), 후반부의 장들에서는(9-11장) '유대인'이란 술어 대신에 '이스라엘'이란 새로운 술어를 사용하기 시작한다는 데에 주목해야 한다(9:4, 6, 27, 31; 10:1, 19, 21; 11:1-2, 7, 11, 25-26, 30). 둘째로, 주목해야 할 두드러진 현상은 초반부에서 '유대인'이란 술어는 의미가 확장되어 인종적인 이스라엘을 넘어서서 신자들 전체를 다 포괄하게 된 반면에, 후반부에서는 '이스라엘'이란 술어가 획일적으로 인종적인 그룹의 백성을 — 육신적인 의미이든 아니면 영적인 의미이든 간에 — 지칭한다는 것이다.

이러한 현상은 무엇을 뜻하는가? 그것은 처음부터 자신의 본래 저술 계획에 따라 바울 자신에 의해서 의도된 것인가, 아니면 그것은 저술 과정에서 우연하게 끼어들어온 현상에 불과한가? 그가 로마서와 같이 잘 짜여지고 논의된 서신을 저술할 만큼 세심한 저자라는 것이 인정된다면, 우리는 전자의 입장을 채택하는 것이 좋을 것이다. 이러한 상기 질문들에 대한 보다 나은 답변을 얻기 위해서 우리는 앞선 논의들 중에서 관찰해온 것에서 여러 실마리들을 끌어 모아야 할 필요가 있다:

(1) 바울의 신학은 자신을 이방인을 위한 사도로 부르신 부활하신 그리스도의 부르심에 의해 결정적인 영향을 받았던 것이 분명하다. 최종상 교수가 옳게 지적한 대로, 전자는 이방인의 사도로서 바울의 자의식에 의해 결정적으로 형성되었다. 바울의 이신칭의 복음은 아브라함의 참 자손들이 누구인지를 분명하게 밝히는 일에 있어서 칼의 양날을 지녔다: 한쪽 날은 (단순히 육신적 혈통, 할례, 그리고 율법 소유와 같이 언약 백성에게 속한 외적인 특권들에 기초하여) 자신들을 하나님의 언약 백성으로 생각했던 유대인들의 거짓된 자기 정체성 의식을 폭로하는 역할을 하고, 다른 쪽 날은 이방 기독교인들을 아브라함 가족의 참 구성원들로 끌어들여 합법화시키는 기능을 한다(3:28-29; 4:13-16). 이 점에서 이신칭의의 원리는 아브라함 자손의 개념을 확장시켜 인종적 백성을 초월하여 신자들 일반, 특별히 이방 신자들을 포괄하는 특별한 방식으로 바울에 의해 채용되고 있다. 이것이 이신칭의 원리가 흔히 '전투교리' *Kampflehre*로 불리는 이유이기도 하다. 이러한 전투교리는 유대인-이방인 관계를 다루는 바울의 논쟁적 논의 맥락에서 주로 등장하기 때문에 그렇다.

(2) 로마 교회들이 처한 역사적인 삶의 정황 Sitz im Leben을 주목하는 것도 도움이 된다. 우리가 이미 위에서 지적한 대로, 이방 기독교인들은 유대인

들을 로마에서 추방시킨 글라우디오 황제의 칙령 뒤에 이미 공동체 내에서 다수가 되었고, 그들이 공동체 내에서 미미한 수로 전락한 동료 유대 기독교인들에 대해서 교만한 태도를 취했을 가능성이 높다. 이러한 상황에서 이방 기독교인들이 이스라엘에 대해서 교만한 태도를 취하지 말라는 바울의 경고는 모종의 극단적인 형태의 영적 주장에 기울어지려는 일방적 경향, 다시 말해서 그들이 아브라함의 가족에 대한 바울의 재정의를 잘못 해석한 데서 기인했을 수 있는 오류에 대한 경고일 수도 있다. 이러한 극단적인 영적 주장에 따르면, 하나님께서 처음 언약을 맺었던 본래의 상대자로서 이스라엘이란 개념은 물이 수증기로 변하는 것처럼 단순히 증발의 상태에 이르게 된다. 이신칭의의 원리를 극단적으로 마지막까지 끌고 나가면, 역사적인 이스라엘은 더 이상 필요하지 않고 단순히 공허한 술어가 될 뿐이다. 결과적으로, 그들은 최종적으로 "제3의 종족"에 근접한 개념에 도달하게 되는데, 그들은 역사적 이스라엘과는 아무런 관련이 없다. 아마도 바울은 이러한 형태의 영적 주장을 불편하게 느꼈던 것으로 보인다. 그래서 로마서 후반부에서 그는 '유대인'이란 술어에서 '이스라엘'이란 새로운 술어로 전환하게 되는데, 이 술어는 전자보다는 훨씬 더 언약적인 뉘앙스를 지닌 술어이다.

(3) 최근의 신약 학자들 가운데는 로마서 9-11장을 서신의 중심으로 생각하고, 로마서는 이방 신자들로 하여금 유대인들에 대해서 교만한 마음을 갖지 않도록 하기 위해 쓰였다고 주장하는 경향이 점증하는 추세이다. 이들에 따르면 로마서 9-11장에서 바울의 근본적인 관심은 복음을 순종하지 못한 이스라엘의 실패에도 불구하고 그들에게 주어진 약속들에 대한 하나님의 성실성을 확증하려는 것이다. 좀 과장된 방식이기는 하지만, "이방인을 향한 바울의 전체 사역은 온 이스라엘을 구원하기 위한 우

회로에 불과하다"는 주장까지 개진되기도 한다. 따라서 그는 로마서에서 유대인들의 구원사적인 우선성을 확립하고 있는데, 왜냐하면 그는 자신을 "이스라엘을 위한 이방인의 사도"로 파악했기 때문이다.

최근 인기를 끄는 이 견해는 최종상 교수가 자신의 최근의 자극적인 책 속에서 의문시하고 있다. 로마서 1-11장 전체에 걸쳐서 바울은 유대인들에 대해서는 비평적인 진술들을 하고, 역으로 이방인들에 관해서는 긍정적인 진술들을 한다는 사실을 관찰하면서, 그는 바울의 기본적인 관심이 유대인의 우선성을 확립하기 위해 그런 진술들을 피력하는 것이 아니라 오히려 유대인과 이방인의 동등성을 주장하는 것이라고 결론짓는다. 사실, 이 견해는 중요한 진리의 요소를 지니고 있다. 왜냐하면 로마서에 걸쳐서 바울은 유대인들도 하나님의 진노의 심판의 대상이며, 반면에 이방인들도 하나님의 구원의 호의에 포함되었다는 점을 확립하기 위해 온갖 노력을 기울이기 때문이다. 본 서신 초반부에서, 아브라함 언약에 관한 창세기 이야기에 대한 그의 급진적인 재해석에서 추론된 이신칭의의 근본 원리는 자신들을 하나님의 백성으로 생각한 불신 유대인들의 거짓된 자기 이해를 드러내고, 동시에 이방 신자들을 아브라함 가족의 합법적인 구성원으로 끌어들이는 역할을 한다. 하지만 앞서 지적한 대로, 바울은 또한 "영적인 이스라엘"이란 개념을 선호하여 역사적인 이스라엘을 공허한 술어로 바꾸려는 로마 기독교 공동체 속에 존재하는 모종의 극단적 경향에 대해서 불편하게 느끼는 것으로 보인다.

감람나무 비유가 바울에 의해서 채용된 것은 교만한 이방 기독교인을 권면하여 그가 본래는 단지 "돌감람나무 가지"(이방인)에 불과했고 지금은 원감람나무(유대인)에 접붙임을 받았다는 것을 기억하게 하고, 또한 자신들의 불신앙 때문에 본래의 가지들이 잘린 것처럼(11:17-24; 특별히

18-21절) 그들도 하나님의 자비하심에 계속 거하지 않으면 잘릴 가능성도 있음을 그에게 경고하려는 것이 분명하다. 만일 이것이 정확하다면, 다음과 같이 말하는 것이 더 나을 것이다: 바울이 유대인과 이방인의 동등성을 주장하는 문맥 속에서조차 그는 로마서 9-11장에서 여전히 이스라엘의 구원사적인 우선성을 확립하는 데 관심을 갖는다(1:16에서처럼). 이것은 바로 바울이 왜 이 특별한 장들 속에서 '이스라엘'이란 새로운 술어를 채용하기 시작하는가를 설명해준다. 왜냐하면 그것은 하나님의 언약 백성으로서 그들의 특징들을 상기시켜 주기 때문이다: 이스라엘은 하나님께서 야곱과 맺은 언약에 기초하여 역사 속에서 존재하게 된 특별한 백성들로서, 그들은 '이스라엘'이란 이름을 가졌던 아브라함과 이삭의 후사였다.

(4) 로마서 9-11장에서조차도 바울은 '선택'이란 술어를 급진적으로 재정의하여 이방 신자들을 하나님의 택하신 백성 안에 끌어들이는 방식으로 그것을 확장시킨다는 것은 의심할 여지가 없다(9:8, 11, 24). 하나님의 백성은 인간의 어떤 행위들이나 자격들에 의해서 존재하게 된 자들이 아니라 기본적으로 하나님의 자유로운 부르심으로(cf. 9:11) 구성된 선택이란 신적 행위에 의해서 존재하게 된 자들이다. 만일 이것이 사실이라면, 바울은 결코 9:23-24의 논의에 대해서 어떤 어려움도 느끼지 않을 것이다: "영광받기로 예비하신 바 긍휼의 그릇에 대하여 그 영광의 부요함을 알게 하고자 하셨을지라도 무슨 말 하리요 이 그릇은 우리니 곧 유대인 중에서뿐 아니라 이방인 중에서도 부르신 자니라."

하나님은 본래 자기 백성이 아닌 이방인들을 자유롭게 부르셔서 "살아계신 하나님의 아들들"(26절)이 되게 하실 수 있는 주권자이시다. 바울은 '선택'이란 술어를, 본래의 인종적 개념에서 확장시켜서 유대와 이방 신자들을 포함하는 방식으로 재정의하였다. 이스라엘 백성은 비록 하나님의 택하신 자들이었지만 그들의 혈통을 구원을 위한 보장으로 주장할 수 없다. 바울은 "이스라엘에게서 난 그들이(육적인 의미에서) 다 이스라엘이 아니라(영적인 의미에서)"고 주장함으로써 바로 이 점을 지적한다(9:6). 상당수의 학자들은 이 구절에서 바울이 '이스라엘'을 두 번째 지칭할 때 이방 신자들을 포함시킨다고 주장하기도 한다. 하지만 이 견해는 이들 구절에서 바울은 한편에서는 이스라엘과 유대인들을, 다른 편에서는 이방인들을 조심스럽게 구분함으로써 시종일관 인종적 이스라엘에 초점을 두고 있다는 사실을 주목하는 데 실패하였다. 이것은 다음과 같이 보는 것을 더 합리적이게 만든다: "바울이 7-13절에서 6절 하반절을 설명할 때 하나님께서 이스라엘 내에서 그의 백성을 선택하신 실례들을 가지고 그렇게 설명한다."

결론적으로, 바울은 영적인 이스라엘이란 개념을 선호하여 인종적 이스라엘과 영적인 이스라엘 사이의 구분을 완전하게 무너뜨리는 시도를 하지 않는다. 감람나무의 비유가 로마서 11장에서 여전히 유대인 신학자로 남아있는 바울에 의해 채용된 것은 인종적 이스라엘에게 주어진 본래의 약속들을 적절하게 강조함으로써 극단적인 영적 주장을 견제하려는 의식적인 노력 속에서 된 일임이 분명하다: 이방 신자들은 그들이 "돌감람나무"였지만 지금은 원감람나무에 접붙임을 받아 "참감람나무 뿌리의 진액을 함께 받는 자"(11:17)가 되었다는 것을 기억해야만 한다. 그렇다면, 선택에 대한 바울의 재정의는 이러한 전망 속에서 해석되어야 한다. 이방 신자들이 하나님의 자유로운 부르심에 기초하여 하나님의 택하신 백성 속에 포함되었을지라도, 택하심을 받은 그들의 신분은 감람나무의 비유가 함축하는 전망 속에서 이해되어야 한다: 택하심을 받은 그들의 정체성은 본래 그들 자신에게 속한 것이 아니었고, 오히려 하나님의 은혜롭고 자유로우신 부르심에서 생겨난 것이다. 그들은 바로 이 부르심에 의해서 아브라함의 가족으로 접붙임을 받을 수 있었다.

결론

이제 우리는 앞에서 관찰한 바로부터 결론을 도출함으로써 우리의 논의를 끝맺을 때가 되었다. 여기서 우리가 다시 한번 이방인을 위한 사도로서 뿐만 아니라 유대인으로 태어난 바울의 개인적 배경을 상기하는 것이 적절할 것 같다. 그의 정체성이 지닌 이 두 이중적인 측면은 여러 수준에서 그의 신학적 사상들을 전개할 때 계속해서 작용을 하고 있고, 때로는 그의 논의들 가운데서 모종의 긴장들을 일으키는 것처럼 보이기도 한다. 이방인을 위한 사도로서 바울이 이신칭의 교리를 채용한 것은 아브라함의 가족의 참 성격을 재정의하기 위한 것이었다. 그것은 그로 하여금 한편에서는 불신 유대인들의 거짓된 자기 이해와 싸우는 데 도움을 주고, 다른 편에서는 이방 신자들을 하나님의 백성으로 끌어들여 합법화시키는 데 도움을 주기도 한다. 자연히 '유대인'이란 술어는 인종적 유대인을 초월하는 개념으로 확장되어 이방 신자들을 아브라함의 가족 안에 포함시키게 된다. 하지만, 로마의 어떤 신자들은 아브라함의 자손을 전적으로 영화靈化시켜서 인종적 이스라엘에게 주어진 약속들에 대해 말하는 것조차 전혀 무의미하게 만들려는 유혹을 받은 것으로 보인다.

하지만 이와는 반대로 바울이 유대인 신학자로서 감람나무 비유를 끌어들인 것은 이신칭의나 선택과 같은 바울의 개념들을 너무 극단화시킴으로 추론될 수도 있는 일방적인 형태의 영적 해석 spiritualist interpretation을 견제하려는 것으로 보인다. 그것은 교만한 이방 신자들로 하여금 자신들이 본래는 돌감람나무에 불과했지만 이제는 원감람나무에 접붙임을 받은 자 되었다는 사실을 상기시키는 데 도움을 준다. 베어내고 접붙인다는 그림언어들은 자신의 백성을 형성하실 수 있는 하나님의 자유로운 능력을 강조해 준다. 하나님은 나무가 열매를 잘 맺게 하려는 목적으로 열매를 맺지 못하는 가지들을 잘라버리고 돌감람나무를 좋은 감람나무에 접붙이신다. 인종적 이스라엘은 이러한 목적을 실현하는 데 실패했기 때문에 잘려졌지만, 이방인들은 그러한 목적을 실현하게 하려고 접붙임을 받았다. 복음이 유대인과 이방인에게 구원의 능력이 되는 것처럼(1:16-17), 하나님은 또한 잘린 가지들을 다시 접붙일 수 있는 능력을 가지셨다: "네가 원돌감람나무에서 찍힘을 받고 본성을 거슬러 좋은 감람나무에 접붙임을 얻었은즉 원가지인 이 사람들이야 얼마나 더 자기 감람나무에 접붙이심을 얻으랴"(11:24).

이방 신자들은 이 사실을 깨닫는 데 실패해서는 안 된다. 바울의 비유는 "교회가 이스라엘을 '대체했다'replaced는 단순하고도 대중적인 관념의 위험을 드러내준다. 이것은 그것을 한 하나님의 백성으로부터 다른 백성으로 단순히 이전되는 것으로 보지 않도록 우리를 경고해주지만, 이방 신자들은 족장들에게 주신 하나님의 약속들에 기초한 한 통일된 구원 공동체의 일부분이 되었다는 점을 우리에게 가르쳐준다. 바울에 있어서 기독교는 유대인들의 종교적 유산을 완전히 거부하기보다는 그것을 새롭게 해석하고 확장하고 새로운 자기 정체성을 확립한 종교이다. 그것은 유대교와의 사이에 연속성과 불연속성을 동시에 가진 것으로 보인다. 어쨌든 바울은 이러한 비유 언어를 통해 자신의 이중적인 칼날을 가진 논의들을 이와 같은 특정한 방식으로 균형을 유지하려는 것으로 보인다.

예 수 · 바 울 · 교 회 ▶ 15

A. D. 70년 이후의 유대교 문헌

　바울 시대의 유대교를 이해하기 위해서는 유대교가 어떤 역사적 요인들에 의해 형성되었으며 그것이 어떤 종교적 문헌들을 산출했는지 밝혀야 한다.

역사적인 요인들

　유대교를 변화시킨 가장 큰 요인들은 두 번에 걸친 전쟁이었다: 첫 번째 전쟁(A. D. 66-70년)은 결국 예루살렘과 성전 파괴를 가져왔고, 두 번째 전쟁(A. D. 132-35년)은 유대 국가 자체의 파괴를 가져왔고 예루살렘에서 유대인들을 추방시켰다. 이들 전쟁들은 '메시아적 성격'을 지녔다(민 24:17 참조): Bar Kokba의 패배는 이스라엘 국가 자체를 종지부 찍게 만들었다.

유대교 문헌들

유대교 문헌에는 크게 세 가지 종류의 문헌들이 있다:

1. 법률적 문헌

(1) 유대교의 기초적인 문헌은 미슈나인데, 3세기 초엽에 랍비 유다 하나시Rabbi Judah ha-Nasi의 지휘 아래 편집된 법률적 halakic, "walk" 견해들의 집합체이다. 미슈나는 율법의 권위 아래 영위되는 유대인 생활의 주요 측면들을 다루는 6개의 세다림orders으로 구분된다(씨들, 정해진 명절들, 여인들, 손해, 거룩한 것들, 정결한 것들). 미슈나는 주로 제사법적 정결과 관련하여 율법에 대한 순종을 말하는 것으로 보인다.

(2) 미슈나보다 1세기 이후 완성된 것이 토세프타addition인데, 이것은 미슈나의 내용을 보완하는 내용을 담고 있다. 이것 역시 여섯 개의 세다림으로 구분되어 있다.

(3) 탈무드는 바벨론 탈무드와 팔레스틴 탈무드로 전해져 왔는데, 팔레스틴 탈무드는 5세기에 기록된 것으로 보이고, 바벨론 탈무드는 6세기에 기록된 것으로 보인다. 탈무드는 미슈나와 게마라completion로 구성되어 있는데, 탈무드는 미슈나의 각 부분들에 기초해서 섹션별로 확장시키는 자료들을 담고 있다. 탈무드는 주로 법률적 논의들을(미슈나에 의존해서) 담고 있지만, 거의 3분의 1의 내용은 교훈적인 내용을 담고 있다. 메시아적 대망들이 주로 발견되는 부분은 미슈나나 토세프타가 아니라 탈무드이다.

2. 교훈적 문헌

대부분의 교훈적haggadic 자료는 랍비적 미드라쉬(해석, 주석)와 탈굼이라 불리는 아람어 성경 부연 설명들에서 발견된다.

(1) 초기 미드라쉼: 메킬타(출애굽기 주석), 시프라(레위기 주석), 두 개의 시프레(민수기와 신명기 주석들).

(2) 후기 미드라쉼: 미드라쉬 랍바(오경 주석과 다섯 개의 두루마리들), 미드라쉬 테힐림(시편 주석), 미드라쉬 쉐므엘(사무엘 주석), 미드라쉬 미슐레(잠언 주석), 미드라쉬 탄훔마(랍비 탄훔마 주석).

(3) 탈굼들: 회당에서 생긴 아람어 해석적 부연 설명들인데, 세 가지 완전한 모세오경 탈굼들이 있다: 옹켈로스(가장 문자주의적인 것으로서 공식적인 탈굼), 위-요나단(가장 후기의 것이며 가장 부연 설명이 많다), 네오프티(가장 오래된 전승을 대변할지도 모르는 탈굼), 탈굼 단편들(몇 개의 단편적인 사본들인데, 단편적인 구절들을 담고 있을 뿐). 탈굼 생산의 고대성은 쿰란 문헌에서도 발견된다.

3. 묵시 문헌과 위경적 문헌

상당수의 외경 및 위경 문헌은 A. D. 70년 예루살렘 멸망의 여파로 생산되었다. 찰스워스 J. H. Charlesworth는 이들 문헌을 다음 범주들로 구분한다: 묵시문헌, 유언들, 구약 확장들, 지혜 및 철학 문헌, 기도문들, 시편들, 그리고 낭송시들.

(1) 묵시 문헌: 제1, 제2 에녹서, 제4 에스라서, 바룩의 묵시록 2서, 아브라함의 묵시록

(2) 언약서들: 열두 족장들의 언약, 욥의 언약, 모세의 언약

(3) 구약 확장서들(위경적 문헌들): 아리스테아스의 서신, 주빌리서, 위-필로의 성경 고대사, 선지자들의 생애

(4) 지혜서 및 철학서들: 제3, 제4 마카비서

(5) 기도, 시편, 운율: 솔로몬의 시편

위의 5개의 위경적 문헌들의 공통된 사실은 구약의 역할이다. 구약은 유명한 성경의 등장인물들의 이름들, 정황들, 주제들, 구조들 그리고 언어를 제공한다. 적어도 두 개의 관심들이 위경적 문헌의 생산을 자극했다: 구약에 나타난 역사적 또는 신학적 문제들이나 시간적 간격들을 인식하고 그것을 해소하거나 보충하려 했다는 사실과, 구약 메시지를 당시대의 메시지로 현대화하려 했다는 것이다.

랍비 학파들, 당국들, 분파들

랍비들은 다음 네 시대에 걸쳐 활동했다.

1. 탄나임 시대의 랍비들 the Tannaim, A. D. 10-200년

Bet Shammai, Bet Hillel 등이 대표적인 랍비들이다. "선생들"이란 뜻을 지닌 탄나임 랍비들의 공헌들은 1세기 또는 3세기에 랍비 유다 하나시의 지휘 아래 미슈나를 편집하고 편찬했다는 것이다. '랍비' Rabbi라는 이름이 공식적인 명칭으로 사용되기 시작하였다. 이 시대의 랍비들은 미슈나와 탄나임 시대의 미드라쉼이 된 문헌들을 생산하였다(Mekilta, Sipra Leviticus, Sipre Numbers, Sipre Deuteronomy). 주요 탄나임은 Rabban Gamaliel, Rabban Gamaliel II, Eliezer ben Hyrcanus, Aqiba ben Joseph, Ishmael, Joshua, Judah ben Bathyra, Meir, Yose the Galiliean 등이 있다.

2. 아모라임 시대의 랍비들 the Amoraim, A. D. 200-500년

이 시기의 랍비들은 아모라임("대변인들")으로 불리는데, 이들의 공헌은 토세프타와 게마라를 생산해 낸 것이다. 주요 아모라임은 Hanina ben Hama, Joshua ben Levi, Rab, Simeon ben Lakish, Abbahu 등이 있다.

3. 사보라임 시대의 랍비들 the Saboraim, A. D. 500-650년

"사상가들"이란 뜻을 지닌 사보라임은 바벨론 탈무드를 확장하고 편집했는데 이것은 그들의 가장 큰 공헌이었다. 그들은 또한 할라카 논쟁에도 공헌했다. 주요 사보라임은 Sama ben Judah, Ahai ben Hura, Samuel ben Judah 등이다.

4. 게오님 시대의 랍비들 the Geonim, A. D. 650-1050년

"탁월한 자들"이란 뜻을 지닌 게오님은 가장 후기의 몇몇 미드라쉬 저술들을 편집했고 탈무드를 연구하는 자들이었으며, 흔히 철학 사상들과 세속적 학파들과 토론도 벌였다. 가장 잘 알려진 게오님은 Saacia Geon이며 그는 히브리 성경을 아랍어로 번역했고 아랍어 주석들로 완성을 했다. Gaon Hai(1038년)의 죽음 이후로 가온 학파들은 쇠퇴의 길로 들어섰다.

부록

교회와 관련한 담론들

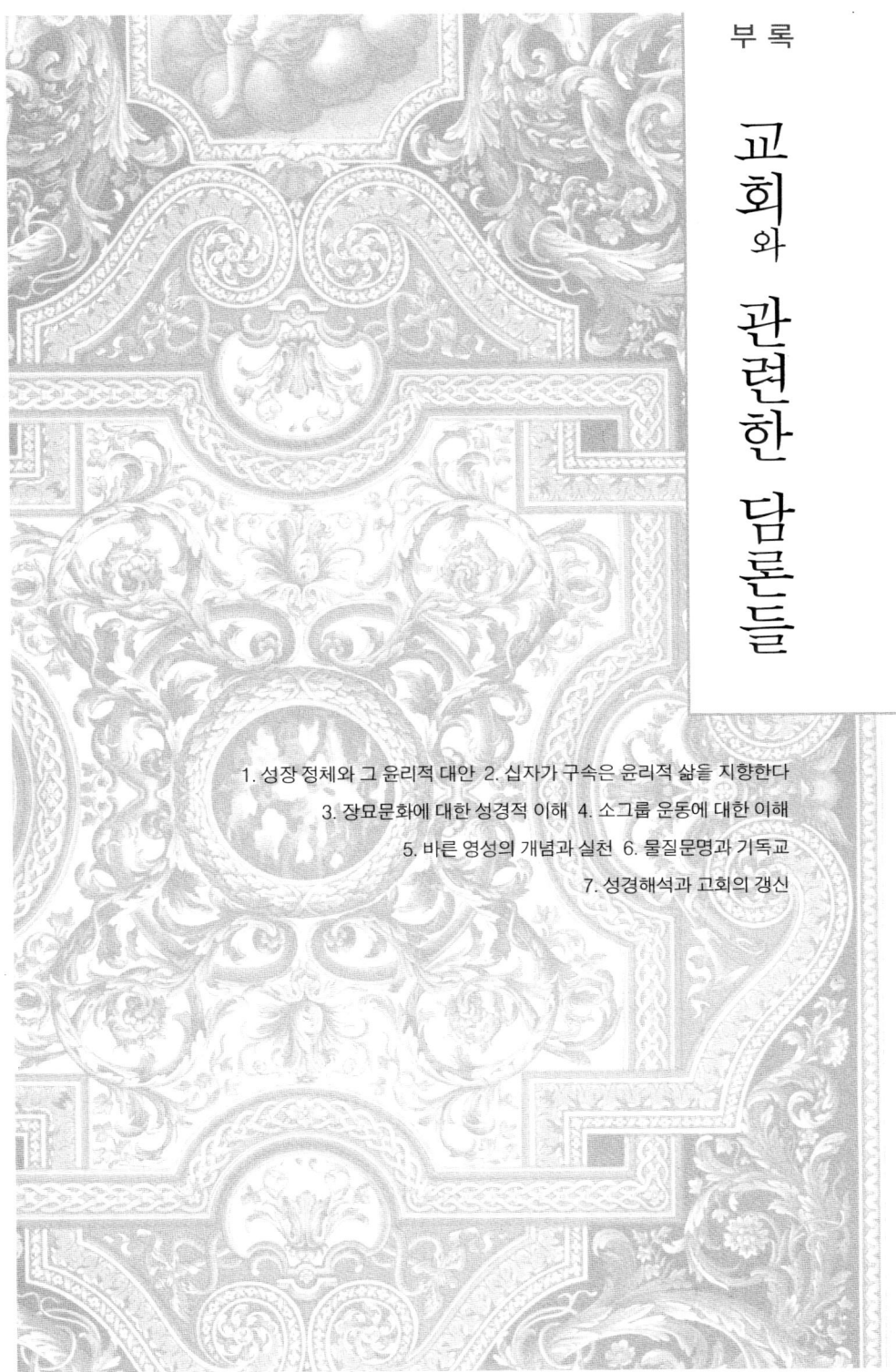

1. 성장 정체와 그 윤리적 대안 2. 십자가 구속은 윤리적 삶을 지향한다
3. 장묘문화에 대한 성경적 이해 4. 소그룹 운동에 대한 이해
5. 바른 영성의 개념과 실천 6. 물질문명과 기독교
7. 성경해석과 교회의 갱신

예 수 · 바 울 · 교 회 ▶ **부록 1**

성장 정체와 그 윤리적 대안

한국교회의 성장은 세계 기독교계에서 크게 주목받을 만한 경이적인 사건이었다. 1970년대 이후의 성장은 특히 세계사 속에서 그 유래를 찾아보기 힘들 정도의 고속 성장이었기 때문에 가히 기적이라 할 만한 사건이었다. 사람들이 이렇게 경탄해마지 않는 것은 전통적인 종교들이 튼튼하게 뿌리를 내리고 있던 한국 사회 속에 숱한 외적 핍박과 몰이해 가운데서도 기독교가 이처럼 빠르게 뿌리를 내려 급성장을 구가해 왔기 때문에 더욱 그럴 것이다. 그래서 한국교회의 성장 요인을 밝히는 데 최근까지 국내외적으로 지대한 관심의 초점이 모아져 왔다.[1]

하지만 이렇게 한국교회의 성장에 대한 찬사와 그 요인 분석에 분주할 때도 이미 한국교회 내에는 성장 정체를 몰고 올 어두운 그림자가 드리워

---

1) Cf. 전영찬, 『성장원리 측면에서 본 한국교회 성장의 비판적 연구』, 한신대학 신학대학원 석사학위 논문 (1988), 88-91에 수록된 최근의 논문들 참조.

지고 있었다. 왜냐하면 교회들이 너나 할 것 없이 추구하던 성장의 현실적 모습들이 모두 성경의 교훈에 기초한 견고한 것이 아니고 60년대 이후에 한국사회가 추구하던 물량적이고 외시적 이상을 좇아가고 있었다는 비판의 소리들이 들리고 있었기 때문이다.[2] 급작스러운 교회 성장은 교회의 외형적 부피를 불려온 것은 사실이지만 그것이 성경적 이상과 원리에 기초해 있지 않을 때 여러 부작용을 스스로 배태하지 않을 수 없다. 이들 비판적 논문들에 흔히 단골메뉴처럼 자주 언급되는 부작용들 가운데 신유, 축사 중심의 성령운동, 샤머니즘적 현세구복 신앙과 맞물린 축복과 번영의 신학, 물량주의, 외형주의, 탈역사적이고 탈사회적인 개인주의 등이 자주 언급된다. 한국교회의 외형적 성장은 분명히 하나님이 주신 축복의 기회였던 것은 의심할 여지가 없으나, 그것이 하나님의 말씀에 기초한 영적, 윤리적 분명한 방향성을 상실했을 때 그 튼튼하지 못한 기초 때문에 조만간 스러질 수밖에 없다. 거품 경제가 한동안 뜨겁게 끓어오르다가 사라지는 것과 같은 원리이다. 불행하게도 최근 한국교회는 스스로 치유하지 못한 채 구가해온 외형적 성장의 부작용으로 인해 90년대 이후로 현저한 성장 정체의 시기에 접어들었다는 소식들이 들려온다.

성장 둔화의 원인들

교회 성장에 관한 최근 통계 조사를 살펴보면 괄목할 만한 성장세를 보여주던 60, 70년대와 달리 최근의 교회 성장은 점차 둔화되고 있음을 느

---

[2] 전영찬, 『성장원리 측면에서 본 한국교회 성장의 비판적 연구』, 한신대학 신학대학원 석사학위 논문 (1988); 서종대, 『한국교회 성장운동의 문제점에 관한 연구』, 총신대학 신학대학원 석사학위 논문 (1987); 조정환, 『C. Peter Wagner의 교회성장이론에 관한 연구─문화적 위임과 복음적 위임을 중심으로』, 한신대학 신학대학원 석사학위 논문 (1987); 조형기, 『C. Peter Wagner의 교회성장원리와 한국교회성장에 대한 연구』, 연세대학교 교육대학원 석사학위 논문 (1985) 등을 참조하라.

낄 수 있다. 사실 각 교단이 내놓은 성장 통계는 좀 부풀려져 제시되어 있는 것으로 보이기 때문에 어디까지 신뢰해야 할 것인지 분명치 않을 때가 많다. 교단의 성장 통계라는 것은 사회나 기독교 사회 속에서 외형 가치를 가늠하는 지표를 나타내기 때문에 교단마다 그런대로 주기적으로 제시되고 있다. 기묘한 것은 그러나 교회 안팎에서 너나 할 것 없이 최근의 교회 성장 정체에 대해서 말은 하지만 각 교단의 성장이 얼마나 둔화되거나 마이너스 성장을 하고 있는지에 대해 구체적인 통계를 내놓지 않는다는 사실이다. 성장 정체의 추세가 통계적으로 제시되지 않다보니 말만 많지 그 구체적인 대안 마련이 어렵고 목회자 수급 계획을 수립하는 데도 어려움을 주고 있다.

한 대중적인 기독교 월간 잡지가 한국교회의 성장률 추이 변화에 대해 최근 개략적으로 제시한 바가 있으나 어디까지 객관적 신뢰성을 부여해야 할지는 분명치 않다. 여기에 실린 통계의 객관적 신뢰성과 정확성에 대해서 말할 수는 없지만, 최근 한국교회의 성장 정체 경향에 대해서는 잘 대변해 주고 있다. 먼저 교회수를 보면 60년대 연평균 교회 성장률이 15.7%였으나 70년대에 들어서서 그 비율이 7.5%로 줄어들었다. 80년대에는 6.9%선으로 낮아지다가 1990년 이후로는 5% 이하로 급격히 떨어지기 시작하였다. 교인수에 있어서도 성장률의 감소가 더욱 두드러진다. 60년대의 연평균 교인수 증가율이 무려 41.2%에 달했으나 70년대에 들어서는 12.5%로, 다시 80년대에 들어서는 4.4%로 크게 감소하고 있으며 90년대에 와서는 3%선 이하로 낮아졌다고 한다. 교회수뿐만 아니라 교인수의 증가율이 이처럼 현저하게 둔화된 사실을 뒤집어 보면 이제 개척교회를 하는 것이 이전 시대보다 훨씬 어려워졌으며, 또한 사람들이 교회에 잘 오지 않으려 한다는 것을 함축해 준다. 한국교회의 성장이 이처럼 둔화되고 사람들이 교회에 잘 안 나오려고 하는 이유는 어디에 있는가?

교회성장의 둔화를 야기시키는 요인들을 제대로 분석하자면 교회 외적인 상황적 요인들과 교회 내적인 요인들을 두루 살펴야 할 것이며, 충분한 분석을 위해서는 상당한 분량의 논문이 쓰여져야 할지도 모른다.

교회 외적인 요인들 가운데 흔히 언급되는 것은 산업화의 결실로 상대적 풍요를 누리게 된 현대인의 '여가혁명' leisure revolution이다.3) 물질적 여유를 갖다보니 현대인들은 주일날 교회를 찾기보다는 지친 심신을 풀고 여유를 즐기기 위해 산이나 들 혹은 세속적인 취미생활로 향하게 되고, 더욱이 교통문제나 자녀문제 또는 직장문제로 인해 교회를 찾아 나오는 사람들의 숫자가 줄어든다는 것이다. 정치상황이 불안하고 경제적 빈곤과 박탈감에 시달리던 60, 70년대의 사람들은 기독교 신앙을 통해서 정신적인 안정감과 축복감을 향유할 수 있어서 교회를 많이 찾았으나 이제 산업화 사회의 성취로 정치, 사회적 안정을 찾은 사람들이 더 이상 그런 안정감을 발견하려고 교회의 문을 두드리지 않고 개인의 취미생활이나 여가활동으로 발을 돌리게 되었다는 것이다. 고도의 경제적 번영을 구가하는 서구 사회에서 이미 교회 성장이 현저한 퇴보의 길로 들어선 것이 사실이기 때문에 이런 이론은 어느 면에서 타당한 면이 있는 것도 사실이다.

60년대 이후 오순절 교회들을 통해 크게 유행하던 '삼박자 축복의 신학' 또는 '번영의 신학' 은 어떤 의미에서 보면 상대적 소외감과 박탈감 속에서 정신적 안정감과 경제적 풍요를 추구하던 6, 70년대의 사회적 분위기에 편승한 면도 없지 않을 것 같다. 예수 믿으면 영혼과 육체가 다 잘된다는 번영의 복음이야말로 사회, 정치, 경제 상황이 불안했던 6, 70년대의 한

---

3) 명성훈, "정체된 교회를 성장시키기 위한 새로운 목회 전략",『목회와 신학』7월호 (1993), 100f.

국인들의 정서에 딱 들어맞기 때문이며 이때부터 소위 말하는 '축복 대성회' 형식의 부흥회가 유행하기 시작하였다. 수많은 사람들이 교회를 찾게 된 것은 이런 사회, 정치적 상황과 전혀 무관하다고는 말할 수 없을 것 같다. 하지만 이전 시대보다 상대적 풍요를 누릴 수 있게 된 90년대 이후의 사람들에게 이런 식의 번영의 신학은 이제 한계에 도달하고 말았다.[4] 교회는 현대인들이 세상에서 좀처럼 발견하기 어려운 전혀 새로운 어떤 매력과 신선감을 줄 수 있어야 한다. 물질주의가 만연하면 할수록, 공동체성을 상실한 산업화 사회의 생활에 염증을 느끼면 느낄수록, 쾌락주의와 향락주의 그리고 이기적 개인주의에 공허를 느끼는 현대인일수록 사람들은 교회에 다른 매력을 기대하기 마련이다. 무엇보다도 물질지상주의적 현대 물질 문명 속에서 사람들의 심성이 파괴되고 윤리가 무너지는 메마른 현실 속에서 사람들은 교회에서야말로 비물질주의적이고 세상에서 찾을 수 없는 영적, 윤리적 신선함을 기대할 만하다. 그렇다면 현대인의 '여가혁명'으로 인해서 교회를 떠나는 현상은 충분히 극복될 수 있는 여지를 지니고 있다. 위기는 항상 하나님이 주신 기회의 때이기 때문이다. 명성훈 교수의 지적은 이 점에서 시사하는 바가 많다:

하나님의 역사는 항상 역설적이고 가장 어려울 때 가장 큰 성장의 가능성이 있는 법이다. 어려운 것은 환경이 아니라 우리의 마음 자세이다. 눈에 보이는 물질세계가 아니라 눈에 보이지 않는 믿음의 세계이다. 교회 성장은 사실상 지금부터이다. 그동안은 여러 역사적, 상황적 요인 때문에 성장했다면 지금부터는 신앙적, 영적 요인 때문에 성장할 수 있어야 한다. 지금까지는 한국 경제발전에 이끌린 성장이었다면 이제부터는 교회가 교회다워짐으로 해서

---

[4] '축복의 신학' 또는 '삼박자 축복의 신학'을 널리 전파하던 순복음교회의 교인수가 요즈음 계속 줄고 있다는 사실이 이를 증명해 준다고 본다.

성장할 수 있어야 한다.[5]

명성훈 교수가 지적한 대로 '교회가 교회다워짐으로 성장할 수 있어야 한다'는 명제가 사실이라면, 최근의 한국교회의 성장 정체는 교회답지 못한 현실적 모습 때문에 기인했다고 말해야 할 것이다. 그렇다면 교회 내적인 어떤 요인들이 최근의 교회성장 정체를 가져왔는지 살펴볼 필요가 있다.

성장 정체를 가져온 교회 내적인 요인 분석은 아마도 방대한 작업을 필요로 할 것이다. 나일선 교수는 한국에서 일하는 외국 선교사들을 대상으로 한 교회 성장 세미나에서 그들에게 비쳐진 한국교회 성장의 좋지 못한 점들에 대해 토론하는 기회를 가졌었다고 한다. 외국 선교사들이 한국교회가 추구하는 교회 성장의 부정적 측면들에 대해 토론한 내용을 여기에 소개하는 것이 필자의 논지에 도움을 줄 것 같다.

1. 대형화에 대한 자랑 2. 돈에 대한 집착 3. 권력욕과 자리다툼 4. 지도자들이 돈을 잘못 사용함 5. 쾌락주의 6. 허식적인 긴 기도 7. 목회자들의 권위주의 8. 직분 임명의 임의성 9. 장로들에 대한 평가가 재정순위로 매겨짐 10. 가정생활의 소홀 11. 개인별, 가족별 성경공부의 부족 12. 교회 출석을 구원으로 생각함 13. 짐이 될 정도로 십일조를 강조함 14. 사회적 공헌의 부족(특히 의사의 경우) 15. 사회적 관심의 결여 16. 성경적 가르침의 빈곤(하나님의 제자보다 사람들의 제자로 훈련시킴) 17. 진정한 교제의 부족 18. 선교의 동기가 혼동되어 있음 19. 교파주의 20. 지역주의 21. 젊은 목회자들에게 영합하도록 압력을 줌 22. 기적에 호소 23. 유교적 구조 24. 교회의 불교적 관점 25. 목회의 무속적인 관점 26. 천국에 대한 물질적인 관점 27. 휴머니즘[6]

---

[5] 명성훈, "정체된 교회를 성장시키기 위한 새로운 목회 전략," 100.

한국교회에 대한 외국 선교사들의 이러한 평가는 좀 일방적으로 부정적인 측면들만 강조한 면이 없지 않지만 그들의 이러한 관찰들은 한국교회가 당면한 위험들에 대한 예언적 목소리로 귀담아들을 필요는 있다고 본다. 열렬한 기도운동, 헌신적인 전도와 교회 봉사, 해외 선교에 대한 관심, 대다수 한국 교회의 보수적이며 복음적인 신앙 등 한국교회가 가지고 있는 좋은 면들이 많이 존재함도 망각해서는 안 될 것이다. 그러면서도 우리의 교회들은 지금 성장의 한계에 직면해 있으며 주변에서 한국교회가 추구해 왔던 성장의 모습 자체에 대해 비판적인 목소리들이 점점 높아져 가고 있는 것도 사실이다. 교회 성장을 가로막는 장애물들을 교회 내부의 관점에서 살펴보면 교회 지도자들에 의한 요인, 평신도 자신들에 의한 요인, 사역에 의한 요인, 사역 환경에 의한 요인 등 다양하게 지적할 수 있다.

(1) 교회 지도자들에 의한 성장 장애 요인들로는 일관성이 없는 가르침과 설교로 인해 교인들에게 혼란을 준다던가, 권위주의나 독단적 지도력과 같은 교역자 자신의 인격적 단점, 목회자에 대한 존경과 권위 상실, 효율적인 리더십의 부재 등을 들 수 있다.

(2) 평신도 자신들에 의한 성장 장애 요인들로는 복음적 신앙에 대한 비전 결핍, 신앙과 삶의 불일치, 헌신된 일꾼들의 부족, 물질주의적이고 세속적인 경향, 조상숭배, 선교에 대한 무지, 평신도 간의 협력 부족, 평신도 간의 격려보다 비판 풍조 등이 여기에 속할 수 있다.

(3) 사역에 의한 성장 장애 요인들로는 가장 우선적으로 목사와 장로 사이의 불화와 갈등, 제자훈련, 교육, 선교 등에 대한 강조보다는 교회 건축

---

6) 나일선, "외국인이 본 한국교회 성장평가", 『목회와 신학』 7월호 (1993), 115f. 100.

에 대한 과도한 강조, 새신자 관리 허술, 평신도와 교역자 간의 드문 교제와 의사소통의 결핍, 양적 성장에 대한 추구, 지역 교회들 간의 협력 부족, 각 연령 그룹에 맞는 교육적 응집성과 관련성 부족, 종합적인 성경 교육 훈련 프로그램 부족 등을 들 수 있을 것이다.

(4) 사역 환경에 의한 성장 장애 요인들로는 너무 많은 교회들이 대도시에 집중되는 현상, 상대적인 농촌 교회의 피폐, 너무 많은 목회자들의 양산으로 목회자 자질의 평균적 저하 현상, 교회간 경쟁의 심화, 지역교회의 재정과 교육 시설 부족, 성도들의 대교회 집중 현상으로 인한 개척교회 운영의 어려움 등이 여기에 포함될 것이다.

이런 성장 장애 요인들을 총체적으로 분석하는 일이 본 논문의 현안 목표는 아니며 또 그러한 분석을 담은 논문들이 이미 시중에 나와 있는 것으로 안다. 본 논문의 목적은 한국교회의 성장을 둔화시키는 교회 외적, 내적인 다양한 원인들 중에서도 가장 우려되는 한 특정한 측면에 대해 나름대로 진단해 보고자 하는 데 있다. 그것은 한국교회가 성장을 추구하는 동안 소홀히 했던 교회의 영적, 윤리적 정체성 상실이 교회의 지속적인 성장을 방해하고 있다는 인식에서 출발한다.

사실 교회는 세상 속에 보냄을 받은 믿음의 공동체이기 때문에 교회 내적인 부정적 요인들은 결국 사회 속에 부정적인 영향을 줄 수밖에 없다. 이런 관점에서 교회의 성장 정체를 가져온 한 중요한 내적 요인을 하나 들라면 세상 사람들의 인식 속에 심겨진 교회의 부정적 인상이라고 할 수 있다. 어느 통계 조사에 의하면 기독교는 젊은이들에게 가장 매력없는 종교가 되어버렸으며, 따라서 그들이 앞으로 종교를 갖는다면 기독교는 그들이 선택하고 싶은 종교의 순위에서 하위권에 머물고 있다. 일반 젊은 대학생들의 약 90% 정도가 복음 전도를 받아 왔음에도 불구하고 그들이 교회에 나가지 않는 이유는 첫째로 "기독교인의 행위나 태도가 마음에 들지 않아서"이고, 둘째는 "교회의 활동이나 모습이 마음에 들지 않아서"인 것으로 나타나고 있다.[7] 일반 성인들의 개종률을 살펴보면 타종교에서 기독교로 개종하는 비율이 최근 다른 종교들과 비교할 때 가장 낮은 편이다.[8] 이와는 반대로 타종교에서 개종하는 비율이 가장 높은 종교는 가톨릭으로 나타나 있다. 이것은 일반 사회인들에게 가톨릭이 가장 사회적 공신력이 높은 종교로, 기독교는 가장 공신력이 낮은 종교로 비쳐지고 있음을 시사한다. 기독교에 대한 이런 부정적 인상이 일반 세상 사람들의 인식에 깊이 뿌리를 내리고 있는 이상, 또한 기독교가 그들의 마음 속에 더 이상 신선한 매력이 없는 종교로 비쳐지고 있는 이상 한국 개신교회가 사회에 뿌리를 내리고 지속적인 성장을 구가하기란 어려운 일일 것이다.

최근에 있었던 한국갤럽조사연구소가 전국의 18세 이상 남녀 1,613명을 대상으로 조사한 결과도 바로 이런 부정적 인상을 뒷받침해주고 있다. 이 조사에 따르면 "종교단체가 참 진리 추구보다는 교세확장에 더 관심이 있다"고 대답한 사람들이 전체 응답자의 79.6%에 이르고, "종교 본래의 뜻을 상실하고 있다"고 대답한 사람들도 72.2%, "삶의 의미에 대한 해답을 못준다"고 대답한 사람들도 62.9%에 이르렀다. 물론 이 연구는 기독교만을 대상으로 한 것은 아니지만 보통 한국인들이 종교에 대해서 부정적인 평가를 내리고 있음을 발견할 수 있다. "이 같은 부정적인 평가는 지난 89년 조사와 비교할 때 종교별로 2.4-10.3% 포인트 높아진 수치다."[9] 재미

---

[7] Se Ze Cho, "The Impact of Religio-Cultural Factors on Church Growth in Korea," D. Min Dissertation, *ITC*, 1992, 109-113.
[8] 한국 갤럽조사 연구소,『한국인의 종교와 종교의식』, 1989.
[9]『제3차 한국인의 종교실태와 종교의식』, 경향신문 (1998.6.13). 이것은 한국갤럽조사연구소가 1997년 9월 14-26일간 전국 (제주도 제외) 18세 이상 남녀 1,613명을 개별면접한 연구 결과를 실은 것이다.

있는 현상은 비종교인뿐만 아니라 종교인들조차도 기성 종교단체들에 대해서 비슷한 부정적 평가를 내리고 있다는 사실이다. 일반 사회인들에게 비친 이런 부정적 인식은 결코 타종교에만 해당되는 현상은 아닐 것으로 사료된다.

기독교에 대한 부정적 인상은 도대체 어디서 생긴 것인가? 최근에 나온 매스컴 자료들과 통계 조사들을 살펴보면 중요한 요인들을 다음과 같이 정리할 수 있다. 첫째는, 무엇보다도 한국교회가 사회봉사와 구제에 있어서 인색하다는 비판을 받고 있다. 자신들만의 친교모임으로 전락한 채 사회를 향하여 문을 열고 봉사하려는 자세가 없다는 비평이다. 둘째는, 기독교인들이 너무 배타적인 태도를 취하며 자신들의 교회 내에서조차 분열과 분쟁이 많다는 점도 비평을 받고 있다. 셋째는, 진리를 추구하고 실천하는 일보다는 교세 확장에만 열을 올리며 거기에 드는 비용을 갹출하기 위해 헌금을 너무 강조한다는 것도 기독교에 대한 부정적 비평의 내용이 되고 있다. 넷째는, 부패한 세상에서 발견할 수 없는 윤리적으로 신선한 매력을 교회를 통해서 기대해 볼 만한데도 교회 자체도 세상만큼이나 세속화되고 부패했다는 것이 교회에 대한 부정적 비평의 요인으로 작용하고 있다. "지금까지 교회성장에 도움이 되었던 개교회주의, 배타적 성향, 교파분열, 헌금강조 등이 이제는 사회적 공신력 상실의 원인이 되면서 교회성장의 걸림돌이 되고 있다는 사실은 아이러니가 아닐 수 없다."[10]

세상 사람들에게 신선한 매력을 상실한 종교, 그것이 만일 기독교라면 우리 교회들의 장래는 참으로 어둡다고 할 수 있다. 세상 사람들이 교회의 문을 두드릴 때는 세상이 줄 수 없는 어떤 매력이 교회에 있기 때문이라 할

---

[10] 이원규, "한국교회에 영향을 미친 교회성장론에 대한 임상적 평가", 『목회와 신학』 7월호 (1993), 52.

수 있다. 물질주의의 만연으로, 현대인들의 쾌락주의 영향으로 교회를 찾는 사람들의 수가 비록 줄어든다고는 해도, 지금이야말로 한국교회가 거듭 태어나 교회다운 면모를 갖출 기회의 시간이 될 수도 있다. 왜냐하면 진정한 교회의 부흥이란 하나님의 생명의 말씀에 기초해서 교회다운 정체성을 확립할 때 비로소 가능해지기 때문이다. 물질의 풍요와 개인적 쾌락만을 추구하는 현대 사회 속에서 사람들의 심성이 파괴되고 윤리가 무너지는 메마른 현실 속에서 사람들은 교회에서야말로 비물질주의적이고 세상에서 찾을 수 없는 영적, 윤리적 신선함을 기대할 만하지 않은가! 그런데 세상 사람들이 교회에 등을 돌리기 시작한 것은 교회마저 부패한 세상과 다름이 없다는 판단에 이르렀기 때문일 것이다. 기도하고, 전도하고, 찬송 부르는 일반 기독교인들의 종교 생활은 세상 사람들에게 낯선 것이기 때문에 그런 것들을 가지고 기독교의 매력을 불러일으키기에는 어려운 일이다. "너희가 세상의 소금이요 빛이라"는 예수 그리스도의 말씀은 교회가 세상의 부패를 막는 소금으로, 세상의 어두움을 밝히는 빛이 되라는 말씀이다. 세상을 향하여 기독교가 기독교다울 수 있는 것은 그들의 복음 선포에 걸맞는 윤리성 회복에서 찾아야 한다. 세상이 다 부패해도 교회만은 부패되지 않는다는 확신을 심어줄 때 세상을 향한 교회의 사명을 제대로 감당해낼 수 있는 것이다.

어느 미국의 통계에 따르면 미국사회에서 기독교인과 비기독교인의 윤리적 차이가 약 15-20% 정도에 해당한다는 흥미 있는 결과를 내놓았다. 만일 이것이 사실이라면 우리 한국은 어떨까? 불신자들과 기독교인들 사이에 어느 정도 윤리적 차이가 존재할까? 본인의 개인적인 느낌인지는 몰라도 우리나라에서는 별 차이가 없는 것으로 보인다. 사회적 물의를 일으키는 큰 사건들을 보면 거의 항상 그리스도인들이 끼어있고 사회적인 대형 부정 사건들을 보면 언제나 기독교인들이 들어있기 때문이다. 감옥의 죄수들만 그리스도인들의 비율이 좀 낮다고 한다. 교회나 세상이나 윤리 의식에 있어서는 별 차이가 없다는 뜻이다. 그러니 교회가 세상의 빛과 소금이란 말은 완전히 어불성설인 것이다.

함수관계의 존재

어떤 사람은 혹 교회성장과 교회의 윤리성 사이에 어떤 필연적인 함수관계가 있다는 것을 부정하고 싶어할지 모른다. 교회가 사회정의 구현에 앞장서고 부패한 사회 환경을 개선하는 데 열심한다고 해서 지역 교회들이 반드시 성장을 경험하는 것은 아닐지도 모른다. 맥가브란 교수의 다음 지적은 정당할지 모른다: "이론적으로는 교회가 사회정의에 큰 관심을 표명하고 어떤 계층을 노예상태에서 해방시키면 교회의 놀라운 성장이 따라온다는 것은 가능하다. 그러나 이러한 일은 없었다. 영국의 사회 개혁은 침례교와 감리교를 부흥시키지 못했다."[11] 교회가 윤리적으로 깨끗하다거나 또는 사회 정의 구현을 실현한다고 해서 외적 성장을 가져오는 것은 아니다. 교회의 윤리성과 교회의 성장 사이에 무슨 기계적 함수 관계가 존재하는 것은 아니다. 교회가 윤리적으로 깨끗하다고 해서 외적 성장을 반드시 담보한다는 보장은 있을 수 없다. 그러나 교회가 영적, 윤리적으로 내부에서부터 부패할 때 성장이 멈추고 둔화되는 경우는 얼마든지 가능하다. 예수께서 친히 말씀하신 대로 교회는 세상을 향하여 '빛과 소금'의 역할을 감당해야 하는데, 만일 교회가 이러한 사명을 감당하지 못하고 세속화되

---

[11] P. Wagner, 『기독교 선교 전략』, 전호진 역 (서울: 생명의 말씀사, 1978), 205; cf. 전영찬, "성장원리 측면에서 본 한국교회 성장의 비판적 연구", 한신대학 신학대학원, 석사학위 논문 (1988), 45.

어 세상의 온갖 부패한 풍습들이 교회 안으로 밀려들어올 때 세상을 정화하는 것도 힘들 뿐만 아니라 세상 사람들에게 교회는 '버림받을 수밖에 없는' 혐오의 대상이 될 수밖에 없다. 교회의 윤리성이 교회의 외적 성장을 반드시 담보하는 것은 아닐지라도 세상 속에서 교회의 지속적인 성장을 구가하기 위해서 교회의 윤리성은 반드시 필요한 필요조건이라고 말할 수 있다.

혹자는 이렇게 말할는지 모른다. 기독교의 복음 메시지가 윤리적 메시지라고만 할 수 없기 때문에, 천국과 지옥, 예수님 재림과 심판, 죄에서의 구원, 부활과 영생에 관한 메시지만으로도 세상 사람들을 교회 안으로 끌어들일 수 있다고 말이다. 필자는 물론 기독교의 복음 선포의 능력을 믿고 있고 그 능력 때문에 오늘날 교회성장이 가능했다고 생각한다. 하지만 세상 속에서 그러한 복음을 전하는 기독교인들이 세속화되고 윤리적으로 부패할 때 어떤 사람들이 기독교의 메시지가 살아있는 메시지라고 믿겠는가? 그것은 기독교 메시지의 정당성을 스스로 무너뜨리는 것일 수밖에 없다. 기독교 메시지의 정당성이 크게 훼손당하고 신자들의 윤리성이 크게 의심받는 상황에서 복음 선교가 제대로 이루어지지 않을 것은 명약관화하며 세상 사람들은 윤리적으로 의심을 받는 기독교인들의 전도에 귀를 귀울이려 하지 않을 것이다.

역설적 긴장 관계

교회와 세상 사이에는 역설적 관계가 존재한다. 교회가 뿌리부터 세상과는 다른 존립 근거를 가지고 있다는 점에서 교회의 초월성을 엿볼 수 있는 반면, 교회가 세상을 위해 존재한다는 이유 때문에 교회의 내재성을 발견할 수 있다. 이 초월성과 내재성 사이에는 역설적인 긴장 관계가 존재하며 재림 때까지 이 긴장 관계는 세상 속에서 존재하는 교회 본연의 존재 방식이라 할 수 있다. 신약성경은 두 가지 술어로 '세상'을 지칭한다: 하나는 '코스모스'kosmos란 단어이고 다른 하나는 '아이온'aion이란 단어이다. 전자는 흔히 '세상'이란 말로 번역되고 후자는 '세대' 또는 '세속'이란 말로 번역된다. 이들 단어들은 모두 비슷한 가치 체계를 가지고 모여 사는 인간들의 '사회'社會를 지칭하는 말이다. 성경에는 사회라는 현대어는 없는 대신 세상이라든가 세대라는 술어들이 사용된다고 볼 수 있다.

이 두 단어는 교회와 세상의 관계를 정립할 때 참조해야 할 중요한 술어들이다. 주목할 만한 것은 '세상'이나 '세대'가 부정적으로 또는 긍정적으로 모두 묘사되고 있다는 사실이다. 세상에 대한 부정적 진술과 긍정적 진술 사이에 역설적 긴장 관계가 존재한다. 한편으로 기독교인들은 세상이나 세상에 있는 것들을 사랑해서는 안 되며(요일 2:16), 이 세대를 본받아서도 안 된다(롬 12:2). 참된 경건은 환난 속에서 살아가는 고아와 과부를 돌아보며 세속에 물들지 않도록 깨어있는 삶이다(약 1:27). 이런 부정적 구절들은 이 세상이 지금 하나님을 반역하는 '타락의 영역'이라는 것을 시사해 준다. 때문에 기독교인들은 세상에 속해서는 안 되며(요 17:14) 세상에 비판적 거리를 두어야 한다.

이와는 반대로 성경은 세상을 여전히 하나님의 '창조의 영역'으로 간주하여 긍정적으로 묘사한다(요 1:10). 하나님은 여전히 세상을 사랑의 대상으로 생각하셔서 자신의 하나밖에 없는 독생자를 아낌없이 주셨다(요 3:16). 기독교인들은 따라서 세상을 도피의 대상으로 간주해서는 안 되고 도리어 세상 한가운데로 나아가야 한다. 하나님께서 예수를 세상에 보내신 것처럼 이제 예수도 그의 제자들을 세상에 보내신다(요 17:18). 기독교인들이 '세상에 속해서는 안 된다'는 명제와 그들이 '세상으로 보내심을 받았다'는 명제 사이에는 역설적인 긴장이 존재한다. 세상은 하나님의 여전한 창조 영역이고 사람들도 여전히 그의 피조물들이다. 하지만 세상은 지금 하나님을 반역하는 자리에 서있다. 세상이 창조의 영역이기 때문에 하나님께서 세상을 여전히 사랑하신다는 관점과 세상이 타락의 영역이기 때문에 신자가 세상에 속해서는 안 된다는 관점 사이에 긴장 관계가 존재한다. 이런 긴장 구조는 재림 이전 시기를 살아가는 역사적인 모든 기독교인들의 삶의 구조이기도 하다. 누구도 참된 기독교인이라면 이 두 관점 가운데 어느 하나도 포기할 수 없다. 사람이 긴장 속에서 살아간다는 것은 조금은 거북한 일이다. 긴장을 풀고 살아가는 것이 자연인의 일반적 현상이기 때문에 더욱 그렇다. 세상에 속하지 않는 나그네로 살면서도, 세상에 속하지 않고 거기에 일정한 비판적 거리를 두고 살면서도, 기독교인들은 세상 한 가운데로 보냄을 받은 자이다. 세상에 속할 수 없는 자신의 신분을 유지하면서도 세상 한가운데로 보냄을 받은 것은 그들이 세상의 빛과 소금으로서 세상을 변화시키기 위함이다.

세상을 변화시키기 위해 긴장 속에서 살아간다는 것은 그리 쉬운 일이 아니다. 긴장을 풀고 살아가는 두 다른 방식이 존재한다. 첫째는, 세상에 속하지 않기 위해 세상 한가운데로 보냄받기를 거부하는 태도이다. 세상에 속하지 않기 위해서 세상을 등지고 살아가는 태도는 소위 염세주의적이고 금욕적인 기독교인들 가운데 많이 나타난다. 세상과 인연을 끊고 기도원을 전전하며 다니는 것은 일견 신앙이 좋아 보이기는 하지만 이런 염세주의적이고 세상 도피적인 태도는 긴장을 풀고 살 수 있는 손쉬운 방법인지는 몰라도 결코 성경이 추천하는 태도는 아니다. 기독교인이 있어야 할 장소는 세상이어야 하고 그는 세상을 위해 있는 존재이다. 빛과 소금이 되어 세상을 변화시키기 위해서 존재한다는 말이다.

둘째는, 세상으로 보냄을 받아놓고는 그냥 세상에 속해버리는 태도이다. 세상에 속해 버리는 태도는 소위 세속주의적인 기독교인들 가운데 많이 발견된다. 세상 한가운데로 보냄을 받아 세상에 속해 버리는 것이 긴장을 푸는 손쉬운 방법이기는 하겠지만, 교회가 세상인지 세상이 교회인지 분간할 수 없을 만큼 세속화되어 버린 교회가 어떻게 세상을 변화시킬 수 있겠는가! 세상과 교회 사이에 아무런 초월적 간격이 존재하지 않는다면, 교회는 세상을 향하여 비판의 목소리를 발할 수도 없고 세상을 변화시킬 수도 없다. 세상에 속해버린 교회는 교회의 거룩한 정체성과 위임을 스스로 포기한 교회이다. 세속화된 교회는 아무리 외형적 성장을 구가한다고 할지라도 세상을 향한 발언권을 가질 수는 없다.

교회가 교회다운 것은 세상에 속하지 않는 초월성에서 발견된다. 세상에 없는 초월적인 어떤 것이 교회에 있기 때문에 교회는 세상에 비판적인 거리를 두고 예언자의 경고를 발할 수도 있고 세상을 하나님의 비전에 따라 변화시킬 수도 있는 것이다. 그러면서도 교회는 아무리 거룩한 정체성을 가지고 있다고 할지라도 세상을 변화시키기 위해, 세상을 섬기는 자로, 세상 한가운데로 들어가야 한다. 죄 없으신 예수께서 세상을 살리기 위해 죄 있는 육신의 모양을 입고 육신의 세계에 들어오신 것처럼(롬 8:3), 기독교인들도 세상을 섬기는 자로 세상 한가운데로 보냄을 받은 자여야 한다. 세상에 속하지 않기 위해 세상에 들어가는 것을 거부한다던가, 아니면 세상에 들어가기는 하되 세상에 속해버리는 교회는 모두 교회의 거룩한 위임을 포기하는 것이며 교회를 향한 주님의 명령을 배반하는 것이다. 교회는 세상에 보냄을 받은 자라는 분명한 정체성 의식을 가지고 있으면서도 결코 세상에 속할 수 없는 비판적 초월성, 영적이며 윤리적인 초월성을 지니고 있어야 한다. 세상에 들어가서 봉사하되 언제나 영적, 윤리적 신선감을 유지하면서 빛과 소금으로서 세상을 변화시킬 수 있어야 한다. 이것이 바로 교회가 서있어야 할 자리이며 유지해야 할 정체성이다.

문화, 종교적 영향

교회가 보냄을 받은 자리는 부패한 세상이다. 교회가 깨어있지 못하면 교회가 세상을 변화시키는 것이 아니라 세상이 교회를 변화시키고야 말 것이다. 교회가 세상화되면 부패한 세상이 교회의 심장부에 파고들어 세상 속에서의 교회의 존립 근거를 파괴하고 그 거룩한 정체성을 훼손하게 된다. 존재할 필요가 없는 교회, 있으나마나 한 교회, 세상인지 교회인지 분간이 되지 않는 교회는 결코 세상을 변화시킬 수 없다. 문제는 이런 교회의 세상화가 한국교회의 성장의 언저리에서 굳게 자리를 잡아가고 있다는 사실이다. 세상이 총체적으로 부패하다보니 세상 어느 구석을 들춰보아도 썩지 않은 곳이 없을 정도이다. 부패의 연결사슬들이 사회, 경제, 정치, 문화, 교육, 예술 모든 분야에서 발견되고 있다.

문제는 결코 썩어서는 안 될 교회가 부패한 사회에 영향을 받고 있다는 데 있다. 윤리적으로 깨끗하다고 해서 교회가 반드시 성장하는 것은 아닐지라도, 교회가 윤리적으로 부패해서는 지속적인 성장이란 거의 불가능하다. 세상을 변화시키기 전에, 교회의 외적인 성장을 추구하기 전에 잠깐 머물러 한국교회의 윤리적 제자리 매김이 필요한 때이다. 한국교회의 구성원들이 다 윤리성을 상실한 것은 아니지만, 세상 사람들의 눈에 교회에 대한 부정적 인식이 깊이 뿌리내리고 있는 것은 엄연한 현실이다. 또한 교회 내외적으로 우려하는 목소리들이 높아지고 있는 것도 사실이다. 교회성장의 그늘 속에 가려진 채 있었던 한국교회의 도덕적 불감증은 도대체 어디에서 온 것인가?

첫째로, 한국인의 도덕적 불감증에는 무속적인 종교적 영향도 한 몫을 한 것으로 보인다. 한국의 뿌리깊은 전통 종교인 무속신앙은 우리의 정신적 유산을 형성해 왔기 때문에 무속적 영향이 유교나 불교뿐만 아니라 심지어 기독교에까지 영향을 미치고 있다. "샤머니즘이란 본래 윤리성이 결여되어 있는 것이 특성이며 인과 응보의 원칙이 전혀 없어서 윤리보다는 운수가 얼마나 있느냐 하는 것이 아주 중시된다."[12] 특별히 무속 종교는 다신론에 바탕을 두고 있고 각 신들은 자기 영역에 국한되어 있기 때문에, 귀신들은 다른 영역에서 일어난 일에 대해 문제를 삼지 않는다. 바다의 용왕신이 산신령의 영역에 침범하여 문제를 일으키지 않는다는 말이다. 이런 저급한 신관을 가진 무속 신앙은 사회에서 일어난 비윤리적 문제를 본래 문제삼지 않는다. 그저 복채만 많이 찔러주면 재앙을 물러가게 하고 복을 불러들인다고 생각하기 때문에, 신들도 인간들이 자신의 현실적 이익을 위해 조종할 수 있는 존재들에 불과한 것이다. 따라서 성황당 귀신은 사회에서 일어난 비도덕적인 비행을 문제삼지 않고 복채만 많이 주면 희희낙낙거리는 변덕 많은 존재에 불과하다.

이런 저급한 신관에서 고상한 윤리가 나올리 만무하지 않는가! 이런 무속 종교의 신앙에 영향을 받아서인지 한국 기독교인들마저 종교와 사회생활이 분리되어 인식되고 있다. 종교는 종교이고 사회생활은 어디까지나 사회생활이라는 식이다. 이런 식의 이분화된 사고방식은 성경적 사고방식과 정면으로 배치된다. 성속을 분리하고, 종교와 생활을 분리하는 사고방식은 한국교회에 만연해 있다. 교회에 나와서 예배하고 기도하고 전도하는 일에는 열심인데, 개인의 윤리 생활에는 문제 투성이인 경우가 많다. 그럼에도 이 둘 사이에 모순을 전혀 느끼지 않고 자연스럽게 살아갈 수 있는 것이 희한

---

[12] 손봉호, 김명혁, 김상복 대담, "이제 목회자 윤리를 혁신하자", 『목회와 신학』 4월호, 1993, 30.

하게 느껴질 뿐이다. 우리들 가운데 이런 이원화된 사고방식이 철저하게 추방되어야 한다.

둘째로, 종교적 요인들 가운데는 유교의 영향도 언급될 수 있다. 기독교가 한국인들의 유교적 토양에 뿌리를 내리면서 좋지 못한 영향을 미친 것도 사실이다. 유교가 윤리적 종교로서 여러 좋은 면들을 남겨놓은 것도 사실이지만, 유교는 수직적 질서, 상하복종적 질서를 강조하는 종교이다. 삼강오륜의 윤리는 엄격하게 말해서 상하복종의 이데올로기이다. 후기 유교는 한국에서 통치 이데올로기로 자리를 잡았기 때문에 어쨌거나 민주적 사고 방식보다는 상하 복종만을 강조하는 권위주의를 우리 사회에 배태하게 만들었다.

선배 목회자들의 목회 유형 가운데 이런 권위주의형이 많은 것은 순전히 성경에서 나온 것이라기보다는 유교의 영향이 많다고 하겠다. 따라서 도덕적 인품에서 우러나오는 권위도 없는데 복종을 강요하다보니 권위맹목주의가 나타나게 되고 감투가 문제가 되고 가짜 박사학위라도 받아야 하고 걸음걸이나 목소리도 보통사람과는 달라야 했던 것이다. "인격이나 도덕적 삶에 기초하는 자연적인 순종은 기대할 수 없기에 형식적이고 외면적인 권위는 더욱더 율법주의적이 되고 만다. 오늘날 목회자들 가운데 감투욕이나 명예욕이나 자리다툼이 강한 것은 이런 이유에서 일 것이다."[13]

박봉배 교수는 유교문화가 기독교에 미친 그릇된 영향 가운데는 "형식주의와 눈치주의", "녹봉제도와 물욕", "특수윤리와 뇌물현상" 등을 거론하기도 한다. 자신에게 충실하기보다는 사람들의 눈치를 더 중요시하고 따라서 체면을 중요시하는 것은 오늘날 기독교 사회 내에서도 많이 발견된

---

[13] 박봉배, "전통문화와 한국목회자들의 윤리의식", 『목회와 신학』 5월호, 1993, 51

다. 뿐만 아니라 유교 윤리는 보편적 사회를 지향하기보다는 가족주의에 기초한 특수사회를 지향하다보니 언제나 특수한 인간관계를 중요시하게 되고, 따라서 애정적, 인정적, 혈연적, 자연적 관계가 중요시되는 자연공동체를 지향하다보니 복음이 지향하고 있는 보편적이고 개방화된 공동체 가치관 형성에 거림돌이 되고 있다. 사회나 학교나 교단 정치 내에서도 혈연, 지연 등이 세력을 떨치는 것은 이런 유교의 편협한 특수주의적 가치관이 낳은 그릇된 영향이 아닐 수 없다.

신학과 윤리의 균형

필자는 앞에서 도덕적 불감증을 불러일으켰을 수 있는 사회문화적, 종교적 요인들에 대해 간단하게 살펴보았다. 이제는 신학적 인식의 몰이해로 인해서 기독교인들의 도덕적 불감증이 야기될 가능성은 없는지 살펴볼 차례이다. 이 가능성을 살피려면 보다 심층적인 분석이 필요하겠지만 필자는 현실에 대한 현상적 분석을 지적하는 데 만족하고자 한다.

신앙과 생활, 신학과 윤리 사이의 괴리 현상을 야기시키는 데는 바울의 이신칭의 구원론에 대한 우리의 신학적 몰이해도 작용하고 있다. 손봉호 교수는 "우리 나라 기독교의 윤리적인 타락의 가장 기본적인 원인은 소위 은혜로만 구원을 받았다는" 신학적 몰이해에 근거한다고 지적한 바 있다.[14] 바울의 근본적인 구원론은 사람이 구원을 받는 것은 행위가 아니라 믿음뿐이라는 이신칭의 구원론이다. 사람의 구원을 가능케 하는 것은 사실 인간의 행위나 삶이 아니라 오직 하나님의 은혜에 기초하며 또 그것을 신뢰

---

14) 손봉호, "이제 목회자 윤리를 혁신하자", 『목회와 신학』 4월호, 1993, 30.

하는 마음으로 받아들이는 믿음에 기초한다는 것은 부정할 수 없는 근본적인 기독교 교리이다. 문제는 이 이신칭의 구원론이 신자의 도덕불감증을 부채질하는 방식으로 오용되고 있다는 데 있다. 행위가 아니라 오직 은혜로 구원을 받는다는 것을 일방적으로 강조하다보니 크리스천의 윤리적 삶과 행위는 있어도 되고 없어도 되는 부차적인 것으로 전락하고 만 것이다. 윤리적인 생활은 거의 문제가 안 되고 믿음만 있으면 다 된다는 식인 것이다.

바울이 이신칭의 복음을 선포하게 된 맥락은 루터처럼 개인 자신의 죄문제와 씨름하던 실존적이고 극히 개인적인 삶의 정황에서가 아니라 이방인들을 어떻게 할례와 율법 없이도 합법적인 하나님의 백성의 구성원에 포함시킬 수 있는가 하는 구속사적 문제와 씨름하던 정황에서였다. 아브라함의 언약적 축복을 상속할 수 있는 합법적인 그의 후손은 할례 백성이요 율법 백성이었던 유대인들뿐이라는 배타적 인식을 가지고 있었다. 유대인들의 이러한 배타적 선민의식에 따르면 아브라함의 언약적 자손에 들어가는 일은 할례와 율법을 떠나서는 불가능하다고 간주되었다. 창세기에 보면 할례를 언약의 징표로 주시면서 하나님은 이스라엘 백성 가운데서 할례를 받지 않으면 언약 백성 가운데서 끊겨지리라고 말씀하셨기 때문에 (창 17:10ff) 유대주의자들은 할례와 율법 없는 바울의 복음이란 성경의 기초가 없는, 바울 자신이 고안해낸 인간적 복음에 불과하다고 선동했을 것이 분명하다.

이들 유대적 선동자들의 공격을 효과적으로 분쇄하는 일은 창세기에 나오는 아브라함 이야기를 새롭게 해석하는 일이었다. 아브라함은 하나님 앞에 믿음으로 의롭다 함을 받았을 때 '무할례자'(=이방인) 신분에 있었고 율법은 그후로부터 430년 이후에나 주어진 것이었다. 따라서 아브라함이 의롭다 함을 받았을 때 그의 신분을 규정했던 유일한 요소는 '믿음' 뿐이었다. 바울의 창세기 해석에 따르면 할례, 안식일, 음식법, 율법준수와 같은 '율법의 행위들'은 하나님의 언약 백성된 '신분' status을 규정하는 기초가 될 수 없다(갈 2:16). 여기서 우리가 중요하게 짚고 넘어가야 할 점은 바울의 이신칭의 복음이 유대주의자들의 배타적 선민주의를 공격하는 논쟁의 무기로 사용될 때 '믿음'을 강조한다고 해서 '행위' 일반을 다 부정하는 것은 아니라는 사실이다.

하나님의 백성이 되는 신분의 원리를 말할 때 바울은 강하게 '율법의 행위'를 부정하는 것은 사실이다. 이것은 자신들만이 아브라함의 자손이라는 유대인들의 선민적 배타주의를 공격할 때 '율법의 행위'에 대한 부정이 강하게 부각된다는 것을 의미한다. 이신칭의 복음은 유대인들의 이러한 민족적 배타주의를 무너뜨리는 강력한 논쟁의 무기로 사용됨을 알 수 있다. 하지만 일단 구원받은 신자의 삶의 테두리에 들어오면 바울은 선한 행위와 삶을 추구해야 할 신자의 책임을 강하게 부각시킨다. 믿음은 이제 그리스도와 그의 복음에 대한 전폭적인 헌신의 행위이기 때문에, 그것은 사랑을 통해 '일하며' (갈 5:6) 성도 간의 수많은 선행을 불러일으키는 역동적 요인이 되어 바울은 '믿음의 일/행위' (살전 1:3)에 대해서 극구 칭찬한다. 구원하는 믿음은 결코 행위의 결핍을 의미하지 않고 선한 삶과 행위를 통해서 자명해지며 논증되는 어떤 것이다.

하나님께서 우리에게 주신 구원은 분명한 윤리적 방향성을 지닌다: "그가 우리를 대신하여 자신을 주심은 모든 불법에서 우리를 구속하시고 우리를 깨끗하게 하사 선한 일에 열심하는 친백성이 되게 하려 하심이니라" (딛 2:14). 이신칭의 구원론이 이 윤리적 방향성을 상실할 때 공허한 구원론으로 전락하고 말 것이다. 어떤 한국의 역사신학자는 이신칭의 구원론이 한국에 와서 윤리적 부재 현상을 부채질하는 방식으로 오용된 것은 초기 선교사들의 선교 정책의 오류에서 찾기도 한다. 선행을 강조하는 전통 종교들을 분쇄하려고 이신칭의 복음을 너무 일방적으로 강조하다보니 기독교가 윤리적 삶과 행위를 상실해버린 종교가 되어버렸다는 것이다. 이런 분석이 사실이든 아니든 이신칭의 구원론이 우리들 가운데 윤리적 삶의 부재를 부채질하는 방식으로 몰이해되고 있는 것은 사실인 것 같다. 하나님께서 죄인들을 의롭다고 하시는 것은 단지 죄의 책임에서 벗어나게만 하는 데 궁극적인 목적이 있는 것이 아니라 믿음을 통해서 하나님의 의를 경험하여 새로운 피조물이 되게 하는 데 목적이 있다. 새로운 인식, 새로운 행동을 할 수 있는, 삶의 전적인 패러다임이 바뀌게 된 새 피조물이 되게 하는 것이 이신칭의 구원론이 지향하는 목적이다(고후 5:17, 21).

신학적 몰이해 가운데 전형적인 것은 신학을 중시하고 윤리를 경시하려는 경향성이다. 신학만 건전하면 윤리야 문제가 있어도 괜찮다는 이분화된 사고방식이 오늘날의 도덕불감증 현상을 부채질하고 있다. 건전한 신학에 뿌리를 박지 않고 오직 윤리만을 강조하는 것은 결코 대안이 되지 못한다. 기독교 윤리는 하나님의 말씀과 바른 신학에 기초해야간 그 힘을 나타낼 수 있다. 올바른 신학이란 그러나 나의 신앙과 삶이 연투되지 않은 채 어떤 객관적인 신학적 명제들만 나열해 놓는다고 성립되는 것이 아니다. 이런 신학적 지성주의theological intellectualism의 오류는 한때 서구에 유행한 적이 있다. 신학과 윤리는 본래부터 한 뿌리에서 자라 나온 것이기 때문에 그것을 분리하는 일 자체가 불가능하다. 신학이 따로 있고 윤리적 삶이 따로 있는 것이 아니다. 구약의 중심은 율법이며 율법의 핵심은 십계명으로 요약된다. 구약의 핵심적 요지에 속하는 십계명을 보면 "마음을 다하여 하나님을 사랑하고 이웃을 내 몸처럼 사랑하라"는 것이다. 예수께서는 이것이 전체 율법과 선지자의 대강령이라 했다. 하나님을 사랑하고 이웃을 사랑하는 것이 구약 신학의 중심을 차지하며 신약 복음이 지향하는 목표이기도 하다(갈 5:15, 16-24).

이론적으로는 학문으로서의 신학은 윤리학과 구별되는 학문이지만, 동시에 윤리학은 신학에 뿌리를 두고 있고 신학은 불가피하게 윤리학에 이어지게 된다. 구약 이스라엘 백성들이 하나님의 안식에 들어가지 못한 이유를 가리켜 히브리서 기자는 그들의 불순종 때문이라 했다. 다시 말해서 그들의 삶의 문제로 인해 하나님께서 그들을 심판하신 것이다. 예레미야서를 보면 자신들이 선택된 하나님의 백성이라 자부하면서 온갖 반언약적인 행위를 자행하는 이스라엘 백성들에게 하나님의 준엄한 심판을 예고하는 것을 볼 수 있다. 그들의 포로생활은 예정된 수순이었다. 예레미야 시대의 이스라엘 백성들은 자신들이야말로 택하신 하나님의 백성이라고 자위하면서 하나님이 결코 자신의 거룩한 도성 예루살렘을 버리시지 않을 것이며, 거룩한 약속의 땅 가나안과 그의 택하신 백성을 버리시지 않을 것이라는 거짓된 안전책을 믿었다.

그러면서 그들은 성전에 들어와 공허한 고백을 하였다: "너희가 무익한 거짓말을 의뢰하는도다 너희가 도적질하며 살인하며 간음하며 거짓 맹세하며 바알에게 분향하며 너희의 알지 못하는 다른 신들을 좇으면서 내 이름으로 일컬음을 받는 이 집에 들어와서 내 앞에 서서 말하기를 우리가 구원을 얻었나이다 하느냐 이는 이 모든 가증한 일을 행하려 함이로다 내 이름으로 일컬음을 받는 이 집이 너희 눈에는 도적의 굴혈로 보이느냐 보라 나 곧 내가 그것을 보았노라 여호와의 말이니라"(렘 7:8-11). 세상 밖에 나가서는 반언약적 행위들을 일삼으면서 성전에 들어와서는 "우리가 구원을 얻었나이다"라고 말하는 것은 예레미야 선지자에 의하면 무익한 거짓말을 의뢰하는 것이다. 구약이나 신약의 중심적 메시지는 하나님의 거룩한 백성이면(신분) 거룩한 백성답게 살라는 것이다(행위). 신분과 행위의 일치에 관한 문제는 구약이나 신약의 근본 메시지에 속한다. 둘 중의 하나를 희생시키는 것은 기독교 메시지에 중대한 훼손을 가져오게 된다.

필자가 보기에 도덕적 불감증을 부채질하는 또 다른 요인은 하나님의 '은혜'에 대한 몰이해가 아닌가 여겨진다. 우리는 사실 은혜로 값없이 구원을 받았다(롬 3:24). 구원을 받는 것은 인간의 선행이나 공적으로 되어질 일이 아니다. 처음부터 마지막까지 구원의 유일한 원리는 은혜요 믿음이다. 하지만 바울이 말하는 '은혜'란 아무런 윤리적 삶의 방향성을 결핍한 맹목적인 은혜가 아니다. 하나님의 백성답게 살게 할 수 있도록 방향 지워주고 능력을 불어넣어 주는 신적인 능력이 바로 은혜인 것이다. 은혜는 곧 무질서하고 무책임한 삶을 의미하는 것이 아니다. 그래서 바울은 고린도전서에서 이렇게 고백한다: "그러나 나의 나 된 것은 하나님의 은혜로 된 것이니 내게 주신 그의 은혜가 헛되지 아니하여 내가 모든 사도보다 더 많이 수고하였으나 내가 아니요 오직 나와 함께 하신 하나님의 은혜로라"(고전 15:10).

바울에게 주신 하나님의 은혜가 헛되지 않았다는 것은 그가 모든 사도들보다 더 많이 수고하고 일한 것이라 할 수 있다. 이것은 은혜의 방향성과 역동성을 보여준다. 은혜를 받았다는 것은 우리의 넘치는 수고와 책임있는 거룩한 삶으로 논증되어 나타난다는 이야기다. '은혜, 은혜' 이야기하면서 윤리 생활에서 있어서 성령의 거룩한 열매들을 맺지 못하고 구렁이 담 넘어가듯이 죄 가운데 산다는 것은 결국 은혜를 헛되게 만드는 것이다. '믿음' 역시 자신의 죄악된 과거의 생활을 분연히 버리고 이제 하나님을 주인으로 모시고 그의 뜻대로 살겠다고 헌신하는 신뢰의 행위가 믿음이다.

수동적인 면에서는 하나님께서 그리스도 안에서 값없이 베풀어 주신 구속 사역을 신뢰함으로 받아들이는 것이 믿음이요 이 믿음을 통해서 죄인이 구원을 받는 일이 벌어진다. 하지만 능동적인 측면에서 하나님의 부르심에 응답하여 신뢰함으로 순종하고자 하는 행위가 믿음이다(롬 1:5). 이런 전폭적인 헌신의 행위가 믿음이기 때문에 구원을 받은 신자로 하여금 선한 삶을 살도록 야기시키는 역동적인 요인으로 작용하기도 한다(갈 5:6; 살전 1:3). 왜냐하면 전폭적인 신뢰와 순종의 행위인 믿음이 신자의 행위와 삶에 전적인 영향을 미치지 않을 수 없기 때문이다. 구원은 믿음으로 얻는 것이지만, 그것이 살아있는 믿음이라면 마땅히 선한 삶으로 현현되어져야 한다. 선한 삶으로 나타나지 않는 믿음이란 결국 공허한 고백인 것을 스스로 드러낼 뿐이다. "나더러 주여 주여 하는 자마다 천국에 다 들어갈 것이 아니요 다만 하늘에 계신 내 아버지의 뜻대로 행하는 자라야 들어가리라"(마 7:21)는 예수님의 말씀은 신자의 믿음의 이런 책임성, 역동성을 잘 드러내 준다.

신앙과 윤리는 어쨌거나 같이 가야만 하는 한 동전의 양닢과 같은 것이다. 한 쪽은 다른 한 쪽의 정당성과 진실성을 논증해야만 한다. 바른 신학과 신앙이 중요한 만큼 그것에 뿌리를 둔 올바른 윤리가 자리를 잡을 때 우리 한국교회의 미래는 밝다고 하겠다. 앞으로 교회의 성장은 사회적 공신력 회복, 교회의 윤리적 명예 회복 없이는 보장될 수 없는 시대가 될 것이 확실하다. 어느 석사학위 논문에서 평신도들의 설교 수용태도를 분석한 통계를 내놓았는데 이 통계에 의하면 "설교와 설교자의 인격이 일치해야 한다"는 입장이 전체 응답자의 72.5%로 나타났으며, "인격이 설교보다 더 중요하다"고 보는 견해도 14.17%에 해당하였다.[15]

좀더 넓게 보면, 이것은 세상 사람들이 교회와 기독교인들을 보는 시각에도 적용될 수 있다. 기독교인들은 말은 잘 하는데 그들의 말이 사회적으로 공인된 윤리적 행위나 실천으로 나타나지 않는다면 그것은 그들에게 분명하게 위선으로 비쳐질 것이 분명하다. 이런 부정적 인식은 결국 교회 성장에 걸림돌로 작용하고 말 것이다. 교회의 진정한 성장을 위해서는 교회의 윤리성 회복 운동이 선행되어야 한다. 그리고 진정한 윤리성 회복 운동이 지속되기 위해서는 참된 영성 운동의 회복 없이는 불가능하다. 매일 하나님과의 인격적인 교제 없이는, 그리고 성령의 임재와 능력 속에서 거룩한 열매들을 맺지 않고서는 아무리 윤리 회복을 부르짖어도 지킬 힘이 없을 것이다. 여기에 우리의 출발점이 놓여있다.

도덕적 불감증을 부채질하는 또 다른 요인을 언급하라면 성령 하나님에 대한 몰이해를 들 수 있다. 한국교회의 성장은 20세기초 한국교회에 불어 닥쳤고 최근 오순절 교회들을 통해서 불이 지펴진 성령운동에 큰 영향을 받은 것은 사실이다. 하지만 성경을 강론하며 은혜를 받았던 초대 한국교회의 사경회와는 달리 60연대 이후의 성령운동은 신유, 축사 등에 맹목적일 만큼 초점이 맞추어진 카리스마적 성령 운동이었다. 이들 카리스마적 성령 운동은 한 쪽으로 신비주의, 주관적 체험주의로 흘러버리고 사회에 대한 교회의 윤리적 사명을 망각해버리는 탈사회적이고 몰역사적인 운동으로 변질되고 말았다.

성령의 9가지 열매, 즉 신자의 성화와는 관계가 없는 성령론이 풍미하기에 이르렀다. 성령께서 전혀 비인격적인 존재로 이해되었을 뿐만 아니라 병 고치고 방언하고 미래를 예언하는 일만을 일방적으로 강조하다보니 성

---

15) 김순분, "설교에서 우리말의 사용에 관한 연구": cf. 임택진, "목회자의 말, 진실과 허언의 양면성", 『목회와 신학』 5월호, 1993, 72.

령론의 윤리적 방향성이 오간 데 없어지고 만 것이다. 성령운동은 교회 성장의 수단으로 전락하고 가정과 사회에 대한 윤리적 책임감을 무디게 만들어버렸다. 성령의 감화를 받아 개인이 변화되어 세상의 빛과 소금이 되어야 한다는 예수의 위임명령은 이런 상황에서는 그 빛을 바랠 수밖에 없었고 개인적 카타르시스에 침잠하고자 하는 주관주의적 신령주의자들만 양산했을 뿐이다. 성령운동의 새로운 방향전환이 모색되어야 할 시점이다.

예 수 · 바 울 · 교 회 ▶ **부록 2**

십자가 구속은 윤리적 삶을 지향한다

한국교회 내에는 신학과 윤리의 불균형 현상이 심화되어가고 있는 것 같다. 보수신학의 기치를 내세우면서도 윤리와 생활은 갈지자로 가더라도 별 문제 삼지 않는 경향도 있고, 윤리만 강조하다가 신학의 정체성을 소홀히 하는 경향도 있다. 어떤 경우에는 신학 자체가 결함이 있어서 결함 있는 윤리, 잘못된 윤리를 나타내기도 하고 아예 신학과 윤리를 이원화시키려는 이원론의 오류에 빠지는 경향도 엄존한다. 신학과 윤리는 본래 같은 뿌리에서 나온 동전의 양닢과 같은 것이어서 한 쪽의 결함이 있다는 것은 다른 쪽의 결함이 존재한다는 것을 보여줄 뿐이다.

일전에 한 사람이 필자의 연구실에 들러 재미있는 이야기를 들려주었다. 그가 속한 어느 교단의 자격시험에 문제가 발생하여 다시 시험을 치르는 일이 있었는데 그는 다행히도 두 번 시험에 모두 합격을 하여 면접만을 남겨놓게 되었다. 면접관 한 분이 '칼빈주의가 무엇이냐'고 물었고 필자의 제자는 '하나님의 절대 주권을 믿는 교리'라고 대답을 하였다고 한다. 그런데 뜻밖에도 면접관은 "금번에 문제가 생겨 두 번 시험을 치른 것도 다 하나님의 절대주권적 섭리에 의해 일어난 일이기 때문에 시험자들은 불평하지 말고 순종하라"고 하더란다. 다른 피면접자들은 면접관의 권위에 눌려 기죽어 있는 동안 필자의 제자는 당당하게 "그것은 칼빈주의가 아닙니다"라고 항변했다고 한다. 이런 항변을 했는데도 괴씸죄에 걸려 떨어지지 않고 면접시험에 합격이 된 것을 보니 이 또한 하나님의 절대적 섭리인가 보다! 하나님의 절대주권이 성경적 교리인 것은 분명하지만 인간들의 죄에 대한 책임까지 하나님의 섭리에 전가시키고 신자들의 도덕의식이나 현실 개혁의지까지 둔화시키는 것은 아주 잘못된 일이 아닐 수 없다. 이렇게 신학과 윤리 사이의 균형이 깨어지는 현상은 요즈음 한 둘이 아니다.

은총의 질서, 책임의 질서

복음서에 나타난 예수의 중심 사상은 '하나님 나라'일 것이다. 예수의 천국 복음은 세리와 죄인들에게도 회개를 통한 천국을 약속하는 은총의 메시지이면서도, 일단 이 은총의 질서에 들어온 제자들에게 요청하는 삶의 의무와 책임은 때로 도전적일 만큼 강렬한 인상을 주기도 한다. 다 그런 것은 아니지만 한국교회는 예수의 복음이 지니는 은총의 성격을 지나치게 강조하다보니 후자를 소홀히 하거나, 또는 하나님과의 수직적 관계만을 강조하면서 이웃과의 수평관계에 대해서 소홀히 하지 않나 여겨진다. 죄인들도 회개만 하면 값없이 들어가는 하나님 나라를 선포하면서도 십자가에 달린 예수의 뒤를 좇을 것을 준엄하게 요청하시는 예수의 교훈의 도전적 성격에 대해서는(마 5:20, 29, 48; 7:21; 막 8:34-35; 9:43; 10:44-45; 눅 9:60-62 등) 부담스럽게 생각한다. 그러다보니 복음이 지니는 양쪽의 강조점을 올바로 드러내지 못하고 복음이 마치 값싼 공짜 은혜만을 약속하는 것처럼 되어버린 것이 아닌가 여겨진다.

예수의 제자 된 삶의 의미

그렇다면 하나님 나라는 누구나 회개함으로 값없이 들어가는 은총의 질서이면서도 그것은 하나님의 뜻을 행할 것을 요청받는 책임을 전제한 '새로운 삶의 질서'라는 것은 명약관화하다. 은혜로 천국 백성된 신분을 얻은 제자는 이제 그 새로운 신분에 걸맞는 합당한 행위와 삶을 살 것을 요청받는다: "나더러 주여 주여 하는 자마다 천국에 다 들어갈 것이 아니요 다만 하늘에 계신 내 아버지의 뜻대로 행하는 자라야 들어가리라"(마 7:21). 하나님 나라는 '믿음'으로 들어가지만, 이 때 그 '믿음'은 단순히 하나님의 존재에 대한 지적 승인 행위가 아니라 하나님을 버리고 자신의 정욕대로 살아왔던 과거의 삶을 분연히 떨쳐버리고 이제 하나님과 예수를 새 임금과 주인으로 모시고 그의 뜻대로 살겠다고 결심하는 전폭적인 헌신과 신뢰의 행위이다.

이 전폭적인 신뢰와 헌신의 행위인 믿음이 제자된 사람의 윤리적 삶과 행위에 영향을 미치지 않을 수 없다. 뿐만 아니라 믿음으로 들어선 은총의 새 질서가 제자들에게 새로운 삶, 하나님 나라에 합당한 행위를 요청하기 때문에, 그들은 예수께서 요구하시는 새로운 윤리적 요구들을 실천해야 할 새로운 책임하에 놓이게 된다. 어떻게 보면 바로 이것이 그들을 구원하신 본연의 목적이라 해야 할 것이며, 따라서 제자들이 얻은 구원은 명백한 윤리적 방향성을 지닌다고 하겠다(마 21:43; 딛 2:14). 그들의 새로운 신분은 그들의 새로운 삶을 통해서 자명해진다.

그러므로 은혜로 하나님 나라를 경험한 제자들에게 믿음과 행위 또는 신분과 행위를 날카롭게 구분하여 이원론적으로 만드는 것은 복음서에 나타난 예수의 교훈, 심지어 신약 전체의 교훈을 위태롭게 만드는 것이다. 믿음은 하나님의 백성의 신분을 얻을 때만 관여하는 원리가 아니라(갈 2:16) 하나님의 백성답게 살아가는 삶과 행위의 원리이기도 하다(갈 2:20). 따라서 제자들의 윤리가 '믿음의 윤리'faith-ethics라고 하는 이유가 여기에 있다. 믿음이 전제된 윤리, 믿음이 역동적으로 작용하여 나타나는 열매로서의 윤리이기 때문에 그렇다.[1]

값싼 은혜, 쉬운 메시지

예수의 제자된 사람들에게 삶과 행위의 필요성을 인정한다고 문제가 해결되는 것이 아니다. 예수께서 제자들에게 부과하신 윤리적 요청들이 현실교회 속에서 이러저러한 방식으로 '값싼 은혜'cheap grace, '쉬운 복음' easy gospel으로 약화되고 평가절하되는 경향들이 강하기 때문이다. 복음의 윤리적 요청들을 평가절하시키는 방식들은 다양한데, 어떤 것은 신학적 논거를 가진 것도 있고 어떤 것은 현실적 논거를 가진 것도 있다. 예를 들면, 예수의 설교는 죄를 깨닫게 하는 율법이기 때문에 신약시대의 제자들의 생활과 일차적인 관련이 없다고 하거나, 세대주의자들처럼 그것은 미래 천국 헌장으로 주어진 것이기 때문에 현세대의 제자들의 삶과는 관련이 없다고 하는 주장들이다.

여기에다 오직 믿음만 있으면 된다고 하면서 믿음과 행위를 이원화시키려는 오해, 자신의 죄악된 생활을 철저하게 회개하기보다는 구렁이 담 넘어가듯이 타협하는 생활을 은혜로 정당화하려는 경향, 오직 값없이 믿음으로만 구원을 받았으니 삶과 행위는 있어도 되고 없어도 된다는 식의 오

---

1) 박형룡, 『구원론』, 312, 371 참조.

해, 일단 구원받은 사람은 아무리 죄를 지어도 선택하신 사람이기 때문에 천국은 들어간다는 선택교리에 대한 오해, 성경적 상급론의 위치와 기능을 올바로 이해하지 못하고 기독교 윤리의 정당성을 상급론에만 귀속시킴으로써 신자의 삶과 행위가 어떻게 제자 된 본연의 신분에 필연적으로 연관되는지를 깨닫지 못하는 그릇된 경향, 십자가의 풍성한 속죄를 빙자하여 그 우산 속에서 도리어 편안히 죄를 짓고 별 양심의 가책을 느끼지 않는 그릇된 경향 등이 이러저러한 방식으로 예수의 교훈을 '값싼 은혜의 메시지'로 전락시키는 요인이 되기도 한다. 때로는 아주 현실적인 이유들이 값싼 은혜를 뒷받침하는 근거 역할을 하기도 한다. 자신을 부인하고 십자가를 지고 좇으라는 예수의 교훈을 그대로 전하면 현실 교인들이 상처를 받고 교회를 떠날까봐서, 또는 그들이 그런 급진적 교훈보다는 만사형통의 축복교훈을 좋아하기 때문에, 또는 좋은 것이 좋은 것이 아니냐는 식의 이유 때문에 예수의 제자들에게 요청되는 윤리교훈의 준엄성이 이리 깎이고 저리 깎여서 아무런 독특성도 없는 값싼 은혜의 메시지로 전락하게 되는 것이다.

예수의 교훈의 현대적 의의

부드러운 복음, 값싼 은혜의 메시지만을 좋아하는 오늘날 한국교회의 현실 속에서 예수의 교훈은 과연 어떤 의의를 지닐 수 있을까? 예수의 제자가 되고 그를 따른다는 것은 아무런 대가를 치르지 않아도 될 값싼 결정이 아니다. 제자들은 그를 따르기 위해 자신의 가족이나 생계수단을 버려야 할 때도 있었고, 우리 한국교회의 신앙선배들이 바로 그것을 실천하기도 하였다. 자신을 부인하고 십자가를 지고 나를 좇지 않는 자는 내게 합당치 않다는 말씀은 현실에 안주하면서 부드러운 메시지에만 귀 기울이려는 현대인들의 귓전을 때리는 날카로운 말씀임이 분명하다.

예수의 천국 복음은 분명히 십자가의 구속을 전제한 것이다. 기독교 윤리도 십자가 복음에 뿌리를 두고 있고 거기서 출발한다. 아무리 큰 죄라 할지라도 용서하심에 풍성하신 예수 그리스도의 구속의 은총이 없었다면, 그리고 제자 된 사람들에게 준엄한 윤리적 책임만이 요청된다면 그것이 어찌 삭막한 복음이 아니겠는가? 죄를 지었어도 그것을 가슴 아프게 뉘우치고 회개하는 자들에게 십자가라는 푸근한 기댈 언덕이 있음은 예수의 천국 복음이 갖는 현실성이다.

하지만 십자가 구속이 지향하는 것은 예수께서 간음죄를 지은 여인에게 하신 말씀 속에 분명히 함축되어 있다: "나도 너를 정죄하지 아니하노니 가서 다시는 죄를 범치 말라"(요 8:11). 바울도 십자가 구속이 지향하는 분명한 윤리적 방향성을 이렇게 밝힌다: "그가 우리를 대신하여 자신을 주심은 모든 불법에서 우리를 구속하시고 우리를 깨끗하게 하사 선한 일에 열심하는 친 백성이 되게 하려 하심이니라"(딛 2:14). '선한 일에 열심하는 친백성'이 되는 것이 바로 십자가 구속이 지향하는 목적이다.

동일한 메시지가 예수에게서도 발견된다: "누구든지 하늘에 계신 내 아버지의 뜻대로 하는 자가 내 형제요 자매요 모친이니라"(마 12:50). 예수의 가족 공동체의 근본적 특징은 그의 넘치는 구속의 은총에 감사하여 하늘 아버지의 뜻대로 살고자 헌신하는 자들이 되는 것이다. 그것은 상급을 많이 받느냐 적게 받느냐의 차원이 아니라 하나님의 백성의 근본적 정체성 자체와 관련된 요청이기도 하다. 이 점을 소홀히 하고 기독교 윤리의 정당성을 상급론에만 귀착시킨다면 그것은 예수와 바울의 교훈을 크게 약화시키는 일이 될 것이다.

복음서에 나타난 예수의 천국 교훈은 죄에 빠진 자들에게 무조건 은혜만을 선포하여 더 깊은 잠에 빠지게 하는 그런 값싼 메시지가 아닌 것이 분명하다. 그의 말씀은 현대 기독교인들에게 언제나 좌우에 날선 검처럼 마음과 폐부의 깊은 내면의 삶의 동기까지 찔러 쪼개어 온갖 위선을 드러내고, 곪아터진 죄의 상처를 수술하고, 잠에 빠진 현실 교인들을 흔들어 깨우며, 그들의 인식을 선명하고 날카롭게 하여 세상에서 진정한 제자 된 삶이 어떤 것인지 언제나 새롭게 일깨워주는 날선 검 역할을 하도록 해야 한다. 물론 상처받은 자들과 자신의 죄를 기꺼이 회개하며 겸손히 주께 나오는 자들에게 위로의 메시지, 넘치는 구속의 메시지를 반드시 전해야 할 것이다. 예수의 천국 복음이 죄에 빠진 세상에 여전히 유일한 소망이 되는 것은 바로 이 때문이다. 하지만 거기서 멈추어서는 안 된다. 한국교회는 은혜로 얻은 구원의 선물만을 좋아한 나머지 주께서 자신의 고귀한 피로 이루신 구원의 분명한 윤리적 방향성을 상실해가고 있다. 따라서 천국 복음의 은혜적 성격뿐만 아니라 예수의 제자된 자들에게 요청되는 새로운 삶의 길, 즉 '더 나은 의' better righteousness를 드러내고 선포하는 길이 예수의 진정한 의도에 가깝게 접근하는 것임에 틀림없다(마 5:20).

"사랑으로 역사하는 믿음"

한때 예수의 복음 정신과 바울의 복음 정신이 본질적으로 틀린 것처럼 말한 때가 있었다. 왜냐하면 예수께서는 신자의 윤리적 '삶과 행위'를 중요하게 생각하는 반면, 바울은 그것을 깎아내린다고 생각했기 때문이다. 다음 두 구절을 비교해 보자:

"어떤 율법사가 일어나 예수를 시험하여 가로되 선생님 내가 무엇을 하여야 영생을 얻으리이까 예수께서 이르시되 율법에 무엇이라 기록되었으며 네가 어떻게 읽느냐 대답하여 가로되 네 마음을 다하며 목숨을 다하며 힘을 다하며 뜻을 다하여 주 너의 하나님을 사랑하고 또한 네 이웃을 네 몸과 같이 사랑하라 하였나이다 예수께서 이르시되 네 대답이 옳도다 이를 행하라 그러면 살리라 하시니"(눅 10:25-28).

"사람이 의롭게 되는 것은 율법의 행위에서 난 것이 아니요 오직 예수 그리스도를 믿음으로 말미암는 줄 아는 고로 우리도 그리스도 예수를 믿나니 이는 우리가 율법의 행위에서 아니고 그리스도를 믿음으로서 의롭다 함을 얻으려 함이라 율법의 행위로서는 의롭다 함을 얻을 육체가 없느니라"(갈 2:16).

율법의 행위를 강하게 부정하는 바울의 "이신칭의 구원론"justification by faith 때문에 사실 많은 사람들은 바울이 행위 전반을 다 부정하는 것처럼 생각하는 그릇된 경향을 한국교회의 평신도들이나 목회자 속에 깊이 새겨 넣고 말았다. 오래 전부터 한국교회의 평신도들과 일반 목회자들의 의식 세계에는 "행위가 아니라 믿음으로 의롭다 함을 받는다"는 바울의 이신칭의以信稱義 구원론이 깊고도 강력한 영향을 남겼다.

유대주의자들과 논쟁을 주도한 바울의 이 전투적인 구원론은 그들의 대중적 인식 속에서 믿음의 유일 충족성만을 강조하고 행위 전반을 다 부정하는 교리처럼 간주되기 시작하였다. 이신칭의 구원론이 행위를 강하게 부정한다는 피상적인 인식 때문에 신자의 삶의 테두리 안에서조차 행위는 구원론에서 분리되어 떨어져 나오고 그것의 당위성 자체가 크게 약화되거나 무시되는 현상마저 낳고 말았다. 구원 경험은 오직 믿음과만 배타적으로 관계하다 보니 필연적으로 믿음과 행위는 이원론적 대립 속에 빠져들고 믿음만 있으면 다 된다는 '신앙제일주의'fideism를 낳게 만들었다.

믿음과 행위의 이원론적 분리를 야기시키는 '신앙제일주의'의 사고 체계 속에서 행위는 어쨌든 구원론과는 아무런 긍정적 관계를 맺지 못했고 자연히 상급론에 귀속되어버렸다. 여기서 기독교 윤리의 정당성은 필연적으로 천국에서 상급을 많이 받느냐 적게 받느냐는 상업주의적인 윤리로 전락하게 된다. 바로 이러한 그릇된 인식 언저리에 이신칭의 구원론에 대한 대중적 오해가 자리를 잡고 있다. 손봉호 교수도 "우리 나라 기독교의 윤리적인 타락의 가장 기본적인 원인은 소위 은혜로만 구원을 받았다"는 신학적 몰이해에 근거한다고 지적한 바 있다.

하지만 갈라디아서 5:5-6에 보면 사도 바울은 '믿음', '소망', '사랑'이란 세 덕목들이 어떻게 내면적으로 긴밀하게 연관되어 있는가를 잘 보여준다. 그리스도인들은 믿음으로 구원을 얻지만 이 믿음은 미래지향적으로는 소망으로 나타나고 공동체의 현재적인 삶 속에서는 '사랑으로 역사하는 믿음'으로 나타난다. 따라서 이 세 전형적인 기독교 덕목들은 믿음이란 같은 뿌리에서 나온 믿음의 열매, 믿음의 표현들이라고 말할 수 있다.

아브라함이 백 세나 되었어도 하나님이 약속하신 하늘의 별같이 후손들이 많아지리라는 약속과는 달리 육신의 후손 하나 얻을 수 없는 절망의 상태에 있었다. 하지만 그는 "네 후손이 이 같으리라"는 약속 하나만 믿고 소망하면서 살아갔다고 말하지 않는가? 믿음이란 하나님의 약속들이 언젠가 이루어질 줄 믿고 기다리는 소망의 행위이다. 마찬가지로 믿음이란 "사랑으로 역사하는 믿음"이다. 하나님을 믿는다는 것은 결국 마음과 정성을 다하여 하나님을 사랑하고 그의 이웃을 자신의 몸같이 사랑하는 데서 실현되어진다.

한국교회는 이러한 역동적인 믿음의 성격을 상실하고 점차 공허한 믿음으로 만들어가고 있는 중이다. 믿음은 처음 구원을 얻을 때만 작용하는 행위가 아니라 신자의 평생의 삶을 통제하고 지배하는 행위이다. 전폭적인 헌신의 행위로서의 믿음이 결국 처음과 나중까지 모든 신자의 삶을 지배하는 역동적인 원리라는 것을 잊어버려서는 안 될 것이다. 사람들은 믿음으로 구원을 받았기 때문에 끝까지 믿음으로 살아가야 한다(갈 2:16, 20). 이러한 믿음의 특질들을 나타내는 사람들이 가는 나라가 하나님의 나라이다. 그러므로 율법사와 나누었던 예수님의 대화는 이상한 것이 아니다.

사도 요한도 믿음을 가진 자가 멸망치 않고 영생을 얻으리라(요 3:16)고 말하지만 그는 형제를 사랑함으로 사망에서 옮겨 생명으로 들어간 줄을 안다고 말한다(요일 3:14). 하나님의 자녀된 사람의 특징은 습관적으로 범죄하지 않고(요일 3:6) 의를 행하고 형제를 사랑하는 자들이다. 이런 삶의 특질들을 나타내는 하나님의 자녀가 들어가는 나라가 천국이다(요일 3:10). 형제를 지속적으로 미워하는 사람은 결국 그가 참 믿음을 가진 하나님의 자녀가 아님을 스스로 논증하는 것이 아닐까?

예 수 · 바 울 · 교 회 ▶ **부록 3**

장묘문화에 대한 성경적 이해

문제 제기

최근의 통계에 의하면 매년 여의도 면적의 1.2배에 해당하는 약 20여만 기의 새로운 묘지가 생겨나고 있다고 한다. 이것은 전국 학교 용지의 4배에 해당하고 공장 용지의 2배가 넘는 규모라고 한다. 국민 한 사람당 여섯 평에도 못 미치는 주택면적을 가진 데 반해서 묘지 한 기마다 평균 15평이 넘는 면적을 차지하는 셈이다.[1] 이러한 추세대로 나간다면 망자가 산 자들의 삶의 자리를 다 차지하지나 않을까 하는 우려가 점증하고 있다. 전국의 산야가 묘지로 잠식되는 것은 국토의 효율적 이용을 저해할 뿐만 아니라 또한 자연환경의 훼손과 장묘의 급증으로 인한 환경오염 문제까지 심각하게 일으키는 추세에 있다.

최근 일반 사회뿐만 아니라 기독교계도 국토의 묘지 잠식의 심각성을 깨닫고 화장이라든지 납골당과 같은 문제들을 신학계에서나 교단 내에서 공

---

[1] 송길원, "화장(火葬) 문제에 대한 사회 문화적 논의," 『성경과 신학』 26 (도서출판 하나, 1999), 8.

론화하고 있다.[2] 본 교단도 최근의 이러한 여론에 따라서 총회를 통해 납골당 문제가 여러 차례 거론이 되었으나 보류된 상태에 있다. 금번에 본 교단 총회 소속 신학위원회가 화장과 납골당 문제를 토론과 공론화의 장으로 끌어낸 것은 바람직한 일로 보인다. 필자는 성경신학자로서 총회 신학위원회가 위임한 문제, 즉 납골당에 대한 성경신학적 평가에 초점을 맞추고자 한다. 대신 화장이나 납골당에 관련된 사회문화적 배경에 대한 토론은 다른 발제자가 맡게 될 것이다.

동아원색세계대백과사전은 '납골당'을 이렇게 설명한다: "시체를 화장火葬하여 그 유골을 그릇에 담아 모셔 두는 곳. 줄여서 골당骨堂이라고도 한다. 대개는 무연고자無緣故者나 묘지의 관리를 하기가 어려운 사람, 또는 저승을 불력佛力에 의지하고자 하는 사람의 유언에 따라 그 유골을 사원寺院에 모셔 두고 기일忌日 등에 제를 올렸다."[3] 따라서 납골당은 장묘 방식으로서 '화장'火葬과 밀접한 관계를 지닌다. 죽은 자를 화장하는 풍습은 유럽에서는 신석기 시대부터 시작된 것으로 알려지고 있으며, 동양에서는 주로 불교문화권에서 행해지고 있다. 기독교인들이 화장과 납골당에 대해서 거부감이 많은 것은 아마도 그것이 지닌 불교의 이러한 종교적 배경 때문일 것이다. 필자는 우선 성경 본문들을 다룰 때 주의해야 할 해석학적 개념들을 비평적으로 구분한 뒤에 신구약 성경에 나타난 장묘문화에 대하여 기술하고 이러한 역사적 기술에 기초하여 신구약 시대의 매장문화와 죽음

---

2) 『신학지남』 258호(1999, 봄호)의 "특집: 기독교와 장례문화"에서 총신대학교 교수들의 견해들이 대표적이다: 김의환, "한국교회와 장례문화," 7-14; 박아론, "장례문화에 대한 고찰," 15-28; 권성수, "장례문화의 발상 전환을 위한 제언," 29-45; 최몽석, "죽음, 그 이후: 기독교 장례방식의 이론적 근거 제공을 위한 논의," 46-82; 이상원, "장묘방식에 관한 기독교윤리학적 성찰," 83-108; 그리고 한국복음주의신학회의 논문집 제26권, 『성경과 신학 26』(도서출판 하나, 1999)에 실린 다양한 학자들의 견해 등이 대표적이다. 이외에도 이장우, "화장(火葬), 글쎄요……" 『기독교사상』 제483호 (1999년 3월) 등 다수의 최근 관련 논문들이나 세미나 발표 논문들이 있다.

3) 『동아원색세계대백과사전』(동아출판사, 1989), Vol. I, 176.

이해에 대해 평가하고자 한다. 그리고 마지막으로 과연 화장과 납골당을 성경신학적으로 받아들일 수 있는가에 대해 결론적 관찰과 제언을 제시하는 방식으로 논의를 진행하려고 한다.

해석학적 개념들에 대한 선이해

성경을 하나님의 말씀으로 믿는 기독교인들이라면 그들은 성경을 자신의 행위와 사고의 유일한 법칙으로 고백할 것이다. 오늘날과 같이 복잡한 사회 속에서 전통사회가 경험하지 못한 새로운 수많은 문제들과 이슈들이 생겨나지만, 기독교인들이 여전히 상대주의적 사고와 윤리에 함몰되어 길을 잃지 않는 것은 성경의 말씀에서 그러한 문제들에 대한 판단의 논리적 준거를 발견할 수 있다고 믿기 때문이다. 문제는 성경에 대한 해석에 있다. 단순히 어떤 것이 성경에 기록되어 있기 때문에 그것에 규범적 권위를 부여하여 오늘날의 복잡한 사회에도 문자적으로 적용하려는 사람도 있겠지만, 좀더 조심스럽게 살펴보면 성경에 기록된 말씀 중에 어떤 것은 현대 그리스도인들에게 규범적인 구속력을 지니지 못한다고 판단하는 사람도 있다. 성경은 시대를 초월하는 계시적인 문헌이지만 그 계시는 역사 속에서 특정한 사람들의 언어와 문화의 옷을 입고 전달되었다. 따라서 성경의 진술이 당시대인의 사고와 문화를 단순 서술한 것인지 아니면 오는 세대의 모든 사람들에게 적용되어야 할 계시적 말씀인지를 구분하는 해석학적 이해의 틀을 확립하는 일이 우선적으로 필요하다.

1. "서술적인가"Descriptive "규범적인가"Prescriptive?

전자는 성경의 특정 진술이 당시대인의 생각이나 문화 또는 풍습을 단순 기술한 것이기 때문에 당시에는 의미가 있었을지 모르지만 현대 기독교인들에게는 더 이상 구속력을 가질 수 없는 단순 역사적 기술들을 가리키고, 이와는 달리 후자는 성경의 특정 진술이 모든 시대를 초월하여 적용될 수 있는 계시적인 내용을 담고 있어서 현대인들에게도 규범적인 의미를 지닌다고 사료되는 신학적인 기술들을 가리킨다.[4]

이런 식의 구분은 바람직하기는 하지만 실제로 그것을 성경의 특정 본문 주석에 적용하는 일은 결코 쉬운 일이 아니다. 기생 라합은 자신의 동족들을 배반하고 여리고에 잠복해 들어온 이스라엘의 정탐꾼들을 숨겨준 대가로 여리고 함락 때에 자신과 자신의 가족들만이 생존할 수 있었는데(수 6:17, 25), 과연 기생 라합의 행동은 어떤 의미에서 현대 기독교인들에게 규범적인 의미를 지니는가(cf. 히 11:31)? 고린도 교회는 함께 모여서 예배를 드릴 때 찬송시, 교훈의 말씀, 계시, 방언, 방언 통역 등을 자유롭게 허용하는 매우 카리스마적 성격이 강한 예배를 드렸는데(고전 14:26), 고린도 교회의 예배를 묘사하는 바울의 진술은 오늘날 모든 현대 기독교회에 예외 없이 적용되어야 하는가 아니면 고린도 교회의 특이한 예배 상황에 대한 단순 서술에 불과한 것인가?

구약 학자 카이저 W. C. Kaiser 박사는 구약에 기록된 모든 진술들이 성경에 들어있다고 해서 모두 규범적인 성격을 지닌 것이 아니라고 말한다. 예를 들면, 성경의 기록은 흔히 믿음의 인물들의 위선, 거짓말, 간음, 근친상간, 저주, 살인 등과 같은 부도덕한 행위들에 대한 보도들을 담고 있지만 그러한 보도들이 성경에 기록된 내용이라고 해서 거기에 규범적인 의미를 부여하기는 어렵다. 카이저의 말을 인용해 보자.

---

[4] 구약의 장묘문화와 관련하여 이러한 해석학적 개념들을 구분할 필요를 강조한 학자로는, 정원범, "책임윤리의 입장에서 본 오늘날의 장묘문화," 『神學과 文化』 10집 (대전신학대학교, 2001), 228–229를 보라.

어떤 한 사람 또는 어떤 한 주목할 만한 행동을 추천한다고 해서 구약에서 인용된 남녀들의 모든 측면을 다 추천한다는 것을 뜻하지 않는다. 그리고 그러한 원리와 더불어 또 다른 원리를 주목해야 한다: 성경의 어떤 한 사건을 보도하거나 기술한다고 해서 그것을 칭찬하거나 추천하는 것으로 동일시해서도 안 되고, 또한 그러한 행동 또는 특징을 이후 시대의 모든 독자들이 본받아야 할 규범으로 삼아서도 안 된다. 우리는 끊임없이 명백한 진술들, 그리고 근접 및 원접 문맥에 기초해서 성경이 교훈하는 것과 성경이 단순히 기술하는 것 사이를 구분해야만 한다.[5]

비록 성경의 어떤 말씀이 규범적인 것으로 판단된다 할지라도 여전히 제기되어야 할 문제는 "그것이 어떤 방식으로 규범적인가" 하는 것이다. 데이비드 켈시David Kelsey는 성경의 말씀을 윤리 영역에 적용할 수 있도록 신학화할 때 성경을 사용하는 세 가지 모델을 제시한 바 있다.[6]

첫 번째 모델은 성경을 '합목적적인' 방식으로 사용하는 것인데 성경 말씀을 교리의 분명한 가르침으로 Warfield, 또는 중심 사상이나 개념을 제공해 주는 근거로 사용하고자 한다 Bartch, Wright. 두 번째 모델은 성경을 사용할 때 그것이 지닌 '증거적' 역할을 강조하기 때문에 흔히 이것을 '구체적 현실성'의 모델이라 부른다 Barth. 세 번째는 '이상적인 가능성'의 모델인데, 성경을 "참된 실존"을 지시하거나Bultmann 또는 그리스도를 통해 중개되는 능력을 지시하는Tillich 이미지들로 구성되어 있다고 본다.

이들 세 모델은 성경을 서로 다른 이유들 때문에 사용한다: 첫 번째는, 윤리적 지침을 발견하려고 성경을 사용하기 때문에 주로 성경의 규범적 성

---

[5] W. C. Kaiser, *Toward Old Testament Ethics* (Grand Rapids: Zondervan Publishing House, 1983), 283.
[6] David H. Kelsey, *The Use of Scripture in Recent Theology* (Philadelphia: Fortress, 1975), 161.

격에 주목하고, 두 번째는, 예수 그리스도가 윤리적 결단을 내릴 수 있는 최선의 환경이라고 생각하고 그를 개인적이고 실존적으로 본받는 일에 주목하고, 세 번째는, 성경의 이미지들, 상징, 그리고 신화를 수단으로 해서 참으로 "인간답게" 된다는 것이 무엇을 뜻하는지를 발견하고자 한다. 보수적인 한국 교회들이 성경을 사용하는 방식은 첫 번째 모델에 가깝기는 하지만, 이것이 관련된 모든 문제들을 다 해결해 주지 못하는 것도 사실이다.

성경에서 매장을 지칭하는 진술들이 계시된 하나님의 말씀으로서 오늘날의 현대 기독교인들에게 여전히 규범적으로 적용되어야 하는가, 아니면 그것들은 단순히 성경 시대의 삶의 행태들을 단순 기술한 것이기 때문에 더 이상 현대인들에게 구속력을 지닐 수 없다고 보아야 하는가?

2. "문화적인가"Cultural "신학적인가"Theological?

상기 해석학적 개념 구분과 내면적으로 연관된 또 다른 구분은 성경의 특정한 진술이 "문화적인" 기술인가 아니면 "신학적인" 기술인가를 분간하는 것이다. 겉보기에 단순하고도 손쉬운 구분이기는 하지만, 성경 시대의 문화가 다분히 종교적 배경을 지닌 것이기 때문에 그것을 성경 시대 인물들의 신학적 사고와 손쉽게 떼어놓거나 분리시키기 어려울 때가 있다. 하나님의 말씀은 시대를 초월한 계시이지만 그것은 항상 특정한 시대 속에서 특정한 문화와 역사의 옷을 입고 표현된다. 성경 시대의 문화적 관습들이 계시를 전달하는 수단이 된 것은 분명하면서도 시대가 바뀌면서 계시의 말씀을 전달하는 데 수단으로 사용되었던 성경 시대의 언어와 문화, 관습, 제도, 사고방식들이 성취의 시대에 들어서면서 폐지되거나 아니면 새로운 의미 차원에서 달리 해석되기도 한다. 구약의 제사제도가 그 시대 사람들에게 계시성을 지닌 제도였지만 성취의 시대 속에서 그 형식과 내용은 폐지와 성취의 구도 속에 놓이게 된다.

　매장문화는 어떤가? 그것도 고대 이스라엘에서 계시의 말씀을 전달하는 도구로 사용되기도 했지만 신약의 계시 가운데 드러난 부활의 전망 속에서 매장이 부활을 준비하는 유일하고도 규범적인 명령인지는 의문시될 수밖에 없다. 성경 시대의 매장문화가 계시를 전달하는 수단이 될 수는 있지만 종말론적인 성취의 시대에 그것은 전혀 다른 빛 속에서 이해될 수도 있다.

　문화는 고정화되어 있지 않고 항상 시대적 변화의 역동성을 갖는다. 복음이 서양에 뿌리를 내려 서양의 독특한 기독교 문화라는 꽃을 피웠지만, 서양 선교사들은 그것이 복음의 본질이라도 되는 것처럼 서양의 기독교 문화를 치켜세우고 전파하기도 하였다. 복음이 문화의 옷을 입을 때 그것은 어차피 역사적 시대성을 띨 수밖에 없다. 기독교 문화 자체가 복음의 정신을 반영하기도 하지만 주변의 문화와 교류하면서 전혀 다른 형태의 기독교 문화를 만들어내기도 한다. 따라서 각 시대의 기독교 문화 역시 복음 속에 담긴 초월적 계시의 빛 속에서 다시 한번 비평적으로 검토될 필요가 있다. 이것은 성경 시대의 문화에도 적용될 수 있지 않을까? 문화는 복음을 전달하는 방식도 될 수 있지만, 그것은 또한 언제나 시대성을 갖기 때문에 복음에 의해 새롭게 변혁될 필요도 있다.

　매장과 화장 중에서 어떤 것이 성경적인가를 논하는 최근의 논란 속에서 학자들은 문화의 이러한 특성을 간과하는 경향이 있다. 한국과 같은 사회에서 "화장"火葬은 흔히 불교적인 세계관에 기초하여 행해져 왔기 때문에 신학적으로 용납될 수 없다고 주장하는 사람들도 있을 수 있고, 또는 비록 그것이 불교 세계관에서 유래된 것을 인정한다고 할지라도 장묘문화는 시대마다 그 본래의 종교적 색채가 탈색되고 새로운 의미들이 부여되는 역동적인 문화 발전의 과정을 반영하기 때문에 기독교인들이 새로운 의미를 부여하여 실행하면 된다고 보는 사람들도 있다.7) 전자의 입장을 취하는 전형적인 학자는 총신대학교 이상원 교수이다. 그는 어떤 행동관습의 타당성을 따질 때는 반드시 "그 관습과 긴밀하게 연결되어 있는 넓은 의미의 종교적 관념들과 그것이 유가족이나 공동체 또는 사회에 끼칠 수 있는 물질적이고 정신적인 영향과 결과 등"8)을 종합적으로 고려해야 된다고 본다. 무엇보다도 장례의식은 인간의 그 어떤 의식들보다도 가장 종교적인 성격이 강한 의식이기 때문에 한국과 같은 불교문화권 사회에서 화장이 지니는 종교적 의미를 쉽게 떼어놓기 힘들다는 것이다. 하지만 이러한 논리는 매장을 선호하는 이 교수의 주장을 뒤집는 방식으로 적용될 수도 있다. 한국사회에서 화장이 불교적 세계관에 깊이 영향을 받은 관습인 만큼 매장 역시 유교적 세계관에 깊이 영향을 받은 관습이기 때문에 그렇다.

정원범 교수는 매장 중심의 장묘문화는 혼백과 신주 숭배를 중심으로 하는 유교적 상례일 뿐 아니라 음양론과 오행설을 기반으로 조상의 묘자리가 후대의 성쇠를 좌우한다는 풍수지리설을 배경으로 한다는 점에서 강력한 장묘문화의 변혁이 필요하다고 역설한 바 있다. 그는 "우리 나라의 장묘제도는 종교적 배경을 가지고 있는데 화장법이 불교의 영향 아래서, 매장법이 유교와 풍수지리설의 영향 아래서 형성되었다는 점에서 화장법과 매장법은 모두가 이교적 장법"9)이라고 주장한다. 화장법이 불교적 세계관의 영향 아래 있기 때문에 거부되어야 한다면, 매장법도 역시 유교와 풍수지리설의 영향 아래 있기 때문에 동일한 논리로 거부되어야 하지 않을

---

7) 이러한 견해를 피력하는 대표적인 학자는, 정원범, "책임윤리의 입장에서 본 오늘날의 장묘문화," 『신학과 문화』 10집 (대전신학대학교, 2001), 230ff.
8) 이상원, "장묘방식에 관한 기독교윤리학적 성찰," 『신학지남』 258호 (1999, 봄호), 87f.
9) 정원범, op. cit., 233; cf. 신만호, "화장은 과연 성경적인가? 성경적 장묘제도 연구," 총신대학교 신학대학원 석사학위논문 (2001), 17.

까? 성경이 매장법을 선호한다는 단순한 이유 때문에 그것에 규범적 의미를 부여하여 한국적 상황에 그대로 수용하려는 것은 순진하기 짝이 없다. 왜냐하면 한국적 상황에서 매장 역시 수많은 이교적 배경을 지닌 장묘제도임이 분명하기 때문이다. 성경에 언급된 매장문화를 한국의 상황에서 받아들이는 순간 두 이질적인 문화들 사이에 이미 지평융합Horizontschmelzung이 일어난다고 보아야 한다.10) 화장이든 매장이든 한국사회에서는 전통 종교의 세계관에 깊이 묶여 있기 때문에 그것 중에 어떤 것을 택하든 간에 성경적 세계관에 따른 문화변혁이 요청된다.

이상원 교수의 주장은 우리가 주목해야 할 또 다른 해석학적 구분, 즉 성경 보도의 "신학적" 타당성의 성격에 주의를 기울이게 한다. 그는 행동관습의 정당성 여부를 따질 때는 단지 교리적인 타당성만이 고려의 대상이 되는 것이 아니라, 그것이 공동체나 사회에 끼치는 영향이나 결과 등도 종합적으로 고려해야 한다고 본다. 여기서 "신학적 타당성"이란 것은 일차적으로 이 교수가 말하는 "교리적 규범성"과 연관되겠지만, 그는 신학적 타당성의 개념을 확대하여 어떤 행동관습이 공동체나 사회에 끼치는 영향이나 결과 등을 종합적으로 고려하여 타당성을 따지는 것까지 포함시키는 것이 분명하다.

어떤 행위가 교리적인 규범성을 갖는다는 것은 그것이 계시적 준거에 기초하고 있기 때문에 시대를 뛰어넘어 누구에게나 구속력을 갖는다는 것을 뜻하는 반면에, 다른 행위는 교리적 규범성을 갖지는 않지만 비슷한 가치

---

10) H. G. Gadamer, *Wahrheit und Methode. Grundzuge einer philosophischen Hermeneutik* (J. C. B Mohr: Tübingen, 1965); 또한 가다머 교수의 "지평융합" 이론에 대한 A. C. Theiselton, *The Two Horizons: New Testament Hermeneutics and Philosophical Description with special reference to Heidegger, Bultmann, Gadamer and Wittgenstein* (Exeter: The Paternoster Press, 1980), 293-326.

관을 공유하는 공동체 구성원에게 부정적인 영향이나 결과를 끼치게 될 때에 바람직하지 않거나 나쁜 행위로 치부되기도 한다. 하지만 이 경우에 그러한 행위가 시대가 바뀌어 그러한 가치관을 더 이상 공유하지 않는 다른 공동체 구성원들에게는 아무런 부정적 평가의 대상이 되지 않는 경우도 있다. 예를 들면, 우상에게 바쳐진 고기나 부정한 음식을 먹지 않는다거나 부정한 물건을 만지지 않는 일은 구약 시대의 이스라엘 백성들에게는 구속력이 있는 규범이었지만, 신약 시대에 이방 선교를 하는 상황에서 바울은 각 신자의 자유로운 양심의 판단에 맡기곤 한다(cf. 고전 8:9-13).

문제는 유대 기독교인들과 이방 기독교인들이 함께 신앙생활을 하는 경우다. 이런 상황에서 이방 기독교인들이 유대 기독교인들의 "약한 양심"을 고려하여 우상 제물이나 부정한 음식을 먹지 않는 행위 역시 넓게는 "신학적 타당성"을 가진다고 할 수 있다. 하지만 유대 기독교 형제들 앞에서 우상제물이나 부정한 음식을 먹지 않는 행위는 그들이 처한 특수한 상황에서 옳다고 추천되기는 하지만 그러한 상황을 일단 벗어나게 되면 어느 시대 상황에서나 추천되는 것은 아니다. 이것은 신학적 타당성이란 개념도 어떤 경우에는 문화적 적용의 탄력성을 지니는 측면이 있음을 시사해주지 않을까?

이 교수가 "매장은 성경이 인정하고 있는 유일한 장묘방식"[11]이라고 했을 때 전자의 의미로 말한 것인가 아니면 후자의 의미로 말한 것인가? 물론 그는 자신의 논문 서두에서 이미 "화장은 기독교인이 개인적으로 선택할 수 있는 하나의 가능성으로서는 인정할 수 있다"[12]고 전제하기는 한다. 그러나 매장이 성경이 인정하는 유일한 장묘방식이라는 그의 단호한

---

11) 이상원, "장묘방식에 관한 기독교윤리학적 성찰," 101.
12) *Ibid*., 84.

선언적 주장은 매장의 타당성을 교리적 규범으로까지 끌어올리려 하는 것이 아닌가 하는 의심이 생긴다. "유일한"이란 수식어가 너무 강력한 뉘앙스를 지니고 있어서 결국 매장과 화장 사이에서 기독교인 개인이 선택할 수 있는 선택의 폭을 대폭 위축시키거나 축소시켜 버리지 않나 여겨지기 때문이다. 우리는 여기서 성경에 나타난 매장문화는 성경적 세계관에 합치되는 "유일한" 장묘방식일 뿐만 아니라, 화장은 성경에서 형벌적 의미를 지니고 있고 더욱이 한국 사회에서는 불교적 세계관에 깊이 채색된 장묘방식이기 때문에, 화장은 교회가 수용해야 할 장묘방식일 수 없다는 단선적 논리를 발견하게 된다.

하지만 한국사회에서 매장 역시 유교와 풍수지리설의 종교적 세계관으로 깊이 채색된 것일 뿐만 아니라 성경의 매장문화 역시 근동 아시아의 장묘방식에 영향을 받은 것이 분명하기 때문에 이상원 교수의 주장과는 정반대의 논지도 성립될 수 있다. 여기서 우리는 장묘문화가 어느 시대나 구속력을 지닌 "교리적 규범성"을 지닌 것인지 아니면 문화적 적용의 탄력성을 지닌 "시대적인 윤리적 적합성"을 지닌 것인지를 물어야만 한다.

성경에 나타난 장묘문화에 대한 서술

필자는 앞에서 성경의 진술이 해석학적으로 어떤 의미를 지닌 진술인지를 살펴보았다. 해석학적 개념들의 구분에 대한 충분한 선이해가 없으면 성경의 진술을 해석할 때 상당한 혼선이 생겨날 수 있기 때문이다. 이제 우리는 신구약 성경이 묘사하고 있는 장묘문화에 대해서 사실적으로 서술하는 데 초점을 맞추고자 한다. 우선 필자는 성경 저자들이 매장방식과 거기에 담긴 그들의 문화와 이해들에 대해서 어떻게 기술하고 있는지를 살피고 또한 그들이 화장에 대해서는 어떤 이해를 갖고 있는지를 차례로 서술하고자 한다.

1. 신구약 성경에 나타난 매장과 장묘문화

(1) 이스라엘의 매장문화

죽은 자의 시신을 매장하는 것은 신구약 전체의 역사 속에서 거의 유일하게 발견되는 유대인들의 관습이다.[13] 그것은 이스라엘 족장 시대 초기부터 존재한 것이 분명하다(창 23:4; 25:9; 신 10:6; 34:6). 구약성경에서 시체가 땅에 매장되지 않거나 매장한 뒤에 다시 파헤쳐져서 짐승의 먹이가 되는 것은 치욕 그 자체였고 심판의 상징이었다(왕상 14:11; 16:4; 왕하 9:37; 시 79:3; 렘 7: 33; 8:1; 16:4, 6; 22:19; 겔 29:5; 계 11:9). 피를 덮지 않고 방치하면 보복을 불러일으키게 되고(겔 24:8) 하나님이 주신 거룩한 땅을 더럽히는 일이 된다(신 21:1-9). 비록 범죄자라고 할지라도 죽으면 매장을 하도록 허락이 되었으며(신 21:22f) 길을 가다가 죽은 자를 발견하게 되면 그를 매장하는 것이 이스라엘 사람의 마땅한 의무이기도 하였다(Tob. 1:8; 2:8).[14] 보통 사람이 죽으면 서둘러 묻어야 했는데, 이것은 시체 접촉이 사람을 부정하게 만든다는 정결법상의 인식 때문일 수 있다(민 19:11-16; 겔 43:7; 학 2:13; cf. 창 23: 4).[15] 나무에 매달린 시체들도 해 저물 때까지 방치되어서는 안 되었다(신 21:23).[16]

---

[13] J. B. Payne, "Burial," in *The International Standard Bible Encyclopedia*, ed. by Geoffrey W. Bromiley, Vol. I (Eerdmans: Grand Rapids, Michigar., 1979), 556. 본장의 내용은 주로 J. B. Payne의 상기 논문에서 온 것이며 때로는 R. Hachlili, "Burials," in *The Anchor Bible Dictionary*, Vol. I에 실린 글도 참조하였다.

[14] 아야의 딸 리스바의 경우에 새들의 먹이가 되지 못하게 한 것은 예외적인 경우이다(삼하 21:10).

[15] 물론 이런 이유 외에도 시체가 쉽게 부패하기 때문에 그럴 수도 있고 가족들로 하여금 과도한 슬픔에 잠기지 않게 하려는 이유 때문일 수도 있으며, 시체를 산 자의 집에 너무 오래 남겨두지 않으려는 심리 때문일 수도 있는데 더욱이 하나님의 심판을 받아 죽은 자의 경우는 더욱더 그러하였다(레 10:4; 행 5:6, 10).

(2) 이스라엘의 장례 절차

각 시대마다 장례를 준비하는 예식 절차는 조금씩 다르기는 하지만 패인 J. B. Payne에 따르면 대체로 다음 네 단계로 이루어진다.

첫째는, 가족이 담당하는 의무들이다. 사람이 죽으면 가족들은 곡하는 소리를 시작하게 되고 슬피 울며 금식을 하기도 한다(삼하 1:12; 18:33; cf. 막 5:38). 때로는 가족이 애정의 표현으로 죽은 자에게 입맞춤을 하거나 끌어안기도 한다(창 50:1). 가족은 시체를 씻고(행 9:37), 향을 바르고(요 12:7; 19:39), 생전처럼 옷을 입히고(cf. 삼상 28:14), 손과 발을 천으로 감기도 하고(Sir. 38:16; 요 11:44) 얼굴을 수건으로 덮거나 감기도 한다(요 11:44). 이런 일들은 보통 죽은 자의 사랑하는 친척들이나 친구들, 대체로 여자들이 담당하였다(cf. 눅 23: 54-24:1).

둘째는, 시신에 향재료를 바르는 절차이다. 역대기에 언급된 '각양 향재료'(대하 16:14)는 시신을 보존 처리하는 재료였다기보다는 Egypt 그것을 정결케 하기 위한 재료였던 것으로 보인다. 예수를 매장할 때 니고데모와 여인들이 사용한 많은 향재료는 아마도 존경의 표시로 사용되었을 것이다(요 19:39; 막 16:1). 구약에서 시신에 향재료를 넣는 일을 언급하는 유일한 구절은 야곱과 요셉의 장례의 경우에만 나타나는데(창 50:2f, 26), 이것은 사람과 동물의 사체를 썩지 않게 보존하려는 이집트의 독특한 시신 처리 방식을 나타내 준다.[17] 창세기 보도에 따르면 야곱의 시신에 향재료를 넣는 데만 40일이 걸렸으며 이런 일은 '수종 의사들'에 의해서 수행되었다.

---

16) 예수께서 십자가에 달려 죽은 당일 날에 매장된 것도 신명기의 금지 규정에 따른 것으로 보인다 (마 27:57-59; 갈 3:13).

17) J. B. Payne, "Burial," in *ISBE*, 557. Herodotus와 Diodorus Siculus의 비문들에 이집트 시신 처리방식이 잘 나타나 있다.

셋째는, 애곡하는 절차이다. 고대인들에게 죽음은 언제나 재앙이었다. 따라서 비통한 마음으로 애곡하는 것은 성경이나 고대 기념비들에 자주 등장한다(사 15:2; 렘 47:5; 48:37). 성경은 과도하게 애곡하는 일을 비판하기는 하지만 근동 아시아의 애곡 습관이 이스라엘 문화에도 깊숙이 침투해 들어온 것도 사실이다. 애곡은 죽은 자를 위한 자연스러운 감정의 발로이기는 하지만, 때로는 옷을 찢거나(삼하 1:11; 13:31; 욥 1:20), 굵은 베로 허리를 묶거나(창 37:34; 삼하 3:31), 머리털이나 수염을 베거나(렘 7:29; 미 1:16), 손을 머리 위에 얹거나(삼하 13:19; 렘 2:37), 자신의 머리 위에 재를 뿌리며 통곡하거나(겔 27:30), 극심한 경우에는 금식하기도 하였다(삼하 1:12). 보통은 가족들이 애곡하지만 가끔은 전문 애곡꾼들을 고용하기도 하였다(전 12:5; cf. 렘 9:17; 암 5:16). 자신의 살을 베거나(렘 47:5) 죽은 자를 위해 머리털을 뜯는 등의 가장 전형적인 이교적 관습들은 모세 율법에서 금지되었으나(레 19:28; 신 14:1) 이스라엘 백성이 의무적으로 순종한 것 같지는 않다(렘 16:6).

넷째는, 장례 행진이다. 다른 준비들이 다 완료되면 시신을 관이나 멍석 위에 올려 들 것으로 메게 된다(눅 7:12-14; 삼하 3:31). '들 것' *mitta*은 양쪽 막대기로 지탱한 것으로 보이는데, 이들 막대기를 갖고 시신을 어깨에 메어 무덤으로 운반한다. 앞선 애곡자들이 뒤를 따르고 뒤에는 상복을 입은 전문 애곡꾼들이 따라 온다(삼하 14:2). 이집트 장례 절차를 따르는 장례 행진은 야곱의 시신을 이집트에서 팔레스틴에 있는 무덤까지 운반한 이야기에 잘 묘사되어 있다(창 50:7-11).[18]

---

[18] 보통 무덤은 죽은 자가 살던 마을 인근 근처에 위치한 경우가 많지만 야곱의 경우에는 극히 예외적인 사례이다.

(3) 이스라엘의 무덤들

지금부터 필자는 고대 이스라엘 시대부터 어떤 형태의 무덤들이 사용되었는가를 살피려고 한다. 중요한 것은 어떤 특정한 한 형태의 무덤이 사용되었다기보다는 시대마다 각기 다른 필요에 의해서 무덤 형태들을 발전시켜 왔다는 사실이다.

❶ "토장 무덤"Earthen Graves | 이것이 아마도 가장 원시적인 형태의 무덤일 것이다. 특정한 주거지가 없는 사람들의 시신의 경우에는 길가에 매장했는데 나무로 표시를 하거나(창 35:8) 돌비를 세우곤 하였다(창 35:20). 창세기에 "상수리 나무 아래 장사했다"는 보도는 바로 이러한 원시적인 토장 매장 관습을 시사해준다. 고대 이스라엘에서는 관은 사용되지 않았는데, 성경에서 관coffin 사용이 유일하게 언급된 곳은 야곱의 시신에 향재료를 넣고 관에 넣었다는 창세기 기사뿐이다(창 50:26). 야곱의 시신에 향재료를 넣어 입관시키는 관습은 신학적 배경을 갖기보다는 단지 이집트의 시신 처리방식에 따른 것이다.

조촐한 무덤 하나조차 마련할 능력이 없었던 대다수의 서민들의 경우에는 시신을 매장지에 옮긴 뒤에 땅에 묻고 짐승이 파헤치지 못하게 하려고 그 위에 돌무더기를 쌓기도 하였다. 아간이나 압살롬의 무덤에 '큰 돌무더기'를 쌓은 것은 때로 치욕의 함축을 갖기도 한다(수 7:26; 삼하 18:17). 팔레스틴 유적지들을 발굴해 보면 아이들의 시신의 경우에는 집안에다 매장하는 경우도 자주 발견된다. 마루 밑 깨진 "항아리 단지"Pots 속에 넣어 매장하거나 유아들을 희생제사로 드리는 경우에는 집터 밑에 매장하는 경우도 발견된다(cf. 왕상 16:34). 하지만 히브리인들이 집안에 매장하는 경우는 예외적인 현상으로 보이며 사무엘(삼상 25:1), 요압(왕상 2:34), 열왕들과 같은 지도자들에게만 나타난다.[19]

보다 발전된 형태의 무덤들은 이스라엘 이전 시대, 이스라엘 시대, 그리고 그리스-로마 시대로 구분하여 살펴볼 필요가 있다.

❷ "석궤형 무덤"Stone Tablets │ 이스라엘 이전 시대의 팔레스틴에서 가장 일찍 발굴된 형태는 주로 요단 동편에서 발견되는 "석궤형 무덤"이다. 아마도 이것은 달리 알려져 있지 않은 선사시대 유목민의 유물로 보인다.[20]

❸ "동굴형 무덤"Cave Tombs │ 초기 청동기 시대B. C. 3000-2000년가 도래하면서 자연 굴이나 암반을 인위적으로 깎아낸 "동굴형 무덤"이 주도하기 시작하였다.[21] 아브라함의 부인 사라를 매장할 때나(창 23:19) 후에 그의 가족 구성원들을 매장할 때 헤브론에 있는 막벨라 굴속에 매장한 것이 바로 이러한 동굴형 무덤 패턴을 따른 것이라 할 수 있다. 청동기 중간 시대B. C. 2000-1550년에 이르면 작은 음식 그릇들이 출토되기 시작하고 동굴 안에 수직 벽들이 치장되기 시작한다. 부유한 집안마다 가족 무덤을 소유하게 되고 시신을 안치하기 위해 돌로 만든 선반이나 의자들을 설치하기도 한다.

❹ "내실형 무덤"Chamber Tombs │ 여호수아가 가나안을 정복하기 이전과 이후 시대는 후기 청동기 시대B. C. 1550-1200년에 속한다. 이 시대에는 언덕의 절벽면을 깎아내어 만든 "내실형 무덤"이 주도적인 무덤 형태가 된다. 내려가는 돌계단도 있고 입구는 큰 돌들로 막곤 하였다. 내실 한층 밑으로

---

19) 이런 경우에도 집안 자체라기보다는 집의 경계선이나 정원을 가리킬 가능성이 있다(cf. 대하 33:20; 왕하 21:19; 요 19:41).
20) 이러한 석궤형 무덤에 대해서는 E. M. Bloch-Smith, *Judahite Burial Practices and Beliefs about the Dead* (Sheffield: JSOT Press, 1992), 55; cf. also 우택주, "고대 이스라엘과 유다의 장례의식," 『성경과 신학』 26 (1999), 48. 우 교수에 따르면 이러한 석궤형 무덤은 "팔레스틴 해안과 저지대(이스르엘, 벳산, 요단계곡)의 주민들, 주로 '가나안인'이라 부르는 집단이 실시했다"고 한다.
21) S. Loffreda, "Iron Age Rock-Cut Tombs in Palestines," *Studies Biblici franciscani Liber Annuns 18* (1968), 244-87.

또 다른 내실을 파서 시체가 분해되어 유골만 남게 되면 그것들을 그곳에 옮겨 놓곤 하였다.[22] 여러 세대의 가족들의 유골이 이렇게 가족 무덤에 함께 안치되는 경우가 많아서 "자기 열조에게로 돌아간다"(창 25:8; 49:33)는 구약의 표현들은 바로 이 경우를 지칭한다. 후기 청동기 시대의 가나안 사람들은 죽은 자의 시신과 함께 그가 사용하던 여러 장식물들, 무기들(예로 칼 등, 겔 32:27), 토기 등잔, 기름 단지, 음식 그릇들 등을 묻었다.

이스라엘 시대의 팔레스틴은 주로 철기 시대B. C. 1200-900년를 반영하는데 후기 사사들과 초기 왕정 시대에 해당한다. 이 시대에 이스라엘은 어떤 독자적인 무덤 패턴을 발전시킨 것은 아니고 가나안인들 중에서 유행하던 가족 무덤 관습을 따랐다. 사사기 저자가 죽은 기드온을 "그의 아비 요아스의 묘실에 장사하였다"(수 8:32; cf. 16:21; 삼하 2:32; 17:23)고 말한 것이 바로 이를 증명해준다. 초기 철기 시대에 "항아리 관"Pottery Coffins이 팔레스틴에서 사용된 것은 이집트의 미이라Mummy 매장 관습이 팔레스틴 주민들에게도 영향을 미쳤다는 것을 보여주는 단적인 실례이다.[23] 하지만 히브리인들은 이러한 이교적 매장 관습을 따르지 않은 것으로 보인다. 철기 시대 중엽B. C. 900-600년에 이르면 분열된 이스라엘 왕국의 지도자들이 다윗성 안에 있는 "이스라엘 열왕의 묘실"(대하 28:27)에 장사되었다는 성경의 보도가 등장한다. 아사 왕은 자신의 죽음을 준비하기 위해 다윗

---

22) R. Hachlili, "Burials," in *The Anchor Bible Dictionary*, Vol. I, 790; cf. L. V. Rahmani, "Jewish Rock-Cut Tombs in Jerusalem," in *Atiqot 3* (1961), 117-18; A. Kloner, *The Necropolis of Jerusalem in the Second Temple Period*, Dissertation, Jerusalem University (1980), 226-27.

23) J. B. Payne, "Burial," in *ISBE*, 558; cf. 우택주, "고대 이스라엘과 유다의 장례예식," 48; E. M. Bloch-Smith, *Judahite Burial Practices and Beliefs about the Dead* (Sheffield: JSOT Press, 1992), 55ff. 이러한 매장 관습은 Dibon, Bethsan, 그리고 11세기와 12세기 블레셋 옹기들이 출토되는 이집트 델타 지역에서도 나타난다.

성에 자신을 위해서 묘실을 파두었는데, 그의 시신은 각종 향재료로 가득 채운 "상"bed에 두었다(대하 16:14). 철기 시대 후기(페르시아 시대)에 이르면 각종 가구들을 지닌 여러 형태의 무덤들이 등장한다. 부자들은 자신의 죽음을 미리 준비하기 위해서 무덤을 준비했으며(사 22:16; 마 27:60) 깎아 만든 돌들로 치장하고 값비싼 기둥들을 비석으로 세워놓았다(왕하 23:17; 겔 39:15). 이 시대에 속한 상당수의 이스라엘 무덤들이 기드론 계곡 동쪽 지역에서 발굴되어 왔다.[24]

❺ "의자형 무덤"Bench Tombs | 그리스-로마 시대에 이르면 팔레스틴 무덤들은 그리스-로마 무덤 양식의 영향을 받아서 고전적인 건축에 속하는 외양과 장식을 하게 된다. 예를 들면, 예루살렘에 있는 정교한 산헤드린 무덤들이나 열왕들의 무덤들이 그것이다. 밖으로 드러난 무덤 부분은 회칠을 해서 밤에 부지불식간에 만짐으로 부정해지는 일을 막으려고 하였다(마 23:27). 로마 시대의 무덤 입구는 커다란 둥근 돌로 막혀 있었고 이 돌은 인印을 치기도 하였다(cf. 마 27:66). 안에는 여러 개의 방 구조로 되어 있고 그 안에는 의자형 벽들 대신에 직사각형 모양의 석관이 놓여 있다. 주후 3세기부터 무덤이 좀더 개선되어 유골함이 등장하는데, 로마인들의 화장 유골함을 본따서 약 3피트 길이의 돌 상자들을 만들어 그 속에 시신이 분해되어 남게 된 유골들만 안치하게 된다.

2. 신구약 성경에 나타난 화장 행습들

죽은 자의 시신을 불로 태워 처리하는 화장 관습은 유대인들의 관습이

---

[24] 아주 이른 시기부터 팔레스틴 마을들 외곽에 공동 묘지들이 존재하였는데, 특별히 여리고, 므깃도, 텔 엔 나스베 등지에서 발견되는 동굴들이 그것이다. 왕정 시대가 끝나가는 무렵에 예루살렘에 이러한 공동 묘지들이 있었다(왕하 23:6; 렘 26:23; cf. 마 27:7).

아니었다. 유대인들은 신명기 21:23과 같은 본문에 근거하여 시신을 땅에 매장하는 것을 자신들의 의무로 생각했는데, 왜냐하면 그것을 종교적 명령으로 간주했기 때문이다: "그 시체를 나무 위에 밤새도록 두지 말고 당일에 장사하여 네 하나님 여호와께서 네게 기업으로 주시는 땅을 더럽히지 말라."

매장이 이렇게 유대인들의 전형적인 관습인 반면에 사람을 불로 태우는 일은 이스라엘 역사 속에서 극히 예외적이고 부정적인 문맥 속에서 주로 등장한다. 레위기 법전에 따르면 반드시 불살라 죽여야 할 몇몇 경우들이 언급된다(창 38:24; 레 20:14; 21:9).[25] 구약에서 사람을 불살라 죽이는 처형은 중범자들을 치욕스럽게 하는 사형제도로 간주된 것이 분명하다(수 7:12, 25; 사 30:33; 암 2:1 등). 하지만 엄격하게 말해서 산 자를 불살라 죽이는 것은 '화장'에 대한 언급이 아니라 화형식 처형을 가리킨다. 우택주 교수에 따르면, "이러한 화장 처형에 대한 인식 배후에는 공동체 안의 죄악을 불로 소멸하여 정결케 해야 한다는 의식의 발로로 보인다."[26] 길르앗 야베스 주민들이 사울 왕과 그의 아들들의 시체를 가져다가 불사른 것은 구약에서 극히 예외적인 경우라고 할 수 있다(삼상 31:11-12).[27] 같은 사건을 묘사하는 역대상의 보도는 단순히 "사울의 시체와 그 아들들의 시체를 취하여 야베스로 가져다가 그곳 상수리나무 아래 그 해골을 장사하였다"(대상 10:12)고만 기록한다. 화형시키는 일은 수치의 상

---

25) 하지만 고대의 랍비들은 이러한 화형식 처형을 혐오스럽게 생각하여 본문의 계명들을 문자적으로 해석하기를 거부하기도 하였다 (cf. Sanh. 7:2; T. J. Sanh. 7:2, 24b). Cf. H. Rabinowicz, "Cremation," in *Encyclopedia Judaica* Vol. 5 (Keterpress Enterprizes, Jerusalem), 1072f.

26) 우택주, "고대 이스라엘과 유다의 장례의식," 『성경과 신학』 26권 (1999), 49.

27) 하지만 소수의 구약 학자들은 본절을 문자적으로 읽는 방식에 의문을 표시하면서 불사르다는 말로 번역된 히브리어 '사랖'(*saraf*)를 '향료로 시신을 염하다'는 뜻의 '사랖'(sarap)로 읽어야 한다고 제안하기도 한다. Cf. H. Rabinowicz, *op. cit.*, 1073; here he cites Driver, "burnt," *ZAW* 66 (1954), 314-15; Koehler-Baumgartner, *Supplement*, 175; also G. A. Turner, "Cremation," in *ISBE* Vol.I, 812.

징으로 이해되기도 하였지만(암 2:1) 사울의 죽음에 대한 보도에는 그러한 뉘앙스가 나타나지 않는다.[28] 다윗은 심지어 야베스 길르앗 주민들의 처신을 사울과 그의 아들들에게 "은혜를 베푼" 선행善行으로 칭찬하기도 한다(삼하 2:5-6). 만일 야베스 길르앗 주민들이 조금이라도 사울과 그의 아들들의 시신에 모욕을 주려는 의미로 화장을 했다면, 다윗이 그렇게까지 칭찬하지 않았을 것이 분명하다. 왜냐하면 길르앗 야베스 주민들의 행동에 대한 다윗의 칭찬은 사울의 요청으로 부상한 그를 죽이는 데 협조한 아말렉 소년의 행동에 대한 다윗의 진노와 극명한 대조를 이루기 때문이다(cf. 삼하 1:11-16).

사울의 경우를 제외하고 위에서 인용한 본문들은 주로 구약의 화장 관습과는 거리가 멀다. 이들 본문은 주로 범죄자들을 산 채로 불살라 죽이는 처형을 묘사한다. 따라서 처형인 경우를 제외하면 고대 이스라엘 사회에서 죽은 자의 시신을 화장하여 매장한다거나 유골을 꺼내어 화장하는 것은 특별한 의미를 지녔다고 할 수 있다. 화장 관습은 대개 이스라엘 이외의 민족, 특별히 최근의 연구에 따르면, 팔레스틴 지역에 거주했던 페니키아인들에 의해서 실행된 것으로 보인다. 따라서 히브리인들은 화장을 항상 수치스럽게 생각했다거나 또는 전혀 화장 관습이 없었다고 판단하는 것이 타당할 것이다. 물론 이러한 결론도 사울 왕의 시신 소각 보도를 어떻게 해석하는가에 따라서 달라질 수 있다.[29] 어쨌든 화장은 히브리인들에게 익

---

[28] 사울의 시신 소각 사건에 대한 다양한 해석들을 참조하려면, R. W. Klein, *1 Samuel* (WBC: Waco, Word Books, 1983), 290을 보라. 그것은 사울에 대한 기억을 훼손하려는 의도가 있었다든가 (Budde), 성벽에 걸려 이미 부패했기 때문이라든가 (Hertzberg), 그리스 세계에서 영웅을 기리기 위해 시행되었다든가 (A. F. Rainey), 본절에서 '불태우다'는 히브리어는 화장(*saraf*)이 아니라 '향품을 시신에 염하다 (*sarap*)는 뜻으로 해석해야 한다든가(Driver) 하는 다양한 해석들이 있다.

[29] 우택주, "고대 이스라엘과 유다의 장례의식," 『성경과 신학』 26권 (1999), 49-50. 그는 다른 학자들과는 달리 화장에 대해서 비교적 온건한 접근을 한다.

숙하지 않은 관습이라는 것과 고인의 유골을 소중히 여겼다는 인식만큼은 분명하다.

로마의 역사가 타키투스Tacitus에 따르면 유대인들은 "그들의 죽은 자를 불태우기보다는 장사하였다"(Hist. 5:5)고 한다. 미슈나는 시체를 화장하는 것을 우상숭배적인 관습이라고 간주하였고(Av. Zar. 1:3) 탈무드 역시 매장은 신명기가 지시하는 적극적인 명령이라고 추론한다(Sanh. 46b). 탄나임 시대 이후에 활동했던 유대 랍비들 대부분은 화장을 유대인들의 관습과 일치하지 않는다고 생각하여 혐오감을 가졌다.[30] 유대 랍비들이 이렇게 매장문화를 옹호하는 것은 육체 부활에 대한 그들의 신앙 때문이었을 것으로 생각되며 사람의 시신을 불살라 화장하는 것이 또한 그들에게 인간의 존엄성에 도전하는 것으로 여겨졌을 것이다. 터너G. A. Turner 같은 학자는 이러한 이유 외에도 유대인들이 매장을 선호하는 지리적이며 문화적인 다른 배경을 찾기도 한다. 이스라엘 땅에서는 연료를 구하기가 어려웠고 또한 자연적이든 인공적이든 수많은 동굴들을 쉽게 발견할 수 있었으며 고대 근동 아시아의 문화적인 환경에서 볼 때 주로 매장을 선호하던 주변문화에 의해서도 깊은 영향을 받았을 수 있다는 것이다.[31] 흥미로운 것은 현대 유대 랍비들 가운데 발상 전환의 기미가 보인다는 사실이다. 어떤 현대 랍비들은 여전히 매장을 선호하면서도 화장한 사람의 유골 가루를 유대인 공동묘지에 매장하는 것을 허락할 뿐만 아니라 화장 장례식에서 예전을 집전하는 것을 허용하기도 한다.[32]

---

[30] 탄나임 시대 이후의 유대 랍비들의 이해에 대한 소개를 참조하려면, H. Rabinowicz, "Cremation," in *Encyclopedia Judaica* Vol. 5 (Keterpress Enterprizes, Jerusalem), 1073f을 참조하라.
[31] G. A. Turner, "Cremation," in *ISBE* Vol.I, 813.
[32] 예를 들면, 영국의 Chief Rabbi Marcus Nathan Adler, 프랑스의 Chief Rabbi Zadoc Kahn, 그리고 미국의 Reform Rabbis, 유럽의 Reform Rabbis 등이 그런 전향적인 자세를 취한다.

신구약 시대의 매장문화와 죽음 이해에 대한 평가

1. 장묘문화 역시 문화집단 간의 상호 영향 아래 있다

신구약 시대의 장묘문화는 사실 거의 매장 중심으로 이루어져 온 것이 사실이다. 학자들은 성경시대의 팔레스틴 무덤 형태들로서 단순한 토장, 석궤형 무덤, 항아리형 매장, 목조 및 석조 인형 매장, 동굴형 무덤, 원형 및 의자형 무덤 등이 존재했었다고 주장한다.33) 우택주 교수에 따르면, 고대 이스라엘 초기 시대부터 이렇게 다양한 매장 형태가 존재했던 것은 성경 문헌뿐만 아니라 성경 외 문헌을 통해서 알려진 "상이한 문화집단들의 관습을 반영하고 있다."34) 이스라엘의 매장문화는 다양한 문화집단의 각축장이었던 가나안이란 토양에서 고립된 채 단선적으로 존재한 것이 아니라 다양한 문화집단의 상호 영향 속에서 발전한 것이 분명하다. 이교적인 장묘문화 중의 어떤 것은 모세 율법에 의해서 금지된 것도 있지만(레 19:28; 신 14:1 등), 요셉의 장례처럼 시신에 각양 향재료를 넣는 것은 사체를 보존하는 이집트나 그 영향권 아래 있었던 팔레스틴 주민들의 매장 관습을 따른 것일 수 있다.35) 특별히 고대 이스라엘의 족장 시대에서는 이스라엘의 매장문화와 가나안의 매장문화를 구별하는 일은 거의 불가능하게 보인다.

2. 죽음 이해와 매장문화도 점진적 발전 과정에 있다

구약의 죽음 이해는 단순하지는 않다. 죽음이란 인간의 생명력의 완전한

---

33) E. M. Bloch-Smith, *Judahite Burial Practices and Beliefs about the Dead* (Sheffield: JSOT Press, 1992), 25-55; cf. also 우택주, "고대 이스라엘과 유다의 장례의식," 48.
34) 우택주, *ibid.*, 48.
35) J. B. Payne, "Burial," in *ISBE*, 557; R. Hachlili, "Burials," in *The Anchor Bible Dictionary*, Vol. I, 786, 788.

소멸이라는 이해와 그것은 한 상태의 생명에서 다른 상태의 생명으로 이전하는 것이라는 이해가 공존하고 있었다. 히브리인들은 죽은 자의 세계에 대해서 "스올"이란 독특한 개념을 간직하고 있었다(cf. 사 38:10; 시 9:13; 88:10-12; 107:18; 욥 7:9; 15:22; 17:16). 그들에게 스올은 살아 생전에 쌓은 업적이 선악에 따라 보응되는 장소로 믿었다. 죽은 자가 스올에 내려가서 영위하는 생명의 상태는 도대체 어떤 것이며 그러한 인식이 히브리인들의 매장문화와 어떤 관계가 있는가? 포러G. Fohrer와 같은 학자는 "인간이 죽음 이후에 완전히 소멸되는 것이 아니라 특별한 방식으로 존재한다"고 보면서도 "이러한 존재는 완전한 의미에서의 생명은 아니고 오히려 근근히 살아간다는 표현이 어울린다"36)고 주장한다. 히브리인들에게 죽은 자의 존재는 어떤 의미에서 시체와 그것이 부패한 뒤에 남는 유골에 의존해 있다고 할 수 있다. 유골이 고대 히브리인들에게 이렇게 그림자 존재를 위한 실질적인 토대를 형성한다고 간주되었기 때문에 포러는 시신을 화장하는 관습이 그들에게서 발전될 수가 없었다고 관찰한다. 포러와 같은 학자들에게는 매장관습이 단순한 문화적 양상이 아니라 그 안에 깊은 신앙적 세계관이 담겨져 있어서 오늘날에도 모종의 규범적 의미를 지닐 수 있는 것처럼 주장되는 경향이 있다.37)

주목할 만한 점은 히브리인들의 죽음 이해 자체가 변화 과정에 있다는 사실이다. 이스라엘 후기 시대, 특히 중간사 유대교 시대로 가면서 이스라엘 안에서 인간의 죽음과 사후 세계에 대한 종교적 이해가 좀더 분명한 형

---

36) G. Fohrer, *Geschichte der israelitischen Religion* (Berlin: Walter de Gruyter & Co, 1969), 217-18; cited from 차준희, "'고대 이스라엘과 유다의 장례의식'에 대한 논찬," 『성경과 신학』 26 (1999), 61.

37) 이외에도 유사한 입장을 취하는 학자로는, 김정우, "매장과 화장에 대한 성경신학적 사색," 『성경사랑방』 7호 (1999), 6; 차준희, *ibid.*, 60f; 이상원, "장묘방식에 관한 기독교윤리학적 성찰," 『신학지남』 258호 (1999), 101ff.

태로 발전되어 가면서 이스라엘의 매장문화가 근동 아시아의 매장문화와는 다른 의미들을 갖게 되기 시작한다.[38] 구약 역사 초기에는 "죽음을 삶의 절대적인 종결 혹은 의식을 가진 생명력의 완전한 사멸로 보"[39]는 경향이 있었던 데 반해서(cf. 시 94:17; 115:17; 욥 3:11, 18 등), 후기로 가면 죽음은 "몸과 영혼의 분리요, 전자의 부패이며 후자가 하나의 존재 방식에서 다른 방식으로 이전하는 것으로 본다"[40] (cf. 삼상 28:15). 역사가 진행되면서 첫 번째 견해는 두 번째 견해에 자리를 내준 것으로 보이지만 언제 이런 변화가 생겼는지는 분명하지 않다. 영육 이원론은 중간사 시대의 유대교 안에서 확고하게 자리를 잡는다. 하지만 영혼의 불멸사상이나 (삼상 28:14f; 히 11:16) 몸의 부활 사상은(단 12:2; 사 26:19; cf. 욥 19:26) 주전 8세기 선지자 시대에 서서히 분명하게 나타나기 시작한다. 여기서 우리는 계시의 점진적 발전이라는 고전적인 개혁주의 성경해석의 원리를 상기할 필요가 있다. 동시에 이스라엘의 매장 관습이 주변 문화들과 상호 교류하면서 그들의 종교적 신앙의 발전과 맞물려 전개되었다는 역사적 사실에도 주목할 필요가 있다.

3. 매장문화와 관련된 신구약의 보도들이 모두 규범적인가?

유의해야 할 점은 이스라엘의 역사 속에서 줄곧 유지되어 왔던 매장 관습이 처음부터 분명한 부활신앙의 영향을 받아 발전해오지 않았다는 사실

---

[38] 이 점을 강조하는 학자는 J. B. Payne, "Burials," 560: "Yet the biblical insistence upon proper burial, as well as its general opposition to cremation, bears inherent testimony to the continuing significance of the human body after death."

[39] 우택주, "고대 이스라엘과 유다의 장례의식," 35; cf. also J. B. Burns, "The Mythology of Death in the Old Testament Tradition," *SJT 26* (1973), 327-40.

[40] 우택주, *ibid.*, 35 and n. 24; cf. A. Heidel, *The Gilgamesh Epic and Old Testament Parallels*, 2nd Ed (Chicago: The University of Chicago, 1946; A. M. Fiske, "" Death: Myth and Ritual," *JAAR 37* (1969), 249-65, etc.

이다. 그들의 매장 관습은 보다 폭넓게 고대 근동 아시아의 매장 관습의 보다 넓은 테두리 안에 있는 것이 분명하다. 우택주 교수가 지적한 대로, 이스라엘의 장묘문화 속에 다양한 매장 형태들이 존재한다는 사실은 주변의 상이한 문화집단들의 관습을 반영하면서도 "역사의 변천 속에서 고대 이스라엘과 유다 사회는 지형, 토질, 기후, 경제적 사정에 따라 나름대로의 고유한 매장문화를 발전시켰다"[41]고 할 수 있다.

물론 그들의 죽음 이해와 종교적 세계관이 이스라엘의 매장문화를 발전시킨 다른 한 중요한 요인이었음은 부인할 수 없다. 무덤에 여러 음식 그릇과 칼, 장식구 등을 넣은 것으로 보아서 사후 세계에서도 현세와 비슷한 삶의 상황이 지속되리라는 종교적 신념도 있었을 것이다. 하지만 중요한 것은 히브리인들의 그러한 종교적 신념이 매장문화 발전에 영향을 미쳤다고 해서 그들의 매장관습 전체가 다 규범적인 성격을 지닌 것은 아니라는 사실이다. 죽음 이해도 바뀌고 시대적인 요인도 바뀌고 있었다. 장례예식도 중심문화와 주변문화의 충돌 속에서 여러 가지 역사적인 요인들에 의해 결정된다. 역사적으로 변화 과정에 있었던 히브리인들의 죽음 이해가 그들의 매장관습의 변천에 어느 정도 영향을 미쳤다면, 그들의 매장관습 전체에 규범적 의미를 부여할 수는 없다. 히브리인들이 동굴을 깎아서 의자형 무덤을 만들고 그 속에 여러 생활 용품을 넣었다는 사실이 성경에 기록되어 있다고 해서 현대 기독교인이 모두 그러한 매장 관습을 지켜야만 하는 것은 아닐 것이다.

블로흐-스미스 E. Bloch-Smith의 주장은 이 점에서 정당하다: "매장을 지칭하는 성경의 진술들은 규범적이라기보다는 서술적이다. 매장을 서술하는 진술들은 흔히 "그 열조와 함께 자다"(주로 열왕기서와 역대서에서 나

---

41) 우택주, *ibid.*, 55.

옴, cf. 왕상 14:31; 대하 12:16)는 형식문을 포함하는데 이것은 자연적인 죽음을 시사하고, 또는 "그 조상에게로 돌아가다"(cf. 창 25:8; 신 32:50)는 형식문은 적절한 매장이 이루어졌음을 뜻할 뿐만 아니라 조상들과 재결합을 분명히 하기 위한 표현인 것이 분명하다."[42] 고대 히브리인들의 초기 세계관과 죽음 이해가 현대 기독교인들에게 모두 규범적인 의미를 지니지 않는다면, 그러한 이해와 맞물려 발전한 매장문화의 관습들에 모두 규범적인 의미를 부여할 필요도 없어 보인다. 왜냐하면 성경 시대의 매장문화 역시 한 때 계시를 전달하는 수단이 되기는 하였지만 주변문화와의 교류 속에서 변화의 역동적 과정 속에 놓여 있었고, 계시 자체도 그 초기 내용이 신약에 나타난 최종적인 계시에 자리를 내주거나 그 빛 속에서 새롭게 조망되어야 할만큼 점진적인 발전 과정 속에 있었기 때문이다. 죽음이나 매장과 관련된 구약의 다음 진술들을 주목해 보자:

① "르호보암이 그 열조와 함께 자니 그 열조와 함께 다윗성에 장사되니라"(왕상 14:31).
② 아브라함이 "죽어 자기 열조에게"(창 25:8) 또는 "자기 조상에게로"(신 32:50) 돌아가매.
③ "죽은 자가 여호와를 찬양하지 못하나니 적막한 데 내려가는 아무도 못하리로다"(시 115:17). (죽음 속에) 갇힌 자가 다 함께 평안히 있어 감독자의 소리를 듣지 아니하며 거기서는 작은 자나 큰 자나 일반으로 있고 종이 상전에게서 놓이느니라"(욥 3:18-19).
④ "구름이 사라져 없어짐같이 음부로 내려가는 자는 다시 올라오지 못할 것이오니"(욥 7:9).
⑤ 야곱이 그 열조에게로 돌아가매 "그 수종 의사에게 명하여 향 재료로 아비

---

[42] E. Bloch-Smith, "Burials," in *The Anchor Bible Dictionary*, Vol. I, 785.

의 몸에 넣게 하매 의사가 이스라엘에게 그대로 하되 사십 일이 걸렸으니 향 재료를 넣는 데는 이 날수가 걸림이며 애굽 사람들은 칠십 일 동안 그를 위하여 곡하였더라"(창 50:2-3).

⑥ "드보라가 죽으매 그를 벧엘 아래 상수리나무 밑에 장사하고"(창 35:8).

⑦ 아사 왕이 죽어 "그 열조와 함께 자매 다윗성에 자기를 위하여 파 두었던 묘실에 무리가 장사하되 그 시체를 법대로 만든 각양 향재료를 가득히 채운 상에 두고 또 위하여 많이 분향하였더라"(대하 16:13-14).

⑧ "사울과 그 아들들의 시체를 벧산 성벽에서 취하여 가지고 야베스에 돌아와서 거기서 불사르고 그 뼈를 가져다가 야베스 에셀나무 아래 장사하고 칠 일을 금식하였더라"(삼상 31:12-13). "다윗이 길르앗 야베스 사람들에게 사자들을 보내어 가로되 너희가 너희 주 사울에게 이처럼 은혜를 베풀어 장사하였으니 여호와께 복을 받을지어다"(삼하 2:5).

위에서 인용한 구약의 구절들은 구약 히브리인들의 죽음 이해와 그들의 매장관습을 보여주는 일부 구절들이다. ①-④번의 본문들은 고대 히브리인들의 죽음 이해를 나타내주고,[43] ⑤-⑧번의 본문들은 구약 히브리인들의 장례관습을 기술하고 있다. 단순히 성경에 기록되어 있다는 사실에 규범적 의미를 둔다면 ①번부터 ⑧번의 본문들에 기록된 세세한 진술 내용들까지 현대 기독교인들이 규범적으로 따라야 하겠지만, 그들의 죽음 이해나 그것과 맞물려 표현된 매장문화도 시대적이며 문화적인 요소들을 많이 지니고 있어서 시대가 바뀜에 따라 변화, 발전되는 양상을 보인다. 특

---

43) 우택주 교수에 따르면, "죽는다"는 뜻으로 사용된 히브리어들은 4가지인데 각 술어마다 독특한 뉘앙스를 달리 갖고 있다고 한다. 1) *wayyiskab* (눕다/자다): 자연스럽고 평화로운 죽음; 2) *wayyamot* (죽다): 자연적인 죽음(창 25:8; 대상 29:28)이나 또는 비자연적인 죽음 (대하 35:24); 3) *wayyeasep/neesap 'el-'ammaw// 'abotaw* (열조에게로 돌아가다): 고인의 뼈를 무덤에 안치하다 또는 스올에서 조상과 고인이 결합하다 등 죽음에 대한 완곡한 표현; 4) *'anoki hol / beder / kol-ha'aretz* (내가 세상 모든 사람의 길로 간다): 인류의 보편적인 죽음 (왕상 2:2; 수 23:14).

별히 ⑧번 본문들의 경우에 죽은 사울 왕과 그 아들들의 시신을 불사르고 그 유골을 매장한 길르앗 야베스 거민들의 행동은 매장문화를 선호하는 고대 이스라엘 백성에게 극히 예외적인 현상이다. 하지만 놀라운 것은 다윗이 길르앗 야베스 거민들의 행동을 칭찬하고 있다는 사실이다.[44] 고대 히브리인들과 신약 시대의 유대인들이 천편일률적으로 매장관습을 선호하고 있는 것은 사실이지만, 그들이 처음부터 매장관습을 부활신앙과 연관시킨 것은 아니다. 사후 세계에 대한 그들의 종교적 신앙이 발전함에 따라 그들은 그것을 매장문화에 반영했을 것이다. 중요한 것은 그들의 다양한 매장관습들이 성경에 기록되어 있다는 사실 하나만으로 모두 규범적으로 평가할 수 없다는 사실이다. 왜냐하면 그들의 매장문화와 얽혀있는 종교적 이해들도 점진적인 변화의 과정을 겪고 있었고 신약에 나타날 최종적인 계시에 자리를 내주거나 그 빛 속에서 새롭게 적용되고 해석될 필요가 있기 때문이다.

4. 하나님의 창조 행위로서 부활은 죽음의 형태를 가리지 않는다

아마도 본 탐구에서 가장 결정적인 요소는 성경이 말하는 부활신앙이 아닐까 여겨진다. 후기 구약성경 저자들뿐 아니라 특별히 신약성경 저자들은 사후에 모든 사람이 부활하여 하나님의 심판대 앞에 서게 될 것을 말한다(cf. 시 16:10-11; 요 11:25-26; 고전 15:12-58 등). 예수 그리스도께서 마지막 날 재림하실 때에 불신자는 심판의 부활로, 신자는 생명의 부활로 일어나게 될 것이다. 사도 바울은 사람이 죽은 자 가운데서 부활하는 것을 자연사의 지평에서 일어나는 다른 일반 사건들과는 달리 생명을 창

---

[44] 아마도 이스라엘 역사 속에서 화장관습이 발전되지 못한 것은 시신을 불사르는 것에 대한 혐오감, 사람의 사체를 소중히 여기는 태도에서 비롯되었을 것이고 또한 후기 선지자 시대나 중간사 유대교 시대 속에서 점진적으로 발전된 육체 부활 사상에 의해 영향을 받았기 때문일 것이다.

조하는 하나님의 주권적인 재창조 행위로 묘사한다(cf. 고후 5:15, 17). 현 세상에서 사람들은 "혈과 육"의 형태로 존재하지만, 그러한 존재 형태는 그리스도의 재림 때에 도래하게 될 하나님 나라의 새로운 환경에서는 전혀 적합하지 않은 존재 형태일 뿐이다(고전 15:50). 현재 사람의 육신적 몸의 존재 질서는 오는 시대의 신령한 몸의 존재 질서와 차원 자체가 다르게 될 것이다. 물론 바울은 신자가 지금 자신의 육신적 몸으로 "심고" 신령한 몸을 "거둔다"는 은유적 표현을 사용함으로써 현재의 육신적 몸과 내세의 부활의 몸 사이에 모종의 연속성을 염두에 두고 있지만 이들 두 몸 사이에는 동시에 본질적인 존재 양태의 차이도 존재한다.[45]

바울은 그러한 차이를 창조론적인 술어를 가지고 묘사할 뿐만 아니라 때로는 "변화 구원론"의 술어를 가지고 묘사하기도 한다: "우리가 다 잠잘 것이 아니요 마지막 나팔에 순식간에 홀연히 다 변화하리니"(고전 15:51; cf. 빌 3:21). 바울에게 있어서 신자들의 몸의 "변화"는 하나님의 주권적인 구원 행위에 속한다. 그들은 부활 때에 "약하고", "욕되고", "썩는" 죄악되고 유한한 몸에서 "강하고", "영광스러우며", "신령하고", "썩지 않는" 영원한 몸으로 변화받게 될 것이다(cf. 고전 15: 42-45). 신약에 나타난 바울의 이러한 부활신앙만이 최종적인 계시이며 구약의 계시는 전자에 자리를 내주거나 그 빛 속에서 새롭게 평가되어야 한다.

고린도전서 15:51에서 바울이 죽음을 "잠자는" 상태로 묘사한 것은 유대인들의 의자형 무덤 안에 눕혀져 있는 시신의 모습을 연상시킬 수 있다. 어떤 학자들은 이러한 연상으로부터 시신이 눕혀져 잠자는 것과 같은 상태가 마지막 부활을 준비하는 가장 적합한 방식이라고 추론하기까지 한

---

[45] 최홍석, "죽음, 그 이후," 『신학지남』 258호 (총신대학교출판부, 1999), 67ff.

다.[46] 심지어 신자의 몸은 "성령의 전"이기 때문에(고전 5:19) 신자가 비록 죽은 뒤에도 매장하여 "잠자는 상태"를 유지해야 한다는 논리까지 등장한다. 이런 식의 논리는 죽은 자의 시체도 "성령의 전"이기 때문에 성령께서 시신 속에 내주하여 계신다는 뜻으로 들린다.

물론 "잠자다"는 표현이 매장을 선호하고 육체 부활을 믿었던 유대인들에게 자연스러운 발상인 것은 사실이지만, 그들의 그러한 자연스러운 발상으로부터 매장의 규범적 당위성 또는 교리적 타당성을 추론해내려는 방식에 대해서는 동의할 수 없다. 만일 이런 식의 추론에 교리적 당위성을 부여하게 되면 순교자들이 맹수와 더불어 싸우다가 먹히는 죽음을 당하든지(고전 15:32) 칼로 베이거나 톱으로 켜서 죽임을 당하기도 하고(히 11:37) 불태워 죽임을 당하기도 하고 Polycarp 물에 빠져 고기밥이 된 경우들은 교리적 타당성을 결여한 죽음이 되어야 할 것이다.

만일 "잠자는" 모습의 매장에 교리적 규범성을 부여하기 시작하면 상기 방식으로 죽은 자들은 부활의 대상이 되지 않는가? 물론 필자는 죽어 시신을 장사하는 것이 부활 신앙의 영향 아래서 매장을 선호했던 성경 시대의 유대인들에게 가장 자연스러운 일로 이해되었을 점을 인정하며, 그러한 시대적 상황에서 화장관습을 선전하는 것은 바람직하지 않았을 것이다. 마찬가지로 아직도 매장이 육체 부활신앙에 적합한 방식이라고 생각하는 한국 기독교인들이 다수를 차지하는 상황에서 그들의 신앙적 양심을 거스르면서 화장을 공적인 장묘문화로 공인하는 것이 아직은 바람직하지 않을 수 있다.

다시 한번 강조하지만 성경의 기록들 가운데 어떤 것은 부활신앙과 같이 "교리적 규범성"을 가진 것도 있는 반면에, 어떤 것은 "시대적인 윤리적

---

[46] 박아론, "장례문화에 대한 고찰," 『신학지남』 258호 (총신대학교출판부, 1999), 18.

적합성"을 가진 것도 있다. 화장이든 매장이든 마지막 최후 부활에 아무런 영향을 미치지 못한다면, 그러한 구분은 시대적인 상황에서 윤리적 적합성을 지닌 문제에 속하지 않을까? 따라서 화장과 매장 사이에서 선택하는 것은 개인 신자의 신앙적 판단에 걸린 문제라고 사료된다.[47] 동시에 또한 아직도 한국교회 상황에서 매장이 주도문화인 상황에서 그것을 공론화할 것인가 하는 문제는 교단의 총의를 모아서 시대적인 윤리적 적합성을 확보해야 할 문제라고 여겨진다.

5. 화장이든 매장이든 계시적 인식의 빛 아래서 문화 변혁의 대상이다

필자는 장묘문화란 다른 어떤 문화 중에서도 가장 종교적 사고와 인습에 깊이 연관되어 있음을 충분히 인식하면서도 시대 상황이 바뀌고 사람들의 인식이 변화되면서 변화의 여지가 있는 문화현상의 하나라고 생각한다. 유대 사회에서처럼 한국 기독교 사회에서도 매장은 여전히 '주도문화' dominant culture이지만, 부활을 하나님의 창조 행위로 보는 신학적 이해에 기초한 발상전환을 통해 화장도 역시 '떠오르는 문화' emergent culture가 되어 가고 있다.[48] 그리고 주도문화가 사회의 관습을 주도하는 가운데서도 사람들의 인습 한 구석에 오랫동안 전통으로 존재하는 잔재들이 있기 마련인데 이렇게 사라지지 않고 남아있는 문화를 '잔존문화' residual culture라고 한다. 문화란 머물지 않고 항상 살아 움직이고, 또한 다양한 문화집단들 사

---

47) G.O. Stone, "Burial and Cremation," in *New Dictionary of Christian Ethics & Pastoral Theology* (IVP Press: Downer Grove, Illinois, 1995), 208.
48) 원용진, 『대중문화의 패러다임』 (서울: 한나래, 2001), 167-68; cf. also 정원범, "책임윤리의 입장에서 본 오늘날의 장묘문화," 『신학과 문화』 10집 (대전신학대학교, 2001), 230. G.O. Stone 교수에 따르면, "화장이 1884년에 영국에서 합법화된 이후에 화장 숫자가 점증하고 있고 1940년대에 특별히 증가하였다. 1988년에 영국에서는 죽은 자들 가운데 70%가 화장이 되었고, 스위스에서는 57%, 미국에서는 15%, 가톨릭 국가인 이탈리아에서는 1%가 화장되었다"(cf. J. Davies, *Cremation Today and Tomorrow*, 6). 심지어 미국 한 국가 내에서도 주마다 화장률이 천차만별인데, 네바다 주의 경우에는 56%, 앨라배마 주의 경우에는 2%의 화장률을 나타내고 있다. 화장률의 점진적 증가는 최근 한국사회에서도 적용되는 추세이다.

이에 패권 다툼이 있는 경쟁의 장이기도 하다. 한국사회에서 화장이 불교적 세계관에서 비롯된 것인 것처럼, 매장 역시 유교적 세계관과 풍수지리설에 깊은 뿌리를 박고 있는 것도 사실이다. 한국사회가 상당한 정도로 세속화 과정을 겪고 있으면서도 화장이든 매장이든 여전히 한국인들의 관습 속에는 불교적 세계관이나 유교적 세계관 내지 풍수지리설 등이 '잔존문화'로 영향을 끼치고 있다. 한국사회 자체가 유교적 토양에 깊이 뿌리를 박고 있어서 성경 시대의 매장제도를 한국교회 상황에 수용하는 데는 상대적으로 손쉬울지 모르나 그 배후에서 일어나고 있는 세계관 사이의 패권 다툼이 상존하고 있다는 사실을 망각해서는 안 된다. 이것은 화장이든 매장이든 한국사회에서 새로운 기독교 세계관에 기초한 문화변혁이 있어야 한다는 것을 시사하는 것이다.

결론적 관찰과 제언

필자는 본 탐구의 과정 속에서 이미 상당한 정도로 결론적 인식들을 살펴보아 왔지만 그것들을 여기서 다시 한번 요약하고 실천적인 대응 제안을 내놓으려고 한다. 화장문화와 납골당 설치가 과연 성경신학적으로 허용될 수 있는가를 밝히려면 우리는 다음과 같은 순서의 논리적 추론 과정이 필요할 것 같다:

첫째로, 부활은 화장이든 매장이든 사람의 죽음의 형태를 초월하는 하나님의 주권적인 창조 행위라는 사실을 강조해야 한다. 구약의 매장관습들이 한 때 계시를 전달하는 수단이 된 적이 있다고 할지라도 그것들은 어떤 죽음의 형태도 초월하는 부활사건의 빛 속에서 재평가되어야 한다.

둘째로, 성경의 기록들이라고 해서 모두 현대 기독교인들에게 구속력을 지닌 규범성을 갖는 것은 아니다. 어떤 것은 시대적 적합성을 가졌을 뿐인 반면에, 부활신앙은 어느 시대에나 받아들여져야 할 영원한 교리적인 규범성을 갖는다. 그러면 매장문화는 전자에 속하는가 아니면 후자에 속하는가? 부활에 관한 우리의 첫 번째 진술에 비추어 볼 때 매장은 전자에 속한다고 볼 수 있다. 사람은 문화적 존재로서 자신이 처해있는 주변문화 – 기독교 문화이든 이교적 문화이든 – 속에서 상호 교류하고 응답하면서 자신의 존재를 표현해 왔다. 이것은 성경 시대의 히브리인들도 예외는 아니다. 부활 신앙이 아직 분명하게 태동하지 않은 고대 이스라엘 시대부터 히브리인들은 주변문화와 상호 영향을 주고받으면서 그들의 매장문화를 발전시켜 왔고 그것은 계시 역사 후기에 점진적으로 등장하는 부활신앙과 맞물려 자리를 잡아갔다. 그들의 매장문화의 관습들은 대체로 그들 시대에 적합성을 지닌 것이었지만 오늘날 현대 기독교인들에게 여외 없이 규범적 구속력을 지닌 것은 아니다. 계시의 점진적 발전이라는 고전적 이론의 전망에서 볼 때 구약의 계시도 때로는 문화적 적합성을 지닌 형태로 표현되기 때문에 '시대성'을 지닌 차원을 내포하지만, 신약의 종말론적인 성취의 전망에서 구약의 계시는 신약의 최종적 계시에 자리를 내주거나 또는 종말론적 성취의 차원에서 새롭게 평가되거나 해석될 여지를 지니고 있다.49)

셋째로, 매장문화가 이렇게 교리적인 규범성을 지닌 문제가 아니라면 그것은 당연히 시대적인 윤리적 적합성을 가늠해야 할 문제라고 보아야 한다. 어떤 종교적 이유에서 옹호되든지 간에 매장문화가 한국 기독교 사회에서 아직도 주도문화를 형성하는 상황에서 화장은 개인적 신앙 양심의

---

49) 예를 들면, 제사제도는 구약에서 계시적인 제도로 주어졌지만 예수 그리스도의 죽음이라는 종말론적인 성취의 전망에서 볼 때 전자는 더 이상 구약적인 의미 속에서 신약 시대에 적용되거나 실시될 수 없게 된 것과 마찬가지이다.

차원에서 결정해야 할 문제이며, 또한 그것을 공론화할 것인가 하는 문제는 교단의 총의를 모아서 시대적인 윤리적 적합성을 확보해야 할 문제이기도 하다.

마지막으로, 그렇다면 어떻게 하는 것이 좋을까? 기하급수적으로 불어나는 묘지들로 인해서 국토가 급속하게 잠식되어가고 있고 이로 인해 환경오염과 자연파괴는 심각한 상황에 있다. 우리는 매장을 선호하는 한국의 주도문화에 익숙한 다수 사람들의 양심을 배려하는 것만큼 동시에 방금 전에 지적한 국토잠식, 자연파괴, 환경오염 등과 같은 현시대적 문제들도 배려해야 할 윤리적 당위성을 갖고 있다. 그렇다면 문제를 해결하는 길은 중용의 길밖에 없어 보인다. 화장과 같이 급격하고 인위적인 시신 해체 방식이 많은 사람들에게 혐오감을 줄 수 있고 효과적인 전도에도 도움이 되지 못한다면, 일단 매장을 한 뒤에 일정한 기간을 정하여 유골을 거두어 화장하여 정해진 장소에 안치하는 것이 어떨까? 우리는 동시에 화장이든 매장이든 이들은 한국의 종교적 세계관에 깊이 물들어 있는 잔존문화이기 때문에 새로운 기독교적 세계관 교육과 그에 기초한 문화변혁을 통해서 화장도 주도문화가 될 수 있다는 발상전환이 필요하지 않을까?[50]

---

[50] 권성수, "장례문화의 발상전환을 위한 제언," 『신학지남』 258호 (총신대학출판부, 1999), 29-45; cf. also 김의환, "한국교회와 장례문화," 『신학지남』 258호, 7-14.

예 수 · 바 울 · 교 회 ▶ **부록 4**

소그룹 운동에 대한 이해

들어가기

한국교회는 선교 100년의 짧은 역사에도 불구하고 경이적인 양적 성장을 해왔다. 수년 전 발행된 기독교 대연감에 나타난 통계에 의하면 한국교회의 개신교도가 총인구의 21.4%로, 일본의 1%, 인도의 3%에 비해 엄청난 양적 숫자를 자랑한다. 연도별로도 꾸준한 양적 성장을 계속해 왔는데 1950년 60만 명(인구의 2%), 1960년 125만 7천 명(인구의 5%), 1970년 219만 7천 명(인구의 7%), 1979년 486만 8천 명(인구의 13%), 1985년 648만 9천 명(인구의 16%)으로 무려 10배의 성장을 기록하였다(안영제, 『기독교 대연감』, 1991, 215-216).

이러한 양적 성장은 교회의 대형화에는 기여한 것이 분명하지만 여러 가지 문제를 노출하게 되었다. 빈약하고 단순한 영성 운동으로 교회의 내적 역동성을 잃어버리게 되었고, 교회는 제도화되어 그리스도의 몸 된 교회의 공동체적 생활이 약화되었고, 교회만 다니는 명목적인 신자들이 양산되었으며 결국 교회의 윤리적 도덕성의 수준이 저하되어 불신 사회로부터 지탄의 대상이 되어가기 시작했다. 한국의 기독교는 이제 양적 성장의 정체라는 고질병을 앓고 있으며 교회의 영적, 윤리적 정체성이 희석되가는 위기에 직면해 있다. 기성 교회가 이렇게 양적 팽창으로 인한 형식적 제도화의 길을 걸어가는 동안, 교회 생활 주변 언저리에서는 교회의 공동체적 삶을 강조하는 이단, 사이비 종교의 대두와 왕성한 활동이 심화되어가고 있다. 이것은 또한 아마도 현대 교회의 개인주의적이고 빈곤한 영성에 대한 불만에서 비롯된 것일지도 모른다.

최근 한국교회 가운데서는 제도화된 교회 조직의 경직성을 극복하고 그리스도의 몸으로서 유기체적이고 공동체적인 교회의 성격을 회복하고자 하는 움직임들이 나타나고 있다. 교회의 경직성을 극복하고 갱신할 수 있는 패턴은 아마도 여러 면에서 이루어지고 추구될 수 있을 것이다. 예배 갱신, 윤리적 갱신, 강단 갱신, 제도적 교회 체질의 갱신 등이 그런 것들이다. 본 글은 교회 갱신을 이룰 수 있는 이러한 여러 측면들 가운데 특별히 교회의 제도적 체질의 갱신의 한 단면을 다루고자 한다. 제도적 체질의 갱신이란 무엇인가? 그것은 제도적이고 형식적인 조직의 길을 가기만 하는 교회에 공동체성을 복원하여 그리스도의 몸으로서 건강한 교회를 회복하는 것을 의미한다.

조직체의 종류와 그 일반적 성격

교회도 어떤 의미에서 '조직'이다. 그것이 어떤 성격의 조직인가를 살펴보기 전에 조직에 관한 일반적 개념들을 먼저 언급하는 것이 필요할 것 같다.

조직을 구성하는 3대 요소가 있다: "구성원", "공통의식", "규범" 등이 그것이다. 한 인간 집단이 조직되려면 특정한 목적을 달성하려는 공통 목적이나 조직 밖의 사람들과의 차별화를 가능케 하는 공통 의식이 존재해야 한다. 규범이란 어떤 행위나 또는 그 행위가 낳은 결과를 두고 선이냐 악이냐, 아름다우냐 추하냐를 평가할 수 있는 기준에 일치하는 표준을 의미한다. 판단 기준이 서로 틀린 조직체는 진정한 조직체라고 할 수 없다. 조직에는 명령, 역할, 정보 등의 공통성이 존재해야 한다. 이런 의미에서 교회는 성경의 말씀을 하나님의 절대적인 뜻으로 받들어 섬기는 하나님의 백성이란 공통의식을 가지고 있기 때문에 분명한 조직체에 속한다.

사회학적으로 조직의 종류에는 크게 두 가지가 있다. 첫째는, 공동체 Gemeinschaft적 조직이다. 공동체는 친족, 혈연, 지연, 사교 또는 취미 모임 등 자연 발생적으로 생겨나 구성원의 만족 추구를 목적으로 삼는 조직이다. 인간 사회에서 가장 기본적인 공동체는 가족이다. 공동체 조직의 극한은 민족 국가라고 할 수 있으며 교회도 공동체 조직이다. 성경에서 교회를 흔히 하나님의 백성, 하나님의 자녀, 그리스도의 몸 등과 같은 이미지 언어를 사용하는 것을 볼 때 교회는 무엇보다도 공동체적 조직에 속한다고 할 수 있다. 좋은 공동체란 구성원 개인의 만족을 실현하려는 결속력이 강한 공동체를 말한다. 이렇게 결속력이 강한 공동체적 성격을 가늠할 때 우리는 보통 '소델리티'sodality 조직이란 술어를 떠올리게 된다. 둘째는, 기능체 Gesellschaft적 조직이다. 기능체란 공동체 조직과는 달리 외적 목적을 달성하려고 만들어진 인위적인 조직이다. 기능체 조직 또는 "이익 사회"란 이윤 추구(기업체)나, 전쟁에서의 승리(군대), 특정 프로젝트의 달성(연구소) 등이 본래의 목적이 된다.

형식적으로 이 두 조직체는 서로 다른 차이점을 가지고 있기는 하지만 동시에 상호 연관성도 지니고 있다. 모든 공동체가 구성원의 만족만을 추구하지 않는 것처럼, 모든 기능체가 주어진 목적 달성에 철저하다고 할 수도 없다. 이 두 조직 간에 서로 비슷하게 닮아가려는 경향이 있고 이것은 때때로 병리 현상이 되기도 하고 보다 발전할 수 있는 요인으로 작용하기도 한다.

예를 들면, 군대는 적군의 침략을 물리치고 억제하려는 기능체 조직이지만, 조직 내의 결속력을 다지기 위해 군대 구성원들 간의 "가족 의식"을 불어넣으려는 것이 바로 그런 경향이다. 이와는 달리 교회는 복음을 중심으로 하나님의 가족이란 의식으로 결속된 공동체이지만 외적으로 성장하는 과정에서 제도화되고 경직화되어서 점점 몇 사람에 의해서 움직여지는 기능체 조직으로 바뀌어 갈 수도 있다. 조직 중심에 있는 사람이 모든 것을 관리하고 통제하며 모든 인적 구성원을 조직화하고 정보를 독점하는 이익단체로 바뀌어갈 수 있다는 말이다. 따라서 기능체 조직이 너무 공동체화하면 주어진 업무와 과제를 효율적으로 추진할 수 없듯이, 공동체 조직이 너무 기능체 조직처럼 바뀌어가면 사랑과 친교의 공동체 정신은 희미해져가고 자칫 기업체 조직처럼 형식화되어 갈 수도 있다.

공동체 조직이든 기능체 조직이든 이를 효과적으로 이끌어가려면 상관된 조직 관리 방식이 있다. 조직의 특성상 공동체의 관리는 "리더십" leadership에 관계되고, 기능체의 관리는 "경영" management에 관계된다고 할 수 있다. 조직의 목적을 추구하려면 기능체화가 필요하지만 그것을 철저화, 극대화하면 대부분의 사람들은 견딜 수가 없게 된다. 기능체도 장기적인 목적을 추구해야 한다면 어느 정도 공동체적인 요소를 허용하지 않으면 안 된다. 군대가 명령과 복종의 엄격한 규율에만 의존하고 서로 간의 인간적 신뢰 관계가 허용되지 않으면 군대 구성원들 간의 결속력은 오래 견딜 수 없다. 하지만 기능체가 그 본래 역할을 상실하고 공동체화를 끝없이 추구하게 되면 기능체 내의 결속력은 강해질지 몰라도 효율성이 떨어지고 기능체 자체의 목적을 달성할 수 없게 된다. 이와는 반대로 공동체 조직인 교회가 성장하면서 목적 달성의 효율성을 높이는 일에만 매달려서 기능체화를 끝없이 추구하게 되면 기능체의 효율성은 높아질지 몰라도 공동체 자체의 목적, 예를 들면 구성원들 간의 가족과 같은 사랑과 친교는 달성할 수 없게 된다. 어떤 조직체이든 이런 문제를 영원히 안고 갈 수밖에 없다.

기능체화된 공동체의 한계와 역기능들

조직의 규모가 확대되면 일정한 단계마다 필수적으로 질적인 전환을 가져야 할 필요성이 발생한다. 조직이 긍정적인 발전을 하려면 변화된 환경에 적응하기 위한 조직의 개혁과 자기 변신의 훌륭한 적합성이 있어야 한다. 오랜 역사를 가진 한국 교회들은 환경 변화에 더디거나 그것을 거부하는 보수성 때문에 결국 성장이 정체되고 내부적으로 곪아가는 일을 겪게 된다. 그들은 복음의 불변성과 상황의 가변성을 혼동하는 경향이 있어서 변화를 거부하는 보수적 정체성을 스스로 정당화하는 경향이 있다. 변화하는 세대에 변하지 않는 복음을 어떻게 효율적으로 전할 수 있겠는가? 그러한 과제를 기능체화된 교회가 능히 감당할 수 있는가? 과도하게 제도화된 교회가 공동체성을 상실하고 자기 폐쇄적인 정체성에만 매달려 변화하는 환경을 거부할 때 자칫 교회의 자기 개혁 기회를 상실하고 사회로부터 고립되어 자칫 잘못하면 게토화될 수도 있다.

한국 교회는 그 동안 엄청난 양적 성장을 통해 외적인 몸통을 크게 불려오면서 점차 공동체적 성격을 상실하고 공룡 조직처럼 스스로 굴러가는 기능체 조직화하는 경향이 있는 것이 사실이다. 교회를 처음 시작할 때는 구성원들 모두가 한 가족처럼 시작하지만 교회가 점차 성장하여 대형화하다 보면 목회자들은 점차 교회의 공동체성 회복에 골머리를 앓게 된다. 목회자는 자칫 잘못하면 설교만 하는 사람으로 전락하고 교회 구성원들의 역할들이 점차 명령 하달식으로 통제되는 기능체의 길을 걸어가기 쉽다. 공동체인 교회가 너무 조직화되고 기능체화되면 두 가지 잘못된 역기능이 발생할 수 있다.

첫째로, 조직 구성원들이 복음의 정신을 깨닫지 못한 채 조직에만 무조건 순응하는 사람들을 양산하기 쉽다. 교회에서 한 자리라도 올라가기 위해서는 조직에 순응하지 않을 수 없고, 이런 상황에서는 개인의 창의적 개성이나 통찰력은 억누름을 당하게 된다. 둘째로, 조직 전체를 움직이는 사람들에게는 많은 권한이 주어지기 때문에 기능체화된 공동체 구성원들은 누구나 조직의 중심에 서기 위해서 주도권 싸움을 벌이기 쉽다. 자연히 이런 기능체화된 공동체는 권력지향적인 사람들을 많이 양산하게 되며, 이런 사람들이 많이 모인 교회나 단체는 파워 게임power game의 장소로 전락하게 된다. 복음적인 공동체로 시작한 교회가 이렇게 되면 가장 비복음적인 단체로 전락할 수도 있다. 이런 교회는 환경 적응력과 구성원 간의 결속력이 약화되어 필경 스스로 성장 정체와 분열, 또는 소멸의 과정을 겪게 된다.

소그룹과 제자훈련: 공동체성 회복의 움직임들

소그룹 운동의 기원은 아주 오래 되었다. 초대 교회는 주로 "가정교회" house church로부터 시작되었다. 구약의 이스라엘 백성은 '성전'temple이란 돌로 지어진 건물을 중심으로 그들의 신앙생활을 이어갔으나 성전은 정결법에 따라 장소나 사람들 간에 엄격한 구별을 짓는 폐쇄된 장소였다. 이곳에는 여인들, 부정한 이방인들, 고자들, 부정한 질병을 앓고 있는 자들은 감히 접근할 수 없는 성스러운 장소였다. 하지만 예수 그리스도의 구속으로 초대 교회는 폐쇄된 성전 예배를 떠나서 점차 가정 교회를 중심으로 모이기 시작하였다. 가정교회에는 세리와 죄인들, 부정한 이방인들, 전에 감히 성전 제사에 참여할 수 없었던 사람들조차 참여하는 열려진 개방 공동체였다. 하지만 중세 교회는 사제와 평신도들 사이에 커다란 간격을 둔 고딕식 성당 건물을 짓기 시작하였고 사람들 사이에 성스러움의 간격을 두기 시작함으로써 구약 성전 중심의 종교로 회귀하는 경향을 보였다. 교회의 중심에는 항상 계급화된 사제 그룹들이 차지하고 있었고 일반 신자들은 하나님의 말씀인 성경을 자유롭게 읽을 수도 없었다. 성경해석권은 오직 사제에게만 있었기 때문이었다. 기능체화되어 간 중세의 이러한 움직임에 대한 저항으로 시작된 독일 경건주의 운동은 또한 소그룹 공동체 운동을 태동시켰다.

경건주의의 시발점은 필립 야콥 스페너 1635-1705가 1675년에 『경건한 열망』을 출판한 것이라 할 수 있다. 스페너는 30년 전쟁 이후에 독일 루터교회에 만연해 있던 도덕적 방종 분위기 속에서 '경건한 자들의 공동체' collegia pietatis, 즉 '교회 안의 작은 교회' 운동을 전개했는데 이것은 제도적인 교회 안에서 비제도적인 경건한 소그룹 운동을 일으키자는 운동이었다. 이 운동은 1670년 8월부터 스페너의 집에서 매주 일요일과 수요일에 모임으로써 출발하였다. 모임은 기도로 시작하였고, 전 주일의 설교에 대하여 토의하거나 경건 서적을 읽었다. 그러다가 1674-75년 겨울부터는 오직 성경 읽기와 기도하기에 힘썼는데, 이 때부터 개개인 간에 경건하고 친근한 우정이 형성되었고, 다른 사람에게 기독교를 더 많이 알게 하고자 하는 욕구를 가지게 되었다. 이러한 활동의 결과로, 그들 속에 사랑의 불이 점점 더 뜨겁게 불붙게 되었다. 이러한 독일 경건주의 소그룹 운동은 영국의 웨슬리에게도 큰 영향을 미쳤다. 웨슬리는 초대 교회의 경건한 성도의 교제를 중요하게 생각하고 있었는데, 그는 옥스퍼드 대학을 다니면서 "신성회"The Holy Club를 조직하였다. 신성회는 모범적인 기독교인의 삶을 살아보려는 진실한 열망과 복음 전파를 위한 아주 젊고 진지한 교인들의 모임으로 주된 목적은 회원들의 영적 성장이었다. 그는 후에 이 신성회의 모임을 수용 발전시켜 영국 교회 내의 신도회 모임을 만들었다.

소그룹 공동체 운동은 고도로 산업화된 현대 사회에서 더욱 필요로 하게 되었다. 사회가 고도로 분업화, 전문화, 기계화, 정보화되면서 개인들은 더욱더 위축되었고 비인간화를 느끼기 시작하였다. 기계처럼 돌아가는 거대한 사회 조직 속에서 개인은 크게 소외되고 수많은 군중들 속에서 내버려진 군중 속의 고독을 느끼게 된 것이다. 개인과 개인 간의 고립이 가속화되고, 마지막 남은 공동체인 가족이 해체되는 후기 산업사회의 위기 속에서 사람들은 더욱더 공동체적인 요소를 필요로 하게 되었다. 가족 안에서만 느낄 수 있는 끈끈한 정과 인간적인 유대 관계가 있는 장소, 대화가 있고 삶의 나눔이 있는 그런 인격적인 관계가 보장되는 모임을 갈망하게 되었다. 이단과 사이비가 현대 교회 속에서도 왕성한 이유는 현대인이 잃어버리고 있는 이런 공동체성을 이들이 제공해 줄 수 있다고 외치면서 자신들의 분파운동에 속할 때만 공동체적인 삶과 구원이 있다고 떠들었기 때문이다. 우리는 그들의 이러한 공동체성 운동에 결코 동조할 수 없다.

하지만 교회는 본래 그리스도의 몸으로서 각 지체들이 서로 다른 지체들을 떠받들고 지체들 간의 사귐과 교제가 있으며 서로 양육하고 뒷받침하는 공동체적 성격을 갖고 있다. 현대 사회에 들어오면서 교회들은 양적 성장을 일방적으로 추구하면서 몸집을 많이 불렸을지는 몰라도 교회 성도들 간의 끈끈한 정과 유대 관계를 보장해 주는 공동체 생활이 많이 느슨해져

가는 현상을 목도하게 된 것이다. 바로 이러한 상황에서 교회의 공동체성을 회복하고자 하는 소그룹 운동이 현대 교회의 이곳저곳에서 때로는 "제자훈련"의 모습으로, 때로는 "소그룹 운동"으로 나타나기 시작하였다. 이미 미국에서는 소그룹 운동이 많이 유행하고 있으며 소그룹 운동을 하는 교회들이 정기적으로 모여 심포지움이나 대형 세미나 등을 열고 있다. 한국 교회 내에도 서서히 이런 소그룹 운동들이 소개되고 있고 현대 교회의 체질을 바꾸는 중요한 대안의 하나로 내세워지고 있다.

소그룹 사역의 기능적 특성

현대 한국교인들 가운데는 대체로 주일에 한 번 드리는 공식 예배에 참석하여 설교 한 편을 듣는 것으로 신앙생활의 의무를 다한 것처럼 생각하는 명목적 그리스도인들이 많이 늘어나고 있다. 대형 교회의 수많은 군중들 가운데 숨어서 적절하게 신앙 생활을 하면서 교회나 다른 사람들에게 간섭을 받지 않으려 하고 자신의 개인 생활을 개방하려 들지 않으며 그러면서도 세상의 여가 생활을 즐길 수 있는 숨은 그리스도인들이 많다. 신앙 생활을 이렇게 하려는 사람들에게 한 편의 주일 설교가 어떻게 그들의 영혼을 깨우고 변화시킬 수 있을까?

수년 전 필자는 총신대학교 목회학 박사원 원장을 하면서 수십 명의 목사님들과 함께 미국 올랜도에 소재한 리폼드 신학교 겨울학기에 참여한 적이 있다. 미국행 비행기를 타고 가는 기내에서 모 교단에 속한 한 목사님으로부터 한 심각하고 진지한 질문을 받았다. 그는 자신의 아버지도 오랜 기간 목회를 하신 분이셨고 자신도 아버지의 뜻을 받들어 중견 교회를 섬기는 목회 사역을 하고 있는데, 자신이 설교를 한 지 수십 년이 지났는데도 양심적으로 판단할 때 자신의 교인들이 자신의 설교들을 듣고 그렇게 변화된 생활을 나타내지 않더라는 것이었다. 이러한 고민을 자신의 아버지에게 털어놓았더니 아버지도 평생 그러한 고민을 가지고 있었다고 하더란다.

사람들이 수십 년 동안 목사님들의 설교를 듣고도 좀처럼 변화되지 않는 이유는 무엇일까? 사람들의 중심을 사로잡고 있는 죄성이 왜 이처럼 변화되지 않는 것일까? 물론 구원을 얻은 사람이라 해도 이 세상에서 예수 그리스도처럼 거룩하게 변화되는 완전 성화를 이룰 수는 없다. 세상을 살아가는 동안 신자들도 여전히 죄성과 심각한 싸움이 있기 때문에 종교개혁자들은 지상 그리스도인들의 삶을 '전투하는 삶'으로 말하지 않았던가? 그렇더라도 목회 사역의 궁극적 목표는 자신이 목회하는 성도들의 점진적이나 지속적인 변화를 일구어내는 것이다. 한 주일에 한두 번 교회에 나와 몇 편의 설교에만 의존하는 신앙 생활의 패턴으로는 결코 만족할 만한 변화를 이룰 수는 없을 것이다. 지속되는 설교의 감동과 도전뿐만 아니라 소그룹을 통한 나눔과 교제, 훈련과 간증의 시간들은 주일에 들은 은혜와 감화를 실생활의 변화에 접목할 수 있는 장점이 있는 것이 분명하다. 소그룹 사역은 다음과 같은 좋은 장점들이 있다.

첫째로, 소그룹 사역은 개인의 영적 성장을 이루는 데 크게 도움이 된다. 교회 성장의 기본 요인이 되는 개인의 신앙적 확신과 열정에 지대한 영향을 준다.

둘째로, 소그룹 사역은 성도 간의 참된 코이노니아와 하나됨을 가능케 한다. 소그룹을 통해서 성도 간의 얼굴과 얼굴을 대하는 친밀한 만남이 이루어지고, 깊은 대화가 가능함으로써 서로가 하나되는 교제를 이룰 수 있다.

셋째로, 소그룹 사역은 바람직한 교육의 장이 된다. 소그룹은 지식과 삶을 가르치고 교육하는 데 보다 효과적이고 이상적인 장소가 될 수 있다.

넷째로, 소그룹 사역은 효과적인 목회적 돌봄을 가능하게 한다. 소그룹 사역이란 구성원들의 필요와 요구를 충족시키고 영육 간에 돌보는 일에 있어서 대그룹에 비해 보다 용이하고 적절하다.

다섯째로, 소그룹 사역은 훌륭한 훈련의 장이 될 수 있다. 소그룹을 통해 지도자의 훈련이 이루어질 수 있다. 소그룹에서는 서로서로가 주체적으로 참여하게 되므로 각자의 은사가 보다 쉽게 발견되고, 특히 리더십을 가진 사람을 쉽게 발견하게 된다.

옥한흠 목사는 제자훈련에 있어서 소그룹이 가지는 탁월한 기능적 요소를 다음과 같이 설명한다: 1) 일반화의 요소: 소그룹에서는 각자 자기를 개방하는 일이 보다 쉽게 일어난다. 2) 상호관계 학습의 요소: 자기 개방이 가능하게 된 그룹 안에서는 서로가 자신을 재발견하고 재형성하는 사회 관계 학습이 일어나게 된다. 3) 모방의 요소: 소그룹 안에서의 모방이란 우선 지도자를 닮는 학습 행위를 말하며, 뿐만 아니라 서로가 가까운 관계를 통해 서로에게서 배우고 모방하는 것까지도 포함한다. 4) 그룹 애착심의 요소: 소그룹은 대그룹에 비해 그룹 애착심을 더욱 강하게 갖게 한다. 5) 카타르시스의 요소: 소그룹의 안정되고 친밀한 분위기는 사람들로 하여금 감정을 표현하기 쉽게 만든다.

여섯째로, 소그룹 사역은 효과적인 전도의 수단이 된다. 소그룹은 그 안에서 이루어지는 친밀한 인간관계를 이용해 불신자들에게 접근하고 접촉할 수 있을 뿐만 아니라, 그들을 교회 안으로 이끌어들이는 데도 상당한 효과를 볼 수 있다.

물론 교회의 공동체성을 회복하는 길은 오직 소그룹 사역에만 있다고 말하는 것은 지나친 과장이 될 것이 분명하다. 그러나 이와 같은 소그룹 사역의 장점들을 기존의 목회 프로그램에 접목한다면 훨씬 더 큰 시너지 효과를 나타낼 수 있을 것이다.

현대 교회의 성장과 소그룹 사역

칼 조지는 현대 교회에 있어서 소그룹 사역의 중요성을 강조하면서 미래 교회의 8가지 필요들을 다음과 같이 열거한다.

1. 인격적인 교감에 대한 열망
2. 새로운 대안에 대한 지속적인 요구
3. 세상에서 일어나는 일에 대한 해석
4. 급속한 변화에 대처할 수 있는 교회 구조
5. 남자와 여자가 함께 사역을 주도하는 것
6. 모든 성도들을 믿음과 사역에서 분발하도록 할 수 있는 방법
7. 사람을 중요하게 여기는 조직의 구조
8. 모든 성도들이 인격적인 보살핌을 받을 수 있는 방법

이러한 현대의 요구들에 대한 대응책으로서 가장 바람직한 것이 바로 소그룹 사역이 아닐까 여겨진다. 라이드Coyde Reid는 "어디서나 사람들은 깊은 인간 관계에 굶주리고 있다. 그들은 급변하고 비대해 가는 세상에서 안정감과 소속감을 주는 관계를 필요로 하고 있다. 소그룹은 수백 수천의 군중 속에서는 얻기가 불가능한 사랑과 인정을 갈구하는 인간의 깊은 요구를 채워줄 수 있다"1969, P. 16. 소그룹 단위의 가정교회 안에서 성도들이 유기적인 연합과 성장을 통해 그리스도의 몸을 이루어가는 것이다. 이에 대해 로렌스 리처드Lawrence O. Richard는 "오늘날 교회는 신약시대의 교회처럼 가정 교회를 필요로 한다. 우리는 소그룹을 필요로 하고 있다"1970. P. 331. 소그룹 사역이 교회의 공동체성 회복을 담보할 수 있는 유일한 방편이라고 말할 수는 없지만 한 중요한 방편이라고 할 수 있다. 어떤 사람들은 소그룹 사역이 교회의 본질 자체와 동일시하려는 과도한 움직임을 보이기도

하지만 그러한 움직임은 분명 잘못된 동일시임이 분명하다. 하지만 소그룹 사역에서 발견되는 한 가족 정신과 사랑과 친교의 실천은 건강한 교회를 이루어가는 중요한 요소들인 것은 분명하다.

소그룹 사역과 평신도 지도자 육성의 교회 성장학적 관계성

소그룹 사역을 성공적으로 수행하기 위해서는 제한된 목회자의 지도력만으로는 불가능할 수밖에 없고, 잠재된 교회 내 평신도 지도자들을 개발하여 활용하는 것이 필수적일 수밖에 없다. 소그룹 사역의 구조를 형성하는데 핵심적인 구조 원리 중 첫째는, 지도력 개발을 들 수 있고, 둘째는, 가정을 기초로 하는 소그룹을 들 수 있으며, 셋째는, 그러한 가정 그룹을 인도하는 평신도 지도자를 들 수 있다.

평신도 지도자의 지도력이란 무엇인가? 첫째는, 그룹의 응집력을 높이는 지도력이어야 하고, 둘째는, 바로 성장하고자 하는 지도력이어야 한다. 소그룹 활동 초기 단계에서 평신도 지도자는 다음과 같은 역할들을 담당해야 한다: 1) 목표의식과 비전 제시, 2) 활발한 활동을 촉발, 3) 그룹 회원들이 그룹 활동에 적극 참여하도록 격려, 4) 그룹 회원들이 열린 마음으로 모이도록 기대감을 조성, 5) 그룹 모임에 필요한 세부 지침을 조정해야 한다. 즉 시간, 장소, 그 장소의 위치, 필요한 자료 등 세부적인 문제들을 정하여 확인시키고 그 내용들을 그룹 회원들에게 잘 전달해야 한다.

소그룹 사역의 보완과 평가

한국 교회 내에도 교회 조직 내에 소그룹 모임이 없었던 것은 아니다. 가장 전통적인 것이 소위 "구역 조직"이란 것이다. 하지만 구역 조직은 자생력을 가진 어떤 자율적 조직이 아니라 당회가 외적으로 부과한 외생적 소그룹이다. 적어도 소그룹 조직이 자생력과 자율적 결속력을 갖고 활동하기 위해서는 회원 상호 간의 정신적, 영적 동질성이 확보되어야 하는데, 전통적인 구역 조직은 어떤 지역에 따라 외적으로 부과되어 조직된 모임이기 때문에 회원 간의 이질성이 많아 그들 상호 간에 대화와 교제가 이루어지기가 어렵다. 필자가 말하는 '동질성' homogeneity이란 단순히 나이나 성과 같은 외형적, 성적 동질성이 아니라 복음의 정신에 기초한 정신적, 영적 동질성을 가리킨다. 이런 의미에서 전통적인 구역 조직은 그 동안 한국교회의 부흥과 성장에 큰 기여를 한 것이 분명하지만 그 경직성 때문에 이미 한계에 부딪혀 있는 것으로 드러나 있다. 따라서 교회의 양적 성장과 더불어 공동체 성을 회복하는 과제를 한국 교회는 안고 있는데 그 현실적 대안으로 "제자 훈련"이나 "소그룹 또는 셀그룹 운동" 등이 제시되고 있다.

필자는 우선 제자훈련과 최근 유행하고 있는 소그룹 사이의 차이점을 지적하고자 한다. 둘 사이의 차이점을 명쾌하게 구분하기는 쉽지 않지만, 제자훈련은 '훈련'에 많은 강조점을 두고, 소그룹은 '삶의 나눔 또는 교제'에 더 큰 비중을 두는 것으로 보인다. 제자훈련은 훈련 당사자나 피당사자가 과도한 훈련 부담 때문에 어려움이 있을 수 있으나, 소그룹은 성경 연구나 훈련의 요소가 전혀 없는 것은 아니나 서로 부담 없이 성경의 간단한 교훈을 중심으로 삶을 나누고 서로를 위해 섬기며 소그룹 예배를 통해 공동체 훈련을 하며 함께 영적 기쁨을 나누는 소위 "영적 성장"에 더 큰 비중을 둘 수 있다. 하지만 제자훈련과 소그룹은 공통점도 많다. 최근 목회자들 가운데는 제자훈련 사역에 있는 '훈련'의 요소를 소그룹 사역에 접목하려는 분들도 있다. 둘 사이를 이분화하는 것보다 자신의 목회 사역에 좋은 점들을 보완하여 적용하는 것도 지혜일 것이다.

효과적인 소그룹 운영을 위해 필요한 일

첫째로, 영적 동질성을 가진 공동체를 확보할 필요가 있다. 기존의 구역 조직은 비동질적인 구성원들이 외부의 지시에 따라 단순한 지역적 편성에 따라 모이기 때문에, 서로 흉금을 터놓고 대화하고 삶을 나누기가 어렵다. 예를 들어, 같은 구역 조직 속에 며느리와 시어머니가 함께 있다 보니 서로 속 깊은 이야기와 대화, 교제를 나누기 힘들다. 이들 사이에 영적 동질성을 먼저 확보하지 않은 상태에서 찬송가 몇 장을 같이 부른다고 흉금을 터놓는 대화가 생겨나기 힘들다. 또한 비전문적이고 훈련도 받지 못한 구역장이나 구역 리더가 주입식으로 교역자에게 얻어 들은 간단한 성경 말씀으로 다양한 구역원들을 변화시키기는 현실적으로 어려울 수 있다. 그래서 소그룹 회원들을 같은 나이별로, 성별로 묶는 일이 있는데, 이것도 그리스도의 한 몸된 교회의 정신을 뛰어넘는 방식으로 실천되면 위험할 수도 있다. 왜냐하면 그리스도의 몸된 교회 안에서는 모든 사람들이 다 하나라는 동질성이 우선하기 때문이다.

둘째로, 자생력을 갖게 할 필요가 있다. 그룹 리더는 동질성을 갖는 인턴을 훈련시켜 한 소그룹이 성장하여 10여 명이 넘어갈 때는 자동적으로 세포 분열 방식으로 새로운 소그룹을 만들어 내보는 것이 좋다.

셋째로, 동일한 비전과 목표를 갖게 할 필요가 있다. 소그룹의 목표가 함께 하는 영적 성장이든, 전도이든 뚜렷한 비전을 공유할 수 있어야 한다. 뚜렷한 방향과 목표 또는 비전이 공유되지 않는 소그룹은 자생할 수 없다.

넷째로, 더 넓은 의미의 영적 동일성을 각 소그룹들 사이에 유지될 수 있게 할 필요가 있다. 너무 개별 소그룹 성장에만 집착하면 교회 전체의 결속력과 지도력이 약해질 수 있다. 따라서 한 달에 한 번씩 교회 내의 각 소그룹들이 모여 서로의 모임 속에서 발생하는 문제점들을 토론하고 동질적인 비전을 공유할 수 있도록, 그래서 교회 전체의 성장에 기여할 수 있도록 유기적 연대성을 갖게 하는 것이 필요하다. 너무 개별 소그룹의 결속력만 강조하면 그 소그룹은 배타적인 성격을 가질 수 있는데, 이것은 목사가 적절히 조절해 줄 필요가 있다고 본다.

다섯째로, 모자라는 성경 공부는 교회 내에 '성경 대학'을 만들어 각 소그룹에 속한 회원들이 자발적으로 자신의 영적 지식의 발전을 도모할 수 있게 환경을 조성해 주어야 한다: 소그룹은 '훈련'에 많은 강조점을 두지 않기 때문에, 성경 연구에 약점을 가질 수 있다. 이렇게 모자라는 성경 지식 보충을 위해 교회 내에서 다양한 성경 연구 기회들을 마련해 줄 필요가 있다.

여섯째로, '소델리티' sodality 그룹과 '모델리티' modality 그룹의 공존성을 높일 필요가 있다. 공동체적 성격을 가진 소그룹 구성원들은 자신들만의 영적 성장과 삶의 나눔에서 멈추어서는 안 되고 교회 내의 다양한 모델리티 그룹 속에 참여하여 교회의 체계적이고 기능적인 성장에 기여할 수 있어야 한다. 교회는 공동체성만을 가질 수는 없고 효율적인 행정과 관리를 위해, 그리고 대사회 봉사 활동이나 선교, 전도 활동을 목적으로 하는 모델리티 그룹에 참여할 성실하고 헌신적인 인원들을 배출해야 한다.

일곱째로, 소그룹은 교회 새신자 정착이 잘 이루어질 수 있는 산실이 되어야 한다. 소그룹에 속한 사람들은 새 신자나 어린 신자가 제대로 교회에 정착할 때까지 산파 역할을 해야 한다.

소그룹 조직에는 늘 장점만 있는 것이 아니다. 소그룹 운동은 강한 결속력을 가진 자발적인 소델리티 그룹을 지향하기 때문에 기존의 당회의 인준과 동의를 얻기 전에 추진하게 되면 갈등과 분란을 일으킬 소지가 많다. 왜냐하면 소델리티 그룹이란 성격상 그룹의 "자발성"과 "내적 결속력"을 지향하기 때문에 소그룹이 활성화되면 될수록 당회나 기존의 모델리티 그룹의 영향력이 약화될 수 있거나 소외될 수도 있다. 이러한 문제점을 보완하기 위해서 소그룹 운동을 추진할 때는 당회원들을 설득시켜 소그룹 사역의 비전을 공유할 수 있어야 한다.

소그룹 운동은 미국에서 많이 논의되어 왔고 목회 현장에 많이 소개되고 있는 중이다. 하지만 미국의 어느 교회에서는 교회 내의 소그룹을 "하나의 준 독립된 모임"으로 발전시키려는 움직임까지 보이고 있다. 말하자면 소그룹이 자생적으로, 자발적으로 모이되 한 달에 한번씩 전체 소그룹이 모여 예배를 드릴 뿐 개별 소그룹을 아예 독립된 교회화시키려는 움직임까지 있다. 따라서 소그룹 지도자를 "목자" 또는 심지어 "목사"로 승격시키려고 하기 때문에 평신도 지도자들일 수밖에 없는, 그리고 전문적인 신학교 교육을 받지도 않은 이들 소그룹 지도자들을 독립된 "목자"로, "목양자"로 치켜세울 때 기존 교회 조직체와 갈등을 일으킬 소지가 많다.

한국은 아직까지 여기까지 나아가지는 않았지만 앞으로 그쪽으로 발전해갈 소지가 있어 우려가 된다. 우리의 과제는 개별 교회 내에서 이런 소그룹들을 당회나 교회적 차원의 인준과 허락을 받아 발전시키는 것이다. 잘만 하면 교회의 양적 성장의 그늘에 가려진 교회의 공동체성 회복에 큰 기여를 할 수 있을 것으로 보인다.

부록 5 ◀ 예 수 · 바 울 · 교 회

바른 영성의 개념과 실천

영성이란 무엇인가?

오늘날 기독교 사회에서 '영성'[1]이란 말이 빈번하게 사용되고 있다. 영성신학이니, 영성훈련이니 하는 술어들이 그것이다. 그것은 일반적으로 어떤 사람의 정신이나 삶의 가치관을 자신의 정신으로 내면화시켜 살아가는 것을 의미한다. 따라서 이 용어는 자신이 판단하기에 가장 이상적인 정신을 자신의 정신으로 받아들여 그것을 실천하기 위해 온 생명을 거는 것을 뜻한다.

하지만 그것은 단순히 이 정도로 설명될 수 없는 더 깊은 내용을 담고 있으며, 또한 세계관, 인생관의 차이로 인해 일반 사회의 영성과 기독교 영성 사이에는 큰 차이가 있는 것도 사실이다. 어떤 차이들이 있을까? 기독교 인간 이해와 가치관은 다른 종교나 사상과 근본적으로 다른 점들이 많기

---

1) 최근 '영성'이란 술어가 유행을 타고 있기는 하지만 본래 그것은 중세 수도원에서 채용된 개념이었다. 개혁교회에서는 따라서 영성이란 개념보다 경건이라는 말을 더 선호하지만, 본 글에서는 이미 대중화된 영성 개념을 그대로 사용하기로 하였다. 이러한 선택은 무슨 신학적 이유 때문이 아니라 이미 널리 대중화된 개념을 존중했기 때문이다.

때문에 기독교 영성도 다른 일반 종교나 사회에서 발견되는 영성과는 다른 점들이 많다.

첫째로, 일반 영성은 역사상에 존재했던 실존 인물의 인격과 정신을 본받는 것이라면, 기독교 영성은 하나님의 아들이신 예수 그리스도의 삶과 인격과 정신을 본받아 살며 그의 신적인 성품을 자신의 삶 속에 체현하는 것이다.

둘째로, 일반 종교나 사회의 영성 개발은 대체로 일정한 법칙이나 계율에 따라 엄격한 자기 훈련과 장기적인 수양을 통해 자신이 본받고 싶은 정신과 이상을 내면화시키고 성인의 삶의 스타일을 따라 사는 삶의 과정을 의미하지만, 기독교 영성은 하나님의 아들의 신적인 형상을 회복한다는 구원론적이며 종말론적인 의미를 함축할 뿐만 아니라 그 회복 과정이 일종의 재창조 과정이기 때문에 인간의 단순한 자기 혁신 노력이나 수양으로 되는 것이 아니라 성령의 능력 아래서 실현된다는 근본적인 차이점이 있다. 물론 기독교 영성도 신자의 노력을 배제하지는 않지만 성령 안에서 예수 그리스도와의 인격적 교제의 삶을 살아감으로써 나타나는 도덕적 성품을 신자 개인의 수행 결과로 보지 않고 "성령의 열매"로 파악한다는 독특성이 있다.

셋째로, 일반 영성은 대체로 역사적 인격의 정신과 사상과 삶을 본받으려는 인본적인 영성인데 반하여, 기독교 영성은 역사적 예수의 정신과 삶을 계승한다는 차원을 뛰어넘어 오늘날 우리 가운데 찾아 오셔서 우리와 직접 교제하시는 하나님과 그의 아들 예수 그리스도와 인격적인 관계를 추구하는 수직적이며 하나님 중심의 영성이다.

기독교 영성 결핍의 시대 [2]

1. 후현대주의 사회의 풍조와 현대교회

후산업사회 또는 탈현대 사회의 정신적 척박한 토양과 물질적 풍요 그리고 세속화, 폐쇄된 인본주의적 가치관 등이 기독교 영성이 뿌리를 내리고 열매를 맺게 하기에는 척박한 땅임이 분명하다. 후현대주의라는 현 시대의 풍조는 풍요로운 삶 속에서 각기 다른 문화적 배경을 가지고 현 시대를 역동적으로 변화시키고 있다. 후현대주의 풍조는 세 가지 무서운 악성 사상들로 구성되어 있다: 현대성이 낳은 (1) "합리주의", (2) "기술주의", 그리고 (3) 자기중심을 동반한 비인격적 개인주의 사상 속에 깊이 빠져있는 "전체주의적 양심"totalitarian conscience 등으로 합성되어 있는 형태이다. 이러한 세속 세계의 구조적 형태는 새로운 이데올로기를 만들어내기보다는 도리어 도덕적 가치의 상실을 발생케 하고 시대적 혼탁을 가져오게 한 고질적인 혼합물들이다. 이러한 후현대주의의 현실 세계는 "인간이 세속주의 물화가 되는 비역사성을 자아내기에 이르렀고, 그러한 악성 혼합물들은 인간을 유용한 물건으로 전락시켜 인간 상품화가 된 비역사적 영적 불행을 가져오게 하였다."[3]

시대를 풍미하는 이러한 영적 공해는 현대인에게 고갈되어 가는 영적 상태를 향하여 자기충족을 위한 왜곡된 만족을 강하게 추구하게 만들고 기술산업사회의 인간 황폐화를 벗어나기 위한 갖가지 신비주의적이고 뉴에이지적인 체험들을 추구하게 만들었다. 오늘날 목회자들이 붐처럼 일어나

---

[2] 본 섹션의 주요 분석은 이완재의 『영성신학탐구』에 의존하였다 (이완재, 『영성신학탐구』, 서울: 성광문화사, 1998). 그의 저술은 방대한 자료를 담고는 있으나 잘 정돈되어 있지 않고 외국 저서들의 표현을 직역한 듯한 문제가 있다. 필자는 본인의 효과적인 논의를 위해서 그의 진술들을 요약하여 여기에 소개하였다.
[3] 이완재, 『영성신학탐구』, 38f.

고 있는 영성 운동을 바로 지도하지 못하면 이러한 악성 혼합물들이 언제 교회 안에 파고들어올지 모르는 일이다. 예를 들면, 후기 산업사회의 기술만능주의는 인간을 기계적인 사람으로 비인격화시킬 가능성이 많으며, 정치적인 이데올로기는 사람을 이데올로기의 포로적 도구로 만들어 또한 비인간화시킬 가능성이 많으며, 후현대주의의 한 특성인 자기도취적 주관주의는 뉴에이지 운동에서 자주 발견되는 자기도취와 자아성취를 위한 주관주의 또는 자아 선입관을 합리화시킴으로써 또한 인간을 비인격화시킬 공산이 크다. 예수를 명분으로 한 종교인들도 자기도취와 자아 성취에 중독되는 면이 있을 때 그것은 이미 참된 영성에서 멀어지고 있는 것이다.

우리는 영적 지도자로서 사람의 영혼을 하나님 앞에서 존귀한 인격으로 접근하는 법을 배워야하지 마치 주식회사를 경영하는 방법과 같은 실용주의적 관심사에 빠져서 실용주의와 공리주의와 같은 영리를 위한 "교회 기술자"Church Engineer 또는 "교회 마케팅 기술자"가 되는 것을 지향해서는 안 된다. 또한 현대사회가 물량적 사고에 빠져있는 것에 영향을 받아 목회자가 자기 충족적인 교회성장을 위한 대형집회를 추구할 때 자신도 모르게 신앙인으로서 영적 탈진과 지도자로서의 목회 탈진에 빠져들게 만든다. 최근의 교회성장학의 결과는 회사를 운영하고 경영하는 기술적 방법론만 추구하게 하거나 소위 치유목회라는 감정적 심리요법 등을 이용한 이교적 행위에 빠질 수도 있다.

이러한 반기독교적 풍조는 오늘날에 와서 비로소 시작된 것은 아니었고 시대마다 기독교 영성을 왜곡시키고 저해하는 요소들로 작용해 왔다. 예를 들면, 초대 교회에서는 프톨레미의 영향을 받은 영지주의와 아리우스주의, 그리고 중세기의 인본주의, 종교개혁 시대의 유토피아 사상, 17세기 청교도 시대에는 이신론주의, 가톨릭의 관료주의와 교권주의, 알미니안주의의 대용품 복음과 소시니안들이 있었고, 18세기에는 유럽의 이성주의, 19세기에는 마르크스의 공산주의가 출현하였고 작금에 와서는 탈현대주의의 다양한 현상들이 교회의 영성을 좀 먹고 있는 중이다.

2. 현대의 괴리 현상들과 목회자의 탈진

급변하는 후현대주의 시대적 사조는 세속 사회뿐만 아니라 교회에서까지도 괴리 현상들을 일으키고 있다. (1) 교회적인 괴리 현상: 거의 40%에 해당하는 목회자들이 탈진에 빠져있고, 신학이 불필요하다고 주장하는 목회자가 늘어나고 있다. 교회의 양적 팽창을 위한 마케팅 기술 위주의 대형교회와 개교회주의가 증가하고 있으며, 신앙인들의 영적 탈진과 비정상적인 신앙인들이 늘어나 신앙을 버리고 떠나는 배교 추세가 증가하고 있는 중이다. (2) 사회적 괴리 현상: 미국만 해도 4, 5천만 명이 각종 정신병과 우울증에 시달리고 있고, 마약을 포함한 모든 종류의 중독증이 증가 추세에 있다. 살인, 강간 등을 포함한 형사적 범법자와 비윤리적인 이탈 행위들이 폭발적으로 늘어나고 있으며, 박수와 점성술 등 미신적인 사고방식들이 탈진과 영적 공허함에 빠져 있는 현대인들에게 파고들고 있다.

이러한 상황 속에서 현대 목회자마저도 영적인 탈진에 빠져 분명한 소명의식과 성숙된 하나님의 사람으로서, 영적인 지도자로서의 분명한 비전, 확실한 목회철학, 사역의 분명한 목표, 그리고 자신의 역할에 대한 분명한 의식 등을 갖추는 것은 목회자의 영성 재확립 과제에 깊이 맞물려 있다.

목회자의 탈진을 야기하는 여러 원인들이 있으나, 그 중에서도 가장 큰 요인은 하나님 앞에서 죄에 붙들려 야기되는 영적인 문제가 그 첫 번째에 해당하고, 두 번째는 목회자 자신의 지적인 능력과 숙련된 목회 재능과 능력의 결여들에 놓여 있다. 그러므로 목회자 탈진에 대한 근본적인 해결책은 오직 하나님의 은혜 안에서의 영적 회복을 위한 회개와, 지적인 능력 및 숙련된 목회의 재능을 위한 재교육과 훈련을 통한 성숙된 리더십으로 재무장하는 길밖에 없다.

하지만 많은 목회자들은 지난 18년 동안 선풍적인 인기를 끌었던 교회성장학에 의해 고무되어 교회의 양적 증가에 초점을 맞춘 "합리주의적인 기술주의 또는 마케팅 전략의 교회적용" 등의 유행으로 이어졌다. 이러한 양적인 교회성장학의 원칙에 바탕을 둔 인본주의적 합리주의와 기술주의의 방법론적 수단들이 해를 거듭하면서 개발되고 추구되어져 왔음을 결코 부인할 수 없다. 이러한 최근의 경향은 결국 교회 사역의 비인격성을 낳는 엄청난 죄를 범하게 만들고 왜곡된 리더십 개념만을 양산하게 되었다. 참된 영성 개념을 정립하지 못하고 목회 기술주의로 치닫게 되면 교회의 생명에는 치명적인 악영향을 줄 수밖에 없다. 결국 그 치명적 악영향은 목회자 자신에게 부메랑으로 돌아와 목회자 탈진이라는 복병을 만나게 만든다. 겉으로는 성숙한 신앙인처럼 보이지만 결국에는 속이 빈 목회 관료주의에 매몰되게 만들 뿐이다.

오늘날 현대교회는 그야말로 다양한 영성 운동이 일어나고 있기는 하지만 왜곡된 영성 이해로 말미암아 골머리를 앓고 있다. 교인의 숫자적 증가를 위해서는 어떤 시대적 풍조의 유행도 불사하고, 종교적 형식의 웅변이나 유머스러운 이야기거리로 설교를 때우기도 한다. 말은 풍성한데 인간의 깊은 심령 속에서 솟아 올라와야 할 실천적 행동과 사랑이 결핍되어 있거나, 자기중심과 자기도취를 위한 삶은 자신을 하나님처럼 취급하게 만든다. 영적 실체를 인간의 기술적인 기교로 대체하려고 하며, 이보다 더 근본적인 위기는 제임스 패커가 지적했듯이 "대용품 복음의 결과"에 있다. 이것은 하나님의 영광에 대해서는 괘념치 않고 오로지 사람들을 위한 유용성과 평안과 위로와 행복과 만족만을 염려하는 것들을 중심으로 설교하고 가르치는 것이다. 이러한 대용품 복음으로는 인간이 하나님을 두려워하는 심령으로 이끌어내지 못하여 영적 결핍을 자아내게 만들 뿐이다. 이러한 영적 결핍 현상의 결과는 하나님을 향한 깊은 경외의 결여, 깊은 회개의 결여, 깊은 겸손의 결여, 예배 정신의 결여, 그리고 교회의 관심에 대한 실패와 더불어 신앙의 성숙의 결여를 가져온다. 영성은 이렇게도 대단히 중요한 기독교인의 행동 신학이며, 영성의 결핍 원인은 신학적 결핍과 부재에서 비롯된다.

영성 개념의 역사적 이해들

영성의 역사를 연구하는 사람들은 영적 생활을 두 형태로 구분하여 연구한다. 두 형태를 구분하는 용어는 모두 헬라어에서 유래되었는데, 하나는 "부정적"*apophatic* 방법으로서 자기를 완전히 비워 하나님의 충만함이 자기에게 흘러들어 오도록 하는 것이고, 다른 하나는 "긍정적"*kataphatic* 방법으로서 모든 생각을 하나님께 향하도록 하기 위하여 정신적 영상들과 용어들을 사용하는 상상의 방법이다. 이와 더불어 어떤 방법들은 "정신의 조명"思辨을 강조하기도 하고, 어떤 방법들은 "마음의 온화함"情緖을 강조한다.[4] 각 방법은 그것에 적합한 사람들이 있고, 또 그것은 독특한 문화나 또 그 문화 안에서 개발한 영적 그룹의 관습들을 나타낸다.

---

4) U. T. Holmes, *A History of Christian Spirituality: An Analytic Introduction* (NY: Seabury, 1981), 4.

1. 초대 기독교의 이해

영성에 관한 저작들은 박해가 거듭하여 일어났던 기원 후 처음 몇 세기들 동안에 발견된다: 바나바서, 순교자 이그나티우스서, 이레니우스의 신학적 저술들이 그러하다. 이들 저술가들은 기독교인들에게 삶의 단순성이 필요함을 말하는 한편, 동시에 극단적인 종류의 금욕적 습관들에 대해 경고하기도 하였다. 그들은 순교의 영적 특성을 인정하지만 죄악을 도피하는 방법으로 죽음을 택하는 일에 대해서는 비판적이었다.

3, 4세기 동안에 알렉산드리아 학교를 중심으로 어떤 학자들은 점차 금욕생활에 대하여 강조하기 시작하였다. 그들은 하나님께 속한 일들에 집중하기 위해서 결혼과 같은 인간적 생활에서 자신을 분리시키는 데 이성을 활용할 수 있다고 보았다. 클레멘트나 오리겐은 조명을 받을 때 영혼은 인간의 욕망으로부터 깨끗하게 되고, 하나님을 보다 온전하게 파악할 수 있다고 보았다. 어떤 이들은 박해 동안에 핍절한 삶을 통하여 하나님에 대한 비전을 성취하고자 사막으로 도피하였고, 알렉산드리아 학파보다 덜 지적인 사람들은 성경의 말씀들과 이미지들을 통하여 명상하였다. 예를 들면, 그들은 사다리를 한 계단 한 계단 올라가서 완전에 이르려는 사람들처럼 계속적인 영적 진보를 추구하였다. 은거수도사들anchorites은 완전 고립상태에서 살았고, 공주수사들cenobites은 공동체를 세워 그 가운데서 살았다.

서부 중앙의 터키에서는 4세기 무렵에 가이사랴의 바실리우스나 니사의 그레고리우스 등과 같은 인물들은 모든 물질적인 욕망의 삶을 포기함으로써 영적 완전을 추구하였다. 그레고리우스가 이 그룹의 영적 지도자였는데, 영성을 위한 그의 접근은 하나님과 하나됨을 향한 내적 충동과 더불어 시작되었는데 그는 이것을 참된 결혼이라고 불렀다. 어두움 속에서 빛으로 상승하려고 투쟁할 때에 인간은 고된 훈련과 하나님을 향한 헌신을 통하여 완전을 향하여 투쟁할 수가 있었다. 니사의 그레고리우스는 동방 기독교 영성 발달에 깊은 영향을 미쳤다. 그는 공동작용synergy에 대하여 말하는데 이것은 하나님과의 합일을 이루기 위해서 하나님을 지향하는 인간의 사랑eros과 하나님의 사랑agape이 상호 침투되는 것을 말한다. 이 공동작용은 하나님의 활동에 대한 인간 영혼의 각성인 동시에 하나님의 선물로 받은 내적 평화besychia를 통해서 가능하다. 신비주의자들은 그들의 삶을 이 목표로 향하게 한다.

동방의 여성 대가들 가운데 마지막으로 언급되는 이름은 디오니시우스이다. 그녀는 아마도 5세기에 살았던 시리아의 은거수도사였던 것 같다. 그녀는 하나님을 향한 영혼의 상승과 신비감은 신화神化, divinization의 과정으로 인도된다고 기술하였다. 인간의 정신이 하나님의 정신 또는 영과 통합될 때 그 인간은 하나님처럼 된다. 다시 말해서 신화된다. 이 술어는 인간이 하나님으로 변화된다는 뜻이 아니라 인간이 인간의 영을 통하여 역사하는 신적인 성령으로 완전히 채워지게 되는 것을 의미한다.

서구의 기독교인들은 그들의 영적 탐구에 있어서 어거스틴의 영향을 많이 받고 있다. 그는 인간이 자신만의 노력으로 구원에 이를 수 있다는 펠라기우스의 주장에 반대하였고, 동시에 마니교의 금욕주의적 경향의 영향을 받아 자신의 감각적 쾌락에 대해서 계속 투쟁하는 것을 영적 생활의 근간으로 간주하였다. 그의 금욕적인 생활은 자비의 사랑의 역사 가운데서 나타나는 하나님의 사랑을 위하여 세상 사랑을 배격하는 것을 중심으로 발전하였다.

2. 서방 기독교회의 이해

그레고리우스 대제 Gregory the Great: 540-604년는 흔히 서방교회 영성의 아버지로 불리는 인물이기도 하다. 그가 자신의 영성 이해를 기술하기 위해 사용한 비유적 언어는 "하나님에 대한 비전" 그리고 "빛의 비전"이다. 명상은 관조seeing의 행동이 된다. 홈즈는 다음과 같이 기술한다:

> 보다 여성적인 영성인 동방교회의 신비주의가 수용적 마음apophatic에 초점을 두는 데 비하여 보다 남성적인 서방교회의 신비주의는 눈의 활동kataphatic에 초점을 맞춘다. 우리는 하나님에 대한 비전을 얻고자 노력한다. 이 비전을 작고한 옥스퍼드 주교 케네스 커크Keneth Kirk: 1886-1954년가 그의 고전적인 저술인 *The Vision of God*에서 *summum bonum*, 즉 최고선이라고 불렀다. 그레고리우스의 금욕주의는 굴종의 삶으로 표현된다. 겸손은 덕이다. 순결한 마음은 자의 중심 가운데서 하나님의 심판을 보고 회개, 겸손, 인내를 얻고자 노력한다.[5]

중세기 동안에 기독교는 유럽 전체에 보급되었고, 중세 사회는 자연히 성직자, 수도회 회원들, 평신도들로 구성되었다. 이 시기의 절정에 이르러 1000-1300년 수도원 재단들의 수효는 증가되었고 베네딕투스 수도회는 개인적인 기도를 보다 강조하는 공동기도를 확대시킴으로써 개혁되었다. 카르투지오 수도회는 은둔생활을 지향한 경향을 제도화시켰는데, 그들은 공동체에서 생활은 하였으나 그들의 수도원 시간들을 개인용 기도처에서 보냈고 오직 예배만을 위하여 모였다. 클레르보의 버나드Bernard of Clairvaux는 명상을 위하여 시토 수도회를 설립하였다. 이들은 그들의 대부분의 시간

---

[5] U. T. Holmes, *A History of Christian Spirituality*, 48.

을 개인적인 명상으로 보냈고, 식사 및 공동의 예배 시간에만 모였다. 버나드의 저작들은 영성에 대한 고전들이다. 성경에 조예가 깊은 그의 명상들은 예수를 통하여 중재된 하나님의 사랑에 초점을 둔다. 예수에 대한 그의 이러한 신앙심은 서구 교회의 영성에 대한 지속적인 표현이 되었다:

> 신실한 영혼은 그의 임재를 사모하여 깊이 탄식한다. 그리고 그를 생각하면서 평화로움을 얻으며, 또한 하나님의 계시된 얼굴의 영광을 명상할 수 있기까지 수치의 십자가에 영광을 돌린다. 그리하여 그리스도의 신부이자 사랑하는 사람인 신자의 영혼은 잠깐 동안 시간을 내어 당신의 넘치는 부드러움의 기억으로부터 은빛 찬란한 날개, 즉 순수함과 순결이 밝음을 부여받은 후 그 유업 가운데서 휴식한다. 그리고 신부인 신자의 영혼은 당신의 얼굴을 보면서 기쁨으로 충만하게 되기를 희망한다 Treatises II, 105.

앗시시의 프란시스 1181-1226년에 의하여 설립된 수도회 회원들은 "탁발수도사" friars라고 불리었다. 왜냐하면 그들은 수도원에서만 살면서 일을 하던 수사들과는 달리 사람들 가운데서 노동을 하였기 때문이다. 그들은 복음을 설교하고 선행을 실천하기 위해서 사람들 가운데로 나아갔다. 프란시스회의 경건은 십자가에 달린 그리스도께 드려졌다. 프란시스 자신은 성흔, 즉 그리스도의 상처를 경험하는 지경에 이르기까지 십자가의 그리스도와 동일화되는 경험을 하였다. 빈곤과 생활의 단순성이 그들의 실천의 기초가 되었다.

이 시기에 또 다른 탁발수도회가 설립되었다. 즉 도미니쿠스 수도회 Dominicans가 그것인데 이들 또한 수도원 밖의 사람들을 섬기는 일을 하였다. 설교가 그들의 주된 업무였다. 일반인들의 경건은 거룩한 이름, 복된 성만찬, 성심聖心에 대한 신앙으로 표현되었다. 동정녀 마리아에 대한 신앙이 경건의 여성적 요소로 장려하면서 일반 교인들 가운데 증가되었다.

가장 많이 알려진 경건 저작들 가운데는 후기 중세 동안에 쓰인 저작들이 포함된다. 에크하르트Meister Eckhart: 1260-1327년는 하나님의 말로 표현할 수 없음과 파악될 수 없음에 대하여 기술한다. 구도자는 미지의 어두움 속으로 들어간다. 그럼에도 영혼을 밝혀주고 하나님과의 하나됨을 깨닫게 해주는 하나님의 간헐적인 조명이 있다. 에크하르트는 다른 신비주의자들처럼 때로는 범신론과 성경의 하나님, 즉 창조 세계와 분명히 구분되면서도 창조된 세계와 관계를 맺고 있는 자기 동질성을 가진 하나님과의 경계를 흐리게 하는 것같이 보인다. 14세기 영국 신비주의자들 중 최고의 인물은 리처드 롤Richard Rolle: 1295-1349년이다. 그는 명상하면서 경험한 사랑의 불, 하나님의 강렬한 신비로운 사랑에 관하여 기술한다. 그는 지적으로, 합리적으로 하나님을 아는 것은 참 하나님 지식이 아니라고 비판하고 신비로운 접근을 추구한다. 아무튼 신비적 방법을 통한 명상은 이 시기 동안에 그 절정에 도달하였다.

3. 종교개혁자들의 이해

중세 시대의 신비주의적인 영성 이해에 반기를 들고 성경에 기초한 영적 생활의 기초를 재정립한 인물들은 마틴 루터Martin Luther: 1483-1546년과 존 칼빈John Calvin: 1509-1564년, 그리고 그들의 신앙을 유산으로 넘겨받은 존 오웬John Owen과 같은 청교도 신학자들로 이어지고 있다. 중세의 신비주의적 영성 옹호자들은 "그들의 신앙을 신비적 체험 그 자체에 초점을 두어 그 체험이 없으면 내심에 불안 상태를 유발하여 자신을 위축시켜 영적 삶의 본질을 축소시켰을 뿐만 아니라, 이는 제설 혼합주의로 변질되어 우주적 그노시스 체제 교리로 변질될 수 있는 대단히 위험한 종교 이해"라고 할 수 있다. 이러한 신비주의적 영성은 신비적 기도의 은사를 터무니없는 심리적 초점에 맞추어 참된 신앙을 중점화하지 않고 이를 다양한 종교적 전통의 중세 철학 다섯 가지 우주적 구성 원질로 표현하는 신앙적 혼선을 빚어내게 되었다. 이러한 현상은 근대 시대 신앙에서 영적 열매보다 오히려 영적 은사에만 관심을 두고 신앙했던 것과 같은 맥락에 서있다.

개혁주의자 칼빈은 기독교인들의 삶에서 올바른 길잡이가 될 수 있도록 기독교 영성을 경건개념 godliness으로 저술한 『참된 기독교인의 삶에 대한 황금 소책자』 De Vita Homnis Christiani를 1550년에 라틴어와 불어로 출간했다. 본서는 현재 영문판 『칼빈 기독교 강요』 제3권에 수록되어 있는데 그 내용은 기독교 영성이란 (1) 예수를 닮아가는 겸손한 순종, (2) 자아-부정, (3) 십자가 관계에서 인내, (4) 내세를 향한 소망찬 삶, (5) 현실에서의 정당한 삶 등을 살아야 할 것을 제시하는 기독교인의 삶의 길잡이 내용을 담고 있다.

이렇게 해서 16-17세기 종교개혁의 유산을 이어받은 교회들은 중세기 스타일의 영적인 사람들을 위험한 인물로 취급할 뿐만 아니라 때로는 이단시 취급하는 경우까지도 생겨나게 되어 '영성'靈性이란 단어는 사라지고 17세기 청교도 영성에서는 윤리적 영성의 개념을 '경건'敬虔이라는 단어로 사용하여 영적인 면에 대한 표현을 평상적으로 중요하게 사용해 왔다. 청교도 경건주의 영성에서는 '값싼 은혜' cheap grace를 배격하고 영성에 대한 깊은 관심과 함께 오순절에 부어졌던 성령의 역사를 위하여 기도하며 하나님의 때를 기다리는 것과 연루하여 기도를 통하여 교회에 영적 활기를 주어 어두움의 세계를 돌격하는 공동체 운동을 전개하였다. 그들은 종교개혁 영성의 고전 복음주의를 이미 전승한 상태에서 신학과 영성 간의 밀접한 관계성을 인식하여 이를 일원화하고 상호 조화시켜 성화와 경건을 목표한 올바른 신앙생활의 행동 신학적 입장에서 실천하는 종교개혁 영성을 존속하려고 하였다.

종교개혁 영성은 다음 네 가지 특징들을 담고 있다: (1) 종교개혁 영성은 말씀으로 양육하는 것이다. 종교개혁자들은 성경을 하나님의 최고 권위의 핵심으로 삼고, 기독교 신앙의 산출과 자양물을 위해 하나님께서 주신 최고의 자원으로 삼고, 양육은 오직 말씀 sola scriptura이라는 원칙 아래 지극히 신학적 방법 중심의 영성을 지향하였다. (2) 종교개혁자들의 영성 강조점은 하나님과 절연된 상태에서는 어떤 영성도 아예 시도할 수 없다는 점이다. 칼빈은 1559년에 발간한 칼빈의 『기독교강요』 첫머리에서 영성에 대한 특징적인 원칙을 진술하는데 그는 하나님을 안다는 것은 하나님에 의해 변화되는 것으로 진술한다. 루터 역시 하나님을 아는 지식은 생명에 필요한 힘이라고 주장한다. 하나님을 진정으로 아는 것은 우리로 하여금 예배케 하고 순종케 하며 영원한 삶의 소망을 향하도록 하게 한다. 칼빈은 우리가 오직 하나님을 알았을 때만이 우리 자신을 알 수 있으므로 그때에 비로소 인간이 인간 중심에서 하나님 중심으로 들어와 하나님의 계시의 토대에 자신을 세우고 영적으로 쉼을 얻으며 하나님과 함께 교제하여 영적으로 깊은 삶을 살 수 있다고 했다. (3) 종교개혁의 영성은 모든 기독교인들이 제사장과 성직적 명백성을 실감하게 한다. 종교개혁의 영성을 향한 핵심은 평신도가 하나님의 백성이라는 견해에 대한 회복이다. (4) 종교개혁 영성은 14세기 수도원 운동 중 "사막의 은둔자들"과 같은 신비주의자들의 "세상 경멸" 태도를 단호히 거부한 토마스 아 켐피스Thomas A. Kempis: 1380-1471년와 마찬가지로, 매일의 지상 생활에 주목하면서 말씀과 생활의 일치를 가정과 사회 어디서나 실천하고자 하였다. 종교개혁 영성의 핵심은 믿음으로 말미암는 칭의 구원에 머물지 않고 이신칭의 교리와 그에 따른 윤리적 행동을 균형있게 통합시킨 데 있다. 이렇게 종교개혁의 영성은 신앙과 청렴 고결의 삶 양면 모두를 잘 유지했는데, 이러한 특징은 청교도들의 경건 생활에서도 잘 나타난다. 그들은 일상 생활 가운데서 하나님을 사랑하고 형제를 사랑할 줄 아는 순수하고 실제적인 생활 그 자체를 영성 또는 하나님 앞에서의 참된 경건이라고 생각했다.

4. 요약적 관찰

기독교인들은 역사적으로 영성에 대한 정의를 각각 다르게 말하고 있다. (1) 가톨릭에서는 성자에 대한 숭배, 유품들에 대한 찬미, 성체 참배, 대중 축제에서 사제의 교주적 기능, 그리고 화해적 중보기도의 기능을 의미한다. (2) 수도사를 옹호하는 어떤 사람들은 영적인 사람을 금욕주의자와 등등시하며, (3) 이상주의자들은 명상의 추구를 향한 삶의 헌신으로, (4) 어떤 이들은 종교적 이유에서 극도의 자기 부정 혹은 자기 고행 등을 들어서 영성이라고 말하기도 한다. (5) 판넨버그는 영성이란 자아 일치를 위한 탐구로서 크리스천 메시지를 통하여 인간에게 유익이 되는 것이라고 말한다. (6) 어떤 신교에서는 영성이란 영적 은사들을 훈련하는 것이라고 하고, (7) 어떤 이들은 그리스도를 향한 영혼의 열정을 영성이라고 말하기도 하지만, (8) 어떤 사람들은 교리를 통한 자기 개선을 위한 탐구라고 말한다. (9) 한 걸음 더 나아가서 거의 많은 복음주의자들은 어거스틴과 칼빈의 영성을 지지하는데, 그들의 영성에 대한 정의는 하나님을 사랑하고 형제를 사랑하는 것이다.

기독교 영성에 대한 성경 신학적 조명

1. 기독교 영성에 대한 복음주의적 정의

복음주의 거의 대부분은 어거스틴과 칼빈의 영성 이해를 지지하며, 영성이란 하나님을 사랑하고 형제를 사랑하는 것으로 정의한다(막 12:30-31).

(1) 리처드 러브레스R. Lovelace: "영성의 근거 있는 확실한 목표는 신앙생활을 위한 것인데, 이는 영적 자아 방종으로 인하여 단절된 영적 교섭의 순환에서부터 헤어나 하나님과 형제를 사랑하는 열정적 삶을 향한 균형 있는 자기 개선이다." 6)

(2) 레달드 잔센R. Janzen: "쉐마가 신명기서의 신학적 중심으로 되어 있음에 대하여 조금도 의심할 바가 없다(신 6:4-5). …… 토라-순종의 모든 행동은 이스라엘의 하나님을 사랑하는 동기와, 목적과, 그리고 특정한 표준에서 찾는다."7)

(3) 랙 헨리 R. Henry: "영성이란 기독교인의 전반적인 기획으로 들어가기 위하여 탐구하고, 하나님과 함께 하는 영교의 성취와 신장하는 것으로 이는 공적 예배와 개인 신앙을 포함하는 기독교인의 생활 전반에서 실제적으로 나타나는 모형의 결과이다."8)

(4) 제임스 패커J. Packer: "하나님과 함께 하는 영교의 신장, 성취, 탐구를 위하여 기독교 전체 안으로 들어가는 연구를 위한 진취적 정신으로, 하나님 사랑과 형제 사랑에 대한 기독교 신비에서 올바른 신앙 체험과 이를 실천하는 공적 예배와 개인적 경건godliness의 헌신된 신앙 양면을 포함한 기독교인의 실제적 삶이다. 영성은 그래서…… "인간 영혼 속의 하나님의 생

---

6) R. Lovelace, *Renewal as a Way of Life: A Guidebook for Spiritual Life* (IVP: Downers Grove, Illinois, 1985), 18.
7) R. Janzen, "The Yoke That Gives Rest," *Int 41/3* (1987), 256-68.
8) R. Henry, *20th Century Spirituality* (London: Epworth Press: 1969), 2.

명" 또는 다른 표현으로 그 뿌리와 열매 안에서 경건에 대하여 연구하는 것이다."[9]

2. 영성의 주요 특성들에 대한 신학적 조명

(1) 신론과 종말론에서 본 특징

첫째로, 기독교적 영성 또는 경건은 철저하게 하나님 중심적이다. 그리스도 안에서 이루어지는 구원, 확실한 기쁨, 다른 모든 영적 축복들이 오직 하나님 중심 안에서만 이루어진다는 사실이다.

둘째로, 기독교적인 영성은 삼위일체 신앙에 기초한 것이어야 한다. 하나님 중심된 생활은 삼위일체 하나님을 모두 이해해야만 가능하다. 성자 하나님에 대한 초점을 잃을 때 구속의 피, 부활의 생명, 보증된 영광, 천국의 임재를 잃게 되고 율법주의자에 빠져서 단조로운 종교 활동에 빠지게 되고 제설 혼합주의 신학으로 연결될 가능성이 높아진다. 성령에 대한 초점이 흐려질 때 그의 창조, 갱신, 확신과 기쁨, 섬김을 위한 가능성이 상실되고 형식주의 종교, 인간 자신의 노력적 종교로 바뀌게 되며 성령의 감화와 변혁이 결핍되며, 기계적인 의식적 종교, 연약한 기대감, 그리고 관행적인 종교적 모습으로 낙후될 것이다. 성부 하나님에 대한 초점이 흐려지면 하나님의 가족의 일원으로서 아버지께서 부과하신 훈련과 규정해주신 임무들에 대한 초점을 잃게 되어 우리는 연약해지고 게을러지고 양심이 부패되며 창조력이 없어진다.

셋째로, 기독교적인 영성은 두 세계관에 기초한 것이어야 한다. 기독교

---

9) J. Packer, *A Quest for Godliness: The Vision of the Christian Life* (Crossway Book: Wheaton, Ill: 1990), 12–16.

영성은 하나님의 세계와 지상의 세계를 구분할 줄 아는 삶이다. 동시에 구분하면서도 현 세계를 오는 세계의 빛 속에서 조망하고 이해하며 참여할 줄 아는 종말론적인 시각을 또한 가져야 한다. 또한 그리스도인은 세상에 속하지 않으면서도 세상에 보냄을 받은 자라는 종말론적인 인생관 및 세계관의 긴장을 가진 자들이다(요 17:14-19).

(2) 구원론적 관점에서 본 특징

첫째로, 기독교적인 영성은 새로운 관계성에 기초한 것이다. 새로운 연관 관계는 기독교인이 하나님과의 언약 아래 맺어진 구원된 가족적 관계에 기초한다. 유대인이나 이방인들 모두는 이제 예수 그리스도와 함께 연합된 순결에 의하여 하나님과 새로운 언약 관계를 맺고 그 아래서 살아가는 자들이 되었다. 그들은 족장 시대 이후로 아브라함의 참 후손으로 약속된 사람들이다(창 12-13; 갈 3:15-17).

둘째로, 기독교 영성은 새 창조 사건에 기초한다. 그것은 그리스도의 죽음과 부활을 통해 종말론적으로 새롭게 창조된 새 피조물이라는 인식 속에서 출발한다. 옛 아담이 잃어버렸던 하나님의 형상을 둘째 아담의 죽음과 부활이라는 종말론적인 새 창조 사건을 통해서 회복해가는 것이 기독교인의 영적 생활의 토대이다.

셋째로, 기독교 영성은 새로운 신앙 공동체의 지표이다. 기독교인들은 새 언약 사건인 그리스도의 죽음과 부활을 통해 "손으로 짓지 아니한 새로운 성전 공동체"를 형성하게 되었다. 이것이 신약의 구속 공동체인 교회이다. 모든 그리스도인은 그리스도의 몸 된 교회 안에서 자양분을 얻으며 생명을 보장받기 때문에 새 언약 공동체 안에서 그들의 영성의 토대를 발견한다.

넷째로, 기독교 영성은 새로운 인간상을 지향한다. 그리스도의 구속을 통해 새롭게 회복한 "새 사람"은 결국 하나님의 형상이신 그리스도의 모습을 회복한 인간성을 갖는다. 이것은 성령의 아홉 가지 열매들로 특징화되는 도덕적 성품으로 나타난다.

(3) 주석적 측면에서 본 특징

첫째로, 기독교 영성은 하나님을 사랑하고 형제를 사랑하는 것에 핵심이 놓여 있다(신 6:5; 레 19:18; 갈 5:14; 롬 13:8-12 등).

둘째로, 기독교 영성은 하나님 중심 생활에 기초한다. 하나님 중심 생활의 세 가지 요소는 충만한 믿음, 경외심, 그리고 분명한 회개다. (1) 충만한 믿음: 하나님 중심 생활의 첫 번째 요소인 충만한 믿음은 주님과 함께 연합하는 행위이다. 기독교인의 모든 삶은 이러한 믿음의 표현이요 외적 규현이다. (2) 경외함: 하나님 중심 생활은 하나님에 대한 경외심이다. 존 머리는 경외심을 "하나님에 대한 두려움은 경건한 영혼이라"고 정의한다. (3) 분명한 회개: 하나님 중심 생활은 하나님을 향한 분명한 회개 생활이다.

셋째로, 기독교 영성은 하나님 사랑을 체험하는 데서 시작한다. 영성의 실체는 하나님 사랑과의 만남이다. 이 하나님 사랑이 우리의 인격과 양심 속에 파고들어 생동한다.

넷째로, 기독교 영성은 하나님의 왕적 통치 중심의 생활이다. 그것은 위대하신 왕 예수 그리스도를 향하고 그의 영적 주권과 율법의 우주적인 요구들의 시행을 향하여 겸손히 복종할 것을 종용한다.

다섯째로, 기독교 영성은 영적 삶의 원동력이다. 영적 전쟁은 그리스도인의 영적 생활의 중심을 차지하고 있다. 그리스도인들은 마귀, 세상, 그리고 육신, 타락한 본성, 타락한 인간성에 대한 내적인 전쟁을 벌이고 있다.

여섯째로, 기독교 영성은 영적 원동력의 근본 요소이다. 첫째는 율법을 통한 원동력이고, 둘째는 성령을 통한 원동력이며, 셋째는 성례를 통한 원동력이다. 이중의 가장 근원적인 원동력은 예수 그리스도의 구속과 그를 통해 부어지는 성령의 능력이다. 지금은 율법 중심의 옛 언약 시대가 가고 성령이 지배하는 새 언약의 시대이다. 따라서 시대 변화에 따라 의문의 묵은 것으로 섬기는 시대에서 영의 새로운 것으로 섬길 것을 요청받는 시대이다(롬 7:6 참조).

(4) 균형적 시각에서 본 특징[10]

첫째로, 참된 영성은 삼위일체 신론에 기초한 영적 균형성을 지녀야 한다. 성부 하나님의 부성적 권위만을 강조하거나 성령 하나님의 카리스마적 성격만을 강조하거나 성자 하나님의 구속적 특징만을 강조하는 것은 영적 생활에 치명적 결과를 초래하고야 만다. 최근에 서광선 교수는 한국의 정통 교회 내에 주관적 신앙 경험보다는 말씀의 객관적 권위를 강조하는 '신앙 지성주의'의 흐름이 존재한다고 전제하고 이 신앙 지성주의가 '성령 없는 하나님'의 신론 문제에 연루된 것으로 의심한다.[11] 정통 교회들은 기독교가 유교 문화권에 흡수되면서 신론을 가부장적 권위의 시각에서 파악하여 한국의 신앙 체계를 형성하는 지배 구조가 되었다. 이러한 시각에 따르면 유교 문화권에서 파생된 한국 전통 교회의 지배적 신앙 구조는 교리의 지성주의화, 은혜보다 율법, 내용보다는 형식이 강조되는 경건,

---

[10] 본 섹션에 언급된 면들은 본인의 글, "균형적 시각에서 본 영성," 『신약은 성령을 어떻게 말하는가』(서울: 도서출판 이레서원, 2001), 419-446에서 요약적으로 끌어온 것이다. 보다 자세한 논의를 참조하려면 본인의 저서를 참조하라.

[11] 서광선, 『한국 기독교의 새 인식』, 대한기독교출판사, 1985, 291.

율법 생활의 강조, 필요 이상으로 강조되는 교역자의 권위 등으로 특징화된다. 좀 지나친 측면이 있는 분석이기는 하지만 눈여겨 볼 필요가 있다. 이와는 반대로 서광선 교수는 오순절 교회의 성령 제일주의 신학을 '하나님 없는 성령' 또는 '예수 그리스도 없는 성령'이라는 말로 묘사하려고 한다. 신론이나 기독론의 적절한 기초 없이 성령론만을 일방적으로 강조하고 부각시킬 때 신자들의 영적 생활은 치명적 손해를 입게 된다. 한국 교회는 영적 생활에 있어서 깨어진 신론적 균형성을 회복할 때가 되었다.

둘째로, 참된 영성은 또한 회심 경험에 기초한 영적 균형성을 갖추어야 한다. 오순절 교단의 제2 축복 성령론은 성령의 선물을 교회 내의 영적 엘리트 신자들 그룹에 제한적으로 주어지는 것으로 믿기 때문에, 교회 내에 또 다른 그룹의 신자들이 형성되는 해악을 갖고 있다. 오순절 성령신학에 따라서 성령 세례 경험을 하지 못한 형식적이고 신령하지 못한 그리스도인들과 성령 세례 경험을 하여 능력 있는 신령한 그리스도인들을 구분한다면 여러 가지 부작용이 교회 내에서 생겨날 수 있다. 이런 경험적 이원론은 아직 '극적인 경험'을 가지지 못한 자들에게 성령 체험과 은사의 가능성에 관한 부정적 기대를 심어주게 되고, 반면에 그런 경험을 한 자들에게는 과도한 자긍심을 심어주게 된다. 더욱이, 이런 경험론의 이원론은 성령 경험을 하나님의 은혜의 선물로 이해하지 않고 자기 성취로 생각하게 만들어 결국 자신을 다른 사람과 구분하는 영적 엘리트 의식을 갖게 하고 교회의 화평을 깨트릴 수 있다.

셋째로, 참된 영성은 윤리와 은사 사이의 균형성을 가져야 한다. 성경에서 신령한 사람이라고 말할 때는 여러 다양하고 비범한 은사들만 가진 사람을 가리키지 않고 예수 그리스도의 성품을 닮아가는 바른 삶을 영위하는 사람이다. 윤리적 삶이 결핍되어 있는 은사 제일주의에 빠진 사람들은 이미 참된 영적 생활에서 한참 떨어져 나간 사람들이다. 그렇다고 신령한 은사에 대해 무지해도 된다는 이야기는 아니다. 신령한 사람은 하나님께서 교회 내에서 각 사람을 통해 다양한 은사들을 주셔서 공동체인 그리스도의 몸을 봉사하게 하셨다는 사실을 인식하고 은사들에 대해서도 개방된 태도를 취하는 사람이다.

넷째로, 참된 영성은 바른 신앙과 바른 실천 사이의 균형성을 갖추어야 한다. 예수 그리스도에 대하여 바른 신앙 고백을 한다는 것은 기독교 영성의 출발점이다. 동시에 진정한 신앙 orthodoxy은 바른 실천 orthopraxy으로 나타나야 한다. 한국교회는 신앙과 생활의 균열 현상이 심화되고 있어서 여러 가지 부작용을 경험하고 있는 중이다. 예수를 자신의 주로 영접하고 믿는 사람은 반드시 그의 거룩한 뜻을 실천하여 하나님과 이웃을 진정으로 사랑하고 섬길 줄 아는 사람이어야 한다.

다섯째로, 참된 영성은 영광의 신학과 십자가 신학의 균형성을 유지해야 한다. 영광의 신학 theologia gloriae이란 예수 그리스도 안에서 '이미' 하나님 나라가 도래했기 때문에 현실 속에서 하나님 나라의 영광과 죄에 대한 승리, 비범한 은사들, 육신적인 질병 치유, 세상적인 성공, 사탄에 대한 승리, 세상적인 신분의 차별 철폐 등을 다 경험할 수 있다고 믿는 신학이다. 예수만 믿으면 만사가 다 형통하고 건강장수를 누릴 수 있다는 "번영의 신학"이 바로 영광의 신학에 속한다. 한 때 오순절 교단의 삼박자 구원론이 바로 이런 번영의 신학에 기초한 것이 아니었나 생각된다. 하지만 하나님의 나라의 온전한 실현은 아직 미래를 기다리고 있고 현실은 예수와 그의 나라를 위한 고난이 필수적인 영역이다. 아직 신자들은 그리스도의 고난에 참여하여 그의 나라를 이루어가야 할 막중한 책임을 짊어진 사람들이다. 부활의 영광은 아직 고난의 시대를 거쳐야 하기 때문에, 현실 속에서 그리스도인들은 십자가 신학 *theologia crucis*에 근거하여 그리스도와 함께 고난에 참여해야만 한다. 그리스도께서 십자가 고난을 통해 생명을 얻게 된 것처럼, 신자들의 고난으로 교회가 생명을 얻게 될 것이다. 참된 영성은 이 점에서도 균형을 잃어버려서는 안 된다.

여섯째로, 참된 영성은 '이미' already와 '아직' not yet 사이의 종말론적 균형성을 잃어버려서는 안 된다. 기독교인의 영성의 구조는 그리스도 안에서 '이미' 이루어진 것과 '아직' 이루어지지 않은 것 사이를 살아가는 종말론적인 긴장 구조와 맞물려 있다. 영성의 두 측면들 가운데 '이미' 쪽만을 강조하게 되면 위에서 말한 '영광의 신학'이나 '번영의 신학'을 추구하게 되고 교회의 영성은 쉽사리 현세지향적인 성격을 띠게 된다. 이와는 반대로 종말론적인 긴장의 국면 중에서 '아직' 쪽만을 강조하게 되면, 신자의 현재는 의미를 상실하게 되고 탈세상적인 내세지향주의를 추구하게 될 수 있다. 신자들은 주께서 약속하신 미래의 전망에서 현재를 의미 있고 책임 있게 살아가는 사람들이다. 현재의 참다운 의미는 역사의 지평 자체에서 발견되지 않고 오직 주께서 약속하신 미래 가운데서만 찾아질 수 있다. 역사의 충만한 미래는 미래로부터 오기 때문에 신자는 미래를 소망하면서 미래의 빛 가운데서 현재의 의미를 조망하며 책임 있게 살아갈 근거를 얻게 된다. 그는 종말론적인 두 축들 가운데 어떤 것도 포기할 수 없다.

일곱째로, 참된 영성은 지성주의와 감성주의 사이의 균형을 잘 유지해야 한다. 오순절 계통의 교회들은 성령의 은사 경험만을 지나치게 강조하여 감성주의 신앙의 위험에 빠질 수 있고, 말씀의 객관적 권위만을 강조하고 신앙 경험을 소홀히 하는 전통 교인들은 모든 것을 지성주의적으로만 바라보는 위험에 빠질 수 있다. 전자는 신비주의와 자주 교류할 가능성이 높고, 후자는 지성주의 신앙 오류에 빠질 가능성이 많다. 조나단 에드워즈는 누구보다도 말씀의 권위를 많이 강조한 신학자요 부흥사였지만, 서구 세계에 만연한 교리 지성주의의 폐단에 대해서 날카롭게 비판하였다. 복음이 서구 세계에 들어가면서 분석하기를 좋아하고 개념화하기를 좋아하는 서구인들의 성향에 따라 마치 그것을 객관적인 교리 명제들을 체계화시켜 놓은 어떤 신학 체계로만 간주하려는 지성주의 경향이 서구 기독교에 존재한 것이 사실이다. 에드워즈는 하나님의 영광을 자신의 중심 신학 주제로 삼아 발전시키면서도 성령이 주시는 기쁨과 감격, 하나님을 사랑하고 이웃을 사랑하는 복음의 감성적 특성을 포용하고자 하였다. 이와는 반대로 현대는 또한 말씀에 대한 바른 지성적 이해도 없이 감성만을 치우쳐 강조하려는 감성주의 도래를 예고하고 있다. 내용도 없는 감정적 흥분만을 자극하는 것은 전혀 기독교적 영성이 아니다. 참된 기독교 영성은 어떻게 감성과 지성의 균형성을 잘 유지하는가를 탐구하여 그것을 유지하는 것이라 할 수 있다.

여덟째로, 참된 영성은 사랑과 공의 사이의 균형성을 잃지 않아야 한다. 참된 영성의 출발점은 십자가 구속에 나타난 하나님의 사랑을 체험하고 이웃을 내 몸처럼 사랑할 줄 아는 사람으로 성장해 가는 것이라 할 수 있다. 기독교는 사랑의 종교이다. 하지만 사랑을 추구한다고 해서 현실적 불의와 타협하는 무제한적인 사랑을 행하는 것이 아니다. 바울 사도는 교회 내에서 형제라 불리는 사람이 범죄에 빠졌을 때 온유한 마음으로 그러한 자를 바로 잡으라고 권면한 바 있다(갈 6:1). 형제의 범죄를 보고 공의를 위한답시고 손쉽게 정죄의 자세를 취하는 것은 분명히 기독교인의 영적 자세가 아닐 것이다. 그러한 자를 긍휼히 여기고 온유한 마음을 갖는 것은 그리스도의 마음임이 분명하다.

하지만 그렇다고 해서 바울 사도는 형제의 범죄를 눈감아 버리라고 말하지 않는다. 온유한 마음으로 그러한 자를 "바로 잡으라"고 권하면서 동시에 자신도 그러한 죄에 빠지지 않도록 조심하라고 교훈한다. 이것은 일종의 외유내강형(外柔內剛形) 영성이 아닌가 여겨진다. 온유하고 부드러운 자세를 잃지 않으며 범죄에 빠진 사람에 대해서 늘 사랑의 마음을 소유하면서도 잘못된 길을 반드시 바로잡는 그런 강인한 마음 자세가 그리스도인의 자세가 아닌가 생각된다. 한국교회는 은혜를 강조하다가 모든 죄를 묵인하는 오류에 빠질 때가 많다. 아니면 교회를 정화시킨다고 공의만을 내세우면서 죄에 빠진 이웃에 대한 자비와 긍휼을 상실한 냉혈적인 심성의 오류에 빠진 때도 많이 있었다. 참된 기독교 영성은 이러한 균형성을 회복하고 유지하는 것이 아닌가 여겨진다.

필자는 위에서 중요하다고 생각되는 몇 가지 사항들만 다루었지만 기독교인이 유지해야 할 영적 균형성의 측면들은 이보다 훨씬 더 많이 존재할 것으로 생각하고 있다. 진정한 영성은 한쪽으로 치우치지 않고 하나님의 말씀을 따라 참된 중용(中庸), 영적 균형성을 지키는 것이라 할 수 있다.

예 수 · 바 울 · 교 회 ▶ **부록 6**

물질문명과 기독교

종교사회학적 특징

현대사회 속에 거센 파도처럼 범람하고 있는 '물질문명'은 어떻게 보면 고도로 발달한 산업사회의 열매라고 할 수 있다. 현대 물질문명을 배태한 산업사회는 18세기 초부터 태동되기 시작하였다고 볼 수 있는데, 그것은 기독교적 관점에서 두 가지 종교사회학적 특징을 지닌다고 하겠다.

첫째로, 귀납적 현상 분석과 산업 기술의 발전으로 말미암아 인간과 초월적 실재와의 만남에서 심층의 차원을 상실했다는 것이다. 18세기 이전까지 유럽 사회를 지탱해 오던 형이상학적이고 종교적 가치관이 실사구시를 지향하는 산업사회의 물질주의적 가치관에 의해서 대체되면서 소자본가들로 구성된 중산층이 형성되고 이들이 추구하는 서구사회의 가치관은 급격한 변화를 겪게 되었는데, 물질주의적 지향성을 지닌 산업사회의 가치관의 체계 속에서 인간의 내적 초월성이나 영원에 대한 투명성이 흐려지는 것은 당연한 결과가 아닌가 생각된다.

둘째로, 18세기 초부터 신의 문제는 인간들의 사상 영역에서뿐만 아니라 그들의 제 활동 영역에서 점차 뒷전으로 물러나 앉게 되었다. 과학적이고 실용주의적 사고 방식과 그것에 기초한 산업사회의 물질문명은 자연히 신이 인간 세계에 간섭하거나 끼어들 여지를 주지 않게 되었다. 신은 어쨌거나 인간의 기술적 계산과 실리적 계산을 방해하지 못하도록 되어져 버렸다. 결과적으로 신은 인간 생활의 '여분' P. Tillich이 되어버렸고 인간은 자신이 속한 우주까지 지배하는 지배주가 되어버렸다. 이것은 현대사회의 물질문명이 배태하고 있는 인본주의적 속성이라 할 만하다.

초월적 존재와 그것에 기초한 초월적 가치관이 들어서기를 허용하지 않는 한에서 현대사회의 물질문명은 '폐쇄된 세계관' the closed view of world을 지닌 것이 분명하다. 과거 시대에 인류는 그래도 현실사회의 제반 문제들이나 가치관 갈등을 초월적인 종교적 가치관을 가지고 극복해 왔다. 물론 그런 절대적 종교의 가치관들이 다 옳은 것도 아니고 그 역기능들이 없는 것도 아니지만, 종교는 그래도 사회의 다양한 인간 집단들을 하나로 묶어 동질의 공동체 집단으로 연결짓는 가치통합적인 역할을 담당해 왔다. 기존 사회라는 것은 어떤 물건으로 이루어진 것도 아니며 무슨 건물로 이루어진 것도 아니다. 그것은 단순히 수많은 개인들이 모인 것도 아니며 공통된 가치관, 인간관, 신관 등을 가지고 이루어진 인간 집단이었다.

하지만 이제 그것은 하나의 절대적 가치관을 허용하지 않는 상대주의적이고 물질주의적인 현대 산업사회 속에서 구심력을 잃은 집단이 되어버렸다. 가치관의 혼선, 전통적인 가부장적 권위의 몰락, 향락문화의 발흥, 청소년들의 마약 복용과 탈선, 전통적 가정의 붕괴 등의 현상은 겉보기에 화려한 현대문명의 발치에 검고 탁한 그림자를 드리우고 있으며 그것은 종교적 가치관을 기초로 하는 전통적인 가치관의 붕괴와 함께 동반되는 현상들임이 분명하다.

　물질문명을 기반으로 하는 현대 산업사회의 문화는 인간을 그 내면적인 가치에서 평가하기보다는 대중적 대량소비사회가 지니는 대량생산체계와 소비체계에 적응시키는 일에만 급급하게 만들 뿐 인간의 본질 문제에 대해서는 근본적으로 무관심하게 만들어 버렸다. 통속적인 과학의 논리와 결합된 물질문명은 현상 세계 속에서 인간이 자신의 합리적 사고를 통해서 지배할 수 없는 영역이 마치 하나라도 없는 것처럼 거들먹거리게 만들었고, 시간과 공간에 대한 과학의 정복은 우주가 신을 대신할 것처럼 떠들게 만들었다. 하지만 현대 물질문명의 총아들이 이런 거들먹거림을 늘어놓는 동안 이미 물질문명에만 찌든 현대인들은 자신의 실존의 의미를 상실하고 여기저기 방황하는 모습들을 내비치기 시작했다. 인간들이 쌓아놓은 폐쇄체계의 논리와 그것에 기초한 세속화한 현대의 물질문명은 인간 내면에 깊이 깃들어 있는 초월적 신에 대한 염원, 영원을 추구하는 마음을 결코 잠재울 수가 없었고 그것을 억압하고 은폐시키려고 하면 할수록 사실은 그들의 삶과 사고의 세계를 얼마나 공허하게 만들고 있는가를 웅변적으로 보여주고 있다.

기독교적 분석과 대안

　기독교는 현대의 물질문명을 어떻게 파악하고 있는가? 좀더 폭넓게 말한다면 그것은 어떤 세계관을 가지고 있는가? 이에 대한 답변이 위의 질문들에 옳게 답변할 수 있는 토대를 마련해 줄 것으로 생각된다. 기독교가 현대사회를 어떻게 보는가 하는 관점은 두 가지 상반된 입장에 정초하고 있다. 상반된 관점이란 인류 사회가 여전히 하나님의 사랑의 대상이 되는 창조영역 the realm of creation이란 관점과 그것이 지금 창조자 하나님을 반역하여 살아가고 있는 타락의 영역 the realm of corruption이란 관점이 그것이다. 창조와 타락은 기독교가 세계를 바라보는 두 대표적인 사상인데 그것은 기독교인들이 세상과 사회를 바라보는 긍정적이며 진취적인 태도를 가능하게 할 뿐만 아니라 동시에 그것들에 거리를 두고 살아가게 만드는 부정적이고 비판적인 태도를 갖게 만든다. 기독교인의 세계관과 삶의 태도는 여기서 일종의 '긴장 구조'를 내포하게 된다.

세상은 여전히 하나님이 주인이어야 할 창조영역이기 때문에 기독교인은 세상을 염세주의자들처럼 떠나거나 도피할 수 없다. 그는 그 한가운데로 뛰어들어 하나님의 공의와 진리를 확대하며 그의 통치를 확립할 수 있도록 진취적인 자세를 취해야 한다. 하지만 불행하게도 세상과 사회는 지금 창조자 하나님을 거역하는 반역과 타락의 상태에 있기 때문에 기독교인은 그것들에 동화될 수 없으며 그것들에 속해버릴 수 없다. 그러므로 세상에 일정한 거리를 두고 '세상의 빛과 소금'으로 살아가야 하며 그것을 하나님의 뜻에 따라 변화시켜야 할 책무를 지닌다. 이것이 바로 세상과 사회를 바라보는 기독교의 '초월성' 超越性이라고 말한다. 이 초월성을 상실한 기독교는 참된 기독교일 수 없으며 그것은 필연적으로 세상에 동화되어버린 세속화된 속물 종교일 수밖에 없다. 이 초월성은 기독교가 현대의 물질문명을 비판적으로 바라볼 수 있는 이론적 근거이기도 하다. 세상과 기독교가 다른 것이 없다면 세상을 비판할 수 있는 거리는 존재할 수 없다.

물질문명은 분명히 현대인들에게 다양한 문명의 이기들을 선사해 주었으며 엄청난 그 유익들 때문에 물질은 다양한 가치를 창조하는 척도가 되어버렸고 심지어 유일한 가치, 숭배의 대상이 되어버렸다. 그것은 행복을 추구하는 수단 means들 가운데 하나여야 하는데 현대인들 가슴속에는 이미 궁극적 가치, 삶의 목적이 되어버렸다. 일종의 저급가치가 전통적인 종교적 고급가치들을 몰아내 버리는 기현상이 초래된 것이다. 그 역기능들이 얼마나 현대인의 삶을 황폐화시키고 있는가는 설명할 필요가 없다. 기독교는 하나님의 계시의 말씀을 궁극적인 삶의 척도와 가치로 받아들이는 종교이다. 인류가 창조자 하나님과 그의 계시된 뜻에 돌아가서 복종할 때 현대인은 자신이 앓고 있는 내면의 질병을 치유할 수 있을 것이다.

부록 7 ◀ 예 수 · 바 울 · · 교 회

성경해석과 교회의 갱신

들어가기

설교의 권위는 성경에서 기원된 것이다. 성경 없이는 설교가 없고, 설교 없이는 성경의 교훈이 명백하게 드러나고 선포되지 못한다. 설교자는 성경의 말씀이 시대를 뛰어넘어 사람들의 가슴에 다가가 그들의 삶을 변화시키는 힘을 갖기 위해 그것을 있는 그대로 드러내고 해석해야 할 책임을 갖고 있다.

문제는 설교자의 그릇된 신념과 교리적 편견 또는 잘못된 말씀 해석으로 인해 교회 갱신을 가로막고 왜곡시킨다는 데 있다. 성경을 바로 전하면 됐지 해석이 무엇이 필요한가 하고 우격다짐을 하는 사람이 있을지 몰라도 해석되지 않고 선포되는 하나님의 말씀은 있을 수 없다. 기록된 성경을 있는 그대로 읽어준다고 해도 듣는 사람 편에서 자기 나름대로 해석해서 받아들인다. 따라서 해석은 설교자의 설교 행위 차원에서도 일어나지만 선포된 말씀을 듣는 청중의 이해 차원에서도 일어난다. 따라서 왜곡 현상은 설교자 자신에게서도 일어나기도 하고 듣는 청중 차원에서도 일어나기도

한다. 어떻게 하면 이런 왜곡 현상을 가능한 최대로 방지하고 계시의 말씀을 보다 정확하고 생동감 있게 전할 수 있는가 하는 문제는 모든 설교자들의 영원한 숙제이다. 성경의 계시 말씀을 올바로 해석하지 못하고 자신의 교리적 편견이나 왜곡된 종교적 신념을 전파할 때 어떤 부작용이 나타날 수 있는가?

잘못된 성경해석은 청중들의 바른 말씀 이해를 방해할 수 있다

설교자가 자신의 교리적 편견이나 왜곡된 성경 이해를 전파하게 되면 무엇보다도 설교자가 청중들이 하나님의 바른 말씀을 접하는 것을 방해할 수 있다. 열심히 전파는 했지만 그것이 성경의 교훈이 아니라 자신의 종교적 신념이나 편견 또는 자신의 인간적 철학을 전할 수 있다는 말이다. 설교자가 결국 말씀이 전달되지 못하게 만드는 방해꾼이 된 것이다.

필자는 오래 전 강남의 어느 유명한 교회의 아침 예배를 참여할 기회를 갖게 되었다. 설교자는 마침 시편 강해를 하고 있었는데, 다윗이 눈물을 흘리는 내용을 담고 있는 시편 본문이었다. 설교자는 시편 본문을 다루면서 본문 자체에 대한 분석도 하지 않았다. 다윗이 처한 역사적 정황이나 시편의 그 본문이 왜 쓰여지게 되었는지에 대한 삶의 정황 *Sitz im Leben*도 관심을 기울이지 않았다. 본문이 무엇을 말하려 하는지에 대해서 설교자는 별 관심이 없어 보였다. 단지 설교자가 그 날 아침 설교한 내용은 자신의 눈물의 철학뿐이었다. 말하자면, 눈물에는 감사의 눈물도 있고, 회개의 눈물도 있고, 분노의 눈물도 있고, 고독의 눈물도 있다는 식이었다. 눈물의 종류에 대해 자신의 종교적 신념이나 철학들을 감동있게 설교하여 사람들을 웃기고 은혜받게 할 수는 있었을지 몰라도 결국 전파된 것은 시편 본문의 말씀이 아니라 설교자가 생각하던 '눈물의 철학'만을 전파한 셈이었다. 이렇게 자신의 눈물의 철학을 주입하다보니 사실은 그 중요한 주일 설교 시간에 설교자는 청중들이 하나님의 살아있는 말씀, 계시의 도전 앞에 서게 하는 데 방해만 놓은 셈이다. 이런 식으로 설교자의 성경 이해가 왜곡되어 청중들에게 전파되고 그들의 성경 이해를 왜곡시켜 놓으면 그들은 결국 하나님의 계시의 말씀에 직면할 수 없게 된다. 그들에게 남겨진 것은 설교자의 그릇된 인간적 신념들, 편견들, 왜곡된 성경 이해들만 남아 하나님의 진정한 요구를 몰각하게 만들고 만다.

잘못된 성경해석은 결국 참다운 교회 갱신을 가로막는다

설교자가 자신의 그릇된 종교적 신념과 인간적 편견, 왜곡된 성경 이해들을 전하게 되면 결국은 교회의 참다운 갱신을 가로막게 된다. 사람을 변화시키고 교회를 개혁할 수 있는 최후의 잣대는 하나님의 계시 말씀뿐이다. 하나님의 신적 계시에 직면할 때만이 사람들은 자신들을 향한 하나님의 거룩한 요구와 명령들에 직면하게 되고 도전을 받게 된다. 성령의 감화를 통해 그들은 거룩한 계시적 요구 앞에 선 그들의 죄악된 실존을 깨닫게 되고 삶의 변혁과 개혁을 요구하시는 하나님의 명령 앞에 무릎을 꿇게 된다. 하지만 설교자가 자신의 종교적 편견과 왜곡된 성경 이해들을 청중들에게 강요하다 보면 하나님의 바른 계시 말씀 앞에 서는 기회를 박탈하게 되고 결국 청중들이나 교회가 하나님의 거룩한 요구에 직면하여 자신을 변화시키고 개혁할 수 있는 기회를 상실하게 되는 것이다. 이것은 설교자 자신이 도리어 교회 개혁을 이끌지 못하고 도리어 그것을 가로막는 방해물이 될 수 있다는 엄연한 사실을 웅변적으로 보여주는 것이다.

이러한 일들은 예수님 당대의 바리새인들의 실례를 통해서 얼마든지 살펴볼 수 있다. 안식일 날에 예수께서 손 마른 자를 고치셨을 때 바리새인들은 예수께서 안식일 법을 위반했다는 것을 빌미로 삼아 헤롯당과 함께 잡아죽이려고 음모를 꾸미기 시작하였다(막 3:1-6). 구약에 나타난 안식일의 진정한 의미를 깨닫지 못하고 안식일 법을 계율주의적으로 법제화하다 보니 그것은 사람들을 자유케 하고 살리는 것이 되지 못하고 도리어 종교적 논쟁꾼들의 주제로 변하고 말았던 것이다. 안식일에 집에 불이 났을 때 옷을 가지고 뛰어나가는 것이 안식일에 하지 말아야 할 노동에 해당하는가 해당하지 않는가에 대해 논쟁을 벌이던 것이 바리새 종교의 비인간적 특징이었다.

안식일이 사람을 위해 있는 것이지 사람이 안식일을 위해 있는 것이 아니라는 예수의 말씀은 이런 면에서 당시대에 혁명적인 발상이었다고 할 수도 있다. 안식일에 더 많은 전도 여행을 다니셨고 병자들을 고치셨기 때문에, 안식일 논쟁은 복음서에서 바리새인들과 벌인 가장 치열한 논쟁거리 중 하나였다. 그러다 보니 그들은 계율주의적인 율법 해석에 매달려 하나님께서 사람들에게 안식일을 주신 보다 큰 영적 의미를 깨닫는 데 실패하고 말았다. 사람들에게 생명을 회복시켜 주고 구원의 기쁨과 그로 인한 참된 안식을 회복시켜 주는 것이 안식일의 진정한 의미임을 깨닫는 데 실패하였고, 결국 예수의 구원 사역이 그러한 참된 안식을 가져다 줄 수 있다는 사실을 보지 못하게 만들었던 것이다(막 2:23-3:6).

잘못된 성경해석은 청중을 사람의 종으로 만들 수 있다

설교자는 자신의 왜곡된 성경해석이나 그릇된 종교적 신념과 편견을 주입함으로써 자신의 청중들을 하나님의 사람으로 만들지 못하고 도리어 자신의 왜곡된 종교 신념과 철학에 종노릇하는 개인적 하수인들로 만들 수 있다. 설교자들에게 이것은 매우 큰 유혹이 아닐 수 없다. 하나님의 말씀이라는 권위를 내세워 성경을 자신의 이익에 맞도록 해석해 놓고 그것을 이용해 설교자에게 절대 복종하도록 만들 수 있다는 말이다. 하나님께 복종하고 그의 말씀에 청종하는 하나님의 사람들을 만들기보다는 설교자의 왜곡된 말씀에 맹종하도록 훈련받은 자신의 사람들로 만든다는 말이다.

갈라디아 교회에 침투한 유대주의 선동자들의 경우도 그러했다. 그들은 바울이 세운 갈라디아 이방 교회에 침투해 들어와 그릇된 성경해석을 무기로 이방 기독교인들을 선동하여 바울과 갈라디아교인들 사이를 이간 붙이려 하였다:

"저희가 너희를 대하여 열심 내는 것이 좋은 뜻이 아니요 오직 너희를 이간 붙여 너희로 저희를 대하여 열심 내게 하려 함이라"(갈 4:17).

갈라디아의 유대주의적 선동자들의 열심은 분명하다. 그들은 구약의 온갖 구절들을 그릇되게 해석하여 그러한 왜곡된 성경 이해들을 갈라디아인들에게 주입시키려 야단들이었다. 그들이 갈라디아인들에게 이렇게 열심을 내는 이유는 단순하고 분명하다: 그것은 갈라디아인들을 바울에게서 떼어내어 자신들을 향해 열심을 내게 하려는 데 있었다. 자신들의 감추어진 이익을 위해 성경을 자의적으로 해석하고 선동했다는 말이다. 오늘날에도 이러한 오류는 다양한 설교자들에게 일어나고 있다. 성전 건축을 위해 헌금을 많이 갹출하려고 축복에 대한 설교를 지나치게 강조한다든지, 목회자에게 맹목적으로 복종하도록 하기 위해 목회자의 신분을 구약의 대제사장의 위치로 격상시켜 권위주의화시킨다든지, 말 안 듣는 교인들을 비난하기 위해 특정 본문을 왜곡시켜 비난조의 말씀으로 변경시키는 등의 예를 들 수 있다. 이러한 오류 앞에서 우리는 바울의 겸손한 말씀에 귀를 기울여야 한다: "우리가 우리를 전파하는 것이 아니라 오직 그리스도 예수의 주 되신 것과 또 예수를 위하여 우리가 너희의 종된 것을 전파함이라"(고후 4:5). 바울이 심지어 자신의 사도적 권위를 내세울 때조차도 그는 주의 성도들을 섬기기 위해 주께서 보내신 사역자라는(고전 3:5) 자의식을 한 번도 망각한 적이 없었다:

"바울이나 아볼로나 게바나 세계나 생명이나 사망이나 지금 것이나 장래 것이나 다 너희의 것이요 너희는 그리스도의 것이요 그리스도는 하나님의 것이니라"(고전 3:22-23).

"우리가 너희 믿음을 주관하려는 것이 아니요 오직 너희 기쁨을 돕는 자가 되려 함이니 이는 너희가 믿음에 섰음이라"(고후 1:24).

바울의 이러한 종의 의식, 섬김의 의식은 성경을 그의 독자들에게 해석하고 가르칠 때 더 더욱 빛이 난다. 그는 자신의 이익이나 권위를 세우기 위해 성경을 자의적으로 해석한 사람이 아니라 오직 하나님의 영광이 드러나고 예수 그리스도의 주 되심이 드러나도록 해석하였으며 이러한 섬김의 해석 작업이 결국 독자들의 삶을 변화시키고 개혁시킬 수 있다는 확신을 가지고 있었다. 설교자가 자신의 영광과 자신의 이름을 드러내기 위해 말씀을 다루고 해석하는 것은 결국 듣는 자들을 자신에게 굴종시키고 자신의 사람들로, 자신의 개인적 신념과 철학에 굴종시키려는 오류일 수밖에 없다. 진정한 해석은 자신을 드러내는 일이 아니라 그리스도를 드러내고 하나님의 영광을 나타내며 사람들을 '주의 사람'들로 변화시키는 일에 헌신하고자 하는 말씀 봉사자들에게 주어지는 특권이다.

잘못된 성경해석은 복음을 축소된 진리로 만들 수 있다

설교자 자신이 왜곡되거나 편협한 복음 인식을 갖게 되면 자연히 복음의 다양하고 풍성한 측면을 드러내지 못하고 복음의 요구를 '축소된 진리'로 전달하는 오류를 범할 수 있다. 교회 안에서 복음은 점차로 손쉬운 복음 또는 값싼 복음으로 전파되고 있고 또한 그것이 당연시되고 있다. 복음은 그것을 받아들이는 자들에게 전폭적인 헌신을 요구하며, 때로는 위험을 동반하는 절대적 복종을 요청하고 있음에도 불구하고 실제로 교회 안에서 설교자들은 복음의 요구를 크게 축소시켜 '부드러운 복음', '크게 축소된 복음' 또는 '값싼 은혜'로 전하고 있다.

물론 여기에는 여러 가지 이유가 있을 수 있다. 첫째로, 설교자 자신이 축소되고 편협한 복음 이해를 가지고 있어서 '복음' 하면 사영리식의 짧은 내용을 연상하게 된다. 복음 하면 십자가 복음으로 동일시하여 예수께서 나의 죄를 위해 대신 죽으셨다는 이야기만 되풀이할 뿐 그 복음이 나의 전인적 삶에 어떤 요구를 하고 있으며 어떤 함축들을 가지고 있는지 폭넓게 이해하지 못할 수 있다. 복음을 축소된 진리로 왜곡시키고 편협하게 이해하다 보니 그런 설교를 오랜 동안 듣는 청중들은 복음을 너무 손쉬운, 누워서 떡 먹기식의 복음으로 평가절하시킬 위험이 있다. 복음이 지니고 있는 보다 심층적 이해를 전하려고 하면 전에 들어보지 못한 내용이기 때문에 거부 반응을 보이기 쉽다. 둘째는, 복음의 심층적인 이해들을 전하면 수준 낮은 청중들이 이해하지도 못하고 복잡한 것을 들으려 하지 않는 현대인들의 심성적 장벽에 부딪히기 쉽다. 따라서 목회자들은 좋은 게 좋은 것이 아닌가 하는 안일한 생각을 가지고 복음의 보다 깊은 이해들에 접근조차 하지 않을 수 있다.

복음은 하나님 앞에서 책임 있는 존재로서 이웃들과 화평하며 공의롭고 진실되게 살아가는 것이 어떤 것인지를 다양하고 풍부하게 선포하고 있음에도 불구하고, 대부분의 설교자들은 "도랑 치고 가재 잡고, 마당 쓸고 동전 줍는" 일석이조의 공식으로 단순화시켜 복음을 소개하고자 하는 경향을 보인다. 복음은 일상적인 세계 안으로 뚫고 들어오는 하나님 나라의 절대적인 요구에 대한 전폭적인 헌신과 순종을 요청하고 있음에도 불구하고, 복음의 요구는 성수주일, 십일조, 기도 생활, 전도 등의 기초 신앙적 행동 규칙을 지키는 것과 너무나 손쉽게 동일시되고 있다. 복음은 삶과 죽음 사이를 선택할 것을 촉구하는 심각한 도전임에도 불구하고, 설교시에는 자주 달콤한 유머와 우스갯소리가 담긴 듣기 좋은 충고로 전락하고 만다. 복음은 하나님께서 행하실 미래의 위대한 구원 행동을 선포하는 것임에도 불구하고 때로는 생명력 없는 교리 설명으로, 나의 실존적 가슴에 와 닿지 않는 먼 이야기로 설명되기도 한다.

설교자의 복음 이해는 이런 의미에서 아주 결정적으로 중요하다. 그가 왜곡된 복음 이해를 갖고 있거나 축소된 복음 이해를 갖고 있으면 그의 설교를 듣는 청중은 설교자의 수준을 넘어서기 어렵게 된다. 이런 설교자 밑에서 복음의 진리는 크게 축소된 진리가 되어버리고 값싼 은혜의 진리로 전락하기 쉽다. "예수를 주로 고백하기만 하면 구원을 받는다"는 지극히 고정화된 전도 메시지는 복음의 진리의 핵심의 한 단편을 담고 있는 것은 사실이지만 복음의 요구의 심각성을 너무 단순화시킨 것임이 틀림없다. 축소된 복음의 진리는 결국에 가서 축소된 삶으로 이어지고 만다. 설교자들은 자신의 왜곡되고 축소된 복음 이해로 인해서 복음의 진리가 무기력하게 되고 값싼 진리, 별것도 아닌 진리로 전락하지 않도록 성경해석에 진지한 태도를 가질 필요가 있다.

결론

성경해석자로서 설교자의 책임은 막중하다

결과적으로 성경해석자로서 설교자의 책임은 막중하다. 자신의 잘못된 성경해석이나 주관적이고 편협한 종교적 신념이나 편견으로 인해 설교자는 청중들이 하나님의 말씀을 올바로 이해하는 데 도움이 되기는커녕 도리어 방해거리가 될 수 있다. 하나님의 계시된 진리를 전하기는커녕 자신의 주관적 신념이나 편견을 전함으로써 교회를 개혁하고 갱신할 수 있는 길을 차단해 버리고 사람들은 하나님의 사람이 되지 못하고 설교자의 왜곡된 신념과 편견에 종노릇하는 사람의 종이 될 수 있다. 더욱이 축소된 복음 진리를 전파함으로써 복음의 보다 전폭적이고 심층적인 도전을 소홀히 하고 거부하게 만든다. 설교가 이런 의미에서 교회 갱신의 기폭제가 될 수도 있고 아니면 교회 갱신을 가로막는 방해꾼이 될 수 있기에 그 책임이 하나님 앞에서 얼마나 막중한가! 말씀의 진실된 전파자가 되지 못하고 도리어 말씀을 혼잡하게 만들어 그것을 자신의 명예와 이익을 위한 발판으로 삼아 계시의 진리를 축소시키고 왜곡시킨다면 하나님께서 그 준엄한 책임을 결국 설교자에게 묻게 되실 것이다.

생명의말씀사

사 | 명 | 선 | 언 | 문

> 너희가 흠이 없고 순전하여······세상에서 그들 가운데 빛들로
> 나타내며 생명의 말씀을 밝혀 (빌 2:15-16)

1. 생명을 담겠습니다.
만드는 책에 주신 주신 생명을 담겠습니다.
그 책으로 복음을 선포하겠습니다.

2. 말씀을 밝히겠습니다.
생명의 근본은 말씀입니다.
말씀을 밝혀 성도와 교회의 성장을 돕겠습니다.

3. 빛이 되겠습니다.
시대와 영혼의 어두움을 밝혀 주님 앞으로 이끄는
빛이 되는 책을 만들겠습니다.

4. 순전히 행하겠습니다.
책을 만들고 전하는 일과 경영하는 일에 부끄러움이 없는
정직함으로 행하겠습니다.

5. 끝까지 전파하겠습니다.
모든 사람에게, 땅 끝까지, 주님 오시는 그날까지
복음을 전하는 사명을 다하겠습니다.

생명의말씀사 서점안내

광화문점 110-061 종로구 신문로 1가 58-1 구세군 회관 2층
TEL.(02)737-2288 / FAX.(02)737-4623

강 남 점 137-909 서초구 잠원동 75-19 반포쇼핑타운 3동 2층 전관
TEL.(02)595-1211 / FAX.(02)595-3549

신 촌 점 121-806 마포구 노고산동 107-1 동인빌딩 8층
TEL.(02)702-1411 / FAX.(02)702-1131

구 로 점 152-880 구로구 구로 3동 1123-1 3층
TEL.(02)858-8744 / FAX.(02)838-0653

분 당 점 463-824 경기도 성남시 분당구 서현동 269-5 서원프라자 서현문고 서관 4층
TEL.(031)707-5566 / FAX.(031)707-4999

일 산 점 411-370 경기도 고양시 일산구 주엽동 83번지 레이크타운 지하 1층
TEL.(031)916-8787 / FAX.(031)916-8788

의정부점 484-010 경기도 의정부시 금오동 470-4 성산타워 3층
TEL.(031)845-0600 / FAX.(031)852-6930

파 주 점 413-012 경기도 파주시 금촌 2동 68번지 송운빌딩 2층
TEL.(031)943-6465 / FAX.(031)949-6690

인터넷서점

http://www.lifebook.co.kr